威海市社会科学优秀成果获奖作品文库

（第十八卷）

刘昌毅　主编

SSAP
社会科学文献出版社
SOCIAL SCIENCES ACADEMIC PRESS (CHINA)

序

“物之所在，道则在焉”。哲学社会科学是人们认识世界、改造世界的重要工具，是推动历史发展和社会进步的重要力量。习近平总书记指出：“人类社会每一次重大跃进，人类文明每一次重大发展，都离不开哲学社会科学的知识变革和思想先导”。在推动社会发展进步的过程中，哲学社会科学与自然科学宛如“车之两轮”“鸟之双翼”，相互依存、相辅相成，缺一不可。

党的十八大以来，以习近平同志为核心的党中央多次强调要大力加强中国特色新型智库建设，发出了推动哲学社会科学大发展大繁荣的号召，提出了繁荣发展社会科学的战略任务。在哲学社会科学工作座谈会上，习近平总书记明确提出要坚持以马克思主义为指导，解决好真懂真信、为什么人、怎么用的问题，为繁荣发展哲学社会科学事业提供了思想指南和实践动力。同时，贯彻落实威海市第十五次党代会精神，深入实施“全域城市化、市域一体化”“产业强市、工业带动、突破发展服务业”等重大战略，争当全省“走在前列”排头兵、实现现代化幸福威海建设新跨越，也需要丰硕的理论创新支撑。时代呼唤哲学社会科学的繁荣发展。站在新的历史起点上，立足威海发展实际，深入研究回答重大理论问题和实践问题，不断推进理论创新和实践创新，提供更多更好的智慧产品，是实现威海现代化宏伟发展蓝图的迫切需要，也是进一步增进共识、凝聚合力的现实要求。

长期以来，威海市委、市政府高度重视哲学社会科学事业的发展，不断完善机制、加大投入、优化环境，打造了一批有特色、有影响的社科品牌，造就了一批知名专家和学术带头人，推出了一批理论创新成果和学术精品。全市广大哲学社会科学工作者坚持以习近平总书记系列重要讲话精神为指导，深入研究和回答党和国家以及我市经济社会发展中面临的理论和实践问题，在理论普及、学术研究、决策咨询等方面，做了大量卓有成效的工作，为推进现代化幸福威海建设事业提供了有力的智力支持，做出了积极贡献。

经过20年的实践，威海市社会科学优秀成果奖评选工作，逐步走上科学化、规范化、制度化的轨道，其公信力、权威性和影响力不断增强，成为推介优秀成果、引导研究方向、展示我市社科水平的重要平台，成为促进研究成果应用、转化的有力杠杆，成为发现、培养优秀人才的学术摇篮，对激发广大社科理论工作者的积极性创造性、推动新型智库建设、繁荣发展我市哲学社会科学事业具有重要意义。

《威海市社会科学优秀成果获奖作品文库》（第十一卷~第二十卷）的出版，是对近十年来全市社会科学优秀研究成果的再次认可，也是对哲学社会科学研究的激励与推动。这是一个回顾，是近十年社会科学优秀成果的一个归集；但更是一个展望，是督促全市哲学社会科学进一步繁荣发展的一个新起点。希望全市社会理论工作者，在以习近平总书记为核心的党中央的英明领导下，坚持马克思主义理论学风，深入实际、求真务实、与时俱进、锐意进取，以更加昂扬的斗志，不断取得理论研究的新成果、新成就，为实现现代化幸福威海建设新跨越，做出新贡献。

中共威海市委常委、宣传部长　刘广华

2017年9月

目录 CONTENTS

当前中韩陆海联运面临的主要困难和问题

王浩见　钟　臣　徐　鑫

中韩陆海联运是2008年中韩两国领导人确定的重大合作项目。2010年9月7日，两国在山东省威海市签署《中韩陆海联运汽车货物运输协定》及其第一阶段《实施议定书》。《协定》签署后，国家确定山东省为中韩陆海联运试点省份，并选择青岛、威海、烟台、日照4市6个口岸先期试点。2010年12月21日，威海港口岸在全国第一个开通中韩陆海联运汽车货物运输通道，开我国跨海国际汽车货物运输的先河。目前，中韩陆海联运实施的第一阶段主要是采用甩挂的运输方式，即两国的货运挂车由客滚船搭载进入对方境内后，由对方的牵引车牵引运抵目的地。威海的鲜活水产品、寿光的蔬菜24小时内就可到达韩国的超市。据测算，通过陆海联运，每个集装箱可以节约换装时间3.5小时，节约费用50美元。

自试点以来，在没有先例可循的情况下，威海市有关部门积极与上级业务部门沟通协调，在操作流程再造、货物查验监管、安全保障、设施设备配套、陆路交通管理、信息化建设等方面进行了很多有益的探索，建成了中韩陆海联运联管通道，中韩陆海联运取得了阶段性成果。截至目前，威海口岸累计完成中韩陆海联运719个航班，运输货物4314吨，货值4.3亿元，运行里程300多万公里。但受外交、通关、交通、环保等因素制约，我省的中韩陆海联运步履维艰，先行先试的政策洼地效应还未显现。

一是通关流程仍然烦琐。在陆海联运发展较为成熟的国家，基本形成“一站式通关，即到即验、即验即放”的简便通关模式。虽然威海市各口岸联检部门对中韩陆海联运给予大力支持，但由于上级业务部门目前还没有出台相关的具体政策，口岸部门在通关查验过程中仍须执行上级原有政策规定，实行集装箱与车辆“双报双检”，环节不但没有减少反而增加，直接影响了通关速度。

二是挂车通行范围受到限制。中韩陆海联运在山东省试点，按照公安部规定，韩国挂车目前只能在山东、江苏省境内运行，无法实现真正意义上的“门到门”运输，导致有陆海联运业务需求的货主被迫放弃走陆海联运通道。

三是中韩互认存在障碍。目前中韩陆海联运开通的是第一阶段甩挂运输，第二阶段整车运输还未开启，主要障碍在于中韩驾照互认准入、双方车辆排放标准、交通规则等多方面的互认与对接，整车难以进入对方境内，限制了中韩陆海联运业务的拓展。

四是经营企业资金短缺。目前中韩陆海联运在线运营船舶船龄大多数已经进入“老龄化”阶段，接近国家规定淘汰报废的年限，企业面临船舶更新换代带来的巨大融资压力。海关部门对国际道路运输企业收取 50 万元的保证金，增加了企业资金占用。另外，在陆海联运流程简化、环节减少、运输效率提高的情况下，国家相关部委尚未出台减免费用的政策，港航等相关企业仍然按传统集装箱运输模式进行收费，陆海联运的低成本、高效率优势没有得到有效发挥。

韩国是山东省第三大贸易伙伴、第二大外资来源地、最大的境外游客来源地，在山东省对外开放中占有重要地位；中韩自贸区已完成实质性谈判，有望明年下半年正式实施；习近平总书记在 APEC 峰会上提出互联互通核心议题，这些都为中韩、鲁韩经贸合作提供了难得的机遇。扩大中韩陆海联运规模，提高通关效率，优化营商环境，对于加快山东省中韩自贸区示范区建设，促进鲁韩经贸合作，巩固扩大山东省对韩开放桥头堡地位，打造东北亚地区国际物流中心，再创对韩开放新优势具有重要意义。建议：

一是要增强加快推进中韩陆海联运的紧迫感、危机感。中韩间贸易额超过 2000 亿美元，按日韩陆海联运占货运量 5% 的比例测算，有超 100 亿美元的贸易量需陆海联运完成，市场潜力巨大。目前，江苏、福建、天津等省市对中韩陆海联运表现出极大的兴趣，正在与国家有关部委商洽合作。我们要增强紧迫感、危机感，抓住机遇，切实把中韩陆海联运做大做强。

二是积极向上争取中韩陆海联运先行先试政策。建议省里重点选择一个口岸（可选择条件成熟的威海。威海和仁川地方经济合作示范区建设已写入中韩自贸协定，具有先行先试的制度基础），统筹做好山东口岸的陆海联运试点工作，取得成熟经验后再在省内其他口岸复制推广。建议省政府和交通运输主管部门积极向上汇报沟通，争取国家层面加大中韩陆海联运协调推进力度，借鉴陆地边贸整车物流的一些经验做法，出台一揽子相关的政策规定，推动中韩陆海联运快速发展。协调国家有关部门尽快启动两国间陆海联运第二阶段谈判，推动中韩间整车相互准入，促进中韩服务贸易发展。建议海关总署优化通关模式，国家质检总局出台检验检疫监管办法，公安部出台韩国挂车入境后通行全国的相关规定。

三是加大对中韩陆海联运的政策扶持力度。中韩陆海联运尚处起步阶段，前期投入较大，建议国家相关部委、省政府出台扶持政策，在中韩陆海联运试点期间适当减免税费，降低企业运营成本，真正体现陆海联运的价格优势，促进中韩陆海联运业务的拓展。对企业开展中韩陆海联运所需的场站建设、物流园区建设、船舶更新、数据交换平台建设等给予政策扶持。

四是加大对外宣传力度。利用各种平台，大力宣传推介山东中韩陆海联运试点地区的优势，吸引更多的中外企业、更多的投资者参与到中韩陆海联运的运行和建设。加强对韩国市场需求的调研和开发力度，有针对性地挖掘山东省鲜活农水产品、玻璃、大型设备、石材等出口潜力，使更多的国内货物通过陆海联运通道出口，使中韩陆海联运真正成为推动鲁韩经贸合作发展的新动力。

（作者单位：中共威海市委办公室）

市域一体化背景下实现人的现代化路径与机制研究

季相林

人的发展是一切发展的根本目的和力量源泉，人的现代化是人的全面发展的阶段性特征。威海实施“市域一体化、全域城市化”，率先基本实现现代化，势必要通过人的现代化和全面发展来引领和带动，以人的现代化来支撑和保障。促进人的全面发展、率先基本实现人的现代化对建设幸福威海、加快市域一体化进程意义重大。

一　准确理解和把握人的现代化的内涵与标准

所谓人的现代化，就是指“人从传统人格转化为现代人格的过程”。因此在一定意义上说，人的现代化首先是人的素质的现代化，说到底，就是适应现代实践发展需要的人的主体能力的现代化。

人的现代化不仅包括知识、技能的现代化，也包括人的价值观念和思维方式的现代化。那么，人的现代化到底有哪些标准和特征呢？

美国著名学者阿历克斯·英克尔斯在《人的现代化》一书中，对人的现代化的特征和品质进行了概括，主要包括：（1）现代人准备和乐于接受他未经历过的新的生活经验、新的思想观念、新的行为方式；（2）准备接受社会的改革和变化；（3）思路开阔，头脑开放，尊重并愿意考虑各方面的不同意见、看法；（4）注重现在与未来，守时惜时；（5）强烈的个人效能感，对人和社会的能力充满信心，办事讲求效率；（6）计划；（7）知识；（8）可依赖性和责任感；（9）重视专门技术，有愿意根据技术水平高低来领取不同报酬的心理基础；（10）乐于让自己和他的后代选择离开传统所尊敬的职业，对教育的内容和传统智慧敢于挑战；(11) 相互了解、尊重和自尊；(12) 了解生产及生产过程。英克尔斯主要是从心理、思想、态度、行为上给出了这些人的现代化的特征。

我国学者郭晓君则根据我国社会的性质、社会现代化的要求和个人发展目标，在《人学引论》一书中系统提出了个体现代化的特征：(1) 有正确的世界观、人生观和价值观，具有高尚的道德修养和情操，追求真善美；(2) 具有现代知识结构，有较高的科学技术文化素养，注重知识更新；(3) 具有综合能力，包括智力、创造力、自然力、社会力、现实力、潜力等，尤其是人的潜能的发挥；(4) 个性得到相应发展，如兴趣、爱好、性格、心理、行为等适应现代社会的发展；(5) 有正确的思维方式和现代观念，思想解放，乐于接受新事物、善于吸取经验教训；(6) 心理健康，具有强烈的事业心和高度的历史责任感，意志顽强；(7) 勇于改革、创新、竞争，勇于超越他人和自我，追求卓越的目标；(8) 适应现代职业的变换，能在多种岗位上创造优异成绩；(9) 具有良好的身体素质和气质；(10) 广泛建立、占有和控制社会关系；(11) 善于抓住机遇，不轻易放弃任何机会；(12) 主体性得到相应发挥，具有独立人格；(13) 为社会做出积极贡献，得到社会认同，个人价值得以实现。这些特征概括吸收了西方学者关于人的现代化特征的研究成果，但更多的内容，如世界观、人生观、价值观、思想道德素质、综合能力结构、心理素质、思想解放等，则是从我国实际出发的，结合了马克思有关人的全面发展的理论，更符合中国人的现代化的需要。

虽然国内外学者研究人的现代化的特征和标准的角度不同，但具有共同点：一是指出了人的现代化是涉及诸多方面全方位的复杂的社会系统工程。二是人的现代化就是实现从传统人到现代人的转化，全面提高人的素质。三是对于现代人的特征可以表述为五方面的内容：思想观念现代化、思维方式现代化、能力现代化、行为方式现代化和社会关系现代化。

在综合国内外学者有关人的现代化的各种特征和标准之后，我们认为威海市率先实现人的现代化应具备以下几个主要特征：(1) 全球化的视野；(2) 创新的意识；(3) 开放的心理；(4) 民族化的情怀；(5) 团结协作的精神；(6) 健康的价值取向；(7) 积极的行为方式；(8) 和谐的社会关系；(9) 良好的道德观念。

二　深刻认识人的现代化的重要地位和作用

现代化的核心是人的现代化。只有以人的现代化引领市域一体化、全域城市化、经济现代化、城乡现代化、社会现代化、政治文明和生态文明，才能推动威海市域一体化、全域城市化始终呈现积极健康向上的生机和活力。

（一）人的现代化是根本动力

人的创造性活动是人类社会一切文明成果的源泉和动力，若要实现社会现代化，必须重视并优先发展人的现代化。美国著名学者英克尔斯就认为，人的现代化是国家现代化必不可少的因素，它并不是现代化过程结束后的副产品，而是现代化制度与经济增长赖以长期发展并取得成功的先决条件。社会的不断发展是一个客观的历史过程，但这却不是一个自发的发展过程，社会的发展有赖于具有主体意识和自觉意识的“人”通过各种自觉的主动的具有创造性的活动而推动。新加坡前领导人李光耀非常重视非经济因素中人在经济发展中的作用。他说：“非经济因素，即人的因素，对于经济的成长，有非常重大的作用。”他认为“单靠资本投资的增长是无法达到最大的增长潜能的，良好的工作态度、集体协作、对公司的效忠、和谐的劳资关系，都是必要的条件，能够使生产力不断增加的是操作机器的工人。”市域一体化、全域城市化进程中积累起来的优越的自然资源如果没有人的现代化，它就不能转化为现代化的生产力。所以，威海市要实现市域一体化、全域城市化，不仅是经济发展和增加物质财富上的率先，体制转型和社会管理水平上的率先，更重要的是在人的现代化上的率先。

我们实现的市域一体化、全域城市化并不是新的造城运动，市委书记孙述涛同志在接受新华网专访时指出：“城市”这个词实际上蕴含着“城”和“市”两个概念。城是市的载体，市是城的繁荣。有城无市是空城。新型城市化最核心的是人的城市化，最大的动力是产业化特别是工业化和第三产业的发展，最大的约束是生态资源约束。只有为市造城、为人造城、为经济社会可持续发展造城，才能真正实现人的城市化，实现城市的持久繁荣。

（二）人的现代化是必要条件

人才资源是第一资源。要实现市域一体化、全域城市化，经济上必须转变发展方式，提升自主创新能力，尽快从“威海制造”向“威海创造”跨越。而要实现这些转变，除了运用先进装备、先进适用技术和工艺，还需要大量优秀的人才。市域一体化、全域城市化，归根到底在于人的素质的提升以及高层次人才的集聚，在于人才在自主创新中积极性的发挥。只有全面提升人的素质，促进人的全面发展，才能为高层次人才集聚奠定广大而深厚的群众基础和社会基础，构筑起威海市的人才高地。

（三）人的现代化是重要前提

推进人的城市化，最关键的是要让更多的人享受到城市带来的机会和便利，尤其是市域内更多居住在农村、从事农业生产的居民，改变生产生活方式，到城市居住，在城市就业生活。首当其冲的是要破除政策体制限制，让农村居民能够进得来、住得下、留得住、融得进。“进得来”就是让农民能够无后顾之忧地离开农村，能够在城里落户。“住得下”就是将市域农村居民纳入到城市住房保障体系中，让进城农村居民“居者有其屋”。“留得住”就是要解决好就业、社会保障、公共服务等问题。“融得进”就是通过强化文化引领、社会管理创新等方式，让新居民与原居民相融合。在这一过程中，必须牢牢把握一个基本原则，就是要最大限度地让农民享受城市化成果，坚决维护农民的各种利益不受损失。

因此，市域一体化、全域城市化的过程，不仅仅是“建立健全城乡规划、产业发展、基础设施、公共服务、社会管理一体化的城乡统筹机制”、实现“土地、资本、劳动力等生产要素在城乡间的合理配置”，更重要的是推动农业转移人口市民化。市域一体化、全域城市化，一句话城乡一体化，是众多农民转变为城市市民的过程，是他们的价值观念、知识体系、思想信仰、社会心理和行为规范不断从传统到现代演变的过程。不能实现市民与农民、本地居民与外来人口的身份平等、机会平等和权利平等，不能解决让农民具备相应的素质和能力来适应新环境、创造新生产力的问题，市域一体化、全域城市化就无从谈起。

三　威海率先实现人的现代化的路径探索

（一）以空间调整和功能区建设实现人口合理分布，促进人的现代化

市域一体化背景下威海市人口分布是否均衡，这是体现威海市是否率先基本实现人的现代化的基础指标。要实现这一指标，必须坚持人口数量规模与市域生态承载能力相适应。坚持市域一体、统一规划、城乡统筹、均衡发展，加快中心崛起，强化两轴支撑，推进环海发展，完善一体化布局，以工业化带动城镇化、推进城市现代化。实施主体功能区规划，引导人口有序流动，调控人口总体规模，着力优化人口空间布局。力求核心区人口比重有所

下降、主城区人口规模基本稳定；临港工业区等新兴产业区人口比重有序增加；好运角度假区、石岛管理区、南海新区等生态涵养区人口合理集聚。同时力争全市人口年均增长率控制在2%左右，出生政策符合率98%以上，2020年市区常住人口（含文登区）控制在170万以内；主城区（不含文登区）常住人口比重不超过总人口的40%，全市人口城镇化率达65%，户籍城镇化率达到55%。同时，根据全市不同板块的资源环境承载力和经济社会发展条件，强化区域空间管控，制订实施人口主体功能区规划，构建人口疏散区、人口限制区、人口稳定区和人口集聚区等功能区。

（二）全面提升高层次劳动力比重，促进人的现代化

经济转型，就是要以高端化、信息化为目标，用高新技术和先进适用技术改造提升传统产业，不断提高产品附加值和市场竞争力；以集群化、品牌化为目标，加快优势产业向产业链两端延伸，壮大产业规模，提升产业层次，打造优势产品核心集散地；以规模化、集约化为目标，瞄准战略性新兴产业，突破关键技术，形成规模效应，培育一批具有自主知识产权的高新技术产品，扶持一批具有核心竞争优势的高新技术企业；实现支柱产业高端化、新兴产业规模化、优势传统产业品牌化；以优化产业结构为主线，淘汰落后产能，推动产业调高、调优、调轻、调净。还要加快构筑以创新型、服务型经济为特征的现代产业体系，以产业结构调整带动劳动力结构优化，以高端人才集聚促进产业转型升级，推动人口劳动力质量、人才资源总量、人口受教育程度、劳动就业层次和中等收入群体比重显著提升，推动“人口红利”加快向“人才红利”转化。这就要求打破常规，通过各种手段，主动提升产业队伍的现代化素质，尤其是要大力吸引国内外高素质人才、高技能人才，全面提升高层次劳动力的比重。

（三）加快教育现代化，促进人的现代化

人的现代化，归根结底是人的观念的现代化以及心理素质和适应能力的现代化，教育在人的现代化过程中起着极为重要的作用。

一是全面促进城乡教育服务均等化。加快建立城乡一体的义务教育发展机制，鼓励地方推动基础教育向高中阶段延伸，要在财政投入、教师配备、学校建设等方面，加大配套政策扶持力度，不断提高城乡基本公共教育服务均等化水平。二是大力培养高素质技能型人才。整体规划威海市的职业教育发展，促进职教专业与产业对接，重点建设面向蓝色经济区建设的战略性新

兴产业的品牌专业。积极引导和鼓励驻威高等院校和科研院所资源向社会开放，探索校企合作等新形式，建立高技能人才培养基地。三是大力推进农村教育，广泛开展农业实用技术培训、职业农民培训及农民创业培训，打造有文化、懂技术、会经营、能创业、守法律的新型农业人才，培育一批现代农业产业化带头人。

（四）创新人口管理机制，促进人的现代化

在市域一体化进程中加快推进户籍管理制度改革，着力解决好融入市区的人口的就业、居住、就医、子女就学等问题，探索“以证管人、以房管人、以业管人”相结合的流动人口服务管理新模式。户籍管理制度的背后是人们渴望享有同等国民待遇的权利、消除社会不公平、缩小社会差异、改变城乡二元结构。我们在市域一体化进程中应逐步取消非农业户口和农业户口的二元户口性质，统一城乡户口登记制度（统称“居民户口”），实现公民身份法律意义上的平等。

一是改革户籍管理制度。对创业人才，变准予本人落户为准予家庭落户；对专门人才，变有条件落户为优先落户。统一城市户口迁移政策，按照“提升新城、新市镇集聚能力，实现全面融入主城”的要求，加快推进荣成市、文登市、乳山市与主城区户口实行通迁，引导人口合理有序流动。二是建立居住证与户籍准入对接制度。对在居住地连续居住一定年限、符合相关条件的居住证持有人，实行落户政策，充分发挥居住证制度在调节人口增长、优化人口结构、提升人口素质、引入高端人才等方面的杠杆作用。三是强化人口属地化管理。进一步明确街道（镇）人口属地化管理主体责任，大力推行社区（村）人口服务管理网格化，提升人口服务管理精细化水平。四是完善“以业管人”制度。落实机关、企事业单位人口管理法定代表人责任制，建立健全从业人员分类管理制度，着力提升单位流入人员管理水平。同时，进一步整合改善民生和建设幸福威海等政策，创新有利于促进人的全面发展的产业政策和人才政策，完善优先投资于人的投入保障机制，切实为统筹解决人口问题创造特殊的政策、特优的环境和特别的体制机制。

（五）创新考核评价体系，促进人的现代化

着眼于强化促进人的现代化和全面发展目标导向，以威海率先基本实现现代化和建设幸福威海指标体系为基础，着重从人口数量、素质、结构、分布以及经济、社会、资源、环境协调发展等方面，制定符合威海实际的促进

人的全面发展、率先基本实现人的现代化的指标体系、考评办法和专项工作计划，形成新阶段高位推进威海人的现代化的政策制度体系。各市区要结合实际，建立本地区人的现代化指标体系，并纳入现代化建设综合考评。各级党委、政府和各部门要把推进人的现代化工作摆上全局工作的战略位置，加强对实现威海人的现代化的发展战略研究、人口发展规划和监测，制定落实相关政策的措施，进一步量化细化工作目标任务，按时序、高标准推进各项工作落实到位，切实在全社会形成促进人的全面发展、率先基本实现人的现代化的强大合力。

（六）建设公共威海，促进人的现代化

构筑惠及人人的公共文化服务新体系。主要是加快推进公益性文化事业改革，促进公共文化服务多元化、社会化；逐年加大人文社会科学普及经费的投入，推动市民人文科学素养的不断提高；加快推进各类博物馆、纪念馆、公益性体育场馆、爱国主义教育基地有组织地对市民免费开放。完善公共文化投入保障机制。到2020年，基本建成以综合文化服务中心为标志的覆盖城乡、功能完备的公共文化服务体系。

（七）建设智慧威海，促进人的现代化

建设智慧城市，也是转变城市发展方式、提升城市发展质量的客观要求。通过建设智慧城市，及时传递、整合、交流、使用城市经济、文化、公共资源、管理服务、市民生活、生态环境等各类信息，提高物与物、物与人、人与人的互联互通、全面感知和利用信息能力，从而能够极大提高政府管理和服务的能力，极大提升人民群众的物质和文化水平。建设智慧城市，会让城市发展更全面、更协调、更可持续，会让城市生活变得更健康、更和谐、更美好。

因此必须加快推进智慧威海建设步伐，大力提高城市社会信息化水平。通过新一代互联网技术和云计算技术、无线宽带、第四代移动通信网以及互联网、电信网、广电网“三网”融合公共服务平台，覆盖全市的社区信息化综合服务平台和面向家庭的社会信息服务网络实施数字惠民行动，以技术的现代化促进人的现代化。

（八）通过建设生态威海，促进人的现代化

“生态城市”作为对传统的以工业文明为核心的城市化运动的反思、扬

弃，体现了工业化、城市化与现代文明的交融与协调，是人类自觉克服“城市病”、从灰色文明走向绿色文明的伟大创新。它在本质上适应了城市可持续发展的内在要求，标志着城市由传统的唯经济增长模式向经济、社会、生态有机融合的复合发展模式的转变。它体现了城市发展理念中传统的人本主义向理性的人本主义的转变，反映出城市发展在认识与处理人与自然、人与人的关系上取得新的突破，使城市发展不仅仅追求物质形态的发展，更追求文化上、精神上的进步，即更加注重人与人、人与社会、人与自然之间的紧密联系。

在市域一体化进程中，通过共建共享绿色生态，打造成特色鲜明、国际知名的现代化国家级生态型城市，促进人的现代化。

（九）建设文明威海，促进人的现代化

市域一体化、全域城市化进程中，威海市民文明素质提升缓慢与威海的现代化城市发展定位的矛盾日益凸显，由于市域一体化的进程中利益冲突和矛盾的积累，人们的社会心态出现复杂化、多元化，认同感、归属感和主体感趋于淡化，加之机关、部队、国有企事业单位等“体制内”人口占比较高，全民整体创业、创新、创造的价值追求不够强烈，这与建设现代化文明威海的城市发展定位不相适应，迫切需要弘扬威海独特的人文精神，锻造人的精神品质，提升人的文明素养。

文化是城市的灵魂，是软实力，也是生产力。要坚持社会主义先进文化的前进方向，充分发挥文化引领社会、教育人民、推动发展的功能，以高度的文化自觉和文化自信，更加有力地推动文化大发展、大繁荣。市民素质文明化是体现威海市率先基本实现人的现代化的突出指标。实现这一指标，必须坚持提高人的文明素质、人的发展能力与彰显威海人文特质相融合。

树立“人人为我、我为人人”的社会新风尚，以志愿服务活动为主要内容，大力弘扬“奉献、友爱、互助、进步”的志愿服务精神，着力打造特色鲜明的“志愿爱心之城”。

（十）建设国际化威海，促进人的现代化

城市功能国际化是体现率先基本实现人的现代化的重要指标。

必须坚持提高城市发展硬实力与增强城市环境软实力相同步。借鉴国际先进理念和行为规则，倡导国际交往礼仪，提高市民国际交往能力，着力构建国际化发展环境，全面提升城市国际化承载功能，利用毗邻日韩的特殊地

缘优势力求使威海成为国内最适合中高端外籍人士和华侨的居住地、最受境外人员青睐的旅游地、最吸引国际资本投资的集聚地。

必须大力提升教育、卫生、文化、体育国际化水平，全方位、多层次、宽领域开展国际合作与交流，高质量、高标准建设国际化公共服务体系。

必须吸引国际人口有序流入。实施外国留学生支持计划，融入国际城市旅行网络，按照国际标准构建国际化商务、商业、生活、休闲城市空间，着力建设完备的国际化社交、信息、服务体系，突出放大“学在威海”、“游在威海”、“居在威海”等品牌效应，努力提升城市国际化功能和品质。

必须紧紧抓住霍比帆船世界锦标赛、长距离铁人三项世界杯赛的有利机遇，加速推进公共场所双语标识工程，构建各类威海国际化交流信息系统，扩大霍比帆船世界锦标赛、长距离铁人三项世界杯赛的影响及其后续效应，通过举办国际航海节、电影节、动漫节等活动，多形式、多途径、多手段地实施威海城市国际推广计划，使威海的国际化进程持续加速推进。

必须注重人口国际素质整体提升。实施领导干部和公务员培训计划，引导各级干部树立谋划发展的世界眼光，增强用国际水准领导和推动建设的本领。实施企业家培训计划，培养造就一大批具有全球战略视野、市场开发意识、管理创新能力和社会责任感的优秀企业家和一支高水平的企业经营管理人才队伍，鼓励有实力的本土企业走出国门、走向世界。实施中小学生培育计划，促进中外学生的文化认知和交流理解，在职业教育中引进国际认可的职业资格标准，培养适应国际劳务市场需求的高素质劳动者。实施市民培育计划，积极开展全民功能性教育培训活动；结合重大涉外活动，设立“市民日”和“国际文化月”，搭建普通市民参与国际交流的平台；加快推进市民“走出去”步伐，拓宽市民视野，增强国际化意识；实施友好平台拓展计划，积极构建以国际友城为重点的多元化国际交流网络。

（作者单位：山东交通学院海运学院）

逻辑与修辞:一对法学研究范式的中西考察

焦宝乾

一　问题的提出：研究主题及方法

法律需要远离激情的理性，因而法律的语言风格也表现为庄重、严肃、富于逻辑性。王泽鉴教授认为，法律旨在规范社会生活，建立合理的社会秩序，因此法律的文字必须客观、谨严、精确及合乎事理，应避免夸张、主观或暗示性的词句。法律人的笔锋应常带理性，依法论断是非，依法实现正义。法律思维追求定义的准确性与判断的严谨性，致力于排除一切意外和臆断，杜绝自以为是的想当然。因此，法律是极其讲究逻辑的。与此同时，在西方国家，从古希腊到今天的美国，一直盛行不衰的是法理的滔滔雄辩，双方律师俨如演讲家，针对某个焦点的法理、情理、伦理问题展开激烈的辩论。其实，法律与修辞的密切联系程度一点也不亚于法律与逻辑的联系。

然而，看似对立的逻辑、修辞这两种要素在法律中能否共存？如果能，又如何共存？目前，国内学界从法学上对逻辑与修辞二者关系的研究成果并不多见，偶有涉及，却又莫衷一是。本文试图将逻辑与修辞作为一对法学研究"范式"来对待，故需要首先对"范式"理论与方法在法学领域运用的可能性予以探讨。

按照库恩在《科学革命的结构》一书中的阐释，每一项科学研究的重大突破，几乎都是先打破道统，打破旧思维，而后才成功的。"范式"归根结底是一种理论体系，范式的突破导致科学革命，从而使科学获得一个全新的面貌。而一个稳定的范式如果不能提供解决问题的适当方式，自身就会变弱，从而出现范式转移。而且，一种“范式”往往仅属于同一个科学共同体。跟“范式”一语近似的还有韦伯提出的社会科学研究中的“理想类型”（ideal-type）。但为叙述的方便，这里还是使用“范式”一语。“范式”的概念和理论不仅在自然科学家中引起强烈的讨论和认同，而且也受到社会科学家的高度重视和使用。鉴于学界对库恩提出的范式理论已多有研究，在此不赘，而只想侧重探讨在法学领域中范式理论的运用问题。

库恩的范式理论无论是国外，还是国内法学界均已被多次运用。国内法学界的相关研究，比如张文显教授等提出的从“阶级斗争”范式到“权利本位”法哲学研究范式的转换、后现代法学的研究范式、立法与司法中心主义的范式、法经济学范式；还有苏力教授关于中国当代法学的研究范式，即用政法法学、诠释法学和社科法学三个范式来描述中国当代法学研究。另外，在宪法学、行政法学、民法学、刑法学和环境法学等部门法学领域均可见范式理论的运用。当然，在众多的研究中，也不乏反对的声音。如有学者认为，将适用于自然科学领域的“范式”方法用来分析中国行政法发展的理论问题，将行政法发展视为是一个“革命”的过程，这种“行政范式转换论”显得过于草率和仓促。由此，有论者指出这种研究方法上的不妥。但是，国内法学界对范式理论在法学领域的运用大多是持一种肯定的乃至不加怀疑的立场。

还有学者将法律方法用语作为研究范式。如有人将推理与诠释作为一对范式，认为，当代司法技术的发展，透露出推理与诠释所表征的两种不同的技术范式的矛盾。源于西方科学主义范式之下的司法推理范式具有自身难以打开的“死结”，必将为诠释范式所取代。还有将“法律解释”、法律适用作为范式。就此而言，将“逻辑”与“修辞”作为研究范式，并非本文首创。我国法学界近年来出现的各种“范式”研究，暂不论妥当与否，其本身即预示着在社会转型期，我国法学研究（包括法理学和部门法学）也正在面临未来如何发展，如何提升的转型问题。这些重大问题开始引起学者的认真思考。当然，在既有研究中，恐怕也不能排除对“范式”的滥用乃至误用，但这种理论探索与尝试还是值得肯定的。应注意的是，学界对研究范式的研讨绝不能成为学者个人的理论构想抑或空洞的学术口号，而应该通过对法学领域的整体渗透，通过不断的学术争鸣，形成一种学术自觉，形成一种成熟的学术范式。

就本文主旨而言，逻辑与修辞能否成为研究范式？这一理论意图恐怕也有一定风险。比如有德国学者认为：“直至今日，法律修辞学还未获得一个统一的科学范式。它也没能消除对其科学用处的质疑。因为它在一些情况下也还没有超越工作手册的水平……”这里所言的虽然是“法律修辞学”，但也包含着对本文所欲探讨的“修辞”作为一种范式之可能性的质疑。需要注意的是，这一引文的本意是说，法律修辞学是个新兴的前沿研究领域，还需要大力予以发展，故“这一原则上非常重要的学科迫切需要一个新开端”。而这似乎无碍于“修辞”被视为一个法学研究范式。在西方，“修辞”与“逻辑”这种元理论叙事在古希腊即已经萌生，并且一直影响到后世。

现在所称的“逻辑”在亚里士多德那里被称为“分析”。在亚里士多德使用“辩证法”一词的方式中，它是一种讨论的理论或技艺。在古代，“逻辑”一词已经关乎如思维、评价与计算等这样的活动，而“辩证法”一词直接关乎“话语”（discourse），即“对话”（dialogue）。对这两个词的一个更为严格的界定可见于亚里士多德的作品。他认为，逻辑与分析能得出真的结论，而辩证法只能作为工具用来得出可被视为正确的结论。亚里士多德将辩证法、修辞学与论题学看作跟逻辑学在本质上不同，是因为它们构成了在讨论中说服对手而不是建立真理的手段。在古代，虽然逻辑学与辩证法在名称上有一定的关联，但毕竟属于两种本质不同的学科。其实，辩证法从性质上更接近于修辞学。修辞学是一种经由话语（discourse），而不是经由真理予以说服的方式。可见，在西方学术传统中，辩证法、修辞学等以“话语”（discourse）为对象的学科，其实跟逻辑学有根本不同。

因此，本文所要研究的逻辑与修辞这对范式，从源头上可以追溯到古希腊亚里士多德的修辞学。亚里士多德在构建自己的修辞学理论时，一直意图澄清其理论跟诡辩派和柏拉图的不同。这其实也为后来逻辑与修辞范式的区分埋下了伏笔。不同于诡辩派，亚里士多德将修辞学视为如何发现有说服力的观点和方法的一种研究，而不是如前者认为的那样是实用演说技巧的研究。而柏拉图在《高尔吉亚》和《费德鲁斯》作品中将修辞学当作“烹饪术的对应物”，修辞只不过是巧言善辩的代名词。亚里士多德则认为“修辞术是辩证法的对应物”，意在回应柏拉图对修辞学的责难，试图给修辞学以恰当的学科定位，从而建立修辞学和辩证法、逻辑学的联系。他在《修辞学》一书中说道：“演说者……要能做逻辑推论，要能分析人的性格和美德，还要能分析人的情感以及产生情感的原因和方式。所以修辞术实际上是论辩术的分支，也是伦理学的分支，伦理学应当称为政治学。”所以，修辞艺术不只包括语法和逻辑的训练，它需要研究伦理学和心理学——特别是关于人类性格类型的知识和关于激情的知识。用现代眼光看，亚里士多德对修辞及逻辑这些学科知识做了带有一定关联的区分，其实就在西方学术源头奠定了逻辑与修辞之间“剪不断、理还乱”的复杂关系。

在法律领域，逻辑与修辞的这种复杂关系也至为明显。法律及法律活动一定要讲逻辑，但往往也需要讲究修辞。在各国法律运行中，逻辑与修辞是令人关注的两种要素。在法律方法研究中，逻辑与修辞也是常被人论及的法律方法要素。鉴于此，本文的研究将着眼于“逻辑”与“修辞”这一对理论范式，而不是“逻辑学”与“修辞学”这种学科名称。当然，本文也会在必要的地方使用“逻辑学”与“修辞学”之学科名称。

库恩曾经为“范式”一词被人赋予诸多含义而苦恼。他为避免混淆，宁愿用另一个词，即“学科基质”（disciplinary matrix）：“用‘学科’一词是因为它指称一个专门学科的工作者所共有的财产；用‘基质’一词是因为它由各种各样的有序元素组成……”范式兼具方法论与认识论的意义，引入法学中能够让人更容易从总体上把握法学方法论研究与发展的整体趋向。将逻辑与修辞作为研究范式或“学科基质”，便于人们从总体上去描述和揭示历史上法学思想观念的整体变迁。使用借鉴自科学哲学的“范式”理论与方法，可以整合同一时期不同地区法学流派的理论主张。由此，可以对围绕“逻辑”与“修辞”的不同学派的法学理论进行整体上的概括、对比与叙述。本文提出，不同国家和地区、不同时代的法学家的研究形成了“逻辑”与“修辞”之法学研究范式。

本文的探讨其实是有所偏重的，重心是将“逻辑”与“修辞”的研究切入西方语境，先后对支配西方法律（学）的逻辑与修辞范式予以整体考察，或者说，以逻辑与修辞为主线，对西方法律传统及法学史进行一种宏观式的通览。这种来龙去脉式的发掘、梳理，将为本文主题的探讨提供必要的理论背景。之后，本文将“逻辑”与“修辞”置于中国语境下予以探讨。这一对范式在此语境下有不同于西方的特定的法律文化涵义。但无论是在西方还是在中国，“逻辑”与“修辞”完全都能够成为一对值得研究的理论范式。总体上可以说，“逻辑”与“修辞”是人类司法文明的重要结晶，本文将其提升到“范式”的高度，分别在中西方不同语境下予以概要研讨。

二　西方法律与修辞学的密切联系：一种被遗忘的传统

如果从源头上追溯，西方法律与法学传统一开始与修辞学具有密切的联系。如德国的维腾贝格尔谈到，法学与修辞学联系非常密切。在古代，人们就已经将法学视为修辞学科。美国的列维等认为，法律与当代修辞学同根同源，这种根源现在被称作法庭修辞学。而且在古代，学习法律与学习修辞学是并立的。在卡西奥多（Cassiodor）看来，文法学习、修辞学习与法律学习之间的联系是不言而喻的；伊西多尔（Isidor von Sevilla）干脆把修辞学称为通律者的学问（scientia iuris peritorum）。可见，法律与修辞学无论是在学科上，还是在教育上，它们都在西方自始即存在极为密切的联系，尽管也许从今天来看这有些让人难以置信。

从修辞学的起源来看，修辞学原本就是运用于诉讼领域的，但现在人们不会把法律修辞学仅局限于诉讼领域。其实，修辞学在整个法律适用领域都有重要价值。因此，有人主张应该恢复修辞学的本来面目——法律用途。之所以要专门强调修辞学的法律属性，是基于法律修辞学是法律学科的一门技艺，应作为法律知识加以传授。人们已经证明，希腊和罗马的法学家以及中世纪的经院法不从先定的规则出发使用具有约束性的演绎方法，而是通过辩论的形式施展一切修辞和亚里士多德式辩论术的本领，在对立的观点之间找到一种尽可能广泛的一致，从而达到可能的真理。可见，修辞（学）自古以来就一直都在支配着西方法律传统的形成、发展和变化。而且，修辞学的确也曾在法律中留下了大量的实际影响。如佩雷尔曼谈道："正如大量的民事与刑事诉讼规则，若干法律一般原则被直接烙上了其修辞学起源的印记。应该感谢修辞学……在法律中的引进，这使得高度形式化的古罗马法被改造成更为理想的服务于正义的工具。"法律与修辞学的这种关联直至近代早期都有一定的表现。

但遗憾的是，在后来西方法律发展过程中，尤其自近代以来随着理性主义、科学主义观念的兴起，法律与修辞学的这种联系被逐渐遗忘了。"事实上，修辞学在整个19世纪都处于消亡的境况。"法律与修辞学联系更是无从谈起。这样一来，法律与修辞学原本具有的密切联系，长期以来隐而不彰，往往不为人所知。只是随着20世纪修辞学研究的复兴，这一传统才被越来越多的法学家意识到，并予以发掘研究。

三　近代以来西方法律（学）传统：逻辑范式的主导、修辞范式的衰落

（一）逻辑范式主导的西方法律（学）传统

自古希腊以来，西方人便认为，发现真理的基本工具是逻辑。西方文化

不同于其他文化的特点是追求确定性。长期以来，西方逻辑理论便以追求确定性为特征，尽可能避免偶然、恣意等不确定性。由此，西方学界往往将逻辑形式奉为最高理性形式。逻辑是关于推理的科学，并且是关于必然推理的科学，这种推理的必然性不是由内容，而是由形式决定的。在近一百多年里，逻辑学科有了长足发展：从传统逻辑发展到现代形式逻辑，即数理逻辑。后者最大的特点在于它是以人工的形式语言作为工具，使用数学方法精确地表述逻辑公式，从而建立起严密的推理系统。在西方，着眼于形式研究的逻辑学对现代法律传统的形成具有支配性影响。

近代以来，逻辑范式在西方法律传统中一直占据支配地位。以致至今，一谈起法律，逻辑性、严谨性就被视为法律思维活动的首要品格。这种观点可追溯到17世纪英国的培根，他认为："法律必须被看作是客观、科学和理性的方法论。"这种看法体现出典型的西方法律文化特色，在这种思维文化中，西方法律被烙上明显的逻辑印记。

在法学史上，为了追求确定性，欧陆法学家曾经一度致力于将法律作为一种完备无缺的公理体系。如莱布尼兹（Leibniz）建议把法律体系描述为一些命题，以此将公理性方法移植到法律中，使所有法律结论都可被"几何学"地得出。此后，许多法律人热衷于把逻辑演绎作为从具有法律约束力的渊源中得出判决结论，从而限制人类决策的恣意。尤其是在18、19世纪，西方法学家试图让法律推理遵照三段论逻辑。很多人认为，如果法律的整体能够被概括为一组规则，那么给法律留下的唯一任务恐怕就是去将特定的事实归入到一个规则或别的规则之下。由此，法律会去除所有"人的"因素，而成为某种"科学"。"情感的"与"主观的"影响会从对规则的陈述中，以及其在个案的具体适用中被去除掉。当然，这体现了近代西方法治兴起过程中普遍要求消除人的主观性、恣意性的时代要求。为了达此目的，逻辑方法被广泛用来实现法治所需要的合法性、确定性。由此，逻辑范式牢牢占据了近代以来西方法律传统的主流，法律的逻辑属性得到了近代以来各派法学家的普遍认同。

具体而言，无论是近代的自然法学，还是19世纪的概念法学，抑或英美的法律形式主义（legal formalism），均呈现出明显的逻辑范式主导的理论取向。理性自然法试图在自然科学主导的或者作为科学分支的数学当中给法律推理让出地方。而且这一学派的立法理论认为，只要通过理性的努力，法学家就能够塑造出一部作为最高法律智慧而由法官按一种机械的方式加以实施的完美无缺的法典。德国概念法学则更典型地体现出逻辑范式的主导。法社会学家韦伯立足于20世纪初期的法学研究，认为西方法律至少就其形式而言已达到最高的方法论理性与逻辑理性。韦伯认为这种意义上的法学研究乃是从如下限定出发的：

“（1）任何的法律决定率皆为抽象法命题之‘适用’于具体‘事实’上；（2）对于任何具体事实，必然皆能透过法律逻辑的手段而从现行的抽象法命题当中得出决定；（3）因此，现行的客观的法律，必然是法命题的一个‘毫无漏洞的’体系、或者潜在内含着这样一个体系，或者至少为了法律适用之目的而被当作是这样的一个体系；（4）凡是未能在法学上被理性地‘建构’者，即和法律无关紧要；（5）人类的共同体行动全都必须被解释为法命题的‘适用’或‘实现’，或者反之，解释成对法命题的‘违犯’。”

当然，韦伯这一论断主要基于大陆法系的经验。19世纪法学家以抽象的方法来研究法律，而不是从法律制度的实际效果进行研究。19世纪的法典编纂运动之后，根据权力分立原则，法院的任务被视作单纯地适用包含在法典之中的各种规则，而法院的法官则被视为“宣读法律辞令之喉舌；不得削弱法律之效力”。一个流传甚广的说法是，将法官作为法律的“自动售货机”。这种对法官消极定位的角色理论源于人们对逻辑方法的积极功能的自信。

而且，这一时期英语世界的法律形式主义同样也忠诚于逻辑方法，后者通过演绎方法从挑选出的清楚的法律规则中得出结论。兰德尔（Langdell）认为，法律应被视为一门科学，由固定的原理或学说组成。由此，案例教学法是一种可以比拟科学方法的方法论。在他看来，案例是法律的未经加工的经验性资料，所有现成的（法律）科学资料都包含在印好的书中。如同所有大学的实验室是给化学家和物理学家的，图书馆是我们的。兰德尔坚持认为从案例中学习法律原理涉及像科学推理一样的归纳性推理。“归纳推理（inductive reasoning）——可以满足所有所有‘科学性’的法律分析。在1894年法律科学的概念正值成熟繁荣时，基纳将归纳的逻辑方法作为学习和讲授法律‘最科学的方法’。”这就是此一时期美国法学家所提出的“法律的逻辑神学”（logical theology of law）观念。另外，人们都熟悉霍姆斯“法律的生命不在于逻辑，而在于经验”的论断，但他也曾指出：“广义上，法律同其他任何事物一样，都具有逻辑的特征；针对法律提出的任何合理看法，如同针对其他事物提出的任何合理看法一样，都应当符合逻辑。同时，律师的口头语言和书面材料都需要使用类推、区别和演绎等方法。”可见，即便是到了20世纪早期，英美法学家依然具备对逻辑范式的坚定信念。

英美法系虽然以注重经验的判例法为主要法律形式，但对逻辑理性的关注其实一点也不差。英美法官从前提到结论的运行是通过遵循先例（stare dicisis）（法律逻辑）完成的。在此过程中的法律推理工具包括了类比、肯定的遵循先例和否定的遵循先例。而且有学者考证，法律形式主义主导着自1886年到1937年美国联邦最高法院的司法分析。普通法传统依然要求人们在推理过程中关心逻辑形式，否则法院判决将失去正当性。英美判决书往往也蕴含着逻辑的强大力量。

总之，近代以来两大法系的经验都表明法律与逻辑之间具有密切联系。法律的逻辑属性也成为大陆法系成文法与英美法系判例法的共同属性。在近代以来的西方法律传统中，法律与逻辑范式之间一直具有较为密切、复杂、微妙的关系。有人认为，法律与逻辑之间的关系，既有强烈的吸引又有持久的冲突。虽然法律中逻辑的作用有时会被高估，而有时会被低估，但鉴于逻辑学在西方知识传统中的特殊地位，可以说，西方法律文化一个重要而明显的特色就在于讲求逻辑（特别是形式逻辑）。的确，法律与逻辑之间存在着某种相互吸引、彼此支持的倾向："一方面，法律——具有大量不同的推理形式以及广泛的社会意义——对逻辑学家来说是一块理想的应用和实验场地；另一方面，逻辑——具有为理性思维提供工具的能力——对许多法律人来说是完善法律推理和交往的一个必要工具。"逻辑关系到思维的法则，旨在描述和引导人们就不同议题进行争辩。而法律明显是个非常适合于逻辑发挥用武之地的领域。因此，自近代以来，逻辑成为西方各国法学研究中的一个重要范式。

这也影响到西方人的法观念。唐德刚谈道："'法律'是最讲逻辑的。因而个个律师都是逻辑专家；而律师在西方社会里的地位——从古希腊罗马到今日的英美法苏——那还了得!"因此，逻辑成为西方法律与司法的一个显著表征，逻辑学也成为塑造西方法律传统的一个重要学科，逻辑性已成为西方法律的一个基本属性。

（二）修辞范式的衰落

与逻辑范式在法学中占据主导地位相应的，则是修辞范式在法学中的衰落。而这种衰落很大程度上跟西方修辞学在近代以来地盘逐步被侵蚀有关。

本来，修辞学与逻辑学一样，是被作为在古代社会的政治生活中最"有用"的博雅技艺（liberal arts），后者是培养政治精英、治国人才的最佳手段。逻辑、语法与修辞曾被作为教育中的"三艺"（trivium）。在13、14和15世纪，哲学家中间有一场十分重要的讨论，其中心问题是，我们应当称辩证法为形式推理还是修辞推理？因此他们说逻辑应是混乱的，而不再说有两种不同的推理——亚里士多德区分的分析推理和辩证推理。这种讨论在一个对修辞学历史产生了重大影响的人——拉莫斯（Peter Ramus，1515 - 1572）看来是不能接受的。在他之前，学界一般将逻辑学与修辞学密切结合起来。但到了 16 世纪，修辞学被认为是有别于逻辑科学和辩证法的。这种分离开始于拉莫斯和笛卡尔（1596 - 1650）。拉莫斯认为论证中的构思选材（invention）与观点的布局（disposition）属于辩证法研究的范围，这要比亚里士多德曾经主张的属于修辞学研究范围更为恰当。由此，修辞学应该仅包括演讲风格与文体风格的研究。笛卡尔又接着将评价主张之真实性与有效性方法的逻辑和辩证法同修辞学区分开来。据此，在中世纪和文艺复兴的学术研究中，修辞学的古典观念与逻辑学、哲学和法学研究逐渐分离。从此以后，修辞学成为文学学科或英语研究的一部分。遗憾的是，它不再被视为对推理的研究。修辞学的地盘被大大压缩了。

修辞学在法学领域的命运与此大体一致。在古代，学习法律与学习修辞学是并立的。法律从修辞学中的分离出现在中世纪和文艺复兴时期，开始于 16 世纪的拉莫斯和笛卡尔。如果说，12 世纪注释法学派代表着介于那种后来的法律推理的“科学 - 几何学”或“公理学方法论”，以及基于古代修辞学技艺的古老传统之间的中间阶段，那么到了 18、19 世纪，随着分析实证主义法学的兴起，修辞范式则趋于衰落，走向边缘。如有些学者所论：“在过去的 100 到 150 年里，西方法学思想的主流已然将法律表述当中的修辞这个方面，视为那种只会导致含混与不确定的情感与主观因素。与此同时，法律表述当中的政治的与伦理的那些方面，已被许多法学家视为是‘给定的”，这是政治家或道德哲学家关注的……可想而知，作为‘法律家’的法律家的任务是，在立法、行政机关与法院给定的政策与道德价值下，维持法律自身内在一致性的逻辑。”由此，“这种法哲学不可避免将关注点放在法律中那种显得最为‘逻辑的’方面，即形式规则。”从根本上说，近代以来修辞范式趋于衰落的原因在于自身原有的地盘被逻辑研究范式占去了。

四　西方法学研究中修辞范式的当代复兴

（一）修辞范式的兴起

历史总是在反复交替中前进。如果说在前述逻辑主导西方法学的时代，修辞范式逐渐趋于衰落，那么随着20世纪后半期修辞学的复兴，法律活动的另一种属性，即以情感与激情为底色的修辞的重要性越发突出。正所谓“三十年河东，三十年河西”，在经历若干个世纪的沉寂后，修辞（学）越发在当代西方法学中成为一种引人瞩目的研究范式。跟逻辑学方法相反，修辞学方法（还有论题学方法）“试图触及活生生的生活，这种法学在老传统（亚里士多德、西塞罗）复苏的情况下，建立了一个‘诘难案’（aproretisches）的程序，以使人们能在‘敞开的体系’中找到方向。”当代法律修辞学研究即源于这一古代传统，正如德国的哈夫特所论：

“法律修辞学连接起一个已失去的旧传统。古代的法律修辞学标明了理性应用法学的发端。对个案的讨论和论证是法学的初始内容。只是后来才产生了‘规则’的制定，各种原则和法律制度的创立，司法系统的建立（首先是由于论证的原因）。……今天，由于我们庞大的司法系统问题日益增多，由于对法典的信任虽未破灭，但也被动摇了，由于另外的法律领域，如社会保险法或税法，重又陷入决疑论（Kasuistik）中，所以，我们应当重新记起法学的修辞学之源。”

可见，西方法学在源头上即受修辞学的影响与支配，后来随着西方法律与司法制度的建立，才更多地受到逻辑学的影响。自始即受修辞学影响的西方法律及其学科具有应用性、实践性、论辩性等品格，这跟后来逻辑学支配下的西方法学大相径庭。在西方，法律和政治对修辞学的意义至关重要。而法律与修辞学在当代西方的再度勾连，其实是对古代法律与修辞学传统的某种复归。

20世纪席卷整个西方知识界的修辞学、论题学研究复兴中，学者们纷纷对形式逻辑学予以批判。比如，图尔敏、佩雷尔曼和菲韦格都认为“形式逻辑”侵略了其他领域，故而对其做了否定的评价。依图尔敏之见，形式逻辑学三段论法的论证图式，试图将各种论证场域所进行的论证，刻画出一种夸张的划一性外观。藉由其所承认的唯一区别（即前提和结论的区别），并无法正确地使我们理解现实生活所实际进行的论证，反而混淆了语言的使用，同时隐蔽了论证的复杂性。因此，应将论证从形式逻辑学中释放出来。佩雷尔曼新修辞学思想的重心，也是对传统三段论和形式逻辑予以批判。佩雷尔曼认为这种形式逻辑的方法在人文学科运用上有其根本的局限。其原因在于，形式逻辑的使用，乃基于三大方法论原则：人造语言的使用、形式主义及客观主义。佩雷尔曼对此逐一进行了批驳，并且认为人们无法通过逻辑性的演绎，得到具有强制力的自证性的结论。而这就为修辞理论范式的出场提供了可能。

不过，仔细考察可见，法学上对逻辑范式的反驳，其实早在19世纪晚期就已经开始了。比如，耶林在1865年于《罗马法精神》第三卷中就曾批判：对逻辑的整体崇拜，使法学变成法律的数学。当概念法学意欲将法学作为数学时，其实已经宣判了它的死刑。高度理性化的法律试图对社会生活进行没有遗漏的规制，但这显然并不现实。哈特在《耶林的概念天国与现代分析法学》一文中，总结了耶林对概念法学的五点批判，其中之一就是：错误地将法律科学的那些概念与方法等归于数学之中；因此，所有的法律推理都成了纯粹的算计问题，逻辑推演就是在这些算计之中展开法律概念的内容。耶林嘲笑这些法学家们升入了一个法学概念的天堂。在长于思辨的德国，法学家在历史上曾经把逻辑范式运用并推向极致。英美法学中有个与“概念法学”类似的提法即“机械法学”（mechanical jurisprudence），也曾备受诟病。如庞德认为，机械法学最糟糕之处，便在于将概念当作最终的解答，而非推理的前提。如此一来，概念便不再是概念，而只是一堆空话而已。法学中对逻辑范式的批判一直持续到20世纪。

不过应注意，20世纪上半叶西方法学家对逻辑予以批判时，也未能充分意识到逻辑学的最新发展。比如人们往往知道霍姆斯曾经对逻辑做过批判，但霍姆斯和兰德尔都没有意识到弗雷格的同期著作《概念文字》（Begriffsschrift）已经在逻辑领域掀起了一场革命。兰德尔和霍姆斯所提及的逻辑仅仅是指“三段论”（syllogism）。1880年兰德尔著作的第二版出版，1881年霍姆斯的论文《普通法》问世。上述两个著作都未能意识到逻辑领域的革命刚刚开始。弗雷格（Gottlob Frege）和皮尔士（Charles Sanders Pierce）超越了亚里士多德式的三段论推理逻辑，并且给我们带来了“现代逻辑”。在更晚近的一段时期，法学家们才开始认真对待全新的现代逻辑方法，并且试图将之适用于法律问题的研究之中。现今学者的研究表明，法学与现代逻辑学的发展并不同步。颇具讽刺意味的是，无论是传统秉持逻辑范式的法学，还是19世纪后期出现的对逻辑的强烈批判（如耶林、霍姆斯等），两种看似对立的立场居然都把“逻辑”与“形式演绎逻辑”简单等同。就此而言，后者并未实现对前者在范式上的根本超越，这是下面所要深入剖析的。

（二）传统法学研究中逻辑范式的致命缺陷：将“逻辑”等同于“形式（演绎）逻辑”

传统法学研究中逻辑范式存在的致命缺陷在于将“逻辑”简单等同于

“形式（演绎）逻辑”。这遭到法学研究中复兴的修辞范式的诟病。在逻辑范式主导的西方法律传统中，人们一般从狭义上理解逻辑，即将“逻辑”与“形式演绎逻辑”简单等同。这种观念不仅体现在法学界，而且体现在逻辑学研究中。在很长一段时间里，主流逻辑学家心中有两个理所当然的等式：逻辑 = 演绎逻辑；演绎逻辑 = FDL（Formal Deductive Logic，形式演绎逻辑）。这种等同意识源于人们默认 FDL 可以包容或适用论证分析，换言之，蕴涵关系可以代表所有前提对结论的关系。其实，将逻辑同形式演绎逻辑简单等同体现的是一种逻辑观，即所谓“抽象的逻辑观”：逻辑是非个体的、形式的、普遍的、无时空限制的、非情景的、价值中立的。据此，人们不能区分从逻辑的观点看一个论证是好的还是从修辞学角度看一个论证是好的。但这种逻辑观存在很大问题：它从逻辑评价中排除了归纳、设证及许多实践推理形式，或者从演绎标准进行评价，将它们斥为无效。然而，逻辑并不等于形式逻辑，更不能跟形式演绎逻辑简单等同。澄清此问题需从源头上考察。亚里士多德是“逻辑学之父”，《工具论》是他身后出版的一部重要逻辑学著作。书中《论辩篇》和《辩谬篇》研究的是论证，而《前分析篇》则以推论为核心。因此，“从源头上说，逻辑是关于推理的，也是关于论证的。但是，以蕴涵（实质蕴涵）为中心的数学逻辑完全不理会论证的问题，而经受数学逻辑洗礼的导论逻辑（introductory logic）误把关于蕴涵的理论当作可囊括推论和论证的一般逻辑理论。事实上，蕴涵和论证不同。FDL 的研究对象是蕴涵，而非形式逻辑的对象是论证。”

可见，在西方逻辑学源头上，“逻辑”的概念本来并不是那么狭隘。“逻辑”的原初内涵远比后来主导西方法律的那种“抽象的逻辑观”要丰富得多：既有形式推理意义上的逻辑，也有非形式论证意义上的逻辑。但到后来，现代逻辑学主流看法却将“逻辑”一词仅留给形式逻辑，而忽略其他任何推理形式。这样一来，“听众消失了，逻辑确定性成了唯一标准。……修辞学与辩证法已经被排除掉。”逻辑俨然成了理性的化身或判别标准，而这种逻辑往往被理解为形式逻辑。

法学研究中修辞范式在复兴之际，也对逻辑范式予以反驳。在法律中，将逻辑与形式演绎逻辑简单等同的观点也很难站得住脚。法律可以根据各种计算符号予以表达。这种看法“跟法律方法不协调”，因为“法律中充满了对从公理出发进行逻辑演绎解决的背离”。而且，“将法律化约为一种形式逻辑会……跟任何法律体系的目的相悖”，而这种法律体系是“要调控社会生活”。一个法律人甚至会发现形式逻辑学是“毫无意义和徒劳的：它复杂的和技术性的机制仅仅在阐明已知的东西，而没有为建构足以解决新问题的法律方法……这一创造性任务提供实质性帮助”。可见，形式逻辑学的缺陷也非常明显，尤其在法律中这种缺陷更为明显。既然法律体系是“要调控社会生活”，满足日常实际论证的需要，那么此时逻辑已无能为力，这便为修辞提供了用武之地。

总之，有两种方法要素曾经支配西方法律传统：一种是逻辑，并且自近代以来，逻辑就牢牢主导着西方法律；另一种是修辞，虽说它在古代西方法律传统中地位显明，可是后来则被逐渐遗忘。逻辑与修辞虽然具有截然不同的倾向，但却在不同历史时期从根本上形塑了西方法律（学）传统。总体上说，西方法学经历了一个漫长的知识论上的变迁。在舒国滢教授看来，这个变迁的突出之处在于：法学的修辞学知识—技术范式逐渐被形式逻辑（几何学）的知识—技术范式所遮蔽，甚至被取代。不过，这一整体趋向随着20世纪修辞学研究的复兴而改变，在学者努力下，逐渐形成了一种新的研究领域——法律修辞学（或修辞法学）。而且西方法律运行实践表明，长期以来被形式逻辑迷雾所遮蔽的修辞学思维与方法，在法学领域其实同样大有用武之地。

（三）修辞范式的引入对传统法学的超越

在20世纪初，霍姆斯即洞察到法律中逻辑的局限性。一如霍姆斯，卡多佐和杜威等人也试图超越形式逻辑，但他们均未真正解决此问题。霍姆斯等人虽然看到了逻辑的局限性，但在他们的理论中并未完好地解决这一问题。“所谓自明、明显、理性与逻辑一致的说服力，其本身并非自足。人们必须使用论据的力量来说服论据所针对的那些人。这一结论在霍姆斯那里并没有以清晰的方式表达，但这却内在于他的思考方式中。这预示着从形式领域到论辩领域的巨大跨越。”故在纽约大学的马内利（Maneli）看来，新论辩理论的根基已由霍姆斯所明确，而杜威则为这种分析提供了新视角。霍姆斯等人未能解决的难题，后来在佩雷尔曼及其论辩理论中找到答案。如上文所论，耶林、霍姆斯等人的法学理论虽然对逻辑范式提出了批判，但他们所理解的“逻辑”无非还是形式逻辑。而佩雷尔曼的学术研究一开始也是关注逻辑问题，但因为引入了一种新的修辞学范式，而在研究方法上超越了传统上对逻辑的狭义理解。相比而言，19世纪末、20世纪初如耶林、霍姆斯对传统法学中逻辑的批判，其实并没有实现研究范式上的突破。这种突破只有到了20世纪中期以来，站在修辞学立场的佩雷尔曼、图尔敏、菲韦格等那里才得以实现。个中原因即在于：这一时期不同国家的学者提出了一种新的法学研究范式——修辞。由此也可看出范式研究运用于法学领域有其不可替代的功能。

20 世纪 50 年代末以后，人们认识到在形式逻辑和法律推理之间存在一个根本的不可调和的冲突，这激发了人们的一系列努力，试图将法律推理的一个替代性描述植根于修辞与论辩的传统中。在当今西方，人们可发现以下趋势：“从演绎性证明转向商谈型证成（discursive justification）；从‘闭合’转向一种更为‘开放’的推理模式；从绝对的权威转向在各种可能被接受的替代模式之间的对话选择。”与僵硬的逻辑相比，灵动的修辞更便于用来处理法律中无处不在的价值判断问题。

修辞学理论与方法的引入不仅超越了霍姆斯以及后来的法律现实主义，而且超越了传统的形式主义法学。在佩雷尔曼看来，“正是我们称之为‘形式主义法学’、‘概念法学’或‘机械法学’的支持者们喜欢使逻辑成为法律的核心，并因此而等同于逻辑学家。但事实上，一旦进入到法律争论当中，他们就是法学家，他们的‘逻辑’推理远远越过形式逻辑的限制。”在这里，佩雷尔曼深刻洞见到一直被形式主义法学话语所掩盖的修辞论辩因素。他由此批判司法推理的“工业模式”（industrial model），并以此回应凯尔森的纯粹法学。在佩雷尔曼看来，凯尔森理论忽略了论辩的两个重要贡献：第一，忽略了论辩在将具体规则适用于事实情形中世界的复杂性；第二，忽略了论辩在确立法律体系的基本前提中的作用。此外，从修辞学角度看，新分析法学派哈特的理论亦不无问题。有美国法学家通过对九个案例的实证分析认为，哈特的如下观点有问题：即认为法律是规范性的、不变的、公正无私的，更多地是通过规则与先例而不是通过人予以表述的。法律论证是构成性的，体现出各种语境下的变化，反映了各方争辩者的不同价值。

总之，无论是概念法学、纯粹法学、新分析法学，还是美国的法律形式主义，在注重对法的概念、形式、逻辑予以研究的同时，都忽略了法律中的论辩这一因素；同时也将逻辑和论辩做了不适当的分离。然而，根据当代语言哲学研究，人们抛弃了那种将逻辑从论辩中僵硬分离的观点。相应地，传统上将逻辑学、辩证法与修辞学之间予以僵硬的学科划分的观点也开始淡化。越出拉莫斯与笛卡尔在逻辑学与修辞学之间挖掘的壕沟，人们开始对交往的社会基础重新产生兴趣，预示着人们重新关注论辩的过程。由此，学界开始出现从逻辑到修辞的研究范式转换。这一转换也体现于法律中。西方法学从 20 世纪上半叶对逻辑的批判，到 20 世纪后半叶法学研究的修辞学转向，一定程度上超越了形式主义法学和现实主义法学的传统争论。其实，这两个流派之间的差异完全可以从现代修辞学观点得以协调。修辞研究范式的引入，提出了如下法学新理念：

其一，对法律（规则）的理解。修辞学立场的引入，将对法律带来一种全新的理解：法律可被界定为一种论辩领域。这意味着在受规则拘束的形式主义和规则怀疑的现实主义之间的一种中间立场：法律规则的本质和听众的概念相关。法律规则在司法修辞的领域中运行，从修辞学视角看，法律可被描述为一种对论辩的实施。近年来，英国麦考密克在《修辞与法治：一种法律推理理论》一书中也提出法律的可争辩性。“恰是作为可争辩的（arguable）法律这种观念让我们立马考虑法律论辩的修辞特征。只要是有公开论辩过程的地方，就会有修辞的存在。”这一修辞学立场的法律观，呼应了法律与修辞学在源头上的密切联系。

其二，对司法（裁判）的理解。修辞学视角的引入，对司法裁判尤具启示意义。近代以来，西方法律思想的主流出于对司法专断的顾忌，在司法权与司法裁判机制的构造上，总是寻求独断与非理性的意志干预的最小化。如果说形式主义法学试图在司法中极力排除个人因素，由此导致修辞活动无法施展的话，那么，后来的现实主义法学则极度张扬了司法中的个人因素，二者均无法妥当解决司法活动的合理性。修辞学作为超越形式主义与现实主义之争的一种新视角，将法官解释为一种论辩代理人。他拥有多种说服手段，其中包含法律规则但又不限于此。修辞学将法官重新置于论辩的领地。它提出法律规则的性质要参照其在司法过程的运用来加以解释，而不是相反。修辞学重申了交往互动对那种孤立表达的形式真理的优先性。司法理由提供了分析的起点，而不是某些理想化的规则体系。对判决的分析是作为一种论辩说服的实施，对有效性的检测标准不是正确性，而是说服性。在当今社会，司法所要担负的使命艰巨而复杂。如何合法、合理地应对快速变化的政治、经济、社会发展实际需要呢？答案是，法官应运用修辞学的实践智慧去化解各种难题。

在修辞学范式影响下，人们对法律与司法的观念产生很大变化。西方法律实践中的修辞活动在学理上的正当性由此亦得到确立。当然，似乎也很难说存在从逻辑到修辞的法学研究在范式上的根本转换。范式转换用来描述在科学范畴里，一种在基本理论上根本假设的改变。这种改变，后来亦被应用于各种其他学科方面的巨大转变。应用于本文研究，西方法律与法学整体上在从传统上被逻辑范式所主导，转换到对修辞范式的关注。虽说存在一个大的研究转换，但逻辑范式在法学中的地位依然并没有被彻底取代。比如，佩雷尔曼的新修辞学其实并未就此否定形式逻辑，而是将其放在应有的位置上。形式逻辑是依据演绎法或归纳法进行说明或证明的技巧；而辩证逻辑或新修辞学则在形式逻辑的基础上增添了论辩的技术。从逻辑到修辞的范式演进，不是说后者如今已经取代了前者，其实前者依然是支撑西方法学的一种必要的方法论要素。

五　逻辑与修辞：中国法学语境下的思考

在中国语境下，逻辑、修辞与法律的关系问题需要认真对待。国内近年来也兴起法律修辞学研究。这里所研究的逻辑、修辞与法律之主旨，在中国特定的制度、文化、学术语境下恐怕跟西方会有所不同，甚至有很大不同。

学界有一种流传甚广的看法，认为中国传统法律中是不大讲逻辑的。如唐德刚在谈了西方法律如何讲逻辑之后，认为：

“可是我们传统中国人（古印度人也是一样）最瞧不起所谓‘写蓝格子的’‘绍兴师爷’和‘狗头讼师’。我们的‘仲尼之徒’一向是注重‘为政以德’的。毫无法理常识的‘青天大老爷’动不动就来他个‘五经断狱’，断得好的，则天理、国法、人情、良心俱在其中；断得不好的，则来他个‘和尚打伞’，无法（发）无天，满口革命大道理，事实上则连最起码的逻辑也没有了。”

不大讲逻辑，这种民族思维方式在司法裁判中表现得尤为明显。就整体而言，古代判词一般重在说情，而不重说理，判决的内在逻辑过程较少完整地、清楚地表现出来。由此，自古以来在中国形成一种不同于西方的实质性思维。当代中国法官仍然普遍存在着这种实质性思维。但这种思维具有明显的缺陷，尤其是跟中国社会不断迈向法治的现实需求不符。其实，这种缺陷归根到底还是逻辑思维的欠缺。基于这种观点，人们往往会进一步提出：对于当代中国而言，我们更需要一种法的形式理性。其实，类似的看法在民国时期即已经出现。如王伯琦认为：“我们现阶段的执法者，不论其为司法官或行政官，不患其不能自由，唯恐其不知科学，不患其拘泥逻辑，唯恐其没有概念。”我国传统司法官逻辑思维的欠缺，跟我国传统哲学思维特征有很大关系。逻辑学在我国往往体现在古代名家思想中，然而这一思想一直未获发展，反而备受排挤，成为学术末流。拒斥名家思想的后果就是中国传统哲学中逻辑理性成为胡适所说的“衰落的科学”，逻辑方法始终没有在中国传统哲学中发展起来。结果，中国科学始终没有迈出理性的逻辑论证那关键的一步，始终没有走出经验的范围。因此，“中国哲学的推理思维方式中，有相当多的部分是藉着‘体证’而非‘论证’，‘论证’重在分析思辨，以及藉由推理形式规则保证推论的正确性。而‘体证’重在身体力行的实践，是在活动、变化中感应着同一主体中的彼端。”哲学思维重“体证”而轻“论证”，擅长于情感、直觉、体验，而在认知、理智、推理方面较为欠缺。

这也体现在中国古代司法中。古代司法论证和裁判过程中一个突出的特点就是认知和情感融合在一起。知、情、意处于合一不分的状态，而其中情感因素起着重要作用，这使得传统思维、论证带有强烈的感情色彩，使思维按照主观感情需要所决定的方向发展。这倒是给修辞在判决中的运用提供了广泛可能性。众所周知，中国古代的确出现了不少极富文学色彩的判词、妙判。这种现象的大量存在使得古代裁判表现出显著的诗性思维特征。从这个意义上，在逻辑与修辞问题上，中国古代法律文化似乎更近于修辞而疏于逻辑。

但学界还有一种观点却不这么看，而是认为，决非如很多人说的那样，中国思维传统不讲逻辑甚至没有逻辑；相反，中国思维传统有自身的逻辑。华裔哲学家成中英先生即认为：“汉语思维的这种辩证特征——就像常常在道家和中国佛教中所见到的那样……创造了中国文化中许多复杂而又精炼的论证和推理。根据现代逻辑和逻辑哲学的规则和原则，说中国语言或中国语法没有逻辑性是十足的浅薄无知。”应当肯定，中国逻辑有其特殊的语言和推理，可以说是一种特殊的逻辑，与西方不同的逻辑。相应地，在法律领域也不能说没有逻辑。如有人指出，中国古代判决并非不讲逻辑，不但有一般的三段论推理，而且还遵循着一套可能不为我们熟知的逻辑判案，这是跟当时人们的语言规则和生活世界紧密相关的。之所以导致认为古代判决中没有逻辑，是因为当下中国许多研究法律逻辑学的著作就多多少少偏离了正轨，它们只是把纯粹逻辑学转化到法律领域里，而没有真正关注现实中的法律推理到底是怎样的。

总结上文，在对中国古代法律与司法究竟是否体现出逻辑理性问题上，已经出现两种对立的观点。在研究中，不同学者明显对“逻辑”一词赋予了不同内涵，甚至跟西方学术背景下的“逻辑”有很大不同。可见这个问题在中国语境下应该说是比较复杂，不宜简单下判，应予以具体分析，更需进一步研究。

中国社会还有一个较为特殊的背景是，到了清末变法修律以后，被迫放弃了古代那套法律，转而全盘移植西方法律。这使得逻辑、修辞与法律的关系问题在中国的研究面临更为复杂的背景。有学者对近代以来我国判词做了研究，认为中国的判词经历了从古代的文学化、情感化、道德化，至近代的对传统的扬弃及域外的引鉴，彰显出判词的程式化、逻辑性、专业化等特点，走出了一条由（古）封闭到（近代）开放的路径。尤其是民国以后某些典型判词在结构及说理上甚至远远超过了当代判词。可见，至少在中国法律传统是否讲逻辑这一问题上，还应以发展变化的观点去看待。

在历史上，逻辑学与修辞学在不同时期分别对西方法律产生过强烈的影响和支配。法律中的逻辑与修辞往往泾渭分明。我国法律传统没有西方这种背景，总体上看，在我国古代法律传统中，逻辑与修辞的区分似乎不像西方那么明显。但逻辑与修辞在我国法律中，同样也有一些不同。而且，上文论及的逻辑与修辞在法律运行中可能出现的出入，往往也体现在中国文化传统中，如有言："信言不美，美言不信"，或者王国维所说"世间万事，可信者不可爱，可爱者不可信"。逻辑讲究的是"信"，修辞体现出"美"、"可爱"。当下中国司法裁判中形式逻辑往往会因为其实质上的不可接受性而受到指摘。不可接受性是一个修辞标准，可见逻辑与修辞在当代中国司法中同样可能出现冲突。

自古以来，中国司法形成了不同于西方的实质性思维、诗性思维。近年来我国法院系统推行的能动司法政策，其实也是上述思维在当代的延伸。体现实质性思维的法律修辞还被运用在律师执业中。在目前中国媒体高度关注的热点案件中，一定会有律师试图用雄辩的修辞首先影响公众和媒体，然后将之转化为对法官的政治干预。同样在一些热点案件中，一些法官因为不当修辞而被舆论推向风口浪尖。可见，在当代中国法律与司法中，不论是逻辑问题还是修辞问题，都是非常值得进一步发掘的实际问题。

结　语

基于中西方学术语境，本文对逻辑与修辞这一对法学范式，侧重从西方角度作了宏观上的分析与梳理。总的来说，逻辑与修辞范式一直都在支配着西方法律传统的形成、发展和变化。二者既彼此对立、排斥，乃至一度分道扬镳、形同陌路，当然也有相互影响、彼此合作，共同促进西方法律与司法文明的发展。在法律史上，逻辑与修辞分别在不同时期对形塑西方法律传统起到关键作用，并由此彰显出西方法律不同于世界其他法律的特色。可以笼统地说，法律应兼顾内容与形式、理智与情感，协调理性与合理性之间的关系，即应处理好逻辑与修辞的关系。在当下欧美各国法律制度实践中，逻辑与修辞已成为两种基本的法律方法要素。在中国语境下，逻辑与修辞范式恐怕会跟西方有很大不同，但西方对此问题的经验教训值得我们去借鉴。整体而言，我国法律文化传统中，逻辑思维较为欠缺，而实质性思维颇为擅长。在法律运行中，体现实质性思维的修辞更容易被人用来达到某种目的。司法中的修辞也容易导致裁判更多受制于那种捉摸不定的民意。因此，一个习惯于实质性思维、诗性思维的国度在迈向法治的过程中，格外需要注重逻辑的作用。当然，修辞在法律中的合理价值也同样不能忽视。逻辑与修辞这一对范式之间的合理关系，在我国依法治国进程中也应妥当处置。

［作者单位：山东大学（威海）］

《海洋盛宴——巡礼中国海洋食品名城·荣成》内容提要

张瑞英

《海洋盛宴——巡礼中国海洋食品名城·荣成》一书首次以媒体视角，以30万字、600幅图片，全景式地展示了荣成得天独厚的海洋资源优势，以及荣成海洋食品产业在生态养殖、远洋捕捞、科技创新等方面的集群优势，多维度探析了荣成作为全国首个“中国海洋食品名城”“中国绿色食品城”的综合实力与人文魅力。

全书以散文式文笔对海带、海参、鲍鱼、海胆、扇贝、牡蛎等30种荣成特色海产品以及远洋捕捞、冷冻调理食品、海产罐头、深海鱼油等近20种生产工艺进行了生动的纪实描写。理性地审视了荣成海洋经济发展脉络，以产品名片的形式总结展示产品、产业形象。书中有知识性的趣味介绍，有写实性的精美图片，辅以时尚杂志式的编排方式，使整部著作既有体验式的现场感，又有历史与人文的深度，精美大气，通俗易读。

第一章 《植梦蔚蓝海洋》

本章包括：中国海洋食品名城的四个维度、中国海洋食品名城名片、大事记3大部分。

第一部分：“中国海洋食品名城”的4个维度

1. 生态维度：“最美海岸”的生态蓝海。

以2005年荣成成山头被《中国国家地理》评为“中国最美的八大海岸”之一为由头，介绍荣成在海洋生态环境保护方面多年坚持不懈的投入与努力。

2. 科技维度：“海洋硅谷”的创新底气。

荣成是国内承担国家海洋“863”“973”计划项目最多的县市，本部分概括了荣成在生态养殖、食品加工、医药开发、构建海洋科技人才体系、搭建产学研对接平台等方面领先全国的科技创新机制。

3. 诚信维度：“内外兼修”的品质内功

主要介绍两个方面：一是荣成市建立源头监管网络，实现无缝监管覆盖，守住海洋生物食品安全底线；二是强化企业诚信意识，完善健全企业诚信体系，逐步形成规范化、法制化的企业信用自律、监督和服务机制。反映了荣成企业“以诚为本、经信立业”的诚信内功。

4. 产业维度：“海洋食品名城”的蔚蓝前景

雄厚的产业基础，过硬的产品质量，为荣成海洋生物食品产业实现品牌扩张战略奠定了坚实的基础。主要介绍荣成相关产业的品牌扩张成果以及20个行业龙头或领先产品的产业发展规划。

第二部分：“中国海洋食品名城”名片

介绍荣成作为快速崛起的滨海城市、海洋经济强市在全国的领先地位。包括：国家级海洋牧场示范区、国家级远洋渔业基地、全国最大的海洋食品产业集群、国家级科技兴海示范基地等。

第三部分：大事记

搜集整理了“中国海洋食品名城”的重要事件和时间节点的相关资料。

第二章 《畅游海洋牧场》

本章包括：海洋牧场、海洋科技、千里金滩等3部分，海带、海参、鲍鱼、海蟹、海胆、扇贝、多宝鱼、牙鲆鱼、牡蛎、蚬蛤、魁蚶、海虹、竹蛏、天鹅蛋、西施舌、海螺等16个品种，以及荣成主要养殖品种分布图、荣成海洋科技名片等8大部分内容。

【海带】

以“发现海带价值”“荣成海带成长史之变形记”“荣成海带成长史之微观海带”为主线，包括海带营养价值、海带轶闻、荣成海带名片、山东省优质海带制品生产基地企业名录、品种丰富的“海洋蔬菜”等8部分内容。

【海参】

以“鲁参主产地荣成好海参”“好海参是这样长成的”为主线，包括荣成原种野生刺参、古老生物特异功能、海参营养（八大功能神奇功效）、食补尊品参香四海、望闻问切选好参、荣成海参名片等8部分内容。

【鲍鱼】

以“寻山探鲍”为主线，包括鲍鱼非鱼、特异功能、鲍之差异、鲍之营养、荣成鲍鱼名片等 6 部分内容。

【海洋牧场】

以“东楮岛纪行”为主线，包括海洋牧场与人工渔礁、海蟹、海胆等 5 部分内容。

【海洋科技】

分别以“蓝色硅谷”“千里金滩”为主线，包括：扇贝、多宝鱼、牙鲆鱼、牡蛎、蚬蛤、魁蚶、海虹、竹蛏、天鹅蛋、西施舌、海螺、荣成主要养殖品种分布图、荣成海洋科技名片等 15 部分内容。

第三章　《远征辽阔大洋》

以远航为主线，包括海族荣最称盛、回运 · 升级等 3 大部分内容。

【远航】

远航：展现了荣成远洋渔船远渡重洋，布局世界渔场的壮阔气象。

海族荣最称盛：回顾了荣成传统捕捞业的兴盛历史。

热血炮弹　金枪鱼：介绍了金枪鱼的几大关键词，金枪鱼捕捞、加工、九大营养价值以及金枪鱼的主要品种分类。

生如夏花　鱿鱼：介绍了它们来自哪里？亚洲最大的鱿鱼加工基地、鱿鱼营养误区、神奇的头足类等内容。

身世复杂　鳕鱼：主要针对市场上品类繁多、真假难辨的鳕鱼进行了身世溯源与品种分类介绍。

传统名鱼：分别介绍了鲅鱼、带鱼、刀鱼、黄花鱼、安康鱼的生活习性与营养价值。并以加工步骤配分步图片的形式介绍了荣成传统名吃“鲅鱼饺子”。

回运 · 升级：主要介绍了荣成远洋渔业如何从卖初级产品向回运进行精深加工的转变历程。

此外，本章还介绍了荣成远洋渔船的建造以及荣成市远洋企业名录。

第四章　《领先蓝色产业》

本章包括：探秘美食王国、封存美味、金色希望、老味道 · 新工艺、九大优势奠定第一产业地位等5大部分内容。

探秘美食王国：深入荣成最大的冷冻调理食品企业（泰祥集团）内部，介绍企业如何从加工白身鱼排起步，10年时间成长为全国最大的冷冻调理食品基地。分为一个白身鱼排的蝴蝶效应、一颗圆葱的采购流程、一份猪肉的检验指标、一份咖哩浓汤的营养密码、一个外来妹的成长轨迹5部分，以点及面，反映荣成冷冻调理食品在产品开发、质量控制、市场营销、人才培养等方面的独到之处。

封存海洋美味：以入味、升级、底气3部分介绍荣成海产罐头的行业状况，反映荣成作为“山东省优质海产罐头生产基地”“全国最大的海产贝类罐头出口加工基地”的综合实力。

金色希望：以缘起、轮回、涅槃、新生4部分，追溯亚洲最大营养补充剂生产基地的前世今生，反映荣成海洋保健品行业的发展状况。

老味道·新工艺：主要介绍荣成海洋食品的传承与创新。其中传统名品包括：干制品（鱼干、干贝、海米），盐渍品（蠓子虾酱、海蜇皮）的加工工艺与营养价值。现代工艺介绍了海洋休闲食品、海产调味品的发展情况。

九大优势奠定第一产业龙头地位：归纳总结了荣成海洋生物食品产业的九大优势和行业特点。

本章节还包括几大产业的名片和省级优质产品基地的企业名录、国家级龙头企业及品牌名录。

（作者单位：中共荣成市委宣传部）

企业集团营销协同点的识别研究

魏文忠　陈志军

一　问题的提出

自1980年代中期组建企业集团以来，我国各类集团获得了快速的发展。企业集团在扩大规模的同时如何提升竞争能力，以真正实现做大做强，一直以来备受理论界和实践界的关注。学者们围绕提高企业集团竞争优势而展开的关于企业集团管控模式与手段（陈志军，2007；王昶，2011）、集团管理与治理（徐向艺等，2008；武常岐等，2011）、母子公司关系（许强等，2001；王世权等，2012）等研究不断深入，这些成果丰富了企业集团管理理论的框架，为今后的研究奠定了坚实基础。企业集团作为一个多法人组织通过多种关系纽带联结起来的经济联合体，其管理的核心不仅包括纵向的母子公司管控，同时还包含着对集团成员企业间横向关系的协调。特别是多地区、多行业和跨所有制经营的大型企业集团，集团成员企业间的关系更是错综复杂。随着经济全球化和信息技术的快速发展，组织设计和组织管理理论发生了重要变化。如何合理地设计企业集团架构，使其成为有效的协同系统已经成为管理学学者们关注的重要问题。

企业集团具有特殊的价值创造机理，既不同于一般大型单体企业，也不同于由众多同质企业构成的企业集群。这种特殊之处就在于能够通过对成员企业资源的重新配置实现价值创造，即企业集团能产生协同效应。集团协同的机会主要存在于营销及研发、采购等价值链的关键环节。特别是处于价值链末端的营销环节，存在许多可协同之处（波特，1997；巴泽尔与盖尔，2000；科利斯与蒙哥马利，2006）。企业集团成员企业在营销活动中协调合作，共享自身独特、互补的营销资源，可以有效降低运营成本与管理费用，提高顾客价值创造能力。而这种基于资源共享产生的协同，是集团竞争优势的一个重要来源。营销协同的根源在于集团成员企业拥有的营销资源不对称，一部分资源没有得到充分利用，通过将这些富余的营销资源在母子公司及子公司间重新配置，可以使其得到有效利用，从而创造协同价值。企业集团的营销协同可以采取交叉销售、销售渠道共用、客户信息与诀窍共享等形式，能否取得协同效应取决于成员企业间是否存在潜在的协同点，以及这些协同点带来的收益与成本之比。

本文提出了集团营销协同点的识别原则和方法，在问卷调查的基础上识别出关键协同点和重要协同点，并对这些协同点的价值及适用条件进行了分析，以期为我国集团营销管理提供决策参考。

二　集团营销协同点的识别原则与方法

协同点是企业集团成员企业间可能会存在协同的关键要素或环节，识别营销协同点是取得营销协同效应的重要前提。实施多元化战略的企业集团，成员企业产品市场之间存在一定的相似性或重叠性，因此存在诸多可协同之处。只有准确地发掘出这些营销协同点，才有可能围绕协同点选择合适的协同形式实施营销协同管理，取得集团整体价值的最大化。

（一）营销协同点的识别原则

营销协同点的识别和确定一般要遵循价值比较、利益均享、优势互补、求同存异和动态调整等原则。依据这些原则，集团成员企业可以更好地识别出有重要协同价值的环节。

1. 价值比较原则

企业集团营销协同的前景是美好的，然而成员企业能否取得预期的协同价值还取决于协同的收益与成本。协同点的价值比较原则就是在选择协同点时要对协同可能带来的收益及导致的成本进行正确的评估比较，选择能够带来净价值的协同点实施协同，以取得集团整体营销价值的最大化。营销协同的收益是营销资产与知识共享给各成员企业创造的新价值，包括降低营销成本、提高销售收入、增加顾客价值、提高公司谈判能力与公司竞争能力等，获得这种新价值是集团成员积极追求协同合作的主要动力。协同可以给企业创造价值，但同时也是有成本的。营销协同的成本主要包括增加管理协调的费用、丧失对市场反应的灵活性及降低成员企业的积极性与创造性等。当为实现潜在的协同而导致的成本与协同带来的收益相抵时，这种协同的整体价值可能为零；而当潜在营销协同的成本高于协同的收益时，营销协同的净价值则可能为负。

2. 利益均享原则

协同点的利益均享原则是指选取的营销协同点要能给双方都带来价值，这样才有利于集团成员企业间建立长期协同合作关系。集团成员都是独立核算的法人企业，营销协同的真正动力来自协同带给它们的利益，而不是母公司的强制推动。协同必须实现双赢，极端的自私和绝对的利他，都不可能实现协同。协同创造的价值增值部分应尽可能地同时分配到参与协同的成员企业，以激发他们更积极地发掘营销协同点并参与到协同中来。当然，短期内双方获取的价值可能是不对称的，但获取价值少的一方未来应该获得一定的价值补偿。

3. 优势互补原则

营销协同效应发生的基础是成员企业间拥有的资源和能力是有差异的，营销协同点的优势互补原则就是指选取的营销协同点对双方要能实现彼此优势互补，互相取长补短，这样才能发挥双方资源与能力优势，从而实现整体价值的最大化。企业要找出自己在营销资产和知识方面的短板，积极获取外部资源弥补短板。相对于有形营销资产，营销知识资源如客户关系和营销诀窍等更具有互补性，可以给企业带来更大的协同收益，但同时其协同难度也较大。协同需要成员企业间互相学习、默契配合，协同的实现过程实际上也是一个学习型组织的创建过程。

4. 求同存异原则

子公司之间尽管有共同的利益诉求，但彼此之间也会存在一定的内部竞争从而产生利益冲突，例如可能都会争取从集团母公司获取更多的资源支持。协同点的求同存异原则就是成员企业间要从整体利益出发，保留意见分歧，寻求共同的协同基础。只有成员企业在协同的理念上一致了，才会增加彼此之间的信任与承诺，从而在协同过程中充分发挥各自的优势，投入更多的时间、资源。研究表明，实施营销协同的企业间合作理念越相似，其匹配性就越高，营销协同的水平也就越高。

5. 动态调整原则

协同点的动态调整原则是指，成员企业之间的营销协同点不是固定不变的，应随着内外部环境条件的变化及时进行相应的调整。如子公司成立初期，市场开发是公司运作的重点，由于消费者对公司产品不熟悉，品牌、顾客关系都是一些比较重要的协同点；而随着子公司的逐步成熟，成本控制成为公司运营的重点，渠道、仓储则变为比较重要的营销协同点。除子公司内部的资源能力条件外，一些外部环境条件如市场的动荡性、母公司管控模式的调整及集团文化的变革等也会影响到可以利用的协同点及协同的实现过程。因此，公司要根据协同条件变化动态调整营销协同点及协同形式，使整个集团获得持续性竞争优势。

（二）营销协同点的识别方法

集团成员企业之间能实施营销协同，就是因为企业间有相同或相似的营销要素或环节，即存在可以协同的机会点。抽象的协同不能带来任何实际意义，通过定性和定量的方法识别出协同点并进行价值评估，是实施营销协同的重要前提基础。

价值链分析是定性识别营销协同点的一种有效工具，通过价值链分析可以将企业的营销活动进一步分解为若干个分离的活动过程。然后，列出两个或几个成员企业的各自价值链上的所有活动，通过对这些环节协同的收益和成本分析，就可以比较容易地识别出那些可以产生净价值的环节。从营销流程角度，企业的营销价值链可以进一步分解为仓储、销售、物流配送、安装调试及售后服务等基本活动，以及调研、定价、促销、订单管理、客户关系管理、经销商关系管理等辅助活动。基本价值创造活动主要涉及有形营销资产的共享，而辅助价值创造活动则主要涉及营销活动的协调和营销知识的共享。此外，还可以通过四分类组合分析法等进行协同点的定性识别。

营销协同点的简单量化识别可以通过开放式问卷调查进行，首先请集团成员企业中负责营销业务的中高层管理人员根据工作经验，综合考虑协同的收益和成本，列出自己认为真正有价值的可以和其他成员企业协同的要素或环节。然后，通过对调查结果的分类统计，根据提及率高低就可以简单地判断出各种协同点的相对重要性。

为了更准确地衡量各协同点的重要性高低，还可以使用排序法计算协同点的协同价值综合得分。首先，要在文献研究和开放式问卷调查的基础上，列出一份集团中可能存在的协同点清单。然后，请营销管理者根据自己的经验和知识，按照能带来的协同价值高低对清单中的协同点进行排序。排序时，既可以让被访者对列出的所有协同点进行排序，也可以只对被访者认为比较重要的某些协同点排序。在此基础上，对协同点的选中情况进行统计分析，计算各协同点的协同价值综合得分。协同点的协同价值综合得分 = （Σ 频数×权重值）/参与调查的人数。其中，公式中协同点的频数为该协同点在每一个位置上被选中的次数，而权重值则由该协同点被排列的位置决定。假如，我们列出 10 个营销协同点请被访者选出 5 个并进行排序，那么排在第一个位置的权重值为 10，第二个位置权重值为 9，第三、四、五位置的权重值分别为 8、7、6。假如我们对 20 位营销管理人员进行调查，协同点“售后服务”被选中并排在第一个位置 8 次，第二位置 7 次，第三、四、五位置分别为 3 次、1 次、1 次。那么协同点“售后服务”的协同价值综合得分 = （8×10+7×9+3×8+1×7+1×6）/20 =9 分。最后，根据各协同点的协同价值综合得分高低，就可以判断出其重要性高低。

使用定性或定量的方法识别出有价值的营销协同点后，通过对双方资源的匹配就可以设计出具体的营销协同形式。由于子公司对自身资源的优劣势更清楚，所以一般子公司比集团母公司更容易识别出能带来净收益的协同点

三　集团营销的关键协同点和重要协同点

根据集团成员企业各协同点带来的协同收益大小和实现协同的成本，协同点又可以分为关键协同点、重要协同点和一般协同点。关键协同点能够给企业带来重大协同价值，重要协同点能给企业带来一般协同价值，而一般协同点虽能带来一定协同收益但协同的成本也非常高，甚至可能会高于协同收益。营销协同点也是集团营销管理中的控制点，特别是对关键协同点和重要协同点应该进行重点控制。

（一）关键营销协同点

在前期调研访谈和问卷统计分析的基础上，我们简单识别出品牌管理、仓储与物流配送及售后服务三个关键营销协同点。这三个协同点在集团营销实践中的使用率都是比较高的，通过对这三个环节的有效协同可以大大降低营销成本或显著提升营销绩效。在关于集团存在的营销协同点的回答中，品牌、仓储物流和售后服务的提及率分别高达 86.5%、62.7% 和 67.5%；而这三个协同点在集团营销实践中的使用率也非常高，分别高达 82.9%、51.7% 和 58.5%。

1. 品牌管理

品牌是企业集团的一项重要营销资产，集团成员企业实施品牌协同战略可以获得巨大收益。企业集团的品牌一般包括集团品牌、子公司品牌和产品

品牌三个层次，集团品牌是由集团母公司所拥有的品牌，是集团业务拓展和产品线延伸的基石，也是集团重要的竞争优势来源。集团成员企业及其产品在品牌模式上可以采取统一品牌模式、主副品牌模式或联合品牌模式，保持与集团品牌定位的统一，可以发挥集团强势品牌形象的背书作用，降低公司创业及新产品推出的市场风险。集团企业通过品牌传播的协同，可以降低传播推广的成本，提升品牌推广的效果，并能增加顾客感知价值。

品牌协同的成本主要是子公司或其产品出现营销危机时，可能会影响到集团其他成员企业及其产品；过度的品牌延伸会稀释集团品牌形象，特别是涉及无关多元化的业务时。集团成员企业在业务相关性比较高，产品市场定位一致的情况下应积极实施品牌协同。

2. 仓储库存与物流配送

仓储库存与物流配送是企业经营中的重要环节，包含了储存、分拣、配货、送货等诸多活动，这些环节通常会占用较多的资源，所以存在较多的资源协同共享的机会。集团成员企业使用分散的仓储库存和物流配送，独立地进行订货、存货、补货及配送，会导致集团高昂的库存和物流成本。集团成员企业使用统一的仓储体系，可以有效地降低库存成本，提高库存周转率。使用统一的物流配送体系则可以通过优化配送流程、配送队伍等，降低配送成本，提高客户响应速度和客户满意度。而作为仓储与物流协同基础的一体化物流信息系统建设，则可以提高配送的效率与精准率。

仓储与物流配送协同的成本主要是系统的前期建设资金投入较大，运营中对集团成员企业及价值链上不同环节的沟通协调会产生一定的成本。企业集团规模比较大、成员企业产品市场销售区域一致时，实施仓储库存与物流配送的协同，可以获得显著的协同收益。

3. 售后服务

售后服务是企业价值链上价值增值的一个重要环节，也就成为集团营销协同的一个关键协同点。成员企业分别设立自己的售后服务部门与服务队伍，各自为客户提供售后服务，会导致服务流程与服务质量的标准不统一，而客户则需要跟同一集团下的不同售后部门打交道。这既会导致企业服务成本比较高，也会给客户带来了不便，影响客户的满意度和忠诚度。集团成员企业实施售后服务协同，将独立的售后服务业务整合为统一的售后服务平台，则可以规范售后服务标准，降低售后运营成本，并提高客户对集团品牌形象感知与满意度。而且售后服务的协同可以对客户信息进行集中管理，而这也有利于挖掘客户的潜在需求并为产品技术的改进提供重要的信息来源。

售后服务的协同不可避免地会带来成员企业间协调的成本，同时需要售后服务人员具有复合性知识，能解决客户面临的多样化问题。当集团成员企业产品业务相似性程度比较高、目标客户群一致时，就存在较多的售后服务协同机会。

（二）重要营销协同点

我们对127位营销管理人员的调查结果表明，集团营销中还存着销售渠道、集中办公和销售队伍三个重要协同点。在关于集团存在的营销协同点的回答中，这三个协同点的提及率分别为55.1%、52.7%和46.0%。这三个协同点在集团营销实践中的使用率也比较高，分别达到46.2%、45.8%和41.8%。

1. 销售渠道

渠道在产品流通过程中具有重要作用，销售渠道的协同可以带来可观的协同价值。渠道是企业克敌制胜的利器，渠道建设需要投入大量资源与时间。通过销售渠道协同，成员企业共享各自的经销商和客户信息，使用统一的订货系统，可以降低渠道开发和维护成本，扩大产品市场覆盖范围。渠道协同也增加了企业与经销商谈判的筹码，可以提升其渠道权力，在布货、上架、回款等方面获得更优惠的条件。而且，渠道的协同也使集团与经销商等渠道成员关系更加密切，形成稳固的利益共同体，降低企业销售的风险。

成员企业可能因自身利益及保密等原因而不愿意共享渠道资源。销售渠道的协同也需要成员企业的目标客户相同，从而具有一致的渠道结构和渠道成员。

2. 集中办公

集团成员企业可以通过集中办公，共用办公场所、办公设备等而获得重要的协同价值。成员企业特别是其在各地的销售分公司或办事处，独立建设、购买或租赁办公场所及大型办公设备，会造成一定程度的资源浪费。而集中办公则可以通过成本分摊节省许多固定资产投资，提高资源利用效率。集中办公能够增加成员企业营销人员间联系沟通的机会，通过互通信息，双方可以从对方处获得更多的营销知识和营销机会。此外，集中办公还有利于集团向外界传递一致的品牌形象，提高顾客的认知度。

办公基础设施与设备的协同共享一般需要集团母公司从中协调，集中办公可能在日常工作中产生一定的矛盾与冲突。成员企业的销售市场区域不一致时，集中办公可能也会降低成员企业营销的灵活性。这种协同适用于成员企业在同一市场区域拥有大致相同的业务规模的情况。

3. 销售队伍

销售队伍协同是成员企业使用同一支销售队伍销售不同产品。成员企业的产品间具有较高的互补性时，不同的销售人员与客户进行沟通谈判，就会形成较高的营销成本，而且给客户带来诸多不便。而产品间具有替代性时，则可能为了争夺客户而造成内部冲突，降低集团在客户心目中的形象。产品替代时，成员企业共用销售队伍增加了客户的产品选择余地，可以避免客户被竞争对手抢走。而产品互补时，共用销售队伍则可以获得更大的协同收益，交叉销售可以降低销售成本，通过向顾客提供产品组合方案还可以增加销售收入。

销售队伍的协同需要销售人员具备多样化的产品知识，能够洞悉客户多元化的需求。而且销售人员可能因获得的利益差异等原因而对不同产品投入不同精力。成员企业产品目标客户群具有高度一致性时，就可以考虑采用销售队伍协同。

除上述关键协同点、重要协同点外，一些一般协同点虽然也能带来某些特定的收益，但其协同的成本通常很高，甚至足以抵消协同带来的收益，所以本文不再进行分析。

四 结语

协同的思想对我国企业集团的营销管理具有重要的启示，集团营销管理者在实践中需要高度重视对成员企业间协同关系的管理，提高营销协同管理能力特别是协同点识别能力。在母子公司构成的企业集团网络中，没有哪一个公司的行为是孤立的。公司的竞争优势不仅取决于自身拥有的资源，还取决于在集团网络中获取的资源及整合这些资源的能力。集团成员企业没有必要都完全依靠自身的力量开展营销活动，而应树立协同共赢的营销理念，学会利用集团内部资源谋取自身营销竞争能力的提升。为实现集团营销协同，成员企业要客观、准确地识别出关键营销协同点和重要协同点，并客观评估其成本与收益，避免错失一些有价值的协同机会。同时也要避免因盲目选择协同点而导致协同的成本过高，高估一般协同点的价值而忽视协同的成本，使企业集团落入协同效应的“陷阱”。

[作者单位：山东大学（威海）管理学院]

《隐性课程视角下的大学英语课程设计研究》内容提要

史光孝

改革开放以来，我国的大学英语教学水平有了长足的进步，大学生的英语能力整体上上了一个新台阶，但长期以来我国外语教育存在着“费时低效”的问题也是不争的事实。针对这一问题，学界从不同角度进行了诸多探讨并试图加以解决，但实际效果并不理想。从上个世纪末开始，我国高等教育进入快速发展时期。然而，与这种高等教育快速发展不相称的是我国的外语课程设计与研究工作的滞后与缺失，尤其是在信息技术与外语课程开始进行全方位的整合、外语课程构成范式发生深刻转变的情况下，从课程角度对外语教育“费时低效”问题进行的探讨更不多见。

以计算机网络为代表的信息技术与外语课程整合后，外语课程的构成范式也就从传统的“2 + 1”模式（理论、方法 + 课程或教材）转变为“3 + 1”模式（理论、方法、技术 + 课程或教材），即教学理论、教学方法、信息技术体现于课程或教材之中。可以说，课程构成范式的改变是计算机网络环境下外语课程定位的首要特征之一。因此，本研究选取改革开放以来的第三次大学英语教学改革为大背景，以“3 + 1”外语课程构成范式为主线来对国内三所高校及其部分教师和学生的外语隐性课程状况及其原因进行考察，并就研究成果对我国外语课程设计的启示进行探讨，以期能够对我国大学英语教学改革的顺利进行起到良好的促进作用。

专著共由六章组成，总体框架基本如下。第一章主要介绍了该项研究的缘起、相关的背景信息以及论文的主要结构等。在随后的文献综述部分，作者采用夹叙夹议的方式对学界先前有关课程和隐性课程的研究以及相关文献资料进行了较为系统的综述和梳理，并结合外语教学的实际情况，对课程和隐性课程进行了新的诠释和解读，为后续研究进行了理论铺垫。由于研究的出发点和角度不同，研究者对核心概念的界定往往是不一致的，在进行学术问题讨论时，这也是一种经常发生的情况。但一个大的前提和原则是把自己对核心概念的认识及理解明确地表达出来，进行较为清晰的界定，否则就极容易陷入“各自为政”、各说各话、互相难以沟通的境地。课程和隐性课程作为本研究的核心概念同样也适用于这样的前提和原则。由于研究的出发点和角度不一样，学界在对课程和隐性课程的界定时也出现了不一致的情况。鉴于这种情况，作者在本章中首先对课程的相关文献和研究进行了梳理，提出我们应该克服和摒弃课程的狭义观，从广义上来对课程进行理解和界定，并在此基础上进一步对课程的下位概念——隐性课程进行了重新界定。这在一定程度上超越和突破了传统教育学意义上的隐性课程概念和定义，为下一步的研究奠定了相应的理论基础。但有一点需要我们清醒地认识到：隐性课程作为课程的一个下位概念，它具有概念上的相对性，因为隐性课程主要是一个针对显性课程而提出的概念。在实际的教育实践中，显性课程和隐性课程并不是，实际上也不可能截然分开和泾渭分明的。更多的情况下它们是相互交织在一起的，互相包含，呈水乳交融状态，它们在教育过程中共同发挥着作用，对学生进行交互影响。理论上的概念区分并非意味着实践中的分离与对立，我们之所以要进行显性课程与隐性课程的区分，出发点主要在于课程研究的需要，是为了彰显隐性课程在教育中的重要地位和作用，同时这也是对课程的一种兼具广度和深度的思考，对丰富课程研究的范围和内涵，推动课程理论的发展具有积极的意义。

出于研究需要，作者将外语隐性课程分为了学校、教师和学生三个层面并分别加以考察。第三章就是以《大学英语课程教学要求》（2007）为显性课程比较参照系，以国内三所学校为样本对学校层面的外语隐性课程进行的考察。本章简要介绍了新一轮大学英语教学改革的背景和内容，并以《大学英语课程教学要求》（2007）为比较参照系，对三所学校的教学目标、教学要求、课程设置、教学模式、教学评估和教学管理等进行了以实地考察、文献分析和访谈调查为主的质性分析考察。研究结果发现各学校基本能够以《课程要求》为指导来制订各自的大学英语教学大纲，但各学校在实际执行以《课程要求》为标准的国家显性课程时都不同程度地存在与其不一致的情况，故而形成了自己的隐性课程。作者在研究对象的选取一部分中提到，之所以选择以A、B、C三所学校为考察对象，一个原因是因为它们来自我国的发达地区，应该能够代表我国大学英语教学的较高水平；另外一个原因是最大限度地获取真实信息的需要。考察分析后，我们发现虽然三所学校来自的地域相似，但它们的隐性课程又各具特点：以改革的核心和关键内容教学模式为例，A 学校基本上没有执行“基于计算机和课堂的英语教学模式”；B 学校在改革初期执行过这种模式，但由于种种原因，在该研究进行时这种模式已经终止了；相对而言，C 学校在执行这种模式时与《课程要求》贴得更紧一些。从功能上看，所考察学校的部分隐性课程对国家显性课程是一种补充，但同时也可能会产生一些负面的影响，因此对隐性课程的合理利用应引起我们的注意。各学校之所以存在隐性课程固然有各高校在观念、理解、资源以及学校定位等方面的原因，但《大学英语课程教学要求》对各地区、各高校的差异和实际条件考虑不够充分，相关规定和要求依然统得过紧，刚性有余、柔性不足也是一个不容忽视的客观实际情况。这也从一个侧面反映出我国“行政型”的课程决策管理模式和“上定下行”的“专制化”课程管理体制在大学英语这门课程中一定程度上依然存在。尽管与 1985/1986 年和 1999 年颁布的《大学英语教学大纲》相比，《大学英语课程教学要求》在灵活性和弹性上已经有所改善，在给予各学校更大的办学自主权方面也在试图做出一些努力，比如它明确提出“鉴于全国高等学校的教学资源、学生入学水平以及所面临的社会需求等不尽相同，各高等学校应参照《课程要求》，根据本校的实际情况，制订科学、系统、个性化的大学英语教学大纲，指导本校的大学英语教学”，但我们看到各高校的具体落实情况与《课程要求》的设计构想之间显然还有一定的距离。陈坚林也指出，计算机网络技术进入外语课程后，引起了一系列的变化，这些变化自然会打破传统外语教学环境的平衡，而失衡的教学环境又会导致许多失调现象的发生，表现之一就是国家的教育政策与学校具体情况的失调，具体体现在“国家教育部颁布《课程要求》，并规定了教学目标和教学模式，要求高校建立计算机网络环境下的自主学习中心，但是教育部的有些规定或教学原则（尤其是关于教学设备方面的规定）与不少地方性学校的实际情况有所冲突”。《大学英语课程教学要求》之所以成为指导全国大学英语教学的纲领性文件，自有其必然与必需，然而正如前所述，我国高校之间情况差异巨大，内部情况不一而足，很多高校的大学英语教学其实无法真正按照《课程要求》“削足适履”，这也是各学校存在隐性课程的重要原因之一。从这个意义上讲，本研究从隐性课程的角度和视角来审视各高校的大学英语教学的发现也会对下一步国家相关教学指导文件的制定提供一定的借鉴和参考。

理解和参与课程是教师的工作和生活，而课程只有依赖教师的理解和实施才能实现自身的意义和价值。课程与教师的关系由此可见一斑。第四章作者利用问卷调查和访谈的方法对教师层面的隐性课程进行了考察。研究发现，教师们在教学实践，尤其是课堂教学中，不同程度地存在着自己的隐性课程，这些隐性课程呈现出多元化和多极化的特征，具体体现在教学内容、教学模式和手段以及师生作用和角色的处理上，而且这些隐性课程实实在在地发挥着自己的作用，对学生的英语学习效果施加着影响。本部分的研究发现与陈冰冰和陈坚林的研究发现有异曲同工之处：科学、先进的外语教学信念在实际课堂教学中执行程度并不高，大学英语课堂教学出现了各自为政、无可适从的状况。所不同的是两项研究所选取的角度不同，陈冰冰和陈坚林的研究是从大学英语教师信念的角度进行的，而本研究则是从教师隐性课程的角度进行的。尽管如此，两项研究都表明，新一轮大学英语教学改革的诸多新理念在教师的教学实践中并没有得到很好的贯彻和执行。因此，如何使新的教学理念转化为教师的课堂教学行为，从而提高教师的专业素质和教学能力，促进学生的发展，是当前国内外教学改革共同面对的时代课题。笔者提出，只有在教师真正参与到课程改革中来，能够“批判性”地对自己的信念和教育价值观进行检视和反思并加以更新改变，进而改变自己的教学行为，“真正变革”（real change）才有可能发生并取得较为理想的效果。也就是说，只有当课程改革的外在要求与教师的内在改变携手并进，教师与课程处于相互渗透、彼此融合的关系中时，课程改革才最有可能取得成功。从这个角度来讲，教师是课程改革的中枢，教师不能“被教改”。任何课程改革推动者都应该清楚地认识到，组织体系和机构、教学材料、课程以及教学策略等要素都会对教学产生影响，但这种影响都是通过教师这一中介来完成的，因为这些要素本身是没有能力来自行规划、启动和推行的，所有这些工作都是由教师来完成的，教师的中枢地位由此可见一斑。正如《国家中长期教育改革和发展规划纲要（2010－2020）》第十七章所言：“有好的教师，才有好的教育”。课程改革取得积极的效果要以教师为保障和前提，那种绕过、忽视教师地位和作用或者将教师置之不理，而寄希望于通过管理体制改革、教材配套、指令性考核甚至硬件资源投入等外部措施和手段来达到教育目的的做法是没有生命力的，终究也是不能成功的。本研究还发现，引起教师外语隐性课程的原因是多方面的，主要有教师对外语课程改革的参与度不高、教师信念与认知以及认知情景和认知对象等方面的原因。找到了造成教师外语隐性课程的原因可以为下一步更好地把握隐性课程的属性提供一定的帮助和参考。针对教师隐性课程与学校显性课程很多时候会出现不一致的情况，作者提出在学校教学大纲的指导下，尽可能弥合两者之间的不一致，同时又能够保证教师自主性和能动性的积极发挥。

在对学校和教师的隐性课程进行考察后，第五章对三所学校的 273 名学生的外语隐性课程进行了考察和分析。围绕研究问题，学生外语隐性课程的研究变量确定在学生的学习动机和目的、学习内容、学习过程和方式上，量性分析的调查问卷和质性分析的访谈调查在研究中得到了结合使用。研究发现，学生外语隐性课程中的学习动机和目的部分呈现出较强的工具性特征，学习内容部分与学习动机有着密切联系，学习过程和方式部分则倾向于“传统”类学习活动，学生对“3 + 1”课程构成范式下的信息技术作用的认同感不高，实际使用信息技术提高语言应用能力的情况不甚理想。引起学生外语隐性课程的因素是多方面的，主要集中在测试的反拨效应、课程设置的合理性以及外语教学软件本身等方面。在学生外语隐性课程与相对应的显性课程的关系处理上，笔者提出可以通过改革语言测试体系、优化课程设置和开设大学英语先导课等方式来使二者的关系更加协调和融洽，并以此提高大学外语教学的效果和质量。

第六章是在对学校、教师和学生等不同层面的外语隐性课程考察及其研究发现的基础上对我国外语课程设计的一些思考。在对课程设计的理论和模式进行了简要回顾后，该部分重点对外语课程设计的几个演变和发展阶段，比如传统模式、整体化课程、动态化课程和生态化课程进行了阐述，并在此基础上就课程设计中如何更好地体现隐性课程提出了几点建议，比如课程设计应以学习者为中心、重视教师的地位和作用以及情景化设计等。

整体来看，本研究围绕隐性课程这一概念对三所学校大学英语教学改革进行的考察和所得到的发现一定程度上丰富了课程研究的内涵和范围，扩展了课程研究的视野，推动了课程理论的合理发展，同时对课程论学科的发展也具有一定的借鉴和参考意义，尤其是使隐性课程研究由目前的“隐性”状态转变为“显性”状态，一定程度上改变了先前隐性课程研究严重薄弱的局面。此外，该研究还通过考察不同层面的外语隐性课程状况，分析了外语隐性课程在课程设计中的重要地位，并在此基础上探讨了隐性课程对我国外语课程设计的启发。本研究不可能解决我国外语教育中的全部问题，但作者仍希望它能够充实外语教育中课程研究的内容，从而为解决我国外语教育较长一个时期以来的“费时低效”问题提供一个新的角度和思路。

［作者单位：哈尔滨工业大学（威海）］

《〈废铎呓〉点校译释》内容提要

于文华

《废铎呓》是清代文登籍贡生林培玠编著的一部纪实性文言短篇故事集，被誉为胶东的《聊斋》。其笔触简练，语言生动，极具浓郁的胶东地域文化特色，对于研究胶东，尤其是文登、荣成的地方文化、风土人情，具有重要的史料价值，可以称得上是当时整个胶东地区的百科全书。

林培玠于道光二十六年（1846 年）写完跋时，已 75 岁，有生之年并未见到此书出版。1916 年其曾孙林懋宗设馆授徒于文登原家村原文山家，当时在上海经商归家省亲的原文山见到该书手稿，大加赞赏，便敦促林懋宗刊布。但林懋宗力不能及，终未付梓。后原文山自任出版之事，经在上海的朋友资助，该书于 1917 年出版，此时距林培玠写完跋已 71 年。由于种种原因，该书现在几近失传，鉴于该书文艺性较强，且极具史料价值，文登区地方史志办公室将此书点校译释出版，以飨读者。

《废铎呓》点校译释全书共 100 万字，分原著文、点校文、译释文 3 部分，其中原著文约 20 万字，译释文约 50 万字。此次点校译释所做的工作主要有如下六点：（1）添加标点。原书没有标点，阅读难度很大。此次依据 1995 年中华人民共和国国家标准《标点符号用法》的规定，加上标点符号。（2）划分段落。原书不分段落，此次点校译释根据文章内容适当分段以醒眉目。（3）校对勘正。原书印刷质量较差，个别地方油墨不均匀，故而字迹不清。校勘对原文缺字用“□”表示，对有些篇目目录与正文题目不一致的，酌情选用。如：卷一《诽谤程朱》，后文标题为《晋魏梁谤程朱》，取前者为题；卷三《大力军徒》，后文标题为《大力军人》，取前者为题；《阎罗鼻》，后文题为《阎罗鼻二则》，取前者为题；卷六《宁海州吴牧》，后文题为《宁海牧吴公》，取后者为题。对有些明显属排版错误的，也予以更改。如：卷一

《佟令》，后文说："客生辽东为伶姓"，改"伶"为"佟"。（4）规范用字与排版。原文采用繁体字、竖排。此次点校译释，依据《现代汉语通用字表》的规定，力求使用规范的简化字。原文中有大量异体字、通假字及少量讹字，为读者阅读方便，点校文、译释文一律恢复正字。原著文、点校文、译释文全部采用横排。原文凡遇"皇帝、先祖、国朝、宸听、恩诏、封典、圣像、文庙"等字词，即空格排印，此次不再空格。（5）译释。文言文水平较高的读者可阅读原著文，文言文水平略微欠缺的读者可参照点校文阅读。译释文中对读者不易理解的词语、典故、人物、史实，用小字角下加注解释。因此种解释若过多，往往会影响读者思维的连贯性，所以只做必要的注解。例如，本文讲科举考试的故事，如果不了解科举制度及相关细则，往往不知所云；某些官职、习俗、法律、引文，如果不解释，读者则如入云里雾里。（6）只译原文不做点评。译释不做思想与艺术方面的评点。原书受时代的影响，难免有些封建思想，要发现这些问题，也不是太难。例如，作者要赞扬忠臣，往往会指斥农民起义军为"贼"，但是读者完全可以察觉，也会有自己的看法。所以，译释原则上不做评点。

《废铎呓》全书共四册，193 篇文章讲述了 220 多个故事，以简练的笔触、通俗的语言、纪实的手法和生动感人的故事情节，集中展现了当时社会特别是文登、荣成两县社会各领域、各阶层的历史原貌，涉及官场吏治、科场士子、异象灾祲、灵异仙释、名胜古迹、乡野俚俗、冤狱奇案、鬼狐传说、贤女悍妇、恩怨之报、忠义节孝、河灵海怪等，涵盖了方方面面的社会形态及形形色色的人物命运。但是，总的说来，作者创作的一个主要意图还是宣传孔孟之道。而孔孟之道的精华又与中华民族的传统美德密不可分。

孔子创立的儒家学说提倡仁爱孝悌。仁孝是中华民族传统美德之一。仁爱的核心是"爱人"，孝悌表现为父慈子孝、兄友弟恭。一个家庭有了仁孝，会充满浓浓的人情味儿与和谐的生活情趣。这种仁孝扩展开来，一个民族、一个国家就赢得讲文明、讲和谐、讲道德、讲礼貌的良好社会秩序。这道理是不容置疑的，但是，要做一个仁孝之人是不太容易的。《废铎呓》为我们讲了若干这方面的故事，用以劝善惩恶。做官之人首先要是仁者，没有"爱人"的意识，不尊重生命，就会造成无数冤假错案。《徐中丞轶事》里面的徐士林，首先是位仁者，然后才是智者。读过《冤狱》《奇狱》《戏狱》《赵县令》《徐别驾》《悍隶》等篇目你更会有深刻的体会。作为平民百姓，孝友为立身之本，你只要读一读《王孝子》《孝友成名》《雷警》《孝行》《雷击恶子》等篇目，定会大有裨益。

儒学提倡谦和好礼。好礼、有礼、注重礼仪是中国人立身处世的美德。恭敬、辞让、包容之心，使中国人彬彬有礼。小到私人相处，大到国际交往，一个“礼”字，不可或缺。看过《丛宫保轶事》这则小故事，你会发现丛宫保“总制三边、开府宁夏”，军政大权独揽，办了无数军国大事，可你却并没有多深的印象。但是，他善待当地那位“衣敝履穿”的老儒一事，却能叫你久久不忘。谦和好礼不容易，达官显贵谦和好礼尤其不易。读了《某封翁》你就会明白“刚为美德而过则杀身”的道理，明白某封翁到底“过”在哪里了。读了《于生》《穆总戎》等篇目，你也会为于生惋惜，为穆总戎礼待贫贱之交而心中大快。而读了《耿生》，你若对文中那位山东提学何大人不嗤之以鼻才怪呢！文明古国、礼仪之邦，身为华夏子民，每个人都应该想一想：我是否具有这一重要美德？

儒学提倡诚信知报。诚实守信、知恩图报是组成中国人的道德良知与道德良心的重要成分，这就使中国的道德极具质朴性。《废铎呓》中《张李同室》一文很值得一读。读过以后你就知道，张、李二家为什么能够数代同居，情逾一家。作者说：“造物之赐福祉，未有不相其人者，侈谈奇遇迂矣哉！”两家人既不沾亲又不带故，从江东、山东遇于辽东，竟成数代之好。当事人不具备上述美德，又怎么可能呢？难怪文中那么多巧合，却让人觉得合情合理。失去了这些美德，虽是骨血相连、亲朋好友也会充满杀机。《图产殒身》《鬻产显报》等篇目便可为你诠释。

儒学提倡修己慎独。这一点强调的是自律。一个人的高尚品质、坚贞节操的养成是不容易的，没有自觉地克制、主动地践履是不可能养成的。从某种角度来讲，这一条是属于君子人格的培养，很有难度，也最为重要。一个人做一件好事并不难，难的是做一辈子好事，不做坏事。一个人出于功利目的，做几件好事也不难，难的是绝对不图回报，而一如既往地做好事。一个人在众目睽睽之下会严于律己，在绝对无人知觉的情况下，也严格自律，这就毫无疑问是位君子。在这一点上，儒学为人际关系的和谐，对为人处事的准则提出了更高的要求。《废铎呓》中《郭公》《阴骘》《科场》《王翁》等文章能给我们许多启示。

儒学提倡见利思义。义利关系的处理体现了中国伦理道德的价值趋向。先义后利、以义制利是传统义利观的基本内容。人际关系的和谐，社会秩序的安定都与“利”字有着直接的关系，所以不能树立正确的义利观，则所有的美德都是建筑在沙滩之上。当今社会，父子、兄弟、师徒、上下级等关系中存在着一定的不和谐音符，矛盾大多源于利益的分配。利益的分配要合理，可是，一个没有正确义利观的群体，利益无论如何分配都是难以让人满意的。《废铎呓》中《鬻人》《赈饥》《莱郡某翁》《卜六》《文登质库始末》《成山》《韩某》《舟沉》《劫盗》《于翁》《财神》《荣成宾兴之典》《刘麦》《张李同室》《济南郡学附》等篇目，从正面或反面告诉人们：在“利”字面前，应该如何以义制利。

儒学提倡学而不厌。作为儒学的开山鼻祖，孔子就是一个学而不厌的楷模。孔子读《易》，韦编三绝。即使读到这种程度，他还是说：“假如能让我再多活几年，我就能读出《易》的文与质了。”“孟母三迁”的故事，所以流传至今，也是儒学重视教化的原因。因此《废铎呓》的作者也很重视教育教学。书中讲“互乡”（此地人们的行为不好）的故事不少，这些地方人们的行为为什么不好呢？根源在于缺乏教育，《王五猴》《山北头》等篇目让人看到人性的愚昧与凶残，看到教育的紧迫性。《大成殿附》记述了文登城北床里村周莲浦的事迹。他经商北京海淀，收入仅称“小有”。他用全部资财购地四顷，全部“呈于邑宰，以为义塾”。一个农民，离乡背井，在异地开设一个小店铺，这钱实在是来之不易啊！但是，正因为他有一种忧患意识，才促使他成此义举。文章虽短，读来却令人感动。他在中华文明的建设方面，或许功劳微乎其微，但是，人们永远不会忘记他。

儒学博大精深，许多学者把儒学的仁爱精神、个体和谐、社会和谐甚至人与自然的和谐视为疗救社会危机的手段与希望。孔孟之道不仅属于中国，而且属于全世界。郁达夫曾经说过一句非常有哲理的话：“没有伟大人物出现的民族，是世界上最可怜的生物之群；有了伟大人物而不知道拥护、爱戴、敬仰的国家是没有希望的奴隶之邦。”

（推荐单位：中共威海市文登区委宣传部）

《汉语对联研究》内容提要

徐本湖　徐晶凝

自1986年常江《中国对联谭概》问世以来，对联学界不断有概论性的理论著作问世，这些著作为对联学的学科建设打下了一定的基础，取得了不少成就。遗憾的是，这些著作都多多少少存在一些问题。

问题主要表现在两个方面：一是，对联作为一种“特殊的诗体”，已有著作在讨论它的界定、分类、格律等基本问题时，却往往忽略其作为“诗体”的特点。二是，对联虽然是一种文学体裁，但它在格律等方面的特点，却涉及语言学的诸多分支，如节律、音韵、修辞、语法，乃至于词汇、语义等。这些问题不从语言学的角度进行分析探讨的话，是很难说清楚的。但已有对联论著作者大多为从事文学研究的学者，从语言学的角度探讨分析问题者甚少，即使偶有涉及，也往往论述不够清楚，甚至存在不少有待商榷之处。

因此，本书紧扣对联的诗体属性，将对联研究纳入诗学研究的大框架之中，并运用语言学理论，全面探讨了对联的定义、格律、修辞技巧、创作方式以及对联的产生和发展等问题，首次完整系统地构建了对联学理论体系。

本书第一章首先全面地分析了对联的文体性质：作为一种文学体裁，对联是一种特殊的诗体，是格律诗中的“素诗”；作为广义的文章体裁，对联则属于应用文体；同时对联还是一种艺术品类，是一种综合的装饰艺术。但本书突出强调对联作为一种文学体裁的最本质的形式特点，即通副必须为一个绝对独立存在状态的对偶辞例。

对联格律，是对联研究的根本问题，但是已有论著均未讲说清楚。本书第二章坚持王力先生“对联衍生自近体诗的对仗”的学术观点，首先依据启功先生的《诗文声律论稿》和王力先生的《汉语诗律学》，讨论梳理了近体诗的格律。结果发现，前人和时贤关于近体诗格律的探讨中，仍存在一些问题尚未研究清楚。本书明确界定了律诗的三级节奏结构单位，即律简（诗行、诗句）、律联和律缀。其中，律缀从未被明确过身份，本书首次给出术语，加以界定。三级节奏单位的明确，使得律诗平仄律的三条具体细则各自都有了明确的实施单位。即：

1. 律简之内，平顿仄顿要递换。

2. 律联之内，对应顿的顿脚必须平仄相对，亦即不同。

3. 律缀之内，对应顿的顿脚必须平仄相粘，亦即相同。

本书依次称之为递则、对则、粘则，统称为平仄律三细则。平仄律是在简身内实施，管不到简脚；简脚归押韵律管束。通过对《唐宋诗举要》中399首律诗的调查，本书进一步证明，粘则的约束力最低，在唐代甚至失粘是不算病犯的。

所以，本书虽为对联学研究的专著，但是在近体诗的研究上也有创获。

在梳理律诗格律的基础上，本书最终推定，对联格律也包括四项：节律三律，即音节律、平仄律、简脚股脚律，以及关于对偶运用的对偶律。表述如下：

音节律。每副对联有两股。股无定简，简无定字；但出股与对股的简数必须相等，分联的出简与对简的字数必须相等。

平仄律。(1) 联简之内（单联即股内），平顿和仄顿要递换。(2) 分联之内（单联即出股和对股），对应顿顿脚的平仄要相对，亦即相反。

简脚股脚律。(1) 复联各分联的出简、对简简脚必须一平一仄；同样地，两股的股脚也必须一平一仄，均不得同平或者同仄。(2) 出股一般为仄脚，对股平脚。但允许变例：出股平脚，对股仄脚。

对偶律。必须运用对偶辞格，用一个，从头用到底。

对联的音节律和简脚股脚律，或者被研究者忽视，或者表述不清楚。主要原因在于：(1) 对联最重要的形式分类——单联与复联，以往在格律研究中从未明确提出；(2) 有关概念，诸如简、股、简脚、股脚等，以往的研究从未做过系统的划分和严密的界定。本书首次肯定而准确地描述了这两项格律。

讨论平仄律，必须首先明确平仄律的实质。本书认同语言学家丁邦新先生关于平仄律的实质的观点，即：平调型与非平调型的对立。根据实验语音学的成果，本书从声调的听觉征兆方面，进行了补充论证。首次提出达成平仄律的其他条件，最重要的就是平仄字群的分布和载义负荷。在此基础上，本书还讨论了所谓的“新平仄”问题，普通话音系仍然可以形成平仄二分的局面，但只能是一声为平、二三四声为仄，而不是一二声为平、三四声为仄。不过，因为平调型（一声）和仄调型（二三四声）的字群分布和载义负荷的严重比例失调，所以以普通话音系为准，要坚持“新平仄律”是很困难的，因此应该坚持“律化联”和“古调联”并行的双轨制。

对偶律是对联的根本格律，本书首次提出对偶标准的概念，描述了其历史发展过程：字类相对 > 事类相对 > 句型相对。同时，本书还区分了对偶律和对偶标准，指出：对偶律是近体诗和对联运用对偶的规定性——用不用、用几个、用于何处；而对偶标准则是运用语言的哪一种“建筑材料”来“构建”对偶。可是目下大多数联著都把这二者混为一谈，而把对偶律表述为“词性相当”、“结构相称”之类等。

在对联格律的研究上，以往关于违律所致病犯的研究几乎是空白。本书检讨梳理了传统诗学有关病犯的理论，首次提出了完整的对联病犯系列（包括避忌）。即：违背事类相对标准的病犯、违背字类相对标准的病犯、违背句型标准的病犯以及合掌、轻重不等、偏枯、语句不伦、无规律复叠等避忌。

本书还调查了清人梁章钜《楹联丛话》中的近 400 副典型联例，用以印证我们所论定的对联格律。

本书第三章讨论对联的修辞技巧，以便跟格律进行对比、印证。强调指出，格律是纪律，是法律，是对联必须遵守的法纪；而修辞技巧则是装饰，是巧着，用不用皆可。比如“正对、反对、流水对”等，本属于对偶的分类，而是否运用这些种类的对偶，纯属对联创作的技巧问题，而非对联格律问题。但已有的很多对联论著往往混淆这两个领域。

本书分四个方面系统地讨论了对联的修辞技巧：利用汉字特点、利用声韵律、利用汉语语法特点以及其他。本章在对复叠、析字、回文等辞格的界定、分类以及结构方面，都提出了自己的观点。运用数概辞格的数目巧搭对，清代学者仅仅给出了一个名目，本书则揭示了这一对类的“奥妙”所在，即“分列项不等”跟“对应简字数必等”的矛盾；详细地分析归纳了解决矛盾的方法，从而给出了数目巧搭对的科学分类。此外，本书还提出了假悖对、窄对等新对类。

本书第四章研究对联的分类问题。大多数对联著作都是仅仅依据对联的社会功用进行分类的。虽然这是由来已久的传统分类法，但是，对联作为一种文体来说，它所具有的形式上的分类，才应该是对联研究中更值得重视的。遗憾的是，以往的联著在这方面的研究甚少。仅仅从字数多少的角度将对联分为“超短联、短联、中联、长联、超长联”，而这种形式分类，对于研究对联作为一种文体所具备的自身的特点来说，几乎是没有任何意义的。

本章从格律标准、对偶标准、语义标准三个角度系统地描述了对联的分类问题，提出了最重要的形式分类，即单联、复联的划分。这一分类的设立，使得对联格律的研究更为系统清晰。并首次深入地分析了包孕对（一般叫做当句对）的性质、下位对类以及它们之间的关系，构画了包孕对的内部体系，即：

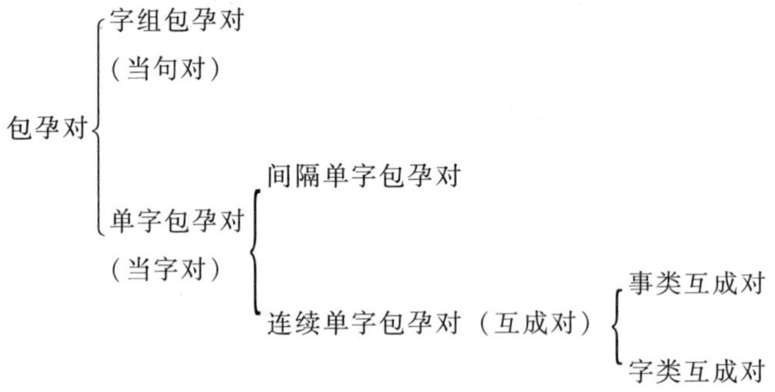

《文镜秘府论》是传统对偶研究的经典文献，但是其对类划分没有同一标准，杂乱无统绪。本书对《文镜秘府论》之对类划分的标准、系统等问题进行了彻底的检讨和爬梳，并搜集了尽可能多的对类辞例，确立了统一的分类标准，形成一个对类谱系。本书又通过检讨梳理传统诗学的有关材料，对变体对类的研究有所补充，多所匡正，多所发明。因此，本书在一定意义上也是《文镜秘府论》之对偶论的专门研究。

本书第五章讨论了对联的创作方式，指出对联创作方式可分为两类：专创和他转。他转的主要手法有：摘句、缀集、联句、续延、唱和、口占、点化和隐括等。

第六章讨论了对联的产生和发展。本书给出了区分对联与非对联的对偶辞例的三个标准：对联必须是绝对独立存在的成篇对偶；是否律化、产生的年代等；最重要的是，要看独立成篇的对偶辞例是否已经实现了其作为对联的社会功用（祝颂、慰吊、陈设、广告效应等）。其中对偶在对联这种文体中的存在状态——绝对独立，或者说是独立成篇——是操作性最强因而也是最重要的标准。

根据三个标准，本书廓清了联界在这一研究方面存在的一些概念糊涂的问题。例如谭蝉雪认为，见于卷号为斯坦因 0610 的敦煌遗书是最早的对联。谭氏之说在联界流传颇广、影响颇大，但那根本不是对联，而是诗帖子，是宋以后历代传承的诗帖子的根。

本书认为，对联产生发展的大势为：诞生于晚唐五代，定型于宋元，有明一代长足发展，有清达于极盛。

本书第七章是对全书内容的总结。

对联的定义、格律、分类，乃至于修辞技巧，都与汉语所特有的一种修辞格“对偶”关系极其密切，所以要研究对联，必须透彻地研究对偶。同时，对联衍生于律诗，对联与其衍生的母体律诗关系也极其密切，所以要研究对联，也必须研究律诗。因此，本书虽为对联研究专著，而“谈对论诗”的篇幅却颇为不少。

“谈对”能与对联结合的，就在正文出现，为对偶所独有的内容，就安排在附录里。

“论诗”则主要表现在两个方面：一是有关理论的阐述，大量引述诗话、诗法类文献；二是援引了一部分诗联作为对偶辞例。之所以如此，是因为对联的本质是格律诗，在格律方面，尤其是对偶律和平仄律，对联与律诗本来就是一致的；另外，古人并没有留下多少对联研究的文献，理论阐述方面的著述则更少，至于成系统的著述则几乎没有。因此，本书所探究的对联理论，大都是从诗学推衍而得的。从本质上说，对联学也是诗学，是诗学的一个分支，谈联而涉诗，势所必然。“谈对论诗”，在本书原是研究对联的方法，但同时却使得本书又是对偶辞格研究的专著，对于律诗格律的研究也是一种发展。

总之，本书实际上在三个方面有所创获：构建了汉语对联学的理论框架；对对偶的界定、标准、分类进行了系统研究；对律诗格律的研究有所推进。

（推荐单位：中共乳山市委宣传部）

《现代汉语本体与应用探索》内容提要

尹海良　丁建川

《现代汉语本体与应用探索》共分 5 篇，总计 13 章。全书以现代汉语词汇学研究为核心，以单篇论文形式从词汇语义、句法结构、修辞语用、汉语规范、汉语应用等五个角度对汉语多个子系统的本体与应用课题进行了探索。本书最大特色是具有强烈的“问题意识”，每节解决一个具体问题。其次，采用实证主义的研究方法，基于真实文本语料并借助统计手段获取可靠数据，重实证，避思辨。

在词汇语义方面，本书从辞书编纂、虚化词缀、词语发展和构词用词四个角度进行了探讨，在一些方面解决了目前出版辞书的释义规范化问题，特别是首次对 1965 年出版于保加利亚的《保汉分类词典》（作者为长期留居保加利亚的中国籍汉语教师张芬荪女士）进行了介绍和评价。针对在《语文建设》2007 年第 10 期上发表的《紧箍咒能戴吗?》一文，其观点是“紧箍咒是一种咒语，它既不能‘戴’也不能‘套’，而是用来念的。”本书从认知隐喻的角度论证并基于真实文本语料库考察后认为，“紧箍咒”不仅可以念，它还可以戴、套、顶、摘……其语义演化属于隐喻和转喻思维中的正常扩展。在虚化词缀方面探讨了两类新兴的类词缀，即类前缀“－看、－走”，论述了其生成途径和过程。从认知角度对传统典型近同义词缀“－头”和“－面”进行了语义细类的描写与解释，基于两个大规模真实文本语料库的数据对比并结合认知语言学理论的定性分析，研究结论表明：外形及位置特点造成的隐喻，决定了“头”可以有“端点”的语义内涵，而“面”可以有“范围”的语义内涵，“点”小而“面”大。这一特征充分地表现在由“头”和“面”构成的派生方位同义词的细微区别上。在词语发展和构词用词方面，对词汇语义的当代发展进行了探讨，对部分同义词从意象图式角度进行了较有说服力的解释。如动词“抽”和“吸”是宽泛意义上的近义词，现代汉语中有一系列由“抽”和“吸”构成的基本词汇，如“抽烟”、“吸烟”、“抽水”、“吸水”、“抽气”、“吸气”等。“抽”和“吸”既可以各自独立成词，也可以作为构词语素，并且它们常常能够与同一个实体名词或语素组配，有时语义使用完全相同，有时则存在些许差异。研究结论是：基本义方面在［工具］、［量级］、［形态］、［容器］、［方向］等存在差异，引申义方面受原型义影响，引申路径及由此导致的搭配存在众多差异，具体差异详见本书有关章节。同时对“抽”和“吸”语义的衍生进行了历史考察，并绘制出了二者以原型为核心的语义衍生图。

在句法结构方面，紧扣语言学热点前沿课题及理论，从词汇语法化和构式语法两个角度讨论了汉语中的一些功能性词汇的演化和固定格式的生成问题。词汇语法化理论源自西方欧美语言学，但这种基于认知和功能的语言学理论对汉语的历史发展过程及结果具有强大的解释力，如本部分探讨了“来的”的词汇化问题。汉语概数词“来”主要有四种使用格式，本书第五章分析了“来”的又一使用格式“数＋（量）＋来＋的/地”，该用法多见于近代白话小说以及今天北方的部分方言（如晋语、济南及周围地区），论述了“来的/来地”的词汇化与主观化过程，认为“来的/来地”已经词汇化并语法化为数量词的后置词。本章还探讨了强势指令义构式“给我＋VP”，认为现代汉语“S＋给我＋VP”实际是个多义构式，其原型义是“强势指令”，在此基础上衍生出斥责和警示等语义内容。句法上构式“给我＋VP”主语常隐省，经统计各占约半数。VP 通常为动词，具有［述人］［自主］［动作］［未然］等语义特征。功能方面，“给我”相当于一个语气副词。构式“给我＋VP”属对话维度，体现人际交互，话语功能在于以言行事，属非礼貌性言语表达。构式“给我＋VP”是在“给”介词化的基础上通过语境吸收和语用主观化凝固而来，同时还受到了同义词“与”的类化。“给我”的“为我服务”义凸显与否是“给”字常规句和构式句的分界标准，但该分界标准并不总是十分明确，表明常规和构式之间是一个连续统。

修辞与语用密切相关，从大的方面说可以将修辞划归到语用范畴。本书在修辞语用方面，详细探讨了两类修辞格，并研究了三种较为常见的语用标记，这对指导人们的语言实践具有实际意义。如对“我说”的研究，本书认为“我说”是现代汉语特别是口语对话体中的一个常见语用标记，它具有篇章连接成分的诸多特点以及强烈的主观化色彩。根据“我说”语用功能的不同将其分为三类，其典型形式分别是：我说啊、我说嘛、我说呢。三者所表现出的核心语用功能依次为引发插话功能、确认功能和恍悟功能。此外还有一个语法化程度较低主要表示极性贬斥功能的“不是我说”。再如对“怎么3”的研究，本书认为现代汉语疑问代词“怎么”除了可表示“询问方式（怎么1)”和“询问原因（怎么2)”，还可表现某种特殊语用功能，即作为话语标记（怎么3）。首先从句法层次的可删除性、非变换性、答语然否性、弱独立性角度论述“怎么3”存在的理据。然后阐述其反预期、传疑等语用功能及语义上的未知性特征，并从读音轻重角度为“怎么3”的存在提供实验依据。文章还探讨“怎么3”的两个来源：（1）“怎么2”移位及进一步地语法化；（2）完整小句的简省。最后从类型学角度分析几种语言疑问代词语法化为话语标记的共性特征。

任何一种语言在发展演进当中都存在变异和规范化的问题，汉字不表音，汉字异形字异形词相对较多，汉字容易望文生义，这些因素使得汉语的规范化工作难度加大。在汉语规范化研究方面，本书从语音规范、语义规范和语形规范三个角度以个例的形式进行了具体的调查分析，得出了较为可靠的结论，同时为相关研究提供了基于真实文本的实证性研究方法。语音规范方面如“下载”，针对目前关于“下载”读音的混乱现象，对“下载”一词进行了多角度调查与分析。调查对象包括较权威的汉语和汉外辞书、普通话测试大纲、对外汉语教学大纲、大学教师和大学生、有声媒体。调查表明，一些影响较大的辞书等出版物仍保留或坚持 xià zài 的读音，但目前绝大多数人都习惯读为 xià zǎi，比例近 70%。语言不断发展变化，语言规划工作应该与其保持动态的一致以更好地指导语言应用。语义规范方面如“儿女子”，易中天先生《品三国前传之汉代风云人物》（东方出版社，2006 年）第 52 页载：“临死之前，韩信仰天长叹，说了这么一句话：‘吾悔不用蒯通之计，乃为儿女子所诈，岂非天哉！’这句话是什么意思呢？是说我后悔啊，我后悔当初没有听蒯通的建议，以至于落到今天这个下场，被小孩子、女人所欺骗，所谋杀，我真是追悔莫及！”但根据我们的调查与分析，从构词来看，“儿女子”是偏正结构，语素“儿”作为修饰成分，使中心成分“女子”得到限定，使整个词含有贬义的感情色彩。《世说新语·方正》：“孔君平疾笃，庾司空为会稽，省之，相问讯甚至，为之流涕。庾既下床，孔慨然曰：‘大丈夫将终，不问安国宁家之术，乃作儿女子相问！’”“儿女子”一词，张永言先生《世说新语辞典》释曰：“犹言女流之辈。”张万起先生《世说新语词典》释曰：“妇人，女子。”都很有见地。又通过把《汉书》对吕后设计杀韩信一事的记载与《史记》作一比较，最终得出的结论是：“儿女子”常含贬义，是一种对女人的轻侮之称，与“小孩子”无关。再如“令郎”，是不是只能敬称对方的儿子呢？通过调查历史语料如清代的《儒林外史》、《野叟曝言》及现代鲁迅、汪曾祺等人的文学作品，发现并非如此，结论是：“令郎”并非专指“对方”的儿子，而指称说话双方之外的“第三方”，即“别人的”。语形规范方面，以“备/倍”族同音异形词的整理为例，认为“备/倍”族同音异形词具体包括三组词：备受－倍受；倍加－备加；倍感－备感。这三组词在日常语言运用中频频亮相，其中每一组中两个词的词义近乎全同，因此应该看作不同语素的同音异形词。对异形词的整理我们应按照通用性、理据性和系统性的原则来进行。但是，“通用性、理据性、系统性的顺序，不表示它们在异形词整理中所起作用的重要程度，也不应理解为在整理异形词时先看通用性，再看理据性，最后看系统性。”基于大规模语料库并结合定性分析，结论是宜取备受、倍加和倍感为正体词形。

语言具有非常强大的使用价值，无论是面向人机的自然语言理解，还是面向人际的第二语言习得。本书就从这两个角度选择部分课题进行了尝试性研究，如在自然语言理解（计算语言学）方面基于大规模语料库探讨了现代汉语词缀与派生词的自动识别问题。本节探索了汉语词缀在中文信息处理领域中的应用性课题，发现了词缀在分词和自动句法分析中存在的一些问题，提出了解决的思路和设想，基于语料库归纳了十二条归并规则。但由于自然语言的高度复杂性，书面汉语分词碎片中的词缀归并存在很大的困难，规则难以做到绝对周遍，因此自动识别必须采取规则和统计相结合的策略，完全依赖于哪一种策略都不可取。文章还根据实际切分后的语料偏误列举了造成误分的几个因素。

在汉语作为第二语言习得方面基于 HSK 动态作文语料库调查分析了韩日留学生在汉语比较句习得中的偏误问题，基于语法等级大纲分析研究了对外汉语教学中的词缀问题。

本书题名《现代汉语本体与应用探索》较为明确地表明了我们的研究理念与取向，即语言及语言学本体始终是核心，任何应用都不能脱离对语言本体的重视与研究，否则就成了无本之木。每一个问题的解决或对母语教学、语言使用、语言规划具有指导意义，或对汉语作为第二语言具有直接的参考价值，或对汉语自然语言理解中的形式化提供一定的语言学知识。

［作者单位：山东大学（威海）　山东农业大学］

山东省现代航海人才培养与发展报告

邓术章

当前山东省的航海人才培养与发展迅速，亟须站在战略的高度统筹全省的航海人才培养与发展进程，本课题将深入研究 STCW 新公约的实施背景、内容精髓，尤其是实施以来的履约状况，梳理发展中的制约瓶颈，用定性和定量相结合的科学方法进行战略性的研究，为决策提供强有力的理论和实践的双重支撑，为山东省航海人才培养与发展提供战略决策服务，促进航海经济又好又快发展。

STCW 公约马尼拉修正案实施发展报告概况

2010 年 6 月 21 ~25 日，国际海事组织（IMO）《海员培训、发证和值班标准国际公约》（STCW 公约）缔约国外交大会在菲律宾马尼拉召开，会上通过了具有里程碑意义的 STCW 公约 2010 年修正案及相关守则，这为今后一个时期的海员培训和发证建立了更为严格和统一的标准，旨在确保必要的全球化标准应用于海员培训和发证，并为今后将要实施的技术改进型船舶打下基础。本次 STCW 公约的调整，要求各缔约国必须根据马尼拉修正案的变化来做好履约工作，交通运输部及海事局利用此次机会，修订了我国在船员教育和培训等方面的规定，目前《中华人民共和国海船船员适任考试和发证规则》（简称“11 规则”）及实施办法已经施行两年多，《STCW 公约马尼拉修正案过渡规定实施办法》、《中华人民共和国海船船员培训合格证书签发管理办法》也已经正式发布，公约和法规的重新修订对中国航海教育已经产生了明显影响。报告对马尼拉修正案的产生全面回顾，结合我国履约的情况，对马尼拉修正案实施的现状进行重点分析。

1 STCW公约马尼拉修正案产生回顾

《海员培训、发证和值班标准国际公约》，即STCW公约，是国际海事组织颁布的最重要的公约之一，该公约于1978年7月7日最初获得通过，并于1984年4月28日起正式生效。该公约首次规定了国际上可接受的海员最低标准，对统一世界各个航运国家海员的培训、适任证书发放和值班标准起到了巨大作用。同时，对推动航海教育管理的规范化、明确化起到了指导作用。

1.1 STCW公约马尼拉修正案产生的背景

随着全球经济一体化的进程，船舶朝着大型化、快速化、专业化、现代化的方向发展，全球对海洋环境保护更严格，包括信息技术（IT）在内的新技术的应用越来越广泛与深入，对海员的培训与值班标准的要求越来越高。同时，由于海盗猖獗，海运安全受到严重的挑战，对海员的培训与值班标准又提出了新的保安要求。在此背景下，国际海事组织于2006年起开始对STCW公约和规则进行全面回顾，从而对STCW公约与STCW规则进行系统的修正，并于2010年马尼拉峰会诞生了具有划时代意义的《海员培训、发证和值班标准国际公约》2010年修正案，即STCW公约马尼拉修正案，简称马尼拉修正案。修正案已于2012年1月1日起正式实施，对船员的培训、发证与值班标准提出了新的要求。马尼拉修正案继承了《海员培训、发证和值班标准国际公约》的整体目标和结构，吸收了历次对其修改的精华内容，没有降低现有标准，并针对目前国际海运中存在的关键问题提出了解决办法。作为一部针对全世界船员、航运国家政府及船东、海运业主的标准法典，STCW马尼拉修正案具有其公众约定性、长期适用性、公众认定性和基本原则性四大特点，其核心主旨仍在于缔约国共同履约，其中船员履约尤为重要。

1.2 STCW公约马尼拉修正案对船员适任的主要修正内容

本次修正案，在“船长和甲板部”，强调了电子海图显示与信息系统（ECDIS）的应用；增加了对海洋环境保护意识方面的知识、理解和熟练要求；提倡使用电子航海天文历和天文航海计算软件；首次针对人为因素提出，驾驶台资源管理成为强制性适任标准；新增按照船舶报告系统和VTS报告程序的一般规定进行报告的内容；新增高级值班水手岗位发证的最低标准要求。

在“轮机部”，提高了普通船员晋升轮机员的要求，从1995年修正案的“不少于6个月的轮机部海上服务资历”提高到“完成不少于12个月的金工实习和认可的海上服务资历”，其中包括不少于6个月的机舱值班（在轮机员的指导下）服务资历；机舱资源管理也成为强制性适任标准；新增电子员和电子技工发证和资格的强制性最低要求和高级值班机工发证的强制性最低要求。同时，修正案对于“特定类型船舶的船员特殊培训要求”、“应急、职业安全、保安、医护和求生职能”以及“值班”等内容进行了修订。

马尼拉修正案的重点体现在岗位适任技能的新要求上，这契合了当前航海事业的发展要求。如马尼拉修正案将 BRM（驾驶台资源管理）及 ERM（机舱资源管理）纳入 A 部分，作为强制性要求。BRM、ERM 培训中包括团队处理各种应急事故的培训，这是国际海事组织在研究人为因素对航行安全影响议题下提出的一种有效措施。马尼拉修正案保留了 STCW 公约 1995 年修正案的结构与目标，在不降低现有标准、不修改公约条款的前提下，解决了附则条款中不一致的问题，对过时的要求予以清理；重点体现了新技术发展的需求；重视人为因素对航行安全、保安和海洋污染的影响；更加重视海上保安。STCW 公约马尼拉修正案的前瞻性内容是电子航海战略的实施，同时体现了对人为因素和保安的重视。

1.3 STCW 公约马尼拉修正案的履约机制分析

IMO 第 26 届大会决定将成员国审核机制强制化，并拟于 2015 年起对各成员国实施强制审核。直属海事系统将以迎接强制审核为契机，大力推进海事管理体系建设，实现海事履约工作的系统化和规范化，有效应对 IMO 的强制审核，全面提升海事管理水平。对 STCW 公约马尼拉修正案的履约机制分析，有利于推进我国履约的进度，促进海事履约体系的建立。

目前，STCW 公约主要采用通过信息与资料交流、独立评价、缔约国间约束以及 IMO 成员国的自愿审核机制指导和督促缔约国履行公约义务的机制来推进公约的全面有效履行。

与其他海事公约相比，STCW 公约履约机制有以下特点。

（1）重视信息资料交流和后续履约情况跟踪。信息与资料交流是国际海事组织对缔约国履约常见的约束形式，一般体现为缔约国就履行某一公约的国内立法及政策规划向 IMO 秘书长提交书面报告。STCW 公约和 SOLAS、MARPOL 等公约一样，对缔约国的信息与资料交流进行了要求。同时，为进一步加强对公约修正后缔约国履约的监控，STCW 公约要求进行独立评价和递交后续报告，上述措施强化了公约的履行实施。

（2）通过缔约国之间的约束节省履约监督成本。STCW 公约中证书互认的规定，一方面要求对非缔约国不实行优惠待遇的原则，以便加速非缔约国的批约进程；另一方面，缔约国之间的证书互认可以节省缔约国的履约成本，

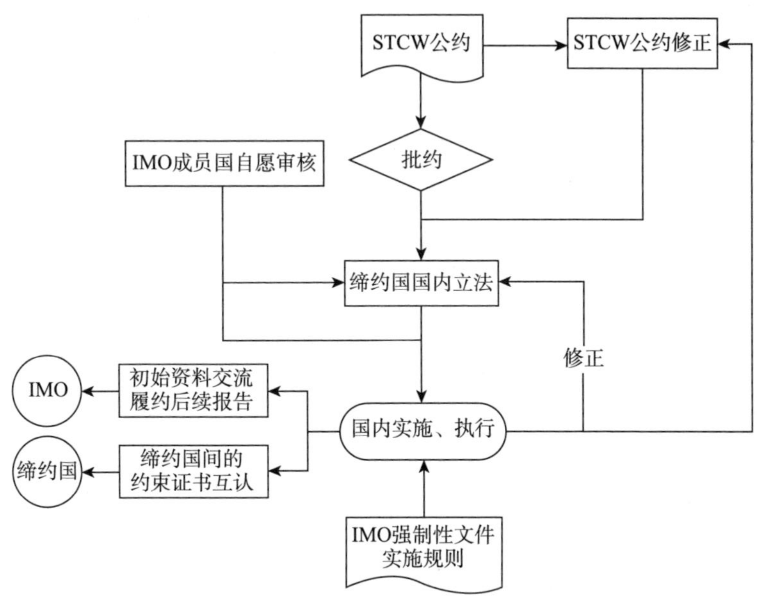

图 1　STCW 公约履约机制示意图

同时也有利于海员的全球化发展。更为重要的是为了达成缔约国之间的证书互认，需进行互认国间履行 STCW 公约的检查和评估，节省履约监督成本。

（3）审核机制的合理采用。审核机制是 STCW 公约履约机制的有机组成部分。通过审核可"提高各成员国履行 IMO 强制性文件规定的一致性和有效性，从而在国际范围内加强成员国的履约能力"。

（4）自愿审核机制。STCW 公约目前采用 IMO 成员国自愿审核机制，该审核机制作为一个无约束力的自愿性的规定，由于对成员国没有绝对的义务压力，因而容易得到拥护而通过；另外可以避免接受审核的成员国因缺点被曝光或排名差而感到尴尬和引发"主权"问题之争。

国际海事组织已经意识到包括信息技术在内的新技术发展将是今后关注的重要方向，因而提出并开始着手安排，下一次对 STCW 公约和 STCW 规则的全面回顾与修正将在 2020 年前后进行，以便对该期间已确定为不一致的内容作出调整，并与新兴科技保持同步。STCW 公约马尼拉修正案的前瞻性内容是电子航海战略的实施，海员培训、发证与值班国际标准必须适应新兴科技的发展。

2　中国履行 STCW 公约马尼拉修正案工作概述

为促使我国在 2020 年实现海运强国战略，履行 STCW 公约马尼拉修正案工作的重要性是显而易见的。首先，我国政府密切跟踪 IMO 等国际组织有关船员管理方面的动态。中国海事局专门成立了 6 个专项工作组进行全方位的研读，并按照修正案的基本要求使我国船员管理的理念全面与国际接轨。然后，针对修正案的具体内容，对船员发证体系与健康证书签发体系进行修改，交通运输部于 2011 年 12 月 8 日颁发了新的《海船船员适任考试和发证规则》，其他一系列法规和规章如《船员适任考试大纲》《STCW 公约马尼拉修正案过渡期规定实施办法》《中华人民共和国海船船员健康证书管理办法》等随后也相继出台。

为全面有效地履行 STCW 公约马尼拉修正案，中国海事局调整和修订了中国船员管理的多项法规和规章以及相应的考试大纲、培训纲要，编制了新的培训教材，完成了海员新版适任证书和培训合格证的设计和印制，开展了试题库、考试系统、海员信息系统的更新和升级等多项工作。同时，还根据新修订的法规，对将要依据 STCW 公约马尼拉修正案开展培训的航海院校和培训机构进行了全面审核，并对师资进行了统一培训和知识更新，以满足履约培训的需要。

与之相应，航海院校和培训机构以履约为契机对航海教育进行了深化改革。第一，各院校重新研究和设置了航海类专业的培养方案，特别是按公约要求将管理知识和技能、沟通能力培养等方面的内容在培养方案中明确地体现并增加了培训实操设备和设施的投入与更新换代，依照新要求对教材进行了全面修订，完善了教学大纲和教学计划，开展了师资培训，并添置了相应的教学设备和仪器。航运企业也对履约工作高度重视，根据主管机关统一部署，统筹安排海员参加过渡期补差和知识更新培训，避免对船舶的正常营运造成影响。第二，按过渡期实施办法，筹备各类履约过渡期培训项目，确保“11 规则”生效前已经从事海员职业人员或接受航海教育和培训的学员，有足够的时间通过补差培训、考试、换证等方式满足新公约和法规要求，保障船员管理政策的有效衔接。同时，还要最大限度地确保不影响船员的正常工作，保障航运公司、船舶正常运营。

3 我国航海人才培养管理履行马尼拉修正案过程中存在的问题

经过多年的建设与发展，我国航海人才培养体系已经形成，截至 2013 年年底，我国共有航海院校和航海教育培训机构 110 余所，我国航海教育和培训的体系可以用图 2 表示。

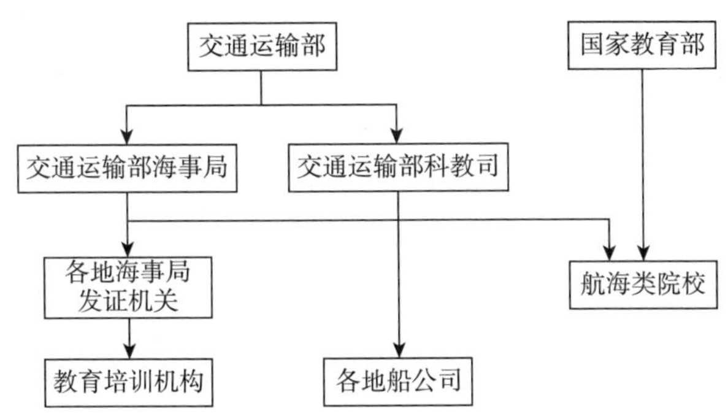

图 2　我国航海教育和培训体系

从图 2 可看出，我国的海员教育和培训机构，大致可以分为三类：一种是航运企业内部的海员教育和培训机构；另一种是社会上的教育和培训机构；还有一种就是普通的航海类院校。这三类教育和培训机构，对于有效提升我国航运企业在国际航运市场上的核心竞争力，以及我国的广大海员在国际海员劳务市场上的核心竞争力，都起到了关键的作用，也是我国航海教育的主要形式，为推动我国的海运强国战略作出了重大贡献。但综观我国航海教育目前发展状况，我国现行的航海教育和培训还远远不能很好地适应时代发展需要，还不能完全满足履行国际公约的要求，而且在履约过程中也还存在着一些问题。

3.1　航海教育和培训主体单一

目前，我国航海教育和培训的主体主要是航海院校和培训机构，但整体系统、高质量的航海教育主要由航海院校承担，航海教育培训机构主要是面向船员进行培训和深造，尤其是在船船员考证和晋升的培训。而马尼拉修正案中提倡的远程教育和电化航海教育在我国应用甚少，且培训质量和效果远没有达到马尼拉修正案的标准，对培训效果的考评体系也不及修正案的要求严格。这就造成我国航海教育主体单一，少数航海院校承担着绝大多数的教育和培训任务，压力很大，效果自然达不到要求。与此同时，马尼拉修正案鼓励的远程教育和电化航海教育这种灵活、便捷的培训方式在我国应用有限且效果不明显，这不符合国际航海教育管理的趋势和潮流，也会限制我国航海类专门人才培养和发展。

3.2　实践教学重视不够

马尼拉修正案特别强调航海类专业学生的实操训练，将学生的专业评估项目提高到了一个新的高度。这就要求航海院校配备齐全、先进的实操训练设备，如实习船、航海模拟器和实验设备设施等。

马尼拉修正案中新增的培训项目也需要航海院校增配新的实验设备，如液化气体船船员培训、电子员培训、高级值班机工培训等，都需要有针对性地增加设施和设备，这对航海院校的设备更新能力和资金投入等方面是一个重大考验。从我国航海教育的现状来看，经费已经成为制约我国航海院校发展的一大障碍，教育财政拨款难以满足航海院校人员经费和教学经费的需求。尤其是在航海院校扩招以来，人员经费挤占教学经费的现象越来越严重，这对我国航海教育的质量和长远发展是很大的障碍。学习知识是为了应用于实践，根据马尼拉修正案的要求，航海教育和培训的目标，应该定位在“培养具有良好的适岗能力”的应用型人才之上。

3.3 专业设置不健全

要想取得进步和发展，我国必须完善和改革航海类人才的培养模式，树立“大航海”的理念，积极完成马尼拉修正案对航海人才培养提出的最新要求，从全局的角度出发，采用系统思维的方式，逐渐走出一条培养职业技术、组织管理、综合应用相结合人才的道路，将目标定位在培养一支品德高尚、知识全面、驾机合一的高级人才队伍，以适应全球航运业的发展及马尼拉修正案的要求。马尼拉修正案新增了海船电子员和电子技工两个职务，要求在本科和研究生航海教育中要培养符合修正案要求的海船电子员，在高职/高专和中职航海教育过程中要培养符合修正案要求的海船电子技工。这就要求航海院校开设船舶电子电气工程专业，根据马尼拉修正案最新的要求，培养专业的海船电子员和电子技工。但目前，除大连海事大学等少数航海院校外，大部分航海院校都没有开设船舶电子电气专业，难以培养符合公约要求的专业人才。另外，已设置船舶电子电气专业的航海院校现有的培养目标、教材选用和师资建设等方面与修正案的最新要求还存在很大不足，需要及时进行调整和更新，以满足公约的要求，达到国际航海人才培养的标准。

3.4 英语教学不专业

航海活动的一个显著特点是涉外的国际性，在与其他国家和地区的海员进行沟通和交流的过程中，不可避免地需要用到英语，这对海员的英语沟通能力和表达能力都提出了很高的要求。马尼拉修正案特别强调了海员的英语水平要达到熟练应用的程度，重点是在工作情景下的航海英语交际能力和实际运用能力，这也成为制约中国海员发展的一个主要因素。

据用人单位反映，我国航海类院校毕业生的英语特别是口语能力普遍较低，涉外能力较差，无法用英语与对方流畅地进行沟通交流。这与海员国际化的潮流，与马尼拉修正案对于海员，尤其是高级海员英语能力的要求相比，还存在着相当大的差距。这说明我国的航海院校在应用教育方面还不能完全符合公约的要求，很多航海院校选用的英语教材没有紧跟马尼拉修正案的最新要求和航海技术的最新突破，存在着教材老旧、脱离实际等问题，学生学习的都是过时的、用不上的航海英语，在实际工作中难以应用。一些航海院校安排的基础英语学习学时过少甚至没有，为了学生考取适任证书直接进行航海专业英语的学习。学生的英语基础没有打牢，学习航海专业英语的难度更大，甚至会丧失兴趣，产生畏难心理。而且这种学习方法纯粹是以应试为目的，难以真正提高航海类专业学生的英语水平。

综上所述，十几年来，我国航海院校由于追求考试和评估及格率，海事局船员适任证书的考试成了教学的指挥棒，应试教育的现象明显，形成了重理论而轻实践的总体培训思路，这种思路使得航海专业的建设和教学改革与创新进展缓慢，船员职业技能的系统培养受到较大影响，新技术的应用、管理知识和技能、团队精神和沟通能力等国际上先进的教育培训理念和方式得不到有效的深入与开展。如何借本次履约的契机，在覆盖马尼拉修正案设定的内容和标准上提高我国船员的整体素质，全面推进我国航海教育的深化改革，打破我国的海员教育培训航海教育培训与航运的发展不相适应的现状是主管机关要考虑的重中之重。

4 结束语

STCW 公约马尼拉修正案总体上提高了海员的适任能力要求，加重了缔约国及海事主管机构履约的责任，扩大了公司的责任范围。STCW 公约马尼拉修正案的履约，看似以船员为第一履约主体，实质是缔约国国家提升船员综合素质，打造航运强国的大好契机。此次履约对我国的有关机构既是挑战又是机遇，如何利用本次履约契机提高我国海员的适任能力，增强其在国际海员劳务市场上的竞争力是值得思考的一个问题。对于我国的航海院校和教育培训机构来说，马尼拉修正案的实施，既是一次机遇，更有巨大挑战。以马尼拉修正案履约工作为契机，解决履约过程中遇到的难题，因地制宜地加强和推进我国航海教育和培训，进一步提高中国船员整体素质，扩大我国船员在国际劳务外派市场中的占有份额，就能全面提高我国海员的国际竞争力，实现高素质海员的可持续发展，使我国从一个航运大国迈向航运强国行列的目标有了根本性保障。

山东半岛蓝色战略实施及航运市场发展报告

作为沿海经济大省，中央对山东的发展寄予厚望。2009 年 4 月下旬，胡锦涛总书记视察山东时指出："要大力发展海洋经济，科学开发海洋资源，培育海洋优势产业，打造山东半岛蓝色经济区。"2011 年 1 月 4 日，"十二五"开局之年，国务院批复《山东半岛蓝色经济区规划》（简称"蓝色"战略），成为我国第一个以海洋经济为主题的区域发展战略。"蓝色"战略实施以来，可以总结的方面很多，最大的亮点就是按照"蓝色经济"和"高效生态经济"不同的战略定位，特色优势产业培育成效明显，并在园区形成集聚效应，海洋生物、海洋装备制造、现代农业、生态经济等重点产业快速发展，具有规模优势和产业特色的园区已达 60 余家。"蓝色"战略上升为国家战略，为山东省发展带来了难得的历史机遇 ，"两区"建设已成为拉动全省转方式调结构、向经济文化强省迈进的"两大引擎"。报告从对"蓝色"战略进行全面认识着手，探讨实施"蓝色"战略的意义，着重分析了"蓝色"战略下航运市场的发展现状。

1 "蓝色"战略的全面认识

"蓝色"战略是国家区域经济协调发展战略规划的重要组成部分，为进一步建设山东半岛城市群及其经济发展提供了绝佳契机，浦东新区开发战略给上海发展带来的深远影响便是例证。在推进实施两大战略的实践中，我们要对"蓝色"战略的内容全面认识。

山东半岛蓝色经济区，是山东省以青岛为龙头城市，以带动周边部分城市经济发展为首要目的的经济规划特区。蓝色经济区，将是依托海洋资源，以劳动地域分工为基础形成的、以海洋产业为主要支撑的地理区域，是涵盖了自然生态、社会经济、科技文化诸多因素的复合功能区。其基本特征是：依托海洋，海陆统筹，高端产业聚集，生态文明，科技先导。山东半岛蓝色经济区是全国海洋科技产业发展的先导区，生态文明建设和社会和谐进步的示范区，海陆一体开发和城乡一体发展的先行区。

根据《山东半岛蓝色经济区发展规划》提出的目标，到 2015 年，山东半岛蓝色经济区现代海洋产业体系基本建立，综合经济实力显著增强，海洋科技自主创新能力大幅提升，海陆生态环境质量明显改善，海洋经济对外开放格局不断完善，率先达到全面建设小康社会的总体要求；到 2020 年，建成海洋经济发达、产业结构优化、人与自然和谐的蓝色经济区，率先基本实现现代化。山东半岛蓝色经济区发展规划主要内容如下。

（1）加快建设海洋产业国家高技术产业基地。加强海洋科技创新综合性平台、专业性平台和科技成果转化推广平台建设，完善现代海洋教育体系，加强重点学科建设和海洋职业技术教育，加快海洋创新型人才队伍建设，努力建设具有国际先进水平的海洋科技、教育、人才中心。

（2）海陆相连空地一体。在沿海中心城市，规划建设公路、铁路、航空、水运等立体交通体系。重点明确以青岛为龙头，推动海洋运输物流等优势产业集群化发展，通过有效整合半岛港口物流资源，积极发展沿海和远洋运输，形成以青岛港为核心，烟台港、日照港为骨干，威海港、潍坊港、东营港、滨州港、莱州港为支撑的东北亚国际航运综合枢纽。结合《黄河规划》确定的功能定位，完善功能，提高吞吐能力，形成分工明确的黄河三角洲港口群。

（3）构筑安全稳定的能源供应体系。着力构建安全清洁的能源保障体系，提高蓝色经济区发展的支撑保障能力。有序开发风能资源，合理规划建设生物质能电站，逐步加快海洋能的开发利用步伐。

（4）协调支撑现代产业新体系。以培育战略性新兴产业为方向，以发展海洋优势产业集群为重点，强化园区、基地和企业载体功能，加快发展海洋第一产业，优化发展海洋第二产业，大力发展海洋第三产业，促进三次产业在更高水平上协同发展。

（5）构筑集约节约用海新机制。重点推进海洋资源、土地资源和水资源的高效利用，加快建立科学的资源开发利用与保护机制。加强海洋自然保护区、海洋特别保护区、水产种质资源保护区建设，建立珍稀濒危物种监测救护网络和海洋生物基因库。

对山东半岛蓝色经济区的理解，应该是以海洋经济为特征、以海陆统筹一体化发展为基础。蓝色经济区的建设，是事关全省的重大战略，其实质是利用沿海优势，整合海洋资源，发展海洋产业，带动全省以及全国经济科学和谐发展。从这个意义上，“三带”的重要带动作用将体现为：以沿海七市为前沿，以全省资源要素为依托，以海带陆、以陆促海、内外联动，形成连接长三角和环渤海地区、沟通黄河流域广大腹地、面向东北亚全方位参与国际竞争的重要增长极，推动全省经济社会又好又快发展，为建设经济文化强省、服务全国发展大局作出更大贡献。

2 实施“蓝色”战略的重大意义

“蓝色”战略是新时期国家实施重点区域突破战略的重要组成部分，是国家对山东经济发展高度重视的重要体现，也是山东加快提升区域竞争力的难得时机。“蓝色”战略的实施标志着山东区域经济发展进入了一个全新阶段，对于我国重塑区域经济版图有着重要影响，对于带动山东经济迅速发展、科学发展、跨越发展，加快经济强省建设有重大意义。

2.1 实施“蓝色”战略有助于山东科学发展主题的实现

十七届五中全会就做好“十二五”时期经济社会发展工作提出明确要求，经济的发展要以科学发展为主题。山东作为一个经济大省，在全国区域发展中占有重要位置，山东的发展必须以科学发展为主题，“蓝色”战略的实施将有助于这一主题的顺利实现。山东是沿海大省，是我国最大的半岛，海域面积 15.95 万平方千米，海岸线占全国的六分之一，沿海是山东最大的战略优势。“蓝色”战略立足于山东沿海的区位优势，海洋资源富集的自然优势，科技力量雄厚的人文优势，产业基础扎实的经济优势，不断拓展发展空间，打造发展特色，以科学发展的视野为山东发展谋划了新思路，从战略高度为山东跨越发展指明了新方向，必将对山东未来的发展产生重大而深远的影响。

2.2 实施“蓝色”战略有助于山东经济跨越发展

“蓝色”战略为山东的发展树立了好的航标，具有里程碑意义，增添了山东发展的优势，促进了山东经济在更高层次上的又好又快发展。蓝色规划实施形成的优势，品牌和软实力，特别是日益增强的区域资源优势、发展空间优势、海陆统筹优势、先行先试优势和对外开放的优势，为打造科学发展高地注入了动力，对山东发展全局和长远发展起着一个重大的战略支撑作用。这种战略支撑与引领作用表现在蓝色两区在全国所具有的独占和核心优势，对全省发展具有重要的引擎作用，对转方式、调结构具有一种重要的抓手作用，对区域协调发展具有重大带动作用。

2.3 “蓝色”战略一体化发展利于进一步推动海陆统筹协调

蓝色战略的叠加和引领，是山东发展的优势和潜力，也是推进区域全面协调发展的重要抓手。突出蓝色两区的主体战略地位，是山东区域发展适应全球化、一体化发展的光荣使命，也是我国区域发展从陆域经济延伸到海洋经济，积极推进海陆统筹的重大战略举措。一体化发展还将有利于进一步推动海陆统筹协调，密切环渤海与长三角地区的联动融合，优化中国东部沿海地区总体开发格局。

3 “蓝色”战略下山东航运市场的发展

由于国际经济形势持续不振，全球航运业市场迅速下行，航运业陷入低迷，航运形势严峻。业内不少人士的看法是，仅靠“企业自救”已远远不够，一直在呼吁政府出手救市。“蓝色”战略发展规划中明确指出要做大做强海运龙头企业，积极发展沿海和远洋运输，将山东半岛打造成东北亚国际物流中心。2011 年，山东省重新调整修编港口布局规划，以此配合支撑“蓝色战略”实施。据了解，“十二五”期间，山东省将继续加大港口建设，全省港航基建投资预算将达到 450 亿元，全省港口目标吞吐量 11 亿吨。随着我国第一个以海洋为主题的区域发展战略山东半岛蓝色经济区发展规划获批，蓝色浪潮以前所未有的气势席卷齐鲁大地。在此之前，黄河三角洲高效生态经济区建设上升为国家战略，建设胶东半岛高端产业聚集区作为省级战略也隆重推出。“蓝色”战略的实施，推动了航运市场的发展，整个航运市场有一定的好转。

据山东海事局统计，2014 年一季度山东沿海货物进出港总量达 2.2 亿吨，同比增长 5.9%，其中外贸货物 1.42 亿吨，占 64.5%，同比增长 2.8%；船舶载运危险货物 6233 万吨，同比增长 17.8%。主要运输货物种类中，金属矿石 9262 万吨，同比增长 3.2%；集装箱运量 296 万 TEU，同比增长 6.1%；石油、天然气及制品 3427 万吨，同比增长 12.6%；煤炭 2255 万吨，同比减少 3.6%。进出港船舶 7.6 万艘次，同比减少 2.2%，其中国际航行船舶 9844 艘次，同比增长 1.3%。山东沿海共运送旅客 225 万人次（日均 2.5 万人次），同比增长 0.9%。3 月份，波罗的海干散货综合运价指数（BDI）缓慢回升，收于 1362 点，较 2 月份上涨 104 点。综合来看，航运市场有望好于去年。

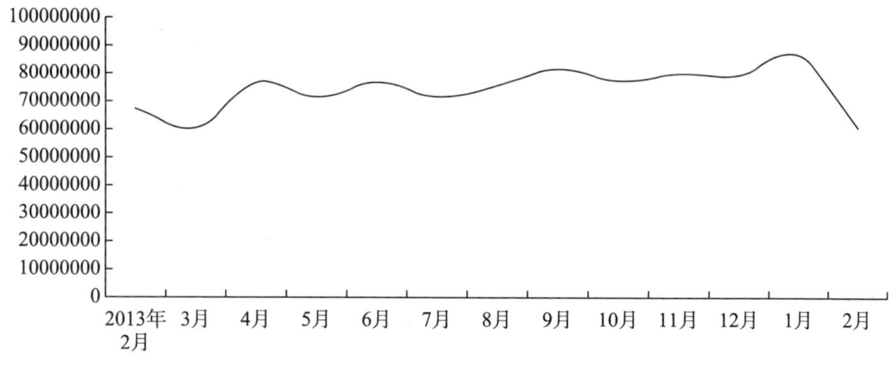

图 1 山东省货运运输趋势

然而，市场的向好并不意味着省内的航运业能够从根本上摆脱亏损，过

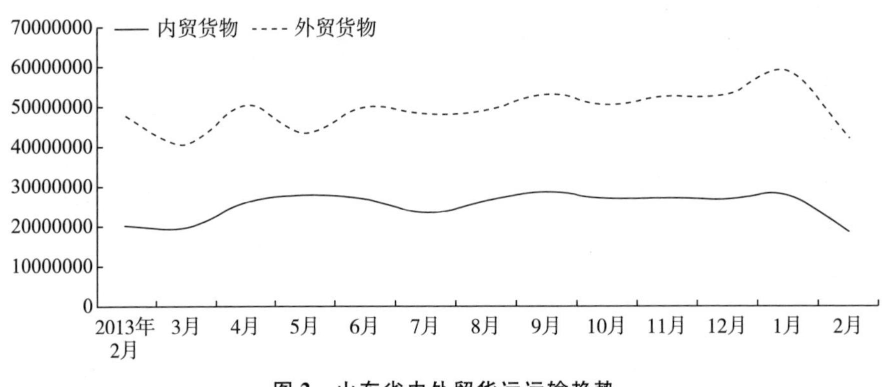

图2　山东省内外贸货运运输趋势

剩仍是挥之不去的阴云，航运企业扭亏仍存在较大压力。从整体上看，我省航运业大而不强，目前仍面临着运力过剩、综合成本上升、前瞻性研究缺乏等问题。

（1）航运公司不少，但普遍规模偏小，船舶的运力不足。目前从事干散货经营的航运公司，其规模和实力大多比较小，网络化的经营组织尚未形成。由于公司规模小、抵御市场风险能力低，规模经济效益难于发挥，在市场上的竞争力不强。单船公司比例大，加剧了市场活动中的无序竞争，不利于规范、维护航运市场的秩序。山东航运市场近10余年来基本上被包括外企、央企在内的外来企业所占领，本地区航运企业规模小、运力少、层次低，处于一种参差无序的状态，市场竞争力弱。因此，如何又好又快地提升山东本地的航运水平，建立一个本省自己的航运企业，并使该企业能够快速发展成为山东省的龙头航运企业，振兴山东航运物流业，成为半岛蓝色经济的发展的一项重要内容。

（2）航运基础设施一些方面还比较薄弱，其结构不合理的矛盾较突出，港口和航道还不能适应船舶大型化发展的需要。港口资源使用效率低下，造成巨大浪费。山东沿海港口码头因结构相近，功能相同，腹地重叠，未在硬件设施和软件环境上形成优势互补、合理分工的局面。随着近几年船舶大型化发展趋势愈演愈烈，加之周边港口竞争日益激烈，使得很多港口航道等级低、大船进不来、压船压港严重等问题日益突出，航道建设发展相对滞后，严重制约了半岛经济的发展，也使得“蓝色”战略实施受到影响。

（3）航运业物流运输整体发展比较落后，还未形成一定的规模，专业化服务程度不高。大部分航运企业起步较晚，竞争力较为薄弱，即使一些大型航海运输企业已开拓并相应地发展了航运项目，但其发展还不成熟，尚处于摸索阶段，经营管理水平相对落后，与国内知名航运大公司比，还有一定差距。就航运业的专业化服务而言，省内航运公司对其认识高度与重视程度较低，宏观上不能准确把握服务市场的整体变化。省内航运公司的服务领域较为宽泛，缺乏专一的服务优势。即使有很少的公司认识到这些问题，但专业化服务方式尚在起步阶段，短期内不具有竞争优势。尚未形成专业化分工的市场，不仅不利于技术进步和产业升级，而且可能阻碍整个航运市场的健康发展。

（4）航运专业人才短缺。航运业的快速发展，对航运专业人才提出了巨大需求，造成航运人才匮乏的局面。航运人才的总体不足直接反映出当前航运人才培养和招募方式存在的问题。在教育产业化和市场经济的冲击下，国内海事类高等院校更乐意培养适应各行各业的“通才”，航运专业人才的培养反而相对滞后，其现行的办学宗旨和教学方式偏离其设立初衷。在船员培训方面，目前基本由各大船公司自组船员培训，培训的规模和效率整体不高；各大船公司在航运人才的招募方面，偏重于到传统的航运类院校招聘，选择面比较窄，跨行业招募人才的比重较低。

4 结束语

在经济全球化和区域经济一体化快速推进的背景下，在国家逐步调整完善区域发展战略布局的前提下，山东实施“蓝色”战略，面临着一系列的机遇与挑战。如何在国家“蓝色”战略和山东省建设海洋经济强省的宏伟目标下，实现以海带陆，依海兴鲁，建设航运强省的目标，是当前和今后山东省需要解决的全局性的重大问题，是山东经济进入新的发展阶段所面临的新形势、新任务。当前，山东省国际航运业的发展正面临着难得的发展机遇。

航运业是贸易的载体，承担着经济发展的重任，必将擎起“蓝色”经济发展的龙头。港口是山东省的比较优势和核心战略资源。山东省港口发展条件得天独厚，拥有丰富的港口资源和良好的建港条件，可建深水泊位的天然良港居全国第一位。沿海港口位居东北亚海上交通要冲，是新亚欧大陆桥的东部桥头堡之一。山东省港航整体能力强。作为传统航运大省，航运强省，山东省的港口货物吞吐量、集装箱吞吐量和外贸吞吐量指标在北方沿海各省市中名列第一。山东省作为在全国海洋经济已有举足轻重地位的省份，应该认真分析全国新一轮海洋经济发展的态势，发挥传统优势，寻找并把握新的发展机遇，把山东省国际航运业的发展列入重要议事日程，结合东北亚国际航运中心目标的确立，抢抓机遇，乘势而上，不仅要把山东省建设成港口强省而且还是航运强省，努力推动山东海洋经济强省建设，开创新局面，再上新台阶。

山东省航海院校的航海人才发展调研报告

交通运输部在2008年召开的中国船员发展大会上明确提出“我国要在2020年实现从航运大国向航运强国转变”的战略目标，这也成为山东省服务国家和行业发展战略的重要契机。实施海洋强国战略涉及海上交通运输、海洋环境保护、海洋工程装备制造、海洋资源开发利用、海洋旅游等诸多产业经济，这些产业都与航海科技息息相关，都离不开海员的参与。要实施海洋强国战略，无论是海上执法、海洋维权、海上搜救乃至远洋护航都需要具备精湛的专业知识和丰富的航海经验的海员。从这个方面讲，海员是实现海洋强国梦的重要基础。与此同时，当前世界各国的海洋领土意识日趋强烈，海洋权益争夺日益加剧，海员在国家海防安全战略中的地位和作用应该予以充分重视。

航海人才培养是海运强国建设的人才保障，航海人才的数量与质量决定着航海事业未来发展的走向。航海教育承担着培养航海类专门人才的重要使命，是航运人才发展的基础支撑和根本保障。山东作为经济大省和航运大省，在前几年经济持续发展和航运业繁荣时期，航海教育、培训市场经历了空前的快速扩张和爆炸式增长。为加强山东省船员队伍建设与发展，提升船员队伍整体素质，打造船员强省，促进航运经济安全快速发展，助推山东半岛蓝、黄经济区建设，山东海事局于2010年发出了创建“山东船员”品牌的倡议，本着边研究边实践的原则，初步形成“山东船员”品牌的目标、理念与定位，以期在实践中不断得到修正和完善。随着国家“蓝色”战略的逐步实施，山东在国家实施海洋强国战略进程中扮演着越来越重要的角色。本报告从对山东省航海院校航海人才发展现状着手，分析了山东省航海院校航海人才培养发展的优势，指出了当前航海人才在发展中存在的问题。

1 山东省航海院校航海人才发展总体概况

1.1 航海人才规模

据2013年度中国海员信息公告显示，截至2013年12月31日，全国共有注册海员574117人，包括沿海海员155088人，国际海员419029人。其中，山东注册海员达108010人，占全国的1/6以上，包括沿海海员16097人，国际海员91913人。统计还显示，2013年年底，山东省持证高级船员数量28736人，占持证船员总数的36%。高级船员中，持有无限航区适任证书的21176

人，占高级船员总数的74%。去年山东外派海员2万多人，年创汇达4亿美元，为山东GDP贡献值约为8亿美元。无论是海员数量还是外派海员数量，山东省一直位居全国首位。随着航海教育的不断完善和发展，航海类人才招生规模不断扩大，辖区内航海院校和培训机构每年新生入学12000余人。每年现有在校生3.8万余人，约占全国航海类在校生总量的1/4，在全国同样是居于首位。山东已成为全国最大的也是最重要的航海人才培训基地之一。

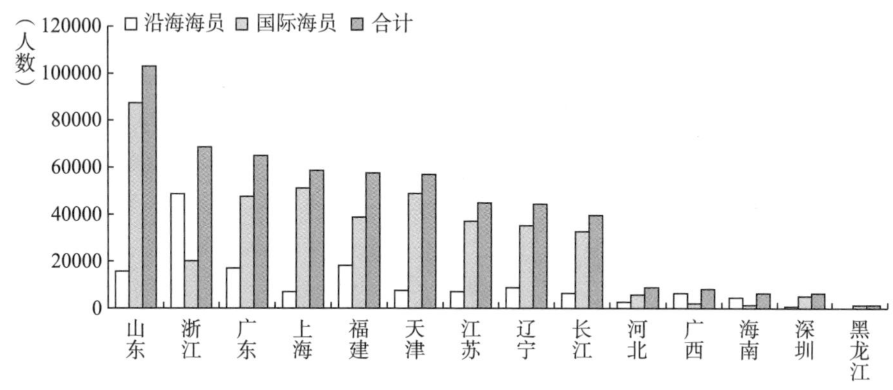

图1　至2013年底海员注册各辖区人数分布

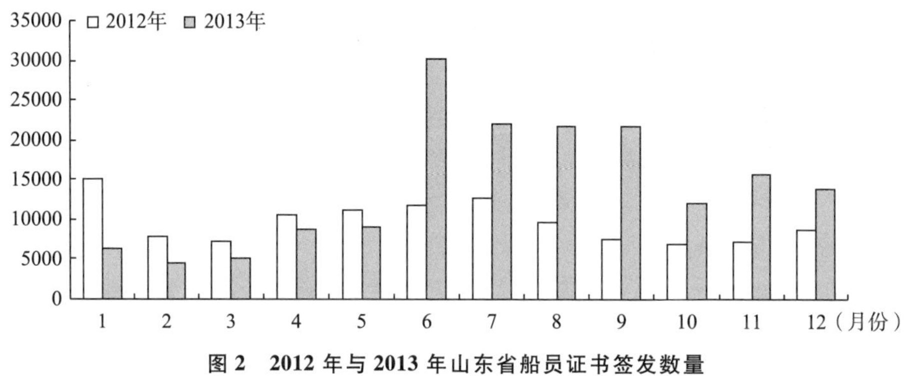

图2　2012年与2013年山东省船员证书签发数量

1.2　教育培训机构

山东省航海院校、培训机构数量较多，分布地域广，发展较快，新办院校多，传统航海院校较少。教育培训基础设施良好，投资主体资本实力雄厚，投资多元、决策快捷。目前全省航海教育和培训机构19家，约占全国的1/6，成为全国航海教育培训机构数量最多的省份。这19家航海教育和培训机构分布于青岛、烟台、威海、日照、东营、潍坊、滨州、泰安等8个城市。其中从事航海教育的院校17家，按照学历层次划分，属于本科层次的有2所，专科/高职层次有 6 所，中专/中职层次的 9 所 ，山东航海院校和培训机构中由政府主办的比例占 42%，由企事业单位主办的比例占 29%，社会团体开办的占 29%。教育主管部门负责航海院校的学历教育管理。海事管理机构负责航海院校和培训机构的海员培训管理，监督海员教育和培训机构履行实施有关国际公约、国内法律、法规。海员教育和培训体系较为健全。在培养规模方面，各航海院校，招生规模逐年扩大，但扩招增长势头趋缓。

表 1　山东航海院校基本信息表

序号	单位	办学性质			学历层次			所在地
		政府	企事业	社会团体	本科	专科/高职	中专/中职	
1	山东交通学院	▲			△			威海
2	烟台大学	▲			△			烟台
3	青岛远洋船员学院		■			□		青岛
4	青岛港湾职业技术学院		■			□		青岛
5	潍坊通达国际海运学校			●		□		潍坊
6	潍坊华洋水运学校			●			○	潍坊
7	潍坊海运学校		■				○	潍坊
8	青岛海运职业学校		■				○	青岛
9	烟台海员职业中等专业学校		■				○	烟台
10	日照航海技术学校			●			○	日照
11	东营市胜利海运职业学校			●			○	东营
12	威海市交通学校	▲					○	威海
13	潍坊商通海运学校			●			○	潍坊
14	滨州职业学院	▲				□		滨州
15	山东省船员培训基地	▲					○	泰安
16	山东海事职业学院	▲				□		潍坊
17	山东交通职业学院	▲				□		潍坊

1.3　航海人才服务机构

截至 2013 年年底，山东省境内海员服务机构 97 家，其中外派机构 35 家、甲级船员服务机构 44 家、乙级船员服务机构 49 家)；约占全国的 1/7。辖区海员外派机构、船员服务机构数量与船员数量较为匹配，部分外派机构规模大、信誉好，如青岛远洋对外劳务合作有限公司，自有船员 6000 余名，每年向欧洲、中国香港、中国台湾船东配员 3000 余人次，形成了较好的示范带头作用。

山东省船员服务机构的服务质量总体上逐步走入正轨，辖区海员外派机构、船员服务单位的经营范围符合许可范围。2012 年 11 月 28 日，由 95 家航运企业、培训机构及船员服务机构等会员单位组成的山东船员服务协会在青岛成立，旨在努力服务广大船员，维护行业、会员和船员合法权益，协调解决共同关心的问题，推进行业自律和诚信，规范船员市场，保障公平竞争。山东辖区服务机构和外派机构数量多，占全国的比例较大，但从 2012 年交通部海事局发布的船员管理年报数据中反映出山东海员劳务派出数占全国的比例不高、派遣国家较为集中的特点。从这一现象可以反映出山东辖区船员服务机构和外派机构数量多，但具备一定实力、优秀的服务机构和外派机构数量较少并且开拓市场的能力不足。山东辖区船员服务机构为推动山东海运事业的发展提供了有力的人才支撑和保障，创造了良好的经济效益和社会效益。

2 山东省航海院校人才发展优势

发展海员队伍必须发展海员教育，发展教育必须要有资源，包括人力、财力等多个方面资源。山东文化底蕴丰厚，海洋和航海历史文化悠久，海洋资源和人力资源丰富，航运经济发达，辖区内聚集了全国 1/5 的航运企业、船员培训机构、船员服务机构，具有发展航运和船员产业的得天独厚的优势。无论是从地理、人口还是教育条件来说，都是打造海员大省的优势所在，为山东省各航海院校人才培养提供了坚实的保障。总之，山东省开展航海教育，发展船员队伍优势非常明显。

2.1 山东省发展迅速的港航业

天然的沿海地理优势孕育了山东省悠久的海洋文化和航海文化，航运事业历史悠久。山东省陆地海岸线总长 3345 千米，约占全国总长度的 1/6。海运与港航业发达，拥有青岛、日照、烟台等多个国内外知名大港，是我国港口最密集的区域之一。“十一五”期间，山东以青岛港为龙头，整合了威海港、日照港的集装箱业务，形成了整体的竞争优势。港航基础设施建设取得重大进展，预计累计完成投资 400 亿元，建设了一批大型化、专业化码头泊位和高等级航道。港航生产持续高位增长，吞吐量从 4 亿吨上升到 7 亿吨，一年一个新台阶，预计今年将突破 8 亿吨，比“十五”末增长 110%。青岛港、日照港、烟台港吞吐量分别突破了 3 亿吨、2 亿吨、1 亿吨大关，由此，山东成为全国唯一拥有三个亿吨海港的省份。内河港口吞吐量预计完成 6500 万吨，是“十五”末的 2.8 倍。放眼“十二五”，山东将进一步加快港航产业结构调整，统筹港区、物流园区、临港产业区协调发展，培育壮大骨干航运企业，把逐鹿东北亚航运中心作为最终发展目标。山东省内航运公司 400 余家，航线遍布世界 150 多个国家和地区的 450 多个港口，基本实现了全球通。海运业承担着超过 90% 的山东外贸运输总量和超过 30% 的国内贸易运输总量。

港航业的迅速发展，离不开航海人才的有力支撑，这为省内各航海院校的不断壮大发展提供了机会和优势。发达的港航业，定会促进航海教育的快速发展。

2.2 山东省人力资源丰富，船员整体素质高

山东省人口众多，人力资源丰富，2010 年第六次全国人口普查山东人口数 0.96 亿，占全国的 7.15%，整体教育水平比较高，船员资源十分丰富。截至 2013 年底，根据签发的现有有效服务簿数统计，山东辖区注册海船船员共有 108010 人，约占全国注册海员船员总量的 1/6。丰富的船员资源为山东省船员品牌建设提供了强有力的保障。山东船员敬业精神好，业务能力强，热爱航海事业，具有吃苦耐劳精神，服从意识强，整体素质高。山东船员在业界享有的良好职业声誉，受到航运公司的普遍欢迎，为树立山东省船员品牌形象，提高山东船员的市场知名度和美誉度奠定了良好基础。

丰富的人力资源，发达的教育和高素质人员是山东省成为海员大省的最大优势，也为山东航海院校的人才培养提供了丰富的优秀的人力资源，这是其他地区无可比拟的条件。

2.3 政府机构大力支持

政府政策对于航运发展及航海教育发展起到关键作用。政策的大力支持，为航海教育的快速合理发展提供了肥沃的土壤。做好航海人才的教育和培训，加快培养高素质的航海人才，政府的重视是前提，资金投入是基础，全社会和各部门通力合作是关键。

近年来，山东省政府和相关机构先后出台了多项政策和文件来促进省内航海教育的发展。潍坊辖区现有 6 家船员学历教育、职业培训学校，这 6 家学校都是交通部海事局考核验收过的，一个城市拥有 6 家大规模船员培训机构，这在全国也是不多见的。而且，由于地方政府充分认识到船员培训在缓解社会就业压力和服务社会主义新农村建设中的现实意义，因此对这些学校给予了相当大的支持。2007 年 4 月份，潍坊通达国际海运学校与日本神户海运株式会社联合办学，实行“培训、就业一条龙”模式，市政府有关领导对此事非常重视，出席了联合办学仪式。这充分证明了政府对航海院校发展的

大力支持。省政府在 2010 年出台的《关于加快港航业发展壮大港口经济的意见》明确提出要全力推进山东东北亚物流枢纽和国际航运中心建设，以建设现代化港口群和发达的航运产业为基本立足点，加强港航人才队伍建设，加大政策扶持力度。2011 年 7 月 11 日，山东海事局与聊城市政府签署了《航海人才培养战略合作备忘录》。《备忘录》正式启动了实施鲁西地区航海人才培养战略，双方在开拓高端劳务市场，推动船员队伍发展，培养高级航海人才，促进航运及海洋事业发展方面进行交流合作。山东海事局充分发挥海事专业职能等优势，协调辖区船员教育和培训机构，通过减免学费、纳入政府职业教育补贴范围等措施，在培训、考试和证书办理等方面给予省内航海人才发展提供相关政策支持。

3　山东航海院校人才发展中存在的问题

山东省航海院校为我国蓬勃发展的航运业注入了活力，也带动了山东经济发展，船员劳务外派产业已成为山东经济发展新的增长点。但不可否认，山东航海教育快速扩张也留下了重重隐患，有些问题已非常突出。

3.1　师资力量与航海教育的快速发展不适应

发展教育必须要有资源，而教师资源是最重要的。只有高素质的教师，才能培养出高素质的海员队伍。在山东省内的 17 家航海院校中，除青岛远洋船员学院有 30 多年航海教育办学经验外，其他都是最近 4 年才开始从事航海教育的新办学校。航海教育办学要求投入高、质量高，教学质量离不开一流的设备、设施和师资水平。但一流的师资需要多年的培养和积累。我国没有培养航海教育师资的专门学校，以往传统的航海院校师资大多来自大连海事大学、上海海事大学的优秀毕业生。既有航海工作经验和任职资历，又具备教学能力和水平的教师极其短缺。山东省近年新办如此多的航海院校，航海教育师资尤其是优质师资匮乏便成了最大的问题。

目前，省内大部分航海院校的航海师资普遍构成为：航海院校退休教师、从船上下来的职务船员和刚毕业的学生。退休教师虽有教学经验，但已经多年没有上船任职，因而对现代船舶缺乏了解或仅是理论上了解而缺乏实践经验。职务船员虽然有实践经验，但是缺乏教学组织、教学实施方面的能力和经验。山东航海教育发展急需教师，导致部分不适任者进入航海教育教师队伍，教师学历低，又缺乏船舶实践经验，对目前船舶的操作和管理不了解，严重影响了教学质量。而根据我国目前的船员适任考试体系，教师只要依照理论考试题库和实操评估标准照本宣科，有的甚至要求学生死记答案，照样可以保证学生考试及格，顺利获得适任证书。以这种方式培养出来的船员，其素质必然先天不足。

3.2 生源素质呈下降趋势

我国高等教育扩招后，各高校按照录取批次逐级选拔高考考生，除大连海事大学外，其余本科、专科层次的航海院校录取的生源素质都有所降低。航海教育扩招后这一趋势更加明显。学生素质降低必然导致培养难度加大，这一问题在中专层次的航海院校当中表现更加突出。从 2008 年开始，山东省普通高考考生人数连续 4 年下降，从 2008 年高峰时的 74 万余人到 2012 年的 49.7 万人，减少 24 万多人，降幅达 32.8%。随着高等院校近年来的持续扩招，加之高考生的减少，高考录取率越来越高，院校录取分数越来越低，自 2010 年起，山东高考专科录取资格线均低于 200 分。

目前山东省内航海院校航海类专业招生量连续 3 年下降，年实际招生量从 2010 年的 1.46 万人到 2012 年的 0.6 万人，降幅达 58.9%，2012 年招生数仅占许可培训规模的 57.9%。本专科航海院校的录取分数不断下降，中专院校的主要生源来源更为匮乏，部分中专院校为了维持办学，招收初中毕业生，生源数量、质量不断下降。山东省航海教育资源本来就不足，如果培养出来的是无法适应现代化船舶需要的船员，培养得越多对航海教育资源的浪费就越大，对我国船员队伍建设造成的不良影响就越深远，产生航运安全的隐患就越严重。

3.3 教育培训质量下滑

航海教育属于高投入低产出行业，因此航海院校必须依托政府或企业办学。山东各航海院校的设备、设施很多来自拆船厂、设备制造厂，或购进或研制功能较齐全的模拟器替代。各航海院校受资金所限，设备和设施均存在不同程度的不足，这个问题在中专层次的航海院校中更为突出。近三年来，由于受到所谓“航运业正遭遇十年不遇的绝佳发展良机”的乐观估计和所谓“船员奇缺，供不应求”舆论宣传的影响，山东航海院校发展规模和招生规模不断扩大。教学设备不充足，师资水平参差不齐，学生素质差异大，教育培训质量可想而知。辖区培训机构重效益、轻投入、疏忽管理的顽症一直未得到根除，设施、设备并不能有效满足教学实操训练的要求，部分机构为节省耗材成本，压缩实操培训时间、只针对评估题卡内容训练的情形时有发生，造成学员实操培训质量不高，学员动手能力不强。

这必然造成低素质毕业生加入船员队伍，影响中国海员的整体服务质量和我国船员劳务外派市场的开拓。

另外，个别航海院校之间存在恶性竞争。航海教育是需要高投入的，有的学校急需回收筹建学校的高额投资，以高额回扣吸引社会中介招录学员，社会中介以保证高工资、必就业等虚假承诺等欺骗学员，违背了航海教育的本质目的，造成了极坏的社会影响。有的航海院校为追求经济利益，存在重规模、轻质量的不良现象，与山东船员队伍建设与发展的需求存在差距。

4 结束语

大连海事大学校长王祖温曾提出："要把我国建成世界海运强国，推进我国航运业发展，关键在人才，要培养出一大批符合国际公约要求、满足航运强国建设需求的高素质航海类人才，占领国际海运劳务市场制高点。"培养高素质的国际航海人才已显得刻不容缓。

作为为航运业提供专门人才的航海院校，几十年来，尤其是改革开放以来已经取得了长足的进步，为我国的海上交通运输事业提供了大量人才，作出了积极的贡献。尽管山东航海教育事业发展迅速，但一些制约因素依然存在，航海类毕业生应以质量求生存。山东海员的整体素质高，适任能力强，在国内外航运界享有较高的声誉，受到航运公司的普遍欢迎。山东航海院校应继续严格按照国家法律法规的要求办学，确保培养出的船员具有公约要求的适任能力，为航运的发展作出更大贡献。

山东省航运单位航海人才需求调研报告

近年来，受世界金融危机的影响，国际航运市场也陷入低迷，船员劳务市场由供不应求转入需求趋缓、要求提高。但长远看，全球船员的整体供需状况为高级船员严重短缺，普通船员进一步过剩。伦敦德鲁里咨询机构 2009 年 1 月发布的研究报告显示，2009 年全球高级海员仍然不足，短缺 3.3 万人；2013 年短缺数量已达到 5.6 万人。海员资源短缺已成为全球性的问题，并且在未来 5 年内无法得到根本性的缓解。通过对山东省内各航运单位的走访调研，报告总结了省内航运单位人才需求趋势及航运单位对航海人才培养的建议。

1 山东省航运单位人才需求趋势

山东辖区航运公司、船员服务机构为推动山东海运事业的发展提供了有力的人才支撑和保障，创造了良好的经济效益和社会效益。山东省船员服务机构的服务质量总体上逐步走入正轨，辖区海员外派机构、船员服务单位的经营范围符合许可范围。

1.1 航运单位层次分布

目前，山东省内航运公司注册总数为 71 家，海员外派机构 35 家，占全国首位。对省内 56 家航运单位的调查分为三类，国有航运公司、地方（市属）航运公司、民营航运公司，这些航运企业的船舶类型、航区航线、经营管理都具有普遍性和代表性，另外对省内的海员外派机构也进行了走访调研。

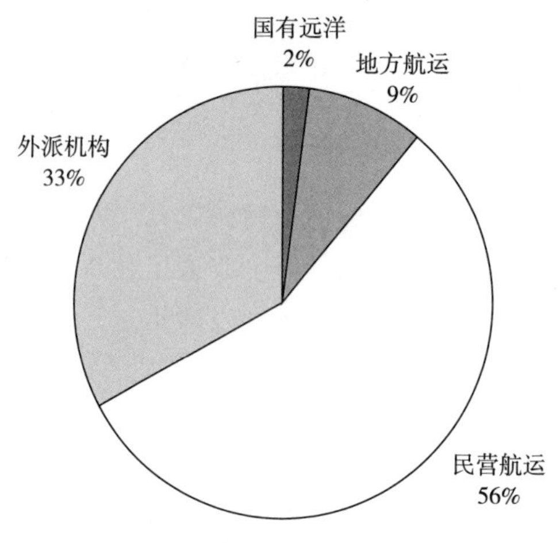

图 1 航运单位层次分布

山东省内相关航运单位数量多，规模大，航线遍布世界 150 多个国家和地区的 450 多个港口，基本实现了全球通。海运业承担着超过 90% 的山东外贸运输总量和超过 30% 的国内贸易运输总量。

1.2 航运单位对毕业生的需求

虽然整个航运市场持续低迷，有些航运公司甚至已倒闭或面临倒闭的困境，但从近几年来大部分航运单位的招聘人数看，供求关系人仍处于求大于供的形势。以山东交通学院为例，根据 2011 ~2013 年的招聘情况，单从省内航运单位招聘数量来看，供求比例基本保持在 1∶2 左右。

从下表可以看出，来山东交通学院招聘的公司中省内航运公司占主要部分；航运公司的需求为专科生多，本科生少，但差别减小明显；各公司总体需求量呈上升趋势。

1.3 航运单位对毕业生的综合素质评价

在调研的 50 家用人单位中，对毕业生要求的评述，实践教学的有 38 家，英语口语 34 家，诚实守信 23 家，动手操作能力 37 家，服从意识 39 家，吃苦耐劳方面 19 家，分布如下图。

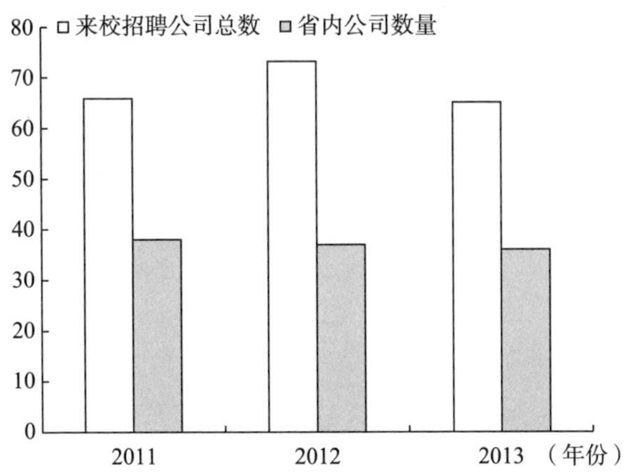

图 2　2011～2013 年山东交通学院双选会省内公司数量

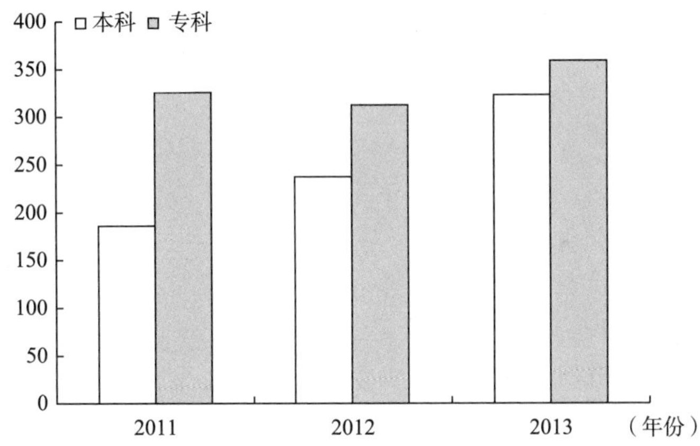

图 3　2011～2013 年山东交通学院省内公司不同层次人才需求数量

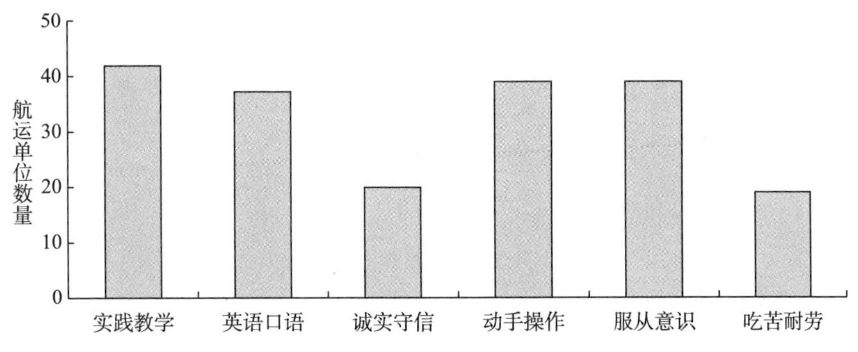

图 4　航运单位对毕业生素质要求

根据《2015 年交通专门人才需求预测及交通教育发展战略研究》课题组调研预测，2005～2010 年全国年均需要补充高级船员 9097 人；2011～2015 年，年均需要补充高级船员 10044 人。如果按照 85% 的毕业生上船率计算，则 2005～2010 年，年均需要培养 10702 人；2011～2015 年，年均需要培养 11816 人。

2 山东省航运单位对航海院校人才培养建议

总体来说，山东航海院校的毕业生去省内航运单位的数量占绝大部分，各航运单位对省内的毕业生总体还是很满意，尤其是吃苦耐劳、服务意识等素质方面，赢得了众多航运公司的好评。为了更好地促进山东省航运人才的培养、发展，很多航运单位也提出了很多宝贵建议。

（1）加强正常的教学，加强学生的专业素养。甲类适任证书的高通过率必须加强，越来越多的用人单位已明确提出必须要求一次性过关。获得适任证书是各航运单位对人才需求的硬性标准，也是航运单位非常看重的方面。

（2）增强学生的认知能力和知识的更新能力。充分发挥校企合作平台，有计划地安排学生到实船上认知实习，邀请有经验的船长、轮机长来校讲学，尤其是公司来招聘时，邀请他们对学生进行专业教育，让学生了解专业、热爱专业，牢固树立专业思想。

（3）继续深化学生教育管理改革。结合航海类专业特点，坚持实施并深化完善半军事化管理，培养学生严明的组织纪律性和高度的团队合作精神；要强化学生的职业道德教育，培养学生两种精神（爱国与敬业精神）和五个意识（责任意识、法律意识、环保意识、安全意识和服从意识），培养学生树立强烈的职业忠诚感、责任感和自豪感。深挖职工及学生的专业思想教育内涵，坚持请进来、走出去的原则，请专家进校园，派遣我们的老师外出进修，进修完对学生进行讲解；提高辅导员队伍的专业化程度，逐步向专家化过渡，全面拓展学生综合素质，加强对学生进行情感教育，邀请心理咨询师、心理医生对学生进行航海心理教育，让学生健康快乐成长，热爱专业，献身航海专业。

（4）加强实验室建设，强化学生的实操技能。要按照交通部相关要求，完善实验设施与设备，为专业教学训练提供保障；要充分发挥实验室的作用，增加实验开出率，提高学生自我动手、自主学习的能力，强化学生的实操技能和综合素质。

（5）开设职业生涯规划课、就业指导课，为企业、学校、毕业生搭建良好的合作平台，稳定用人单位和毕业生达成的意向，开展诚信教育、责任教育、奉献教育，建立较为完善的“毕业生——用人单位——学校”三方双选意向沟通机制，尽可能避免毕业生一生多投、用人单位双选时学生流失。

（6）多参与国际、国内活动，包括院际活动，扩大影响。不但与用人单位交流沟通，也应该多与省内不同航海院校沟通，特别是走访院校，互相借鉴学生管理、毕业生就业指导等方面的经验，互相搭建就业双选平台，获取市场信息和用人单位信息。此举必将对省内整个航运市场开发有着良好的推动作用。

3 结束语

近年来山东省内航运企业数量、营运海船船舶艘数连续增加，海船运力（总载重吨）持续上升，沿海港口吞吐量的不断提高，有效地带动了山东的经济发展。同时对山东航海教育的数量、质量、层次提出来新的要求。各航海院校应多层次、全方位服务于用人单位，突出办学特色，内强素质，外塑形象，进一步深化专业建设内涵，狠抓教学质量和学生综合素质，打响山东船员品牌。山东半岛蓝色经济区的建设任重而道远，航运教育的使命艰巨而光荣，结合山东区位优势和资源优势的特点，科学调整航海教育战略布局，加强教学管理，注重内涵建设，以此适应航运发展之需求。

下文为几个相关研究报告。

SWOT + AHP 方法分析研究报告

随着社会、经济和科技的迅速发展，全球信息网络的建立和消费需求的多样化，区域间的竞争界限正逐渐消失，所有的企业都面临着在激烈的竞争中生存并发展的挑战。同样，对于航运公司、航海院校来说，也面临着不同的竞争和问题。SWOT 分析方法是目前西方国家开展竞争情报研究实践中广泛应用的分析工具，既可作为竞争对手分析的参考工具，也可在广泛调查的基础上进行全面的竞争态势比较分析。层次分析法（AHP）模拟了人的思维判断过程，同时采用定量方法进行处理，具有定量分析和定性分析相结合的优势。SWOT 分析方法和层次分析法（AHP），能够为我们提供战略选择，实施战略计划。报告对 SWOT 分析方法和层次分析法（AHP）的原理及具体操作方法进行了简单介绍。

1 SWOT 概述

SWOT 是研究企业竞争的基本方法，最早是由美国旧金山大学韦里克教授于 20 世纪 80 年代初提出的。所谓 SWOT 分析法，是指一种综合考虑企业内部条件和外部环境的各种因素，进行系统评价，从而选择最佳经营战略的方法。S（strengths）是指企业内部优势，W（weaknesses）是指企业内部的劣势，O（opportunities）是指企业外部环境机会，T（threats）是指企业外部环境的威胁。SWOT 分析的指导思想就是在全面把握企业内部优劣势与外部环境的机会和威胁的基础上，制定符合企业未来发展的战略，发挥优势，克服不足，利用机会，化解威胁。企业高层管理人员根据企业的使命和目标，通过 SWOT 分析企业经营的外部环境，确定企业存在的机会和威胁，评估自身的内部条件，认清企业的优势和劣势。

2 SWOT 分析

分析环境因素，是运用各种调查研究方法，分析出组织所处的各种环境因素。外部环境因素包括：机会因素和威胁因素，它们是外部环境对组织的发展直接有影响的不利和有利因素，属于客观因素，一般归属为相对宏观的如经济的、政治的、技术的、社会的等不同范畴；内部因素包括优势因素和劣势因素，它们是企业在其发展中自身存在的积极和消极的因素，属主观因素，一般归为相对微观的如管理的、经营的、人力资源的等不同范畴。在调查分析这些因素时，不仅仅考虑历史与现状，而且要站在未来的发展角度来衡量。

（1）对机会与威胁的把握。在由环境的变化所产生的机会与威胁面前，首先必须把握企业所面临的社会、政治、经济方面的一般环境。面对社会的变化，很重要的是提高能融入社会环境的亲和力，把握商品的选择标准方面的社会价值变化以及高龄化社会到来等人口动态构成的重要因素。市场机会是影响公司战略的重要因素。企业管理层应当确认每个机会，评价每个机会的成长利润前景，选取那些可能与公司财务和组织资源匹配，使公司获得的竞争优势的潜力最大的最佳机会。企业的经营是动态的，永远处于不断的矛盾之中，企业所处的环境随时都在变化，这些变化对于一个企业来说可能是机遇，也可能是威胁。一般来讲，一个成熟企业面临的市场发展机会少，环境威胁较少，发展潜力小；困难企业面临较大的环境威胁，营销机会也少。理想的企业具有较多的发展机会，环境威胁少，然而，这样的企业在现实中是很少存在的，冒险企业的机会与挑战并存，成功与风险同在，这样的企业应尽量抓住机会，积极寻找避免威胁的对策。

（2）优势与劣势的分析。竞争优势是指一个企业超越其竞争对手的能力，或者指公司所特有的能提高公司竞争力的东西。竞争劣势是指公司缺少或做得不好的东西，或指某种会使公司处于劣势的条件。由于企业的整体性和竞争优势来源的广泛性，在进行优劣势分析时，必须从整个价值链的各个环节上，将企业与竞争对手做详细的比较。为了把握本企业的优势和劣势，首先要按照职能和部门对本企业所拥有的人、财、知识、信息等经营资源予以把握，并且通过将其与竞争对手进行比较，准确评价出优劣势。这种分析包含定性分析和定量分析。为了分析的精确度，有必要同时采用定性分析和定量分析。

3 层次分析法概述

SWOT 分析法总体上来说是一种比较准确和清晰的方法，但其中的很多要素无法量化，因此不少学者将 SWOT 分析矩阵与定量的方法结合起来进行研究。如引入数学工具中力度和强度的概念并运用德尔菲法来计算企业的优势、劣势、机会及威胁；或者是通过专家打分来建立内外部因素评价矩阵来进行定量分析。目前对 SWOT 分析矩阵进行定量分析，较多的是采用德尔菲法来确定各要素的权重。采用这一方法较容易将定性问题转化为定量问题来分析，但也有一定的局限性。它不仅要求专家对企业所处行业相当熟悉，而且对企业有深入的了解。

层次分析法（Analytical Hierarchy Process，简称 AHP）是将与决策总是有关的元素分解成目标、准则、方案等层次，在此基础之上进行定性和定量分析的决策方法。该方法是美国运筹学家、匹茨堡大学教授萨蒂于 20 世纪 70 年代初，在为美国国防部研究“根据各个工业部门对国家福利的贡献大小而进行电力分配”课题时，应用网络系统理论和多目标综合评价方法，提出的一种层次权重决策分析方法。层次分析法计算步骤如下。

（1）建立层次结构模型。在深入分析实际问题的基础上，将有关的各个因素按照不同属性自上而下地分解成若干层次，同一层的诸因素从属于上一层的因素或对上层因素有影响，同时又支配下一层的因素或受到下层因素的作用。最上层为目标层，通常只有 1 个因素，最下层通常为方案或对象层，中间可以有一个或几个层次，通常为准则或指标层。当准则过多时（譬如多于 9 个）应进一步分解出子准则层。

（2）构造成对比较阵。从层次结构模型的第2层开始，对于从属于（或影响）上一层每个因素的同一层诸因素，用成对比较法和1—9比较尺度构造成对比较阵，直到最下层。

（3）计算权向量并做一致性检验。对于每一个成对比较阵计算最大特征根及对应特征向量，利用一致性指标、随机一致性指标和一致性比率做一致性检验。若检验通过，特征向量（归一化后）即为权向量：若不通过，需重新构造成对比较阵。

（4）计算组合权向量并做组合一致性检验。计算最下层对目标的组合权向量，并根据公式做组合一致性检验，若检验通过，则可按照组合权向量表示的结果进行决策，否则需要重新考虑模型或重新构造那些一致性比率较大的成对比较阵。

（5）模型构建。将问题包含的因素分最高层（解决问题的目的）、中间层（实现总目标而采取的各种措施、必须考虑的准则等。也可称策略层、约束层、准则层等）、最低层（用于解决问题的各种措施、方案等），把各种所要考虑的因素放在适当的层次内，用层次结构图清晰地表达这些因素的关系。

运用层次分析法有很多优点，其中最重要的一点就是简单明了。层次分析法不仅适用于存在不确定性和主观信息的情况，还允许以合乎逻辑的方式运用经验、洞察力和直觉。也许层次分析法最大的优点是提出了层次本身，它使得买方能够认真地考虑和衡量指标的相对重要性。

山东省现代航海人才发展的战略分析报告

1 山东省现代航海人才发展现状

山东是海员大省，海员数量和外派海员数量均居全国首位。截至2014年上半年，山东注册海员共有108 010人，占全国的1/6；各类船员服务机构97家，约占全国的1/7。2013年山东外派海员2万多人，约占全国的1/6，为山东GDP贡献值约为8亿美元，约占山东省国民生产总值的千分之一，为山东“蓝色”经济发展作出了无可替代的贡献。山东省人力资源丰富，仅农村地区就有上千万的剩余劳动力。山东省地域文化深厚，教育质量处于国内较高水平。

近几年来，在山东省教育主管部门和海事管理部门的大力支持下，山东省航海教育取得了长足的发展。大量农民子弟接受航海教育成长为远洋船员而迅速实现了家庭的脱贫致富，带动了社会对航海教育的认可。省内的临沂、菏泽、聊城、潍坊、德州等西部地区，真正实现了“派出一人、致富一家、带动一片”的局面，推动了农村劳动力向航运业的转移，帮扶了欠发达地区的发展，支持了社会主义新农村建设，促进了东部产业向中西部转移、西部劳动力向东部输送，东西部协调发展的新局面的形成。山东省航海院校由2005年前的两家，即山东交通学院和青岛远洋船员职业学院，迅速增加到目前的19家，已建立起层次结构齐全的航海教育体系。山东省航海教育办学体制多样化，政府举办的占31.25%，企事业单位举办的占37.5%，民办的占31.25%。办学规模巨大，近几年山东省各层次航海类专业在校生30000余人。山东省航海教育院校和培训机构的数量，以及在校生规模，均占全国数量的近1/4。山东省已成为名副其实的航海人才培育大省。

但是，要使山东省的航海人才持续迅速发展，亟须站在战略的高度统筹全省的航海人才发展进程，在航海人才发展方面展开研究，梳理人才发展中的制约瓶颈，对当前航海人才发展进行战略分析，并进行决策分析，进行资源整合配置，凸显山东航海人才品牌，用定性和定量相结合的科学方法进行战略性的研究，为决策提供强有力的理论和实践的双重支撑，为山东省航海人才发展提供战略决策服务，促进航海经济的又好又快发展。

2 山东省航运人才发展的SWOT分析

2.1 S（Strengths）优势

（1）政策导向优势

结合山东的海洋区位优势、资源优势和科技优势，2011年国务院已正式批复《山东半岛蓝色经济区发展规划》，这标志着山东半岛蓝色经济区建设正式上升为国家战略，成为国家海洋发展战略和区域协调发展战略的重要组成部分。航运是海洋经济发展不可或缺的支柱性产业。这对加快高等航运人才的培养提出了更高的要求。

（2）港航基础优势

山东航运经济发展迅速。目前，省内初步形成了以青岛、日照、烟台港为国家主要港口，以威海港为地区性重要港口，以潍坊、东营、滨州等中型港为补充的现代化港口群布局。根据山东省航运部门的统计数据，沿海航运企业数量、营运海船船舶艘数连续增加，海船运力（总载重吨）持续上升，沿海港口吞吐量不断提高，有效地带动了山东的经济发展。同时对山东航海教育的数量、质量、层次提出来新的要求。

近年来，沿海港口吞吐量以年均9000万吨的速度递增，年均增长幅度23.7%。目前山东成为长江以北唯一拥有3个亿吨海港的省份。发达的航运业承担着超过90%的山东外贸运输总量和超过30%的国内贸易运输总量。航运的快速发展，必然要求高等航运人才作为支撑。

（3）航运教育优势

山东省航运教育在“十一五”期间注重资金投入和基础建设，新建10多所航海院校，现已形成多学科、多层次的人才培养体系，为实现“科教兴鲁”战略提供了强有力的人才支撑。“十二五”期间，山东航海教育将从加强投入和规模扩张转向提高教育质量和办学水平，从形态塑造转向综合素质提升，航运教育转向内涵式发展。面向半岛蓝色经济区建设，构建梯度清晰、特色鲜明的专业人才培养体系。山东较好的航运教育为培养航运高等人才奠定基础和保障。

2.2 W（Weaknesses）劣势

山东航海人才的发展体系虽然初具规模，但在诸多方面还存在不足。其中，重中之重当属教育层次结构、师资队伍建设和教学质量。其余问题也应尽快纳入议事日程。

（1）人才培养层次结构不尽合理

通过调查显示，航运业用人特点呈现纺锤状——中间大两头小，即专科/高职毕业生需求数量最多，本科其次，中专末之，这是符合航运业发展需要的最佳人才培养层次结构。而山东省航海院校近三年的招生数量显示，本科共计1029人，专科共计4998人，中专共计20090人，这种典型的金字塔状人才培养结构形式与航运业人才需求存在较大差异，也是造成低级船员市场饱和、中高级船员市场短缺的主要原因。

（2）师资短缺，素质有待提高

航海教育教学质量离不开一流的设施、设备和理论水平高、实践经验丰富的师资。实船化的设备、设施只要资金到位就能够及时购买，但一流的师资需要多年的培养和积累。我国没有培养航海教育师资的专门学校，以往传统的航海院校师资大多来自大连海事大学、上海海事大学的优秀毕业生。既有航海工作经验和任职资历，又具备教学能力和水平的教师极其短缺。山东省近几年内新增了十几家航海院校，航海教育师资尤其是优质师资匮乏便成了最大的问题。截至目前，部分新办院校的师资的数量和质量都不同程度地低于规定标准。

（3）教学质量有待提高

教学质量低下的原因有三。一是生源素质呈下降趋势，随着高校的扩招，基础扎实、成绩优异的学生大多奔向“985”、“211”等一本院校，落在二本或专科的学生的基础素质必然有所下降，而源自高考落榜生中招生的中专学校之生源素质更是可想而知。二是教学设备不充足。部分航海院校教学设备虽然满足办学的最低标准，但缺乏普遍性、典型性、前沿性、系统性，难以满足较大规模和较高层次的培养要求。三是个别院校的部分教师多为刚走出校门的毕业生或有一定实践经验的在职高级船员。前者既缺少实践经验又缺少教学经验；后者虽然实践经验丰富，但是缺少教学经验。他们既需要进行教师的岗前培训，也需要相应的进修学习和实践锻炼。师资水平参差不齐，加之学生素质差异大，导致教育培训质量不高。

诸如办学体制、教师待遇、教材建设、设备投资、管理模式等问题也都应尽快解决。

（4）外派机构、服务机构规模效应尚未形成

山东省内的外派机构、服务机构虽然数量充足，但真正规模化、叫得响的机构较少，管理意识不到位，重经营，轻培养，机构未真正发挥出安全阀的作用。作为船员用人单位未承担起船员技能开发、素质再提升、把好船员素质质量关的主体责任，未建立起特色企业文化，增强船员对公司的忠诚度和归属感，船员流失率较高。虽然辖区内聚集了全国的海员外派机构、船员服务机构，但机构散，规模小，未发挥出产业聚集的竞争优势。辖区高端的远洋船员外派量在全国的比例5年来一直在10%左右徘徊，仍有不小的进步空间。

另外，由于上述公司性质、层次、经营规模不一，部分公司在船员队伍建设方面缺乏规划、在船员技能提升方面投入较少、在船员职业保障方面工作力度不够，由于公司履行责任不主动、不完全，管理水平参差不齐，专职管理和业务人员不稳定，且对船员管理法规掌握不到位，导致问题层出，具体表现在互挖墙脚、伪造资历、乱收费、不签订劳动合同等。另外，市场上还存在一些“黑中介”，进一步扰乱了船员劳务市场。上述问题的存在不但损害了公司的声誉，制约了公司的长远发展，更不同程度地破坏了山东船员劳务市场秩序，侵害了船员的合法权益，影响了航海人才的健康发展。

（5）市场机制不健全

由于高端航海人才不足，造成激烈的竞争，再加上部分航海从业人员职业道德素养较低以及信用监管机制的缺失，航海人才服务信息发布渠道不畅通，最终造成了人才的无序流动。目前尚未形成健全的航海人才劳务市场调节机制，影响了山东航海人才队伍的可持续发展。

2.3 O（Opportunities）机遇

（1）国家战略发展机遇

十八大报告中明确提出了“建设海洋强国”的战略方针，明确提出提高海洋资源开发能力，发展海洋经济，保护海洋生态环境，坚决维护国家海洋权益，建设海洋强国的战略目标。海洋经济已成为我国经济转方式、调结构的新引擎。航海人才是建设海洋强国所必需的重要战略资源之一，急需要建立一支“数量充足、结构合理、素质优良”航海人才队伍，支撑“海洋强国”建设。

我国是航运大国，经营远洋运输的、沿海运输的众多，但大多规模偏小，难以与国外跨国航运集团相抗衡，与世界航运强国之间还存在一定距离。同时我国是船员大国，拥有 65 万海员，船员保有总量世界第一，但目前我国的年外派船员只有 4 万人左右，约占世界船员市场的 4.9%，而且我国船员外派服务的区域主要是香港和东南亚地区，欧美市场还未有效打开，这与我国“船员大国”的身份极不相称。目前我国船员队伍建设与发展的现状，与中国作为发展中大国的地位、与国家经济发展的要求、与世界航运发展的需求还存在诸多的不适应。中国远洋船员队伍的类别、等级、职务不适应船舶配员的需求，船员队伍的结构不合理，船员流失率不断攀升。特别是随着航运技术高科技化与信息化的飞速发展，高素质船员，尤其是能够胜任操纵大型集装箱船等特种船舶的高级船员严重短缺。交通运输部审时度势，在年我国首次船员大会上提出了我国到年要实现从世界航运大国向世界航运强国转变的发展战略。航运的发展离不开航运人才的支持，国家已经把船员发展摆到了交通运输发展全局的重要位置，明确提出了要建立一支“数量充足、结构合理、素质优良”的船员队伍，2020 年要成为世界船员强国的战略目标，大力推进航海人才队伍的培养是贯彻落实国家“双转变”战略的重要举措。

（2）国际市场需求

《BIMCO/ISF，2010 年》人力资源报告数据显示，2010 年来自中国、印度、菲律宾和部分经合组织成员国的船员供应量都在显著增加，远东地区（主要是中国、菲律宾）和印度次大陆地区国家（主要是印度）的船员供应量约占 42.3%。国际船员劳务市场的东移已经成为不争的事实，这为我国船员的劳务外派带来了机遇。

高素质航海人才短缺一直困扰着全球航运业的发展。根据波罗的海航运公会（BIMCO）和国际航运联合会（ISF）人力资源报告的最新研究成果，全球高级船员的供应量为 62.4 万人，供求差为 1.3 万人，约占 2%；在基准条件下，到2015年高级船员总体缺口约为5%；根据全球船队预期增长率的不同，2015年高级船员总体缺口在2%～11%之间。但目前仍有多项不确定因素会影响未来船员供求关系，特别是海运市场复苏后，高级船员短缺的情况会更加严重，因此整体上船员供给不足。实质上，全球高级船员短缺不只是数量上的短缺，而更是高素质船员质量和结构上的短缺，亦即驾驶特种船舶、高技术船舶和超大型与特大型船舶的高级船员短缺，虽然这部分高级船员需求总量不是特别大，但在业内影响力较高。我国高级航海人才短缺的内涵与全球高级航海人才短缺的内涵相似。加强山东航海人才队伍的内涵建设，培养更多高素质、优质航海人才，是全球航运业发展的紧迫需求。

2.4 T（Threats）挑战

（1）生源困境

计划生育政策作用凸现，生源不断减少。高校不断扩招，入学门槛降低，山东2012年高职最低录取分数为180分。航海类高职院校数量不断增加，2012年山东省航海类院校本科2所，高职5所，招生达到180分最低分数线，且没有一所学校完成招生计划。生源减少，高职扩招，导致以高中毕业生为生源的航海类中职学校生源急剧下降，统计来看，2010年山东省航海类中职学校招生11179人，达到最高峰，2011年招生只有6100人，2012年招生数量降至不足2000人，出现断崖式下降，由于生源迅速减少，有个别学校在校人数现在只有100多人，难以生存。

（2）政策困境

随着船员供过于求出现，国家对船员教育政策出现了由鼓励到限制发展的转变。2010年，STCW公约马尼拉修正案后，《中华人民共和国海船船员适任考试和发证规则》（中华人民共和国交通运输部令2011年第12号）颁布，规定“不少于2年的全日制航海类中职/中专及以上教育的学生或者接受不少于2年三副、三管轮、电子电气员岗位适任培训的学员，完成全部理论和实践教学内容后，可以相应地申请沿海航区三副、三管轮、电子电气员的适任考试”。这表明，航海类中职学校学生只能考沿海航区适任证书，不能直接考取无限航区的适任证书，这一规定使航海类中职学校对学生的吸引力大大下降。2012《关于扩大中等职业教育免学费政策范围进一步完善国家助学金制度的意见》（财教〔2012〕376号），规定：“从2012年秋季学期起，对公办中等职业学校全日制正式学籍一、二、三年级在校生中所有农村（含县镇）学生、城市涉农专业学生和家庭经济困难学生免除学费”。航海类中职学校生源主要来自农村，市场化的高学费与上述免费政策形成鲜明对比，进一步降低航海类学校的吸引力。

（3）资金困境

山东省目前有10所航海类中职学校，基本上为行业、企业、私人办学，虽然有两所为国办学校，也是采取市场方式进行运作。高投入、高成本、高学费是航海类职业教育的特点。设备投入按照国家海事局验收标准需要2000万元以上，专业教师需具备海上资历，难以进入学校人事编制，采取合同和外聘方式管理，人力资源费用远高于普通职业学校。由于没有政府财政投入，资金全靠自筹，学校运转需要高收费来支撑，学生每年学费一般为7500元。资金随着生源减少，学校规模不断萎缩，办学规模效应不能实现，成本相应提高。招生越来越难，成本不断增加，目前每个学生招生成本在1500元以上，有些学校招生成本生均达到三四千元，办学出现亏损，资金出现危机。

（4）人才供求困境

近几年，国际金融危机不断发酵，欧洲债务危机蔓延，中国对外贸易增速降低。2012年，国际干散货运输市场波罗的海综合运价指数BDI在1000点左右徘徊，一般认为，BDI指数2000点是航运公司的盈亏线，跌破2000点后，所有航运公司都是亏损运营。航运市场持续低迷，而中国船员数量在不断增加，据山东海事局数据统计，截至2012年10月，山东注册海船船舶数量为2357艘，需要船员不足5万人，而山东注册船员为91000人。2010年山东省航海类院校在校生29239人，几年之后，近3万人进入航运市场，学生拿到证书上不了船的现象会大量存在，船员供过于求的状况将进一步加剧。

（5）国际竞争加剧

菲律宾的船员劳务输出量多年来一直占据世界第一的位置，且遥遥领先。菲律宾政府虽没有刻意打造“菲律宾船员”品牌，但是在很多外国籍船东眼里，菲律宾船员的数量和质量均具有较高的竞争力，菲律宾船员值得信赖和使用。因此“菲律宾船员”实际上已经具有一定的品牌效应和品牌价值。菲律宾政府在船员劳务外派中发挥了极其重要的作用，有很多经验值得我们借鉴。菲律宾船员的闻名得益于菲律宾政府对劳务外派产业发展的重视，船员外派规模不断扩大，并获得了国际上的广泛认可。根据菲律宾海外就业管理局公布的数据，近年来，菲律宾输出的高级船员和非技术性船员数量都呈上升趋势，其中以高级船员的增长最为显著。从各个层次的船员对外输出量变化趋势来看，菲律宾的船员队伍正朝着高级化、优质化的方向发展，这也迎合了国际船员市场中对高素质高级船员需求增加的趋势。加之近年来，作为一个传统海运国家的印度，一直重视海员教育与培训。在世界船员供需格局发生重要变化的今天，印度也进一步努力提高本国海员教育培训的质量，以期在国际人才劳务市场占有较大的份额。对我国航运人才的发展也形成了一定程度的冲击

3 基于层次分析法（AHP）的山东省航海人才发展研究

航海人才的发展分析是由多层指标构成的，针对航运人才发展的特点，采用层次分析法（AHP）法进行分析，可将定性的指标定量化，减少人为的主观因素的干扰，使评价更具客观性。首先把与航海人才发展相关的各个因素层次化，形成一个多层次的分析模型，然后经过专家打分法与数学计算，获得各指标的权重，通过运用模糊数学的原理对山东省航海人才发展作出综合评价。

3.1 航海人才发展分析指标体系的建立

航海人才发展评价是以影响航运人才发展的各个因素为出发点，通过参考有关学者的研究，并与多名行业专家协商交流，确定以基础条件、培养条件、发展现状、服务条件4个方面为一级评价目标，泊位数量等13个指标为二级评价指标，建立评价指标体系。指标权重设计采用专家意见统计法，每个指标的平均赋值为7.69%，请行业内部分专家以此为依据，结合个人经验对各个指标的重要程度赋值，据此对体系中各项指标的权重进行设定。参与指标设定的20位专家来自航海院校、航运公司、航运管理机构等单位。设定的各指标按照所得分值的算术平均值来表示专家的意见集中度。并在不断的交流、反馈和修改中得到比较满意的结果。经调研整理得表1如下：

表1 航海人才发展评价指标体系

一级指标	二级指标	权重（%）
基础条件（30.02%）	泊位数量（万吨以上）	7.13
	港口年吞吐量（亿吨）	7.93
	船舶运力（万吨）	7.75
	港口建设固定资产投资情况（亿元）	7.21
培养条件（24.38%）	培养机构数量	7.72
	招生数量	8.14
	专科以上层次毕业生所占比例（%）	8.52

续表

一级指标	二级指标	权重（%）
发展现状（21.66%）	现有船员数量（万人）	7.36
	国家级诚信船舶、船长数量	6.92
	全国优秀船员数量	7.38
服务条件（23.94%）	国际航行航运企业数量	7.93
	船员外派机构数量	8.09
	甲级海船船员服务机构	7.92

从体系表中可以看到，专科以上学历学生数量、航海教育发展规模、船员外派机构数量、国际航行航运企业的数量以及港口的吞吐量是影响航海人才发展最主要的5个因素。诚信船舶、船长数量，泊位数量，港口建设固定资产投资情况、现有船员数量4项因素的权重较低，说明这4项因素对航海人才发展的影响力有一定作用，但不是那么突出。

3.2 评价方法

本文首先采用无量纲化的处理方法对采集的数据进行处理，选取辽宁、福建、广东三个航运经济较为发达的省份作为参考，对各个指标采集的数据进行无量纲化处理。即用采集的数据除以所选参考省份中采集到的此指标的最大值，得到一个比率，然后对其进行分级，最后采用模糊数学中的模糊综合评价法（Fuzzy Comprehensive Evaluation Method）评价该省航海人才的发展情况。其解决问题的一般程序如下所述：

（1）确定需要判别的对象的因素论域

$I=(I_1, I_2, I_3, I_4, I_5, \cdots, I_n)$ 也就是n个判别指标。

（2）确定各评价指标的权重

因各判别指标对评价结果的影响有大小、强弱不同，所以，各个评价指标在判别体系中的地位可能差别较大。本文依据前文确立的权重进行衡量。

（3）确定评语等级论域

$R=(R_1, R_2, R_3, R_4, R_5, \cdots, R_n)$ 即等级集合。每一个等级与一个模糊子集相对应。通常情形下，评语等级数t为2至7中的整数，如果评语等级数t过大，则很难用语言描述并判别所归属等级；若t取值过小，又与模糊综合评价的质量要求不相符合。为易于判别被评价事物的等级归属，常设立一个中间评价等级，即t一般取奇数。

(4) 进行单因素评价，建立模糊关系矩阵 3.1

$$M = \begin{pmatrix} M_{11} & M_{12} & M_{13} & \cdots & M_{1n} \\ M_{21} & M_{22} & M_{23} & \cdots & M_{2n} \\ M_{31} & M_{32} & M_{33} & \cdots & M_{3n} \\ M_{41} & M_{42} & M_{43} & \cdots & M_{44} \\ \cdots & \cdots & \cdots & \cdots & \cdots \\ \cdots & \cdots & \cdots & \cdots & \cdots \\ M_{n1} & M_{n2} & M_{n3} & \cdots & M_{nm} \end{pmatrix} \tag{3.1}$$

(5) 确定评价因素的模糊权向量 $V = (V_1, V_2, V_3, V_4, \cdots, V_n)$

(6) 建立模糊综合评估的数学模型 $D = V \cdot \cdot M$。

3.3 山东省航海人才发展情况分析

(1) 山东省航海人才发展相关指标数据收集与整理

本文通过查询政府部门以及权威机构发布的总结报告、统计信息或者公报获取相关指标的关键数据。如表 2 所示。

表 2 山东省航海人才发展调研情况统计表

一级指标	二级指标	山东	辽宁	福建	广东
基础条件	泊位数量（万吨以上）	239	194	145	273
	港口年吞吐量（亿吨）	11.8	9.84	4.59	13.1
	船舶运力（万吨）	320.6	740	791	788
	港口建设固定资产投资情况（亿元）	89.4	53.3	100.7	111.3
培养条件	培养机构数量	19	11	10	22
	招生数量	3971	2800	1001	1139
	专科以上层次毕业生所占比例（%）	63.5	93.5	74.7	91.7
发展现状	现有船员数量（万人）	10.36	4.48	5.80	6.6
	诚信船舶、船长数量	8	19	9	68
	全国优秀船员数量	8	6	3	16
服务条件	国际航行航运企业数量	16	14	15	35
	船员外派机构数量	35	8	24	15
	甲级海船船员服务机构	48	28	27	11

根据收集到的各项指标的数据，按照无量纲化的方法，对各项数据进行处理，并按照优（>85%）、良（70%～85%）、中（55%～70%）、较差

（40% ~55%）、差（0% ~40%）五个等级分类，然后按照优（90分）、良（75分）、中（60分）、较差（45分）、差（30分）的方法为每个指标赋分，得统计表3。

表3 山东省航海人才发展数据处理统计表

一级指标	二级指标	处理结果（%）	评价等级	得分	权重
基础条件	泊位数量（万吨以上）	87.55	优	90	7.13
	港口年吞吐量（亿吨）	90.08	优	90	7.93
	船舶运力（万吨）	40.53	较差	45	7.75
	港口建设固定资产投资情况（亿元）	80.32	良	75	7.21
培养条件	培养机构数量	86.36	优	90	7.72
	招生数量	141.8	优	90	8.14
	专科以上层次毕业生所占比例（%）	67.91	中	60	8.52
发展现状	现有船员数量（万人）	157	优	90	7.36
	诚信船舶、船长数量	11.76	差	30	6.92
	全国优秀船员数量	50	较差	45	7.38
服务条件	国际航行航运企业数量	45.71	较差	45	7.93
	船员外派机构数量	104.2	优	90	8.09
	甲级海船船员服务机构	171.4	优	90	7.92

3.4 山东省航海人才发展分析过程

（1）评价指标集的确立

根据前文所建立的航海人才发展评价标准，确立相关的评价指标集，包括一级指标和二级指标。则一级指标 $I = (I_1, I_2, I_3, I_4)$，二级指标 $I_1 = (I_{11}, I_{12}, I_{13}, I_{14})$，$I_2 = (I_{21}, I_{22}, I_{23})$，$I_3 = (I_{31}, I_{32}, I_{33})$，$I_4 = (I_{41}, I_{42}, I_{43})$。

其中 I_1，I_2，I_3，I_4分别代表基础条件、培养条件、发展现状、服务条件。

I_{11}，I_{12}，I_{13}，I_{14}分别代表泊位数量（万吨以上）、港口年吞吐量（亿吨）、船舶运力（万吨）、港口建设固定资产投资情况（亿元）。

I_{21}，I_{22}，I_{23}分别代表培养机构数量、招生数量、专科以上层次毕业生所占比例（%）。

I_{31}，I_{32}，I_{33}分别代表现有船员数量（万人），诚信船舶、船长数量，全国优秀船员数量。

I_{41}，I_{42}，I_{43}分别代表国际航行航运企业数量、船员外派机构数量、甲级海船船员服务机构。

（2）评价指标权重的归一化

一级指标 I_1，I_2，I_3，I_4的权重分别为 W_1，W_2，W_3，W_4。则相对应的二级指标权重集分别为 V_1 = （V_{11}，V_{12}，V_{13}，V_{14}），V_2 = （V_{21}，V_{22}，V_{23}），V_3 = （V_{31}，V_{32}，V_{33}），V_4 = （V_{41}，V_{42}，V_{43}）。

根据已述的各项指标权重进行归一化处理，可得 V = （0.3002，0.2438，0.2166，0.2394）；V_1 = （0.2375，0.2642，0.2582，0.2402）；V_2 = （0.3167，0.3339，0.3495），V_3 = （0.3398，0.3195，0.3407），V_4 = （0.3312，0.3379，0.3308）。

（3）数据处理

① 基础条件

$$M_1 = \begin{pmatrix} 90 \\ 90 \\ 45 \\ 75 \end{pmatrix} \quad V_1 * M_1 = D_1 = 74.78$$

即山东省航海人才发展基础条件整体状况得分为 74.78 分。

② 培养条件

$$M_2 = \begin{pmatrix} 90 \\ 90 \\ 60 \end{pmatrix} \quad V_2 * M_2 = D_2 = 79.52。$$

山东省航海人才发展培养条件整体状况得分为 79.52。

③ 发展现状

$$M_3 = \begin{pmatrix} 90 \\ 30 \\ 45 \end{pmatrix} \quad V_3 * M_3 = D_3 = 55.50。$$

山东省航海人才发展现状综合得分为 55.50。

④ 服务条件

$$M_4 = \begin{pmatrix} 45 \\ 90 \\ 90 \end{pmatrix} \quad V_4 * M_4 = D_4 = 75.09。$$

山东省航海人才发展服务条件得分为 75.09。

（4）评价结果

$$M=\begin{pmatrix}74.78\\79.52\\55.50\\75.09\end{pmatrix}\quad V*M=D=71.83$$

V＊M = D = 71.83 通过计算得山东省航海人才发展综合得分为 71.83 分。

3.5　山东省航海人才发展分析

（1）山东省航海人才发展优势项目

根据各一级指标得分情况，可分析得出，山东省航海人才发展的整体状态良好。综合分析各影响因素，培养条件得分最高，说明山东省政府重视航海教育的发展并给予了大力支持，而且经过多年的努力，培养了数量众多的航海毕业生，为航海业持续发展打下了坚实的基础。

（2）山东省航海人才发展劣势项目

发展现状得分较低，说明山东省在抓住机遇大力发展航海教育方面，虽然做了很多工作，培养了大量的船员，但是一些必要条件的缺失导致高层次航海人才整体数量较少，还需做进一步努力，尽可能多地发展高端航海教育、培育更多优秀航海人才服务机构。

（3）山东省航海人才发展情况综合分析

通过评价数据的分析可以看出，目前山东省航海人才发展的现状不尽如人意。主要原因是航海人才培养的外派机构、远洋航运企业数量不足、优势不明显，教育机构层次发展不合理。目前在山东半岛对外贸易运输中唱主角的主要是国外的航运跨国公司以及中远、中海等“国”字号企业，他们在国际集装箱运输、危险品运输和大宗散杂货运输等方面占据绝对份额；至于山东半岛当地的航运企业，能形成规模的则寥寥无几。青岛、烟台、日照、威海、东营五市，在港航管理部门登记的航运企业数量虽然较多，但却普遍规模小，航运能力较低，自有的船舶运力不足，且船舶大都只能在东南亚小宗散杂货运输以及中日韩集装箱航线运输上与其他国内外航运公司竞争。港口泊位结构不合理。虽然山东省港口数量较多，但港口深水泊位、专用泊位少，航道等级低，特别是集装箱、原油、矿石、燃煤等专用泊位短缺，不能适应航运船舶大型化、专业化发展的需要。港口资源未能得到很好整合，致使货源严重分散，码头闲置，效率下降，港口整体优势不明显，港口发展和支撑对外开放的后劲不足。港口发展后劲不够。港口总体能力不足，结构性矛盾较为突出，且港口功能相对单一，港口经营活力不够，港口的运输组织、工业开发、综合物流等增值服务有待加强；且省内的航运公司普遍存在海上运力规模小，船舶老化，技术落后，跟不上船型变化和发展的步伐，与外向型经济迅速发展，对外贸易市场的日趋多元化的山东经济形成巨大的落差，当然更不适应远洋国际运输和现代化运输发展的需要。

山东省航海教育在快速发展的过程中，出现了一些制约其科学发展和质量提升的问题。目前山东省虽然大力发展航海教育，但在现有的19所航海院校中，本科2所、高职5所、中专及以下12所。中专层次的航海教育学校数量多，培养规模大，造成山东省培养的航运人才结构不合理，航运人才发展后劲不足。

航海教育不同于一般陆上专业教育，是一种高投入的专业教育，具有较高的办学成本。国际海事组织的STCW公约和国家海事管理机关对航海教育办学所需的教学设施、实训设备、师资数量和船舶任职资格等均有明确具体的要求。由于航海类院校数量众多，有限的发展资金和资源被众多的低层次中专院校所摊薄，导致师资队伍数量短缺、结构也非常不合理，办学的软硬件条件亟须改善。另外，山东省19所航海院校中，有16家是最近10年内获批建立的。航海教育新生力量太多，办学经验不足，管理水平与管理能力有待提高，师资力量缺乏和教学经验不足，再加上近几年来由于生源数量的减少而造成的招生质量下降，这些都严重制约了山东省航海人才的水平提升和长足发展。

山东省现代航海人才发展的战略选择报告

1 战略选择原则

随着近十年来全球航运业的大发展和水上运输在我国经济发展中占据日益重要的地位，引发对国际和国内航运人才的强烈需求，对航运人才的质量也提出了更高的要求，航海人才队伍建设与发展自然地成为业界关注的焦点。香港FLEET船舶管理中国区董事、总经理顾剑文认为，菲律宾并没有规模化的船队，却有着数量惊人的外派船员，这其中，航海人的素质是关键。大连海事大学吴兆麟教授也认为：“全球高级船员的短缺不是高级船员数量上的短缺，而是高素质船员和结构上的短缺，亦即特种船舶、高技术船舶和超大型与特大型船舶高级船员的短缺。”

航运市场充满机遇与挑战，因此，政府、船员教育和培训机构以及航海人才服务机构应正确认识高级船员短缺的本质与内涵，了解航海人才发展的规律与过程，高度重视航海教育和培训的质量，坚持市场配置人才资源和政府调控两者相结合，采取切实有效措施提高船员教育和培养水平，对航海人才队伍建设作出科学合理的职业生涯规划，采取多样化的人才激励手段。并加强相关法规建设，营造良好发展环境、努力改进现行航海人员教育和培训制度、采取应急措施，培养出数量更多、结构更合理的高素质船员，建设一支“重诚信、负责任、够专业”，职业道德高尚，职业作风过硬，技术技能全面，船东货主信赖的高素质航海人才队伍；逐渐得到世界船员劳务市场的认可，在世界船员劳务市场上树立起山东航海人的品牌形象。

2 战略选择前分析

依据山东省航运人才发展的SWOT分析的结果。得出统计表如表1所示。

表1 山东省航运人才发展的SWOT分析结果统计表

项目	内容
S（Strengths）优势	1. 政策导向优势；2. 港航基础优势；3. 航运教育优势
W（Weaknesses）劣势	1. 人才培养层次结构不尽合理；2. 师资短缺，素质有待提高；3. 教学质量有待提高；4. 外派机构、服务机构规模效应尚未形成；5. 市场机制不健全
O（Opportunities）机遇	1. 国家实施的“建设海洋强国”的战略方针；2. 航运强国战略的实施；3. 全球范围内高素质航海人才数量的短缺
T（Threats）挑战	1. 生源困境；2. 政策困境；3. 资金困境；4 人才供求困境；5. 国际竞争加剧

基于层次分析法（AHP）的山东省航海人才发展研究结果统计如表2所示。

表2 山东省航海人才发展AHP评价结果统计

项目	内容
优势指标	泊位数量；招生数量；现有船员数量；培养机构数量；港口年吞吐量；船员外派机构数量；甲级海船船员服务机构
劣势指标	专科以上层次毕业生所占比例；诚信船舶、船长数量；全国优秀船员数量；国际航行航运企业数量；船舶运力；
中间项指标	港口建设固定资产投资情况（亿元）

3 战略选择

依据上文的分析结果，即可得出山东省发展航海人才的清晰战略。具体方案统计如表3所示。

表3 山东省航海人才发展战略选择

项目	内容
政府方面	1. 加强协调，完善体制；2. 建立健全航运人才集聚机制；3. 建立健全航运人才服务体系；4. 完善航海人才职业能力认证服务体系；5. 建立航海人才信息库；6. 大力发展航运教育和在职培训；7. 履行好监督检查职责
教育方面	1. 合理调整人才培养层次；2. 强化管理、提高人才培养质量；3. 以规范化航海院校为核心，带动航海教育发展；4. 提升航海教育社会服务能力；5. 开展山东省航海教育集团化办学
其他方面	1. 规范航海人才市场流动秩序；2. 营造重视航运人才的环境氛围；3. 创新收入分配激励机制；4. 培育龙头航海业服务机构

山东省现代航海人才发展战略实施报告

把山东建成全国最重要的航海人才输出基地，政府、船员教育和培训机构以及航海人才服务机构必须采取切实有效措施提高航海人才的教育和培养水平，培养出数量更多、结构更合理的高素质航海人才，以促进航海经济的又好又快发展。

1. 政府方面

1.1 加强协调，完善体制

加强对航海教育的统筹规划与管理。省政府要加强与山东海事管理机关的协调合作，完善山东航海教育管理体制。首先，政府要在《山东半岛蓝色经济区发展规划》框架下，加强对我省航海教育的宏观规划，统筹协调航海院校的地域布局、办学层次和办学规模。其次，要设立航海教育培训严格的行业准入标准和办学质量标准，加强对航海教育质量的分类指导与监控。再次，航运作为一项艰苦行业，政府要给予航海教育一系列的优惠政策支持。如：争取全国提前批次招生政策，组织校企联合招生，减免航海专业学生学费或给予专业补贴，实施政府对外派船员培养补贴政策、税收削减政策等多方面的优惠政策。

1.2 建立健全航运人才集聚机制

通过加强制度化、规范化和服务体系建设，构建航运人才集聚区。在航运中心建设的高起点上，按照产业升级与转变经济增长方式的要求，研究制定山东省航运人才发展战略规划，根据航运中心建设的进程和发展阶段重点，编制山东省航海人才中长期发展规划，统筹制订航海人才需求计划、航海人才集聚规划、航海人才教育培训规划、航海人才开发计划、航海人才环境建设规划等，科学引导航海人才可持续发展。同时，要研究制定引进各类高端、紧缺航运人才的相关扶持政策和配套措施，鼓励航运机构引进人才；加大对航运高层次人才开发和创业的资助力度，完善高层次人才资助体系。

1.3 建立健全航运人才服务体系

成立山东省航海人才服务中心，建议由省政府交通管理部门牵头，人力资源和社会保障部门配合，成立服务齐全、运转高效、管理规范、符合市场运转规则的航海人才服务中心，搭建航海人才培训、就业与再就业公共服务平台，完善人才配置、信息、薪酬、培训、交流、评价、人事代理服务等功能，为航海人才提供及时的供需信息和全面的公益服务。促进和引导航海人才中介组织的规范和发展，促进人才的合理流动和有效配置。逐步规范社会航海人才管理和企业用工，畅通就业渠道，广泛开展工资指导、考试培训信息发布、船员合法权益保护、政策法律法规宣传等工作，为航运人才全面开展服务工作。

1.4 完善航海人才职业能力认证服务体系

建议不断完善航海人才的评价标准，逐步构建与国际接轨的职业能力评价制度。积极推行航运领域执业资格制度，建立和完善执业资格管理办法，严格执业准入控制。紧密依托航海类高等院校这一优势资源，开展职业教育培训和职业技能鉴定，不断提高技能人才的技术水平。推进航运职业认证和职业能力评价制度，逐步引进航运经纪人等国际职业认证项目，积极开展国际职业认证，积极争取国际职业资格互认，提升人才国际化水平。建立航海人才的信誉和能力评级制度，引导航运人才自觉、健康发展。

1.5 建立航海人才信息库

建议整合省内交通、人事、劳动、港口、海事、统计等管理部门及航运交易所、航运企业、有关高校和培训机构的各种信息资源，规范航海人才信息统计标准，优化人才信息技术，构建山东省航海人才资源信息网络管理系统，形成多层次、专业化、开放型的航运人才基础信息数据库和人才分类信息库，促进人才规范、合理流动，加大山东省航运业对专业人才的吸引力度。

1.6 大力发展航运教育和在职培训

设立山东省航海人才发展专项基金。建议由省政府牵头设立省航运人才发展专项基金，专款专用于山东省航海人才发展研究，用于高端航运人才的引进、科学研究、在职培养等。对高端航运人才在住房、户籍、子女入学、津贴补贴、评奖评先等方面给予奖励。支持航海高等教育发展，充分发挥高校学科和资源优势，支持航海学科专业、实验室和师资队伍建设，开展航运教育模式改革。根据山东省现代航运服务业的发展需求，改革高校航运专业设置，增设航运贸易、航运金融等复合型专业，扩大紧缺专业招生规模，吸引学生报考航运类专业，不断扩大未来人才储备。支持和鼓励高校和航运领域大型企业、融资银行、律师行等的联系与合作，建立大学生校外实践基地，开展“订单式”培养，促进实践型和复合型人才的培养。大力发展航运职业教育。建议将航运职业教育作为一项重要工作，纳入全省职业教育规划当中。在全国普通本科扩招基本停止、高等教育招生增量主要投向高职学校的大背景下，在政策上扶持一批高端航海类院校，大力推进校企结合的联合培养模式，培养山东省急缺的高端航运人才。

1.7 履行好监督检查职责

航海人才作为航海劳务市场链上的商品，其质量至关重要。船员服务机构作为船员劳务市场链上的商人，其服务质量也至关重要。我国有专门的海事法规规范航海教育办学条件和监督教学质量，也有《船员条例》《船员中介管理条例》来约束船东和船员服务机构。山东海事局作为山东辖区内海事主管部门，是我国法定的山东各航海院校、船东、船员服务机构船员管理监督执法部门。山东海事局应加大执法力度，严格根据航海院校办学条件控制办学规模，保证教学质量，建设船员劳务市场服务交易平台，剔除黑中介，规范船员服务市场，保证船员权益。

2 教育方面

2.1 合理调整人才培养层次

根据层次分析结果可见，山东省本科、专科层次人才培养比例过低，而中专数量过剩。随着世界经济的广泛发展和国际贸易的增加，山东省高等航运人才的培养应高度重视中高端船员的培养和输送，逐步形成本科为主导，专科为主力，中专为支持的合理分布发展。重点培育扶持本专科航海教育的发展。同时，应控制发展规模，加强内涵建设，提高人才培养质量。对目前众多的中专学校可按地区进行合理的资源整合，重点培养高素质的综合人才和专门化人才。

2.2 强化管理、提高人才培养质量

交通运输部明确我国航海教育要向以提高教学质量为主的内涵式发展转

变，致力于提升航海教育质量。根据航运发展需要，本科层次应以丰富的理论知识与扎实的操作技能相结合，着力培养学生创新能力和管理协调能力，以期在毕业后的工作中拥有长足的发展能力；专科层次应注重培养完善的基础知识、熟练的操作技能，开发学员的创新意识和服从意识及协调意识；中专层次应注重理论够用、操作技能扎实，重视学员工作责任心的培养。

加强航海院校的管理，提高人才培养质量。

一是强化师资队伍建设，打造素质全面的师资队伍。通过引进与培养相结合，改善师资年龄、学历、职称结构；鼓励专业教师积极参与实验室建设，取得第一手教学和科研资料，注重师资的理论与实践教学技能，提高专业教师的“双师型”比例；强化专业教师的学术与科研能力，提升教学水平。

二是加强实验室建设，强化学生的实操技能。要按照交通部相关要求，完善实验设施与设备，为专业教学训练提供保障；要充分发挥实验室的作用，增加实验开出率，提高学生自我动手、自主学习的能力，强化学生的实操技能和综合素质。

三是深化半军事化管理，提高学生的综合素能。要结合航海类专业特点，坚持实施并深化完善半军事管理，培养学生严明的组织纪律性和高度的团队合作精神；要强化学生的职业道德教育，培养学生两种精神（爱国与敬业精神）和五个意识（责任意识、法律意识、环保意识、安全意识和服从意识），培养学生树立强烈的职业忠诚感、责任感和自豪感。

2.3　以规范化航海院校为核心，带动航海教育发展

山东省 19 家船员教育和培训机构经历市场洗礼之后必然会进入资源整合阶段，有的会因毕业生素质低、生源不足等原因濒临倒闭，甚至产生负面社会影响。因此，山东省有关政府部门应及早介入航海教育发展，使当前“一窝蜂”搞航海教育的势头得到控制，并引导各航海院校健康有序发展，形成各航海院校特色鲜明的航海教育体系。搞好航海教育离不开资金，政府应把有限的资金用在刀刃上，以规范化的航海院校为核心，带动山东航海教育发展。山东省应优先扶持山东交通学院等高等航海类专业院校，并建成规范化航海院校，以培养出大批英语好、业务精、爱岗敬业的优质船员，为其他航海院校树立航海教育样板。此外也可以与国内其他优秀航运企业开展校企合作，实施订单培养。

2.4　提升航海教育社会服务能力

社会服务是院校人才培养、科学研究、社会服务和文化传承四大功能之一。首先，山东省航海院校要发挥自身人才聚集的智力优势，积极服务地方行业发展，服务山东半岛蓝色经济区和黄河三角洲高效生态经济区建设。在院校设立企业研发机构，与航运企业联合开展航运新技术、船舶新设备的研发和运营技术难题的公关，促进科研成果的转化与科研成果的共享。如青岛远洋船员职业学院就设有中远集团技术中心（国家级）青岛分中心，通过为行业企业常年开展船舶应用新技术研发，联合攻克技术难题，有效地发挥了科研服务行业企业的孵化器和促进学院科学发展的助推器作用。其次，各航海院校要实现开门办学，加强与山东船东协会、山东省船员服务协会、山东航海学会、山东省海员工会等行业社团组织的沟通与合作，联合为山东航运企业的经营发展、技术创新和人才队伍建设把脉，量身订制、配套开展个性化的在职教育与培训，提升航海教育在山东省航运事业发展中支撑与引领作用。

2.5 开展山东省航海教育集团化办学

航海教育是职业特色非常鲜明的专业教育，强调学生较强的船舶实践技能。学生实践技能的培养需要校企的深入合作和工学结合。山东省政府可借鉴国外行业指导的集团化办学经验，探讨开展山东省航海教育的集团化办学，搭建山东省航海教育交流合作平台。由省政府、海事管理机关、行业组织、航运企业、各航海院校以会员的方式参与，建立集团理事会，制定《集团章程》，明确权利义务，形成激励与约束机制。整合资源、取长补短，合作共赢、共同发展。逐步研讨各层次航海院校分别制定统一的人才培养标准、专业规范、课程体系与教材，甚至统一的教育培训师资标准，力促山东省航海教育质量和影响力的整体提升。

3 其他方面

3.1 规范航海人才市场流动秩序

各相关航运业服务机构要形成规范航海人才有序流动的共识，在聘用航海人才时必须要求船员提供解除原劳动合同的有效证明，自觉通过合法的中介机构有序引进船员。社会各界都应采取有效措施规范航运企业用工，保障航运人才的合法权益。

3.2 营造重视航运人才的环境氛围

加强宣传引导，提高社会对航运业的认识和认同感，增强航运业的职业吸引力，吸引更多优秀人才投身航运事业。切实保障航运人才的切身利益，确保企业不拖欠工资，建立工资正常增长机制，坚持规范用工，改善船员的工作和生活条件，丰富船员的业余生活等。

3.3　创新收入分配激励机制

建立航海人才评价标准和薪酬参照指标体系，建立人才收入分配激励机制，增强对航海高端人才的吸引力。适应航海高端人才特点，建立以人才的创造能力、业绩为主要标准的市场化分配制度和激励机制。对高端航运服务业的关键岗位和优秀人才实行报酬倾斜，鼓励航运企业落实技术、专利、品牌、管理等要素参与分配的多种实现方式，创新多元化的收入分配形式。

3.4　培育龙头航海业服务机构

坚持“政府指导、市场引导、企业运作”的方针，选择具有实力、发展前景看好的大、中企业作为重点，大力扶持壮大诸如青岛海丰、山东国际等航运业“龙头”企业，指导扶持这些企业继续做大做强，进一步增强在国际市场上的竞争力，扩大市场占有率，辐射带动全省航海人才的发展。

综上所述，山东省航海人才队伍建设任重而道远，使命艰巨而光荣。结合山东区位优势和资源优势的特点，科学调整航海教育战略布局，加强管理，注重内涵建设，以此适应航运发展之需求。

山东省现代航海人才发展对策实施可行性报告

在前期资料分析和研讨基础上，我们对 STCW 公约马尼拉修正案、国家蓝色战略实施的主要内容、和当前发展状况进行了深入研究，对 SWOT（态势分析）和 AHP（层次分析）方法的原理作了深入分析；通过到航海院校、航运企事业单位走访调研，分析梳理国内外航运市场，对山东当前航运市场现状和发展进行定位和评估。按照 AHP（层次分析）分析方法进行科学定位，建立山东省航海人才发展层次分析模型，对航海人才发展进行战略选择；在战略选择的基础上，提出适合山东省的航海人才战略实施方案，并进行可行性研究，提出山东省现代航海教育人才发展对策和建议。

1　山东省现代航海人才发展战略实施可行性调研

对当前我省的航运市场、航海人才等发展现状进行调查，进行定性和层次分析，建立了适合山东省的航海人才战略实施方案，对该方案实施的可行性方面调研情况分析如下。

1.1　方案实施必要性

随着航海教育培养规模的扩大，高级航运人才紧缺的情况虽有所好转，但随着世界经济的发展，国际贸易的增加，航运市场的综合上扬，未来 10 年我省高级船员的需求数量将与国际、国内高级船员的需求一样，在数量上保持增长趋势。保守预测，到2020年山东省高级船员将增长到3万人左右。

表1　2011～2020年山东省高级船员增长趋势预测表

年份	驾驶员预测数	轮机员预测数	船员预测总数
2011年	11579	11151	22730
2012年	12030	11598	23628
2013年	12438	12001	24439
2014年	12811	12370	25181
2015年	13154	12709	25863
2016年	13471	13023	26494
2017年	13766	13315	27081
2018年	14043	13588	27631
2019年	14302	13845	28147
2020年	14547	14087	28634

从上表可看出，航运市场对船员的需求量预计每年增长幅度在5%～10%。因此，为了适应航运市场的发展，满足航运市场对高素质航运人才的需求，相关部门及航海院校必须落实航海人才发展的战略方案。

1.2　方案实施需求性

山东作为经济大省和航运大省，在前几年经济持续发展和航运业繁荣时期，航海教育、培训市场经历了空前的快速扩张和爆炸式增长。截至2014年9月，山东省的航海院校、培训机构已达19家，占全国的1/6，成为全国航海教育培训机构数量最多的省份。这些航海院校中，2005年前获准开展航海教育的仅有青岛远洋船员学院和山东交通学院两家，其余都是近几年内才获批开展航海教育的。随着2010年马尼拉修正案的实施，大部分航海院校在履约方面都存在不同的问题，对航海人才的教育达不到相关要求，在航海人才的长期培养发展方面几乎每个航海院校、培训机构都面临不同的问题。航海教育不同于一般陆上专业教育，是一种高投入的专业教育，具有较高的办学成本。山东省内航海教育新生力量太多，办学经验不足，管理水平与管理能力有待提高，师资力量缺乏和教学经验不足，再加上近几年来由于生源数量的减少而造成的招生质量下降，这些都严重制约了山东省航海人才的水平提升和长足发展。

“十二五”期间，山东航海教育将从加强投入和规模扩张转向提高教育质量和办学水平，从形态塑造转向综合素质提升，航运教育转向内涵式发展。面向半岛蓝色经济区建设，构建梯度清晰、特色鲜明的专业人才培养体系。因此，山东需要良好的航运教育为培养航运高等人才奠定基础和保障。在这种形式下，急切需要关于现代航海人才发展战略的实施。

1.3 方案实施可行性

（1）政策的大力支持

政府政策的出台对于航运发展及航海教育发展起到至关重要的作用。十八大报告中明确提出了“建设海洋强国”的战略方针，明确提出提高海洋资源开发能力，发展海洋经济，保护海洋生态环境，坚决维护国家海洋权益，建设海洋强国的战略目标。根据山东的海洋区位优势、资源优势和科技优势，2011 年国务院正式批复了《山东半岛蓝色经济区发展规划》，标志着山东半岛蓝色经济区建设正式上升为国家战略，成为国家海洋发展战略和区域协调发展战略的重要组成部分。这对加快高等航运人才的培养提出了更高的要求，同时，有利于现代航海人才发展战略的顺利实施。

（2）航运基础资源的保障

在“蓝色”战略的指引下，山东省加快港航产业结构调整，统筹港区、物流园区、临港产业区协调发展，培育壮大骨干航运企业，把逐鹿东北亚航运中心作为最终发展目标。目前，省内初步形成了以青岛、日照、烟台港为国家主要港口，以威海港为地区性重要港口，以潍坊、东营、滨州等中型港为补充的现代化港口群布局。山东省航运部门的统计数据显示，沿海航运企业数量、营运海船船舶艘数连续增加，海船运力（总载重吨）持续上升，沿海港口吞吐量的不断提高，有效地带动了山东的经济发展。同时对山东航海教育的数量、质量、层次提出来新的要求。近年来，沿海港口吞吐量以年均 9000 万吨的速度递增，年均增长幅度 23.7%。航运的快速发展，必然要求高级航运人才作为支撑。这为现代航海人才发展战略的尽快实施提供了有力的保障。

（3）国际航运市场的需要

航海教育承担着培养航海类专门人才的重要使命。据不完全统计，从 2004～2013 年的 10 年间，全国航海院校累计向社会输送了 19.5 万不同层次的航海类专业毕业生，有力地支持了海运事业的快速发展。放眼海运强国和海洋强国的未来之路，航海教育所肩负的责任将更加重大，任务将更加艰巨。

2 山东省现代航海教育人才发展对策和建议

在对山东省航海人才层次分析和战略选择的基础上，我们结合山东省现代航海人才发展战略实施可行性调研情况，提出了山东省现代航海教育人才发展对策和建议。

2.1　加强航海院校的管理，提高人才培养质量

根据航运市场发展需要，本科层次的航海教育应以丰富的理论知识与扎实的操作技能相结合，着力培养学生创新能力和管理协调能力，以期在毕业后的工作中拥有长足的发展能力；专科层次的航海教育应注重培养完善的基础知识、熟练的操作技能，开发学员的创新意识和服从意识及协调意识；中专层次的航海教育应注重理论够用、操作技能扎实，重视学员工作责任心的培养。

一是提高师资队伍素质建设，打造能力全面的师资队伍。二是加大实验室建设投入，强化学生的实操技能。三是强化半军事化管理，提高学生的综合素能。

2.2　深化人才培养模式改革

一是更新航海教育观念，优化航海教育结构。2012 年教育部等有关部委组织制定了《现代职业教育体系建设规划（2012－2020）》。《规划》明确规定了我国未来职业教育发展的基本架构和基本制度，促进了教育与经济社会发展紧密结合，推动了教育结构战略性调整，衔接了普教、职教和继教三大体系，促进了终身教育体系构建。

航海教育界应以此为契机，把握我国航海教育发展新形势，深刻领会航海人才质量内涵的发展战略，以国际视野建立具有世界水准的航海教育体系。为此，在教育观念方面，要转变以往的教育发展方式，改变重普教轻职教、重理论轻实践、重层次轻能力的倾向，努力实现航海人才的学术型与工程型、应用技能型与复合创新型人才的多样化供给。在教育规划方面，要按照海运产业链不同维度不同层次的人才需求和受教育者不同类型不同层次的教育需求，优化教育结构，统筹教育规模。在制度和质量标准建设方面，要大胆学习借鉴和引进国外航海教育改革创新成果，尽快建立政府主导、行业指导、企业参与、学校主体的办学制度，建立国家统一的航海教育资格框架标准和国家高级船员培训方案，依托于航海技术教学指导分委会，按照有关国际公约和国家法律法规政策要求，结合航海科学技术发展和海运业实际情况，分类制定航海类专业教学质量国家标准。在成才通道方面，要尊重人才成长通道的多样化，创新人才培养途径。在遵循教育基本规律的基础上，倡导多样化的办学类型和学习方式，倡导校企合作与工学结合，融通航海职业资格制度和航海类专业普通学历学位制度，全面促进航海普通教育、航海职业教育和航海继续教育的开放衔接和融合发展，构建航海终身教育体系。

二是把握教育环境内外条件因素变化，科学定位培养目标。海运强省和海洋强省的建设，既需要创新型和复合型人才，也需要技术技能型人才。各航海院校应根据当前教育内外环境条件因素的变化和自身条件，科学定位航海人才培养目标，明确服务方向，寻找教育合作伙伴，搭建就业网络，畅通人才发展通道。

三要大力强化实践教学环节，加强航海类专业英语教学，注重海员素质养成教育。英语水平应用能力和跨文化沟通能力是制约我省外派船员发展的重要原因之一，也是提升我省航海人才队伍在国际海运界话语权和影响力的关键所在，依托于航海教育教学指导分委会，组织制定航海类专业英语教学大纲，建立航海类专业英语水平测试体系。推进航海类专业英语课程实施，推进跨文化课程建设和校园文化建设，进一步提高航海类专业学生的英语水平应用能力和跨文化沟通能力。航海院校要进一步注重航海类专业学生的海员素质养成教育，从职业素质和专业素质两个方面进一步加强学生责任感和事业心的教育，加强专业技能的培养，加强服从意识和团队精神的教育，加强健康身心的铸就。

2.3 加强海事局、航海院校、船公司、船员服务机构的交流与合作

打造山东船员品牌，建设全国性船员劳务市场是一项系统工程。海事局、航海院校、船公司、船员服务机构通力合作，共同配合，方能构建畅通的船员劳务市场。畅通的船员劳务市场是指航海院校在海事局监督下保证教学质量，向船员劳务市场输送适任的毕业生和船员；毕业生和船员离开学校后顺利就业或去船公司直接就业，或通过船员服务机构劳务输出就业。船员劳务市场畅通与否关键在于航海院校培养的船员是否满足船公司的要求。因此，山东省要打造山东船员品牌一定要与我国航运企业联合推介山东船员。当前中远、中海等我国大型航运企业不仅自身船员需求量大，而且外派船员数量也很大。因此，山东省与这些大型航运企业建立长期、稳定、定向的产业联盟合作关系，联手推介山东船员，将是山东省开拓国内外船员劳务市场的一条捷径。

2.4 加大航海教育投入

教育投入是教育赖以生存的物质基础，是提高航海教育质量的重要保障。众所周知，由于航海类专业实践实习的国际规范性要求，办学成本要远高于一般陆上工科专业。2012 年全国财政性教育经费支出占 GDP 的比例达到 4%，这是自 1993 年这一目标提出后的首次实现，是教育事业的重大进步。但是我们还应该清醒地看到，一是有的地方财政尚不能保证这一目标的实现，二是

4%的指标也仅仅和欠发达国家的教育投入的平均水平（4.1%）相当，低于世界平均水平（4.9%）和发达国家平均水平（5.1%）。具体到山东省，情况更不乐观。

为保证教育经费投入和效益，应做到：一是各级地方政府要进一步完善教育拨款体系，建立科学的教育财政预算机制；二是教育举办者切实履行好投入义务，通过必要的努力和有效途径积极争取并落实教育投入经费；三是各级地方政府要落实山东政府统一部署，确保教育经费投入达标到位；四是教育机构要加强教育经费管理，切实提高使用效益。

3 结束语

海运行业对航海类专业人才的需求已经由单纯的数量需求向质量需求转变，呈现整体过剩而结构短缺，高素质复合型人才需求持续增长的特点。随着世界航运人才市场的亚太化转移，建设山东海员强省迎来更多的机遇，同时也面临许多新的挑战。政府主管机关、航海教育院校与机构、航运公司等相关单位应抓住机会，通力协作，把海员强省建设的大文章做好，共同为山东经济与社会建设事业的更快、更好发展做贡献。

（作者单位：山东交通学院海运学院

课题组成员：张安西　于　华　王兵玲　隋修平）

威海市药械产业发展比较优势研究

逄忠全

威海市发展新医药与医疗器械产业比较优势明显、市场潜力巨大，面临新的发展机遇。加快该产业发展，对于引领威海市工业转型升级、打造新的城市名片意义重大。

一　发展机遇

一是人口老龄化速度加快。近年来，我国已逐步进入老龄化社会，目前全国老年人口数量已突破2亿大关，老龄化水平达到14.8%，而且老龄化速度正逐渐加快，预计到2050年，中国老龄化水平将突破30%。老年人人均用药量较其他年龄层次明显偏高，人口结构的老龄化将带动医疗保健用品需求的急剧增加，这为威海市新医药与医疗器械产业快速发展提供了千载难逢的机遇。

二是消费需求结构上档升级。根据马斯洛需求模型（图1），人的需求从低到高依次分为生理需求、安全需求、归属需求、尊重需求、自我实现五个层次，随着居民收入水平的不断提高，居民消费层级也将由低到高逐步转变。在当前我国居民消费人均可支配收入不断提高的大背景下，居民健康消费意识日益增强，消费需求结构也从过去以追求温饱为主的生理需求更多地向精神文化生活、生命健康保健等安全需求转变，人均医疗消费水平有明显提高趋势，这将直接拉动新医药与医疗器械产业蓬勃发展。

三是居民就医环境持续改善。近年来，随着国家医疗体制改革的不断推进，政府对医疗和社会事业的投入持续加大，居民就医的环境正在逐步改善。此外，随着社保体制改革的深化，医疗保险、养老保险、大病统筹政策覆盖

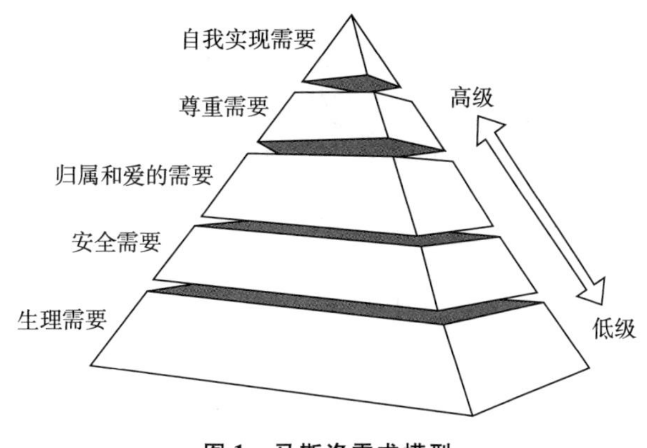

图 1　马斯洛需求模型

的人群和区域不断扩大，这将极大释放居民尤其是中低收入人群的医疗消费能力，预计未来新增市场需求每年在 1700 亿元左右。

二　优势比较

一是产业稳定性好。新医药与医疗器械产业需求周期性不明显，不随经济周期的波动而大起大落。2008 年金融危机以来，实体经济受冲击较大，部分行业需求大幅萎缩，甚至个别行业发展进入寒冬期，但新医药与医疗器械产业一枝独秀，保持了强劲的增长态势，行业年平均销售收入增长率达 35%，高于同期威海市规模以上工业销售收入增长率 15.4% 的水平（图 2）。在当前很多行业产能严重过剩、内外需求不旺的形势下，发展该产业对于稳定经济增长、推动工业“转、调、创”具有重要意义，应考虑优先发展。

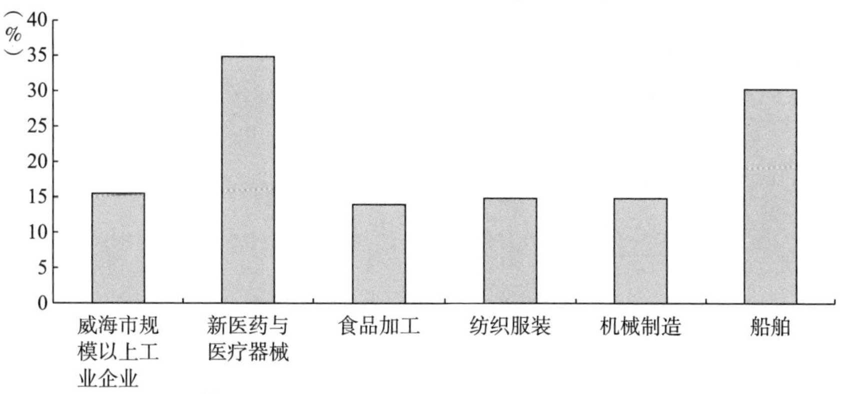

图 2　威海市部分行业 2008 ~ 2013 年平均销售收入增长率比较图

二是投入产出比高。新医药与医疗器械产业科技含量和附加值较高，平均销售利润率在10%以上，高于工业企业5%左右的平均销售利润率。2013年，全国医药行业销售利润率达10.55%，大大高于钢铁、建材、纺织、食品等行业水平（表1）。以威海市达因制药为例，2013年该公司实现销售收入6.58亿元，利润总额2.96亿，销售利润率达40%以上，而销售规模与其相当的化工机械、万丰奥威、大宇电子和广泰空港四家企业平均销售利润率仅为9%。从单位资金收益看，2013年医药产业上市公司整体加权净资产收益率（ROA）为13.45%，高于上市公司11.09%的水平。从单位土地产出看，威海市吉威医疗在50亩土地上实现销售收入5.84亿元，单位土地产出达1168万元/亩，而规模与其相当的广泰空港、宇王集团、安然纳米三家企业单位土地平均产出水平仅为180万元/亩。该产业的高投入产出比特性符合工业发展提质增效的大方向，应重点扶持、加快发展。

表1　2013年全国部分行业销售利润率比较

行业	销售收入（亿元）	利润总额（亿元）	销售利润率（%）
钢铁	88608	2588	2.9%
建材	63000	4525	7.2%
纺织	55747	2943	5.3%
食品	92847	6309	6.8%
电子信息制造	93000	4152	4.5%
医药	21681	2197	10.13%

三是市场潜力巨大。就市场规模而言，目前中国医疗器械市场规模已达到2000亿元，药品市场达到8000亿元，且仍以年均20%的速度快速增长，巨大的市场需求为医药和医疗器械企业提供了巨大的发展空间。就市场结构而言，我国医疗市场中医疗器械产品比重偏低，结构有待进一步优化，医疗器械子行业存在巨大的发展空间。目前欧美等成熟市场药品与医疗器械产品比重相当，医疗器械约占医药市场总规模的42%，而中国仅为20%（图3）。威海市应抢抓这一机遇，加快产业发展，抢占市场份额。

四是资源消耗较少。近年来，威海市为打造“蓝色休闲之都，世界宜居城市”名片，严把项目建设绿色环保关，杜绝引进高耗能、高污染项目，城市空气质量以及各项环保指标均位居全国前列。新医药与医疗器械产业被称为“无烟工业”，相比化工、机械、建材等传统行业能耗低、环境污染少，发展所承受的资源环境压力较之其他产业要小。2013年，全市万元GDP能耗为

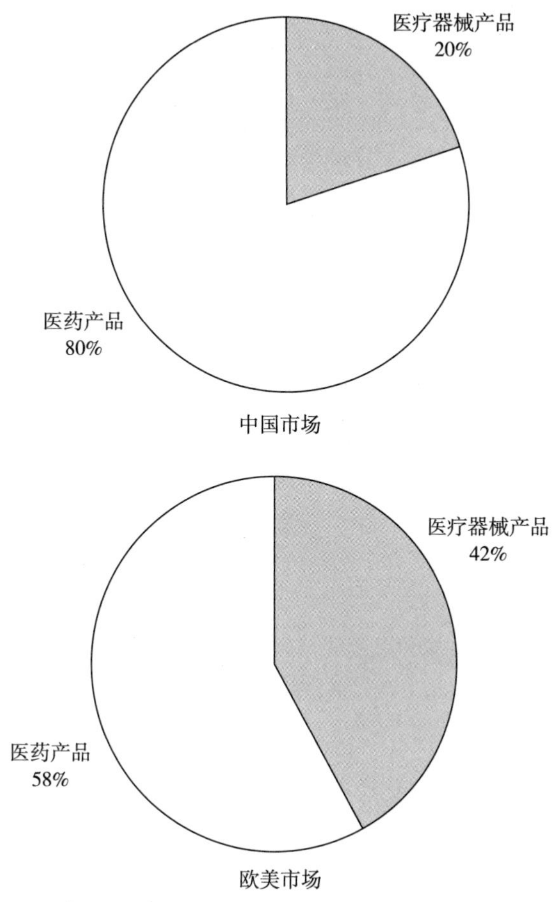

图 3 中国与欧美医药医疗器械市场份额结构图

0.72 吨标准煤，而新医药医疗器械行业则远远低于这一水平，威高集团该项指标仅为 0.017 吨标准煤。因此，加快发展新医药与医疗器械产业，符合威海市生态宜居和可持续发展的城市定位。

五是产业优势突出。全市拥有医药和医疗器械生产企业 93 家，其中规模以上企业 24 家，2013 年实现主营业务收入 320 亿元，利税 54.6 亿元，利润 38.2 亿元，占全省的比重分别为 9.7%、11.3% 和 11.9%。目前，威海市已成为国内最大的医疗器械生产基地，其中，一次性医用注射器、输液器市场份额占到全国的 20% 以上，心脏支架国内市场占有率达到 28%。威海市应立足现有产业基础，加大扶持力度，做粗拉长产业链条，力争将威海市打造成国内最大的医疗器械产业聚集区和国内重要的海洋生物制品研发生产基地。

三　对策建议

一是科学谋划产业布局。当前，威海市新医药与医疗器械产业布局分散，产业集聚效应不明显的问题较为突出。要根据各区市产业发展现状、比较优势和发展潜力，深入落实市委、市政府一体化布局的总体部署，进一步明确产业定位，重点突出“四大区域”：依托双岛湾科技城，加快发展医疗器械及相关产业；依托东部滨海新城，加快发展化学药及相关产业；依托荣成经济开发区，加快发展海洋生物制药产业；依托文登经济开发区，加快发展中药产业。以此为基础，对全市现有企业搬迁改造项目和招商引资新落地项目进行统筹规划和合理流转，实现产业错位发展。

二是加快创新平台建设。科技创新是新医药与医疗器械企业发展的生命线，而其新产品研发周期长、投资数额大、研发风险高的问题，直接制约了企业快速发展。下一步，要加大对企业创新活动的支持力度，重点扶持山东海洋药物与功能食品研发中心、医疗器械行业研发中心、医药专业化孵化器等公共研发平台建设和推广应用。

三是加大“招商引资”力度。发挥各部门主观能动性，加强与上级部门的沟通衔接和政策跟踪，对口争取上级政策扶持，重点引进省部级研发平台和公共服务机构。作为全国重要的医疗器械生产基地，目前威海市尚未有批准注册的医疗器械检验机构，企业需要到济南的山东省医疗器械产品质量检验中心或其他省会城市的检验机构进行新产品报验检测，报检周期长、费用高，直接增加了企业负担。下一步，将会同药监等部门加大向上对接力度，积极争取在威设立权威的医疗器械检验中心，建成后可为威海市及周边医疗器械企业提供服务，缩短新产品报批周期、降低成本，也将为威海市产业招商、关联配套、拉长链条创造有利条件。

四是完善产业园区配套。针对威高初村产业园、迪沙崮山高科技医药生产基地等部分新建医药产业园区基础设施建设滞后、生活设施配套不到位等问题，要坚持市区两级联动，科学规划布局，持续加大投入，确保配套设施与园区建设同步，共同解决好职工入学难、就医难、休闲娱乐难、交通不便等困难问题，为职工工作生活创造良好环境。

（作者单位：威海市经济和信息化委员会
课题组成员：郑　磊　邱新彬）

威海市房地产业发展现状及对策研究

——关于建设房地产大数据信息平台的思考

周永迪

随着威海市高铁的开通和胶东经济一体化进程的加快，威海市房地产业迎来了良好的外部发展机遇，但是由于外部市场环境的变化，房地产消费低迷，行业库存积压严重，面临诸多问题。威海房地产行业的发展在新环境下发生了本质性的变化，“白银时代”的到来，也要求房地产企业改变原有的经营思维和运营方式。大数据和商务智慧化带来的经济巨变也将在房地产行业得到充分体现，国务院办公厅〔2015〕51号文件《国务院办公厅关于运用大数据加强对市场主体服务和监管的若干意见》指出要充分运用大数据先进理念、技术和资源，加强对市场主体的服务和监管，推进简政放权和政府职能转变，提高政府治理能力。本文主要分析威海房地产行业的发展现状和存在的问题，在此基础上从大数据和平台化的角度提出解决威海房地产问题的对策与建议。

一　房地产行业发展环境分析

（一）经济社会运行平稳，为房地产提供经济支持

1. 经济稳健增长，住房需求有经济保证

2014年全市生产总值2790.3亿元，比上年增长9.8%。粮食和主要农产品产量保持稳定，工业增加值增长11.8%，服务业增加值增长10.6%。固定资产投资增长15.9%，社会消费品零售总额增长12.9%，外贸出口增长6.3%。居民消费价格上涨2.4%。2015年一季度，经济依然处于稳健运行

的合理区间，全市实现生产总值646.83亿元，增长8.6%，增幅分别高于全国、全省平均水平1.6和0.8个百分点，排全省第3位，主要指标增幅均高于全国、全省平均水平。其中，规模以上工业增加值增长9.2%，分别高于全国、全省2.8和1.7个百分点，排全省第4位；固定资产投资增长15.1%，分别高于全国、全省1.6和0.3个百分点，排全省第3位；社会消费品零售总额增长11.3%，分别高于全国、全省0.7和0.5个百分点，排全省第2位。

2. 城镇化进程加快，区位优势凸显，创造住房需求

威海市城镇化进程加快，各区域人口随产业和商业集聚而增速提升，尤其是东部滨海新城和文登区的建设，进一步创造了房地产发展空间。目前全市城区人口近140万，52%以上为新增人口，长远期住房需求旺盛。区位优势显现，宜居品牌效应明显。威海优越的地理环境、优美的自然环境和优质的生活资源，让威海成为全国人民理想的居住地，带来了庞大的外地住房需求市场，且每年以21.2%的速度递增。

3. 中韩自贸带来发展契机，投资和创业热情高涨，房地产发展后力强劲

威海市投资和创业环境空前利好，南海新区、中韩自贸区、国家战略海洋经济新区、中欧城镇化、国家城镇化试点带来了投资高峰，2014年全市到位投资资金合计4715671万元，与上一年相比虽有所下降，但总投资额仍较大。据统计威海市新登记各类市场主体3.97万户，增加69.6%，其中新登记私营企业9956户，增加106.6%，创历史新高，房地产发展后力强劲。

（二）房地产行业政策分析

1. 国家利好政策不断，支持力度空前，但提振效果不明显

2015年以来，国务院等管理部门提出了以下房地产政策，如表1所示。对于长期受限的房地产市场来说，政府的宽松政策让房地产行业运行整体加速。除一线城市限购外，各项政策较2009年时更为宽松，但同时市场基本面已经改变，已经从过去的主动放松转变为市场自行调整。所以，房地产行业仍将长期处于下行空间，并不会重蹈2009年因政策宽松而带来价格飞涨的覆辙。与此同时，一线城市成为楼市复苏领头羊。政策刺激对基本面较好的城市带来的作用积极，而对供过于求的城市提振作用有限。

表1 2015年以来我国房地产政策

提出时间	提出部门	内容
2015. 3. 30	财政部	个人转让两年以上住房免征营业税：个人将购买不足2年的住房对外销售的，全额征收营业税；个人将购买2年以上（含2年）的非普通住房对外销售的，按照其销售收入减去购买房屋的价款后的差额征收营业税；个人将购买2年以上（含2年）的普通住房对外销售的，免征营业税。
2015. 3. 30	央行	“二套房贷款首付比降至四成”：央行、住建部、银监会联合下发通知，对拥有一套住房且相应购房贷款未结清的居民家庭购二套房，最低首付款比例调整为不低于40%。使用住房公积金贷款购买首套普通自住房，最低首付20%；拥有一套住房并已结清贷款的家庭，再次申请住房公积金购房，最低首付30%。
2015. 3. 27	国土部、住建部联合发文	严格控制供地规模，改善供求关系：1. 合理安排住房及其用地供应规模；2. 优化住房及用地供应结构；3. 统筹保障性安居工程建设；4. 加大市场秩序和供应实施监督力度。
2015. 3. 15	国务院总理李克强答记者问	李克强总理的答记者问，释放了诸多房企利好消息，但无形中也对房企提出了较高的要求，房企不应该因为政策利好而沾沾自喜，而是应该抓紧时间“调结构”，做“升级”，等下一个“风口”来临时，才能做到迎风起飞，而非被风刮跑。1. 经济稳增长是新常态，支柱产业房地产必将受益；2. 总理要求金融更好地服务实体经济，融资环境宽松可期；3. 去行政化是主旋律，楼市政策有望延续市场化格局；4. 支持改善性住房需求，或将带动新一轮开发投资增长；5. “互联网+”或将助力房企进行产业升级；6. 鼓励“走出去”和“引进来”，地产行业预期向好。
2015. 2. 28	中国人民银行	自2015年3月1日起下调金融机构人民币贷款和存款基准利率。金融机构一年期贷款基准利率下调0.25个百分点至5.35%；一年期存款基准利率下调0.25个百分点至2.5%，同时结合推进利率市场化改革，将金融机构存款利率浮动区间的上限由存款基准利率的1.2倍调整为1.3倍；其他各档次存贷款基准利率及个人住房公积金存贷款利率相应调整。
2015. 2. 4	中国人民银行	自2015年2月5日起下调金融机构人民币存款准备金率0.5个百分点。同时，为进一步增强金融机构支持结构调整的能力，加大对小微企业、“三农”以及重大水利工程建设的支持力度，对小微企业贷款占比达到定向降低标准的城市商业银行、非县域农村商业银行额外降低人民币存款准备金率0.5个百分点，对中国农业发展银行额外降低人民币存款准备金率4个百分点。
2015. 2. 1	中共中央、国务院	印发《关于加大改革创新力度加快农业现代化建设的若干意见》（一号文件）

2. 威海市房地产政策支持力度加大，成效有待验证

为贯彻落实国家住房和城乡建设部、山东省人民政府办公厅等上级部门的相关政策，进一步落实工程质量保修制度，规范房地产行业的企业行为，维护各方合法权益，威海市到目前为止在房屋审批监管、施工建设等方面出台了相关政策，具体政策见下表。

表 2　2015 年以来威海市房地产政策

提出时间	提出部门	内容
2015. 4. 13	市住房和城乡建设局 市财政局 市物价局 市经济和信息化委员会 市住房保障和房产管理局	《关于合理调整收费政策　促进房地产市场平稳健康发展的意见》于 2015 年 4 月 13 日正式实施：减免部分行政事业性收费，免收城市基础设施配套费中的小区配套押金；暂停征收价格调节基金；散装水泥专项管理资金、新型墙体材料专项基金由办理工程施工许可时预缴，调整为办理竣工验收备案手续时预缴，取得《建设工程竣工验收备案证》后按照规定据实结算。对部分监管收费项目实行差异化政策，并将房地产开发企业的信用等级作为房地产开发项目开发建设、销售、管理的重要依据，其中，信用等级为 3A 的企业，不纳入商品房预售资金监管，免缴农民工工资保障金。
2015. 3. 6	市城乡建设委	关于进一步加强《商品房使用说明书》和《商品房质量保证书》使用管理的通知：自 2015 年 3 月 1 日起交付使用的商品房，房地产开发企业必须向业主提供新修订的《商品房使用说明书》和《商品房质量保证书》，《商品房使用说明书》是房地产开发企业对销售商品房的结构、性能和各部位（部件）的类型、性能等做出的说明和提出的使用注意事项。《商品房质量保证书》作为《商品房买卖合同》的补充约定，与合同具有同等法律效力，是房地产开发企业对销售的商品房承担质量责任的依据，房地产开发企业应当按《商品房质量保证书》的约定，承担保修责任。
2014. 5. 4	市城乡建设委	《关于加强中心城区建筑施工现场大门围挡管理的通知》：市区青岛路、世昌大道等 10 条主要道路两侧的建筑工地、市区重点工程等要采用垛式构造围墙，安装灯饰或霓虹灯，墙面做公益文化宣传；市区次要道路两侧的建筑工地，可采用垛式彩钢板围挡。 在管理方面，围挡实施方案要报各区市建筑主管部门审批，并在市建管处备案，各市区建筑主管部门负责对建筑施工现场大门和围挡设置的监督和管理，要在工程前期介入，引导场地主权人按要求设置围挡和大门，避免重复建设和拆除所带来的浪费。 在围挡广告设置方面，严格控制商业广告围挡的数量，建筑施工现场围挡设置公益广告的比例不低于 35%，不允许设置与本工程无关的商业广告。对未经审批依附建筑工地围挡设置商业广告牌的行为，市城管执法部门将依法查处。

续表

提出时间	提出部门	内容
2014.4	威海市	《威海市区公共租赁住房管理办法》2014年4月正式出台，确定了符合廉租住房保障条件的家庭及新就业大学生等几个群体享有优先权，保障住房全面打破了地域和户籍的限制。
2014.2.12	市规划局	威海市新制定的《威海市城乡规划管理办法》于本年4月1日开始实施。明确规定，已建成并投入使用的建筑物、构筑物不得擅自改变使用性质。确需改变的，应当在符合控制性详细规划以及相关专项规划的强制性要求的条件下，由市城乡规划主管部门征得发改、财政、国土、建设、环保、公安等部门及利害关系人的同意后，依法办理变更手续。未经市城乡规划主管部门批准，擅自改变已经建成并投入使用的建筑物、构筑物使用性质的，由城管执法主管部门责令限期改正，处三万元以上十万元以下的罚款。

（三）威海市房地产行业发展现状分析

1. 威海市房地产供过于求，但属于结构性失衡

威海房地产从监控的数据来看确实已经供过于求，山东大学威海营销研究中心数据显示：截至2015年2月，全市空置面积为1680万平方米，处于严重供过于求状态。但是从高端地产（别墅、花园洋房、复式楼层、品质高层等）需求来看还存在着短缺，2015年2月份城区高端住房需求数据为68万平方米，而城区高端供给总计为43.2万平方米。说明威海的房地产存在着结构性失衡的问题，低端楼盘供过于求，中高端楼盘供不应求。

2. 威海市房地产市场存在严重危机

威海市现有居民住房需求基本得到满足，城市化率超过70%；人均住房拥有套数为0.89，接近1，处于地产危机警戒线附近，如不及时调整产业方向，发展新的住房需求，将会产生本质性问题。

3. 地产开发热情不高，投资速度下降

受全国经济大环境影响和地产不景气的影响，开发企业拿地热情不高，开发速度减缓。今年一季度威海市房地产开发投资速度同比下降了4.1个百分点，降幅比2014年全年收窄9.2个百分点。

表3　2014年1季度至2015年1季度威海市房地产开发累计投资及增长情况

单位：亿元

季度	威海市房地产开发投资	
	绝对数	同比增长
2014Q1	51.44	4.2%
2014Q1 - Q2	150.20	-4.8 %
2014Q1 - Q3	259.68	-11.3%
2014Q1 - Q4	357.23	-13.3%
2015Q1	49.36	-4.1%

数据来源：威海市统计局。

4. 房地产行业将进入拐点时期，出现房地产企业的两极分化

威海市房地产近两年的主题是去化库存，数据显示全市房地产库存逐年下降，目前库存数量为1680万平方米，已接近拐点的标准线1200万平方米。房地产企业出现两极分化，威海将会出现5～10家房地产龙头企业，而大批资金少、实力弱的开发企业将退出房地产行业。

（四）威海市房地产行业发展影响因素分析

1. 优质土地存量减少，影响房地产后期开发

待开发土地减少，土地供应减少。威海市2013年的土地购置面积为1001440平方米，2014年的土地购置面积为644058平方米，在2013年的基础上下降了35.69%，降幅较大。随着房地产企业的不断开发，全市除荣成、乳山、南海新区和部分偏远城区外，待开发土地存量减少，土地供应减少，影响房地产企业规模开发，无法吸引大型房地产企业进驻威海。

2. 开发企业实力参差不齐，影响房地产业品质提升

威海市目前有房地产企业约575家，企业开发实力参差不齐，大部分属于中小企业，资金少、实力弱，抗风险能力差。在项目开发上，有些企业管理混乱，品质管理体系缺失，造成项目产品质量低下，户型设计不合理，营销水平不高，无法及时去化库存。

3. 外部市场需求疲软，致房地产行业发展不景气

威海市是典型的外销型房地产城市，外销比例一直居高不下，占房地产客群的50%以上，荣成、文登、乳山地区更高达80%以上，近三年受经济环境和政策的影响，威海市外地客群比例出现逐年下降的趋势，致使房地产业发展不景气。

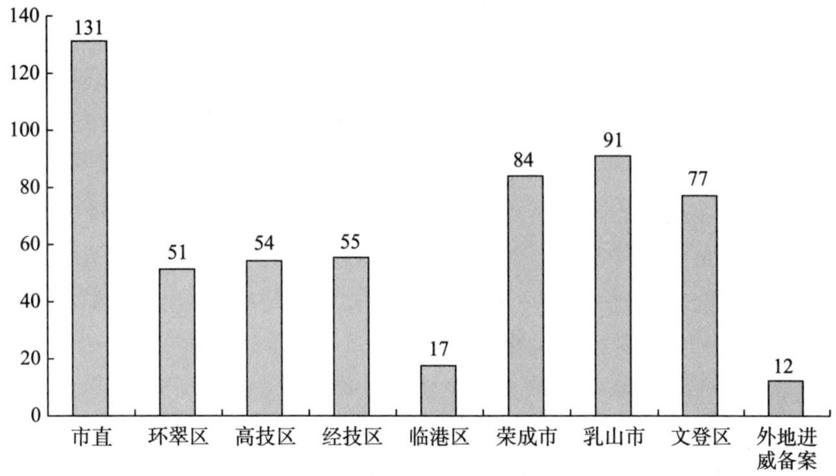

图 1　2014 年威海市房地产企业各区分布情况

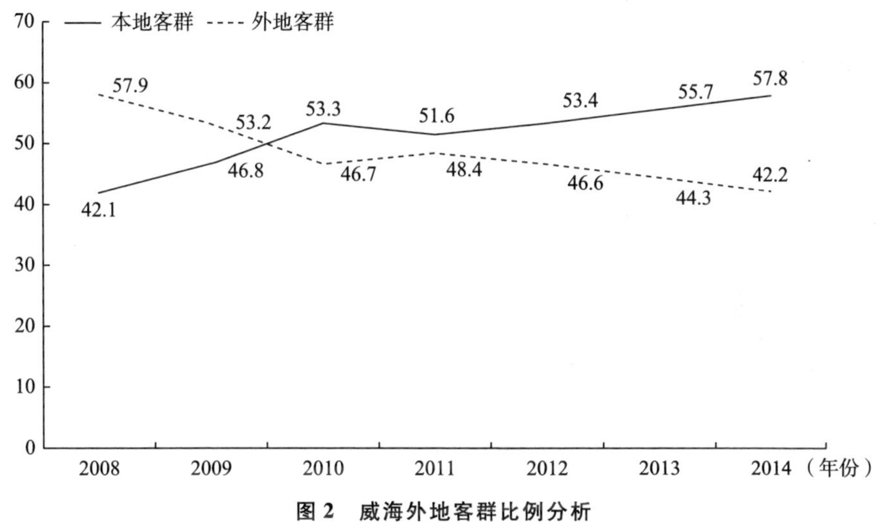

图 2　威海外地客群比例分析

4. 城铁效应明显，打造房地产发展新空间

城市一小时经济生活圈、济南和上海沿途动车的开通，缩短了南方市场和山东市场与威海的距离。威海国际机场目前已开通飞往北京、上海、济南、天津、大连和韩国首尔的航班。威海火车站已开通至北京、济南、武汉等全国各地的旅客列车，青荣城际高铁于 2014 年 12 月 26 日正式运营，已纳入中国高铁网络。威海凭借优越的居住条件和价格优势极大地吸引着外地客群来威度假、养生和定居。据统计威海市自高铁和新机场投入运营以来，来威人次大幅上涨，涨幅高达 36. 8% 。

二　房地产业供需分析

（一）房地产供给

威海市房地产行业投资额的平稳推进在一定程度上保障了商品房的供给，但开发土地总量呈下降趋势，可开发土地面积在减少；威海市常住人口的增加和人均可支配收入的增加反映出威海市未来对商品房需求的增加；同时，房地产行业的产品结构向多元化发展。

1. 土地购置面积减少，开发土地总量下降

威海市 2012 年的土地购置面积 3030974 平方米，待开发土地面积 3660451 平方米。2013 年土地购置面积为 1001440 平方米，与上一年相比减少 66.96%，待开发土地面积为 3138831 平方米，降幅为 14.25%。2014 年土地开发量与 2013 年相比也有所减少，其中，土地购置面积为 644058 平方米，同比减少 35.69%；待开发土地面积为 2274347 平方米，同比减少 27.54%。

威海市 2013 年市区经营性建设用地出让计划如表 4 所示，总共出让土地 123 宗，合计 8097.58 亩土地，主要集中在环翠区、高技区和工业新区。其中，环翠区计划出让宗数为 35，出让面积为 2329.28 亩，占总量的 28.77%；工业新区计划出让宗数为 32，出让面积为 2222.96 亩，占总量的 27.45%。在用途上，商业住房用地最多，为 4096.05 亩，占总量的 50.58%；其次是商业服务业用地和住宅用地，依次为 2995.79 亩和 1005.74 亩，分别占经营性建设用地出让总量的 37% 和 12.42%。

表 4　威海市区 2013 年经营性建设用地出让计划

单位：亩

辖区	宗数	商服	住宅	商住	合计
市直	1	——	——	219.2	219.2
环翠区	35	502	394	1433.28	2329.28
高技区	32	486.3	516.74	701.1	1704.14
经技区	23	1062	95	465	1622
工业新区	32	945.49	——	1277.47	2222.96
总计	123	2995.79	1005.74	4096.05	8097.58

数据来源：威海市国土资源局。

2. 开发产品结构多样，住宅占比高

产品结构呈现商品房多样、住宅比重较高的特点。全市 2013 年的房屋施工面积总计 39195227 平方米。其中，住宅用房的施工面积为 32352385 平方米，占总施工面积的 82.54%，超过总施工面积的 4/5；其余依次是商业营业用房、其他用房和办公楼，施工面积分别为 3345638 平方米、3004155 平方米、493049 平方米，所占比重依次为 8.54%、7.66%、1.26%。本年开发产品呈现多样化的特点，同时，住宅用房占总施工面积的比重较高。

表 5　2013 年威海市房地产产品施工面积情况

项目	面积（平方米）	占比
房屋施工面积总计	39195227	
住宅	32352385	82.54%
住宅：90 平方米及以下	15547057	48.06%
住宅：144 平方米以上	2458439	7.60%
住宅：别墅、高档公寓	423232	1.31%
办公楼	493049	1.26%
商业营业用房	3345638	8.54%
其他	3004155	7.66%

数据来源：威海市统计局。

3. 行业软成本占比合理

软性成本占比较低，成本结构合理。全市 2013 年房地产行业的营业成本总额为 257.99 亿元，其中软性成本为 66.20 亿元。软性成本主要是四种费用，其中营业税金及附加 30.52 亿元、管理费用 16.40 亿元、销售费用 12.09 亿元和财务费用 7.18 亿元，依次占总营业成本的比重为 11.83%、6.36%、4.68%、2.78%，管理费用、销售费用和财务费用等软性成本费用占比较低，总成本结构合理。

表 6　2013 年威海市房地产行业成本情况

项目	金额（千元）	占比
营业成本	25799549	
营业税金及附加	3052397	11.83%
销售费用	1208614	4.68%
管理费用	1640059	6.36%

续表

项目	金额（千元）	占比
财务费用	718506	2.78%

数据来源：威海市统计局。

（二）房地产需求

1. 住宅需求稳定增长

住宅用房需求在房地产总需求中占比仍处于决定地位。2013 年商品房总销售面积为 8788384 平方米，住宅销售面积占总销售面积的 92.07%，商业营业用房、其他用房和办公楼用房的占比依次是 4.96%、2.61%、0.36%。

住宅需求小有波动，但总体平稳增长。全市商品房销售面积自 2008 年以来呈现上升趋势，在 2011 年之后增速放缓，年销售面积增幅较小，但因威海市经济发展良好和城镇化进程加快，商品房的需求量仍稳步上升。2008～2013 年，全市房地产销售面积分别为 328.83 万、345.57 万、560.84 万、741.7 万、753.69 万、878.84 万平方米。

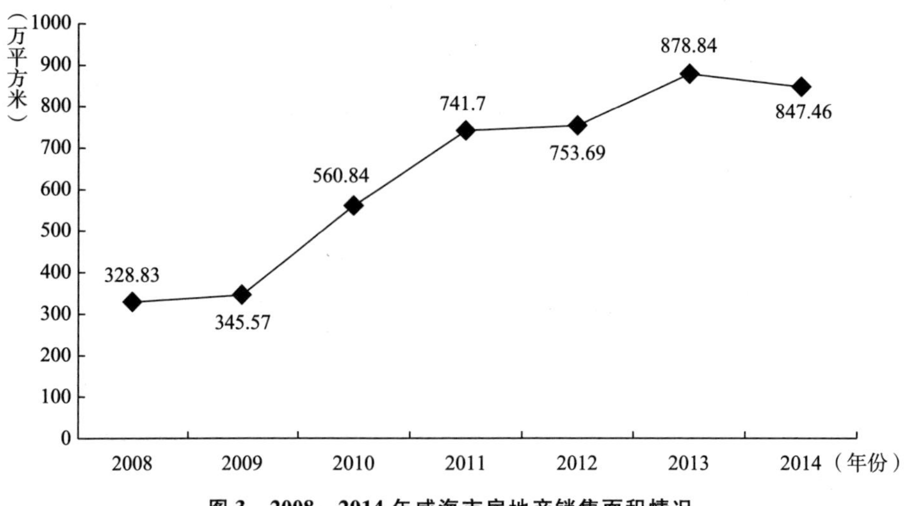

图 3　2008～2014 年威海市房地产销售面积情况

数据来源：山东大学营销管理研究中心。

2. 房地产需求呈现多元化

房地产业态多元化，住房需求呈现两极分化。与 2013 年相比，2014 年商品房销售面积有小幅下降，且出现多元化和两极化现象。90 平方米及以下的小户型住房需求有较为明显的下降，下降幅度为 16.1%；144 平方米以上的大户型住房需求有较明显增加，增幅为 13.78%；商业地产需求增长异常，商业营业用房、办公楼和其他用房需求增幅分别为35.55%、18.01%和66.34%。

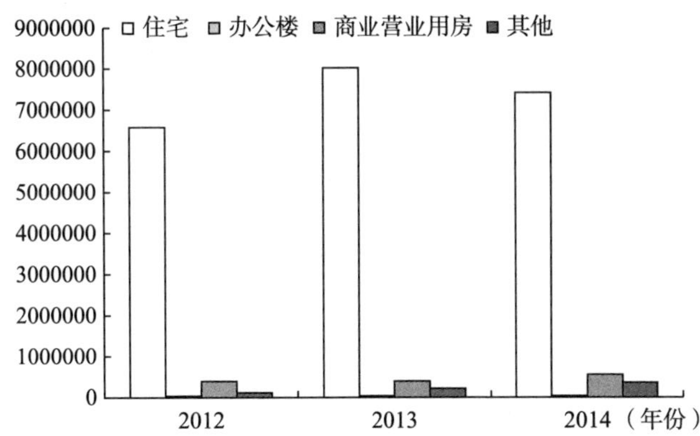

图4 2012~2014年威海市房屋销售结构情况

数据来源：威海市统计局。

地区特色效应发挥，差异化明显。经技区商业地产、文登养生地产、高技区住宅地产、环翠区高端地产的地区差异化特色日趋显著，2013年经技区商业地产需求增幅为42.3%，高出全市商业地产平均增长率（26.7%）15.6个百分点；文登养生地产增长率为7.8%，高出全市住宅地产平均增长率（4.6%）3.2个百分点；高技区住宅地产增长率为17.3%，高出全市住宅地产平均增长率（4.6%）12.7个百分点；环翠区高端地产增长率为8.1%，高出全市住宅地产平均增长率（4.6%）3.5个百分点。

3. 需求走势总体是平缓上升

城镇化水平不断提高，为住房增长提供保证。全市常住人口趋稳，人均可支配收入稳步上升，房屋潜在需求量大。2010年以来，全市常住人口在280万上下波动，在2012年到达低谷后呈上升趋势；另一方面，全市自2008年以来人均可支配收入呈直线上升的趋势，两因素助力房地产市场需求增长。

胶东一小时生活圈助推外部需求上升。胶东一小时生活圈和城铁即将开通使外部市场需求大大增加，全市房地产迎来重大发展机遇。据统计，高技区外省市购房客群“400”来电，2013年3月至12月数量分别为1201组、1340组、1532组、1802组、3836组、4101组、3210组、2300组和3108组，高铁即将开通信息公布后，外部客群来电明显增多，消息公布后增长率为15%。

前期开发存量过大，去化率低，影响需求增长。自2005年以来威海市房地产进入快速发展期，年开发总量偏大，累计库存量过多，2012年威海市房地产库存量为2700万平方米。受经济环境和限贷限购政策影响，各企业去化

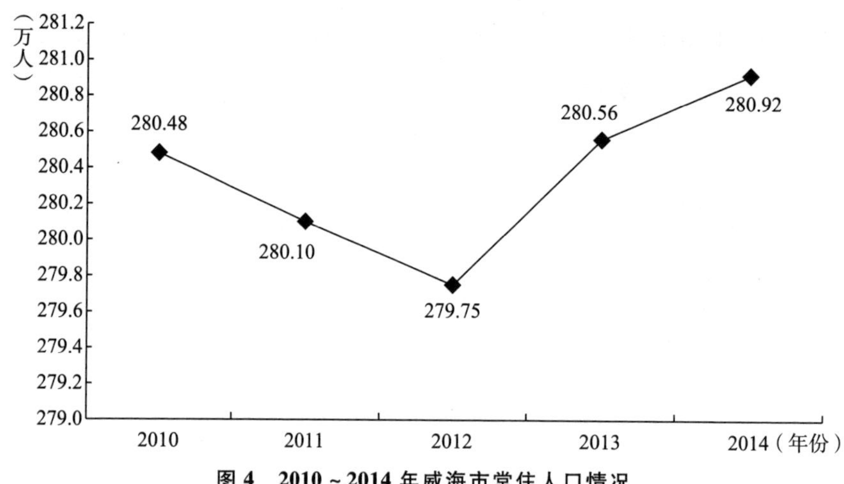

图 4　2010～2014 年威海市常住人口情况

数据来源：威海市统计局。

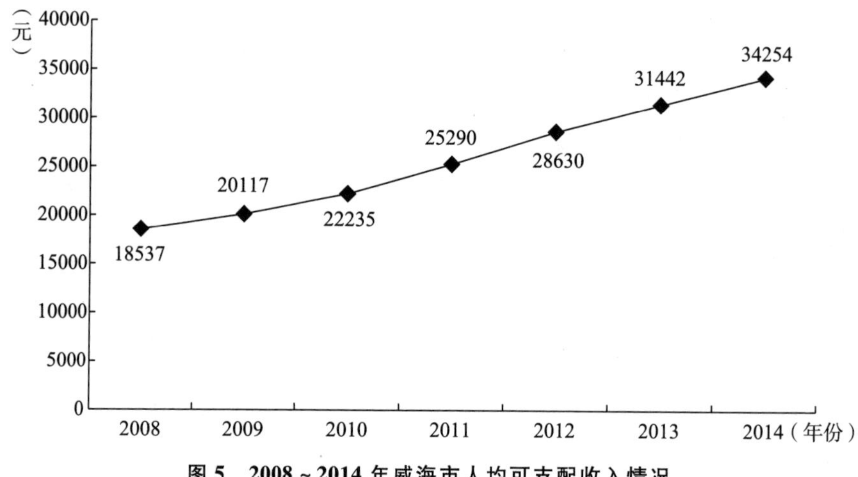

图 5　2008～2014 年威海市人均可支配收入情况

数据来源：威海市统计局。

率低，影响新的需求增长。截至 2013 年底，全市房地产空置面积近 2160 万平方米，去化库存将是未来威海市房地产行业的主题内容。

三　威海市房地产业财务情况

（一）产业获利能力情况

1. 行业利润总额不稳定

行业整体利润额不稳定。威海市房地产行业的利润总额从 2010 年至 2014

年依次为 33.34 亿元、20.68 亿元、14.56 亿元、43.91 亿元、40.97 亿元，行业利润总额处于上下波动的状态，变动幅度为 29.34 亿元。在 2012 年，威海市房地产行业利润跌至 14.56 亿元的最低点，到 2013 年有明显回升，行业利润总额增加了 29.34 亿元，达到最高点，而 2014 年的利润总额在 2013 年的基础上有 6.69% 的降幅，利润总额稍有下降，较平稳。

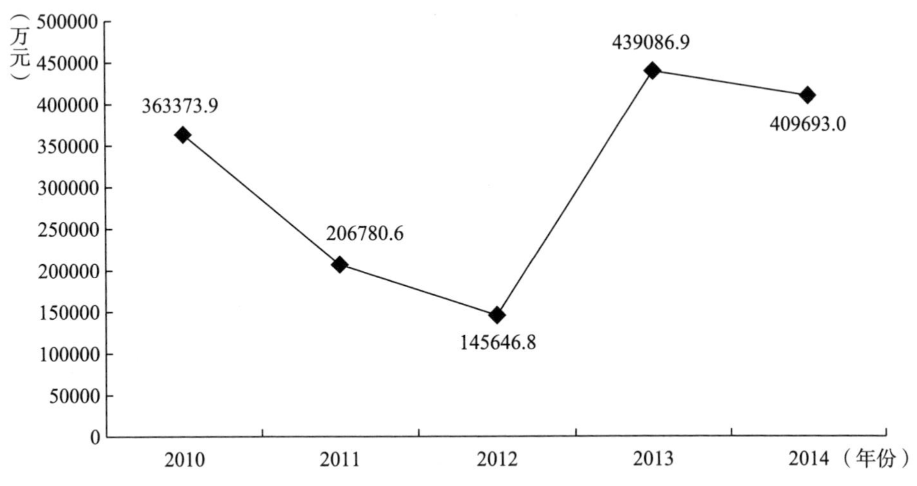

图 6　2010 ~ 2014 年威海市房地产行业利润总额情况

数据来源：威海市统计局。

各区利润额分布不均。威海市房地产利润额主要分布在荣成市和乳山市，荣成市和乳山市房地产行业的利润额分别占全市利润总额的 34.16%、25.81%，

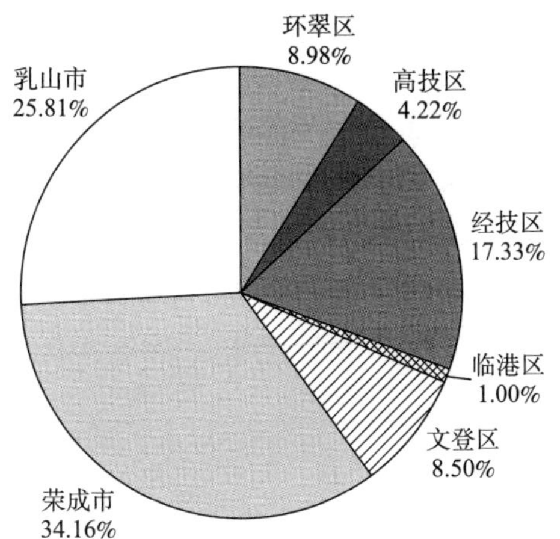

图 7　2013 年威海市各区房地产行业利润额情况

数据来源：威海市统计局。

合计比重为59.97%；其余依次是经技区、环翠区、文登区、高技区和临港区，分别占全市利润总额的17.33%、8.98%、8.50%、4.22%和1%。

2. 行业销售毛利率趋于平稳

房地产行业销售毛利率趋于平稳。2013年，全市房地产行业的销售毛利率为11.43%，2014年，全市房地产行业的销售毛利率为10.77%，行业整体的销售毛利率降幅为0.66%，稍有下降，行业整体销售毛利率趋于平稳。

（二）资产负债状况

1. 流动资产占比高，总资产利用率不高

资产利用率不高。2013年，威海市流动资产为1115.21亿元，占资产总额的88.87%，2014年流动资产为1276.93亿元，占资产总额的比重为89.32%，同比增加0.45%，接近90%，非流动资产占比在10%左右。这种保守的固流结构表明威海市房地产行业的各企业的资产流动性略有提高，资产风险因此下降，但也在一定程度上导致了盈利水平的下降。同时，两年数据表明全市房地产行业资产总额增长13.92%，但是营业收入下降9.22%，净利润也下降5.03%，在一定程度上反映出行业的资产利用率不高，资产增加不尽合理。

表7　2013～2014年威海市房地产行业总资产情况

项目	2013年		2014年		变动幅度
	金额（千元）	占比	金额（千元）	占比	
流动资产	111521416	88.87%	127692508	89.32%	+0.45%
其中，应收账款	3964026	3.55%	4432827	3.47%	-0.08%
固定资产	2811124	2.24%	3019746	2.11%	+7.42%
在建工程	2175099	1.73%	671301	0.47%	-69.14%
总资产	125488001		142952840		+13.92%
营业收入	36768940		33380165		-9.22%
净利润	3470920		3296173		-5.03%

数据来源：威海市统计局。

2. 总资产周转率较低，资金运营效率较低

总资产周转率较低，利用全部资产进行经营的效率低。威海市2013年总资产周转率为29.30%，流动资产周转率为32.97%；2014年，全市总资产周

转率为23.35%，流动资产周转率为26.14%。总资产流动率和流动资产周转率较低，流动资产周转速度慢，利用效果不佳，对补充流动资产以参加周转的需求较大，导致盈利能力下降。

3. 流动负债占比高，负债结构变动微小，行业财务风险较高

行业内企业的流动负债占比高，财务风险较高。威海市2013年的流动负债占负债总额的比重为89.34%，2014年流动负债的占比为90.28%，流动负债占总负债的绝大部分，负债结构失衡，房地产企业的现金偿还压力大。

同时，在2013年的基础上，全市2014年的流动负债占全部负债的比重提高了0.94%，应付账款占流动负债的比重也提高了0.86%，而非流动负债占总负债的比重下降了0.94%，威海市房地产行业的负债在期限结构和成本结构上有微小变动，在一定程度上降低了资本成本，但行业内企业面临的财务风险仍然较高。

表8　2013～2014年威海市房地产行业负债情况

	2013年		2014年		变动幅度
项目	金额（千元）	占比	金额（千元）	占比	
负债总额	101623963		116155468		+14.30%
流动负债	90792757	89.34%	104863577	90.28%	+0.94%
其中：应付账款	11590625	12.77%	14297619	13.63%	+0.86%
非流动负债	10831206	10.66%	11291891	9.72%	-0.94%

数据来源：威海市统计局。

4. 行业资产负债率高，债务压力较大

债务负担重，财务风险高。威海市2013年的资产负债率为80.98%，2014年的资产负债率为81.25%，房地产行业的资产负债率同比增加1.27%。全市连续两年的资产负债率都高于80%，行业内各企业的负债占总资产的比重过高，企业的债务负担重，而企业的偿债能力有限，面临的财务风险高。

表9　2013～2014年威海市房地产行业负债情况

年份	负债（千元）	资产（千元）	资产负债率	变动幅度
2013年	101623963	125488001	80.98%	+1.27%
2014年	116155468	142952840	81.25%	

数据来源：威海市统计局。

四　对策

目前威海市房地产存在的问题，从本质和因果方面分析，总的结论是房地产面临着严重的库存积压和发展迟缓问题，已经影响到整个行业的健康和可持续发展，应引起政府和行业的充分重视。

1. 去化库存是未来一段时间的主要任务

库存是制约房地产行业发展的主要因素，由于产品设计和规划的不合理，加上外部市场环境不景气，威海市房地产的库存积压问题日益严重，且库存产品存在老旧和户型落后问题，不及时解决，将会增加去化难度。解决库存的主要途径一是加大外地市场销售力度，外地市场销售主要的难度在于销售通路偏弱，如何解决渠道通路是关键；二是进行产品的功能转变，进行跨界整合，通过与养老、养生、旅游、农业、产业园的结合，开发养生养老地产、旅游地产、农业地产和工业地产，实现销售。

2. 建设高辐射、深渠道、全产业的行业一体化平台是解决问题的主要出路

威海房地产面临的问题主要是市场小，企业规模小、实力弱，团队水平不高、抗风险能力差，而威海的房地产又属于典型的外销型，企业的单体市场开拓能力差，即使做出一些市场，成本也非常高昂，造成了威海房地产无法短平快地传达给目标购房者，导致销售业绩非常不理想。房地产企业的水平不高，在项目运作上经常出现战略性失误，错过了市场机遇。通过政府引导，行业发起，企业参与，建立高辐射、深渠道和全产业的行业一体化平台，可以实现强势的市场介入、良好的品牌推广、极少的成本付出、最快的通路联盟。以“互联网 +”作为工具，通过信息化手段，建设房地产一体化平台，实现行业联盟的整合。

3. 建设房地产大数据平台，实现行业信息集成化管理，是行业市场化水平提升的重要途径

威海房地产销售低迷、市场售卖周期拉长的主要原因一方面是房地产企业实力和产品问题造成的，另一方面也是最重要的是无法正确及时地识别区域市场和目标客群，在推广中无法整合市场信息进行抱团推广。通过建设房地产大数据平台可以实现市场信息、客群信息、行业资源、楼盘资源、开发商资源和分销商资源的共享，在产品、销售、中介、管理四方面实现无缝连接，能够快速实现供和需的高效对接，以弥补单体企业自身的不足，最终实现房地产行业的健康发展。

4. 建设政、企、民多方参与的网络办公沟通平台，是实现产业和谐发展的重要方式

房地产的发展离不开政、企、民的多方参与，居民住房需求应得到合理满足，意见应得到及时处理，企业问题应及时上报，政府工作应有针对性地开展，随着办公条件的提升和网络技术的普及，这一工作应得到重视。国务院办公厅下发的《关于运用大数据加强对市场主体服务和监管的若干意见》中，明确提出要运用大数据平台提升工作的效率和质量，增加透明度和加大共享资源的力度。伴随着房地产业的快速发展，信息技术在中国房地产业中的应用逐步深入，“互联网 + 房地产”思维在政府和房地产企业中得到越来越多的重视。通过建立多方参与的网络办公平台，运用大数据的先进理念、技术和资源，有利于政府充分获取和运用信息，更加准确地了解市场主体需求，提高服务和监管的针对性、有效性；有利于顺利推进简政放权，实现放管结合，切实转变政府职能；有利于加强社会监督，发挥公众对规范市场主体行为的积极作用；有利于高效利用现代信息技术、社会数据资源和社会化的信息服务，降低行政监管成本。

［作者单位：威海市住房与城乡建设局　山东大学（威海）
课题组成员：吕仁静　臧　华　蒋守芬　郑洪勇］

关于市区旧村集中改造遗留问题的调研报告

钟 臣 李 税

近期，威海市维稳办按照市委领导的批示要求，从预先防范市区旧村改造上访问题的角度，牵头联合城建、国土、房管、信访等部门对旧村改造遗留问题进行了专题调研。针对旧村集中改造工程面广量大、情况复杂、税收及土地等政策与市场因素交织影响的特殊情况，本次调研本着突出稳定主线的原则，抓大放小，化繁为简，对旧村改造遗留问题中比较共性的问题形成调研报告。

一 中心市区旧村改造基本情况

（一）总体概况

自2007年中心市区（环翠区、经技区、高技区）启动旧村改造工程以来，共改造旧村88个36371户。其中77个村为市区旧村改造联席会议办公室统一组织拆迁改造；另有11个村为市联席会议办公室解散后环翠区独立组织拆迁改造。经过各级组织艰辛努力，市区旧村改造以较快速度推进，大部分居民及时回迁，居住环境明显改观。据不完全统计，通过旧村改造，原城中村居民人均住房面积由33平方米增加到52平方米，居民房产价值户均增加45.5万元，户均享受拆迁奖励、物业费、电梯费等补贴奖励6.5万元，房租收入增幅30%以上，人均福利增幅62%。

（二）目前进度情况

市区统一组织改造的77个村中，应安置居民30882户，应建房屋1769幢，目前已建房屋1370幢，占比77.4%；已完成回迁的有75个村，已拆迁未回迁的有2个村；已办理总房证的房屋共238幢，占已建房屋比为17.4%；办理分户房证4743本，含回迁安置居民1878户、办理2363本，户数占应安置居民总户数的6.1%；未办理总房证的房屋共1132幢，29004户回迁安置居民尚未办理房证，占比93.9%。环翠区自行改造的11个村中，共需拆迁4429户43.2万平方米，建设回迁房78.49万平方米；截至目前，已拆迁4404户43万平方米，完成回迁7个村2779户，剩余4个村中，西莱海计划5月底回迁，后双岛、柳林计划10月底回迁，雅家庄村计划明年10月回迁。

（三）涉及旧村改造的上访情况

旧村改造由于体量大、涉面广、环节多、周期长，引发一些信访问题在所难免。据信访部门统计，2012年1月至今年4月份，威海市共发生涉及旧村改造问题到市上访160批2297人次，其中集体访占比很大，共113批2224人次。从反映问题类型看，反映拆迁安置补偿不合理问题98批1262人次，人次占比54.9%；反映回迁房质量问题21批614人次，人次占比26.7%；反映拖欠农民工工资问题19批195人次，人次占比8.5%；反映野蛮拆迁问题9批74人次，人次占比3.2%；反映停发福利待遇问题6批76人次，人次占比3.3%；反映规划设计不合理问题7批76人次，人次占比3.3%。

二　中心市区旧村改造遗留问题

（一）回迁房房证不能及时办理

目前，市区旧村改造回迁房办证率非常低，主要原因既有居民不急于办证的主观因素，也有存在遗留问题影响办证的客观现实，需要重视的是，如果居民因落户、交易、抵押、融资、子女上学等问题急于办证而不能办理时，将会引发上访问题，此应作为旧村改造下一步信访稳定工作的防范重点。调研发现，影响回迁房房证办理的主要原因为：一是未完成综合验收影响办证。目前，大多数村改项目未进行综合验收，不具备初始登记条件，无法办理总房证，回迁户也无法办理分户房证。据统计，88个村中未办理综合验收的有61个村26067户；其中，涉及环翠区31个村10810户，涉及高技区16个村7221户，涉及经技区14个村8036户。首先，村改项目本身建设周期长。多数开发单位上报改造规划方案时，将回迁区和商业开发部分作为一个小区上报，由于商业开发部分延迟开工，不能与回迁区同步完工，导致无法综合验收。其次，部分项目手续及建设方面存在不够完善的问题。由于多种原因，一些村改项目在推进过程中出现了土地登记面积与出让面积不一致、规划手续没有办理、实际建设与规划设计不一致、工程质量不过关等问题，影响了综合验收的顺利通过。再次，市场转冷减缓了部分项目的推进收尾。在市场转冷的情况下，部分开发商出现资金回笼不顺、总账“包不住”的状况（主要在环翠区、高技区），开始联系各区提出了“规划路参与分摊土地总价款不合理、重置成本低”等问题，要求各区给予考虑解决，开发建设进度明显放缓，也影响到了项目内回迁房和二套回迁房的建设、交付和办证。二是回迁房涉税问题影响清算办证。商品房出售时应缴纳营业收入 5.65% 的营业税及教育附加、3.75% 的企业所得税、2% 的土地增值税、0.05% 的印花税，总计约占营业收入的 11.45%。旧村改造时社区为鼓励村民拆迁，安置补偿奖励补助标准较高，平均基本达到 133 平方米 +5 万元左右的奖励及补助，但对回迁安置房屋需要缴纳的税金预计不足，很多村改项目在前期合作协议中对税款承担未做明确约定（按照税法规定：各种税款的纳税人是从事销售不动产的单位和个人，也就是由负责开发的单位缴纳，即村庄改造立项单位），按 3200 元/平方米计税，每个回迁户需缴近 5 万元的税金，以村居为单位，总额基本在 500 万元至 3000 万元，少数村居在 3000 万元以上。村庄改造立项单位分为村集体、开发商两种，由于数额较大，对回迁房的上述税费，村居与开发商都不愿承担，从法律规定上也不应由回迁户个人承担。上述税费不缴纳，影响房屋总房证的办理，大部分回迁房办证确权工作因此停滞。只有少数村企一体、不存争议或事先约定明确的村改项目缴纳了上述税费，办理了回迁区大房证。同时，还有一些开发商对企业所得税清算时间问题、一些外商投资性质的开发商对回迁房超面积部分按照拆迁补偿协议价格计征营业税等问题提出异议，迟迟不愿缴纳相关税费。三是部分居民存在等待观望心理。部分回迁房虽然办理了回迁区大房证，具备了办理分户房证的条件，但由于有些居民对把回迁房办到子女名下享受契税减免存在等待期望心理、因房屋维修基金数额较大不愿马上缴纳等原因，主动推迟了办理分户房证。

（二）部分村改项目因拒迁户问题无法按期完工

目前，很多村居仍存在数量不一的拒迁户，原因在于历史拆迁纠纷、与村委之间存在矛盾、要求天价补偿、借机要求村民待遇等问题。目前，88 个旧村改造项目中，环翠区 16 个村居有 100 户拒迁户（由于经技区与环翠区区划调整，有 10 个原属经技区的改造村划入了环翠区，目前环翠区旧村改造数量最多，共49个)；经技区7个村居有21户拒迁户；高技区多个村居共有232户拒迁户。这些拒迁户对回迁房建设、二期土地拍卖、回迁小区公共配套及整体环境影响较大，但他们的生活用水、用电均有保障，居住状态保持正常。从调研情况看，经技区通过前期调整规划进行避让，拒迁户问题对回迁房建设影响不大；但高技区个别村由于拒迁户的存在，造成了回迁房不能开工建设，影响到了躲迁群众的切身利益，如环山路南组团以及万家疃三期实施拆迁已经好几年，由于部分拒迁户迟迟不拆，直接影响回迁房开工建设，导致已拆迁的258户居民长年在外躲迁，不能回迁安置，涉及的村居、开发商以及拆迁居民已经采取行文、电话及信访的方式对这一问题进行投诉，高技区为此绞尽脑汁，但受当前拆迁政策与法规的影响，目前仍未能做通拒迁户的工作。

（三）部分村居后续福利承诺落实困难

旧村改造时，很多村居承诺给予村民缴纳部分养老保险、水电费、物业费等，但在改造过程中，部分村居未充分考虑后续发展和村民保障，获得现金和商品房较多，没有留足有稳定收益的网点房，随着近几年在村民福利等方面连续支出，无论是村改时获得的现金收益还是商品房出售所得，都面临“坐吃山空”的局面，不能保障已承诺的、后续的村民福利，干群矛盾存在隐患。

三　对策和建议

解决旧村改造遗留问题，面上的工作应着重解决各方的观望心态问题，引导各方正确认清法律关系与权利义务，建议及时重申或明确工作导向：对有上级政策的，按照上级政策办；对政策有先有后的，按照最新的政策办；对有法律法规的，按照法律法规办；对属于市场调节的，按照市场规律办；对情况极为特殊的，统筹考虑慎防攀比，联合会商及时解决。目前，针对环翠区、高技区非常关注的旧村改造土地收益政策问题，市建委、市国土、市财政局等部门联合进行了专题调研，具体建议仍在会商中。针对其他具体的几项问题，建议如下。

（一）关于综合验收问题

市级层面，建议由城建、规划、国土、房管等部门联席会商，对因商品房开发进度缓慢不能及时验收又具备验收条件的回迁区开辟绿色通道，促成回迁居民早日办理房证。区级层面，建议由区级政府（管委）牵头，督导各街道办（镇）积极推动项目建设，督促建设单位认真研究整改手续办理、私改规划、质量通病等方面的问题，确保村改项目的及时验收与办证。

（二）关于涉税问题

当前，房屋确权将随小区配套的完成陆续进入办理房证阶段，办证问题应及时引起重视。建议：一方面从借力国家棚户区改造优惠政策入手，落实好税收减免优惠政策。2013 年国务院出台的加快棚户区改造工作的意见中提出了“落实好棚户区改造安置住房税收优惠政策”；省政府出台的贯彻意见（鲁政发〔2013〕29 号）提出了“落实好棚户区改造所涉及的房产税、城镇土地使用税、土地增值税、印花税、契税等税收减免优惠政策”，具体如何落实尚缺乏具体标准与规定；威海市威政发〔2013〕40 号文（早于鲁政发〔2013〕29 号）提出“列入城市棚户区年度改造计划的村庄改造项目中的改造安置房部分”可以“按改造安置住房建筑面积占总建筑面积的比例免征城镇土地使用税、印花税”。根据国家和省里文件精神，旧村改造在税收问题上可以借力棚户区改造税收减免优惠政策，目前市财政局正在研究具体意见。另一方面从澄清模糊认识、解决意见分歧入手，解决缴税争议问题。一是由所在镇、街道牵头，组织村（居）与开发企业协商，借鉴市区旧村改造中的优秀范例，及早明确双方的纳税比例，做好回迁居民的思想工作，按规定缴纳后尽快办理回迁房房证。二是由市级税务部门及时介入，对回迁房涉税问题计征标准等方面存在的争议及时进行会商研究，明确具体意见。

（三）关于拒迁户问题

拒迁户问题继续由相关街道办事处和各社区作为第一责任人，进一步研究未拆户拆迁方案，积极寻找突破口，重点通过发挥社会舆论作用、让同村居民施加影响等，从社会公德、公众舆论等方面施加压力，开展更有效的动员工作，争取在近期再处置解决一批急需拆迁的未拆户；对于其他已规划避让的未拆户，也应作为各街道办事处和社区的一项长期工作，按照以民为本、公平公正的原则，千方百计，逐步予以化解。

（四）关于村民福利待遇问题

建议结合基层组织建设，加大对村居财务监督管理力度，加大村居财务村务公开力度，还百姓一个明白、干部一个清白，引导各村居在福利发放上量力而行。

（作者单位：威海市委办公室）

加强内部审计增加农村集体组织价值探讨

秦之泰

建设社会主义新农村是党和国家的中心工作之一，村居组织作为最基层的自治组织，是党和政府联系群众的桥梁和纽带，这种特殊的重要作用是任何其他组织都无法替代的。根据《村民委员会组织法》和相关法律规定，对村干部的经济责任审计，由县级人民政府农业、财政部门或者乡镇人民政府负责组织。同时，村居民主理财小组有权检查、审核财务账目及相关的经济活动事项，有权否决不合理开支。村居审计属于内部审计范围，审计机关对内部审计进行指导。

但目前由于审计力量不足，该领域审计监督成为薄弱环节，导致涉农资金在管理、使用、分配过程中的各种违法违纪行为以及职务犯罪案件时有发生，影响了政府的形象和公信力，也损害了农民的切身利益。因此，审计机关加强对农村内部审计的指导，发挥农村内部审计作用，增加农村集体组织价值势在必行。本文拟结合威海的实际情况，围绕加强农村内部审计增加农村集体经济价值进行研究，以期能对实际工作产生促进作用。

一　加强农村审计是增加农村集体组织价值的有效途径

农村财务管理事关党群、干群关系和人心向背，是巩固农村基层政权、扩大基层民主、实行民主监督的重要手段，只有加强农村内部审计，才能从政治、经济、社会相关方面有效提高农村集体组织的价值。

（一）督促村干部兑现任期承诺，增强了其执政为民的责任意识

《村民委员会组织法》第八条第二款规定：“村民委员会依照法律规定，

管理本村属于村农民集体所有的土地和其他财产，引导村民合理利用自然资源，保护和改善生态环境。”威海市实行村干部直选后，当选的村委会成员在任职初期都要制订本届班子任期工作目标，主要分为经济发展、社会公益事项和精神文明建设方面的指标。在新班子任期内，这些目标完成了多少，完成得怎么样，还有多少没有完成都是广大群众密切关注的热点问题。对此，威海市农村审计机构在实际工作中把审计作为监督和公开村委会工作情况的重要载体，通过审计摸清了村集体经济、人均收入以及道路硬化、自来水建设和村民福利等任期承诺的兑现情况，并适时公开审计结果，保障了广大群众的知情权，促进村干部增强了有诺必践的责任意识。去年以来，威海市先后对 213 个村主任实施了经济责任审计，查出违规违纪金额 2387 万元。经济责任审计的开展，使各镇领导能够及时掌握村干部工作目标的完成情况，增强了指导基层工作的针对性和实效性。特别是部分村村委会主任经审计后认定未认真实施任职初期制订的有关重要工作目标，使许多承诺成了“空头支票”，审计情况公开后，村民联名要求召开村民大会，最终依法罢免了村委会主任，在群众中引起很大反响。

（二）规范基层财务管理，强化了村干部执行财经法规的观念

农村财务一直是广大农民群众密切关注的焦点问题，财务管理工作做得好直接关系到农村集体经济的巩固和发展。乡镇财务管理中一个突出的问题是一些基层领导干部和财务人员财经法规观念淡薄，不严格履行有关规章制度，内控制度不健全，缺乏有效监督，致使单位账务混乱。针对这种情况，农村审计把规范财务管理、降低费用支出、节约开支等问题列为工作的重点之一。某镇农村审计机构在审计时发现村委主任各项违规问题严重，在镇政府的主持下，村里依照法定程序召开了村民大会，罢免了村委会主任职务，并依法追究了当事人的相关责任，也为其他村干部敲响了警钟，使之遵守财经法纪观点明显增强。

（三）摸清家底，加强了基层资产管理

村集体到底有多少资产，家底是厚是薄，集体资产是不是流失浪费了，一直是基层群众关注的热点问题之一。开展农村内部审计，注重纠正资产账实不符、处置资产手续不健全、收入入账不及时、现金公私不分等问题，把核实村级集体资产列为工作重点，使集体资产的保值增值有了控制阀。2013 年，在已完成的审计项目中，共查出账外资产 2791 万元，有力地加强了国

家、集体资产的管理，避免了资产流失。

（四）化解矛盾，维护了农村的社会稳定

农村群众集体上访或越级上访，多是反映农村财务混乱、干部经济问题。开展农村审计，在完善农村民主理财制度的基础上，把引起干群关系紧张和经济纠纷的问题作为审计重点，努力克服群众反映问题时间长、不具体、资料不全等困难，多方调查，理清问题症结，力争将矛盾化解在萌芽中，避免引起上访，成效明显。2013 年，通过对 39 个上访村进行审计，并将审计结果通过村务公开栏、村民代表会等形式公开，增加村级财务的透明度，使上访问题得到圆满解决。

（五）加强廉政建设，保护村居干部健康成长

有的干部在任职期内对村重大工程的投资事前无预算，事中无监督，事后未决算评审或决算不及时。尤其现在新农村建设项目多，很多农村负责人财经法规意识淡薄，对村重大投资事项事前未向镇街申报，也未做预算，直接联系施工方，工程施工中缺少监理，竣工后只依据施工方提供的数据结算，造成群众信任度降低，干部的廉洁也受到群众质疑。近年来，环翠区审计局接受区政府的委托对 5 个村开展了审计，2 个村 4 人因涉嫌贪污、挪用公款，被移送司法机关追究刑事责任，此外 3 个村 5 人因涉嫌违纪，被移送纪检部门处理。通过审计，加大对责任者个人的处理处罚力度，不仅从源头上遏制了腐败问题的发生，也保护了干部健康成长。

（六）坚持“审、帮、促”相结合，促进了村居经济发展

在审计工作中，坚持以审促改，强化为镇村经济发展服务的意识，在“帮、促”上下功夫，热心帮助被审计单位建章立制，完善内控机制，堵塞“跑、冒、滴、漏”。近年来，通过审计先后提出合理化整改建议 820 多条，促进增收节支 1810 多万元。

（七）发挥审计的建设性作用，促进国家政策的落实

当前村居收入主要来源于上级财政专项资金和项目建设补贴资金，通过审计，发现和纠正了一些村居干部贯彻惠民政策不到位、打折扣，挤占挪用等违法违规行为。因此，加强村居审计，促进惠农政策落实，是党委、政府取信于民的关键。

二　制约村居内部审计增加组织价值的主要因素

长期以来，虽然农经部门在农村审计中做了大量工作，村、居财务管理水平有显著提高，但机构改革、法律授权限制和力量不足等，制约了内部审计增加组织价值作用的发挥，尤其审计覆盖面小的现况与新形势的要求差距很大。

（一）大多村居财务与审计由同一个部门承担，审计独立性不足制约了村居内部审计作用的发挥

通过对威海市 74 个镇（办）2801 个村居的调查发现，已实行财务托管的有 2526 个，占 90.2%。大多村居财务管理和内部监督均由镇办财政经管服务中心或经管站负责，实行托管的村居每村配备一名报账会计，负责备用金的领取、保管，原始凭证的收集整理，款项的收付。各村居资金实行收支两条线管理，收入按规定期限全额送存，支出按程序议定后，填写申请表，经相关人员审批后方可支取。村居财务收支纳入镇、街道核算中心统一核算、统一收支，这在一定程度上堵塞了基层财务管理的漏洞，化解了干群矛盾。但是由于基层财务面广量大、情况复杂，仅靠财政部门自己记账、核算，又自己监督、管理，就显得势单力薄，顾此失彼。同时，实行村居会计集中核算和村财镇管后，会计责任主体也发生了变化。这就要求，建立起相对独立的审计监督体系，使之既能够对村居财务实施有效监督，又能够对会计集中核算中心实施全程监督。

（二）村居审计覆盖面较小，制约了村居内部审计增加集体组织价值

根据 1995 年山东省人大常委会通过的《山东省农村集体经济审计条例》，目前威海市村居审计工作由镇政府所属的经管站负责，县农业部门为其业务上级，审计工作接受审计机关指导。目前威海市县级经管机构 7 个，人员 38 人；乡级经管机构 74 个，人员 364 人，由于目前主要精力用于农村各项改革工作，审计工作覆盖面较小。文登区共有 745 个村居，除开发区设有审计中心以外，其他各镇（街道办事处）均没有设立专门的审计机构，审计职能由财政经管服务中心承担，基本每个镇（办）5 人左右。据了解，每年对辖区内的村居除进行经常性财务收支审核外，非农村换届选举年，每年开展全面审计的村居有 10 个左右，查出问题的村居很少。

（三）部分村居审计采取购买社会服务完成，质量控制不足影响了内部审计价值发挥

由于村居点多面广，矛盾突出，开展全面审计工作量较大，许多审计项目，特别是在实行财务自我管理的村居，采取购买社会服务的方式，由社会中介机构完成。目前威海市实行自我管理的村居以“城中村”为主。这些村居经济实力强，资金总量大，不仅自身未纳入财务托管，村居投资兴办的实体公司也由村自行组织财务管理，审计工作大多购买社会审计机构的服务来完成。经管审计站通常采取聘请中介机构审计的方式对各村居进行审计监督，但对社会审计机构的审计质量缺乏控制措施，导致审计质量参差不齐，影响了内部审计应有作用的发挥。

（四）审计处理难落实，违规人逃避制裁，审计威慑力不足

由于村委负责人由村民选举产生，当审计发现负责人违纪问题并下达审计处理决定后，村委负责人不执行，法律对此缺乏相关的保证措施，即使要停止村委主任的管理权限，也需要履行村民罢免程序，因此现实中往往存在审计决定难落实，违规问题难纠正的现象。

《村民委员会组织法》第十六条规定：本村五分之一以上有选举权的村民或者三分之一以上的村民代表联名，可以提出罢免村委会成员的要求，并说明要求罢免的理由。目前，对村干部侵害集体经济，或因其不作为或乱作为而导致村级集体经济损失的，缺少明确具体的处理处罚规定，导致逃避制裁现象。现有的经济管理法规制度，基本上是针对国家工作人员的，国家工作人员违规违纪，现有的法律法规都有明确的处理处罚规定。但是，村居干部出现上述问题，则很难找到相应的明确的条文规定，有的以此逃避处罚。现实中有的村因财务管理问题，连续两任财务出纳账目不清，几十万元集体资金被个人长期占用，法、检部门出面处理多次，也是因为当事人不是国家公务人员，对村居干部没有具体法律规定而作罢，影响了审计威慑力的发挥。

三　全面推进村居内部审计为集体组织增加价值的途径

党的十八届三中全会提出，必须健全体制机制，让广大农民平等参与现代化进程、共同分享现代化成果。农村发展的关键在健全体制机制，强化村居审计势在必行。为此，应围绕增加集体组织价值通盘考虑，有序推进，采

取系统的、分层次的审计，全面推进村居审计工作。

（一）落实村级民主理财，推行村居内部审计制度

1. 实行村集体经济组织民主理财制度。民主理财由民主理财小组代表村民进行，民主理财小组负责对本单位集体财务活动进行民主监督，参与制定财务计划和各项财务管理制度，有权检查、审核财务账目及相关的经济活动事项，有权否决不合理开支。当事人对否决有异议的，可提交村民会议或村民代表会议讨论决定。村民有权对本村集体的财务账目提出质疑，有权委托民主理财小组查阅、审核财务账目，有权要求有关当事人对财务问题做出解释。

2. 完善村级财务公开制度。村级各项收益分配等内容要全面公开，各类补偿补贴资金等要逐项逐笔公开，基础设施建设补助等村使用的财政资金要全程公开，不断研究探索切实可行的公开方式。要加强对财务公开工作的检查和监督，对财务公开不按规定程序、公开内容不规范、搞形式化的村，要采取措施，责令整改；对不进行财务公开的村，要追究村干部的责任，注重财务公开的实际效果。

3. 加强村居财会人员队伍建设。村集体经济组织按相关规定配足配齐农村财会人员，村集体经济组织主管会计实行聘任制，应保持相对稳定，无特殊情况，不得随村（居）两委、董事会等换届选举调换主管会计，确需调整的，应按规定的程序进行考聘，财会人员离任时应按规定办理交接手续。村集体经济组织主管会计需持证上岗，定期参加主管部门和财政部门的业务培训。

4. 规范村级财务、理财人员的民主评议。村级财会人员、民主理财负责人等，都应当接受集体成员会议或成员代表会议对其履职情况的民主评议。民主评议由乡镇党委、政府统一组织，村务监督机构主持，每年至少一次，民主评议的结果要严肃运用。

（二）加强农村集体财务的日常审计监督，实现内部审计常态化

1. 把未实行“村账镇管”的村居作为监督重点。对已托管的村居，镇办要加强日常审核。将未实行“村账镇管”的村居作为监督重点，重点关注会计资料是否真实、正确、合法、有效，有无私设“小金库”、账外账及套支坐支现金，有无贪污、挪用、铺张浪费等违纪问题。关注集体资产有无被侵占和无偿使用现象，村级项目建设程序是否合法，资金使用是否合规等。

2. 把村级实体公司纳入监督范围。探索委托代理记账的新模式，按上级规定把村级实体公司的财务收支状况纳入“三资”监管网络平台，实行全面监管。其中“村级实体公司”包括：集团公司、实业公司、股份公司、股份合作社等。

3. 加强对村级投资建设项目的监管。各镇街应加强村级基本建设项目的日常管理，监督工程决算、资金管理和账务处理，并将其列入村级政务公开的内容之一。对村级集体投资的基本建设项目要实行招投标制，对工程决算实行审计制度，不经有资质的机构审查的工程决算不得入账。相关部门出台村级基本建设项目管理办法，对村级基本建设项目立项、招投标、工程质量、工程决算、账务处理等做出规定，使之制度化、规范化。

（三）审计机关加强指导，实现农村内部审计的创新发展

1. 实行分类指导，实现村居内部审计“全覆盖”。在通盘考虑村居数量、集体经济发展状况、基层组织运行情况、干群关系等因素的基础上，对村居干部实施分类审计：对集体经济规模较大、群众反映问题较多的村，应作为监督重点，实施常态化审计，每年至少进行一次审计；对集体经济规模一般、群众反映问题少的村，可在干部任期内安排一次审计；对基本没有集体收入的村，可由乡镇结合组织村级民主评议、检查考核等工作一并对村干部实施监管。通过综合运用重点审计、常规审计、日常监管等方式方法实现对村居干部的审计监督“全覆盖”，促进基层和谐稳定。

2. 经济责任审计以任中为主。针对在离任审计工作中遇到的离任村级负责人对审计工作不配合，导致审计决定难以落实的问题，村居经济责任审计以任中审计为主，在换届选举前进行审计。选举后根据选举情况，如需离任审计，可利用任中审计结果，补充未审计时段情况，提高审计效率。

3. 审计机关加强指导，发挥内部审计、社会审计与国家审计合力。乡镇政府和县镇两级农业、财政部门开展的村居审计，属内部审计范畴，应建立健全定期审计制度。对内部审计进行业务指导和监督，是审计法赋予审计机关的一项重要职责，也是发挥审计体系整体效能的必然要求。市县两级审计机关应加大对村级内部审计工作业务指导力度，加强对社会审计机构出具的相关审计报告的核查，完善内部审计与国家审计联动机制，实现优势互补、资源共享，有效发挥国家审计、内部审计和社会审计整体合力。

4. 推广县级开发区村居内部审计模式，充分发挥内部审计价值。威海市部分县市开发区设立了专门的审计机构，其工作程序、规范参照审计机关，

开展经常性的审计监督，村居审计工作依托开发区审计机构，取得较好的效果。荣成市石岛管理区单独设立农村集体经济审计站，隶属石岛区审计局，负责对辖区内6个街道尚未实行财务托管村的集体经济进行审计监督，并对各街道农村财务托管中心进行审计监督。审计机关可采取现场会、经验交流等方式推广开发区的内部审计经验，推动农村审计整体推进。

（四）审计机关加强与农村内部审计的联合，增加农村集体组织的价值

1. 实行联席会议制度，加强对乡镇内部审计的业务指导，并由审计机关牵头实施联合审计。由于村居审计涉及面广，矛盾集中，应该从实际出发，成立县、镇两级村居审计联席会议，加强领导，发挥审计机关的业务指导、人员培训和服务监督作用，审计任务由审计机关和乡镇内部审计人员联合完成，形成分工合作的审计监督局面。威海市环翠区2010年、2013年由审计局、纪委、民政局、农业局等部门联合开展了农村基层组织及财务资产审计检查，检查从货币资金、财产物资、工程项目、合同管理等方面反映了农村集体经济组织在财务管理中普遍存在的问题，收到较好效果。

2. 审计机关联合农经部门进行审计。近年来，审计机关加大对民生、支农资金的审计力度，对涉及农村的财政资金和项目进行了审计和调查，同时，县级审计机关接受当地政府的委托，完成了部分村居财务收支和经济责任审计项目，联合农经部门进行审计收到较好效果。2011年，威海火炬高技术产业开发区审计局联合怡园、田和两办事处和农经处，对下辖的23个涉及旧村改造的村居进行了村居改造及财务收支情况审计。2013年审计局联合农经处、街道办事处对2011年审计发现的问题及整改情况进行了回访，并挑选了8个村进行重点审计。发现白条、假发票报销，与房地产开发商长期不清算导致权益不清，合同条款不严谨、未履行重大事项研究决策程序，纳税意识淡漠、少提缴税款等问题。通过再次审计，帮助村居理顺了管理。

3. 实行异地交叉、联合审计，保持审计独立性。为了实现三年轮审的目标，审计机关应加强指导，在村主任任期内集中安排一次异地交叉、联合审计。以各镇办财务管理监督人员为主，统一搭配、抽调人员组成联合审计组，对农村集体经济或涉农部门及其重点工程项目进行审计。为提高审计独立性，实行异地交叉审计，加大审计力度，加大对违纪问题的处理力度，保持审计威慑力。

（作者单位：威海市审计局）

青烟威荣城际铁路通车后给威海旅游业带来的机遇与挑战

王　权

一　课题背景

（一）青烟威荣城际铁路概况

青烟威荣城际铁路正线长度为 299.18 千米（其中利用既有胶济线 13.3 千米），总投资 371.3 亿元，为客运专线铁路，正线数目为双线。项目设计时速 250 千米，预留每小时 300 千米，属于城际高速铁路。青烟威荣城际铁路共有 14 个车站，威海市境内设有威海北站、威海站、文登东站、荣成站共 4 个车站。

2014 年 12 月 28 日，青烟威荣城际铁路正式通车。目前，已开通荣成至上海虹桥、北京南 3 趟高铁列车，及荣成至济南、济南西、即墨北及烟台等 11 趟动车组列车。根据预测，2020 年日客运量达到 19.9 万人，到 2030 年达到 29.3 万人。

（二）2014 年威海市旅游业概况

2014 年，威海全市共接待国内外游客 3288.65 万人次，旅游总收入 383.86 亿元，同比分别增长 9.74% 与 13.28%。旅游总收入占全市 GDP 的 13.76%，其中入境游客 44.79 万人次，旅游外汇收入 2.42 亿美元。全市 18 家景区共接待游客 694.70 万人次，实现门票收入 6.91 亿元。

根据中国旅游研究院发布的 2014 年度山东省游客满意度调查报告，威海市位列全省第一，游客满意度指数为 82.49 分，高出全省平均水平 6.36 分。

“走遍四海还是威海”入选“2014 好客山东十佳特色旅游品牌”。

（三）2015 年威海迎来高铁旅游年

2015 年 3 月 16 日，威海市委办公室和市政府办公室印发了《加快推动中韩自贸区地方经济合作第一批实施方案》，争取旅游业合作先试先行。2015 年 3 月市旅游局策划“乘高铁　游威海”旅游大篷车促销活动。

2015 年 5 月 5 日，威海市人民政府发布《促进旅游业改革发展的实施意见》，要求充分发挥青烟威荣城际铁路的交通便利优势，加快融入京津冀一体化，加强与京沪高铁沿线城市合作，打造高铁旅游联盟，推动山东半岛仙境海岸旅游经济联动发展。

二　青烟威荣城际铁路旅游市场分析

（一）ASEB 格栅分析法简介

ASEB（Activity，Setting，Experience，Benefit）栅格分析法是将游客需求层次分析即活动、环境、体验和利益与 SWOT（Strengths，Weaknesses，Opportunityies，Threats）分析相结合，评估游客的体验满意度，并向其提供有针对性的服务。

（二）基于 AESB 法的青烟威荣城铁旅游市场分析

1. 优势（Strengths）

① 活动的优势（SA）

青烟威荣城际铁路开通，将带动威海旅游规模的扩张，促进游客的大幅度增长，同城化、区域一体化效应也会推动山东半岛城市群之间旅游资源的整合和游客的移动。

② 环境的优势（SS）

威海市依山傍海，风光秀美，环境整洁，大气质量、水质和噪声环境质量都达到了国家一类标准，是世界级人居城市和享誉中外的海滨旅游胜地。宜人的环境，吸引更多游客选择城铁出行。

③ 体验的优势（SE）

青烟威荣城际铁路作为新型交通运输工具吸引游客前往体验，交通便捷带来旅游线路和产品升级，吸引境内外游客来到威海，体验宜人的气候、秀美的景色。

④ 利益的优势（SB）

作为游客方来说，乘坐城铁本身就能获得极大的心理满足，可以增长见识，拓宽眼界，通过旅行放松身心，真实感受交通运输方式的更新和发展对旅游业的促进和推动作用。

2. 劣势（Weaks）

① 活动的劣势（WA）

威海独有的海滨休闲特色以及“韩流”风尚不断吸引各地游客的目光，目前回头客数量出现了相对下滑。游客对于旅游的需求趋于多样化和多元化，很多游客出游的目的在于体验不同的生活方式和民俗文化。对中高收入的旅行者而言，旅游资源的吸引力只有不断提升，才能继续吸引他们再次探访。

② 环境的劣势（WS）

城铁带来的大量客流也会造成一些实际问题：威海景区的承载力可能不足，在旅游旺季和高峰时段会造成城市交通拥堵，景区内人流拥挤，对景区的接待能力、导游产生压力。客流季节性的激增可能导致景区生态环境恶化、承载能力的下降。

③ 体验的劣势（WE）

威海市大多数旅游资源是自然风景，对于这样固定的旅游吸引物，它对旅游者产生的影响和体验是短暂的，无法形成持久的作用力，无法长期提高威海市的美誉度和可持续的吸引力。

④ 利益的劣势（WB）

城铁高票价使得中低收入游客望而却步，也将消弱城际铁路经济、社会和环保价值，其外部经济性大打折扣。旅行成本提高将会限制中低收入游客选择城铁作为出游交通工具。

3. 机遇（Opportunities）

① 活动的机遇（OA）

青烟威荣城际铁路开通，游客进入威海旅游的交通条件将会极大改善，节约大量旅途时间，游客活动范围多元化和个性化，旅游产品将由纯观光型向休闲、度假、体验和观光等多方面并重转变，旅游品质将得到大幅度的提升。

② 环境的机遇（OS）

青烟威荣城际铁路开通，促进沿线城市之间、各要素之间的快速流动，满足游客多层次旅游体验需求，促进旅游产品推陈出新，整合和共享山东半岛的区域旅游资源，有利于打造“仙境海岸”旅游产业带。

③ 体验的机遇（OE）

青烟威荣城际铁路将带动沿线城市之间的旅客流、物质流、资源流、资金流、文化流和信息流的流通和共享。对威海旅游业的经营者和管理者而言，客流的增多既是机遇，也是挑战，如何提供给游客更多的体验服务需要深入研究。

④ 利益的机遇（OB）

青烟威荣城际铁路向北至天津、北京，西至济南，南至南京、上海，成为烟台和威海最为便捷的出省通道，极大地缩短了山东半岛至省会以及京沪地区的距离，时空距离被大幅度压缩，促进境内外游客的增加，给威海旅游业带来充足的客源和巨大利益。

4. 威胁（Threats）

① 活动的威胁（TA）

交通的便捷可延长旅行时间，传统的单一参观型的旅游产品对游客产生的吸引力逐渐弱化，而参与性强的旅游产品才会得到旅游者的青睐，若游客多元化、深度化的旅游需求不能得到满足，将无法产生更多的回头客。

② 环境的威胁（TS）

青烟威荣城际铁路通车后将会使城铁沿线旅游城市和景点之间的竞争加剧，游客对旅游城市及景区管理、服务等方面要求会越来越高，对旅游设施和服务品质的要求也会越来越苛刻。

③ 体验的威胁（TE）

客源市场的多元化带来游客出游方式的个性化，未来该趋势将更加明显，游客对参与体验度更高的旅游产品的需求越来越大，期待自助游和体验游等极具个性化的旅游方式逐步增多。

④ 利益的威胁（TB）

部分游客认为城铁票价较高，难以承受，不能体验乘坐城铁的舒适感和快速便捷。在城铁的高票价面前，低收入游客群体可能放弃行程比较远的旅行计划而选择近处出游。

（三）青烟威荣城际铁路旅游市场调查

2015 年 5 月，课题组在国际海水浴场、威海站、威海北站、文登东站、荣成站等地发放调查问卷 300 份，回收有效问卷 287 份。

1. 基本特征分析

城铁游客中，男性占64%，女性占36%；20～40岁的游客占总数的80%，40～60岁的游客占12%。

有52%的城铁游客学历为本科及以上，可见威海对高学历和高收入群体具有较强的吸引力。从职业来看，商人、技术人员、公务员、学生构成了城铁游客的主体。

游客收入在4000元以上的占56%，中高收入的城铁旅客，选择交通工具的倾向性高低排序为：自驾车、城铁、飞机、旅游大巴、火车、轮船，该群体成为城铁旅游市场的潜在消费者。

2. 多重响应分析

① 威海最吸引游客方面

根据图1，威海对于游客吸引度排序为：景色、休闲度假、文化、“韩流”、美食、其他。“走遍四海还是威海”的旅游品牌和“千里海岸线，一幅山水画”的宣传口号给游客们留下深刻印象。

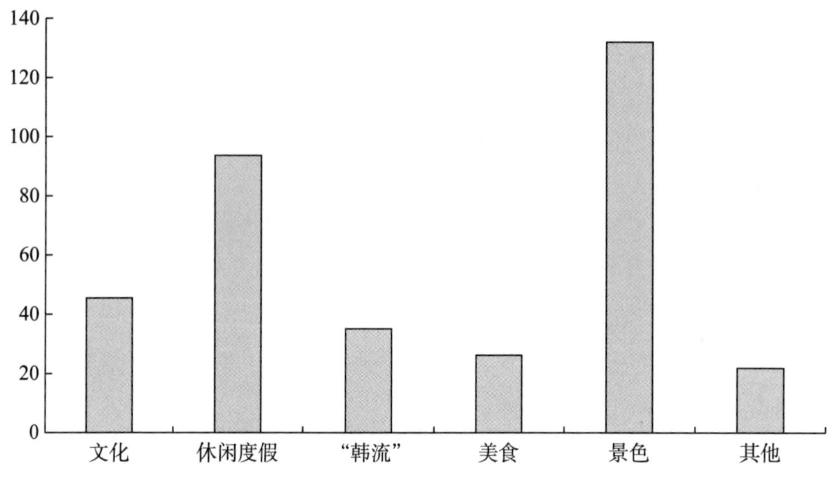

图1　威海吸引青烟威荣城铁游客的因素分布图

随着城铁的通车，威海与周围烟台、青岛、济南等城市的时空距离大幅度缩减，外地居民可以选择在当地工作，在威海居住。休闲度假游正是威海依托城际铁路开拓旅游市场的主打产品。

② 搭乘城际铁路存在的主要问题

根据图2，分析原因为：a. 城铁开通时间短，缺乏直达景区的交通设施；b. 中低收入游客难以接受较高的城铁票价；c. 建议开通应急购票窗口，满足旅客们临时出行的购票需求；d. 老年人出游考虑舒适性、安全性，飞机、轮

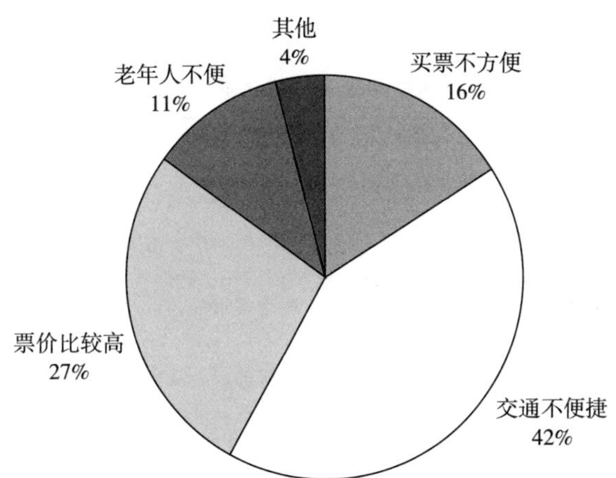

图 2　搭乘青烟威荣城际铁路主要问题分布图

船和火车卧铺成为优先选择的交通方式。

③ 城铁通车前后旅客出行方式选择的变化

城铁通车前，游客乘坐交通工具倾向性排序为：火车、长途客车、自驾、旅游大巴、飞机、轮船。城铁通车后，游客倾向性排序为：城铁、火车、飞机、旅游大巴、长途客车、自驾、轮船。城铁成为游客的首选方式，提高了威海作为旅游目的地的可达性。

④ 城铁通车后游客在威海游览时间的变化

城铁通车后，约 70% 的游客在威海游览时间会增加，约 30% 的游客在威海游览时间会减少。城铁高速、便捷，会使大部分游客增加在威海的游览时间，威海市旅游、餐饮、娱乐等行业应抓住这一机遇，采取一系列的有效措施，提高游客的满意度。

⑤ 城铁吸引中高端游客促进服务品质提升

城铁开通，提升了旅游目的地的可达性，将会给威海带来大量的中高端游客。中高端游客是旅游市场中消费能力强、价格敏感度低、忠诚度高且回头率高的群体，为休闲度假、旅游地产、养生美容等服务业提供了新的商机，推动新兴旅游业态的开发。

三　青烟威荣城际铁路通车给威海旅游业带来的影响

（一）城际铁路建设对区域旅游业产生的影响

根据国内外城际高铁发展对旅游业的影响来看，城际铁路对核心区域和边缘区域旅游的潜在影响见表1。

表1 城际高速铁路建设对区域旅游业产生的影响

区域	积极影响	消极影响
核心区域	（1）地域范围将扩大； （2）城市和商务旅游发展加快； （3）游客量增多。	（1）游客停留时间缩短； （2）市内交通拥堵、景区人满为患，影响旅游体验。
边缘区域	（1）地区知名度提高； （2）游客空间分布范围扩大； （3）地方性得到认可与挖掘； （4）环境移民增多。	（1）短程游客增加，景区管理压力大，游客停留时间可能缩短； （2）对传统的公路运输业、餐饮住宿业带来严重冲击； （3）物价可能上涨，边缘区生活成本增高。

（二）青烟威荣城际铁路通车给威海旅游业带来的机遇

1. 推动山东半岛区域旅游一体化建设

青烟威荣城铁的开通和中韩自贸区地方合作项目实施，改变了威海长期处于陆路交通末梢的局面，威海从此变成了面向全国和日韩桥头堡式的旅游经济增长极。

青烟威荣城际铁路开通，山东半岛旅游资源的吸引力将更加强大，旅游业间的融合更加广泛和深入，城铁的速度转化为区域融合的速度，青烟威区域旅游正迈入一体化城铁发展的新时代。

2. 改善旅游交通格局，提升威海吸引力

青烟威荣城际铁路通车之后，便捷的交通使旅游者出游意愿增强，短线产品需求更加旺盛。游客多选择城铁周边城市为主要目的地，周末旅游比例增大。

城铁的开通极大降低了旅游者出行的时间成本，通过现代化的城铁车站与长途汽车站、旅游集散中心，实现旅游功能的整合，带给游客便捷的出行体验，提高了威海对外的吸引力。

3. 扩大市场半径，催生快旅漫游模式

城铁开通，促使大量“商务游、休闲游、养生游、康乐游、生态游”等中高端客流出现，体验“慢旅游、慢假期、慢生活”，成为中外游客来威海旅游的新潮流，形成特色鲜明的竞争优势。

城铁通车之后，必将激发起远距离游客的潜在需求，催生了“快旅慢游”模式的出现。以休闲度假为目的的两日游和三日游将成为主流，有利于威海市旅游产业结构的调整和升级。

4. 打破地域限制，推动区域旅游合作

青烟威荣城铁开通后，推动青烟威地区开展区域旅游合作，打破地域限制，实现“连点成线，以线带面”的共赢发展模式，推动山东半岛区域内的旅游资源整合。

以青烟威荣城铁影响下的沿线城市和精品景区为依托，以现代化的快捷交通体系和“互联网+”为手段，以食、住、行、游、购、娱等旅游要素为支撑，发挥其能量的积聚效应和辐射效应，促进山东半岛区域旅游的协调发展。

5. 高效换乘城铁，为入境游客提供便利

加快四个城铁车站与威海机场、威海港一体化旅游交通便捷服务体系建设，吸引境外游客在威海入境旅游后，换乘青烟威荣城际铁路出入山东、京津冀、长三角等旅游目的地。

加强城铁运营部门与国家旅游局驻外旅游办事处、国际友好城市、境内外航空公司和旅游集团的合作，建立促销联盟，开展整体营销，提升威海旅游在海外市场的影响力。

（三）青烟威荣城铁通车给威海旅游业带来的挑战

1. 传统旅游产业模式需要变革

近年来，人们消费理念发生从观光到休闲的变化，出行方式倾向于自驾与高铁，便利、快捷的旅游消费环境使人们逐渐从远距离、低频次的观光旅游转向近距离、多频次的休闲型和体验型消费。如何抓住这个市场，成为威海城铁旅游市场发展的重要课题。

目前，威海市大部分旅行社仍采用以团队、观光为主的传统运营模式，对于城铁游客的自助旅游方式缺乏深入的跟踪研究，传统的旅行社运营模式会阻碍威海旅游可持续发展，影响威海市旅游目的地的形象和境内外游客的体验和满意度。

2. 缺乏特色高端旅游产品类型

城铁节省了游客的在途时间，将会增加旅游者在线路节点的停留机会，旅游者将会有充足的时间对城市内涵进行更加深入的了解。对于威海而言，高端的休闲度假产品、专项的商务会展、民俗体验等特色旅游产品应推向市场，以产品的丰富性、文化性、参与性、舒适性吸引各类消费群体。

目前，威海大量旅游项目还处于低层次的观光型开发阶段，缺乏有品牌、有特色、符合国际化水准的商务旅游、会展旅游、修学旅游、健身旅游、购物旅游和艺术旅游。比较而言，青岛和烟台吸引境内外高端游客较多，消费层次比较高。

3. 城铁沿线地区分流客源威胁

便捷的城际铁路促使威海区位和资源优势发生改变，将导致旅游要素向高级旅游目的地倾斜，对弱势旅游目的地带来消极影响，即“溢出效应”。城铁沿线城市，由于资源禀赋、旅游环境、发展模式方面存在较大共性，经营竞争将更加激烈。

缺乏配套齐全的旅游服务设施，极易出现游客“过而不入”现象，“游客”变“过客”。威海市区旅游配套设施齐全，会吸引更多旅客停留，而分流荣成、文登的客源。同样，青岛和烟台旅游业具有较高的服务水平，也会对威海产生“溢出效应”。

4. 亟须完善旅游公共服务体系

威海站和威海北站旅游集散中心尚处于建设初期，文登东站和荣成站旅游集散中心尚未设立。城铁通车带来了省内外游客、自助游和过境游客的增多，如何快速集散这一庞大的客流群体，为自助游的游客提供一站式服务成为重大挑战，不断完善旅游公共服务体系，将成为突破旅游服务瓶颈的有效手段。

5. 景区容量不足，应急响应压力增大

城铁开通后，在旅游旺季，游客数量迅速增长，特别是省内短线游客数量增加，受景区容量限制，部分景区的接待能力严重不足。在旅游高峰期，大量客流短时间内涌入景区，安全和保障压力迅速增大；同时，受自然灾害、恶劣天气、假日活动等影响，安全保障压力巨大，需要提高快速应急响应能力。

四　城铁时代威海市旅游业发展的对策与建议

（一）适应新常态，转变旅游业发展方式

1. 贯彻旅游业改革实施意见

旅游业正成为经济发展新常态下的新增长点。深入贯彻落实鲁政发〔2014〕21号文件《促进旅游业改革发展实施意见》，完善旅游相关法律体系、规范旅游服务市场。将市场配置资源的决定性作用和更好发挥政府作用结合起来，推进旅游业改革发展。

2. 主动转变旅游业服务方式

城际铁路开通后，游客会更趋向于流向产品独特、设施完备和服务优良

的旅游目的地。引导游客在本地消费，延长旅客停留时间，让游客凭城铁车票可在合作酒店享有打折优惠、可免费乘坐旅游观光巴士，发放旅游、购物抵用券，用于特定景点的消费等。

（二）改善旅游交通服务和增强城市功能

1. 构建一体化旅游交通体系

依托4座城铁综合枢纽，加快旅游集散中心建设。优化城市公交线路、开通城铁旅游专线、投放高档电召出租车、完善汽车租赁服务、推广公共自行车，实现交通枢纽与景区的“无缝衔接”和“零距离换乘”。“城铁时代”提供一站式服务，让游客便捷地进入景区，并保证一定的游览时间和景区合理容量，避免出现“城际铁路快、进城慢、旅游难”的新问题。

2. 完善城市公共服务设施

威海市要不断完善旅游基础设施和服务设施，增强城市综合服务功能，发展旅游购物、餐饮住宿、文化娱乐、康乐养生产业，提升服务水平，提高旅游业综合效益；通过“仙境海岸”品牌，积极盘活全市闲置房地产项目，将其变成旅游地产和旅游产品，打造成为京津冀和长三角地区的“第二居住地”。

（三）细分旅游市场，塑造威海城市形象

1. 细分城铁旅游市场，发展微旅游

进一步细分城铁旅游市场：巩固中老年传统客源市场、开发年轻上班族新兴客源市场、培育青少年潜在客源市场。开发多种形式的商务游和休闲游，将其融入到威海市域旅游线路中，形成多层次、多主题的出游线路。发展“微旅游”，推出城铁半日游、一日游、两日游等短程线路及周末游、家庭游等产品。

2. 丰富旅游产品，提升威海市形象

努力打造海洋旅游、乡村旅游、文化旅游、体育旅游、养生养老旅游、美食购物游、中外修学游系列产品，将威海丰富多彩的地方习俗、节庆活动、商务会展等活动纳入旅游范畴。加强旅游产品的体验性，增加游客的停留时间，放慢游客的脚步。

（四）完善和提升威海接待功能

1. 打造城铁经济区

青烟威荣城际铁路通车后，中高端的游客对旅游服务的配套设施提出较

高要求。城铁车站周边环境是旅客对威海的第一印象，作为城市新的地标，良好的城市设计可直接服务于商务人士和观光游客，威海应积极打造环境良好、配套齐全的“城铁经济区”。

2. 完善旅游接待功能

推进威海和文登、荣成、乳山市区两级旅游公共服务体系的建设。防止出现“溢出效应”，增加游客停留时间，延长旅游产业链，人们在享受城际铁路“快”的舒畅感的同时，也能在“慢生活”中体验威海这座世界人居城市的魅力。

（五）深化城铁沿线地区分工与合作

1. 加强区域合作，避免恶性竞争陷阱

城铁是区域合作的桥梁和纽带。避免因旅游资源的相似性而导致开发雷同、市场相似化经营等恶性竞争，合理串联旅游线路，构建无障碍旅游空间组织体系，促进山东半岛旅游业协调发展。

2. 借力城铁旅游，打造“仙境海岸”品牌

深化青烟威荣城际铁路和京沪高铁沿线城市旅游合作，建立客源互换互送机制。成立山东半岛旅游营销联盟，构建区域旅游综合服务平台，打造“仙境海岸”旅游品牌。

（六）不断拓展旅游客源市场范围

1. 打造“威韩连线”旅游品牌

以 2015 年和 2016 年中韩互办旅游年为契机，推动“威韩连线”特色旅游线路和跨境旅游产品。打造国内游客赴韩国旅游的桥头堡和韩国游客来华旅游的第一站，积极为在威海机场、威海港与青荣城际铁路之间中转的游客提供一站式服务。

2. 差异化营销，拓展客源市场

①制作“乘城铁、游威海”旅游宣传片。②结合哈大高铁、京沪高铁等开发威海旅游线路。③建立“快旅慢游”模式，将青烟威荣城铁培育为最大的散客通道。④努力推动多种旅游产品的优惠、折扣、促销等活动，让“过客”变成“顾客”。

（七）打造智慧旅游服务体系

1. 提升旅游信息化水平

加快旅游大数据工程的建设，推进交通运输、公安、商务、环保、餐饮、

通信、气象等涉旅数据的共享。建设威海旅游调度指挥信息中心，强化对各景区的实时监控和旅游产业监测。

2. 开展旅游网络化营销

建设旅游公共服务网、旅游手机网站、旅游微信活动平台、旅游移动客户端，开展搜索引擎营销、网站营销和微博营销。

五 结束语

威海市应前瞻性地把握城铁时代旅游业发展新动向、新特点和新规律，顺势而动，采取切实有效的应对策略，将区位优势和旅游资源优势转变为旅游经济优势。

威海市应高度重视青烟威荣城际铁路旅游产品的开发，制定适合威海特点的旅游行业政策，深化与省内沿海城市合作，共同迎接城铁旅游时代的到来。

[作者单位：哈尔滨工业大学（威海）
课题组成员：孟令宏　王一平　李水富]

创新金融模式　破解涉农产品仓储融资难题的调查

中共威海市文登区委政研室

党的十八届三中全会提出，要完善金融市场体系，健全多层次资本市场体系，鼓励金融创新，丰富金融市场层次和产品。文登区积极贯彻三中全会精神，以被列入全省县域金融创新发展试点为契机，把支持现代农业作为提升金融业服务经济发展的重要抓手，围绕破解毛皮动物养殖、西洋参种植、果品收购仓储和大棚蔬菜种植等重点产业融资难问题，确立了“引领银行保险联合创新、支持现代农业加快发展”的思路，以果品收购仓储为突破点，引导银行和保险机构首次联合，创新推出了“保单+仓储+联保”贷款新产品，支持涉农产品仓储融资，取得了初步成效。

一　主要动因

文登区果品种植业发展规模较大，仅苹果种植面积就达到20万亩，年产量28万吨，年销售收入10亿多元。依托良好的果品种植业发展基础，近年来文登果品收购仓储业迅速发展，目前全区共有冷风库69座，气调库19座，果品仓储能力达到19.2万吨。果品仓储具有融资需求规模大、资金投放时效强、资金使用周期短的特点，但多数冷风库租赁农村集体用地，无法办理土地证和房产证，有资产却不能抵押；同区域同行业内很难找齐5~6名担保人。同时，冷风库火灾风险极大、果品价格不稳定，果品收购商一旦亏损，往往先支付果农的钱而拖欠银行贷款，欠贷信用风险大。针对这一情况，文登区积极探索创新，建立银行、保险公司、企业三方联合的金融信贷新模式。由金融办、人民银行牵头，在深入调研的基础上，先后4次召开金融机构行长联席会议、银行保险负责人座谈会议进行讨论，制定了《银行与保险联合支持涉农产品收购仓储贷款指导意见》，确定农村信用社和太保财险、永安财险、太平财险、人寿财险四家保险公司作为试点机构，签订了《银保联合支持农产品收购仓储融资协议》，联合推出“保单 + 仓储 + 联保”贷款新产品，全力支持果品收购仓储融资。

二　推行“保单 +仓储 +联保”融资新模式

“保单 + 仓储 + 联保”融资支持对象，主要包括果品、蔬菜、玉米、花生、生姜等以收购仓储方式经营的涉农产品，目前选择果品仓储融资作为试点。冷风库企业担当着第三方托管的角色，一般果品收购业户申请“保单 + 仓储 + 联保”贷款，需要与冷风库企业协议仓储果品并进行有效托管。主要办理流程：果品仓储企业向保险公司约定办理财产险，并以约定保单向银行业机构申请“保单 + 仓储 + 联保”贷款；银行经过审核同意后，由仓储企业、保险公司、银行三方签订协议，约定企业财产保险的受益人为贷款银行，在保险公司参与分担仓储融资风险的前提下，可以比正常贷款少提供 1 ~2 名联保人；银行受理后，审批授信额度，按照果品收购仓储进度分批发放贷款；银行、保险公司和果品仓储企业以共同在出库单签字的方式，要求仓储企业分批销售仓储的果品，回笼资金分期归还银行贷款；果品仓储企业若发生财产风险损失而无力归还贷款时，保险公司赔付金优先偿还银行贷款；企业因其他原因无力偿还贷款时，由联保人承担还贷责任。

三　取得的成效

截至目前，农村信用社已经发放“保单 + 仓储 + 联保”贷款 2.7 亿元，支持 36 户仓储企业收购果品，有效拉动了果品收购仓储业的发展，取得了比较明显的成效。一是解决了果品仓储企业无抵押、少担保的难题。拥有冷风库的果品仓储企业只需先投保财产险，没有抵押也可办理“保单 + 仓储 + 联保”贷款，为果品收购仓储业融资提供了最大便利。二是从制度设计上成功防范了果品仓储融资风险。仓储企业与保险、银行三方签订合作协议，将银行确定为保险第一受益人，有效防范了火灾等给贷款带来的风险；银行根据果品收购仓储进度发放贷款，通过控制果品销售出库单方式回收贷款，有效避免了贷款被企业挪用等信用风险；银行按照仓储企业仓储量的一定比例控制贷款额度，必要时由联保人代偿亏损企业的贷款，防范了市场风险。三是支持果品生产和仓储业实现增产增收。以大水泊镇新良气调库和崇合气调库为例，冷风库容量分别为1.2万吨和1.08万吨，以均价4元/公斤收购苹果计算，分别需要资金4800万元和4300万元，通过“保单+仓储+联保”贷款模式，农信社为新良气调库和崇合气调库放贷2350万元和2495万元，支持两家企业按仓储能力全力收购果品，以销售价差1.5元/公斤测算，两家企业分别可增加销售收入1800万元和1620万元。四是带动农民增加就业收入。银行和保险联合支持果品仓储业发展，能够有效带动周边9个镇农民5000多人就业，人均年可增加收入上万元。

对威海城市文化形象建设的思考

王宝霞

一　对威海城市文化形象建设的充分认识

1. 城市文化形象的重要性

城市文化形象是一个城市的历史文脉、文化精神、价值理念、文化标志和气质特色的集中展现，是城市主体对各种城市文化要素，经过长期综合发展所形成的一种潜在直观的反映和评价。这种反映和评价具体体现在城市居民的思想意识、价值观念、生活态度、生活方式以及语言习俗等文明状况方面，比较直观地呈现着城市的文化信息。

文化形象是一个城市最本质最个性化特征的反映，是一座城市的特色资源和无形的资产。它能够提高城市的增值能力，增强城市的凝聚力和向心力，保障城市居民的文化权益，提高市民对城市的归属感与自豪感，提高城市的知名度、美誉度和核心竞争力。近年来，城市文化形象或文化性格已经成为一个城市的名片和商标，是城市对外宣传和交往的有力工具之一，在城市引进人才、吸引投资、发展政治和经济的过程中发挥着非常重要的作用。一个城市具有较高的文化品位和健康向上的文化现象，往往能孕育出这个城市繁荣的经济现象和民主进步的政治现象。

综观世界城市的发展，许多知名城市都是通过挖掘城市文化的内涵精华，塑造独特的城市文化形象来营销城市的。这些城市的诞生和成熟，都有其浓厚的文化底蕴。例如，墨尔本以多文化交流为城市文化观念，被誉为澳大利亚的文化首都和南半球的巴黎；威尼斯打造水旅游文化，享有“水城”、“水上都市”、“百岛城”、“亚得里亚海的女王”等美称；巴黎号称“世界艺术之都”，名胜古迹多得数不清，宏伟庄严的凯旋门、香榭丽舍大道、协和广场、卢浮宫、巴黎圣母院，还有蓬皮杜文化艺术中心、埃菲尔铁塔和奥赛博物馆等等，都是世界闻名的人文景观，也是巴黎城市文化形象的突出代表。

2. 威海城市文化形象建设的现状

威海作为山东半岛的一座美丽的滨海小城，风景秀丽、气候宜人，地理位置特殊，自然环境极为优越，其得天独厚的自然条件得到了国内外权威机构和政府部门的高度认同，有其独特的地理位置和城市魅力。历届市委市政府非常重视威海的城市形象塑造与宣传，为威海在国内外赢得了很高的知名度。

但目前，威海文化资源的开发尚不充分，与毗邻的烟台、青岛、大连相比，城市文化形象和价值尚未凸现，城市文化底蕴不足，尚未形成鲜明的城市文化品牌。城市文化形象定位和建设目前还比较模糊，对外没有形成统一而清晰的文化形象，使人们对威海的文化及文化成果缺乏统一全面的认识，这在很大程度上制约了威海的城市发展。造成这种现象的原因大致如下：

（1）城市特色不够突出。特色是城市的活力和魅力所在，没有特色也就意味着缺乏区别性和辨识度。威海的知名度在很大程度上得益于“海洋文化”，与比邻的烟台、青岛、大连相比，没有形成差异化特色，无法展示自身的竞争力。特别是在城市文化的品质风格和内涵上，相对还缺少一种对自己独特文化资源的深入挖掘，没有充分利用和对其进行有效的整合与传播。张鸿雁教授曾指出：中国正出现“千城一面”的城市形态与格局，城市似乎成为生产线下来的产品，中国城市的个性文化和文化个性及集体记忆正在整体性丧失。他指出，现代化国际城市不能建成一种模式，它们应当保持与建构各自城市的民族风格与地方文化特色，才能具有生命力。最终将城市区分开来的不是经济指标，经济面孔，而是其文化范型、文化形象。因此，威海在城市文化形象建设中应充分挖掘、利用、发挥和体现威海的特色城市文化，呈现威海独特的魅力。

（2）文化产业开发度不够。城市文化形象战略是将城市文化理念和个性特质，通过统一的视觉设计加以整合传达，使公众产生一致认同感和价值观，从而创造最佳文化环境的一种形象传播之道。也是城市发展到一个新的历史时期后为寻求持续发展而提出的客观要求。由于基础薄弱，一定程度上忽视了文化的产业属性，威海城市文化产业的发展规模小，产业链不长，产业之间的有机结合不密切，没有形成威海独特的城市文化形象和城市品牌。相对于良好的先天资源，威海市的城市文化形象在后天设计、建设、推广和利用等方面仍处于待开发阶段，旅游资源的开发和利用、城市文化形象和城市品牌的塑造与开发还相对滞后，没有创造出具有突出代表性的城市文化产品，潜力远远未被挖掘出来。

（3）城市人文环境氛围不够完善。要充分认识到文化要素发挥的重要作用，注重城市文化的发展。现代文明城市要富有各种文化人才，具备浓厚的人文精神和独具魅力的人文环境，标准高的市民整体文化水准，较强的城市文化自信力。威海拥有的高等学府较少，能够吸引外来人才安居乐业的人文环境也不够完善，缺乏浓厚的人文精神和人文环境氛围。同时，城市文化经营管理人才以及科技创新人才相对缺乏，也制约了文化的发展和城市文化氛围的形成。

基于以上认识和分析，研究威海的城市文化现象，对威海的城市文化形象进行策划，提升威海的城市文化形象，必将对威海的发展产生积极的推动作用。

二 对威海城市文化形象的定位思考

威海城市发展定位和城市形象名片已有众多典范概括。2006 年，《威海市城市总体规划》将威海的城市性质初步确定为以现代制造业、现代海洋产业和旅游度假业为主的生态化宜居城市。在城市发展目标上，提出建设世界级精品城市，不断提高城市品位和内涵，打造“精品威海”；以环境优势和科研实力为基础，大力发展现代制造业及现代海洋产业，进一步壮大威海经济，不断增强城市的综合辐射带动能力，建设“富裕威海”；以千公里海岸线为依托，以“福文化”为主线，建设具有海湾特色的休闲度假基地，构建“魅力威海”；创造充分的就业和创业机会，建设空气清新、环境优美、生态良好、社会和谐的“人居威海”。2012 年 4 月，威海市第十四次党代会提出要建设“现代化幸福威海”。

随着经济和社会发展水平的提高，国内众多城市均先后提出过“精品”、“富裕”、“美丽”、“人居”、“幸福”等理念的城市建设目标和口号，因此，“精品威海”、“富裕威海”、“美丽威海”、“人居威海”、“幸福威海”等，虽然也是威海城市发展方向的定位和威海城市形象的特征，但这些概括缺乏文化上的差异性和特色上的突出代表性。

我们认为，威海的城市文化形象可以用“养心小城 - 威海卫”作为定位参考。基于以下理由：

1. 城市资源禀赋的基础性

从自然禀赋和生活状态上，威海都称得上“怡神养心”。

自然禀赋：威海市环境优美，风光秀丽，城、山、海、岛、滩、湾、林、泉等独具特色；四季分明，气候宜人，冬无严寒，夏无酷暑，既不干燥，又不潮湿，具备海洋性气候的优势，却没有海洋性气候的缺点。全市森林覆盖率近40%，市区绿化覆盖率近50%，“山在海中，海在城中，城在树中，人在绿中”，城市特色鲜明。

生活状态：相对大中城市而言，威海城市规模较小，人少车少，空气清新，交通畅通，治安环境优良。威海人生活节奏缓慢，生活压力较小，生活状态比较悠闲，民风淳朴，待人热诚。

因此，以“养心小城”为城市形象，能恰切地体现出威海的“柔性”、“慢节奏”、“舒适”的特色，呈现一种清新、休闲、放松、安逸的海滨小城画面，让游客来了就想住下，住下就不想走，走了还想着再来。“养心”主打的品牌不是景点，而是一种生活方式：悠闲、乐和、低调、柔性、慢节奏……这对于大中城市中忙碌而疲惫的人们来说，具有极强的吸引力，同时也将给本市居民以极大的心理认同。

2. 城市形象宣传的传承性

美丽的、富裕的、文明的、干净的城市多有，但称得上、叫得起“养心”的城市不多。因为“养心”的要求，是在物质的层面之上，需要有坚实的城市自然资源和文化资源为基础背景，有现实的市民生活状态做印证，必须名副其实才有说服力。

威海在以往获得的城市荣誉已经对此有很好的铺垫。威海是第一个“国家卫生城”，获得过国家园林城市、绿化模范城、环保模范城、中国人居环境奖，以及联合国“改善人类居住最佳范例”奖，联合国“人居奖”，被称为“世界上最适合人类居住的地方”。

威海在以往的城市形象名片塑造上颇见成效。1999 年，威海的城市形象片在中央电视台播出，成为营销城市的典范。“走遍四海，还是威海”；“千里海岸线，一幅山水画”的广告语更是享誉海内外。

以“养心小城”为城市文化形象，与以往的城市形象宣传既是一脉相承，又令人耳目一新，一见难忘。

3. 城市文化特色的差异性

作为一个旅游城市，除了山水风光民俗风情之外，还必须具有独特的文化魅力，才能达到持续而深刻的吸引力，让游客流连忘返，去而复来。旅游所追求的是一种有价值的体验：体验大千世界的种种不同。因此其核心要求是差异性，也就是说旅游者希望通过对不同的风光景色、风土人情、历史文化、生活方式的感知和体会，了解旅游目的地的自然环境、生活习惯、生活方式、人群精神、城市气质，涵盖着人们生活的全部内容。这就对旅游目的地提出了个性化、差异性的要求。旅游者要寻求差异，旅游经营就要创造差异，差异即竞争力。

近年来旅游发展的趋势，已经逐步从观光游向休闲度假游过渡，观光旅游强调的是旅游经历的数量，休闲旅游更强调旅游行动的质量。世界休闲组织秘书长杰拉德·凯尼恩曾说过，休闲是一种渗入城市骨子里的生活状态，社区的一个小型健身场所，广场的一场小型露天电影，池塘边的一次垂钓，都是休闲。威海的阳光、海洋、沙滩、空气、温泉等要素是最具有比较优势的资源，极好地契合了休闲度假这种趋势的需求，可谓得天独厚。

城市的特色之美还在于生活方式。休闲度假旅游的深层需求是认知、体验和参与。越来越多的人选择自助旅游的形式，由表及里，由浅入深，由置身事外变为投入其中，由走马观花变为感受体验，使旅游从一个过程变为一种生活状态。城市的发展要保持并不断深化自己的特色，形成无可替代的城市魅力。

以“养心小城”为城市文化形象，将极好地满足人们对旅行目的地的要求与向往，成为极具吸引力的旅游号召力。人们到威海不再仅是为了刘公岛、成山头等景区而来，更是为了在这里体验不一样的生活方式，使身心完全放松，从尘世的喧嚣中脱离，心灵得到妥帖的安放，精神得到自由的释放。

4. 城市形象宣传的便利性

文化早已成为旅游开发的特色所在。如果说特色是旅游之魂，那么文化就是特色之基。文化是指旅游地的文化积淀和文化体现，主要包括遗产遗迹，艺术与文化表演，艺术与歌剧等，也包括地方文化、传统文化、民俗文化、市民休闲文化，是一个旅游地真正的特色所在。

在以往“大旅游、大产业、大市场”观念的指引下，威海滨海旅游产业的核心竞争力也得到全面提升。天沐、呼雷汤、汤泊等多处温泉开发，让威海成为名副其实的“中国温泉之乡”；荣成国际滨海度假周、昆嵛山樱桃节、乳山母爱文化节等，形成了独具特色的区域文化节庆，打造了新的旅游品牌产品；俚岛烟墩角村、石岛楮岛村等成为海草房民俗村；文登南海东里岛、西里岛、万家寨等村构成了一条民俗文化旅游观光带；围绕里口山、孙家疃、正棋山、朝阳港，建设了城市旅游休憩带；360 度大型山水实景演艺《神游华夏》在威海华夏城上演，实现了旅游与文化的有机结合。

同时，威海文化资源丰富，如历史文化甲午战争、英租遗迹、中日韩的交往史、北洋海军的发源地；道家文化王重阳及七大弟子的修行之地，遗迹众多，传说丰富；民俗文化浓郁的“渔捕文化”特色，祭海的独特仪式、海草房的独特建筑、渔民号子、渔家大鼓、乳山大秧歌、乳山琴书、威海剪纸、文登鲁绣、乳山喜饼等。这些都有着丰厚的积淀，引人入胜，值得深入其中，细细品味。

以“养心小城”为城市形象，在内容上将实现文化旅游与休闲旅游的完美结合。这样的威海，既宜居也宜游，住起来舒心，游起来养心，在诸多城市被现代化的节奏所驱赶、人们生存和竞争压力不断加大的今天难能可贵。在宣传推广上将直接唤起人们内心深处最深切的渴求，同时将因为它的清新雅致、琅琅上口而深入人心，家喻户晓。

三 对威海城市文化形象建设的对策建议

建设城市文化形象是威海在现代化进程中必须解答的一个时代课题。要塑造好威海城市文化形象，必须各方面各部门协同努力，作为一个系统工程来计划统筹，从软件和硬件两方面入手，全面提升城市文化的综合实力。在文化整体水平提升的基础上，寻找文化形象建设的突破口，优先发展。

1. 通过文化发展提升城市的文化魅力

一座“养心”的城市必定是富有文化魅力的城市，让居住的市民和外来的游客都能享受文化的权益和乐趣。

（1）发展文化事业，保障文化权益。党的“十七大”明确提出“使人民基本文化权益得到更好保障”，将人民对文化的需求上升到基本文化权益的高度。文化权益包括享受文化成果、参与文化活动、开展文化创造、保护文化成果的权益等。它的彰显与实现，是一个城市走向文明的必然，也是城市进步的动力和发展的活力所在。

（2）推动文化产业，激发城市活力。威海市文化产业基础薄弱，文化市场需要发育，城市文化氛围需要养成。在这种情况下，城市文化的发展需要更多的制度设计和保障，推动文化产业发展壮大。一方面，文化的产业化可以创造巨大的经济价值。另一方面，它也是一个城市的活力所在。

（3）培育文化基点，涵养城市魅力。最能反映城市个性的，是这个城市的文化特色。无论是文化事业，还是文化产业，其发展都通过一个个文化的基点得以体现。重视培育文化基点，全力办好图书馆、博物馆、美术馆、展览馆等公共文化设施及服务；重视培育读书沙龙、电影沙龙、驴友协会、健身俱乐部、摄影爱好者协会、票友会等各类艺术爱好协会、各种群众艺术团体；扶持小书店、酒吧、茶馆、影院等文化场所，涵养城市的文化氛围；重视发掘民间艺术、传统手工艺、传统特色餐饮等文化资源，做好整理、保护与传承，它们的存在，就是一个城市丰富的文化生态，也是人们心灵放松和愉悦的源泉。

（4）举办文化活动，塑造文化形象。城市文化形象要深入民心，必须通过一定的活动来展开。可以结合威海的文化特色，创造性地开展形式多样的经济和文化活动，举办大型的商业研讨会或文化会议来塑造和提升城市文化形象。注重活动的内涵和品质，即注重其独特的个性特征、有效的传播力和在国内外的认同和参与度。不能只重视文化活动的数量，而忽视其质量。

2. 通过功能完善提升城市人文气质

一座“养心”的城市必定是让人住得舒服、方便、愉快的城市。因此，首先是要注重城市功能的完善，满足居住需要。

（1）注重城市规划的科学性、连续性。保证城市规划的科学严谨和持久性，不会因为城市领导人的变动而随意改变。使城市有可持续发展的空间，能最大限度地保留自然景观和人文特色，富有文化内涵。比如保留历史的记忆，包括建筑、文物、人物、传说、故事，比如注重城市的绿化美化所体现出来的审美意趣。

（2）注重城市管理的科技化、精细化。澳大利亚推行“万米单元网格管理”，把一座城市划分成若干个单元网格，实现了空间管理的精细化；对城市各个部件，比如铭牌、沙井盖、路灯等等进行普查登记，统一编码，由监督员手持“城管通”对信息实时采集传输，及时管护。这种城市管理的科技化和精细化是我们需要努力学习的，它会使一座城市呈现出井井有条的秩序，这样居民才会感觉住得舒心。

（3）注重城市功能的便利性、舒适性。坚持阳光规划，让群众广泛参与城市的规划设计，听取他们对未来城市发展的意见，增强其“主人翁”意识和归属感。设计上突出宜居宜业，拥有完善的生活设施，比如学校、医院；拥有完善的城市家具，比如生态公园、小型广场、适宜步行的街道、健身器械、道路指示系统；拥有数量齐备、布局合理的城市精神元素，比如影院、图书馆、文化娱乐中心。

（4）注重城市人文设施的全面性、完善性。学会设身处地推己及人，是人文关怀的起点，也是一座城市的包容和风度所在。西方发达国家对残疾人有充分的尊重和关爱，公交车站红绿灯指示杆上有导盲发音器，公交车台阶有升降器和专门的通道，洗手间有残疾人专用的位置，充分考虑到了这个特殊群体的需要。

我们为残疾人提供的便利设施太少，比如大规模铺设的盲道，一是设计上有的不尽合理，二是缺少有效的宣传管理，实际上并没给盲人提供多大的帮助。各种公共场所的便利设施也远不能满足需要。

3. 注重市民文明新风的示范和培育

一座“养心”的城市必定是文明城市。城市的文明程度最直接的反映是市民的文明素质和精神风貌。

提高市民的素质是威海城市文化形象建设的根本。作为城市核心主体的市民，既是文化的创造者和发展者，又是城市文化形象的体现者。只有具备了文明素质的市民，才会有高尚的城市公共意识，才会有高水平的城市公共文化形象。文明素质的培养可以选择最贴近生活的突破口开始，一方面可以最直接地惠及百姓生活，另一方面也可以最有效快捷地提升城市文化形象。

（1）垃圾分类化处理。垃圾分类对于城市化的进一步发展和人类社会可持续发展起着至关重要的作用。城市生活垃圾分类回收处理是科学发展观的必然要求，也是城市社会经济发展的必经之路。威海市应针对垃圾分类与收集成立专门的管理机构，开展垃圾分类收集的宣传和教育，对垃圾分类收集进行监督、管理，协调垃圾分类收集的相关工作等。

（2）斑马线让行活动。斑马线让行活动是一项有重大意义的社会工程。发动机关、团体、企事业单位等社会各界进行广泛宣传和教育，使斑马线让行意识逐步深入人心，提高交通参与者的文明素质，形成全社会共同让行的氛围。在提倡公共场所行为规范时，使用委婉、文明的规范语言；突破千篇一律的黑白斑马线，打造具有创意的斑马线；对于机动车在斑马线前的不文明行为依法处理，进行集中教育等。

（3）服务满意工程。服务满意是指产品售前、售中、售后以及产品生命周期的不同阶段采取的服务措施令顾客满意。这主要是在服务过程的每一个环节上都能设身处地地为顾客着想，做到有利于顾客、方便顾客。通过服务意识的训练、建立完整的服务指标、服务满意度考察来增强市民的服务意识，提高服务质量，打造文明城市。

4. 城市文化形象的宣传推广

（1）在市民中间进行推广。通过调查问卷、市民热线、网络评论等形式进行民意测验和社会调查，来确保城市形象定位决策的科学性和创意的独特性。建设民主性的城市，多形式、多渠道地提高市民参政议政的素质意识与能力，使得城市文化形象塑造更完美。

（2）向国内外进行宣传推广。充分利用电视、报纸、网络等各种媒体平台，扩大威海城市文化形象的知名度和影响力。威海市以往在中央电视台所做的形象广告及举办的全国晚报笔谈会等多项活动已取得了明显的效果。有的电视节目影响力覆盖面比较广，也可以借力。比如，2013 年，《爸爸去哪儿》在荣成鸡鸣岛的拍摄便大大优化和提升了威海的城市知名度。

（3）塑造独具特色的旅游文化形象。旅游地的文化形象深刻影响人们的思想和感情，一说起某个城市，人们首先想到的往往是它的旅游形象。说起威尼斯，人们会想到水上旅游；说起苏州，人们会想到古典园林。威海也应推出自己的令人印象深刻的旅游形象。以“养心”为主题，以自然风光和文化资源为基础，以舒缓、温馨、浪漫、清雅为格调，设计威海文化形象的代表产品。

（4）城市景观美化。威海市要成为生态宜居的精品魅力城市，还应在环境美化上不断完善。通过优化城市的视觉外观，提升城市文化形象。

城市建筑是城市文化最为重要的一种载体，彰显文化内涵，让人感受到一种独特的文化韵味。威海的英式建筑具有很高的价值，但这些建筑大多没有得到完善的管理与保护。而与威海相比，青岛、大连对其古建筑群进行了完善的管理和大量的资金投入，吸引了大批游客前去参观。

城市雕塑是在城市规划区内的公共活动场地建设的室外雕塑，被称为城市名片。它是城市公共艺术的主体，能够表达一个城市的文化底蕴和文化诉求。城市雕塑代表着城市的文化内涵和品味，它使抽象的城市文化有了具体的承载物，在城市环境中起到画龙点睛的作用。

市民住宅小区建筑设计要展现个性，布局、外型、色彩要美观。城市的建筑必须是技术与艺术的完美结合、实用性与观赏性的统一。同时，精心规划设计几条具有代表性的富有地方风格的城市街道。城市的街道和广场不仅具有交通的功能，也是形成城市景观特色的文化空间。

四　结束语

城市文化形象作为一种极其重要的无形资产和战略资源，只有得到有效的现实转化才能推动城市经济和政治的发展。因此，一个鲜明独特、贴切有力的城市文化形象的设计、培育和宣传，对于威海市今后的城市品牌经营和城市综合实力发展的重要性不言而喻，也亟待推动。

城际铁路开通对威海旅游业发展的影响研究

唐修娟

城际铁路，是高速铁路的一种，是指在人口稠密的都市圈或者城市带规划和修建的高速铁路客运专线系统，与其他交通方式相比，城际铁路具有快速、舒适、安全、方便、能耗小、社会效益大等诸多优点，在推动区域经济发展方面发挥着重要作用。对旅游业而言，城铁可以大大缩短游客的“感知距离”，增强其对交通的满足感，从而影响游客对旅游目的地的选择。本文主要针对青荣城际铁路的开通对威海旅游业发展带来的影响进行详细的分析，并对如何借力城际铁路发展威海旅游业提出相应的建议和对策。

一　城际铁路开通后威海旅游业的变化情况

威海有着丰富的旅游资源，但长期以来，由于地处胶东半岛的最东端，交通不便一直制约着威海经济的发展，也制约着威海旅游业的发展，而青荣城际铁路的开通，实现了半岛“1 小时生活圈”，让威海彻底摆脱了交通的瓶颈，纳入了全国高铁网络，打开了与外地联系的快速通道，大大缩短了威海与外界的距离，提高了游客和市民出行的便利，也给威海旅游业带来了可喜的变化。

1. 来威旅客人数、旅游消费和景区营业收入增长明显

青荣城际铁路开通后，来威海旅游的人数明显增多，旅游消费明显增长。据统计，截至 2015 年 5 月份，全市接待海内外游客 935.88 万人次，同比增长 8.14%，旅游消费总额 118.73 亿元，同比增长 10.51%。其中接待国内游客 920.18 万人次，同比增长 8.2%，接待海外游客 15.7 万人次，同比增长 3.1%。

从各景区实际情况看，截至5月份，全市21家收费景区接待游客129万人次，景区门票收入10140.09万元，同比增长31.94%和38.36%。其中刘公岛景区接待游客13.29万人次，旅游门票收入1200.00万元，同比增长7.18%和13.74%；成山头景区接待游客35.00万人次，旅游门票收入2000.00万元，同比增长16.67%和11.11%；赤山景区接待游客14.70万人次，旅游门票收入1529.40万元，同比增长20.49%和29.19%；天沐温泉、汤泊温泉分别接待游客12.40万人次和13.48万人次，同比分别增长5.20%和17.03%。

2. 来威游客散客比例上升，滞留时间延长

城铁开通后，扩大了威海旅游的客源地和客流量，使以往威海只是作为旅游短暂中转站的现状得以明显改善。据统计，1~5月份来威过夜的游客数量呈增长态势，游客停留的时间延长。此外，据有关部门统计，游客中散客比例明显上升，乘高铁来威自助游、假日游以及自驾游的游客数量逐步增加。从目前看，散客对旅游消费的拉动超过团队游客，未来消费潜力巨大。

3. 宾馆餐饮收入明显增加

城铁的开通拉近了沿线城市与威海的时空距离，吸引了省内如济南、潍坊、淄博等城市，省外如上海、北京等地的居民来威旅游，因此客房收入及出租率同期比略有上升。据统计，1~5月份全市星级饭店营业收入总额3.29亿元，同比增长3.9%。其中客房收入9246.5万元，同比增长5.3%；餐饮收入20213.1万元，同比增长4.2%；平均房价203元，同比增长1.8%，平均出租率38.1%，同比增长2.2%。

二　青荣城际铁路开通为威海旅游业发展带来的机遇与挑战

旅游交通是旅游业的四大构成要素之一，其主要作用是将旅客从出发地安全快速地运送到旅游目的地。旅游交通质量的好坏与水平的高低会直接影响到游客的旅游决策、旅游目的地的选择以及旅游资源的开发建设，而且随着时间的推移和积累进而会影响到一条旅游线路，甚至一个地区的旅游业的发展。青荣城际铁路开通后，威海旅游业相关数据的变化情况，充分说明了青荣城际铁路对威海旅游业的影响力，我们应该抓住这个难得的机遇，加快威海旅游业发展步伐。

1. 旅游客源市场结构将会发生很大变化，客源市场半径明显扩大

城际铁路开通前，威海周末游、近郊游、一日游的客源主要是市区与文

登、荣成、乳山的本地居民，外地游客较少。青荣城际铁路的开通将青烟威三市紧密联系起来，形成了胶东半岛的“一小时生活圈”，三市居民的出行更加方便和便捷，因此未来三市近1700万居民互相周末游、近郊游、一日游的数量会大幅增加，另外，淄博、济南、潍坊等地短线游的游客也会增加。

同时，青荣城际铁路将威海纳入了全国高铁网络，又沟通了胶济、青连、德龙烟、烟大轮渡等铁路通道，极大地缩短威海与环渤海、京津冀、长三角等地区的时空距离，打破了威海“交通末梢”的瓶颈制约，使以往操作难度较大的跨省游变为感知上的短线游，中远程市场将会演变为近中程市场，客源市场将会得到极大的拓展，外地来威旅游的人数将会大幅增加。据测算，到2020年，城际旅客日运量将达到19.9万人。

2. 游客出行方式发生变化，新的旅游格局将会形成

城际铁路开通前，威海旅游交通主要以普通铁路客运和公路客运为主，这些传统的交通方式，花费时间长，旅游舒适感低。而城际铁路则克服了传统交通方式的缺点，大大缩短了旅游时间，降低了旅游价格，提高了旅游舒适度；与飞机相比，城际铁路也有票价便宜，正点率高，班次多等优点。因此，城际铁路的开通为游客的出行方式带来了更多的选择，也使传统的“跟团游”更多地被“自助游、深度游”所替代，快速到达、慢速游览的“快旅慢游”格局将形成，旅游形式也由原来单一的观光型逐步向康体休闲、生态旅游、商务会展、都市观光的复合型转变。

3. 旅游区域合作将会加强，现有旅游资源会得到合理的开发利用

作为单个的旅游目的地，威海市（包括市区、荣成、文登、乳山）的旅游资源总量、吸引力、知名度等方面在山东省内并不突出，如果能够与青岛、烟台进行旅游合作，并突出自己的特色旅游资源，发挥品牌景区优势，必将受到更多游客的青睐，旅游竞争力将能得到大幅提升。而城际铁路将青烟威三市紧密联系在一起，为推动旅游要素和资源在半岛区域内合理流动和优化配置提供了极为方便的条件，可以极大促进区域旅游的合作，有利于三市资源共享、市场共建、客源互送、优势互补，实现半岛无障碍“旅游一体化”。

同时城际铁路为乘客提供的快速、便捷的交通服务，本身即是重要的旅游资源，又因其载客能力巨大，大大提高了交通运输的服务水平，将吸引大量游客，促进威海现有旅游资源的优化与开发利用。城际铁路的开通既可以疏散客流，减轻景区的压力，又可以促进区域旅游的合作，通过合作开发共享旅游资源，从而有效保护生态环境，实现旅游业的可持续发展。

4. 高端的商务旅游需求将会增加，旅游收入会进一步提高

商务旅游是指商务旅游者以商务为主要目的，离开自己的常住地到外地或外国所进行的商务活动及其他活动。近几年来，商务旅游发展较快，已成为重要的旅游项目之一，也成为国内外旅游市场的重要组成部分，发展潜力巨大。

由于商务旅游的费用中自费的比重不大，旅游者所产生的费用是依照所在组织的内部规定或者商务活动的级别标准而确定，因此客人对价格敏感度低，而且商务旅游的时间随意性低，事前计划性非常强，所以它的稳定性和重复使用率高。相对于休闲旅游而言，商务旅游者的消费能力更高。据统计，商务客人的人均日消费额比观光客人要高出23%。此外，商务旅游者在目的地的停留时间也相对较长。所以，一般来说商务旅游的利润率高达20%～30%，远远高于一般休闲旅游的利润。由于威海环境优美气候宜人，又是最适合人类居住的城市之一，因此具备了开展各种商务活动的条件，而城际铁路的开通又缩短了威海与外部城市之间的旅行时间，可以为商务旅客带来良好的旅行体验，因此今后高端的商务旅游需求会进一步增加，旅游收入会进一步提高。

5. 带动服务业的快速发展

便利的高速铁路网络，不仅方便了威海对外交通，也打通了威海内部全域对接的血脉，深度影响着威海经济的发展。城际铁路开通后为威海的服务业发展注入了新的活力，短途客运、商贸物流、餐饮住宿、会展、房地产等现代服务业获益匪浅，城铁威海北站、荣成城铁站附近已经形成新的商圈，城铁效应初步显现。城铁带来的人员快速流动也为信息、人才的流动提供了极大的便利，城铁运行班次的不断增加和未来新线路的开通，必将对威海经济发展带来更大的机遇。

但是我们也应该清醒地认识到，城际铁路开通在给旅游业带来大好发展机遇的同时，也提出了新的挑战。如何应对新形势，推动旅游业的健康稳定发展，需要我们慎重思考。

1. 旅游集散网络体系缺乏，旅游配套设施滞后

城际铁路开通后来威海的游客中散客、自助游的比例会不断上升，这部分游客旅游自主性强，自由化程度高，对旅游公共服务依赖较大、要求较高。这就需要完善的旅游集散网络体系，快速分流庞大客流，为自助游游客提供一站式服务、提供让游客满意的接待条件和便利的交通。但从目前实际情况看，全市区域内功能齐全的大型旅游集散中心、咨询服务中心还没有形成完

善的网络体系，信息服务平台功能不齐全，旅游业信息化应用程度不高，自助自驾游公共服务平台系统不稳定，旅游电子地图、二维码应用、虚拟旅游功能有待开发利用，网络电子商务功能简单，旅游“一卡通”尚未开通，缺少“一站式”大型的旅游购物中心，城市疏散游客的能力明显偏弱。而且区域内“小交通”配套设施滞后，公交快线、汽车租赁、景区直达车少，而有些景点仍没有设置车站到景点的专线，区域内旅游交通“最后一公里”的瓶颈现象开始显现。

2. 旅游产品结构不合理，产品创新不够

与省内其他城市相比，威海市域范围内缺少龙头产品，旅游产品与青岛、烟台雷同，因此区际竞争力较弱，对区域外客源市场的吸引力还不够大。此外目前全市旅游产品的品种仍然相对单一，主要以观光旅游为主，休闲度假功能缺乏，多数景区过度依赖门票收入，二次消费环节开发不足，而单纯依靠门票收入将极有可能成为城铁旅游经济的中转站，游客停留“片刻”即离开，无法分享城铁速度下城市客源增加所带来的更大效益。

3. 专业导游人才缺乏，旅游队伍建设滞后

城铁旅游的发展、散客数量的增多，对旅游服务的人性化、规范化、标准化要求高，对地接导游人才的需求增加。据了解，目前威海市有持证导游员 2700 余名，但实际从业上岗人员比例不高，从事地接导游服务人员较少，特别是缺乏小语种导游。此外高端旅游管理、策划人员也严重匮乏，这些现实问题都会影响威海旅游业的发展。

三　推动威海旅游业发展的对策措施

如何更好地利用城际铁路来推动威海旅游业发展，围绕城际铁路沿线火车站以及列车旅行过程做适当的营销，推出一些精品旅游线路，让旅客更好地了解威海，达到充分发掘潜在游客的目的，进一步紧密加强城际高铁与威海旅游的关系，是一个非常值得重视的问题。

（一）注重城铁效应，大力加强区域旅游合作

城际高速铁路是联系威海和青岛、烟台的快速运输通道，三地的同城效应越来越明显，在经济全球化、区域经济一体化的趋势下，旅游业的区域联合、共同发展已成为一种共识 ，而城际高速铁路为三地旅游业的区域联合、共同发展提供了极为有利的条件。我们应该在“互惠互利，共同发展”的原

则上，主动和青岛、烟台等城铁重要节点城市对接，加强三地旅游的区域合作，建立城市旅游联盟，联合开发贯通三市的精品旅游线路，打包对外统一营销；共同建设旅游配套设施，扩大旅游项目投资合作领域，同时做好管理、信息等各方面的交流和合作，打造半岛城市旅游度假圈。

（二）科学规划布局、建设开发全市旅游资源

要从市域一体化的高度对全市旅游资源进行整体规划布局，将全市所有旅游资源纳入统一管理，科学划分各区域功能，整合现有旅游资源，将零散景点串联成线开发营销，避免各自为政的同质化、雷同化建设和内部的恶性竞争，从实际出发，可以将现有旅游资源依照城际铁路走向整合为“北、中、西”三条主线路，北线自市区沿环海路至成山头，重点发展滨海观光休闲项目、渔家民俗等；中线自市区沿城铁经文登至石岛旅游区，重点发展温泉疗养、山海、田园风光等；西线沿规划建设中的城铁南线自市区经文登至乳山，重点发展传统（道教仙山）文化、养老度假等，其他零散景点就近纳入其中。

（三）完善旅游配套设施建设，实现城际铁路与区域内交通的无缝衔接

在与铁路部门合作争取开行更多线路车次的基础上，完善市域配套设施。为了方便游客的出行，快速分流庞大客流，应在中心市区以及各区市建设旅游公共服务中心，在交通枢纽、商业街区、重点景区建设一批旅游咨询网点，在各城铁站点以及各区市建设旅游集散中心，形成覆盖全市的旅游集散网络；打造智能化的旅游公共服务体系，建设智慧旅游多媒体查询系统。要克服区域内旅游交通“最后一公里”的瓶颈现象，做好城际铁路与市内其他交通的无缝衔接，尤其是做好城际铁路站点或公交站点与旅游景点的交通衔接，设置专线，让游客“进得去，出得来”，实现交通干线与3A级以上景区“最后一公里”的通达，让外地游客到了威海市内后，能方便快捷地进出各旅游景点。

（四）强化旅游人才培训，加强旅游队伍建设

大力实施旅游人才战略，以产业发展和市场需求为导向，以培养旅游行业管理人员、规划统筹人员等高层次人才为重点，建设一支数量充足、素质优良、结构合理的旅游人才队伍，为推进威海旅游业发展提供强有力的人才保障和智力支持。同时建立人才激励机制，加大对旅游人才的有效激励，着力培养和引进旅游业急需的紧缺人才；建立并完善旅游人才开发投入机制，

督促旅游企业提高从业人员工作待遇，消除从业人员的后顾之忧。

（五）发挥威海比较优势，打造特色旅游产品

加快旅游业的发展需要特色旅游产品的支撑，威海旅游资源虽然十分丰富，有海岛海岸、城市园林、历史遗迹、民俗风情等十多种类型，但是发展威海旅游却不能走“面面俱到、人有我也有”的老路子，要想吸引更多的游客，必须立足威海实际，充分发挥比较优势，进行产品创新，打造个性化、人性化的特色旅游产品。我们认为当前重点应打好“海洋、韩国”这两张牌。

1. 打好“海洋”牌

威海得名于海，扬名于海，威海旅游的自然资源中，海滨旅游最具特色和吸引力。要进一步调整有关旅游产业扶持政策，加大海洋旅游项目的开发力度，重点做好以下几方面工作。

一是全方位地开发远海、近海、海上、海中、海下旅游项目。在现有滨海观光游的基础上，尽快开通海上观光娱乐航线，加快发展以游轮和游艇为代表的高端海上旅游产品，建设游轮码头，吸引国际豪华游轮停靠；积极发展海岛度假、海岛探险、海底潜水、海洋垂钓游等国际流行旅游项目；充分利用大天鹅自然保护区、成山头海洋生态自然保护区、刘公岛海洋保护区开展海洋生态游；进一步丰富完善渔家乐、海草房等海洋民俗类旅游项目。

二是大力开发、推动海洋体育旅游产品。借助威海市多年成功举办“世界铁人三项赛”的机遇，加大投资和宣传力度，发展帆板、划艇、摩托艇、拖曳伞、水上自行车、冲浪、浮潜、沙滩足球、沙滩排球等各种水上运动项目和参与性沙滩运动。

三是整合资源，积极发展海洋休闲、疗养、度假旅游。威海市温泉众多且泉质优良，又大多在滨海一线，最近的距海不过几十米，尽管相关部门已作出了开发利用温泉资源的规划，但长期以来海洋与温泉这两者是各自为战，“泉水不犯海水”。应尽快将两者整合起来，建设威海温泉一条街，真正打响威海“中国温泉之乡”品牌；同时尽快将“海水热疗”引进威海，使游客夏季可以大海畅游，冬季可以泡温泉、赏天鹅、室内海水游泳，形成海洋观光、休闲、疗养、度假的一条龙服务，彻底解决威海旅游半年闲的季节性问题。

四是大力开发海洋文化、经济旅游。威海有着丰富的海洋文化，如刘公岛景区的海权文化、英租文化，荣成沿海的海草房、渔家民俗文化、赤山法华院的仙道文化、中韩交流史话等是开发修学旅游、科学考察游的良好载体。此外，威海市有着丰富的海洋生物资源，也有着先进的海洋食品生产加工技

术，有众多知名海洋食品、水产品、海洋机械设备、休闲渔具等生产企业，可借鉴江苏、云南等地经验，大力开发海洋产品的工业旅游，如威海的渔具和海产品闻名全国，可以通过科学合理的线路设计，让旅游者看到渔具生产从原材料到成品的全过程，也可以看到海产品（如鲍鱼）从育苗、养殖到捕捞、加工的全过程，同时买到货真价实的产品。

2. 打好“韩国”牌

威海与韩国隔海相望，是中国大陆距离韩国最近的城市，是中韩交往最为便利、最为快捷的城市，韩国也是威海国际旅游贸易的主要伙伴，是威海最大的旅游出口市场和海外游客来源国，城铁的开通和“中韩自贸示范区”的建立，为我们打好“韩国”牌，推动威海旅游业的大发展提供了重大机遇。

打好“韩国”牌，要从内外两方面入手，首先做好“外”的文章，就是面向韩国，进一步开发韩国旅游市场。要针对韩国游客旅游消费倾向，重点在购物、休闲、度假、体育、修学旅游的开发上做文章。

一是进一步丰富和完善威海体育及相关配套设施，尤其是高尔夫球场的建设和管理，完善提升现有球场的配套设施和经营管理、服务水平，并做好在韩国的促销工作，吸引更多海外游客。

二是积极推广修学旅游。修学旅游是近年来兴起的一种新兴旅游项目，发展前景广阔，目前韩国学生来威海市修学旅游的主要目的地是到威海唯一的佛教寺院——唐朝时由新罗人“海上王”张保皋始建的赤山法华院参拜，下一步应该继续征集有关文物，丰富景区内现有张保皋传记馆藏品，吸引更多韩国学生来访；此外，随着中韩经济贸易交往的不断扩大，韩国人学习中文的热情和积极性高涨，现在也有众多的韩国学生在威海学习，但多是零散入境且大多就读于一些私立机构，政府有关部门应借鉴苏州、无锡等地与新加坡通过政府间合作推动修学旅游与教育培训的成功经验，加大与韩国相关机构联系，出台相关政策和管理措施，将其纳入统一管理，同时扩大修学旅游范围、吸引韩国学生来威海学习汉语、书法、武术等中国文化。

三是开发以疗养保健为目的的休闲旅游。韩国人深受中国文化影响，非常推崇养生之道，对中国的温泉疗养、针灸、按摩理疗等传统中医疗养保健之道非常感兴趣，威海有“中国温泉之乡”美誉，有着丰富的优质温泉资源，同时也有大批专业的中医针灸、按摩理疗队伍，非常适合开展以疗养保健为目的的休闲旅游。有关部门已出台了威海市温泉综合开发利用的规划，应整合相关资源，加快建设步伐，旅游管理部门做好宣传促销活动，尽快推出以疗养保健为目的的休闲旅游项目。

其次，要做好“内”的文章，就是面向国内，充分发挥威海的“韩国味”，“借韩兴游”开拓国内市场，吸引更多的国内游客。目前威海拥有3000多家韩资企业，每年来威韩国人数十万，在威海长期居留的韩国人已达3万多人，初步形成了几个韩国人聚居区，漫步威海街头，随处可见的韩文招牌、琳琅满目的韩国商品、精致诱人的韩国餐饮，充盈耳边的韩国语言，恍惚之间让人不禁有身处异域之感，无怪乎韩国人说“在威海就像在家一样熟悉，没有陌生感”，而这种“熟悉的、没有陌生感”的“韩国味”比单纯地仿造一些外国建筑更能吸引游客。

众所周知，世界很多国家都有华人聚居形成的“中国城”，威海市也曾经协助、参与韩国仁川“中国城”的建设，而这些“中国城”也无一例外成为所在国其他民族了解中华文化的一个重要窗口，也是所在国旅游购物的一个重要去处。我们可以以此为鉴，通过与韩国有关方面的交流合作，在威海规划建设国内首个“韩国城”，为做好“内”这篇文章搭建一个最好的载体。重点规划建设好“韩国商品一条街、韩国餐饮一条街、韩国文化一条街”三条街。通过“韩国城”的建设运营，整合威海现有的“韩国资源”，充分发挥威海韩国商品在中国最早的登陆地和集散地、韩国人集中聚居地等优势，加大宣传力度，叫响“到威海买韩国商品、尝韩国美食、品韩国文化”的口号，为外来游客提供一个集中展示韩国风情，融旅游、购物、文化交流于一体的多功能场所，使游客在游览威海美丽风光的同时还可以购买各类正宗的韩国商品、品尝各具风味的韩国美食、观赏风格迥异的韩国歌舞，不出国门在威海即可领略地道的韩国风情。

（作者单位：威海市委党校　课题组成员：林战平　毕　明）

“邻避”冲突管理中的决策困境及其解决思路

张　乐　童　星

一　引言

所谓“邻避”（NIMBY，Not In My Backyard）是指基于某些公共生产和服务设施的负面效果和成本分配的不公状况，居民在强烈的自利动机与理性权衡下，反对将其建设在自家附近的一种抵触态度和行为。居民对“邻避”设施的抵制引发了他们与政府、开发企业甚至是其他居民的冲突。伴随着中国城市化进程的加速和公民环境意识的兴起，“邻避”冲突也越来越多。近些年来，诸如厦门和大连的PX事件、北京和广州等地居民反对建立垃圾焚烧厂事件、居民反核电站修建事件等，都属于典型的“邻避”冲突。“邻避”冲突管理中的最大困境在于，一方面，这些设施具有公共物品的特性，修建和运营可以满足更多人的需求，在宏观上具有正当性；另一方面，居住在“邻避”设施附近的居民基于自身的环境权益却坚决抵制设施的修建和营运，在微观上具有合理性。冲突双方针锋相对，观点与态度难以调和，最终往往会陷入似乎无解的“死结”。

国内各领域的研究者对日益增多的“邻避”冲突现象纷纷提出了自己的见解。何艳玲、张向和、王佃利等深入分析了“邻避”冲突的属性和基本特征，陈澄、管在高、何艳玲、张乐等重点探讨了“邻避”冲突形成的经济、社会、文化心理等原因，也有学者如汤京平、陈宝胜、董幼鸿从“邻避”冲突治理的角度提出了相应的对策和建议。这些研究加深了人们对“邻避”现象的认识，为解决“邻避”冲突提出了富有建设性的对策，但是鲜有从公共政策过程的视角去分析管理“邻避”冲突所遇到的决策困境。本文认为，针对“邻避”冲突的管理本质上是对“邻避”设施决策过程的管理，抓住“邻避”设施的公共物品特性，强调“邻避”冲突管理中决策过程的科学化，是化解冲突管理困境的有效途径。

二 “邻避”冲突管理中的决策困境

（一）决策问题的表述含糊不清（不清楚）

“邻避”冲突管理首先要明确“邻避”设施的收益及其风险后果。这个看似简单明了的问题却在实践中被表述得不够清晰，结果引发后续一系列的混乱。其表现有两个方面：一是政府关于“邻避”设施决策的最终目标的解释不清楚，仅用该项目“有利于国家某个方面的战略发展”或者“有利于人民生活质量的提高”等大而空的说辞并不能完全取信于公众。如果对“邻避”设施项目决策没有一个清晰的界定，人们很难确定该项目到底是为了解决什么问题？又是解决了谁的问题？自然也不会心甘情愿地接受这个带有危险性的项目。二是关于“邻避”设施项目决策后果的表述不清楚，政府和相关企业更多是从“成本—收益”的角度考虑问题，经济后果是其重点关注的方面。然而，其他利益群体特别是那些极力反对“邻避”设施的群体，认为仅仅看到经济后果（GDP 增长和就业率的提高）远远不够，“邻避”设施运行后的影响还有诸如健康后果（有毒有害物质的自然排放、看不见的辐射损伤，以及由此带来的疾病与遗传性影响等）、生态后果（对环境多样性的破坏、生态平衡被打破等）、政治与社会后果（国家权力的扩张、对居民家园情感的破坏和代际不公平等），而这些问题恰恰被决策者所忽略。

（二）决策依据的标准无法统一（不一致）

“邻避”设施到底有没有风险？多安全才算足够安全？对于此类问题，首先，冲突各方的认定不一致。在公众看来，“邻避”设施只要置于自己住家附近就存在现实的和潜在的威胁，不能掉以轻心。然而，政府和相关企业总是坚称“我们的厂房是安全的，我们的技术是信得过的，我们的防护措施是到位的，我们可以有效处理任何意外问题”，总是要求公众“尽可放宽心”，闭口不谈设施本身的风险；或者只向公众公开“邻避”设施某些可控的风险指标，有意忽略其他严重安全事故所可能导致的不可逆转的危害。其次，冲突各方对风险度量和测算的标准难以统一。技术专家认为，所谓风险就是危害发生的概率与死亡人数的乘积，运用这一标准，他们测算出“邻避”设施项目的“客观”风险水平，并依据对现有安全技术的信任得出风险较低的结论。但是，设施附近的居民并不完全接受这种解释，他们会结合自己的生活经验和其他间接知识建构“邻避”设施的风险认知，往往会高估其风险水平，甚至出现过度的“想象”。难办的是，无论技术专家认为的极低风险还是附近公众认定的极高风险，都无法在现实中得到简单的验证，且低会低到什么水平？高又会高到什么程度？双方都说不清、道不明。

（三）决策过程中的价值冲突难以调和（不妥协）

某些“邻避”设施项目久拖不决，还源于利益相关各方的价值观冲突难以调和。价值观是人们所有行动的源头，各种看似杂乱无章的行为都可以在这个源头中找到解释。在特定的抗争场域中，行动者秉持的价值观念直接影响其对某一事件的定性，并为行动的情感激发和态度酝酿奠定基础。对于各级政府而言，发展经济依然是其首要任务，秉持经济发展观，对资源进行开发利用，创造更大的经济效益是政府行为的核心目标。在“开发主义”的指引下，政府当然会大力宣传“邻避”设施对社会的益处，宣称这些公共基础设施的大规模投资会带来更多的 GDP 增长和就业机会，也会带来更多的税收并为各项事业的发展提供更雄厚的财力资源。当然政府和厂商在论证“邻避”设施项目时也不仅仅进行“成本—收益”核算，他们还会打着“科学主义”的大旗，让专家进行复杂的技术安全风险评估和项目环境影响评估，试图借此说服公众接受“邻避”设施。与之相对，“邻避”设施附近的居民秉持的多是“后物质主义（Post-materialism）”，不再因温饱问题而无条件地赞同各类开发项目，强烈的风险意识和对生活环境品质的追求使其逐步认同“环保主义”，并以此占据道德的制高点。从这个角度看，“邻避”冲突就是价值冲突，“开发主义”、“科学主义”和“环保主义”价值观各不相让。

（四）决策过程中的参与地位不平等（不参与）

“邻避”设施项目的决策要有公众的参与，这是公共决策的一个必备环节。但是，现实决策过程中各方的地位并不平等，政府、专家和厂商有机会排除公众的合理诉求，不让公众涉足决策过程的核心部分；而当政府迫于舆论压力不得不邀请公众参与的时候，又可能会用肤浅的、表面化的民意调查来代替实实在在的公众意见征询，搞虚假参与；政府和厂商运用自身信息和资源的优势，凭借其拥有的舆论工具对公众进行“风险教育”，将理应双向平等的风险沟通变成了单向的风险可接受性操控。总之，地位上的优越感容易让管理者忽视沟通对象的实际要求而变得“官僚主义”起来。结果，公众一方总是处在信息接受与询问的位置，而政府机构却每每答非所问。公众发现自己总是被利用而不是被尊重，最终便选择放弃正式的参与途径，转而抵制“邻避”设施项目的落地。

三 “决策之困”的原因解析

（一）政府在决策权力方面的垄断

“邻避”冲突的管理困境在很大程度上是由于政府过分垄断决策权而轻视公众意见所致。这种政策过程的垄断首先表现为项目决策的自我闭合性。是否建设“邻避”设施、在哪里建设、如何建设，所有这些关键议题都由政府自身的行政与技术系统来决断，对于那些重大的基础性、能源性设施项目的决策，政府还会以涉及国家战略和国家秘密为由垄断所有的决策权力。决策垄断其次表现为政府态度的傲慢，这又源于其对“邻避”设施核心风险信息的独占优势。比如，项目的环境影响评价信息发布不及时，发布的信息不完整，或者只发布有利的信息而隐藏风险信息等。政府不但垄断“邻避”设施项目的决策过程，还会为自己的这种行为寻求合理化解释，通常的做法是斥责公众对“邻避”设施充满“无知”的想象，将“邻避”设施附近居民的抵制行为说成是“无理取闹”、“自利行为”，而自己则以人民群众利益代言人的身份，理所当然地继续垄断公共政策。

（二）不确定性给技术专家的风险评估带来障碍

生活中充满了不确定性。当人们在处理不确定性的认知过程中把误差和偏倚引进判断时，常常不能够正确地认知事实。“邻避”设施的安全性在很大程度上都属于技术性难题。“邻避”冲突管理包含了安全分析、绩效评估、环境影响评估和社会稳定风险评估，这些分析和评估无一例外地都需要技术专家的参与，而技术本身的不确定性导致这些分析评估并不能做到“万无一失”，从而增加了“邻避”冲突管理决策的难度。这些技术难题包括：技术体系没有考虑到“邻避”设施安全防护中人为误差对技术系统产生的严重影响，比如在日本福岛核事故中，反应堆电力系统的设计缺陷造成的严重后果就属于这类难题；技术分析不能对“邻避”设施带来的风险进行整体性评价，只是关注某个特定的需要或指标而不及其他，比如技术专家只重视垃圾焚烧后可回收、再利用带来的收益，而没有注意到焚烧带来的大气污染；科学评估对某些风险的累积效应的辨识具有滞后性，比如能源类设施对周边环境的慢性影响以及对附近居民遭受辐射剂量的缓慢积累，其后果的评估难度较大，时间跨度太长，技术专家对其只能进行数理模型推导，并无直接证据，等等。

（三）营运企业在“风险—收益”评估方面困难重重

尽管营运“邻避”设施的企业带有一定的公共性和公益性，但作为企业，它们依然首先要考虑营运设施的成本（风险）与收益问题。一方面，营运“邻避”设施的企业很少会把设施具有的某些内外风险（如企业对安全生产监管的松懈所导致的安全事故成本，“邻避”设施遭遇居民抵制所隐含的社会稳定风险成本）看作是营运成本的必要组成部分，这是因为企业对自身的技术安全性能存在过分的信心，并把“邻避”设施遭遇居民抗议等社会不稳定问题当作是政府的工作而推卸自身的责任。另一方面，企业在考虑收益的时候基本上只核算经济收益，而很少核算或扣减“邻避”设施运行过程中产生的非经济后果（如核电厂运行时对生态环境的破坏效应，对附近居民健康的损害等），这又是源于此类非经济后果无法准确地用经济方法加以核算，或者计算出来的数字远远超过企业的承受能力（比如巨额的生态补偿和居民健康医疗费用等），它们自然就不在企业的考虑之中了。

（四）公众对“邻避”设施风险的理解存在“误区”

在“邻避”设施附近居住的人对设施的反感和抵制，其直接原因是他们对这些设施潜在风险和现实危害的担忧，加之“邻避”设施本身技术含量高、安全技术指标复杂难懂，又进一步加深了居民的疑虑。说服和教育公众正确理解风险、理性判断风险甚至自由裁量风险，让他们作出合意的风险行为，这本身就是“风险”极高的事情。一旦居民感觉到“邻避”设施的不同程度的威胁，产生了恐惧情绪，他们对相关信息的选择和认知就容易发生偏差，对“邻避”设施的风险辨别就容易发生错误。居民对“邻避”设施负面的印象一旦形成，就会异乎寻常地持久，这些先入为主的印象可能成为下一步认知与判断的基础。这时即便是“邻避”设施的主管部门和营运机构给出了技术安全性承诺，“顽固”的居民也会对管理机构的新证据进行筛选：与自己原有观念一致的证据得以采纳，反之则被视为政府和营运企业的狡辩和托词从而统统加以拒绝。

四　解决“邻避”冲突管理决策困境的思路

（一）给政府的建议

作为公共基础性投入，政府主导“邻避”设施的决策既不可避免、也无可争议，完全的市场化或者依靠分散的个人意见是无法有效完成决策的。“邻避”设施项目的技术特征自然造就了技术官僚体系的垄断状况，并模糊了风险制造者的责任。这时候政府更需要清醒地认识到自身的局限，以更加开放的姿态进行决策，尽可能地避免可能发生的“邻避”冲突。要知道，公众广泛的政治参与可以稳妥地矫正政府的行动与公民的意愿和选择之间的矛盾。因此，政府决策可以从以下几个方面进行改善。

第一，在决策问题确定与议题设置阶段，政府要认真考虑公众的风险偏好，鼓励公众的决策参与和监督。如果政府大包大揽，企图通过技术官僚处理“邻避”设施项目中的所有安全隐患，那么必将陷入无休止的、超负荷的工作中而不能自拔，随后产生的懈怠和应付又会造成更大的危害。因此，政府应当鼓励利益相关者都参与到“邻避”设施项目的决策中来，让各方充分讨论各自的风险偏好。要避免社会稳定风险评估与环境影响评估中的“表面文章和走过场”，因为这种肤浅的民意征询只会引起公众的反感和抵制。哪怕是对“邻避”设施最坚决的质疑与反对声音，也有其合理性，政府需要耐心听取，并给予解答和回应。要摒弃那种“老百姓科学素养低，什么也不懂，只会无理取闹”的传统管制思维，用包容和开放的理念和实际行动，欢迎并提供机会让利益各方参与并监督决策过程。要避免决策时的“操纵公众意见”的嫌疑，认清意见征询方法的优点和缺陷，不能用“调查技术”造出一个“完全一致”的民意结果，那样只会让“邻避”冲突变得更糟。

第二，在决策形成阶段，注意理顺“邻避”设施风险决策的逻辑顺序。政府作为“邻避”设施项目的最后决策者，必须明确其风险管理的优先顺序。那些明显且容易被忽略的环节需要得到优先的考虑和执行。这包括：①确认“邻避”设施修建和营运过程中具有最大潜在灾难性的后果（也许这个后果的概率极低，但影响却是致命的）。对这一问题的关注和强调可以有效缓解公众的恐慌；②关注那些会给政府和营运企业的诚信和形象带来极大负面影响的后果。任何有关“邻避”设施决策中的“丑闻”和负面信息都会严重损害公共信任，导致很难挽回的结果，政府需要接受以往的教训，保持并增加自身的美誉度而不是相反；③重视“邻避”设施修建地的弱势群体的声音和观点。政府要确保这部分居民的权益得到维护，他们的参与机会的满足程度将极大影响到冲突发生的可能性及发生后的激烈程度。

第三，在决策的合法化与执行阶段，需要优化决策体制和机制。改善政府在“邻避”冲突管理上的决策质量，依赖于一个健全的法律法规体系，通过法律法规建立“邻避”设施安全规范和管理制度，审查“邻避”设施项目的可行性，追究其中的违规主体的责任。在有关“邻避”设施风险决策和管理的专门机构建制方面，不能只是在政府内部成立一个既负责技术研发，又负责安全管理的机构，而应成立一个广泛参与的、相对独立的“邻避设施风险管理委员会”，给予其持续的职能权限和资源支持来保证其完成日常管理与应急管理的高效转换。在决策执行阶段，政府应该发出明确的、清晰的决策意愿，并给出可以执行的命令。为此，中央政府有关部门（如“发改委”）要清楚无误地表达政府针对“邻避”设施项目的执行计划，并明确中央和地方政府的权责界限。“邻避”设施项目决策一旦通过，政府的职责就变为监督并推动决策的落实。

（二）给专家的建议

第一，在决策问题确定阶段，专家需要考虑所有可行的决策选项。“邻避”设施的风险（潜在的安全隐患）需要技术专家将其解释为一条因果链。这个链条起于人的某种需要，终止于某种技术（设施）的有害后果。几乎每一项“邻避”设施的决策都会牵涉到这个因果链条中相应的行为及其后果。为了减少公众对“邻避”设施的抵制行为，技术专家在决策中所要做的就是尽可能考虑到上述每个环节上的风险及其解决的选项。一般来讲，专家可以选择说服决策层和公众改变需求（这非常困难），但也可以选择变革技术，从技术层面缓解风险后果，给出预防“邻避”设施突发事故的计划。比如，在有关核电站建设营运的决策中，技术专家不仅要考虑修建核电站可以满足社会经济发展对电力的需要，更要认真评估核电站的安全防护措施，抑或是更深入地讨论解决所需电力的替代选项，研发新型能源补充、替代核能的可行性等。技术决策者还应该明确在一次决策中哪些可能的选项被排除了，后果会如何？这样的考虑会有利于排除安全隐患。

第二，在决策形成阶段，专家应当科学且通俗地表达关于“邻避”设施的技术分析和建议。首先，使用标准的表述方式阐释安全说明。在技术分析报告中，使用相同的术语和格式将有利于对安全问题的澄清与比较，也有利于公众的学习和理解。对于外行人来说，“邻避”设施的技术说明就像外语一样难以理解，如果决策部门再委托多个技术领域的专家使用各自领域的专业术语和概念来阐释安全说明，那么公众就会更加困惑。其次，详细说明技术分析的资料来源和可能存在的偏差，让安全分析的全面性得到澄清。证明“邻避”设施安全性的资料不应该只是来自项目的支持者，还要广泛采纳反对者的意见。技术专家要向公众坦白安全分析报告中某些被忽略的内容以及忽略的原因，这种坦白可以减少公众产生被欺骗的感觉，进而澄清“邻避”设施项目决策部门真正想要讨论和表达的问题的合理性，让人们理解即便是科学的技术分析过程也同样存在限制和疏漏。最后，将技术术语和观点转化成通俗的总结性结论，给出一个具有概括性且公众易于理解的解释，并对结论的可靠性作出担保，这会减轻公众对“邻避”设施的疑虑。为了避免技术专家的结论存在主观上的偏差，可以要求专家组成员公开与“邻避”设施及其营运企业的相关经济关联，以便公众监督。

第三，在决策执行阶段，专家需要找出“邻避”设施项目不确定性的所有来源并提出解决措施。从技术原则上来讲，决策的执行应该先逐一罗列出那些安全隐患和项目的不确定性，然后才有可能想办法排除它们。“邻避”设施中的技术不确定性包括：科学知识不足或者现有科学系统内部对“邻避”设施的风险问题存在争论；政府的政绩压力或者资源限制使得技术风险的规避不能按照原计划实施；社会各个利益群体对于设施的价值判断有冲突（附近居民与全体公民之间，居民与政府、企业之间，社会经济发展与环境保护之间的冲突）；专家系统自身的技术缺陷等。在执行“邻避”设施项目决策时，技术专家的分析应该完整地表述上述不确定性，不仅要把它们展示出来，更应该提出进一步改善决策质量的建议。

第四，在决策评估阶段，专家需要考虑“邻避”设施所包含的主要决策后果。从实践来看，技术专家给政府和相关企业提供的决策分析方案一开始只是帮助其解决经济问题，“邻避”设施的成本—效益分析被列在了技术方案的重要位置。但这只是决策后果的一个方面，随着“邻避”设施营运时间的延长，其产生的非经济后果（环境影响、社会稳定影响等）都将逐步显露。从公共决策效果的评估角度来看，环境后果和社会稳定后果的影响力甚至超过经济效益，对此技术专家不能不认真考虑。政府和企业看重的是“邻避”设施项目的货币化效应，但是技术专家应该说服他们关注设施的环境影响和社会稳定影响，可以将环境后果和社会稳定问题转换成可度量的经济指标，策略性地将这些指标解读为人们愿意花钱去获得或者排除的效果。这样做既可以包含"邻避"设施项目带来的环境恶化对居民健康影响的经济后果，又包含"邻避"设施管理不当带来的社会稳定风险和"维稳"的成本考量。

（三）给营运企业的建议

政府和技术专家制定的决策最终还得由"邻避"设施的营运企业来执行。因此，企业方应当全程参与项目决策，并承担相应的社会责任。现代社会的许多"邻避"设施，其技术的复杂性让营运企业的"安全保证"显得那么言过其实，反而增加公众的不信任。与其信誓旦旦，不如开诚布公，那些承认安全隐患存在可能性的企业更容易发现早期的风险并发出预警信号。

第一，在决策形成阶段，营运企业应该明确地表述那些由自己制造却无法由自己独自承担的风险后果的处置问题。大多数"邻避"设施，比如核电站、加油站、垃圾焚烧厂等一旦发生严重事故，其造成的损失要超过它们原先创造的价值。虽然法律法规对于"邻避"设施的安全事故有处置规定，可这些"有限"的规则无法处置事故带给公众和环境的"无限"的危害，随之而来的无休止的事故赔偿和公民诉讼可能会让营运企业破产倒闭。那么又如何解决这个问题呢？可行的思路是在决策形成阶段，企业就要求政府作为最后的安全担保机构，政府从企业上缴的利税中抽取一部分再加上财政补贴建立专门的担保账户，用于事故清偿。这种做法或许只能限于公共"邻避"设施，因为这些设施是公共资金投资兴建的，公民可以接受政府用纳税人的钱补贴营运企业以确保其安全可靠。

第二，在决策执行阶段，企业应该客观真实地公布营运设施的相关技术信息，提高安全信息发布的质量，包括发布更加全面的风险信息，适当提高信息发布的频率。这可以使得公众更好地控制他们所接触的各种风险，随时掌握某些危险指标的变化，逐步形成良好的风险规避习惯。营运企业还应加强与公众尤其是附近居民的沟通，特别是关于安全的限度及其代价的告知，让公众明白其中的因果逻辑，并认识到任何"邻避"设施的"零风险"是不存在的，从而形成健康的风险意识。诸如此类的公众教育也是"邻避"设施营运企业的应有责任。

第三，在决策评估阶段，企业应增强对应急管理机制的认知能力和建设水平。"邻避"设施的营运企业必须找出那些阻碍自身安全意识提升和风险规避措施实施的各种因素及其来源，更好地识别内部潜在的危险，纠正以往风险管理中单纯修修补补、"亡羊补牢"的做法。最为关键的是，"邻避"设施营运企业需要克服安全自满情绪和安全性警觉萎缩的状况。所谓"安全性警觉萎缩”是指，一个组织一开始对安全问题的关注程度通常高于平均水平，但经过一段时间之后，若干安全制度和实际控制措施的执行和落实往往就会大打折扣。避免安全性警觉萎缩，需要“邻避”设施的营运企业在充分考虑当前利益的同时，还要更多地面向未来，在组织和技术流程上设计出能够更好地减少风险的制度规则并持之以恒地执行之。

（四）给公众参与的建议

“邻避”设施项目的决策越早让公众参与，其后遭遇公众抵制的可能性就越小。公众参与虽然可能会延长“邻避”设施项目决策的时间，却可以大大缩短决策后实施的时间，并让“邻避”设施的建设和营运持续平稳。公众的参与在解决“邻避”冲突中的地位无可替代，问题在于公众自身应该做好哪些准备，才能更好地参与并发挥应有的作用。

首先，公众要明确自身参与“邻避”设施项目决策的责任。参与是公众应有的权利，但一旦参与决策，那么公众也应该清楚自己应尽的义务。这些义务就是公众参与决策的责任，主要包括：理解“邻避”设施风险的能力，尤其是对风险概率问题的理解（比如参与核电设施项目决策的公众就应该知晓，核电站不会像原子弹那样轻易被引爆）；理性分析的能力，参与决策的公众不能一味抵制项目，尽量不要提出任何“邻避”设施项目方案都做不到的要求（如零风险），这样的要求只会延迟各方沟通的进程。如果强大的舆论压力让政府采纳了一个似乎可以做到“零风险”的决策，那么这个决策很可能也是一个既不合理、成本又极高的选择。参与决策的公众还要有强烈的社会责任感，他们提出的有关“邻避”设施项目的决策意见和改进措施不仅要立足自身利益的考虑，还应该涉及这个选择的社会影响。比如，如果“邻避”设施是社会所必需，那么设施附近的居民提出不要“在自己后院”修建，就意味着要在其他社区附近修建，“己所不欲却施于人”的建议并不利于整个社会的团结。

其次，参与“邻避”设施项目决策的公众提出的反对意见或者修改建议应该有理可循。如果只是提“设施有危险，我们反对”这类情绪化的诉求，是很难说服政府、技术专家和相关企业的。尽管在很多时候，公众的这种情绪表达颇具政治压力，却不利于各方的协商与沟通。因此，参与“邻避”设施项目决策的公众应该做好充分的准备，在能力所及的范围内有理有据地提出反对依据和修改完善的建议。这些准备包括：充分发挥自身“本地化”的优势，收集一些政府和专家不知道的危险证据，用这些信息说明“邻避”设施项目决策的不完善之处，让决策部门调整自己关于“风险—收益”的原有估计和判断；学习专家所提供的风险分析工具和决策的方法与思路，只有弄清楚对方使用的这些工具和方法的优缺点，才能更加有效地参与决策，针对技术分析工具和方法的缺陷提出自己的反对理由。这就要求公众当中要有热心群体事务且愿意学习的成员，他们既不会“无厘头”地反对，也不会被技术专家的专业权威所迷惑。在绝大多数情况下，由于政府、技术专家和营运企业掌握着优势资源，他们对“邻避”设施项目进行了他们认为的详尽的风险评估。在风险决策时，只要一方提供了高质量的方案，那么另一方就只能处在劣势地位。为了改变这种不利的局面，有志于参与“邻避”设施项目决策的公众就应该善于从政府和企业那里争取到技术和经济支持，为自身及其代表的群体的合理诉求提供依据。

［作者单位：山东大学（威海）　南京大学］

该当与危险：新型刑罚目的对量刑的影响

刘　军

量刑不可避免地需要考虑已然之罪与未然之罪，换言之，报应与预防。刑法不可能“不管不顾”地专任惩罚，还要注重犯罪人之社会复归，并兼顾控制犯罪之效果，为此，需要在各种相互竞争与矛盾的刑罚目的之间保持恰当的关系。剥夺犯罪能力之刑罚理论高调保证控制犯罪“不是件难事”，引起了极大的争论，其焦点不在于其控制犯罪的实际效果，而在于立基于再犯危险性预测的剥夺犯罪能力之刑罚目的能否以及如何在量刑中适用。“量刑问题是刑法理论的缩写图”，是“刑罚目的之展开”，对于剥夺犯罪能力之刑罚目的的探讨将使得量刑理论更加完善并具有目的性、实用性和可操作性。

一　量刑过程中刑罚目的之竞合

2010 年 10 月 1 日，我国法院全面试行《人民法院量刑指导意见（试行）》（以下简称《意见》），将“实现惩罚和预防犯罪的目的”单独规定为一个量刑指导原则，即是强调了该两种刑罚目的的重要性，但是量刑过程中是否还需要考虑以及如何考虑其他的刑罚目的？如何填补宽严相济刑事政策的具体内容，在量刑过程中恰当地进行“政策”上的考量？如何实现刑罚的个别化？等等，都是悬而未决的问题，都是需要深入思考的问题。

（一）刑罚目的之理论面向

当前刑法理论所承认的刑罚目的，包括报应、威慑、矫正、社会复归、剥夺犯罪能力、隔离等。所有的这些刑罚目的中，惟有报应是面向已然之罪的，根据已经发生的犯罪对法益侵害的程度以及可谴责性而量定刑罚；其余的刑罚目的都是面向未来的，聚焦于未然之罪，为防止、遏制、阻隔尚未发生但是可能发生的犯罪而处以刑罚。当然这些面向未然之罪的刑罚目的也是各不相同，其中的威慑是以刑罚为工具来吓阻社会上一般人或者犯罪人本人避免重蹈犯罪的覆辙，即所谓一般预防与特殊预防。从刑事学派的划分来看，报应与威慑同属于刑事古典学派这个大的阵营，虽然报应与预防、正义与功利犹如水火一般不相容，但是思想渊源却是一样的久远，从不同的侧面为刑罚提供了正当性基础，为刑罚的适用提供了各自的依据，而且就当前来看，刑罚的目的指的主要就是报应与预防（狭义的）。

除了威慑之外，面向未然之罪的刑罚目的其实还包括矫正、社会复归、剥夺犯罪能力、隔离等，矫正是通过教育或改造犯罪人以减少再犯率，或者通过为犯罪人提供生活技能或机会来保护社会。社会复归的本质涵义是犯罪人的再社会化，在这个层面上其实社会复归与矫正存在一些交叉，但是在刑罚的适用上，为了犯罪人顺利复归社会理论上是可以突破报应刑的下限的，矫正却没有提供这种理论支撑；除此之外，社会复归还要求回到一个没有仇恨的社会，重新融入到社会生活中来，这是从根本意义上，或者说从社会政策上进行犯罪预防的设计。至此为止，刑罚目的的理论阐释中，犯罪人一直被视作一个理性的人，一个有着行为选择能力、能够改恶从善的人，也正是在这个意义上，犯罪人才可能被吓阻、被矫正以及再社会化，刑罚的适用也才有意义和价值。但是，人是否以及在多大程度上存有理性总是能够引起很大的争议，更何况在当今信息化时代，任何人都不可能掌握所有的信息，只能被迫在信息不全面的前提下作出决定，在这个意义上人最多也只能算是具有有限的理性；另外，在现实社会中的确存在矫正不能者，如何达到预防犯罪的目的，那就只能是剥夺其犯罪能力，甚或是予以隔离；易言之，在剥夺犯罪能力或隔离的刑罚目的看来，犯罪人是否具有理性能力，是否能够被改善已经并不重要，重要的是犯罪人是否具有再次侵犯社会的危险性。由此，我们也可以看出矫正、社会复归与剥夺犯罪能力、隔离的着力点并不相同，存在显著的差别，亦即，笼统地说这些刑罚目的都可以归属于刑事实证学派（新派），但其实仍然可以进行更加细致的划分，剥夺犯罪能力和隔离主要是由犯罪学派提出的，彰显了隔离式特殊预防的效果；而矫正与社会复归则属于刑事政策学派，通过对犯罪人的康复与治疗来预防犯罪（广义的预防主义）。

（二）刑罚目的之现实综合

以上各种刑罚目的理论同时存在于大陆法系与英美法系之中，只不过在名称以及概念内涵上可能会略有不同，英美法系通常将这些刑罚目的分而列之，似乎是平等地对待各种刑罚目的，但其实更加强调刑罚目的理论在现实社会中的实际作用，强调刑罚的实际效果，刑罚的道义性反而经常被忽视。如，20 世纪 60 年代盛行对犯罪人的挽救与矫正，但是由于矫正实际效果不佳 80 年代中期被放弃并逐渐地回归报应主义（罪刑该当）；90 年代中期以加利福尼亚州的"三振出局"（Three Strikes and You're Out）法案为标志，刑事司法实践中的刑罚政策开始转向剥夺犯罪能力（incapacitation）和（较低层次的）威慑（deterrence），到了 1997 年，24 个州和联邦法律均制定出台了"三振出局"法案，而各州的惯犯法也不同程度地加强了对惯犯的惩罚力度，这一刑罚思想和刑事政策在美国一直维持至今。在英美法系，报应主义经常受到来自不同方面的、强调刑罚实际效果的其他刑罚理论的挑战，主要原因是功利主义的哲学思想根深蒂固。与此不同，大陆法系则是理论先行，更加注重行为的可谴责性与刑罚的道义性，通常将刑罚理论区分为报应主义与预防主义（一般预防与特殊预防），而特殊预防则涵盖了威慑、矫正、社会复归甚至是隔离的思想，从而将除报应之外的其他所有的刑罚目的统统纳入到预防犯罪的大旗之下。这种做法的好处是，刑罚理论及其哲学基础泾渭分明，不足之处是不能很好地标识矫正、社会复归、剥夺犯罪能力以及隔离之刑罚目的的思想来源，极大地局限了这些刑罚目的作用的发挥，不能在刑罚适用（量刑）过程中很好地考虑这些刑罚目的，而仅仅是将这些刑罚目的作为刑罚执行中考虑的因素。

不可否认的是，上述这些刑罚目的存在着各种竞争与矛盾，且不论报应与预防（狭义的）存在着根深蒂固而且几乎无法调和的冲突，其他的刑罚目的也与二者存在着极大的对立，如，是否可以依据复归社会的需要缩短该当与预防犯罪所设定的刑罚之下限？因为如果过分强调罪刑之该当，或者强调刑罚的痛苦，那么就无法发挥刑罚之改善教育功能，也无法发挥刑罚再社会化的功能，甚至可能因为长期监禁而彻底毁掉了犯罪人复归社会生活的热情与能力；再如，是否可以依据犯罪人之再犯危险性而延长刑期，甚至突破该当刑罚之上限，以达到剥夺犯罪能力或者隔离的社会效果？因为刑罚无疑具有可靠的隔离犯罪、保护社会的实际效果。总之，刑罚目的的竞合是常态性的，总是存在着选择的各种可能性，当前世界各国均采并合主义，即一种综合的刑罚理论，大陆法系主要集中在报应主义（责任的抵偿）与社会复归或特殊预防刑罚目的之上，以威慑社会上一般人为核心思想的一般预防基本上被弃而不用，在大陆法系并由此而形成了双面责任主义和单面责任主义的争论。英美法系虽然也是采取综合的刑罚理论，而且正义之该当（just deserts）对于刑罚常常具有基础性的作用，但是究竟是决定性的（determining）还是限定性的（defining）抑或仅仅是限制性的（limiting）原则，争论也还很大，但正义之该当至少是个限制性的原则，恰如美国法律协会对《示范刑法典》进行修正所确立的“限制性报应主义”（limiting retributivism）的刑罚分配原则一样，对于其他功利性目的的考虑不能超过正义之该当，刑罚不能重于必要性的要求。不过，我们也必须承认，报应主义在美国尚未取得对刑罚最终的决定性地位，因为在确立了正义之该当的前提下诸如“三振出局”法案等仍然大行其道，也表明了美国刑事司法对预防犯罪的重视与强调，从而为再犯危险性在量刑过程中的适用奠定了基础，同时也为刑罚个别化的具体操作提供了路径。

二　剥夺犯罪能力之刑罚目的

量刑过程中各种刑罚目的存在着竞争与竞合，不同刑罚目的的选择与组合，最终的量刑结果也会有比较大的差异，但是，无论是大陆法系还是英美法系，报应主义（正义之该当）仍然占据着主导性的地位，或者说量刑的前提和基础仍然是对已然之罪的报应，刑罚仍然是对该当之正义的实现；但是在此前提下，为了控制犯罪，美国却在理论上发展并实践中应用了以控制危险为内容的剥夺犯罪能力之刑罚目的。

（一）剥夺犯罪能力的理论志趣

由于美国关于刑罚目的的讨论以及制度设计具有典型的实用主义哲学根基，追求预防与控制犯罪的功利目的、重视司法制度的投入与产出的传统一直延续至今，甚至在刑罚理论与司法实践中独辟蹊径创立了所谓的“新刑罚学”，其核心内涵就是剥夺犯罪能力，即通过科学地预测与评估犯罪人的再犯危险性，重点突出地管控危险犯罪与犯罪人，在控制犯罪的同时减轻监狱的压力，保护公众安全的同时提高司法效率。这种刑罚思潮广泛地影响刑事立法、司法、监狱行刑、社区矫正以及日常的警察执法，以最大限度地预防犯罪的发生；至于采取的方法与技术则种类繁多，可以包括情境犯罪中对于重要地点、重点过程的监控，包括对于高发犯罪加重刑罚、延长刑期，包括对于具有高度再犯危险的犯罪人可以实施预防性羁押、民事禁闭、社区监视、电子监控等等。如，美国2006年的《亚当·沃尔什儿童保护与安全法》（Adam Walsh Child Protection and Safety Act；AWA）不但设置了关于性犯罪人的注册登记、查询通报、社区公告等一系列制度，而且规定了对危险性犯罪人的民事禁闭、阻止儿童色情作品等措施，甚至在一项实验性项目中允许为性犯罪人安装具有 GPS 定位功能的追踪装置，实施 24 小时监控。反映在刑事司法上，就是在量刑过程中以剥夺犯罪能力的刑罚目的为指导，“轻者愈轻、重者愈重”，刑罚不但要与已然之罪相匹配，还要与未然之罪的再犯危险性相匹配；易言之，最终的刑罚不但应当符合罪刑之该当性，还应当与犯罪人的再犯危险性相匹配，一种兼顾该当性与危险性（deservedness and dangerousness）的量刑原则才是最为现实的选择。这就是美国 20 世纪 80 年代以来，刑罚理论最为集中的讨论。

剥夺犯罪能力刑罚思想的理论预设异常简单，即“一小撮犯罪人反而对大多数犯罪负责”（a few criminals are disproportionately responsible for the occurrence of crime），既然如此，如果能够采取措施将这一小部分犯罪人与社会隔离，或者控制犯罪发生的环境与条件，使犯罪人没有机会去犯罪，前者如监禁在监狱或者处遇场所中，后者如职业禁止等，就能够非常容易地控制绝大多数犯罪的发生；易言之，剥夺犯罪能力并不是要预防所有的犯罪，而是有重点地预防具有高度发生危险的犯罪。既然如此，剩下的就是预测与“选择”了，我们可以选择某种类型的犯罪，或者某个时期高发的犯罪（主要是暴力犯罪），从刑罚威慑的层面预测需要何种的刑罚，包括刑种和刑度，才能够遏制犯罪的发生；也可以将某些具有高度再犯危险的犯罪人“选择”出来，施以更长的刑罚，不但可以威慑其他人不再如此作为，同时犯罪人在被隔离期间是无法犯罪的，从而得以有效地控制犯罪的发生。前者被称作“类型化剥夺犯罪能力”（collective incapacitation），后者则是“选择性剥夺犯罪能力”（selective incapacitation），两种策略的侧重点不同，前者对于所有犯相同罪行的人仍然适用相同或者类似的刑罚，所选择的是不同的犯罪类型；而后者则是依据个体在将来的再犯危险性的预测进行有区别的量刑。但是，这两种剥夺犯罪能力其实都是经过了“选择”的，都涉及犯罪人未来犯罪能力与机会的剥夺问题，在这个意义上二者殊途同归，只是危险性预测所依据的材料和标准存在差异而已。

（二）剥夺犯罪之危险管控

当然，类型化剥夺犯罪能力与选择性剥夺犯罪能力还是存在很大的不同，如果以我国的“宽严相济的刑事政策”来看待这两种剥夺犯罪能力的不同，类型化剥夺犯罪能力其实就是“世轻世重”刑事政策的表达，可以表现为立法上对某一类犯罪的法定刑的修改，也可以表现为一般的和抽象的刑事司法政策；而选择性剥夺犯罪能力则是刑罚的具体化与个别化，是在具体案件中对具体犯罪人适用刑罚的“宽严相济”，以达到有效率地预防犯罪的发生，兼顾社会效果与法律效果的目的。相比较而言，选择性剥夺犯罪能力更加注重个体犯罪人的再犯罪的危险性，并通过有选择地剥夺再犯危险性高的犯罪人的身体自由，物理性地阻止其犯罪，至于说阻止的期限，还要看其危险性高低；具有高度再犯危险的人需要服刑更长时间，相反，再犯危险性低的犯罪人则可以判处或者执行较短的刑期，或者可以考虑判处或变更为刑罚的社会执行方式。这样做的直接好处就是，犯罪率下降了，同时，监狱在押人数也下降了，而且越是做到区别对待地进行选择，那么行刑的效率就越高，监狱的空间也就可以更加有效地利用。选择性剥夺犯罪能力所选定的对象依据的就是其再犯危险性的高低，也正是因为如此，相比较于类型化剥夺犯罪能力，选择性剥夺犯罪能力由于需要按照犯罪人的再犯危险性适用不同的刑罚，因此涉及问题较多，争论更大。如个别化的刑罚在适用法律上是否公平，再犯危险性的预测是否准确等等。虽然如此，选择性剥夺犯罪能力在美国还是得到了长足的发展，美国各州以及联邦法律所谓的“三振出局”法案就是在这种背景下出台的。另外，还有以下其他制度，如不定期刑、累进制、民事禁闭等等，都是选择性剥夺犯罪能力在刑事司法中的具体实践。可见，争议最大但是效用最高的就是选择性剥夺犯罪能力。

选择性剥夺犯罪能力是为了处理犯罪人的再犯危险性这一难题而设定的刑罚目的，但是从刑罚效果的末端来看，实质上是一种隔离式的特殊预防，他无须像报应主义那样关注刑罚的道义性和行为人的可谴责性，也无须像矫正或康复主义那样立足于犯罪人的教育改造，更无须考虑刑罚能否对犯罪人的理性起作用，甚至可以说，剥夺犯罪能力并不考虑犯罪人的理性能力，也不关心人在本质上是否是理性的、是否能够接受刑罚以及对其行为模式是否具有影响，他所关心的就只有一点，使其无能力再犯罪，剥夺犯罪人的一切犯罪可能与机会，促使犯罪率下降以保护社会。至于说犯罪率的下降，究竟是因为犯罪人不想犯罪，还是因为没有能力和机会去犯罪，在主张剥夺犯罪能力刑罚思想的学者看来，反正结果都一样。当然，剥夺犯罪能力并不必然地排斥其他刑罚目的，尤其是针对未然之罪的刑罚目的，如社会复归，“轻者愈轻”以及采取刑罚的社会执行方式等都可以避免监禁刑尤其是短期监禁刑的弊端，同时有利于犯罪人的社会复归；再如威慑之刑罚目的，“重者愈重”

能够有效地威慑已经有过犯罪记录的犯罪人，因为如果再次犯罪则有可能被判处比通常情况下更重的刑罚，可以促使当事者主动采取措施防止再次犯罪，从而实质性地减少犯罪的发生。

如果选择性剥夺犯罪能力作为一种刑事行政政策，或者，作为一种警察预防犯罪所采取的行政措施，也可以包括诸多的民事的、医疗的手段，如民事禁闭、强制医疗等，并不存在很大的问题，因为这些措施和政策都是预防性的而非惩罚性的。但是如果将选择性剥夺犯罪能力适用于刑罚的量定，就会产生很大的疑问：我们如何能够以虽然极有可能会发生但毕竟尚未发生而且可能并不会发生的所谓的“犯罪”而加重犯罪人的刑罚呢？再犯危险性具备刑法意义上的可谴责性吗？我们能够谴责尚未作出而且存在多种可能性的选择吗？更重要的是，此种做法是否侵犯到了人之为人的自由意志（free will）呢？等等。这些问题不解决，剥夺犯罪能力之刑罚目的就难以在量刑理论中立足。

三　该当与危险的冲突与调和

（一）该当与危险的关系举要

针对剥夺犯罪能力尤其是选择性剥夺犯罪能力以及与此相关的再犯危险性预测是否能够应用于刑罚量定以及再犯危险与刑罚之该当性的关系，在美国引起了广泛的争论，大体说来包括以下三种观点：

一是冲突说。美国刑法学者罗宾逊（Paul H. Robinson）认为，虽然刑事司法中加入了越来越多的阻止危险人物干犯未来犯罪的制度设计，但是却仍然自称是为了匡扶正义（doing justice）和厉行惩罚（imposing punishment）。但是“危险”是不能“惩罚”的，因为根据韦氏新世界大学词典（Webster's New World College Dictionary）的解释，“惩罚”是一个人因为犯罪或者错误行为而遭受痛苦或者损失，而“危险”是有可能导致伤害、痛苦等，亦即“危险”被描述为一种威胁，在将来可能产生危害。我们可以说控制、拘留某个危险人物或者剥夺其犯罪能力，但是在逻辑上绝不能说“惩罚”此种危险。惩罚和预防犯罪具有本质上的差异，他们背后的教义与适用程序也各不相同。剥夺犯罪能力与正义该当存在不可避免的而且是固有的、不可调和的矛盾与冲突，因此，也无需进行妥协或者混合以便相互促进，我们只需简单地将二者分开就可以解决问题。首先，在刑事司法系统中根据过往的犯罪专任惩罚以实现正义之该当；然后，在审判之后的民事禁闭体系中考虑未然之罪的威胁以保护社会。罗宾逊最后还不忘警告说："如果存在滥用预防性拘留权力的危险，那么最危险不过的就是将预防性拘留伪装成刑事正义。"

按照罗宾逊的观点，再犯危险性是预测或评估犯罪人将来犯罪的概率或可能性高低，是不可能具有刑法意义上的可谴责性的，同时，也就不能予以刑罚上的惩罚，这一判断符合我们通常的理解。但是，毕竟根据统计数据和临床预测，具有高度再犯危险的犯罪人的确又存在极大的犯罪可能性，如何处理这一棘手的问题，就只能采取类似大陆法系保安处分的社会防卫措施，对二者的混同容易导致刑罚权的滥用并最终危及公民的自由，因此，应当予以严格的区分。

二是无冲突说。莫里斯（Norval Morris）等否认剥夺犯罪能力与正义该当、预防与惩罚存在冲突，认为正义之该当只是一种限制性的原则而非限定性的原则，仅具有模糊的外在限制，不具有可计量性；而且另外一个方面，功利目标和价值对于惩罚和报应也具有限制性的作用。所以，可以在不违背罪刑该当的前提下，在该当性提供的上限和下限的范围内，依照再犯危险性进行量刑，只要避免过度背离惩罚和可谴责性所提供的范围就可以了。不仅理论上如此，而且危险性预测在刑事司法的各项决定中都扮演着重要角色，并且司法实践中已经有相应的运用危险性预测的判例，如 Jones v. United States, 103 S. Ct. 3043（1983），和 Barefoot v. Estelle, 103 S. Ct. 3383（1983）。莫里斯认为，在罪刑该当的范围内恰当地适用危险性预测，能够有助于刑罚的均衡。因此，危险性预测不但能够在量刑中适用，而且能够促使刑罚更加均衡地被适用，同时达到预防犯罪的目的。

而摩尔（M. H. Moore）等学者更是提供了"第三种辩护方式"，从根本上颠覆了该当性与剥夺犯罪能力的关系，认为选择性剥夺犯罪能力不是立基于预测将来的错误行为的政策，而是基于某种程度的"不道德"（wickedness）将其从其他犯罪人中标识出来的一种政策；我们更加严厉地惩罚某些犯罪人不是因为我们"预测"其将会有更多的犯罪行为，而是因为这些犯罪人表明了他们以更加坚决的意志去从事犯罪行为，从而更应当受到惩罚。摩尔通过将预测解释为标识，将再犯危险性高解释为更加坚决地从事犯罪行为的意志，从而将选择性剥夺犯罪能力解释为与该当性目标一致，化解了该当性与危险性的冲突。

三是调和说。首先论证该当性对于刑罚是具有决定性意义的，赫希（Andrew Von Hirsch）认为，该当性在刑罚的序的量上（ordinal magnitudes）是决定性的，而在基的量上（cardinal magnitudes）是限制性的。依之，刑罚应当与犯罪的严重性程度相匹配，这是均衡性的要求，相对的严重性程度决定了序列上的排序，而无论是相类似犯罪还是不同种类的犯罪，这是刑罚在序量上的问题，对此该当性具有决定性的意义；虽然刑罚在序量上能够进行排序，但是刑罚的范围作为一个整体在确定的时候却很难明确地划定，只能起到限制性的作用，这是刑罚在基量上的问题。不过，至少可以针对某些犯罪，根据其本身的严重性程度固定其刑罚的范围，如此其他的犯罪根据序列上的排序也就具有了刑罚的范围；另外，量刑委员会可以作出决定或高或低地固定刑罚的范围，此时的该当性仅仅具有限制性的作用，但是该刑罚范围一经确定，就必须按照该当性的要求进行序列上的排序以适用刑罚，该当性就具有了决定性的意义。正是均衡的概念，包括罪刑之均衡和罪与罪之间的相对均衡，使得该当性对于刑罚而言不仅仅具有限制性的作用而且具有决定性的作用。

赫希在此作了关于该当性对于刑罚具有决定性而不仅仅是限制性作用的最有力的辩护，既然如此，那么剥夺犯罪能力就只能在该当性的范围内起作用，为此，赫希提供了一种综合的或整合的策略，即，分阶段地适用不同的刑罚目的，优先考虑正义之该当，然后再基于预防犯罪的目的进而调整量刑，在这种策略下，剥夺犯罪能力之刑罚目的能够而且需要在预防犯罪的阶段予以考虑。

（二）该当与危险的矛盾调试

对于以上观点，笔者认为无须站在自由主义与保守主义对立的立场上进行过度的解读，在刑罚论的范围内即可以进行比较中肯的评价。罗宾逊的观点的主要出发点是刑罚的道义性，立于可谴责性上的刑罚不能容纳剥夺犯罪能力这种隔离式的刑罚目的，同时也认为该当性本身即能够决定刑罚的具体量级，这类似于大陆法系绝对的报应主义的观点；莫里斯的观点则是拈取该当性理论难以做到罪刑均衡和罚当其罪的弊端，对预防犯罪的功利目的所做的辩护，但其实，经验性该当（empirical desert）已经很好地解决了这个问题，能够罚当其罪地实现报应；摩尔的解释毕竟有些牵强，剥夺犯罪能力，尤其是选择性剥夺犯罪能力不但与该当性南辕而北辙，即使与功利主义其他的刑罚目的，如威慑、矫正等也具有根本的不同，如此解释将导致该当性和剥夺犯罪能力各自失去了自己的本性，努力可嘉但是很难取得大多数人的赞同；在这种前提下，赫希的观点就能够比较好地综合各种刑罚理论的优势，并且在实践中切实地解决现实关切。我们看到，即使是《示范刑法典》中也列举了所有的刑罚目的，包括剥夺犯罪能力和正义之该当，并且引导法官在作出判决时更加有效地契合所有的刑罚目的，《示范刑法典》的注解中认为，如果在具体的案件中出现了刑罚目的的冲突，法官应当恰当地予以调和(justly harmonized)。当然，赫希还是仅仅肯定了类型化剥夺犯罪能力之刑罚目的在量刑中的应用，不但因为过度依靠选择性剥夺犯罪能力有可能会牺牲刑罚适用的平等性，而且因为选择性剥夺犯罪能力本身在再犯危险性的预测方面存在着过高的误报率或者假阳性（false positive)。赫希在此一针见血地指出了选择性剥夺犯罪能力的宿命，也正是基于这个原因，赫希最终只是将类型化剥夺犯罪能力整合进入综合性的刑罚理论。

因此，如果要在量刑中考虑以再犯危险性预测为基础的选择性剥夺犯罪能力之刑罚目的，不仅仅需要在刑罚理论上进行透彻的阐释，而且需要在量刑原则与制度上予以合理地设计，以确定在什么阶段以及如何考虑选择性剥夺犯罪能力，并且有效地回应与化解关于再犯危险性预测的有关质疑。

四　量刑中如何考虑中危险性要素

关于剥夺犯罪能力与该当性的关系，赫希的调和说是一种有序列的、综合已然与未然之罪的、并合主义的刑罚观，但是赫希最终仅仅承认类型化剥夺犯罪能力作为影响量刑的危险性要素，并将之概括地归入“基于预防犯罪的目的而调整”的第二阶段，而且并未提示其他的预防犯罪之刑罚目的以及排序，因此，还需要对量刑理论更加细致地进行阐释与构造，尤其是在预防犯罪大旗下的各种刑罚目的之序列，并思考基于量刑个别化的目的而适用选择性剥夺犯罪能力的路径与方法。

（一）有序列的综合量刑原则之构建

关于量刑的原则，笔者曾经设想过涵摄理性选择之该当性刑罚应当包括的两个基本原则，并将之运用到一系列的量刑理论探讨之中。第一个原则，刑罚的主要目的是实现报应，或者说实现正义。这一原则主要由报应主义为刑罚提供正当性论证，当然仅仅是提供了量刑的基准或范围。第二个原则，量刑中的政策考量应当有利于个体行为自由度的增加；犯罪人自由度的增加优先于社会上一般人的自由度的增加。第一个原则优先于第二个原则，只有在不悖逆第一个原则的前提下才能进行政策上的考量；第二个原则中的第一个政策考量优先于第二个政策考量。这样一种有序列的原则能够为量刑提供指导，在该当性的范围内可以而且有必要考虑预防犯罪的需要，在遵从法治的前提下又不乏司法适用的灵活性，在彰显正义的同时又不乏政策考量的余地，自在正义与动态实存辩证地统一在刑罚裁量过程中。

笔者泛泛地将第二个原则统称为政策之考量，原因是二者都可以涵盖在广义的刑事政策概念之下，而且量刑理论历来存在“根据责任相适应的原则量定刑罚”和“根据刑事政策的观点量定刑罚”的分歧，二者反映了量刑因素的众寡以及逻辑思维上的差异，因此，将第二个原则统称为“刑事政策之刑罚”亦未尝不可，以便与第一个原则的“罪责之刑罚”相对称。不过，第二个原则内部的两个政策考量仍然存在显著的差别，甚至是泾渭分明，分别指向的是不同的刑罚目的，代表的是不同的刑事学派理论，司法实践手段与效果也颇不相同。第一个政策考量对应的是社会复归的刑罚目的，代表的是刑事政策学派的主张，因为该刑罚目的以犯罪人复归一个没有仇恨的社会为旨归，因此是最有利于增加个体行为自由度的刑事政策目标，当然从长远来看也有利于预防犯罪，因而应当优先考虑适用。第二个政策考量对应的是特殊预防和剥夺犯罪能力。虽然也有学者认为剥夺犯罪能力其实就是特殊预防的一种表现，或者说，大陆法系的特殊预防可以涵盖剥夺犯罪能力，但是从学派划分上来看，特殊预防属于刑法学派，即古典学派前期的功利主义阵营，而剥夺犯罪能力则属于犯罪学派，前者以理性人为假设，以刑罚之痛苦为威慑以儆效尤，而后者则并无此条件，全看对危险的管控对策是否具有实际效果；退一步说，如果非要让特殊预防包括剥夺犯罪能力的话，那么，至少应当将特殊预防区分为威慑型的特殊预防和隔离型的特殊预防两种类型。由于两个政策考量本身就存在着序列上的先后，因此，只有在该当刑罚的范围内，只有在优先考虑社会复归要求的前提下，依据特殊预防和剥夺犯罪能力的刑罚目的量刑才是恰当的。

这是一种综合的、有序列的、并合主义的刑罚观，正义先行、个体优先是其基本的思维逻辑；在强大的法机器面前，此种量刑原则的设计或许能够最大限度地为刑法赢得道德信誉。对照《意见》可以看出，最高人民法院采取的也是并合主义的刑罚观，强调“贯彻落实宽严相济的刑事政策”、“实现惩罚和预防犯罪的目的”，只不过在保证罪责优先的前提下，预防犯罪究竟包含哪些刑罚目的以及如何排序并未予以明示，为理论上进一步探讨留下了余地。本文第二个原则“政策之考量”实为对《意见》的进一步完善，并为贯彻“宽严相济的刑事政策”提供了恰当的思路和颇具可操作性的方案，两种剥夺犯罪能力之刑罚目的在量刑中的适用，更是诠释了如何在制度和个案层面上做到合乎预防犯罪之目的并且有理有据地“宽严相济”的。

（二）剥夺犯罪能力在量刑中的适用

两种剥夺犯罪能力在量刑中的具体适用，应当区别对待。由于类型化剥夺犯罪能力并不存在对刑罚适用平等性的冲击，“宽严相济”针对的是某些类型的犯罪，因此在罪刑该当的范围内可以考虑因为时势的变化而加重或减轻一定的刑罚量，如，在反腐败的刑罚对策中，可以有针对性地“选择”行贿行为并加大惩处力度，禁止存在行贿犯罪记录的单位或个人参与招投标等经济活动等，从而实现类型化剥夺犯罪能力之刑罚目的，如此可以有效地缓解仅仅惩处受贿一方而带来的犯罪控制难度，此种刑罚对策对于治理商业贿赂犯罪的效果更佳。另外，杀人、抢劫、强奸等暴力犯罪，恐怖主义、黑社会性质等有组织犯罪，放火、爆炸、决水、投放危险物质等严重危害公共安全的犯罪等都是适用类型化剥夺犯罪能力的首选对象，如果有两次以上暴力型犯罪记录者，在本次量刑中可以依据此类犯罪再犯可能性的大小在该当刑罚许可的范围内判处较重的刑罚，甚至在将来可以立法出台类似“三振出局”的法律，对高度危险的暴力型犯罪人加重处罚，或者判处无期徒刑，并且不得减刑和假释，以最大限度地保护社会。如此可以发挥刑法早期介入、管控危险、适当威慑之功效，而不必等待犯罪发展到“罪行极其严重”，除非判处死刑无法罪刑均衡的地步，社会与个人两相受害。

至于说选择性剥夺犯罪能力，可谓是个案层面的“宽严相济”，能够透过前瞻性的个性化预测实现刑罚个别化。但是，选择性剥夺犯罪能力最难以解决以及备受诘难的问题就是再犯危险性预测的准确性的问题，笔者认为，如果对于选择性剥夺犯罪能力刑罚目的的考虑只能限制在罪刑该当的范围内，决不允许超过该当刑罚之上限；如果制裁性的法律后果只能限制在刑罚的范围之内，则不允许在此阶段另外考虑其他的社会防卫措施，如民事禁闭、强制医疗等；如果再犯危险性预测的相关因素只能限制在犯罪人可以理性控制的范围之内，去除当事人不可控的因素，如就业、财产、家庭情况等，那么，在量刑中考虑选择性剥夺犯罪能力的刑罚目的也并无不可，如此，也并未侵犯到犯罪人的自由意志。统而言之，选择性剥夺犯罪能力是可以有条件地在量刑中适用的，从而能够更好地服务于预防犯罪保护社会的目的。如此限制的选择性剥夺犯罪能力，只是在该当刑罚的范围之内对刑罚适用的进一步调整，或者说，只是帮助选择该当性的序列而已，那么应当为选择性剥夺犯罪能力保留一席之地，同时也成为贯彻实施“宽严相济刑事政策”的基本依据，并促进刑罚个别化在司法实践中的具体运用。

两种剥夺犯罪能力都存在再犯危险性预测的问题，类型化剥夺犯罪能力中的再犯危险性预测，是根据“大数法则”经过数据统计分析得出某一类犯罪通常具有较高的再犯危险性，从而指导立法或司法采取一定的刑罚政策，在这个意义上，刑罚已经进入精算的时代，利益需要均沾但风险也需要分担，社会也更加需要技术性的管理，以求更加有效率地解决至少是控制犯罪问题；而选择性剥夺犯罪能力中的再犯危险性预测针对的是个体，虽然也必须有统计数据的支持，结论亦然需要进行不断的验证，预测过程中也要搜集各种客观化的预测要素，但更多的是个性化的“临床”预测，主观判断无疑会占据相当的比例，因此结论亦需更加慎重，可以采取专家会诊的模式出具再犯危险性意见，陈述所作结论的依据、分析以及可靠性，以专家证言的形式经过诉辩双方的质证后，提供给法庭参考作出判决。

最后，关于危险性预测的准确性问题，一是，任何科学都不可能准确无误地解决这个问题，不可能不出现偏差或误差，即使是已然之罪也完全有可能出现错案或错判，我们所需要做的就是经过正当程序将误差控制在可以接受的范围之内；二是，再犯危险性“预测”在审判之中无可避免地存在着，与其诉诸法官“内心衡量”，还不如以专业的态度和专业的技术处置；三是，无论是哪种危险性预测和剥夺犯罪能力，前提条件都是犯罪人已经构成犯罪，底线条件是不能逾越正义该当的范围，因此，适当地加重惩处力度也是可以接受的，并不会伤害到刑法的道义性。如此看来，对于危险性预测准确性的质疑并不能阻碍在量刑中以序列先后的方式考虑剥夺犯罪能力之刑罚目的。

“刑法是刑事政策不可逾越的屏障（藩篱）”，经由李斯特区分的刑法与刑事政策之间存在着相互背离的价值取向、任务与机能。一方面，他将体现整体社会意义之目的的、与犯罪作斗争的方法，亦即刑法的社会任务，归之于刑事政策；另一方面，按照刑法的司法意义，法治国以及自由保障的机能，亦即法律的平等适用和保障个体自由免受“利维坦”干涉的机能，则应归之于刑法，这被学界称为“李斯特鸿沟”（Liszt Gap）。之所以如此，就在于刑事政策的目的性以及背后权力的能动性，必然会力求突破法治的约束和限制，去追求刑罚之功利效果，尽管长远来看会适得其反，但司法机关仍然乐此不疲、难以自拔，要知道不可能监禁所有犯罪的人直到他们不再具有再犯危险性；另一方面，也仍然要看到刑法在教义学指引下所表现出的僵化性，刑罚判决以及执行的机械性，虽然从根本上来讲，正义决不能在犯罪面前退让，但是一味地监禁没有再犯可能性的犯罪人毕竟也是一种浪费，尤其是在监狱人满为患的情形下。因此，在刑罚的层面，贯通“李斯特鸿沟”的努力主要表现为刑罚目的序列性地融合：矫正报应刑的僵化性，辅以预防刑的目的性；保障个体自由的优先性，兼顾保护社会的功能性；保证刑罚适用的统一性，同时考虑具体案件的特殊性。

应受惩罚的是行为，需要改善的是犯罪人，受到保护的是社会，最终目的却是增加社会上每一个人的自由度。刑罚之“宽”也好，“严”也罢，不能毫无目的，更不能突破该当正义划定的界限。正义在犯罪面前决不能退让，如果刑法丧失道德信誉，行之愈加有效的刑事政策对社会的伤害愈深。

［作者单位：山东大学（威海）］

《乔治·弗雷德里克森的公共行政思想研究——以社会公平思想为主线》内容提要

孙卓华

“社会公平”的概念人们耳熟能详。它从古代起就被思想家们提出，经过后世思想家们的丰富与发展，构成人类社会文明的重要价值理念，融贯在社会政治生活的各个层面，甚而进入人们的生活，成为遍在的社会理念。有关社会公平的理论解读、阐释很丰富，但是思想家、理论家们很少去关注“社会公平”的实践与操作环节。“二战”后的美国被视为现代民主国家的样板，但是，在美国的社会政治生活中，社会公平的实际状况与其制度设计、理论假设仍然存在着极大的差距。美国公共行政学者乔治·弗雷德里克森突破前人的认知局限，从美国公共行政过程中探讨社会公平问题，旨在促进社会公平的实现，提升人们的生活福祉。

该书以乔治·弗雷德里克森的以社会公平为核心的公共行政思想作为研究对象，通过分析其思想的来源、基本内容，以及对美国公共行政思想与实践的影响等问题，透视其社会公平思想的整体特征，及其在公共行政中的制度安排和实施。同时，也展现美国的公共行政发展和演变的实质，使读者对于美国公共行政的基本逻辑和实际发展状况有比较真切的认识。揭示美国社会的公共行政形式或是徒有其表，不能反映并真正实现公共利益，增进社会公平。

乔治·弗雷德里克森是美国当代著名公共行政学家，他的公共行政思想产生和发展来自于特定的时代背景，同时也源于他的兴趣和学习、工作经历。三次明诺布鲁克会议的召开、风靡全球的新公共管理运动、全球化时代的到来、美国政党政治对公共行政的影响，这些都为弗雷德里克森思考公共行政中的社会公平问题提供了空间。

20世纪40年代始，美国的传统公共行政理论以价值中立、技术至上理念为指导，以效率、经济作为公共行政的价值追求。这种理念指导下的公共行政，无法有效回应愈演愈烈的社会冲突，直接促成了20世纪六七十年代美国社会的动荡和政府合法性危机。1968年，弗雷德里克森在明诺布鲁克会议上指出，传统公共行政旨在提高行政效率，主张政治与行政二分，提倡经济和效率价值理念，结果导致研究和实践集中在政府组织、人事管理和城市发展等容易测量的领域，社会弱势群体的生活和发展问题却被回避或绕开。公共行政有失社会公平，其实现的只是少数人的利益，牺牲的是广大公众的利益。基于此，弗雷德里克森提出了公共行政的“社会公平”价值理念，把“社会公平”与“经济”、“效率”视为一体，都看作是公共行政的核心价值。同时强调，相较之下，“社会公平”应该更为重要。弗雷德里克森对“社会公平”做了理论界定，指出问题的关键是公共行政中公共性的缺失，必然会导致社会不公平。在此后的研究中，弗雷德里克森根据美国社会的发展现状，进一步提出了复合公平、代际公平等理论，扩展和丰富了社会公平理论。

为了保证社会公平能够实现，弗雷德里克森对公共行政过程中社会公平的参与主体和公共政策进行分析和设计。参与社会公平实现的主体有民选官员、行政组织、公共行政人员（高级领导和中、基层执行人员）、非政府组织和公民等。他们有着不同的社会政治定位和利益需求，因而对于公共行政过程中的社会公平有着不同的影响。

公共行政实现社会公平的前提是公共政策。弗雷德里克森对公共政策的制定、选择、实施和评估等环节进行研究。首先，美国的政治过程基本是少数精英利益集团控制，公共政策基本反映了他们的利益。弗雷德里克森提出建议，要求公共政策制定应该考虑一下为谁制定，他还剖析了一些国家重大公共政策，并提出建议。其次，不同的公共政策制定出来，是否被执行，取决于总统的政策选择。他通过研究几任总统的公共政策选择发现，代表下层人民的民主党会选择倾向于社会公平的公共政策，而代表中上层人民利益的共和党通常会选择相反的公共政策。弗雷德里克森指出，虽说美国总统代表了不同的政党利益，然而他在选择公共政策时，如果能在公共政策中寻找实现社会公平的平衡点，是可以实现和增进社会公平的。第三，社会公平实现的关键是公共政策的执行。弗雷德里克森认为，行政自由裁量和乐善好施是有利于社会公平实现的路径。

20世纪80年代，西方世界轰轰烈烈的新公共管理改革运动和美国共和党的执政，使得新公共行政所倡导的公共行政中“社会公平”被新公共管理改革运动所谓的“政府再造”所淹没。弗雷德里克森并没有放弃自己的追求，在坚持探讨公共行政中的社会公平和公共利益基础上，从公共行政的理论、历史和现实对新公共管理运动进行深刻的批判，明确指出，新公共管理运动倡导的精简机构并没有节约行政成本，减少腐败，反而使行政成本上升，公共事务的服务质量下降。他进一步指出，顾客导向的政府再造不能完全被运用到公共领域，政府企业化最终导致的结果是实现少数精英利益集团的利益，损害了广大公众的利益。不过，他同时也看到了在全球和美国，所谓“政府再造”具有不可逆转的趋势，于是又针对性地提出了完善方案。比如，政府进行合同外包时，应该对承包商提出具有公共责任的说明，这样能保证外包公共事务的公共性，减少或者避免对公共利益的损害等等。

在新公共管理运动中，有很多企业管理和评估方法被运用到政府改革中，主要如标杆管理和绩效评估。弗雷德里克森对标杆管理进行剖析，指出标杆管理的实质是组织为了摆脱当时的困境对管理比较好的组织的模仿，这并不是组织变革和创新。标杆管理被政府认可或推广，就会使不同领域进行排名。排名不会出现创新，而且那些被模仿的组织或个人容易成为某个领域的权威，形成特权组织或特权人物，其他组织或个人的创新则受到抑制，最终使很多能提供公共产品或服务的组织没有机会参与公共服务，许多公众的公共需求得不到满足，最终导致社会公共资源分配不公。

该书通过对弗雷德里克森公共行政思想的分析和阐释，认为他的公共行政思想具有行政哲学的属性——以批判的方法和人文精神关注着公共行政领域的政策和结果，批判和修复、发展公共行政的理论，以公共行政的公共性为前提，对社会公平实现从制度到政策实施过程的设计。当然，在美国特有的政治、经济背景下，弗雷德里克森公共行政思想中的一些设想具有理想化色彩，不可能实现。尽管如此，他强调公共行政的公共性回归，重视公共利益和公民权的思想成为后来新公共服务理论的思想基础和核心内容。

乔治·弗雷德里克森的公共行政思想的形成虽然有其特定的社会——文化背景，但是，他提出的公共行政中效率和社会公平价值理念的调和，及其行政改革思想，为当代中国的行政体制改革提供了启示，让人们对新公共管理运动能够进行深刻的反思和理性借鉴，把实现社会公平作为当代中国行政体制改革的重要价值取向。

［作者单位：山东大学（威海）］

韩国国会政治中的肢体冲突及其政治功能

洪　静

长期以来，人们通常认为肢体冲突现象是韩国国会民主发展水平以及国会议员政治、道德素质低下的表现，对民主政治的存在和发展产生负面消极影响，甚至造成严重的毁坏，是民主的倒退。这种认识是否真实全面，不仅关系到对肢体冲突现象本身的认识和理解，而且更关系到对韩国民主政治运作与民主转型的认识与评价问题。特别是，由于国会内肢体冲突在韩国民主政治转型期的关键时间节点上都有过发生，已经成为转型政治现象的重要组成部分，因此，如果肢体冲突真的意味着对民主政治的负面影响的话，那么转型期政治发展的一般经验和模式也需要重新认识和评价。基于这样的思考，本文在实证观察和研究的基础上，试图对这一现象进行重新定位和评价，希望以此丰富和深化对代议民主政治的理解。

一　韩国国会政治中的肢体冲突及其与国会制度的关系

（一）肢体冲突现象的发生发展

韩国国会政治中的肢体冲突现象由来已久，贯穿了韩国国会运行的整个过程。早在1950年3月制宪国会时期，以地主势力为中心的韩民党与李承晚总统的追随势力之间，针对宪法修正问题，发生了国会历史上第一例肢体冲突。1952年8月，第二届国会正值朝鲜战争期间，因为总统连任问题，李承晚所在执政党提出宪法修正案，旨在更改原来的总统由国会间接选举为国民直接选举，引起在野党民主国民党的反对。民主国民党议员拒绝出席国会，试图以出席人数未达法定最低限额规定方式阻止国会开会，以使法案无法交付表决。执政党出于确保法定投票人数目的，强行阻止议员离开会议现场，为此双方发生肢体冲突，民主国民党顽强抵抗，但最终执政党还是强行通过了所谓的宪法修正案。1954 年 6 月，第三届国会因宪法修正案问题，发生制宪国会以来最严重的肢体事件。以后，几届国会也因总统连任法案问题朝野对立，引发了多次肢体冲突。

民主化转型后，韩国民主政治逐步发展和完善。但在国会政治中，肢体冲突仍时有发生：13 届到 18 届国会大约 22 年的时间里，在专业委员会或全院大会内共发生近 30 起肢体冲突事件，平均每年约 1.5 件，其中第 17 届、18 届国会发生的肢体冲突事件最多。

观察民主化转型前后的国会肢体冲突现象，可发现两个阶段在发生的环境以及一些表现特征上有所不同。

转型前，在个人独裁、军事独裁体制下，执政党一党独大，朝野之间的互动基本处于一种完全敌对状态：在野党势力唯一的目标就是要试图推翻独裁政权。故转型前与肢体冲突相伴的争议法案大都与总统的产生方式等宪法修正相关联，事关国家根本制度的确立、国家运营模式的变更等决定国家政治命运的大事往往会成为引发冲突的因由。在冲突的形式、激烈程度方面，由于双方所处立场极端对立，冲突激烈，有时甚至几乎达到政治解体或政治分裂的程度。

民主化转型后，政治环境相对开放、宽松、稳定、民主。政党能够独立进行自由政治表达，更多关注的是议题本身。即便是处于劣势的小党，也会极力捍卫自己的政策偏好、立场和主张，不会作出没有原则的让步和妥协，以显示自己的政治存在。这一时期的肢体冲突，从引发冲突的议题看，更多地与福利、教育、民生、环保、基本人权等与民众日常生活及自身利益问题密切相关。从冲突的激烈程度看，通常激烈度相对较低。

（二）国会内政党互动制度对肢体冲突的影响

为什么韩国在民主化转型前后均会发生肢体冲突？原因是复杂的，涉及政治、社会、文化等各个方面。但仅就国会内部政治而言，直接引发肢体冲突的原因更多地与国会内政党之间的互动规则、方式有密切关系。

韩国国会政治制度有显著的“赢者通吃”色彩。国会运行规则对大党有利，而相对缺乏对少数党、弱势政治势力的保护。这就容易引起强势执政党与少数党的对抗，迫使少数党因自我保护、自我救济而不得不采取规则外的、非常态的政治行动，以回应强势政党的强大压力。

少数党选择采取肢体冲突作为核心战术，首先与国会运行制度及其规则，特别是缺乏对少数权利保障和对多数暴政制衡的程序和制度设计有关。议会制度、规则倾向于多数党，多数党因此易于操控并垄断议事进程，造成多数党强者愈强而少数党弱者越弱的格局。这自然会引发少数党的不满和抗议，促使其动用肢体冲突进行自我防御和自我救济。其次，国会的委员会中心制度客观上为执政党操控立法进程提供了便利，使得少数党的意志和权利难以舒张，委员会也因此成为肢体冲突容易引爆的地方。第三，总统的权力及其与国会的互动模式以及国会议长的党派立场都在不同程度上刺激了肢体冲突的发生。

不难看到，在国会制度所塑造的朝野双方互动模式下，当多数党与少数党在政治立场、政策诉求等一些核心问题以及时间点上出现难以弥合的分歧时，少数党往往会面临政治上遭到排挤、得不到尊重、意见和立场不被纳入政策制定进程的被动局面，在此情况下，少数党如能屈服或妥协，国会政治就会成为多数党政治，肢体冲突也就不会发生。但韩国的少数党往往因有坚强的政治性格，而始终会以一己之力顽强地显示自己的政治存在，因此即便是在处于政治劣势的情况下，少数党也不会轻言妥协、放弃。显然，在这样的情况下，双方对峙在所难免。在双方立场分歧巨大，而国会内政治互动的制度、规则、程序存在严重偏颇的情况下，现有体现多数主义的规则，在扩张、保护多数党利益，进一步削弱少数党地位的同时，也进一步激发、加剧了少数党对多数党、对规则的挑战愿望。

二　肢体冲突对政党、议员和国会的影响

（一）肢体冲突对政党的影响

1. 肢体冲突是打破既有政党势力格局的手段

韩国国会的政党组成状况决定了小党不仅本身不足以对抗大党，而且试图通过小党间的联合以抗衡大党的意图亦难以现实。在力量对比悬殊的情况下，多数党出于效率优先的考虑，会强行以数的优势主导立法进程，少数党的意见、立场不仅得不到多数党的尊重和回应，而且亦无法从现有的制度、规则中找到常规的办法，抗衡多数党。在这种情况下，少数党通常会以肢体冲突的方式来打破强者越强，弱者越弱的格局。如成立于2000年的民主劳动党（以下称为民劳党），本身是一个势力、影响力弱小的政党，但在短短几年

时间里迅速发展成一支重要的进步政党。之所以如此，与其在“国家保安法废除案”、“私立学校法修正案”、“非正规职位相关法案”等争议法案的审议过程中，实施了肢体冲突策略不无关系。

2. 肢体冲突是对政党互动规则缺陷的补救

诸多肢体冲突案例表明：肢体冲突是多数党、少数党在事关重要的政治、法律决策，因双方立场、诉求差距巨大，且缺乏基本的妥协、包容机制情况下，所发生的超越现行规范、规则的具有“暴力”性质的“互动”现象。立法过程中，少数党因处于劣势地位，无法利用通常的法律法规规则行使权利，只能借助肢体冲突方式，通过搅乱秩序，拖延时间，以实现拖延、阻隔法案审议的目的；而多数党则是在置少数党于被动地位情况下，出于快速通过法案的目的，为防范、压制少数党反抗，而发动肢体冲突。因此，肢体冲突是韩国国会政治中朝野双方都会使用的一种政治策略，是对“非肢体冲突”的议会内政治互动的“肢体冲突”补充。从这个角度看，肢体冲突现象实际上是现行议会规则不足以满足现实政党政治互动需要的产物，是“非肢体”政治互动不能够满足实际政治需要的产物。

以肢体冲突方式补充规则的不足尤其为少数党所重视。议事规则、制度、权力、权威、资源都向强势多数党倾斜，少数党的诉求常常处于被压制和忽略的境地。在此情况下，少数党实施肢体冲突，妨害议事，以谋求拖延、阻隔立法进程的后果，事实上是一种“抗议和反击”。少数党在力量对比悬殊的情况下，不甘于失败，其意义并不仅在于政党利益本身，而是一种重要的政党政治表达方式、手段和策略。从这个意义上说，肢体冲突承载并表达了一些重要的价值诉求，涉及少数权利保护、制衡多数暴政、程序正义、政治参与平等等一系列重要的宪政思想和精神，体现了民主不仅仅是一个统计选票的公式，更应该是一个允许所有公民在政治协商中都可以提出理由的集体协商和立法的过程的思想与价值立场。

（二）肢体冲突对议员的影响

韩国的国会议员大多毕业于韩国一流高等学府，有些还是世界著名大学的博士学位获得者。有资料显示，自制宪国会到第十八届国会，历届国会议员大都受过良好教育，仅第十七届国会，拥有硕士学位以上学历的议员就高达 49.2%；第十八届国会，具有博士学位的议员占到 25.1%。国会议员或者是资深律师、专家学者，或者是著名医生、成功企业家。他们大都出身于社会中、上层阶级，是社会公认的精英。他们谈吐得体、彬彬有礼。这些受过最好教育的政治精英们，在“民意殿堂”，在庄严的国会却常常一扫恭谦礼让的绅士、淑女风度，在饱受舆论、媒体的指责和诟病的情况下，不惜自坏形象地投入到肢体冲突中来，是有其动机和理由的。

1. 肢体冲突是议员政治忠诚的体现

议员对议会制度的政治忠诚体现在议员以非同寻常的行为方式，表达对不完善议会制度的改良诉求和愿望。赫胥曼在研究经济组织内绩效问题时发现，当组织内出现绩效衰败时，组织内部会员或消费者有些并没有选择逃逸，而是决定继续留在体系内，只不过是以抗议的方式继续参与组织内部建设。赫胥曼认为这实际上是对组织忠诚的一种表现。从这个意义上看，少数党议员借用肢体冲突表达不满、抗议，其深层的动机与意义是要去改变国会内利益、权力分配规则的不平等、不公平现状，是议员所履行的对国会、对选民、对国家尽力尽职的“非常态”的政治行动。因此，实施、参与肢体冲突的议员与那些不负责任、等因奉此、尸位素餐的沉默者和逃逸者是有云泥之别的。

2. 肢体冲突对议员政治生涯的影响

一般地说，追求连任是很多议员的目标。议员所属政党领袖和政党大佬们手中握有重要的政治资源，能够为议员争取连任、寻求政治晋升创造条件。而要想取得党内信任，获得党内大佬的政治推荐，议员就必须严格遵守政党纪律，与所属政党立场保持高度一致。在韩国国会政治中，如果政党指挥部决定要实施肢体冲突，议员们大都会奋不顾身卷入其中，议员个人为此即使可能会名誉受损、颜面扫地也在所不惜。事实上，积极参与肢体冲突的议员，后来的仕途发展都十分顺利：有的担任院内的党团代表、政党领袖，有的荣升政府高官、道知事等。例如，在 2008 ~ 2011 年的韩美自由贸易协定案的审理过程，民主劳动党的女议员李政熙因在肢体冲突中行为生猛，获得党内赞赏，于 2010 年 7 月开始担任民主劳动党党代表职务，且获得了 2010 年第 12 届绅士议员奖。大国家党女议员宋英善，也因在相关肢体冲突中的突出表现，相继出任大国家党第二政策调整委员会委员长、国会安全论坛的代表委员、民主太平洋联盟（DPU）韩国议员协会会长等要职。而在 2005 年行政城市特别法审议过程中，金文洙、李在五、朴继栋、沈在哲、姜基甲等议员，因忠于执行所属政党的既定路线和政策，奋不顾身介入肢体冲突，表现英勇，也逐一在以后的政治生涯里得到回报：2010 年金文洙议员当选为京畿道知事；李在五成为总统李明博的特任长官；朴继栋则于 2007 年 8 月当选为大国家党政治工作特别委员会委员长，2008 年 7 月至 2010 年 6 月期间担任国会事务处总长；而沈在哲也在 2008 年被评选为国政监察优秀议员，2010 年 12 月开始兼任大国家党政策委员会委员长；姜基甲除了继续担任民主劳动党党代表一职外，2011 年还荣获了“优秀国会议员研究团体”颁发的优秀议员奖。

（三）肢体冲突对国会的影响

1. 影响法案的审议进程和结果

肢体冲突对国会的直接影响表现在法案的审议方面。有可能引发肢体冲突的法案主要集中在涉及对朝、对美政策，性别歧视、劳工权益、公共福利、弱势群体、环境保护等方面。在这些法案的审议过程中，由于肢体冲突的影响，这些法案或是被拖延，或是被修正，或是被搁置，或是被废止。

2. 推动国会运行制度的变革

韩国宪法和国会法都对国会制度作出了具体规定。这些规定包括国会会期、发言时间等。不过这些规则、规定对多数党和少数党而言，作用和意义完全不同。由于双方力量对比悬殊，对多数党有利的规则反过来会成为少数党深受其累的束缚。虽然少数党希望修改这样的规则，但要“启动”修改，是难以做到的，尤其是在强权主导的国会格局下更是如此。在这样的情况下，肢体冲突客观上承担了用“非常态”方式修正不合理规则的功能。

冲突理论家科塞认为：冲突有利于暴露、发现问题，澄清矛盾根源所在，使各方的利益、目标更为明确，因而有利于系统环境的健康发育，促进组织变革，提高效率，防止僵化，使组织充满活力生机。韩国国会内肢体冲突实际上也具有以“非常态”方式将常态状态下所难以发现和意识到的问题，暴露于众并进而进行改革的作用。事实上，在韩国民主化转型后，基于多数的一党强权所主导的政治，进一步加剧了政治失衡。因此，为改变不合理的强权统治局面，“冲突”是唯一的出路。国会政治中的肢体冲突客观上能够起到刺激、推动国会运营和制度变革的作用。

三　肢体冲突政治的改进与超越

韩国国会政治中的肢体冲突现象清楚地说明了韩国民主化转型对政治生活多元化所产生的深刻影响，国会在政治生活中的地位不再是可有可无、无关紧要的了，肢体冲突的发生从反面印证了这一事实。事实上，自制宪国会以来，随着民主化改革的不断深入、巩固和发展、市民社会的逐步成熟，国会已经摆脱了过去军政权威体制下的象征性的、边缘化的、受行政控制的“总统侍女”地位，开始主动行使宪法赋予的各项权力，在国家政治生活中发挥越来越真实而重要的作用。这一时期不断发生的肢体冲突事件，反映了国会政治地位的提升、议员表达自由的加强，反映了政治民主化、多元化所释放的各个政治势力，为实现自身政治目标可以动用一定的政治手段、展开政治活动的决心与行动。从这个意义上，在那些刚刚从威权政治统治下摆脱出来，向民主政治转型、议会政治发展处于起步阶段的政治共同体内，发生肢体冲突的现象说明了政治发展的进步而不是倒退。

这种政治进步至少体现在：对少数党而言，肢体冲突实际上是少数党自我保护、自我防御的政治策略和手段，是在政治劣势条件下，以语言和身体暴力为武器，通过议事妨害，达到拖延、阻隔立法审议目的的一种赢取相对于强势多数党的政治均势的策略，表明少数党不再是逆来顺受、可有可无的政治陪衬物。这就打破了威权政治环境中长期占据统治地位的单一势力独大局面，无疑有助于提高弱势者地位，使之趋于相对均势的政治局面。应当看到，刚刚从威权政治下突围而出的政治生活，还带有很强烈的威权政治色彩，强者愈强，赢者通吃，制度本身并没有提供有效的政治均势机制。在这样的情况下，弱势者通过貌似不文明、不雅致的肢体冲突而“强制性”地取得相对于强势者的相对均势地位，不仅是对自身利益的维护，更重要的是它打破了传统和制度的局限性，探索弱势者政治作用提升的通道，发掘和呼应了社会公众对更加合理的政治局面的诉求。从这个意义上讲，肢体冲突具有整合社会政治资源，扩大弱势政党影响力的作用。另一方面，正因为肢体冲突的发生，与之相伴的争议法案，经媒体、舆论曝光后成为社会关注的焦点话题，在形成社会舆论的同时，客观上刺激了民众政治参与的热情，人们开始关心公共政策的制定程序及其全部过程，对公共权力的本质与来源问题予以真正的关注，并确立自己要承担的责任和义务。社会大众也不再一味地屈从于权威的束缚，开始关注弱势权益的保障问题，并真正就政治平等、程序正义、对话协商、自由公正等这些民主的核心价值展开讨论、进行反思。无疑这些对民主理念的传播、社会进步的促进都起到一定的推动作用。而社会的这些变化，反过来也会推动和刺激国会政治立法的反应，使之更加及时、灵敏，在提高国会议程设置能力的同时，对权力的透明、公正运行无疑具有重要的监督意义。

但是，无可否认，肢体冲突毕竟距离现代代议制文明与理性的政治实践相去甚远。国会议员平时修养良好，容止端正，礼数周到，但在国会政治中却表现为如此的面目狰狞、举止鄙陋，言行举止有如街痞村妇，口无遮拦，甚至大打出手，这不仅令人震惊、令人不齿，更有损于立法机构的庄严，自然会受到媒体和社会的批评、指责。

改进与超越肢体冲突是必然的。但如何超越肢体冲突，超越肢体冲突的政治、组织和文化基础与资源在哪里，是首先要关注的问题。根据普特南对社会资本的定义，社会资本是指社会组织的特征，诸如信任、规范以及网络。一个共同体内社会资本总量越大，自愿的合作越容易出现，组织群体能够通过协调行动建立合作机制，提高社会效率。如果国会内社会资本总量充足丰富，信任的水平就会提高，合作的可能性也就愈大，而合作反过来又会进一步强化信任关系。从肢体冲突现象人们可以看到，真正的冲突解决机制，要从立法制度、议事规则、审议程序上，探索少数权利的保障机制，建立有效的互惠规范和公民参与的网络，形成普遍的社会信任，通过合作和审议方式来解决分歧与矛盾。只有这样才能从根本上消除肢体冲突现象，而又不损害民主政治的基本活力。

[作者单位：山东大学（威海）]

《〈东方杂志〉与社会主义思潮在中国的传播》内容提要

鲁法芹

只有社会主义才能救中国，只有中国特色社会主义才能发展中国，这已是历史所得出的结论。然对国人来讲，社会主义这一名词是一个舶来品，是西风东渐大背景下的一个外来词汇，不是中华民族的自产物，也不是传统儒家大同思想的逻辑或直接延伸，而是从工人运动高涨的西欧诸国以及东邻的日本传导给中国知识分子的。若从张德彝在《随使法国记》中对 1871 年巴黎公社无产阶级革命情况的描述算起，已有一百四十余年；若从首提马克思和恩格斯名字的《大同学》算起，也已一百一十年有余；若从中华人民共和国成立算起，社会主义在中国的实践已有六十余年，尤其自中共十一届三中全会后，近四十年改革开放所取得的成就表明，只有中国特色社会主义理论指导下的中国社会主义实践，才能发展中国，才能实现中国的社会主义现代化和中华民族伟大复兴中国梦。然而，对中国特色社会主义的理解，可谓气象万千，众说纷纭，莫衷一是。问题的关键在于，中国特色社会主义所包含的一些基本的价值理念，在中国近现代思想史，尤其是中国社会主义思想史上，有没有讨论过？占多大分量？有什么经验教训可以汲取？对如此等等问题进行系统梳理和研究，不仅关系着怎样认识中华民族已走过的历史道路，而且这种认识反过来又强烈地影响着对正在走的道路的历史主义理解。要了解当今中国、了解当今中国的问题和当今中国的走向，就要了解近现代中国的社会主义思想及其发展脉络。

自国门被打开以后，在国贫民弱，外患日亟，亡国灭种一步步逼近的时刻，中华民族的唯一出路，就是要向西方学习，以挣脱列强的枷锁，自立于世界民族之林。然向西方学习，其意蕴主要有两层：一是，对内推封建主义之陈，行民主主义之新；二是，对外求得民族独立和人民富强。也就是说，鸦片战争以后的中国走向近代化，面临着救亡和启蒙的双重重任。如何识别和处理二者的关系，是近代中国知识分子所面临的最大困境，而救亡压倒启蒙又是近代中国一个世纪有余的主旋律。事实是，他们对西方资本主义国家的认知是一个逐步展开的过程，即经历了一个从“器物、制度到文化”这样的一个渐进过程。但这不是一个顺顺当当的平稳过程，而是一个变革与反变革、前进与倒退相互交织的反复推进螺旋上升的过程。总的趋势是，资本主义一度曾成为近代中国先进知识分子追求的目标，并出现了戊戌维新、辛亥革命那样的革新和革命运动，引进和产生了若干资本主义成分，但作为资本主义的国家制度和社会建制却又是空中楼阁，徒具其形。

当历史进入 19 世纪末和 20 世纪初，西方主要发达资本主义国家先后由自由资本主义进入了垄断资本主义阶段，资本输出替代了商品输出。而甲午中日战争后的《马关条约》，一方面为列强敞开了在中国兴建企业、修筑铁路以直接掌握中国经济命脉的“合法”途径；另一方面，列强又掀起了在中国夺取租借地和划分势力范围的浪潮，民族危机进一步恶化。此时，在反思顽固派和洋务派的思想和政策何以失败的同时，资产阶级改良派即维新派登上了历史前台。轰轰烈烈的百日维新很快就被顽固派镇压下去，之后的义和团运动特别是八国联军战争后，帝国主义利用《辛丑条约》加紧侵略，清政府完全投靠帝国主义的面貌更加暴露。正是在这种历史背景下，加以改良派从理论上由“君主立宪”退化为“开明专制”，也就注定了以康、梁为代表的资产阶级改良派必定会让位给以孙中山为代表的资产阶级革命派。从此，革命成了中国人的主导话语。

但是，无论是改良派还是革命派人士，在流亡国外期间却遇到了另一番场景，那就是他们看到了垄断资本在促进社会生产力大发展的同时，也带来了深重的两极分化的社会积弊，看到了西方资本主义社会的矛盾和危机；从而也目睹了工人运动的蓬勃发展，进而认可了社会主义学说的合理性。此时中国的社会主义流派可划分为三派：立宪派的社会主义、革命派的社会主义和无政府主义派的社会主义。与其说前两派主张的是社会主义，毋宁说是一种国家社会主义政策；后者的主张与中国传统的“大同”理想有着更紧密的联系，比前两派的共和国主张更令人心动，反映了小生产者要求社会均平的要求。但是，此时的中国还不具备接受科学社会主义的社会条件。因此，社会主义没有也不可能得以广泛传播，而只能在资产阶级、小资产阶级的圈子里被曲解和误解，社会影响并不大。不过，从思想史意义上看，他们的宣传也为稍后科学社会主义在中国的传播做了思想、知识储备。

1915 年 9 月，陈独秀创刊的《青年杂志》（后名《新青年》）在尊孔、复辟的喧嚣声中吹响了新文化运动的号角。正是在《新青年》的号召和五四运动的冲击下，运动过后的年轻一代走出了家门。这在当时看来是“离经叛道”的个人伦理行为，往往又和政治诉求尤其是追求理想社会相互掺杂在一起。这些向往一种真正完美的理想社会的青年知识分子，很快组成了各种团体来组织和追求真理以及实践某种社会理想。社会主义思潮遂成为新文化运动的主流。这一时期，除了科学社会主义之外，什么空想社会主义、基尔特社会主义、无政府主义、修正主义、新村主义、泛劳动主义、工读主义以及合作主义，等等，都打着“社会主义”旗号，蜂拥而来。社会主义成为国人改造中国与世界的奋斗目标和追求。

这种“奋斗目标”最初体现在 1919 年 3 月的“北京工读互助团”的诞生，但仅仅两个多月工读互助团第一小组就宣布解散。不唯此，周作人也在《新青年》上发表介绍日本“新村”的实验、毛泽东也有在湖南岳麓山建设新村的计划、恽代英也为“共同生活”拟定了 14 条计划……可见，新生活试验影响之广泛。这批知识分子试图以新村等实验来获得改造社会的模型。然而，国内小团体的和平实验却一次次地失败了，破产了，夭折了；而此时俄国十月革命的大社会改造却获得了成功，两相对照之下，似乎证明着马克思列宁主义胜过其他一切社会主义，更不用说胜过西方资本主义的自由平等博爱的陈旧思想了。从此，马克思学派的社会主义以雷霆万钧之势激荡着中国的思想界。它暗合了中国社会要“根本改造”的情感诉求，并且提供了建立理想社会途径的理论支撑。之后，中国思想界的每次争论都深深打上了马克思主义的烙印：问题与主义之争、社会主义讨论、科玄论战、中国社会性质论战、文艺民族形式论战、工化与农化之争，如此等等。社会主义这一“普照的光”照亮了中国革命的行程……本著述就是通过发掘和梳理《东方杂志》上有关涉及社会主义的文献，来刻画社会主义在近代中国传播的图景。

光绪三十年正月二十五日，即公元 1904 年 3 月 11 日，商务印书馆编辑发行的综合性大型期刊——《东方杂志》在上海创刊，初定名《东亚杂志》，因与德国驻上海领事馆所办刊物译名相同，正式发刊时改为现名。开始为月刊，为文摘类性质的刊物，每年 12 号为一卷，以“杂”著称。自第 17 卷起，经主编杜亚泉之手，该刊从形式到内容都发生了大的变革，版本改为 16 开，半月刊，每期字数从 10 万增加到 20 万，改变了过去文摘类刊物的性质。之后的钱智修和胡愈之也对该刊进行了大的改革：采用白话文，一扫以往晦涩之面貌，紧跟时代步伐；尤其是在胡愈之任主编时期，杂志栏目又增加了时事评论、世界新潮、文苑等，使原来仅对国际时事政治的简单介绍变成了对国际问题的评论和研究；减少介绍科技发展的版面以增加社会科学新思想的介绍，同时大大增加对中国哲学、文学、经济、政治等的研究性论文，使之真正成为一个社会科学的综合性杂志。1947 年 8 月，自第 43 卷第 14 号又开始改为月刊，1948 年 12 月在大陆终刊。徐珂、孟森、杜亚泉、陶惺存、钱智修、胡愈之、李圣五、郑允恭、苏继庼等先后任主编，历时 45 年，共出 44 卷，819 期/号，813 册，含 3 种增刊，30 种专号、纪念号，21 种专辑、特辑。

《东方杂志》历经清末、辛亥革命、五四新文化运动、大革命、土地革命战争、抗日战争、解放战争等各个重大历史时期，为旧中国“杂志中时期最长久而最努力者”。它紧跟时代脉搏，忠实记录了我国近现代发展的历史轨迹，成为近现代史的见证，被称为“中国近现代史的资料库”、“杂志界的重镇”、“杂志的杂志”。著名翻译家林纾、傅东华，哲学家张君劢、梁漱溟，教育家蔡元培，著名作家茅盾、周作人、徐志摩、周建人、张资平、巴金，学者梁启超、胡适、郭沫若，历史学家陈衡哲、周谷城、岑仲勉，经济学家马寅初，社会学家孙本文，科学家竺可桢，早期的共产主义者李大钊、恽代英、瞿秋白，著名新闻活动家黄远生、邵飘萍、马星野，……这串名单基本上包罗了当时中国各个文化领域内的精英人物、专家、学者和社会名流。可以说，20 世纪上半叶中国社会各个学术领域的佼佼者无不在它上面留下了声音，中国思想界的每一次波动无不在它上面存有痕迹。惟此之故，台湾和大陆先后把《东方杂志》全套复印出版，成为研究近现代史的学者们很有用的参考书和绕不过的门槛。

因之，通过对《东方杂志》曾发表过的有关社会主义和左翼文献的发掘，探索社会主义在近代中国的传播及对社会主义实践（主要指苏联的社会主义计划经济模式）的反思，就具有重大的学术价值和实际意义。

《〈东方杂志〉与社会主义思潮在中国的传播》这一名称表明，笔者所着力探讨的，是民主革命时期中国为什么选择了社会主义发展方向这一“老话题”。

创刊于 1904 年终刊于 1948 年的《东方杂志》，首先，从时间段上看，恰好经历课题所选择的完整时间段，这为研究提供了非常翔实的一手资料。其次，当传统社会主义的某些观念，譬如计划经济、单一公有制等开始退出历史舞台时，才开始具有了相对完整的研究对象和独立的学术研究价值，从这个意义上说，它们才刚刚出现在理论研究的前台而成为显学。而围绕在《东方杂志》周围的知识分子一直保持着自己独特的立场和思想文化品格，对社会主义有着自己的解读，因此，研究近代以来中国社会主义思想的变迁史，《东方杂志》是绕不开的。再次，中国近现代思想史尤其是中国近现代社会主义思想史，其魅力之所在，在笔者看来，并不是已经过去或完成了的东西，而正是我们今天应该批判继承的一笔丰富的文化遗产，因为思想的发展和超越是以反思、批判和借鉴前人思想为前提条件的。最后也是最重要的一点，时至今日，《东方杂志》上所蕴含的丰富的社会主义思想还没有得到应有的认知和系统的发掘，这与其当时显赫的社会影响来说，不能不说是一种憾事。正是在这个意义上，本著述的粗疏研究可谓是填补了一项研究空白。

［作者单位：山东大学（威海）］

关于房地产税立法的思考

时　晓

随着十八届三中全会提出要“加快房地产税立法并适时推进改革”，房地产税的确立与方向已经尘埃落定。房地产税比较敏感，关系到千家万户，影响到每个人的居住权、生存权和财产权，其开征涉及理念、经济伦理、体制、法理、法律依据、操作技术等诸多问题，所有问题的解决都需要有法律做支撑，所以，加快房地产税的立法尤其重要，通过法律的形式加以规范是一个比较紧迫的课题。本文就房地产税立法的相关问题展开分析与探讨。

一　客观全面分析房地产税的本源特征

（一）准确理解房地产税的概念

房地产税不同于房产税，它包含“房、地”两个层面内容，其性质是一种财产保有税——是财产权利人在财产持有期间按年缴纳之税。应特别指出的是，十八届三中全会所说的“房地产税”，并非单指已在上海、重庆试点的房产税，而应是涵盖了房地产市场的所有税收环节。

（二）辩证地分析房地产税的功能定位

推进房地产税立法，首先要明确立法目的，也就是进行准确的功能定位。房地产税设计初衷主要是承担四大功能，包括调节贫富差距，部分代替土地出让金成为地方税收来源，抑制房价过快上涨，改变市场心理预期。但从试点结果看，截至 2011 年年底，重庆市对居民住宅征收税款 1 亿元，占本级财政收入的比重仅为 0.03%，重庆市国有土地使用权出让金为 1109.37 亿元，约占当年地方财政收入38.2%；2013年12月重庆新建商品住宅价格同比上涨14.3%。上海也同样没有达到预期目标。这一结果表明：沪、渝两地的房产税收总额较小，占同期市级财政收入比率过低，对更深层次的土地财政问题替代效果有限。所以，很多学者认为房地产税的功效并不显著，不能实现设计者的预期目标。笔者认为，这个问题应该辩证地看：一方面，作为房地产税的提出，正是在房价居高不下，国内两极分化严重，投机炒房泛滥，以及营改增等大背景下应时而生的。中央已定调要征收，所以不能因噎废食，关键是如何设计，如能同步实现房地产税的配套改革，那就能实现房地产税的立法目标。比如，造成当前房地产业不良现象的根本原因在于土地财政，只有同时解决土地财政这一核心问题，才能真正发挥出房地产税的优越性，实现其应有的功能。另一方面，房地产税作为完善税收体系的一个环节，不应期望用一个税种来解决复杂的高房价问题，也不应期望其成为地方财政增收的主税种，而应客观地看待其发展与产生的经济社会影响，不断进行完善。

（三）房地产税立法的法律渊源

一是《物权法》为开征房地产税提供了法理基础。在保护私人财产方面，2007年我国实施了《物权法》，其明确了建设用地使用权是用益物权，使建设用地使用权在法律上赋予了物权性质，为财产税意义上的房地产税全面开征奠定了法理基础。二是我国《立法法》第八条规定，关于税收的基本制度只能制定法律进行规定。同时，十八届三中全会提出要“落实税收法定原则”。

二 房地产税立法面临的主要难题

（一）土地财政是房地产税改革的根本性阻力

随着房地产价格不断高涨，地方政府来自土地的收入不断增加，据统计，全国土地出让金占地方财政收入在50%以上，而房产税仅占3%左右。因此，地方财政对土地出让金收入的依赖程度很高，而房地产税相对而言，对地方政府的财政收入贡献率很低，因此，很难调动地方政府积极推动房地产税的立法与征收。

（二）土地制度形成的“房、地”所有权分离，造成征收有悖法理

房地产税是财产税，财产税是对财产所有者征税。但在中国，房地产存

在两个主体、两个所有者，严格讲地产是国家的，房产是私有的，房屋所有者不拥有永久完全的土地所有权，这样就造成产权不清，征税对象混乱，显然有悖法理。

（三）居民购房中已缴纳土地出金及房地产各环节税费，再征房地产税则造成重复征税

房地产税征收是要连地价包括在内的，而购房的居民在事实上已经以土地转让金及相关税费等形式缴纳过，据统计，万科、保利、华润等标杆企业，在一线城市的土地成本约占当前销售均价的35%，二、三线城市的土地成本约占售价的30%。而在单个楼盘的比对中，万科在扬州的万科城占比最高，土地成本占到售价的54%。而政府各种税费占总房价30%上下，其中，税收占总房价8.13%～18.75%，而纳税主体又要对不拥有的土地进行缴税，这既不符法律基本要求，又在客观上形成重复征税，加重了居民税收负担，民众在心理上也难以接受。

随之带来的问题是过去购房已交纳的土地70年土地产权费与相关税费，那么对过去已购房是否征收房地产税？笔者认为：从减轻纳税人不合理负担，减少改革阻力的角度考虑，建议不予征收；而应在取消土地出让金及相关税费等问题后，对新购的房产征收房地产税。

（四）个人住房信息难以掌握，征管困难

由于我国住房制度改革的渐进性，目前居民住房来源渠道多样，不但存在公房、私房、部分产权的私房等多种房屋类型，而且一人多房、多人一房、同城多房、异域多房等现象也非常普遍，加之缺乏完整的房地产登记制度和产权信息系统，税务部门很难掌握个人住房信息，这必然造成征收管理过程中与纳税人沟通的障碍，带来征管困难。

（五）房产种类多且性质复杂，难以进行不动产评估

当前，城市房屋品类繁多身份复杂，有政府以免费或者极其低廉的价格划拨土地建的各类福利房，有拆迁安置房，有历史上民众征了国家的地在上面盖的并且几代人慢慢更新换代的棚户房，有新时期以来在农村集体土地上盖的约60亿平方米小产权房，还有一部分是土地招拍挂以后通过有偿出让七十年或四五十年土地使用权盖的商品房。因此，如何对这些已购房进行统计与评估是一个难题。

（六）房地产相关税费过多过滥，弱化了房地产税的调控功能

2008年全国“两会”期间，十多位全国政协委员对某地楼盘进行税费摸底并最终提交《减少政府收费环节遏制房价上涨的建议》的提案，调查发现，房地产税费达五十余项，涉及25个部门，政府各种税费占总房价的30%上下。知名开发商任志强给出的税费数据更吓人：房地产企业需要交纳的各种税多达27种，各种费更是达180多种，税费占到了房价的7成。房地产领域税费多、负担重，尤其是杂乱无章的收费制度，造成费大于税，直接限制了税收调控房地产业的空间。

三　房地产税立法的对策建议

（一）废除或修改现有的土地管理法

当前的土地管理法是一部侵夺农民土地权益的法，也是土地财政的法律根源所在，建议予以废除或修改。在新法中，可根据产权的传承关系，土地及其地上建筑物的用途和归属，通过立法把房地产权合一，把地产变为居民永久完全的财产。

（二）取消土地出让金

一是建议将土地转让的决定权和批准权收归中央，或将通过土地转让获得的大部分收益收归中央所有；二是建议提高土地征用、房屋拆迁补偿标准，原则上按市场价格进行补偿，严厉追查因非法、不合理土地征用和房屋拆迁引发群体性事件的责任，大大压缩地方政府在征地、卖地过程中获利和寻租空间。

（三）废除现行的房产税条例以及所有相关收费，全部归并到房地产税中进行统一征收

一是现行的房产税是1986年9月由国务院制定并颁布的《中华人民共和国房产税暂行条例》，当时立法的纳税主体主要是企业，20年来私人拥有房屋日益广泛，用老法征新税，显然不合时宜。再者，向全民课征新的税种，必须提升立法层次，需要经人大立法，这是件严肃的事情，未经人大立法不能随意试点或开征。二是各项行政性收费名目繁多，涉及政府部门也十分庞

大。以北京为例，开发企业在房地产开发过程中需要与20多个政府部门打交道；广州的开发企业在开发过程中需要向30多个政府部门缴费。据不完全统计，房地产开发商在各项环节需缴纳50余种行政性费用，包括人防收费、消防收费、建委收费、规划收费、土地收费、房管收费、评价收费、安全收费、治安收费等，个别地方甚至包括近百种之多。这些行政收费包含了房地产企业取得土地、拆迁安置、立项、规划、项目开工以及销售的所有阶段，甚至在消费者购买商品房办理手续的时候，依旧需要交纳行政性收费。笔者建议取消一切不合理收费，全部纳入到房地产税中进行统一征收。

（四）健全完善房地产产权登记制度

房地产产权登记是房地产管理的最基础性工作，也是税收征管的最基本依据。第一，改变目前对房地产多部门登记、分级登记、分块登记的制度现状，利用信息技术手段，使土地管理、房产管理部门互相配合，形成统一的房地产登记系统；第二，加强对房地产权属申请登记监管，防止某些人利用虚假的登记信息逃避纳税；第三，建立健全房地产个人申报制度，要求房产所有人在房地产发生变化时及时申报，使房地产评估能够及时准确。

（五）建立健全房地产信息管理系统，转变税收征管机制

十八届三中全会指出："建立全社会房产、信用等基础数据统一平台，推进部门信息共享。"首先，由土地部门牵头建设统一的不动产的登记和信息管理平台，并将全国所有城市住房信息进行联网，建立规范的房地产信息库；其次，土地、房管、建委等部门应与税务部门密切配合，建立联系紧密、协调高效的运行体系。再次，建立房地产税征收管理税源监控信息体系，充分利用"金税工程"，使税务、房管、规划、公安、工商银行等不同部门实现有效联网，对涉税信息进行资源共享，逐步形成多级房地产信息系统网络和基础数据库，对房地产的各个环节实现动态、全面的监控和管理。在此基础上，根据房地产税是直接税的特点，加快转变税收征管机制，从既有的间接税征管模式向直接税征管模式转型。

（六）建立健全房地产评估制度

一是将房地产评估与税收征收相分离，单独成立评估机构，建立由政府部门主导，税务部门、房地产管理部门、中介机构、律师等联合成立评估委

员会，负责具体房地产价值的评估与争议仲裁，并且该评估费用应由政府承担；二是由于房地产交易存在公开、公正的交易市场，市场价格容易取得，建议采用市场比较法对房地产纳税价值进行评估：根据不同区域地段划分不同级次的基准价值，确定价值调整系统，根据房屋使用类型、房屋位置、房屋面积、房屋折旧程度、房屋附属建筑的面积、房屋的保养程度、房屋所在的环境、房屋的装饰与舒适程度等指标，计算出房屋的加权调整系数，最后，根据基准价值与调整系数综合确定房地产的评估价值。

四　房地产税的课税要素的初步构想

（一）税负合理性分析及建议

1. “拉弗曲线”的理论分析。“拉弗曲线”是反映税率与税收之间函数关系的理论分析模型，是国际通用的分析方法。“拉弗曲线”是一条上凸曲线（见图 1），横轴代表税率水平，纵轴代表税收收入或经济收入。从图中可看出，可产生最大限度生产量和税收收入的点是 E 点，即最佳税率点，否则，无论税率高或低，收入都会下降。供给学派把 EFR 阴影部分称为“税收禁区”，如 B 、D 点，当税率进入禁区后，税率与收入呈负相关的关系。但在 EF 左边各点，如 A、C 点，税率又显得过低，政府收入不足，所以，需要寻找税负最佳点。

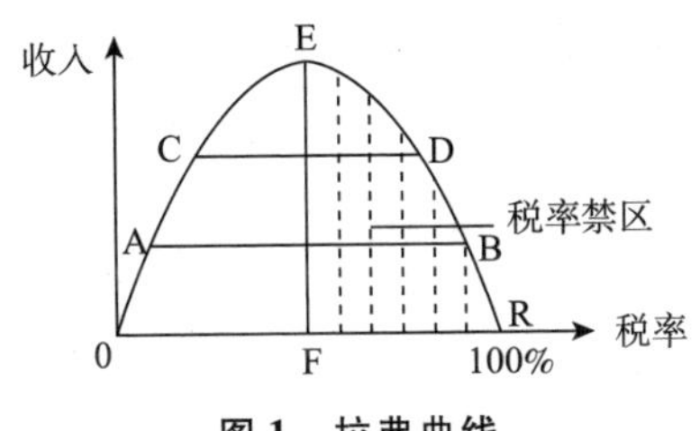

图 1　拉弗曲线

据统计，我国保有环节主要是城镇土地使用税和房产税，税负仅占房地产市场价值估值的 2‰左右，而流转环节涉及企业所得税、个人所得税、土地增值税、耕地占用税、契税、营业税、教育费附加、印花税和城市维护建设税，税收占商品房销售额的比例为 8.13% ~18.75%。根据“拉弗曲线”分析，流转环节税种过多，税负较重，进入拉弗的禁区，而保有环节税负较低，财政收入太低。

2. 房地产相关税费的整合建议。根据拉弗曲线的理论分析，需要整合当前的房地产各环节税费，压缩减少流转环节税，提高保有环节征税比例。因此，建议将房产税、城镇土地使用税、土地增值税及土地出让金等全部或部分合并，统一设为房地产税，于保有环节统一征收。其中，把一次性交付的土地出让金通过房地产税使土地使用者按年向国家交付，这样既有效解决房地产税与土地出让金并行的问题，又不会改变原有的土地制度，从而，也可以解决地方政府依赖土地财政的问题。

3. 税率设计。在拉弗曲线分析基础上，建议：一是从我国城镇居民住房实际情况看，种类多，差别大。因此，需要针对不同类型住房，采取不同的征收税率，对高档商品房、豪华别墅征收较高税率；对廉租房、公共租赁住房、经济适用房、两限房等保障性住房等实行减免税政策；以家庭为单位的居住用房给予一定面积减免或税额减免。二是根据中国人民大学等院校在北京的问卷调查结果，大部分人认为房地产税的税率平均应在2%以下。三是结合上述情况，采用累进税率制度，（1）对居民用于居住的第一套房的税率应从低计征，同时规定起征面积，对超面积的部分，普通商品房税率0.2%、高档商品房税率在0.2% ~0.5%之间；（2）对于第二套房以上或是豪华别墅的，不设置起征面积，且税率在1.5% ~3%之间；（3）对于生产经营用的，不设置起征面积，且税率在1.5% ~3%之间。

（二）其他关键性课税要素设想

1. 征税对象。拥有房屋所有权的居民个人或单位为纳税主体。同时，仅对新购房屋进行征收，对于居民以前已购的房产不予征收。

2. 征税范围。从公平的角度，凡是房屋产权明晰的所有者都应纳入征税范围，包括地、房、附属设施等。小产权房由于没有缴纳或充分缴纳相关收费，且在土地供给上不符合现行城市土地管理要求，因此缺乏产权保障。鉴于此，政府应结合房地产税改革，对小产权房进行清理或有条件合法化，如，通过补缴土地出让金等措施让其合法化，关键是要明晰产权。

3. 计税依据。建议采用土地与所附建筑物评估价值相结合的计税依据，有助于避免因采用土地与所附建筑物分开计算模式所带来的困难与争议，不仅可以合理地反映房地产现有价值，也符合量能课税原则，确保财政收入的稳定增长。

4. 优惠减免。免征房地产税的范围主要是财政拨款单位的房产、鼓励技术创新研发用房屋，以及带有公益性的或基本生活用的住房，包括各种所有制形式的员工宿舍、用于技术研发的房屋；学校或学术性研究机构的校舍或办公使用的自有房屋；慈善事业的非营利性自有房屋；从事农、林、牧、渔生产的房屋等。

（作者单位：威海经济技术开发区国家税务局）

集群企业有效时空战略研究

何中兵　谭力文

1　引言

产业集群是介于市场与层级组织之间的双边或多边治理的现代产业组织形式，体现着区域或国家的竞争优势，是集群企业赖以生存与发展的时空背景。集群企业可以利用产业集聚的环境要素构建相对于非集群企业的竞争优势，同时其战略行为影响产业集群的结构与演进过程。依据“结构－企业行为－绩效”的论断，集群企业的时空环境与战略行为之间存在内在依存关系，但是受分类研究范式的影响，相关研究成果被隔离于多个学科的“篱笆”之中，其局限性具体表现为。

集群企业时空背景的形成与演进是连续而系统的，但是解读时空环境的范式分属不同的学科，依据单一学科难以系统解读集群企业的竞争时空结构。集群企业竞争时空中的利益相关者是多元的，应该通过多维的角色作用满足多视角的利益诉求，但是单一视角的战略管理理论提供的往往只是狭隘的战略选择路径，难以构建持续竞争优势。因此有必要整合与深化关于集群竞争时空与战略行为的相关理论，比较与选择有效竞争战略。

笔者以探求集群企业有效竞争战略为线索，研读了关于集群企业的环境、角色以及竞争战略的经典与最新的研究文献，围绕三个问题：如何认识集群企业竞争时空的系统特征？集群企业在特定竞争时空中扮演怎样的角色？构建集群企业持续竞争优势的有效时空战略是什么？打破了原有的分类研究架构，在科学学范畴内对集群企业竞争时空与战略行为的相关解释范式进行了整合，对集群企业在其竞争时空中的角色作用以及有效竞争战略进行了探讨。本文的研究主题涉及集群企业创新与升级的核心问题，也是分析区域经济发展与区域竞争力来源的关键之一，因此具有重要的理论与现实意义。

2 集群企业竞争时空结构

关于集群企业竞争时空的解释存在多种范式，主要包括聚合经济理论、复杂系统理论、社会网络理论、价值链治理理论以及产业集群理论，可以分之为非区域视角与区域视角两大类。前者以学科分类研究为基础，从一个或几个视角解析了产业集聚的经济与社会结构；后者系统阐述了集群企业的时空结构。

2.1 非区域视角的经济与社会结构

（1）原子型自组织系统。聚合经济理论认为产业集群不存在任何特殊的组织形式、内部机构的忠诚度以及明确的函数关系，聚合经济决定于机会的组合、积聚企业的数量、对商机的选择以及企业自身的素质。产业数量的增加与相互学习可以带来规模经济与学习效应，产生具有区域异质性的溢出效果。频繁的互动可以使企业保持战略选择的灵活性并减少机会主义。聚合经济理论用经济外部性解释了产业集聚的成因，强调市场机制是促使产业集群演化的根本动力，是研究集群企业经济环境的主要理论。由于该理论简化了集群企业的社会属性，弱化了集群企业战略行为对环境结构的内生作用，因此尚不能揭示产业集群的社会结构、经济外在性起源与变化的社会学机理。

（2）放大了的层级结构。复杂系统解释范式强调企业的主体地位，认为产业集聚放大了优化企业运作活动的边界范围，集聚是一种战略，因为接近性可以转化为较低的成本和更大的需求能力。外部经济或者受到资本集中和内部化过程的制约，或者由于公司战略内生的产生。企业选择集聚的目的在于最小化可观测的空间成本，这就需要选择尽可能接近产业链中的其他企业。减少的交易成本本质上为企业通过合作在特定区域中获取的垄断的利益在复杂系统中所有机构系统分配。这种理论关注了产业集聚形成的空间经济，为计算集群企业可能减少的空间成本提供了具体的计算方法。但是忽略了产业集聚实体间形成层级结构与垄断利益的社会与经济条件。

（3）社会网络结构。社会网络理论认为经济关系都根植于依赖规范、制度以及一系列共享的假设意识之中，它们本身并不是简单的经济决策的产出。产业集群之所以可以被看作网络，是因为它具备了构成网络的三个基本要素即活动、资源和活动主体。因此区域信任、关系、规范与制度可以改善社会网络在信息沟通与知识管理方面的效能，企业的自我认同和社区意识将直接创造经济价值。社会网络理论准确地揭示了产业集聚的结构特征，藉此可以深入了解产业集群提高生产力与创新能力的运作方式，然而知识产权、资本的产权排他性，经济实体之间的利益竞争行为等不能有效纳入分析范式。

（4）价值链系统。价值链治理理论认为产业集群价值链治理是双边或多边关系的制度安排，旨在实现不同经济活动或行为主体的非市场化协调，有市场、层级以及介于两者之间的模块性、关系型、领导型等多种治理模式。流程、产品、功能、部门四个层次升级，公共服务、供应商、生产者、顾客等各环节的变化都可以成为整个价值链体系的创新驱动因素。价值链治理理论为分析集群企业产品生产的全球分工与利润分配的形成机理与治理机制的变化规律提供了系统的解释范式。但是该理论只关注了产业系统经济利益关系，忽视了非经济关系的影响，不能解释集群企业的信息、知识共享、风险共担机制。

以上四种解释范式可以分别从不同的视角阐释集群企业竞争时空的经济或社会结构，但是均难以系统解释集群企业的时空背景，反映了分类研究范式的局限性。

2.2　区域视角的时空背景

波特的区域视角的相关理论全面地阐述了集群企业竞争时空的系统特征。

（1）国家竞争时空。波特指出企业持续改进或创新的动力以及克服变革和创新的实质障碍的竞争优势来源于一个国家的四大特质：生产要素条件，需求情况，支撑产业与相关产业，企业战略、结构与竞争状态，这些特质相互作用形成一个钻石体系。钻石体系如果能够为企业持续提供更好的产品与制造工艺的信息和洞察力时，企业可以从中获得竞争优势，如果能够迫使企业创新和投资，企业会提升其竞争优势。

钻石体系中，大多数生产要素条件并非天生的，而是创造出来的，提升与使用专业化生产要素的效率尤为重要。苛刻的顾客需求、具有国际竞争力的本国国内供应商、规则、诱因、激烈的本土化竞争在改善企业本土条件的同时会加剧企业创新与升级的压力。钻石体系在取得国家竞争优势的过程中，信息的获取、诠释以及投资和创新居于核心地位，信息会提升企业和产业的创新速度和发展方向。

钻石体系站在国家层面全面阐述了构建集群企业竞争时空的体制基础与战略要素，是解读集群企业国家竞争时空的理论依据。

（2）竞争与合作的产业力量。可用于分析影响集群企业盈利空间大小的主要产业力量以及竞争与合作关系的基础结构的理论是波特“五力模型”。产业集聚对于新企业、替代品以及同行的进入具有更大的吸引力，使得集群企业面临更为激烈的竞争，地理接近性与模仿行为带来的结构趋同，低成本竞争不具有可持续优势，结构性选择的重要性让位于持续的投资与创新。产业结构并不是静态的，集群企业可以利用五种竞争力量之间竞合关系获取放大了的利润池并重新分割利润。

（3）协同演进的产业集群。产业集群理论首次明确指出产业集群是特定的区域中，相互作用的公司与相互联系的机构，通过共享与互补性连接而成的地理上接近的群体。产业集群的组成实体包含产业集聚时空的所有组织，这些实体之间的联系不仅表现在竞争，更多地表现在合作、交流及风险共担。

波特认为生产要素的自然禀赋不是持续竞争优势的来源，有利于协同生产与创新的区域性网络的存在以及在钻石系统作用下产生的持续投资与创新的压力是提高国际竞争力的关键，整合与重构价值链体系、平衡市场与层级结构之间的灵活战略是产生持续竞争优势的主要手段。产业集群理论将网络理论与竞争联系起来，能够帮助揭示网络结构的成因、实质活动，以及在网络特点与结果之间的关联。

依据集群理论，影响集群企业发展的因素有本土竞争的激烈程度、培养新事业的环境以及产业集聚的正式与非正式机制的效能。良性竞争、有利于创新的制度环境以及能不断产生并维系的经济外部性有利于集群企业的发展；由于集体思考、制度的刚性以及垄断等引起的僵化则会影响集群企业的竞争优势。集群企业对产业集群具有路径依赖性。

3　集群企业的角色分析与属性的重新界定

依据上述理论假说，在不同时空结构中，集群企业扮演不同的角色。

3.1　单一角色作用

（1）自由寻租者。按照聚合经济理论，集群企业是组成产业集群的原子型单位，选择产业集聚的主要诱因为经济外部性，其中包括具有特定经济禀赋的区域性资源的比较优势，同质性组织产生的规模经济，地理接近性所减少的机会主义等。因此集群企业是自由寻租的经济单位。

（2）层级组织。按照复杂系统理论，产业集群的形成放大了集群企业可以优化运营活动布局的空间范围，集群企业可以利用地理接近性降低营运活动的空间成本，提高协同生产与持续改进的能力。所以说集群企业是产业集聚区域内可以优化空间布局的层级组织。

（3）网络节点。依照社会网络理论，集群企业是介于市场与层级之间的网络组织，是产业集聚网络中的信息节点，集群企业的关系结构与性质影响其信息的集散、知识创新以及降低机会主义的能力。集群企业的这种特殊的社会属性是提高其持续创新能力的组织保障。

（4）治理主体。集群企业价值链活动的空间布局以及整合机制的战略选择是影响聚合经济效果的核心因素，集群企业与其他治理主体之间的博弈过程与协调结果决定着产业集群的价值链治理机制。因此集群企业是价值链系统的核心治理主体。

从单一视角可以较为深入地揭示集群企业所扮演的角色，但是任何一种具有严格学科边界与理论假说的理论都无法系统解释集群企业的时空属性。

3.2 多元角色作用

集群企业竞争时空中的利益相关者是多元的，因此集群企业应该具有多维角色作用。

（1）比较优势的受益者。特定区域生产要素的禀赋、钻石体系的运行状况属于区域层面的战略要素，集群企业可以藉此比较优势。由于经济全球化带来信息交流与交通运输的便利条件，比较优势可能产生的持续竞争力越来越小。集群企业是比较优势的受益者，但是比较优势不是持续竞争力的来源。

（2）创新体制的推动者。在“钻石”体系中，集群企业是制度环境的适应者与市场机制主体，寻求良性竞争并持续投资与创新，可以推动整个钻石体系的正常运行，否则会制约四要素的良性互动，因此集群企业是创新机制的推动者，创新是集群企业的核心角色。

（3）产业竞争态势的塑造者。产业集群的结构是集群企业价值链选择与治理的结果。集群企业可以通过正式与非正式合约构建和重组产业结构，也可以通过战略联盟或非正式合作扩大产业或产业集群范围。集群企业在竞争机制与层级结构之间的权衡影响到产业集群的竞争强度，因此集群企业是产业结构与竞争态势的塑造者。

（4）产业生态的共生体。在产业集群中，集群企业与其他实体之间共享基础设置、公共服务并相互交流、相互监督、共担风险，其战略行为关系到产业集群的性质与利益格局，同时其战略选择与生存发展对产业集群具有路径依赖性，因此集群企业是推动产业集群演进的主要共生体。

在产业集群的时空背景中，利益相关者对于集群企业的多元价值诉求，可以更为系统地揭示集群企业的多维角色作用，这是集群企业制定有效战略的基础。

3.3 集群企业属性的重新界定

关于集群企业的属性认识，大多数学者依据的定义为“集群企业是在区域网络的基础上，通过各种方式发展非贸易联系从而提高其创新与竞争能力的企业”。这一概念虽然一定程度上解释了集群企业社会网络属性以及竞争战略的特点，但是其内涵对于集群企业竞争时空中的多维角色与本质属性的揭示还不够完整。

如果将集群企业在产业集群中的多维角色作用纳入其本质属性范畴，可以将集群企业定义为：可以利用地理接近性与区域性网络获取经济外部性，形成产业集聚，并在其竞争时空中，借助价值链与社会网络关系的治理，通过持续投资与创新、合作与竞争，促使产业或产业集群创新与升级，提高区域或产业国际竞争力的网络性组织。

4 集群企业的战略路径分析

集群企业的时空结构限定了其可能的角色作用，集群企业自身的角色识别则是竞争战略选择的基础。解释集群企业战略行为的理论主要包括：资源与能力基础观、社会网络理论、价值链治理理论以及波特的竞争优势与竞争战略理论。与竞争时空解释范式相对应，可分之为非区域与区域视角的战略理论。不同的战略视角具有不同的路径选择。

4.1 非区域视角的战略选择

（1）内化经济外部性。资源与能力基础观认为企业中重要的、有价值的、难以模仿的异质性资源是其竞争优势的直接来源。集群企业可以将经济外部性转化为战略性能力，从而提高相对于非集群企业的竞争优势。这些观点被众多的实证研究证实。但是该理论的战略视野局限在企业边界之内，难以明确界定资源的异质性，不能解释异质性资源的起源、变化与可持续性问题，甚至存在循环解释。在经济全球化以及物流与通信技术日新月异的背景下，区域性稀缺资源、基础设施、低成本劳动力可以便利地获取，因此集群企业的竞争优势不能通过简单的将经济外部性内化的方式获取。

（2）提高社会资本。按照社会网络理论，网络的规范、制度、信息与知识在约束集群企业的行为的同时，也提供了知识创新的机会。集群企业可以利用中心度、结构洞或亲近性获取资源、增强信任、取得网络控制权力、形成共同愿景，通过社会资本提高在社会网络体系中的地位与不可复制的区域网络优势。社会网络理论为集群企业的社会角色识别与战略选择提供了较为系统的解释范式，但是知识产权问题、经济主体之间的价值共享、博弈与利益分享等问题限制了其解释效力与应用价值。

（3）降低营运成本。依据复杂系统理论，集群企业可以通过就近选择与运作与活动相关的合作伙伴，通过合约强化协同生产能力，利用与供应商和顾客的地理接近扩大运营规模，降低交易成本、节省空间成本、防范机会主义。复杂系统理论提供了一种可以定量测度提高集群企业空间成本竞争优势的战略方法，但是其关于集群企业与其他实体之间的放大的层级关系假设一定程度上否定了市场机制对产业集群演进以及战略行为的影响。

（4）提高价值链升级能力。价值链治理理论认为企业的竞争优势源于价值链活动，集群企业可以通过价值链活动在全球范围的空间布局、协调与整合，通过共享价值链活动与集体学习机制降低成本提高创新能力，从而提高全球竞争力。价值链治理理论强调企业主体在价值链定位升级中的主体地位，指明了提高集群企业价值链升级路径的主要路径。但是对于影响价值链升级能力的其他战略因素缺乏更为系统而深入的分析。

尽管依据上述四种主要战略管理理论以及一定数量的实证研究结论可以从某一种视角选择适当的竞争战略，但是偏重于单一角色作用的战略路径，很难被称为集群企业构建持续竞争优势的有效竞争战略，不足以指导集群企业管理者选择满足多维角色作用、构建持续竞争优势的决策需要。

4.2 区域视角的时空战略

从区域视角分析集群企业的战略路径，需要采用适应多元环境结构特征与动态演进规律的战略路径，既需要充分利用比较优势与地理接近性降低生产成本提高协同生产能力，又需要通过社会网络与价值链治理能力提高持续创新能力，不妨将这种区域视角的多维竞争战略称为时空战略。依据集群企业竞争时空结构特征、多维角色作用要求以及波特的竞争优势与竞争战略理论，集群企业时空战略应该包含如下内容。

（1）利用本土化条件提高生产力与创新能力。地理接近性，为降低集群企业的空间成本，提高协同生产与创新能力提供了便利条件。集群企业可以通过价值链活动的空间布局、协调与治理，社会网络关系的识别、构建与治理等手段，选择有利于降低成本构建差异性的区域，并利用竞争时空中的战略要素提高协同生产与创新能力。

（2）主动寻求竞争，增强产业创新与升级的原动力。作为产业结构与竞争态势的塑造者以及产业创新与升级能力的内源动力，集群企业需要选择更为挑剔的顾客、服务质量更高的供应商，更为严格的技术规范与质量标准，通过持续投资与创新提高与竞争对手、潜在进入者或替代品之间的竞争优势，从而提高产业竞争强度，促进产业升级与创新能力。

（3）共享活动并实施有效的价值链治理。产业集群的存在意味着集群企业需要从产业集群层面考虑企业的整体发展战略。集群企业通过战略联盟、业务合同而形成的价值体系可以创造放大的利润池。通过谋求与竞争时空中的其他治理主体共建合理的价值链治理机制可以提高产业集群价值链体系的运营效果。

（4）构建并改善社会网络体系。集群企业的社会网络嵌入在竞争时空的社会网络之中，是获取外部资源、减少不确定性、增强进入产业集群的合法性并了解集体目标的时空通道。因此，可以通过提高网络的中心性，增强在网络结构中的信息控制能力与影响力，塑造信任气氛，提高信息管理与知识创新的能力。

（5）合理选择并积极参与改善钻石体系。集群企业是构建钻石体系的核心要素及其创新机制的推动者，需要主动参与改善钻石体系，如将公司总部定位在母国并接近相关产业，选择性寻求海外优势、选择性结盟、寻求最强的竞争者、创造创新的压力，与国内客户、供应商、销售渠道合作，以帮助它们升级从而延伸其竞争优势、积极参与提高专业性生产要素的创造与培训等。

运用“时空战略”概念可以更好地整合不同战略理论流派形成的成果，有效衔接集群企业竞争时空与时空战略的相关理论。集群企业实施有效的时空战略的目的在于提高持续的竞争优势，即一方面通过有效降低空间成本提高协同生产能力，另一方面通过获取与改善知识创新机制提高持续创新能力。

5　时空战略的有效性讨论

与单一视角的战略路径相比，时空战略具有更为广泛的内涵与外延，其战略路径涵盖了所有分类学科提出的主要命题之外，更体现了集群企业满足适应多元时空环境与多维角色要求的时空属性。运用时空战略概念，可以将非区域和区域视角的战略管理理论分为非时空与时空战略管理理论。波特认为战略的本质是适应环境和构建持续的竞争优势，下面从战略的本质方面讨论这两类战略的有效性。

5.1 时空与非时空战略路径的有效性分析

非时空战略理论的研究成果产生学科分类研究范式，研究基础为严格的单一学科的理论假说，其研究导向为发展原有理论体系，因此这些与集群企业战略行为相关的成果虽然极大地丰富了原有的战略管理流派的知识体系，但是其研究视角单一，难以指导系统的动态的集群企业竞争战略行为，因为集群企业的管理行为是形成产业集群结构、影响产业集聚演进机制、产生区域或产业经济效果的核心因素，集群企业时空背景中的战略要素与时空战略之间的作用机制是立体的、动态的。

优秀的战略必须满足五个基本条件：具有独特的价值取向、特定的价值链、有别于竞争对手的取舍抉择、价值链的协调性、时间上具有持续性。显然内化经济外部性、降低空间成本、提高社会资本、提高价值链升级能力四种非时空战略路径都难以满足优秀竞争战略的要求。尽管这些战略路径具有局部的正确性。

体现集群企业多元角色作用的时空战略，综合权衡了集群企业竞争时空中的战略要素与时空战略之间的相互作用，立足于集群企业的多维角色作用，在提高自身竞争优势的同时，致力于竞争时空结构与演进机制的改善。时空战略站在区域或产业集群层面谋求持续的竞争优势，具有独特价值取向；通过价值链治理可以构建具有区域特色的价值链；可以依据本土化条件对价值链活动的空间布局以及社会网络关系进行取舍，以区别于竞争对手；可以提高区域或产业范围内的协同生产或创新能力；可以更有效地整合竞争时空中的战略要素，获取持续发展能力。因此，时空战略具有优秀战略特征。

虽然运用时空战略概念可以有效整合集群企业的战略选择路径，但是其内涵相当广泛，在竞争时空的不同层面上具有不同的战略路径，还不足以提炼出集群企业构建持续竞争优势战略路径的本质属性。运用波特提出的战略性社会责任与创造共享价值的战略思想来作为探讨体现多维角色作用，协调竞争时空战略要素与战略行为的相互作用、平衡市场竞争与战略性社会责任之间的关系的现实战略路径，可以将“创造共享价值”作为最为有效的时空战略路径。

5.2 创造共享价值提高持续竞争优势

波特认为在现代经济背景下，需要打破营利与非营利组织之间的界限，将企业的社会责任与盈利，长期利益与短期效率，企业经济利益与社会利益，产品需求与人的深层需要等有机地衔接起来。创造共享价值，属于一种企业提高创新能力，构建持续竞争优势的新型竞争战略，是未来社会促进商务模式创新与经济增长的关键。共享价值可以定义为增强公司竞争力的同时，改善其从事经营活动的环境中社会公众的社会与经济状况的公司政策与运作活动。企业创造共享价值有三种途径，其一，满足更为广泛的社会需求如健康、养老、保险与环境保护等；其二，在价值链中提高生产力，通过投资与解决社会问题提高生产效率；其三，促进本土化产业集群发展。

依照集群企业竞争时空的多元结构特点，集群企业的多维角色作用、时空战略的本质属性以及创造共享价值的内涵与外延，可以将集群企业的共享价值界定为：集群企业在提高创新能力与生产力的同时改善产业集聚环境，使之产生持续外部经济性的公司政策与运作活动。按照这一定义，所有符合集群企业多元利益相关的利益诉求，体现集群企业多维角色作用，谋求可持续竞争优势的同时致力于改善竞争时空的战略选择，都可以纳入创造共享价值的时空战略行为范畴。

通过创造共享价值，集群企业可以满足竞争时空中多元利益相关者的利益诉求，实现提高区域性比较优势、改善信息沟通、优化社会网络与利益格局、提高产业集群创新与升级能力。创造共享价值既可以利用产业集群原有的经济外部性提高自身的竞争优势，又为产业集聚的发展提供了新的外部性。通过创造共享价值，集群企业可以与所有的利益相关者形成多赢的战略格局，并改善竞争时空，扩大竞争优势的边界。因此创造共享价值是优秀时空战略的具体路径。

6 总结

通过整合与深化集群企业的竞争时空与时空战略的相关理论，可以得出如下结论。

(1) 集群企业的时空结构与时空战略之间存在内在的依存关系与动态的相互作用。由于学科分类研究范式的局限，相关研究成果分属于不同学科，这种研究职能上的相对孤立影响了不同理论中相关概念与命题的一致性，这在一定程度上影响了相关理论的系统性以及理论应用实践的有效性。

（2）关于产业集聚的理论可以用于分析集群企业竞争时空结构特征与演进规律。由于产业集聚时空的形成与演进是系统的、连续的，因此按学科分类的研究成果的解释力是有限的。波特的产业集群理论吸取了其他所有分类研究的成果，系统地阐释了产业集群的产生、结构与演进规律，因此可以视为解读集群企业时空背景的系统理论，产业集群是描述集群企业竞争时空的核心概念。

（3）作为构成产业集群的主要经济与社会实体以及创新与升级的内源动力，集群企业并未作为一个专用的概念出现在产业集群理论之中，组织理论与战略管理理论中界定的集群企业概念没有全面揭示集群企业的系统属性，有必要进一步拓展原有概念的内涵与外延，使之成为联系研究集群企业竞争时空与时空战略的桥梁。

（4）产业集群与集群企业这对概念可以用来分析集群企业的竞争时空的结构要素与集群企业时空战略之间的相互作用。产业集群的结构性因素是影响集群企业角色作用的约束条件，集群企业的角色识别与战略选择需要适应其竞争时空结构特点与演进规律，同时也影响着产业集群的结构与演进过程。

（5）运用产业集聚理论尤其是产业集群理论比较分析集群企业的环境特征后发现，集群企业的竞争时空结构是系统的，利益相关者是多元的，因此集群企业的角色作用是多维的。为了更好地满足多元的利益相关者的利益诉求，体现多维的角色作用，集群企业不能选择单一学科研究成果提供的战略路径，因为单一战略思想并不符合优秀战略的系统特征。

（6）可以将集群企业为适应竞争时空结构特征而可以选择的所有旨在适应时空背景、构建持续竞争优势的战略路径用“时空战略”来表达。这一概念从内涵上涵盖了不同战略管理理论中对于集群企业竞争战略行为的本质属性的解释，因此具有广泛的适用范围，是体现集群企业战略行为系统特征的新概念。

（7）整合与深化集群企业竞争时空与时空战略理论之后，可以发现集群企业时空战略的本质属性在于可以通过与利益相关者共享价值链活动，提高嵌入并适应竞争时空的能力，在满足多维角色作用的同时，构建持续的竞争优势，因此创造共享价值是集群企业最为有效的时空战略。

［作者单位：哈尔滨工业大学（威海）］

即兴研究主题的动态可视化分析

高鹏斌　吴伟伟　于　渤

1　引言

“即兴”一词意味着无计划或者立刻采取行动。作为爵士乐和戏剧中的常见现象，近来已经成为管理学领域的热点吸引了众多学者的关注。即兴研究的一个重要里程碑是 1995 年在温哥华召开的美国管理学年会，期间 Hatch，Barrett 以及其他学者尝试着利用爵士乐隐喻去理解组织即兴，这直接引发了后来 1998 年管理学顶级期刊《Organization Science》开设专栏集中讨论组织即兴。此后大量文献开始从诸多视角进行分析。

以往研究表明，即兴已经成为近年热门的研究领域，有诸多研究也对其进行了深入的分析。Cunha 等（1999）为了从系统视角剖析即兴的内涵，对过去多年的组织即兴相关文献进行归纳整理，继而在组织背景下重新定义了即兴。与此同时还深入研究了组织即兴的促发因素、必要条件、影响因素以及主要产出。李海东等的研究暗示，即兴和大量产出有关，包括创业、新产品开发和创新等。基于 1990 ~ 2010 年国内外 74 篇相关文献，黄勇等全面总结了组织即兴的概念、特性、类型、测量、触发条件、影响因素和结果。结果显示组织即兴的理论研究过于依赖隐喻，概念模糊、体系薄弱，实证研究匮乏。尽管已有部分研究企图整理即兴相关文献，但是这些学者更多地采用定性分析方法，研究结论也都是主观思辨的结果，这将很难揭示即兴研究的多学科本质。

因此，本研究的目的在于使用共词分析技术去检测和可视化概念的子域。定性和定量指标综合采用，以便更好地识别确定最突出的主题。本研究还利用文献计量地图，以可视化的方式显示主题之间的联系。此外借助时间序列图来分析主题的变化以及预测研究主题的新兴趋势。

2 研究方法

2.1 共词分析

共词分析假设文献的关键词足以描述其研究内容，同时出现在一篇文献的两个关键词表明它们所指代的主题具有一定联系。一对词汇在同一篇文献中出现的次数越多，则代表这两个主题的关系越紧密。共词分析通过测量特定领域相关文献关键词关联的强度，从而揭示特定学科的模式和发展趋势。共词分析的主要特点在于，它能够将一个特定学科的知识结构用概念空间图进行可视化表达，进而从时间序列角度分析概念空间图的变化。在本研究中，利用文献计量学软件 BibExcel 来计算两个关键词同时出现在一篇文献中的频次，进而可以构建关键词共现矩阵。为了便于后续分析，需要将原始数据进行标准化处理，即将原始的关键词共现矩阵转化为皮尔逊相关系数矩阵。

2.2 多元统计分析

相关系数能够利用聚类分析、多维尺度以及因子分析方法进行分析。在层次聚类中，本研究选择 Ward 方法，该方法的目的是优化集群内的最小方差，其进行并类时总是使得并类导致的类内离差平方和增量最小。相关系数矩阵还能够利用多维尺度进行分析，该方法属于降维技术，旨在把原始数据拟合到一个低维度空间，其结果会使原有数据之间的相似性和差异性失真最小化。具体过程采用 ALSCAL 程序进行处理。此外，利用因子分析探寻关键词之间的潜在维度。以主成分分析法提取因子，用 Kaiser 准则和碎石检验进行比较，从而确定提取因子的数量。因子提取后，使用最大方差法进行因子旋转。因子分析是对多维尺度和层次聚类的有效补充。不像聚类分析一个变量只能分配给一个集群，在因子分析中，每个变量可以载荷多个因子。因此，种类之间的相互关系可以从不同角度予以揭示。

2.3 战略坐标图

在共词分析中使用战略坐标图有一个优点，即可以识别不同主题的演变趋势和关联模式。在战略坐标图中，X 轴表示中心度，Y 轴表示密度。

密度用来测量某聚类内部的关联强度，可以通过下式进行表示

$$D(k) = \frac{\sum_{i=0}^{N}\sum_{j=0,j\neq i}^{N} r_{ij}}{N-1}$$

其中 D（k）是聚类 K 的密度，N 是聚类 K 内部关键词的数量，r_{ij}是聚类 K 中关键词 i 和关键词 j 的关系值。

中心度用来衡量一个聚类与同一研究领域的其他聚类联系的紧密程度，可以用下式进行表示

$$C(k) = \frac{\sum_{i=0}^{N}\sum_{j=0}^{M-N} r_{ij}}{(M-N)*N}$$

其中 C（k）是聚类 K 的中心度，M 是所有聚类中的关键词，N 是聚类 K 中的关键词数量，r_{ij}是聚类 K 中的关键词 i 和不在聚类 K 中的关键词 j 的关系值。

战略坐标图及其各项限的含义如图 1 所示。

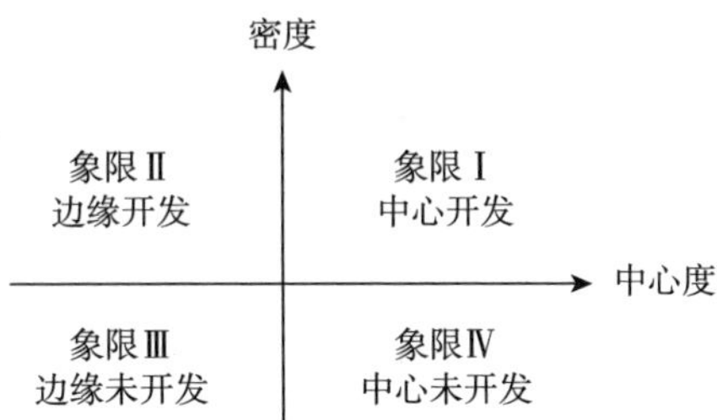

图 1　战略坐标图及其内涵

2.4　社会网络分析

社会网络分析主要显示和测量系统中不同成分之间的关系。社会网络分析中的网络由一系列的点和线构成。点代表成分，线代表点之间的联系。本研究中使用关键词网络，其中点代表关键词，线代表关键词之间的共现。为了理解关键词网络，通过测量每个点的中心度来标识其在网络中的位置。网络中两个点之间的交流能够被落在它们之间的其他的点所加速、阻断和干扰，因此其他两个点之间的节点能够控制它们之间的交流。当群体中一个特定的点坐落在连接其他点的最短交流路径上时，这个点就在中心位置。中心性是指在何种程度上的一个节点落在他人之间的最短路径，通常被命名为中介中心性。

3　数据收集和预处理

3.1　数据收集

为了获得即兴相关的文献，研究数据来源于美国科学情报研究所（ISI）的 Web of Science 数据库。为了涵盖足够多的文献，以“即兴”的不同词性（improvisation、improvisational、improvising、improvise）为主题词进行检索，将研究领域限定在 Management、Business 和 Economics，文献类型限定在 Article, Proceeding Paper and Review。检索最终获得 1997 ~ 2012 年间的 212 篇文献作为共词分析的样本。图 2 给出了来自管理、商业和经济领域的各种文献随年份的分布情况。

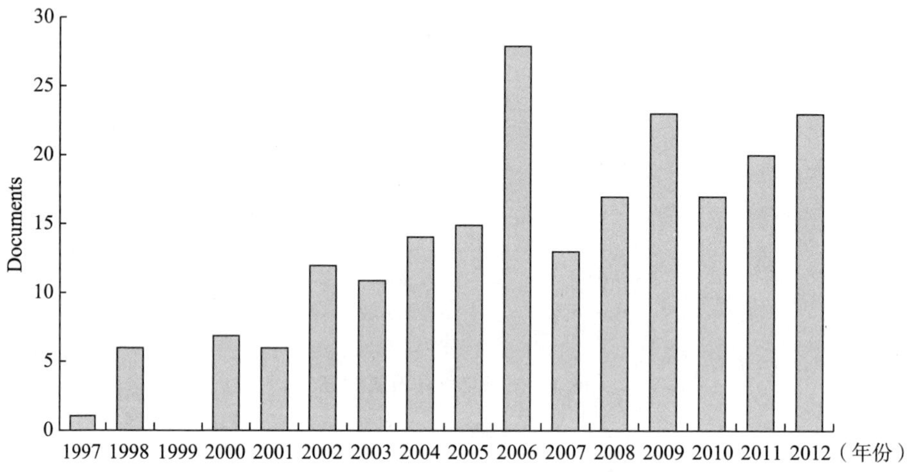

图 2　1997 ~ 2012 年文献的分布情况

每篇文献都包括作者关键词和关键词附加，由于不同词汇可以用来表示同样的含义，因此有必要对关键词进行标准化处理。比如：（1）复数形式改为单数形式；（2）firm performance, task performance, new venture performance, organizational performance, business performance, job performance, financial performance 等标准化为 performance；（3）organizational memory, working memory, transactive memory 标准化为 memory；（4）transformational leadership 和 strategic leadership 标准化为 leadership；（5）knowledge intensive entrepreneurship, international entrepreneurship 以及 technology entrepreneurship 标准化为 entrepreneurship；（6）international strategy, marketing strategy, technology led strategy, devel-

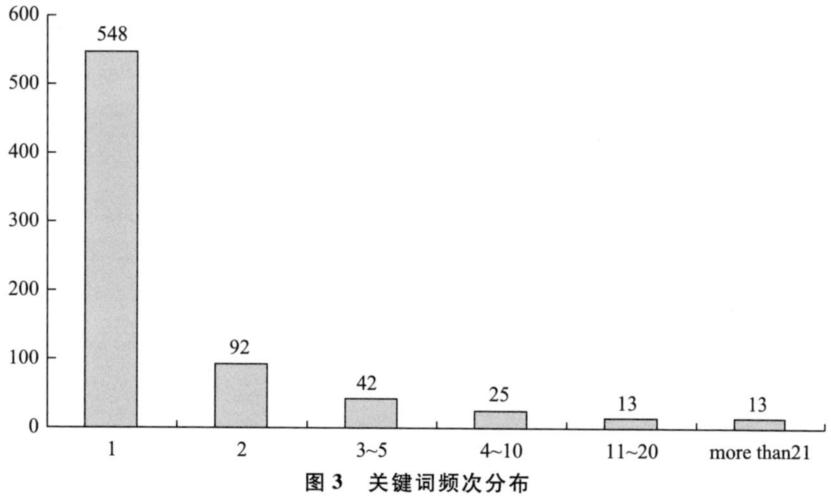

图 3　关键词频次分布

opment strategy, business strategy 标准化为 strategy。

经过类似的处理，最终得到 745 个关键词，其频次分布如图 3 所示。选择频次大于 5 的 50 个关键词作为共词分析的关键词样本，具体见表 1。

表 1　排名前 50 位的高频关键词

序号	关键词	频次	序号	关键词	频次
1	improvisation	94	26	creativity	12
2	performance	48	27	dynamic capability	10
3	product development	41	28	system	10
4	innovation	40	29	flexibility	10
5	organizational improvisation	36	30	sensemaking	9
6	knowledge	36	31	identity	8
7	strategy	34	32	capability	8
8	jazz	32	33	organizational learning	8
9	organization	32	34	decision making	8
10	management	31	35	communication	8
11	environment	26	36	network	8
12	firm	23	37	antecedents	8
13	perspective	22	38	field	8
14	learning	18	39	leadership	7
15	memory	18	40	success	7
16	model	17	41	organizational change	7

续表

序号	关键词	频次	序号	关键词	频次
17	metaphor	17	42	experience	7
18	entrepreneurship	15	43	absorptive capacity	7
19	evolution	15	44	team	7
20	competitive advantage	14	45	market orientation	7
21	technology	14	46	transformation	6
22	industry	13	47	uncertainty	6
23	bricolage	13	48	information technology	6
24	work	13	49	complexity	6
25	time	13	50	impact	6

3.2 矩阵产生

利用 BibExcel 软件计算同一文献中两个关键词共现的次数，从而产生了 50 行 50 列的共现矩阵，主对角线上的数据为缺失值，非主对角线上的数据为两个关键词之间的共现次数。该原始矩阵随后转化为皮尔逊相关系数矩阵，以便于作进一步的多元统计分析，具体结果见表 2。

表 2 原始共现矩阵和相关系数矩阵（部分）

	1	2	3	4	5	6	7	8	9	10
absorptive capacity	0 (1.00)	0.503	0.389	0.293	0.186	0.468	0.192	0.374	0.463	0.713
antecedents	1	0 (1.00)	0.364	0.358	0.613	0.64	0.551	0.654	0.505	0.650
bricolage	1	0	0 (1.00)	0.573	0.321	0.371	0.511	0.421	0.648	0.397
capability	0	0	0	0 (1.00)	0.387	0.346	0.509	0.527	0.512	0.268
communication	0	1	0	0	0 (1.00)	0.44	0.511	0.645	0.346	0.378
competitive advantage	2	2	1	1	0	0 (1.00)	0.584	0.415	0.518	0.618
complexity	0	0	0	0	0	0	0 (1.00)	0.566	0.499	0.337
creativity	0	2	0	0	1	0	1	0 (1.00)	0.502	0.426

续表

	1	2	3	4	5	6	7	8	9	10
decision making	0	1	1	1	1	1	0	0	0 (1.00)	0.425
dynamic capability	3	1	1	0	0	2	0	0	0	0 (1.00)

注：对角线上方数字为相关系数，主对角线下方数字为共现频次。

4　结果分析

4.1　多元统计分析结果

利用 Ward 方法实施层次聚类分析，利用 ALSCAL 方法进行多维尺度分析，其结果分别见图 4 和图 5。压力值为 0.1989，小于可接受值 0.2，R2 = 0.75809，表明匹配效果较好，因子分析的结果见表 3 和表 4。

聚类分析和多维尺度分析结果呈现一致化，如图 4 和图 5 所示，存在 5 个研究主题：主题 1 关注战略和创新，包括产品开发、知识、绩效、环境、管理、

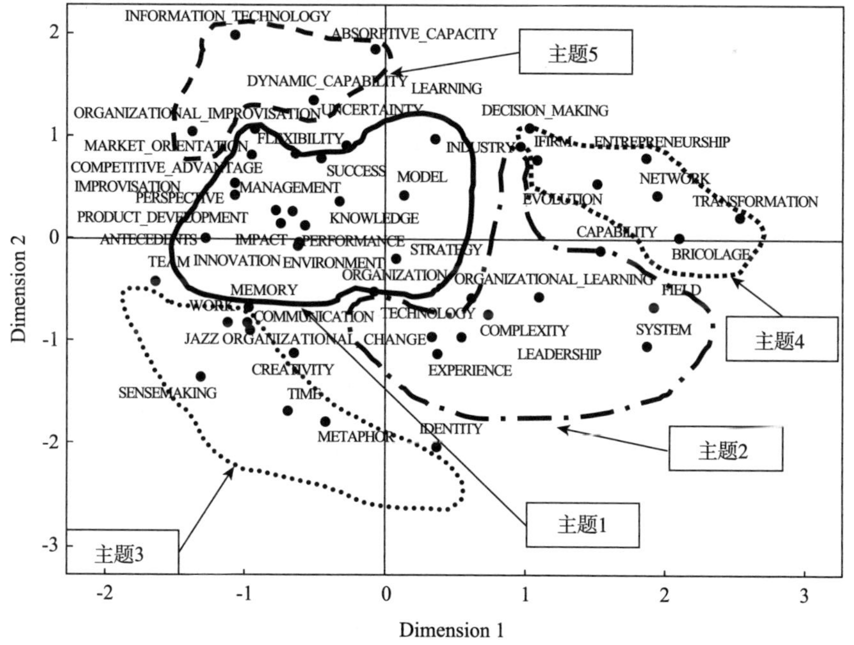

图 4　多维尺度结果

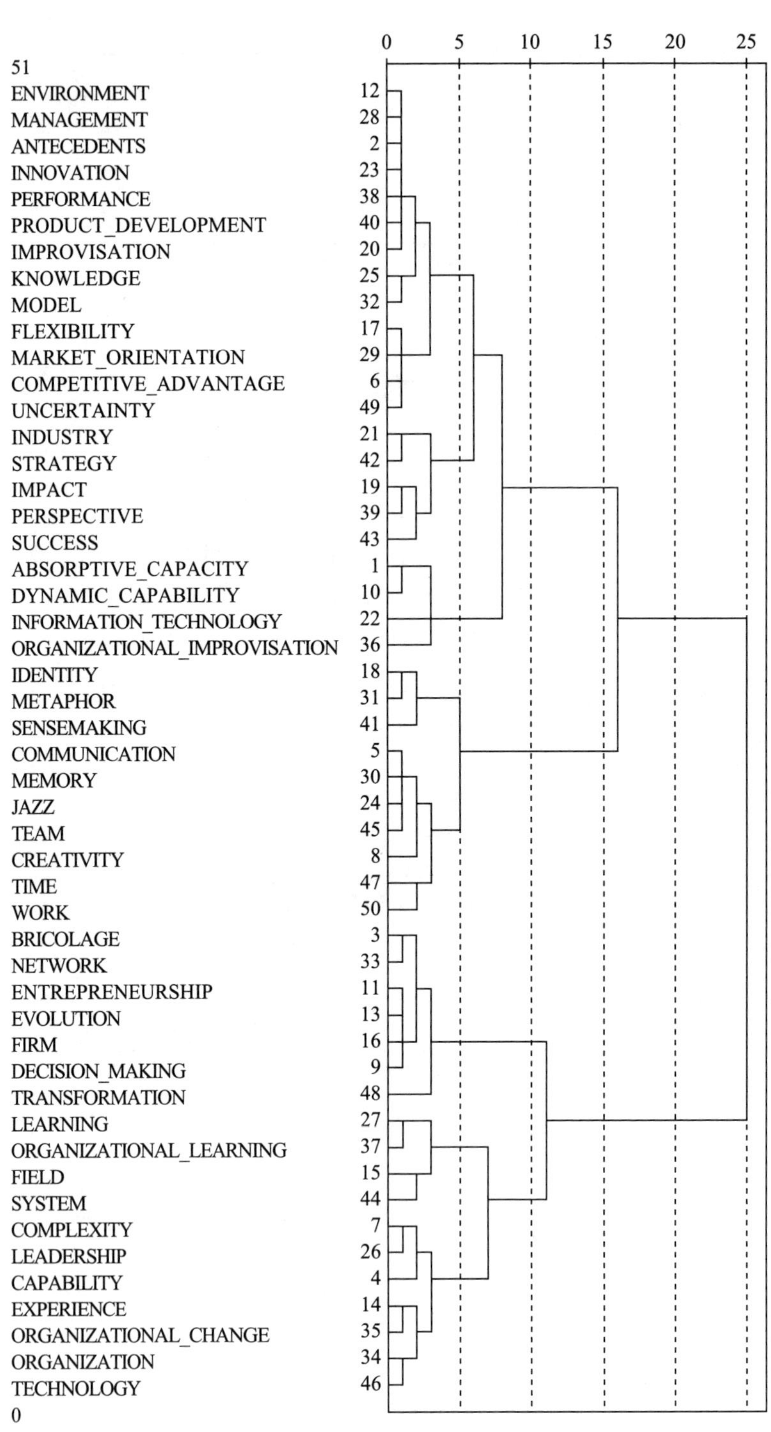
0
5
10
15
20
25
51
ENVIRONMENT 12
MANAGEMENT 28
ANTECEDENTS 2
INNOVATION 23
PERFORMANCE 38
PRODUCT_DEVELOPMENT 40
IMPROVISATION 20
KNOWLEDGE 25
MODEL 32
FLEXIBILITY 17
MARKET_ORIENTATION 29
COMPETITIVE_ADVANTAGE 6
UNCERTAINTY 49
INDUSTRY 21
STRATEGY 42
IMPACT 19
PERSPECTIVE 39
SUCCESS 43
ABSORPTIVE_CAPACITY 1
DYNAMIC_CAPABILITY 10
INFORMATION_TECHNOLOGY 22
ORGANIZATIONAL_IMPROVISATION 36
IDENTITY 18
METAPHOR 31
SENSEMAKING 41
COMMUNICATION 5
MEMORY 30
JAZZ 24
TEAM 45
CREATIVITY 8
TIME 47
WORK 50
BRICOLAGE 3
NETWORK 33
ENTREPRENEURSHIP 11
EVOLUTION 13
FIRM 16
DECISION_MAKING 9
TRANSFORMATION 48
LEARNING 27
ORGANIZATIONAL_LEARNING 37
FIELD 15
SYSTEM 44
COMPLEXITY 7
LEADERSHIP 26
CAPABILITY 4
EXPERIENCE 14
ORGANIZATIONAL_CHANGE 35
ORGANIZATION 34
TECHNOLOGY 46
0

图 5　层次聚类结果

表 3　因子分析旋转成分矩阵

因子	1	2	3	4	5	因子	1	2	3	4	5
management	0. 922	0. 163	0. 232	-0. 050	0. 108	decision making	0. 437	0. 747	-0. 245	0. 013	-0. 047
flexibility	0. 921	-0. 061	-0. 093	-0. 120	0. 107	network	0. 056	0. 709	-0. 298	0. 464	0. 100
competitive advantage	0. 899	0. 089	0. 006	0. 074	-0. 205	transformation	-0. 422	0. 668	-0. 196	0. 091	0. 053
market orientation	0. 895	-0. 134	-0. 160	0. 002	-0. 244	capability	0. 217	0. 627	-0. 036	0. 290	0. 387
antecedents	0. 885	-0. 164	0. 334	-0. 047	-0. 022	strategy	0. 443	0. 594	0. 452	-0. 262	0. 149
environment	0. 882	0. 139	0. 317	0. 053	0. 149	technology	0. 394	0. 571	0. 36	0. 204	0. 3
uncertainty	0. 875	0. 265	-0. 051	-0. 103	-0. 026	jazz	0. 405	-0. 104	0. 847	-0. 047	0. 028
product development	0. 866	0. 068	0. 341	0. 036	-0. 155	time	-0. 068	0. 142	0. 82	-0. 432	0. 162
improvisation	0. 852	-0. 06	0. 159	-0. 087	-0. 003	metaphor	0. 016	-0. 159	0. 816	0. 240	0. 332
innovation	0. 838	0. 179	0. 408	0. 06	0. 029	sensemaking	0. 058	-0. 365	0. 786	0. 112	-0. 094
performance	0. 813	0. 206	0. 434	0. 104	-0. 174	team	0. 537	-0. 279	0. 666	-0. 321	-0. 001
knowledge	0. 729	0. 252	0. 303	0. 249	-0. 243	experience	0. 186	0. 459	0. 644	0. 137	0. 146
organization	0. 725	0. 149	0. 205	0. 379	0. 272	meomory	0. 619	-0. 055	0. 629	-0. 017	0. 204
dynamic capability	0. 723	0. 103	-0. 089	0. 022	-0. 539	creativity	0. 46	-0. 073	0. 627	0. 155	0. 357
model	0. 699	0. 377	0. 196	0. 364	-0. 234	work	0. 298	0. 025	0. 578	0. 031	-0. 219
success	0. 680	0. 210	0. 066	-0. 254	0. 236	organizational learning	0. 265	0. 077	0. 140	0. 838	-0. 127
impact	0. 676	0. 157	0. 388	-0. 034	-0. 076	field	-0. 040	0. 292	-0. 066	0. 781	0. 138
communication	0. 618	-0. 159	0. 544	0. 147	0. 268	system	-0. 222	0. 209	0. 084	0. 731	0. 146
perspective	0. 596	0. 244	0. 336	-0. 591	0. 024	identity	-0. 135	-0. 205	0. 532	0. 714	0. 172
complexity	0. 552	0. 228	0. 038	0. 470	0. 499	learning	0. 537	-0. 042	-0. 065	0. 709	-0. 18

续表

因子	1	2	3	4	5	因子	1	2	3	4	5
evolution	0. 108	0. 967	0. 006	0. 100	-0. 064	organizational improvisation	0. 285	0. 048	0. 380	-0. 496	-0. 489
entrepreneurship	-0. 017	0. 927	-0. 2	0. 021	-0. 043	absorptive capability	0. 339	0. 160	-0. 087	0. 075	-0. 857
firm	0. 260	0. 894	0. 099	-0. 069	-0. 141	leadership	0. 458	0. 268	0. 233	0. 280	0. 660
bricolage	-0. 130	0. 88	-0. 113	0. 325	0. 121	information technology	0. 246	-0. 439	-0. 219	0. 088	-0. 614
industry	0. 215	0. 749	0. 136	-0. 359	0. 083	organizational change	0. 487	0. 271	0. 212	0. 188	0. 489

模式、市场导向、竞争优势、不确定性、行业、成功和柔性；主题 2 关注学习、领导力和变革，其强调了领域、系统、复杂性、体验、组织和技术的重要性；主题 3 关注隐喻、记忆和创造力，包括爵士乐、时间、工作、意义赋予、认同、团队和交流；主题 4 关注创业和演化，特别涉及网络化、资源拼凑、企业、决策和转变；主题 5 关注能力，比如吸收能力、动态能力以及信息技术背景下的组织即兴。

表 4　因子分析总方差

	Initial Eigenvalues			Extraction Sums of Squared Loadings			Rotation Sums of Squared Loadings		
	Total	% of Variance	Cumulative %	Total	% of Variance	Cumulative %	Total	% of Variance	Cumulative %
1	18. 865	37. 729	37. 729	18. 865	37. 729	37. 729	15. 725	31. 450	31. 450
2	8. 432	16. 863	54. 592	8. 432	16. 863	54. 592	8. 239	16. 478	47. 928
3	5. 910	11. 819	66. 412	5. 910	11. 819	66. 412	7. 422	14. 844	62. 773
4	4. 828	9. 656	76. 067	4. 828	9. 656	76. 067	5. 364	10. 729	73. 501
5	2. 634	5. 267	81. 335	2. 634	5. 267	81. 335	3. 917	7. 833	81. 335

基于相关系数矩阵，采用最大方差法实施因子分析，同时抽取关键主题。表 3 表明抽取 5 个因子是合适的。表 4 显示 5 个因子总解释方差是 81. 335%。因子分析的结果和前两种方法结果较为类似，都表明存在 5 个主题。

4. 2　战略坐标图结果

基于中心度和密度的计算公式，得到不同时期的战略坐标图，见图 6、图 7、图 8 和图 9 所示。

图 6 的结果显示，在 1997 ~ 2012 年的整个分析期内，主题 1 代表已经发展起来的核心领域。相似地，主题 4 和 5 被视为还未发展起来的主要领域。然而，主题 2 和主题 3 暗示其是没有发展起来的边缘领域。

图 7 的结果显示，在 1997 ~ 2002 年开始阶段，主题 1 是核心主流领域，主题 3 和 4 则是边缘未开发的领域，主题 2 是还未开发的核心领域，此外，在该阶段主题 5 未能出现。图 8 表明，在 2003 ~ 2007 年间，大部分和前期一样，不过出现中心未开发的主题 5，以及主题 2 和 4 位置调换。

图 9 的结果表明，在 2008 ~ 2012 年间，其他主题位置不变，不过主题 4 从中心未开发变为边缘未开发领域。

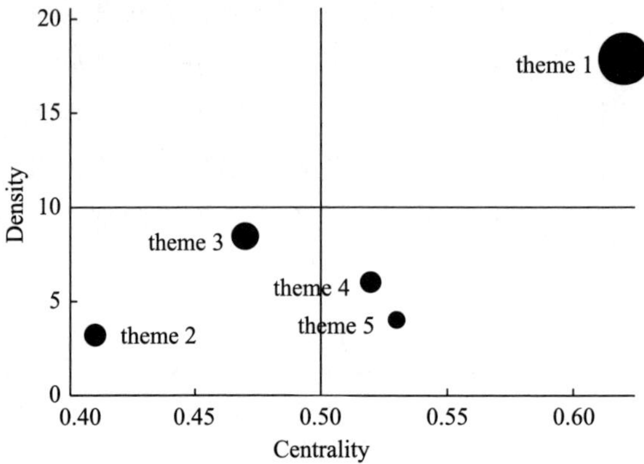

图 6　1997～2012 年的战略坐标图

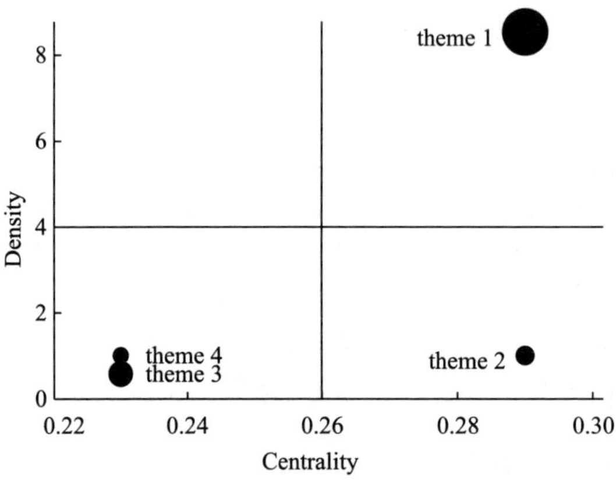

图 7　1997～2002 年的战略坐标图

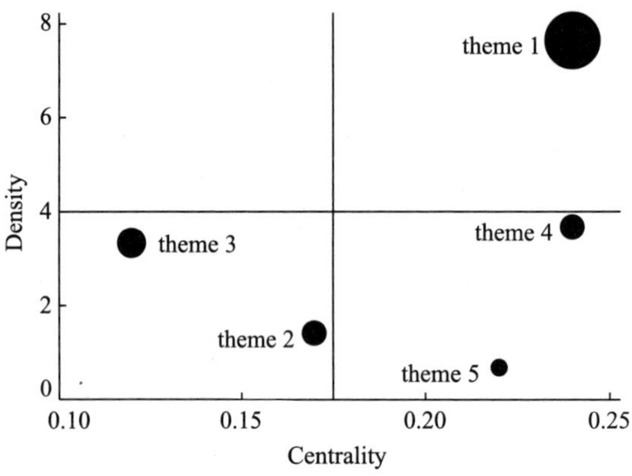

图 8　2002～2007 年的战略坐标图

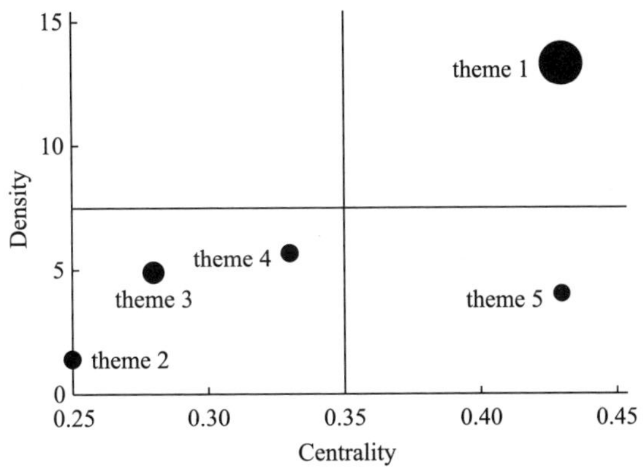

图 9　2008～2012 年的战略坐标图

以上各阶段的战略坐标图表明，主题 1、3 和 5 的位置相对稳定，而主题 2 和 4 在不同阶段变化较大，因此即兴研究在不同时期的关注点有一定差异。

4.3　社会网络分析结果

为了从整体上把握共词分析，以 1997～2012 年的整体分析期进行分析，随后根据时间划分为三个不同阶段，以便于分析不同时期的动态变化。在共词网络中，点的大小表示中心度的大小，线的粗细表明关键词联系的强弱，不同的颜色表明不同的主题。具体结果见图 10、图 11、图 12 和图 13。

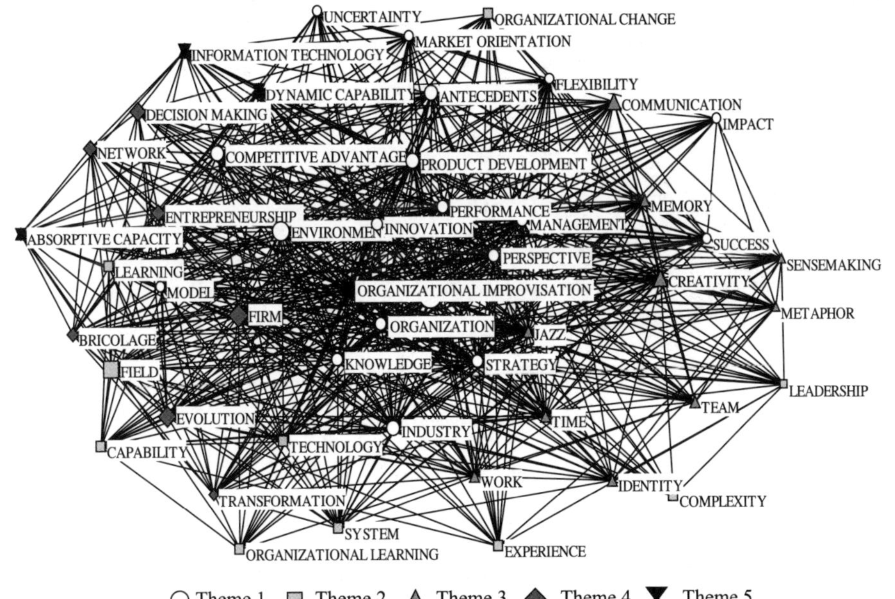

图 10　1997～2012 年的共词网络

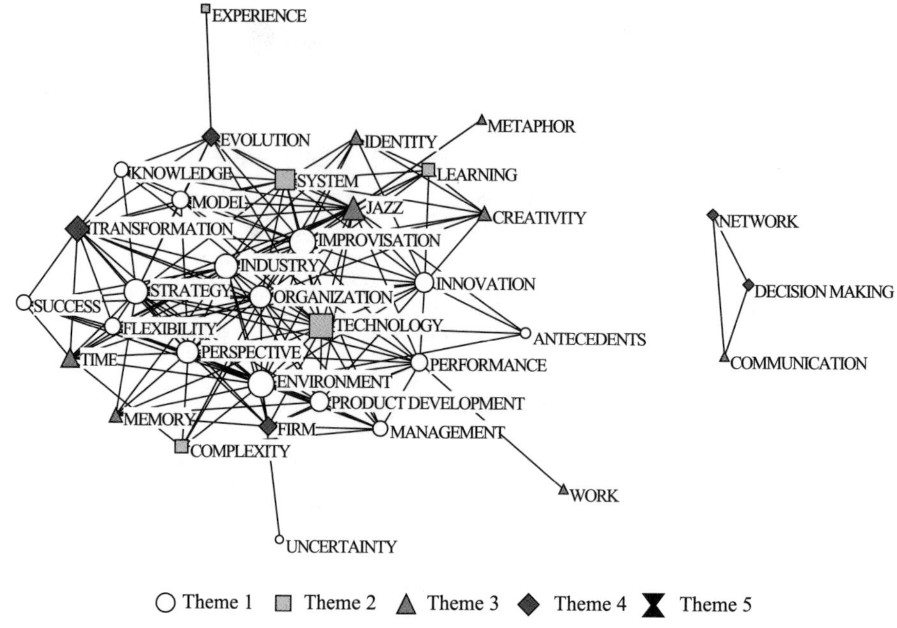

图 11　1997～2002 年的共词网络

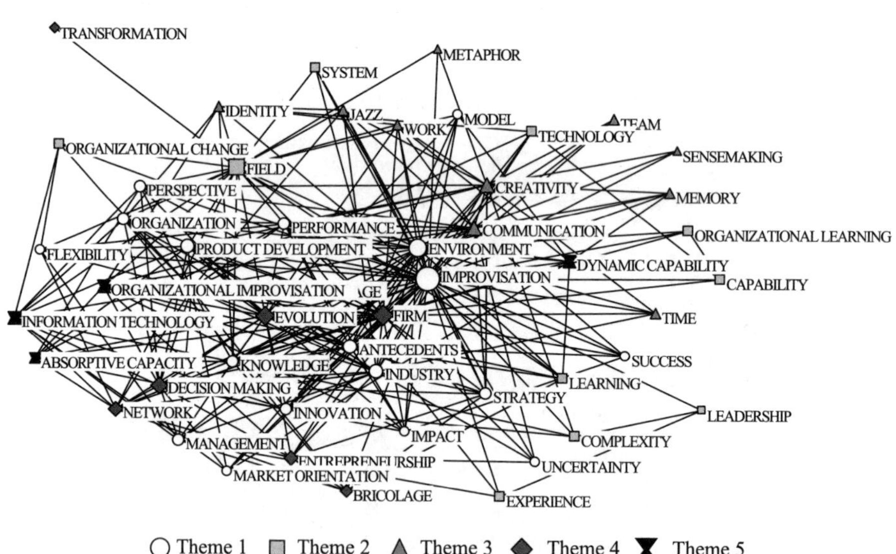

图 12　2003～2007 年的共词网络

以上各图的结果表明，即兴研究在 1997～2002 年间涉及主题 1、2、3 和 4，在 2003～2007 年间以及 2008～2012 年间均涉及主题 1 至 5。

这也进一步说明，主题 1、2、3 和 4 在不同时期均所有涉猎。同时主题 1

拥有很高的中心度，表明其和其他关键词有很多联系，也验证了其主导地位。这些结果和前面的战略坐标图方法所得出的结论是相似的。

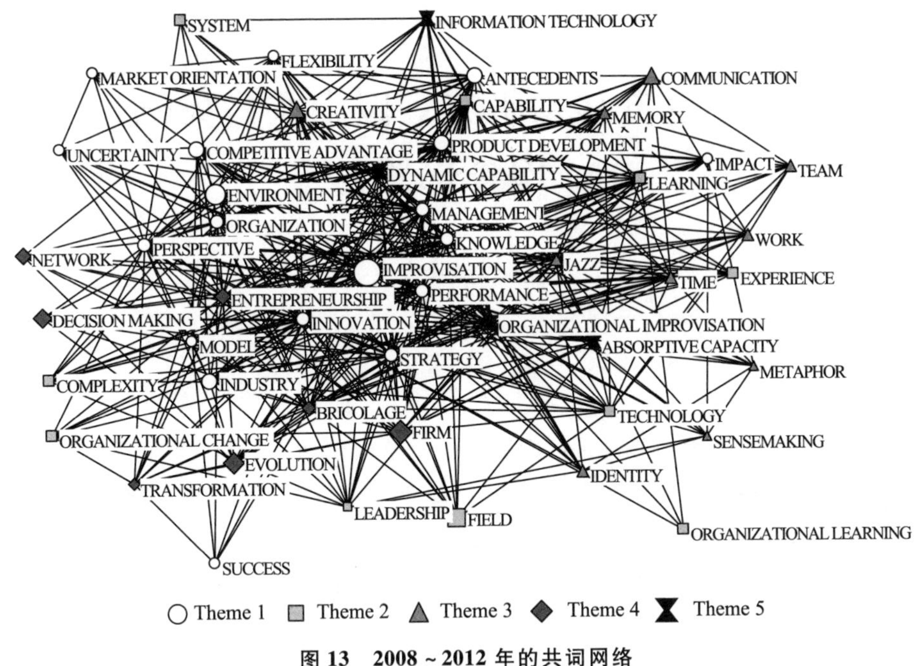

图 13　2008～2012 年的共词网络

结束语

基于共词分析、多元统计分析、战略坐标图和社会网络分析多种方法，本研究形成一致、清晰且合理的结论，即兴领域的研究包括创业、学习、创新、隐喻、战略等多个方面的内容。同时，不同时间段的研究重点是有差异的。在今后的研究中，可以扩大信息源以及使用其他科学计量学方法从而对即兴研究的知识结构进行更为深入的分析。

［作者单位：哈尔滨工业大学（威海）］

《农户投资结构研究：以山东省为例》内容提要

闫惠惠

经济的增长不单纯是总量的问题，更是结构变动的问题。结构能否有序、合理地变动直接影响经济增长的速度。自 20 世纪 80 年代以来，随着经济发展，农民收入开始增加。当收入增加到一定程度时，农民很难再靠增加投资总量来提高收入，转而需要不断调整自己所拥有的各种资源，将其最优化以带来更大收益。能否提高资源配置能力，在很大程度上影响了农民收入的提高。80 年代初期，随着家庭联产承包责任制的实施，农户主要进行农业投资，以满足基本的生存需求，无暇顾及其他行业的投资。90 年代以后，随着粮食产量提高、农户收入增加，农户有能力也有意愿进行投资结构的调整以增加收入，因此对 20 世纪 90 年代以来农户投资结构的研究就具有极大的现实意义。

本研究以山东省农村为例，借鉴已有的相关理论成果，以投资结构决定理论考察为基础，结合山东省 410 份农民调研数据，运用 Logit 模型从实证角度确定影响农户投资结构形成的 4 个主要因素，即：农户收入、家庭资产水平、区域差异及制度变革。根据历年山东省统计年鉴并结合调研数据，分析农户投资结构变动规律，并运用时间序列模型、面板数据模型与数据包络分析法（DEA）分析 4 个主要因素对农户投资结构形成的影响程度。

通过对农户投资结构特点及影响因素进行量化分析，得到以下结论：

（1）哪些因素会对农户投资结构调整产生影响。根据对投资产业进入与产业退出影响因素的分析，结合农户自身特征，分别从农户个人及家庭特征、收入变化、科技进步、现有资产存量、区域差异与制度变迁 6 个大方面、27 个小因素来验证是否影响了农户投资结构的优化。研究结果如下：第一，个人特征中的年龄与文化与农户家庭资产特征综合，分析家庭中人力与物质资产对农户投资结构的影响。第二，资金来源于借贷与政府补助数量少，影响不显著，因此只选择收入作为影响因素。第三，各地区地势对农户投资结构调整影响不显著，但对本地区出现过的卖难情况影响显著，实际上即市场化程度产生的影响。因为各地区市场化程度不同，因此将这一因素归入到区域差异当中进行分析。第四，农村公共设施即农村公共产品对农户投资结构调整影响显著，而公共产品供给是由国家来完成，属于制度范畴，因此将制度列为农户投资结构调整影响因素之一。农户投资的资金来源主要是收入，为了进一步扩大来源，将金融制度改革列入制度当中，而税费改革也直接增加了农户收入，也应列入制度当中进行分析。各因素对农户投资结构调整的影响程度将在后面部分分析。

（2）从不同角度描述农户投资结构变化特征，可得出如下结论：第一，就农户投资的来源结构而言，农户借贷资金占农户投资比例非常小，平均仅0.775%，投资主要靠个人收入；第二，就农户投资产业结构而言，农户投资于第一产业的比例波动式下降，投资于第二、三产业的比例则呈波动式上升，主要原因在于不同产业的边际效益不同；第三，就农户投资的性质结构而言，农户生产性投资比例大幅度下降，而非生产性投资逐步提升，说明农户越来越重视教育与健康这些人力资本的投资；第四，就农户投资的形式结构而言，山东农户投资的货币化程度迅速增加，实物投资在农户总投资中所占比例已经是微乎其微，这是市场化建立的重要表现。因为对农户收入影响最直接的因素是产业投资，因此本研究以农户产业投资结构作为研究对象。通过数据分析发现，农户在投资时是非常理性的，上一年各产业的投资效益高低直接影响其第二年投资的产业选择。

在研究中发现，农户产业结构选择主要基于投资边际收益的比较。因此，为了增加收益，农户投资由第一产业向二、三产业转变。但除了边际收益外，农户投资结构调整还受其他因素的影响，需要对其进行进一步的分析，以便于为优化农户投资结构提出更合理的建议。因此，在随后的章节中分别从微观（农户收入、资产水平）与宏观（区域差异、制度变迁）两个角度、四个方面分析诸因素对农户投资结构调整的影响。

（3）农户持有资金多少直接影响其优化投资结构的能力。由于金融贷款受限，农户持有的资金以个人收入为主，因此收入成为影响农户投资结构优化的重要因素。通过多角度分析农户收入变化的特点及其对农户投资结构的影响，得出如下结论：

首先，农户所拥有的纯收入及现金收入都对投资结构产生影响且影响趋势一致，当收入增加，农户第二产业增加量最大，其次为第三产业，增加量最小的是第一产业。这与各产业的投资回报率不同有关。

其次，与传统观点认为农户在投资时是非常被动不同的是，当把收入分成持久收入和暂时收入两部分后，这两部分同农户投资方向的关系说明，农户在投资上是非常理性，具有长远眼光，当意识到农户预期未来收入长期、稳定增长时，农户愿意投入到高利润、高风险的二、三产业，如果收入增加是暂时的而不是持久性的，他们会投资到最有把握、风险最小的产业中。

再次，不同来源的收入对农户投资结构优化产生影响。能促进农户第一产业投资的，仅是农户经营收入的增加。政府大量补贴的转移性收入对农户第一产业——农林牧渔业投资的提高十分有限。对农户第二产业投资影响最大的是工资收入，工资收入每增加 1%，第二产业投资增加 3.12%；而转移性收入对第二产业投资产生负面影响，即转移性收入增加，第二产业投资减少；不同来源收入提高对农户第三产业影响最大。农户经营收入、工资性收入与财产性收入都对农户第三产业投资产生正面影响。

最后，当农户收入水平不同时，收入多少对农户投资结构优化的影响也会有所差异。通过对山东省 2010 年 455 户农户进行调研，将其收入按照从低到高平均分为低、较低、中间、较高、高五个组，可以看到不同收入农户投资选择上也有所不同。对农户整体的投资结构进行分析，发现低组农户的投资结构相比较中间组、较低组农户似乎更合理，五组农户投资比例分别为：15.07∶1∶4.64；274.97∶1∶27.5；73.6∶1∶9.8；12.03∶1∶2.64；1.94∶1∶0.83，其中较低组农户第一产业投入是第二产业投入的 274.97 倍，中间组农户第一产业投入是第二产业投入的 73.6 倍，仅较高组、高组农户第一产业投入是第二产业的 12.03 倍。这说明农户收入低虽然受投资结构的影响，但与其投资数量、经营效率直接相关。在投资回报率较高的行业未能获得高收入，直接影响其总收入。

（4）将家庭资产分为金融资产、实物资产和人力资产，分析各资产存量对农户投资结构调整的影响。

首先，将农户资本存量进一步细化，可看到物质资产对农户三个产业投资所起到的作用及力度各不相同。现金的变化对农户三个产业投资所产生的影响也各有不同。农户现金的增加使其第一、二产业的投资都有所减少，而第三产业的投资随之增加。即当农户手中持有现金时，更偏向于向第三产业投资，第三产业中服务业有许多门槛低、所需资金少的项目，更适合于农户自身手头现金比较少，无法进行耗资大的一、二产业投资，第三产业的项目更适合于农户的经济状况。储蓄对农户三个产业的投资都起促进作用，对农户第二产业投资提高力度最大，对第一产业影响最小。固定资产阻碍了农户第一产业投资的增加，对第二、三产业投资起推动作用。出现这样结果的原因在于役畜、产品畜及农林牧渔机械等第一产业部分占固定资产总资产的比重总体处于下降趋势。农户住房对其三个产业的投资都起到阻碍作用。其中对农户第二产业投资影响最大，第三产业投资其次，对第一产业影响最小。

其次，就人力资本存量而言，当人力资本投资随着时间的推移而越来越高时，使农户更加愿意向二、三产业投资，其中对第二产业的正向推动作用要大于对第三产业的推动作用。农村当中非农业生产对技术、文化的要求更高，因此当农户受教育程度越高，越愿意选择二、三产业进行投资；当年农户娱乐教育文化服务投向主要是基础教育，因此占人力资本投资比例越高，资本存量反而不会大幅增加，所以更多向第一产业投资，反之，如果医疗保健投资越高，整体人力投资更加优化的农户向第三产业投资的意愿更大。

通过对 2010 年山东省 455 户农户不同教育水平下产业投资选择情况进行的调研，发现教育水平越高的农户越愿意投资二、三产业，即教育水平高的农户投资结构优于教育水平低的农户教育水平。

最后，总体而言，因农户的实物资产中住房占的比例很大，因此对农户产业投资起阻碍作用，但阻碍的力度却有所差异。实物资产对第三产业投资的挤出效应最大，其次是第二产业，最小的是第一产业。因为农户住房可用作第一产业生产场所，因此，住房投资对第一产业的“挤出效应”最小。金融资产变化对农户三大产业投资都起到正面推动作用，但对第二产业推动力最大。人力资产变化对农户三大产业投资也起到正面推动作用，对第三产业推动力度最大。通过数据比较可看到，当人力资产增加时，农户在第二年投资的积极性更高，并且教育水平对农户投资结构调整产生的影响已超过了物质投资。

（5）区域差异对农户投资结构形成有重大影响，因此，根据地形特点将山东省划分为三个区域，即鲁中南山地丘陵区、鲁西南 - 鲁西北平原地区及胶东丘陵区。每个区域各选两个村庄，其中，鲁中南地区选择经济较发达的地处济南市的山前平原西营镇黑峪村，以及经济相对落后的地处枣庄市的羊庄盆地山亭区桑村；鲁西南—鲁西北平原地区选择低山丘陵的地处鲁西南的梁山县阎庄村、平原地区的地处鲁西北的临邑县临南镇于辛庄；胶东丘陵区选择：胶州湾古石沟、威海湾张村。经研究发现：

首先，总体而言，三个区域中胶东丘陵区的农户投资总量远高于其他两个地区，与胶东地区农户收入高直接相关。就投资结构而言，胶东地区农户第一产业投资比例最高，且一直比较稳定；鲁中地区两个村庄虽有差异，但差异不大，主要仍以第一产业为主，达到70%以上；而鲁西两个村庄因地形差异，投资方向不同，平原地区的于辛庄以第一产业为主，占总投资的81.5%，而地处丘陵的阎庄村第一产业的比例仅为50.8%。

其次，不同区域农村市场化程度对农户投资结构形成也会产生直接影响。为了说明不同区域农村市场化程度，本研究选取了6项关于农村市场化的测度指标，各地区农户教育水平的不同，也同样影响农户产业投资的选择。综合上述各因素，区域差异对农户三个产业投资影响分析的估计比较，固定效应变截矩模型的估计结果均优于混合回归模型，得到如下结果：农业机械力的增加使得农户农、林、牧、渔业生产能力增强，投资收益率提高，因此农户会提高第一产业投资的积极性，增加投资的力度；每百户农户拥有的电视数量增加，农户获得产、供、销信息，能够自行优化生产结构，根据当地的生产优势，从选种、技术提高、规模生产、规模养殖等各方面着手，加快农业产业化进程，提高农业生产质量，发展农产品加工组织，更加有效地促进农产品生产与销售能力；农村中剩余劳动力有效转移，更少的劳动力在农村从事农业生产，这会提高劳动力利用效率，促进农业生产率提高，还是会阻碍农业、农村的发展，从数据分析中可以看到，山东农村剩余劳动力的转移使农村劳动力使用效率提高，促进了农户第一产业的投资；农户增加的工资会投入到第一产业的生产中还是会因为工资收益与第一产业生产无关，从而减少第一产业的生产。从数据分析结果看，农户工资所占比例增加，农户投资第一产业的积极性降低，投资减少；农户纯收入中现金所占比例的高低与工资所占比例情况一致，农户获得现金后更愿意从事其他产业的投资。农户户均农业机械力增高，农户更愿意从事第一产业的投资，从而影响其第二产业的投资；工资占总收入的比例提高及农户现金收入占纯收入的提高，并未促进农户进行第二产业投资，而愿意将工资及现金收入中一部分投入到第三产业中。究其原因，一方面受各产业准入门槛高低不同的影响，另一方面也受不同产业投资收益率的影响；农户所拥有的电视及电话数量增加，农户获得外界讯息更快速、更全面，农户自然会愿意增加投资。第三产业是农户产业结构调整过程中最倾向于进行的投资。除了农业机械提高减少了农户第三产业的投资外，其他区域市场化因素的增加都促进了农户第三产业的投资。第三产业准入门槛低，这包括资金要求及技术要求都比较低，另外，第三产业的投资收益率也往往高于第一产业，虽然第二产业的投资收益率一般也高于第一产业，但第二产业相对来说准入门槛会高于第三产业，所以当农户手中资金富裕的情况下，他们更愿意向第三产业投资。当农村非农劳动力比例增加时，伴随的是第三产业投资的增加；农户工资比例增加时，农户也愿意将工资增加的一部分投向第三产业；而现金的获得也利于农户第三产业的投资；人力资本存量提高时，农户第三产业投资的积极性更高。

最后，运用数据包络分析法进行分析，三大区域六个村庄相比较，阎庄村投资结构效率最高，5 年中有两年效率达到前沿面，五年平均值为 0.638；其次为于辛庄，投资结构效率为 0.569；比较低的是东部两个村庄，古石沟仅 0.242，张村投资结构效率也较低，为 0.352；中部两个村庄处于中等水平。西部两个村庄由于农业生产条件并不好，转而投资二、三产业，特别是阎庄村，在 2010 年二、三产业投资已达到将近一半，这种根据本地区生产条件所进行的投资结构调整带来了收入的快速增加。因此，三个区域中，通过投资结构调整带来收入增加效率最高的是西部地区。

（6）采用山东省 1990～2010 年时间序列数据实证研究了制度因素对农户投资产业结构的影响。结果表明：

首先，山东省城乡二元结构指数随着时间的推移、经济的发展在不断扩大，这对农户投资产业选择产生了不同的影响。二元结构越大，农户投资第一产业越小，而投资第二、三产业则越大，其中对第二产业的正向推动作用要大于对第三产业的推动作用。城乡二元结构的扩大，说明农村当中农业的生产条件相比非农产业差距加大，不利因素相较而言更多，所以农户会更多地选择二、三产业进行投资。

其次，税费收取使得农户收入减少，自然会影响农户投资的数量，但就投资变化来看，由于税费的提高会减少农户第一、二产业投资，对第二产业投资的影响高于对第一产业投资，税费收取数额增加会使得农户第三产业投资升高。农户交纳的主要是第一产业的税费，所以税费收取越高，第一产业投资的积极性受挫，投资下降；第二产业投资额度一般比较高，税费高低对于第二产业投资影响不大；而税费收取越高，农户会转向投资第三产业，使投资增加。

再次，农户贷款占个人借款比例对农户各产业投资选择的影响不同。贷款比例越大，农户投资第一产业越小，而投资第二、三产业则越大，其中对第二产业的正向推动作用要大于对第三产业的推动作用。当贷款比例增加时，说明农村农户金融环境在不断优化，农户能获取资金的数额在不断增加，因此农户会更多地选择需要大量增多投资的二、三产业进行投资。

最后，农业支出占财政支出的比重高低对农户第一产业投资有正向推动作用，对二、三产业投资具有反向作用。农业支出主要是利于农户第一产业生产的公共产品投资，因此会促进农户第一产业投资，而导致二、三产业投资下降。

（7）通过理论分析和实证分析，提出优化农户投资结构的建议。包括：以增加农户持久收入为目标，将公共财政支持政策制度化；建立农户资金互助社，拓宽农户融资渠道；加大农村劳动力培训力度，优化农村人力资本；加强新型农村合作医疗建设，提高医疗服务；完善农村公共产品供给，增强服务效能；加强宏观调控，完善制度建设。

［作者单位：山东大学（威海）］

基于概念理解的教学过程分析与重建

——以《神经调节的基本方式》一课为例

张　涛

教学中概念理解的缺失

近来，听评了由年轻教师执教的《神经调节的基本方式》一课，在这次活动中有以下几个场景。

场景一： 课的一开始，教师安排学生分组做膝跳反射实验，并出示以下问题让学生思考：

1. 叩击韧带时，小腿有什么反应？
2. 你是先膝跳还是先感觉到膝盖被叩击了，试着说明原因。
3. 你能让膝跳反射不发生吗？你是怎么做到的？

场景二： 膝跳反射之后，教师又举了缩手反射、眨眼反射、排尿反射的例子，给出了反射的概念，然后让学生熟记。几分钟之后教师提问，学生基本都能熟练回答。

场景三： 下课前，教师出示了下面的题目对学生的学习情况进行检测，学生答题的情况不是十分理想。

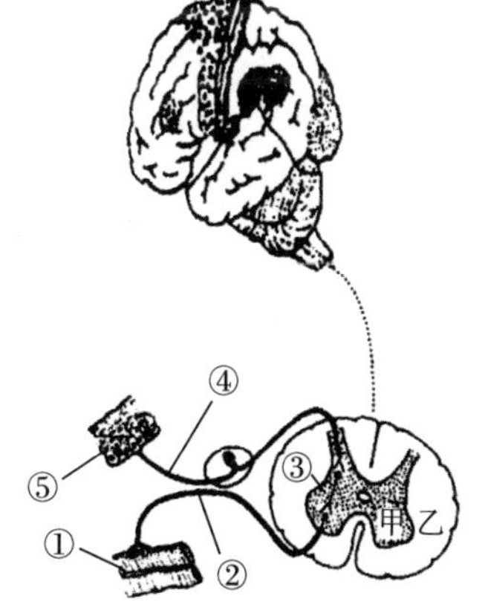

右图是缩手反射的反射弧模式图，请据图回答：

1. 神经调节的基本方式是________。
2. 请用图中的标号表示出完成缩手反射的神经传导路线________。

3. 下列关于缩手反射与反射弧的说法，错误的是：

A. 只要反射弧完整就有缩手反射；

B. 缩手反射可以不通过反射弧实现

C. 反射弧和反射在性质上是相同的

D. 缩手反射必须通过完整的反射弧完成

4. 如果结构②受损，还能完成反射吗？还有没有感觉？

场景四：课后研讨时，上课的老师自我反思：虽然在“反射弧的组成”部分用的时间已不算少，但学生的掌握还是不够理想，需要对此再多花费一些时间。随后，有了下面的问答。

笔者：你认为这节课的重点是什么？

老师：反射弧。

笔者：这节课的课题名称是什么？

老师恍然大悟：这节课讲的是神经调节的基本方式，教学的重点不仅仅是反射弧，反射的概念更是重点。

《义务教育生物学课程标准（2011版）》把凸显概念传递作为课标修订的标志性成果，力求以此引导加强对概念理解的教学，但在实践中却尚未有很好的平行跟进。以上述教学为例，“场景一”教师出示的问题中，只有第1个问题“叩击韧带时，小腿有什么反应？”属于引导学生注意事实，对后面形成和理解反射的概念会有帮助，其余两个问题涉及的都是低级反射与大脑的关系，属于拓展性内容，与构建反射的概念并无关联。“场景二”中，教师虽然举出了几个反射的例子，但由于未对反射的要点进行提炼，反射的概念由教师直接给出，而不是学生自己建构，所以，学生虽然能够短时记忆，但并没有真正理解反射的内涵，这样的记忆也很容易遗忘。“场景三”中教师出示的题目，主要是针对有关反射弧的知识，与反射的概念联系甚少，因而无法很好地评价学生对反射概念的理解情况。通过“场景四”可以看出，可能由于误解了教材中把“反射”和“反射弧”作为平行的两个标题的安排意图，教师在潜意识中把它们当成了并列的关系，当成了同等重要的概念，而没有去梳理它们之间的上下位关系，因而导致对教学重点认识的偏差。

总之，在这一教学活动中，教师更加注重让学生记忆反射的事实，甚至把反射的概念当作事实直接告知给了学生，这使得学生不得不把大量的时间都用于记忆事实，而不能对本来应该作为主要学习内容的反射的概念进行深入理解。

概念理解的教学要点

要扭转上述教学现状，实现从记忆事实向理解概念的转变，需要把握好以下概念理解的教学要点。

（一）以前科学概念为教学起点

前科学概念指的是个体拥有的内涵、外延及其例证与科学概念不尽一致的概念。学习者是带着各种各样的前科学概念来到科学教育中的，其科学概念的建构并不从零开始。维果茨基的“最近发展区”理论告诉我们：“教育要对儿童的发展起到促进作用，需要确定儿童发展的两种水平：一种是已经达到的发展水平；另一种是可能达到的发展水平。”在学习反射概念之前，学生对反射的认识是：“接受刺激，发生反应”，这是学生已经达到的发展水平，是他们的前科学概念。概念教学的任务就是要发现学生的前科学概念，并将其转变为科学概念。

因此，在后续的教学活动中，需要对前科学概念进行如下处理：一是补充完善。需要进行补充的内容是学生前科学概念中没有的“反射需要通过神经系统完成”和“对刺激发生的反应是有规律的”。二是纠正错误。由于前科学概念因长期的生活经验积累不断加强而具有极强的顽固性，虽然平时并没有意识到它的存在，但在解决问题时往往还是会表现出来，所以即使学生知道了反射需要有神经系统的参与，但一般还会只依据“接受刺激，发生反应”判断是否属于反射，要对此加以纠正。三是加深理解。需要加深理解的内容是为什么说人体对刺激发生的反应“有规律”以及有着什么样的规律。

（二）以事实作为概念理解的基础

《课程标准》在“教学建议”中指出：“为了帮助学生形成正确的生物学核心概念，教师需要向学生提供各种丰富的有代表性的事实来为学生的概念形成提供支撑”。这是因为，人的认识主要是建立在所知道的事实基础上，是以事实为依据的。课堂上，为学生提供事实的途径有如下几条：

第一是通过亲身活动体验。夸美纽斯说：“一切知识都是从感官开始的。”体验到的事物真实直观，可以使人获得在大脑留下深刻印象并容易回想起来的经验，也可以由此对未来有所预感。

第二是通过演示和观察感知。通过亲身活动获得体验虽然重要，但由于课堂的条件和时间有限，不可能人人都有很多亲身体验的机会。为解决这一问题，教师可创设由少数学生演示的活动，其他学生通过观察、感知以获得间接经验。

第三是调用以往的生活经验。概念的形成是一个归纳的过程，而归纳需要有大量的实例作为基础，仅仅依靠课堂上的体验和感知远远不够，因此，还需要调用学生的生活经验，让学生列举生活中的实例就是方法之一。由于学生的生活经验和知识基础不同，全班学生可以举出很多不同的例子，这些例子可以为学生形成概念奠定坚实的基础，还可以打通教材与生活的联系通道，拉近所学知识和现实世界的距离，使课堂回归到学生的生活世界。

（三）以理解概念的内涵和外延为教学重点

虽然事实是形成概念的基础，但事实的积累不等于形成概念。就像用砖块建造房子一样，一堆砖并不等于房子。概念教学的重点是要对学习者提出事实加工的要求，通过组织和应用事实理解概念的内涵和外延。

1. 通过归纳理解概念的内涵

概念的内涵，“就是概念所反映的事物的特有属性”，内涵是概念的质的规定性，它表明概念所反映的对象“是什么”。反射概念中“接受刺激，发生反应”、“通过神经系统完成”、“所发生的反应是有规律的”几个要点的综合是反射概念的基本内涵。概念的内涵在通过对实例归纳得出时理解得最为深刻，而“一个事实应当被看作是对某个原理的支持或反驳，即事实是如何包含在一般原理之中的，否则对事实的学习是没有意义的。”因此，《课程标准》在“教学建议”中指出：“教学活动不应仅仅停留在让学生记住一些零散的生物学事实，而是要通过对事实的抽象和概括，建立生物学核心概念，并以此来建构合理的知识框架，进而为学生能够在新情境下解决相关问题奠定基础。”。

2. 通过分类理解概念的外延

概念的外延，“就是具有概念所反映的特有属性的事物”，即具有概念所反映的本质属性的全部对象。外延是概念的量的规定性，它表明概念所反映的对象“有哪些”。当一个概念的外延有很多甚至无穷，不能一一列举的时候，是用划分类型的方法确定的。如，反射概念的外延，可根据参与的神经结构不同划分为“条件反射”和“非条件反射”，也可以根据所受刺激的不同划分为“由内部刺激引起的反射”和“由外部刺激引起的反射”。教学中，可引导学生对众多反射的实例进行分类，使学生通过亲自界定反射概念的外延实现理解。

（四）以关联和应用评价对概念的理解程度

假若评价只针对事实性知识，学生通过记忆就可以很好地完成答题，将不会鼓励学生注重概念理解。这样做的另外一个危害是让教师和学生误以为已经理解了概念，但实际上有的只是记忆。为了促进和鼓励课堂进行有意义的概念学习，评价就必须考查学生对概念的理解。对概念的理解可以表现在两个方面：一是能否建立起概念之间的关联；二是新的情境下对概念能否应用。对概念的关联和应用要采用开放性评价的方式，包括简答、任务报告、绘制概念图、真实情境下的问题解决等等。

重建教学过程

在上述认识的基础上，《神经调节的基本方式》一课就有了如下教学过程。

第一环节：感知反射

师：请两个同学一组完成膝跳反射实验，然后试着描述膝跳反射的过程。

（学生分组完成膝跳反射实验，讨论如何描述膝跳反射的过程，全班交流。）

生：膝跳反射的过程是“叩击膝盖下面，小腿前伸”。

师：这位同学的描述非常准确。“叩击膝盖下面”是给予刺激，“小腿前伸”是发生反应。那么，其他反射的过程是怎样的呢？下面我请一个同学上讲台做一个实验，其余同学注意观察，找出这些反射与膝跳反射的共同点。

（一名同学摸很烫的水杯马上缩手；接着，老师拿这只水杯去碰触他，这名同学躲避；然后，老师发出语言指令要求他再去摸那只水杯，这名同学畏缩不前。）

生：这几个反射也是“接受刺激，发生反应”。

师：那么，“接受刺激，发生反应”是不是所有反射都具有的特点呢？你能不能根据自己的生活经验，举出其他“接受刺激，发生反应”的实例？

（学生列举实例，比如，在寒冷条件下皮肤中的血管收缩、排尿排便、听到上课铃声进教室、谈虎色变等，教师一一写在黑板上。）

第二环节：理解反射

师：刚才同学们举了很多“接受刺激，发生反应”的例子，老师这里也有两个例子，说出来请大家判断是不是反射。

- 含羞草的叶子受到触碰后马上闭合
- 在水滴的边缘放上食盐，草履虫会游向远离食盐的一端。

（学生争论，有的认为上述实例中都有“接受刺激，发生反应”，因此属于反射；有的认为不属于反射。）

（一）理解反射的内涵

1. 理解反射的要点

师：其实啊，这两种情况都不属于反射。看来对于什么是反射，仅仅有“接受刺激，发生反应”的限定还不够，还需要增加一些其他的条件。下面请同学们思考几个问题，看看能不能进一步找出反射的共同点。

第一个问题是，在膝跳反射中，受到刺激的部位是膝盖下方，而小腿前伸的反应是由大腿前面股四头肌收缩引起的，是什么把受刺激部位与发生反应部位连结起来的呢？

第二个问题是，同一个人对小锤叩击膝盖下面的韧带每次的正常反应都是小腿前伸吗？每个人对小锤叩击膝盖下面的韧带的正常反应都应该是小腿前伸吗？在其他反射活动中每一个人每次对刺激的反应是不是相同的？

（学生先独立思考，再小组讨论，然后全班交流讨论，最终形成共识。）

生：在膝跳反射中，是通过神经系统把受到刺激的部位和发生反应部位连结了起来。所有人膝跳反射的反应都是小腿前伸；在其他反射活动中，每一个人每次对刺激的反应也都是相同的。所以，在反射的共同点中应该加上“有神经系统的参与”和“发生的反应都是相同的”。

师：刚才大家的总结很到位，其实教材中的概念也是这样的，只不过在说法上略有不同。下面请同学们找出教材中反射的概念，提炼和记忆其中的要点，如果有什么问题，过一会提出来讨论。

（学生看书、记忆、理解。）

2. 认识反射弧

师：对于反射的概念，大家有什么问题吗？

生 1：我的问题是，神经系统是怎么样把接受刺激和发生反应的部位联系起来的？

生 2：我的问题是，对于反射概念中的“内外刺激”怎么理解？

师：这是两个很好的问题！下面我们一个一个地解决，先来看第一个问题……（对于反射弧的学习过程，略。）

3. 梳理概念之间的关系

师：这节课我们学习的是神经调节的基本方式，前面学习了一些概念，同学们能不能把这些概念找出来，借助于教材用一句话表述，然后按从大到小的顺序依次列出。

（学生先独立思考，再小组讨论，然后全班交流讨论，最终共同构建起概念之间的上下位关系。）

- 神经调节的基本方式是反射
- 反射是人体通过神经系统对外界或内部的各种刺激所发生的有规律的反应
- 反射是通过反射弧完成的，反射弧是完成反射的神经结构
- 反射弧包括感受器、传入神经、神经中枢、传出神经、效应器

（二）理解反射的外延

师：刚才还有一个同学提出的问题是怎样理解反射概念中的“内外刺激”，我给大家一个提示，可以比较一下写在黑板上的这些反射，看看它们所受刺激的来源有什么不同。

（学生通过比较发现，“排尿排便”等反射的刺激来自身体的内部，“听到上课铃声进教室”等反射的刺激来自身体的外部。）

师：也就是说，引起反射的刺激有两种，来自身体内部和来自身体外部，据此也可以把反射分为两类，“由身体内部刺激引起的反射”和“由身体外部刺激引起的反射”。那么，还有没有可能从别的角度对这些反射进行分类呢？

（学生通过讨论发现，膝跳反射、排尿排便等反射是本能的反应，听到上课铃声进教室、谈虎色变等反射是后天形成的。）

师：这真是个了不起的发现！这的确是两类不同的反射。膝跳反射、排尿排便等反射是先天就有的，不需要大脑皮层的参与就可以完成，叫作非条件反射；听到上课铃声进教室、谈虎色变等反射是后天形成的，需要大脑皮层的参与才能完成，叫作条件反射。在条件反射中，人类除了能对具体信号发生反应外，还能对语言、文字的刺激发生反应。

第三环节：评价反馈

师：前面我们学习了神经调节的基本方式，下面完成几个练习。

1. 判断下列是否属于反射，并说明理由。

- 小明躲开迎面驶来的汽车
- 葵花朵朵向太阳。

2. 列举下面生活场景中的反射活动，并说明理由。

一天，小明和妈妈独自在家。中午天空中忽然响起了阵阵雷声，妈妈急忙喊道：“小明，赶快把院子里的衣服收进来。”可是小明在收衣服的过程中忽然“哎哟”一声，手像过了电似的缩了回来，原来是匆忙中不小心被铁丝划破了手，幸好妈妈及时拿来了创可贴。

3. 判断下列属于哪种类型的反射？

一名同学不小心碰到很烫的水杯马上缩手；接着，另一名同学拿这只水杯去碰触他，这名同学躲避；然后，老师发出语言指令要求他再去摸那只水杯，这名同学畏缩不前。

4. 绘制本节课的概念图。

（学生独立作答，教师检查、指导、订正。）

（作者单位：威海市教育学会）

《环翠地域文化》内容提要

刘光辉　姜文秋

《环翠地域文化》丛书共分《人文概览》《名胜古迹》《传说典故》《民风民俗》《名人轶事》五卷，从地域特点、民俗文化、历史人物、宗教信仰、军事等多个角度，对环翠丰富醇厚、历史悠久的地域文化进行充分解读，是环翠区首部全景展示本区域文化的丛书。

第一卷《人文概览》共12章，是对环翠区的自然地理、历史沿革、文化形成、民风民俗等进行考察和概括，用翔实的资料予以论证。是本书的总纲。第二卷《名胜古迹》共59章，按照城区和乡镇分篇，记录的主要是对环翠区域内所有乡镇的名山、古树、古迹、遗迹等。第三卷《民风民俗》共26章，主要写了环翠区历史上流传的民风民俗，按照城区和镇分篇，对重要的节日习俗、婚丧嫁娶习俗、日常习俗和各镇街独有的民风民俗进行记载考证。第四卷《传说典故》共57章，记录并考证了在环翠区历史上广为流传的57个神话故事、民间传说。第五卷《名人轶事》共61章，记载的是环翠区民国之前出生、在环翠区或本区域具有广泛影响、流传久远的名人以及一些民间人物的故事，并着重对这些人物和故事的渊源进行考察。

海洋文化

勤劳勇敢的先民们背靠大山，面朝大海，进行了艰苦卓绝的海洋文化创造，并逐渐形成了地域性的海洋优势文化。环翠的海洋文化与其山地文化是相互影响、相互促进的，海洋文化离不开舟船的使用，而山地文化中的木、斧创造出了舟船，舟船的水上活动又推动了山地文化的发展。环翠的造船业历史悠久，甚至可追溯至8000年前的东夷文化时期，舟船的出现是海洋文化发展到一定程度的必然产物，它不仅体现了人类生产力的发展程度，而且为人类海洋文化的发展开辟了一个崭新的纪元。

宗教文化

旧时的威海卫是个有着多种信仰的地区，佛教、道教、基督教、天主教以及民间信仰同时并存，虽然每个时期都有某种宗教占主导地位，但其他宗教信仰也仍然存在并保持其影响力，这种多信仰的状况一直延续至今。同时，民间宗教信仰也在威海卫老百姓心中占有一定的地位，他们把各种宗教神仙混杂在一起共同信奉，形成一种多样化的信仰体系。在某种程度上，与其说旧时威海老百姓参与的各种宗教活动是一种宗教信仰，不如说是一种民间信仰更为准确。

英租威海

1898 年 7 月 1 日，中英《租威海卫专条》在北京签字。专条规定：将威海卫及附近海面租与英国，租期与俄占旅顺大连之期相同，英国有权在沿海一带筑炮台、驻军队等。此后，中英双方派员于 1900 年 4 月 25 日至同年 5 月 17 日将东起大岚头村东北海滨、西至马山嘴、南至草庙子以里除威海卫城以外的 738.15 平方千米的区域划为租借区，区内人口约为 12 万。从此，英国在华北夺得了一个具有战略意义的港口，而清政府的防御能力则遭到进一步削弱。租借条约签订后，并没有进行正式划界，文登、荣成各县继续在辖属地内征收税银，而驻威英当局则于 1899 年 3 月 12 日发布告示，禁止百姓向中国缴税，从而引起群众的忿恨。5 月，英皇家工兵部队派刘易斯上校率部至鹿道口勘查地界，遭到群众的反对和驱赶。威海姜南庄村年近七旬的秀才崔寿山为抗英卫国，联络同村谷辉庭、莱海村董绍亮、于家夼村丛志范等人，招募训练团民并筹集资金购买军火，组织秘密武装，准备发动武装抗英运动。威海卫人民的武装抗英斗争虽然最终未能取得成功，但却在威海近代史上留下了光辉的一笔。

宗族文化

传统的威海卫一直是一个血缘宗族村落占主体的社会，明代设卫之后，卫所官员多携眷至此定居。受到封建土地制度和宗法制度的影响，威海卫及其附近村落居民大多合族聚居，村落名称含有本村主要姓氏的居多。近几十年来，村落中的成员出出进进，姓氏逐渐增多，但以姓氏命名的村落，仍然以原有的血亲与姻亲关系为基本特征。旧时，在环翠的乡村宗族中，族长拥有很重要的地位，族长管理本族事务，处理族内纠纷，主持祖先祭祀，并通过这一仪式巩固其权威。在传统秩序下，特别是在社会文化还没有发生激烈变迁的时候，威海各个村落受到宗族制的控制，在族内遵守共同的族规，不同的宗族之间通过联姻等方式联系。近代以来，威海卫的宗族文化得到进一步的加强，当然有各方面的原因，其中英国殖民政府的自治政策起了一定的作用。

乡土记载

唐宋时期，环翠境内就有诗文存世，到明清时期，更是有大量文人墨客的诗歌散文流传下来。明清诗词中比较著名的是描写威海卫八景的诗歌，描绘了威海卫风貌。此外，在威海卫做官或者宦游的文人也留下了大量的散文、诗篇，有许多诗稿文集流传下来。威海卫民风淳朴，环翠人勤劳、善良、淳朴，可谓胶东人的典型代表，环翠富有浓厚的胶东地方文化特色，环翠的作家占有这一独特的资源，贴近原生态的生活，在创作上独具魅力，取得了丰硕的成果。有的作品倾诉受压抑的痛苦，或抒写真挚的恋情，或寄寓渴望的生活理想；或劝人诚信，积极向善……丰富多彩的威海卫民间文学宝库有着吸引人心的现实世界和精神世界，这些世代相传的古老神话和传说，不但讲述了一定的历史知识，而且培养人们热爱国家民族的感情。

方言特色

环翠方言之形成，从语言分区上看，环翠话（威海话）属于胶辽官话的一种，威海（环翠）方言也在不断地发生变化。晚清以来，外地移民迁徙来威的进程从没中断过，同时，勤劳的威海卫人外出经商创业的也越来越多，这也无疑会把外地方言的语调语音和词汇带回一些。明清以来海运的兴起，威海卫作为胶东重要的港口人口流动增大，也影响了城区和乡音的变化。环翠方言的发音方法很奇特，环翠方言里对感受事物过程的表述有些特别。环翠方言里保存了相当多的古词汇和发音。智慧的环翠（威海）人还创造了非常具有地域色彩的歇后语，这些歇后语只有在当地，在了解了当地的文化背景后才能理解，的确是极具聪明才智的创造，也极富有地域文化特色。

军事要素

环翠（威海卫）的历史与军事有着不解之缘，它的诞生、发展和繁荣都与其在中国军事史，特别是海防军事史上独特的地位有关系。可以说威海卫是以军事而立，以军事而兴，以军事而闻名。近代以来，威海卫人民长期处在与外国侵略者斗争的最前沿，他们不畏强暴，在与侵略者进行不屈不挠的斗争中展现了威海人民勇敢坚强、自强不息的精神。

民俗特写

民俗是指民众的生活、生产、风尚习俗等情况。环翠地域民俗风情不仅反映了环翠的山海地域文化特色，更能映照出环翠人昂扬向上的精神风貌。这些民俗不仅是环翠人民代代相传的精神文化财富，更是环翠人民的情感载体。多彩的民俗反映了环翠人民热爱生活，勤劳忠厚，宽容朴实的性格特点，千百年来，正是这样一群人，在这片美丽土地上不断创造、丰富着祖国民俗文化的宝库。

从老威海卫到新环翠

进入20世纪90年代，环翠工业体系进入了高速发展时期，作为对韩国开放的桥头堡，环翠人因地制宜，艰苦创业，开拓进取，在挖掘自身潜力的同时，充分利用韩国外资，致力于发展高附加值产业和高新技术产业，在科学规划、集约开发的基础上，工业产业在提高经济与社会效益等方面取得了辉煌业绩。近年来环翠利用自身的区位优势，加快产业结构调整和经济建设步伐，以外资带动内资，增强自主创新能力，对威海市的经济发展起到了积极有效的窗口、示范、辐射和带动作用，成为威海经济社会发展的重要区域之一。今日环翠，已成为全国最大的渔具、轮胎、医用高分子制品、地毯等生产基地；重要的造船、汽车及零配件等生产基地；船舶、汽车及零部件、机械装备、电子信息、轻工纺织、食品医药、新材料、新能源等产业也已初具规模……截至目前，有多家世界500强企业在环翠投资。一个新的蓝色经济区和高端产业聚集区正在崛起。建区二十年的发展使这里人们的生活也发生了巨大的变化，环翠人用自己勤劳的双手，创造幸福的生活。

（作者单位：环翠区委宣传部）

《清初贰臣词人研究》内容提要

刘　萱

明清之际，更迭的不仅是皇权，亦是世道文章。清初，曾有一群人身居高位，兼擅倚声，为词学的进步做出过不可磨灭的贡献。他们就是贰臣词人——既曾在明代为官，又出入于清廷朝堂之上的一个特殊群体。中国的文学批评素来逃不开政治目光的审视，未能死节已是污点，何况身仕两朝。自乾隆朝贰臣词人被打入《贰臣传》以来，其人其词俱是禁忌，纵被提及亦是反面教材。民国以降，情况依旧，研究界已淡忘了这一群人，淡忘了他们曾经显赫的词坛地位、丰富的词学篇章。近十年来，随着《全清词》《清词纪事》《词话丛编》系列的出版，尘封的资料重现世人眼中，但系统的分析、利用却刚刚起步。本书即以清初贰臣词人为研究对象，探寻其词学成就、词坛影响以及在特定时期，文学与政治的关系。

本书由绪论、正文、结语三部分组成。

绪论部分结合中国传统文化，对“贰臣”与“贰臣文学”这两个概念进行辨析与价值评定。贰臣现象肇自远古，遍布中外。然而，时至今日，谈论它依然很具难度。舆论界关于这一特殊群体的争论从未停息，评价的差异是那样的巨大，用“天壤之别”来形容亦不过分。造成分歧的原因，除了事件本身的错综复杂外，还有三个重要原因。其一，时代因素。不同的时代有不同的价值观。在先秦，君臣之间是一种双向选择的关系。《孟子》有言：“君之视臣如手足，则臣视君如腹心；君之视臣如犬马，则臣视君如国人；君之视臣如土芥，则臣视君如寇仇。”西汉以后，持论渐严，至明清之际，臻于鼎峰。当时舆论对贰臣评价之苛、惩治手段之酷、株连之广，皆为前代所无。其二，文化因素。东西方不同的文化决定了评价标准的不一。西方比较关注个人利益，对旧朝旧代的情感不浓。拿破仑横扫欧洲时，受到了被侵占国众多知识分子的拥护。而东方更重视集体利益，对异族统治怀有本能的抵触。其三，阶级因素。不同阶级所持立场往往不同，四百年间，对施琅评价的忽褒忽贬就是力证。本书力图把握如下评价标准：（1）在政治本位、道德本位的评价体系上更重视人文向度的历史人物批评。（2）不文过饰非，亦不脱离当时的社会现实而苛求古人。（3）区分封建社会的贰臣与日伪时期汉奸的不同性质。在此标准下，反观文学史对贰臣文学的评价，会发现其本质是“诗品如人品”这一古老命题的延伸。这是儒家正统诗教观念，具有浓厚的政治教化性质和鲜明的道德训诫色彩。文学固然不能完全脱离政治、道德而存在，但简单地以政治或道德作为衡量文学的唯一标准显然是不科学的。本书将不以贰臣有过变节行为而否定其全部品格，进而否定其文学创作。

正文共分十章，前五章为总论，后五章为分论。

第一章《清初贰臣词人概述》。利用数据分析的方法对清初贰臣词人进行论述。第一节分析了贰臣词人的生存背景及生存状态。复社是明朝末世光景中最灿烂的一抹晚霞，贰臣词人多入复社，他们于明季的所作所为堪称“清流”。王铎拒修《三朝会典》，为权奸魏忠贤所忌恨；曹溶在南京与复社诸子一同抨击阉党阮大铖；宋征璧在江南捐家资招募水师，保家卫国；彭而述在熊文灿幕中多有奇计；周亮工任潍县令，击退了清军的数次进犯，几乎身死；吴伟业不附温体仁，疏劾蔡奕琛，直声动朝野。相信如果没有甲申之变，这些人是不难在青史上留下美名的。至于贰臣仕清的动机与经过，也不可一概论之。有人是迫不得已，有人是实现他的追求。清初的三十年，是由乱及治的岁月。在一系列的政治风暴中，有的贰臣拼死维护汉族利益，甚至与反清势力暗通款曲。有的贰臣却甘愿做清廷平定天下的排头兵。乱世造就了贰臣，贰臣又用他们的复杂人生点缀着这个乱世。第二节分析了贰臣词人的身份构成。笔者结合明清史籍，得贰臣词人 18 人。在年龄结构上，贰臣词人在明代平均生活了 38.71 年，入清后平均生活了 28.12 年，是名副其实的“两截人”。这决定其于明清词史的过渡地位，即沿袭了明代词学之余绪，又对清初词坛产生了新的影响。在职位官爵方面，贰臣词人尽管在明季政治资历甚浅，入清后却堪称社稷重臣。18 位词人中，三品以上官员占总数的 72.22%。这是一个高官创作集群，尽管词人有感于身世，不主颂扬，但作品的的内容、格调都与畸人寒士有异。在里籍分布上，贰臣词人以南方人为主，其少年之词多纤秾，但后来伴随着环境、心境的变化，词风也向刚健方向有所转变。第三节论述了贰臣词人与清词中兴的关系。贰臣词人有着突出的创作实绩，他们的词作在清初各类词选中入选率极高。基于高官身份，贰臣词人有能力奖掖后进，组织唱和，收集词学资料，而这些在明清词学转型中功不可没。

第二章《从咏史怀古词看贰臣心态》。贰臣词人的身份危机因社会污名和前后身份的巨大反差而引发。贰臣词人对前代贰臣进行吟咏实际上是在寻找原型以固化主体身份。在私人场合，好用伍子胥式原型，以示不死与再仕的积极意义；而在官方场合则舍弃了复仇意象，选用魏征式原型。隐士主题显示复社贰臣实无意归隐，“遗民向往”不过是缓解失节压力的一种手段，二者的矛盾暴露了贰臣对本群体身份的消极认同。江南主题表明贰臣具有双重政治身份认同，并在不同情境下显现。有些贰臣的清人身份认同并不与仕清时间一致，而是有所延后。明人身份认同比较牢固，始终难以完全抹煞，但却带有贰臣特色，表现为归属感的缺失。咏史怀古作品所体现出的身份感与咏史外作品中的身份感互为补充，但若细加考辨，发现前者更为真实、隐曲。

第三章《从男女情爱词看贰臣词的新变》。本章通过三个专题论述贰臣的男女情爱词较之前代有何新变，在明清词学变革中又有着怎样的意义。第一节分析了贰臣赠妓词对《草堂诗余》模式的扬弃。明末，“草堂模式”盛极一时，但易代对艳词传统有着不小的冲击，主要表现为创作环境的变迁、创作对象的消亡、创作主题的削弱。在这样的背景下，一部分贰臣词人逐渐背弃了“草堂模式”。战乱是最常见的背景，感伤是不断奏响的旋律，男性形象在情词中凸显，风格不再局限于婉约，词境亦有所扩大。赠妓词由此进入了一个新的阶段。第二节以夫妻词为研究对象，探讨了其个性化描写与互动式创作。前代夫妻词多是男性词人的独角戏，妻子极少参与创作。而贰臣的夫妻词则有相当一部分是在赠答的情况下产生。这决定了创作的互动模式，描写也更个性化，避免了传统词作中对妻子千人一面的描摹之弊。第三节将贰臣悼亡词与两宋悼亡词作一对比。贰臣词人继承了两宋悼亡传统，但却未亦步亦趋，而是有着自己的特点。具体来说，一是任情的表述方式，二是爱情意识的高扬。本书认为贰臣悼亡词对有清一代影响深远，在纳兰性德笔下就可看到因循的痕迹。

第四章《从词唱和看贰臣的交游》。清代是词唱和的黄金时代，贰臣词人凭借自己的身份和影响力组织了多次大规模词唱和。顺治初年的“天庆寺唱和”发生在贰臣之间，当时他们刚刚仕清，在情感上还心系故明，并表现于唱和之中。词人们模仿辛弃疾的《摸鱼儿·淳熙己亥》，并以固定的隐语，心照不宣地抒发着易代之悲。他们以“送春”“感春”为名伤悼明王朝，以“绿肥红瘦”喻明亡清兴，以“柔丝”“斜阳”喻国运衰微，以“子规”“杜鹃”喻崇祯去国。这些隐语的交叉使用，营造起贰臣易代后的幽隐心理。在“天庆寺唱和”中，欲盖弥彰的政治主题，欲说还休的抒情方式，富含言外之意的意象运用均使之拥有一种不同于前代唱和的特殊之处。与“天庆寺唱和”相比，发生于康熙年间的“秋水轩唱和”是一次贰臣与其他身份者的聚会，参与者既有贰臣龚鼎孳、新朝官吏曹尔堪，又有遗民纪映钟、陈维岳、杜首昌、王豸来，青年士俊周在浚、徐倬等。他们出处各异、趋舍殊途，却能共处一室，诗酒言欢，这一点无论是从政治角度还是文化向度上看，均不寻常。通过唱和，双方透露出来的交往动机、交往模式更是耐人寻味，对于研究贰臣的人际交往以及清初士人之间的关系不无裨益。

第五章《清代贰臣词与金贰臣词之比较》。清初的时代背景与宋金之际同中有异，两朝虽皆亡于异族之手，但明清之际的种族矛盾要尖锐得多。因此清初贰臣词人从晚明的绮艳词风中走出，却没有如金贰臣一样接受旷朗的东坡词，而是吸取了战斗意味高涨的稼轩词。前文曾提到，在“天庆寺唱和”中，贰臣词人已经表现出对辛派婉约词的极大兴趣，此风一开遂不可收拾，龚鼎孳、吴伟业等人的晚期词作均得稼轩余绪。金、清贰臣词都摆脱了婉约词的窠臼，向着豪放方向发展。但清初贰臣词却非有意向金贰臣词学习。金词数量有限，流播不广，清贰臣无由一睹前人全豹，自然无从仿效。二者所具有的共同点，是由历史社会与个人经历的类似所造成的。

第六章《吴伟业的“词史”意识及创作》。吴伟业是清初贰臣中词学成就最高的一位，后人尊之为“清词冠冕”。他善以诗词言史，故昔人誉之为“诗史”、“词史”。近世辄好谈“诗史”，而多略其“词史”之心、“词史”之作。本章结合明清之际广阔的社会背景，探讨吴伟业的核心词学意识——“词史”观之生成、发展过程，以及对词创作的影响。词心与史思的结合贯穿于吴伟业词史创作的始终，具体表现为以词纪史，情余于事；以词论史，幽微要眇；词笔与史笔浑然一体等特征。这使得其“词史”之作独具特色，既不同于“诗史”之作，也不同于史乘。

第七章《曹溶的“倦”情结及与浙西词派关系考辨》。曹溶自号“倦圃”，在其词作中“倦”字的使用频率不但高于其他贰臣词人，也高于《全唐五代词》《全金元词》《全宋词》的平均值。本章分别用“黄梁梦醒——倦情绪的由来”“大同风雨——倦情情结的深化”“难以忘世——儒家式的倦情结”，来分析曹溶包含贰臣色彩的倦情结。关于曹溶与浙西词派之间的关系一直是学术界一个聚讼纷纭的话题。曹溶的词风豪迈，在遣词用句上流露出模仿辛弃疾的痕迹；在词学观上步武明人后尘，崇北宋、抑南宋，与浙西词派有着明显的不同。曹溶虽然与浙西词人有着较密切的来往，但在浙西派成立过程中没有太大的贡献，并不隶属于浙西派，难当先河之誉。“浙西先河”称谓的产生有着特殊的政治文化背景，是朱彝尊的有意误读。

第八章《“热”与“圆”——龚鼎孳的人格及创作》。所谓“热”，指的是龚鼎孳性格中热情、积极乃至有些毛躁、轻狂的一面。表现在艺术观念中，就是对真情的呼唤。他是“诗本性情”说的信奉者，相关论述不少。他的“热”体现在创作中，产生了真情鼓荡的艺术效果。以宴饮酬酢词而论，这类词有很强的实用性，艺术价值却不高。龚鼎孳的酬酢词却能产生“百世之下读之应为感动”的效果。这与其三个创作特点有关：其一，以诚待友与以诚为词；其二，进入对方的精神世界；其三，自我经验的介入。所谓“圆”，指的是龚鼎孳圆活、开通乃至有些圆滑、投机的一面，在词作中的表现就是对“圆活”之境的追求。“圆”是中外审美中的最高境界，本章从“笔圆”“意圆”“神圆”三种不同境界来解析龚鼎孳的词作，认为其已经达到了“笔圆”“意圆”之境，但于“神圆”之境只能偶尔一遇。

第九章《梁清标的台阁词创作》。梁清标的词作是清初贰臣中最多者，其词作最大的特点在于有台阁气象，前人的评论皆集中于这一点。在古典诗歌评价体系中，台阁气浓的作品一向不大被看好，这也是梁清标身后名不著的原因。但若将其置入台阁词发展、明清易代、清词中兴的大背景去看待，将获得一些更广阔的视野。通过历代庙堂词的流变，可以总结这样一条规律：在真正的太平盛世，庙堂文学表现为一种堂堂之气；而在朝纲混乱、君主暴虐之代，庙堂文学遂呈现出“奴性”“谄媚”等特征。以此观照，梁清标的庙堂词颇具弦外之音。他在雍容华贵外表下的怨与惧，在颂圣声中的矛盾心态，在享乐过程中的故国之思，都使其台阁词内涵更为复杂。

第十章《其他贰臣词人合论》。清初共有 18 位贰臣词人，除却前文重点介绍的 4 人外，其他人的创作及生平罕被提及，本章以里籍为单位，对之进行整体梳理与考评。关于地域对词风的影响，前人多从里籍地出发论之，对于贰臣来说，东南籍词人风格婉约，北方籍词人风格豪放，正与地方风物一致。但寄居地也有着巨大的影响力。贰臣词人多数在异乡度过了大半生，居住日久，异地文化也会进入词人心扉。对贰臣来说影响最大的主要是京都文化、边塞文化、江南文化三种。

结语部分对全书进行总结。本书从宏观上对清初贰臣词人进行立体式分析，在微观上选择四个较具代表性的词人，对其人格、心态进行重新剖析。为文学史的更加丰满写上了一笔淡墨之痕。

[作者单位：哈尔滨工业大学（威海）]

《孙光祀集》选读

魏伯河

拟《御制顺治大训》序（乙未八月，御试）

盖闻一代之至治，必有一代之大法，昭布成宪，宣示臣民，著之为章程，敷之为教化，守之为令甲，措之为事功。郅隆之道，建首善自朝廷始，而廉法克励，上下有章，莫不敬奉讦谟，共襄鸿绪。稽古唐虞建官立政，煌煌二典，于烁史编；若夏则和钧关石，六服承修；至殷而建中彰信，九围是式。爰洎成周，官礼綦详，制作大备，皆乘夫忠敬质文之运而酌夫因革损益之规。即汉高入关，先定三章之约；唐宗御宇，亦传《政要》之书。则是先王之兴，其创业垂统，使天下一其耳目、戢其心思，延及后世，率由无斁，所以久安而长治者，厥有由也。

我皇上天授圣哲，肇造区宇，揽良策以荡涤中夏，执大象以临照百官，六合为家，万灵归命，固已朝野秉德、遐迩向风矣。而圣虑渊深，勤思上理，以为太平之治不可以不兴，三代之盛不可以不复，夙兴夜寐，以宏远谋。乃鉴前代成败之迹，揆致治得失之理，著之典型，以彰法戒。制度必征于古宪，利害悉准于时宜，发自睿裁，躬亲厘定。自宫府内外，以及圻甸要荒，莫不心注目营，遐稽旷览，综其典要，勒为成书。其辩名定分，立纲陈纪，淑慝必辨，刑赏维严，务使大猷允升，设施咸当，颁之政府，炳若日星。爰锡嘉名，命曰《顺治大训》，于以厘饬有位，震动人心。治安之道，于斯无遗旨矣。

夫不征于言者不可以善行，不信于心者不可以治事，以兹广示道轨，作孚万邦，在天以为雷霆，在人以为钟鼓。如镜在悬，人得而借其照；如炬在室，人得而引其光。苟能恪循至训，轨物相维，美业休行，永兹勿替，上有尧舜之君，下有皋夔之佐，黎民敏德庶绩，咸熙世法世则，岂非万年有道之长哉！或有不笃仁义、轶于典常，倘方圮不若于尧咨，则魑魅难逃于禹鼎，又岂得忝兹人伦、容于盛世乎？

臣幸厕诸臣之后，睹圣谟之洋洋，于都休哉！洵可冶铸群生，参赞天地，亘河岳而垂金石也已。

拟《赋役全书》序（馆课）

尝观一代之治，必有百世不易之法，而后可经久而不敝。故以人创法者，肇始之业也；以法制人者，善守之图也。将以定划一之良规，垂万年之经制，非揽天下之大要而布之令甲、著为成书，欲以登兴茂理，厥路无由。然则法以治行，而实所以为治之具也。

于惟我朝启祚，执大象以临宇内，乂安兆姓，出汤火而衽席之。越数载，王化翔洽，潨潏曼羡，汪濊所播，衍溢四极，海内外既已喁喁向风矣。我皇上炳睿照、发殷怀，罣然远望，眷焉念之曰："天下所以久安长治者，赋役均平、民安其业也。惟天生民，立之君以抚御之；惟天立君，托之民以奉养之。粢盛牺牲于是乎需，尚衣玉食于是乎出，匪颁好用于是乎具，吉凶军宾于是乎取。自唐虞夏商皆有制以便民，而《周礼·地官》之职'体国经野'，所载九式、九赋，稽户口、核岁入，夫数上诸天子，即微至麻枲、细及匹遂，莫不具备，而邱出甲、甸出徒，为法特详。汉初加意蠲赈，劝民种植，而慎徭役、禁兼并，于赋役尤兢兢焉。洎唐宋元以迄胜季，其始率各自厘饬，兴利祛弊，而其后变本加厉，寖逾初制。年来申政令、察灾荒、禁滥征、严欺隐，因时之善政，次第犁然。而昭代之典章尚未修举。有司贤，自能宣昭仁义以奉上法；有司不贤，将肆意上下而阴蠹其中，挢虔之吏乘势以侵细民，元元安所归命乎！"爰命计臣，其悉综天下之大而稽考之，核多寡之数，察物土之宜，审利害之原，善因革之道，肥硗上下，皆归禹贡之编；缶米漆丝，咸入舆图之版。郡县躬莅其地，知人民畜产甚悉，睹物入经费甚亲，使備为条列，上之藩若抚；而藩若抚更核其参错、补其脱漏，上之司农。再四驳正，纤悉毕举，缮为完籍，而以秉成于我皇上，衡量可否，允协于制。诏曰："俞！其广宣之，俾率循无斁。"

是书也，所为损益之经、盈歉之数，人民之蕃育，不侔于凋残；田野之蒿莱，难同于开垦。征派之额，务得其中；飞诡之奸，莫滋其隙。如丝之受理，不可得而紊也；如田之有畔，不可得而逾也。于以充饶国计、子惠民生，皆得之矣。故夫圣王之治天下，惟在操其本以理之。本既立，则朝廷之德意可及闾阎，下民之供输胥登公帑。贪胥墨吏不得为厉于法之外，奸民黠士亦不能自遁于法之中。宋苏轼曰：“广取以资用，不如节用以廉取”，言有制以取民也。朱熹曰：“恤民之道在省赋，省赋之道在治军”，言省赋恤民即富强之所不能外也。自兹书成，而典则昭垂，赋不扰则财日增；庶民繁滋，氓不流则土益辟——岂非开国久大之图而百世不易之恒轨也哉！是为序。

湖广乡试录序（丁酉）

岁丁酉，为我皇上御极之十四年，天下论秀于乡。维时帝纮四辟，文治翔洽，思皇之士莫不飞苞耀采，骧首观光。以臣光祀贰词臣沄往典楚试。伏念臣东鲁鄙儒，文质无所底，蒙我皇上亲简庶常，旋授谏苑，遭逢恩遇，揣分逾涯，循省夙夜，虑不足图报万一。乃言职未殚，遽用抡才，蚊负为艰。臣心益惕，戴命星驰，兼程而至。扃闱受事，焚祝卜题，防宿弊之未然，饬新纶之聿振。于是绂心涤志，寤思俊良，冀有以登进环奇，襄兹大典。然而玞玉并集，五色相宣，笔光烛影之余，盖皇皇乎其若弗克辨也。既敬既戒，得士如额，裁其文而献之于廷。臣乃拜手稽首飏言末简曰：

多士际会昌期，顾有如今日之盛者乎？学者笃志受书，穷年铅椠，无非欲跻身尊显，以发抒其生平。乃从来制科之法行之数百年，篚羽升阶展采错事，三载之内绅佩一新。而历溯往牒，载考近闻，其所为匡大业、效忠谟者，太常景钟之间，代不数人、人不数事。唐太宗志法尧舜，虚己受言，而劝行仁义自魏徵外不少概见。有宋之世，大儒辈出，而用舍互乘，疑任莫据，学术所蕴，罔竟厥施。有其时者无其才，有其才者无其时，上下古今，有气数之感焉。我皇上躬秉睿哲，统一六合，稽古力学，博求治理，故任贤勿贰，器使靡遗。赏罚独决于清衷，是非不狥于众口，天下英能之彦，岂犹虞抱道弗伸、挟长弗售者乎！

然臣以为：士人之用于世，不贵乎其及于用，而贵操其具以克胜乎其用。昔孔子之论入官曰：“辟如缘木，位高而畏者滋甚。”然则登膴仕、履通途，恒人色怡气矜，方欲藉为富贵之资，而君子当之则足以自惧。何也？闾巷之子，行不出于乡曲，为善有量，为恶亦有量。若夫出身加民，发迩见远，则权藉所在，百姓之安危、国家之利病皆在其中。倘名实不附，寻积訾尤：小则负寡昧之称，大则被回邪之号。当是之时，殆不若寻常无闻之夫，犹可以分位不属遁其责于俯仰优游之外，是安可不为之致慎乎？独思人之竞趋乎功名者，语之以科目则跃然起，语之以皋、夔、伊、吕则听其为千载以上之人，逡巡而莫之敢进。是适路者能诣康衢而谓不能升山阜，操舟者能逾洲渚而谓不能达江河，亦自诬其材之甚矣！臣以为：贤臣良佐，存乎其所用心。心之所赴，力亦赴之。苟有志乎皋、夔、伊、吕之道，以力臻其所期，则虽未能至，必将有以及之；虽未能及，必将有所近。故其志既定，而后可以施其力之所能为。多士盍亦念夙昔揣摩几案披吟之际，固时时有一秉圭佩组之宠灵默相鼓舞？迨风檐寸晷，濡墨抽思，万虑不撄，鬼神退听，乃始苕发颖竖，著为光华，尺幅数言，遂以携布衣韦带之身，而通其羔雁。居恒所心冀其得而未敢据以为然者，则竟已得之矣。使克其应科目之念以立功名，思力极则志气生，志气生则知勇出。古昔明哲，其则不远，休行懿烈，炳炳麟麟，取而身诸其事，岂其有靳之者乎？故臣之所以相士者，于其文遇之；而臣之所以规士者，亦即以其治文章之心勖之。当夫一堂较阅，衡取弃于毫芒铢黍之间，得一佳牍，则流连往复，恍惚而如见其人，乃为之审其尺度，正其性情，准乎仁义之言，以袪纤靡之尚。臣窃意即言测行，当不径庭。是以黝然静会，私相推许，或将觇其梗概，或将卜其风裁，或将验其节操，或将征其德器，而要仅以文士毕之则非臣之所愿也。然则持文章以相士，果可以相信而不疑乎？乃亦有不然者。读广川之策，即以见其醇修；诵长孺之篇，早已知其强谏：此其可信者也。平津握管，未必遽逊长沙；安石操觚，讵不直凌涑水？此其不可信者也。固知文者士人入官之始事，而品行之淑慝、勋名之成败不与焉。苟其显晦易节、措注乖方，功罪所悬，曷其可掩？以至浮沉僚寀、观望朝廷、持禄养交、寂无声采，虽飞辩骋辞，藻思烽举，亦何益天下之数哉！故文章不可恃而有可恃者，惟不失其治文章之心而历之于有用之途也。今日者弓旌载贲、萍鹿升歌，尔诸士由兹以往，将以通籍金闺、驰驱皇路，为天子休采之臣，必专气致能，进而加励，勿徒追时好而取世资。则位有崇卑、任有内外、事有难易、遇有迟速，而总以砥躬竭节、忠贞不二为归。端其守斯无岐向，勉其职则无遗能。断之以无欲，自能行之以无欺；植之以无私，自能操之以无党。于以笃孜赞之思、尽谟弼之义、通首肱之爱、懋宫府之猷、扬大来之符、持方中之运、倡和衷之谊、发敬应之忱，上之斟酌元气，运平四时；次之助理民风，勤修百度，兼资并济，共奏隆平，以上副皇上侧席建铎、求贤若渴之虚衷，而文章之能乃以大著，将有其时，又有其才拟诸古人，宁有让焉？且我皇上眷顾南服、嘉惠于尔楚特厚：数年来静乱恤民、揆文奋武，其为谋休养、筹安全者无所不备。诸士酬知策效，在此一时。臣之以贤臣良佐责之者，亦谓上有知人之君，不可不有以自处，靖共尔位。夫岂为过望乎！

贺刘子延内升序

圣王之治天下，乐得端己无欲之臣，而用之则官方清而庶事理矣。夫端己无欲之臣，不求多于世，而必有以立其正身及物之原。其于人也，无务上之而亦无务附之，故以之别白臧否则慎而公，裁决是非则明而当。凡国家繁重难胜之事，皆可以弛赡绝顾，力任其所能为。惟其心无所欲，斯于物无所私；于物无所私，斯可以断之不疑，行之不惧，不迁回意见以市和同，不缘饰智巧以逐俗尚。人之以常情相测者，其始莫不以为落落难合，功名之士且或疑其违弃时宜，不娴世故。而久之表著而里形、业立而能见，朋友慕其行，君父信其诚，然后知君子之道之终可恃，而居易俟命之学亦可以结主知而孚神听也。故天下将治，则登擢正人。其所由以进者，率非其意之所及；迨其得之，而朝野士大夫遂翕然归望，佥谓其人之莫可易。举天下所为揣摩之术、营竞之力、攀援歆羡之思，皆退沮而一无所用，岂非小往大来，治道之灼然可见者乎！

乙未春，渠邱子延刘公岿然隽礼闱。当是时，皇上方极意治平，求贤如饥渴。始召诸进士诣南苑，亲选庶常，审择再三，论辨加毖。子延貌修伟，有仪度，上数目之，辄属意，又试以文章，称旨，予吉士第十人。既知为少傅宪石公从孙，顾之色喜。子延读书石渠中，言动有则，文誉亦益进。今大学士坦园李公、大宗伯宛委胡公时董教习事，亦稔悉其才，交相引重曰："刘君大器也。"逾年，台省臣缺员，乃集内外属应考授者，候皇上询试于庭，发策问之，置弗录。寻奉上谕，谓庶常教育有成，以艺《汉书》者十三人补用。按往昔词臣去留，皆以名序为后先，兹出自特典，无所视以上下。其间议以为当循甲第如编简例，而皇上自秉睿裁，手定某某为科道官，列子延名第一，给事吏垣。子延又以少傅公居端揆，子弟不应仕言路，虽本朝无成例，而为臣子者义不敢欺，拜疏引避。覆如请。乃改补诠曹郎。盖闻子延先世其高伯祖掌选政，历擢银台，有名于时，而少傅公尝摄冢宰，澄清仕路，铨法赖之。今子延膺衡钧之任，其殆以吏部世其家者耶？且释褐甫一载，而三历清华，揆之遭逢，亦云异数！子延乃益自砥砺，竭节酬知，挺方严之操，杜苞苴之门；塞侥幸之途，布平直之道。先署考功，嗣典选事，因时尽职，无旷厥官。盖吏部进退人才，抑扬功过，权之所在即利之所丛，利之所丛即害之所伏。虽簿籍有稽，法制有限，资次有格，黜陟有条，而杂文碎牍难以折中，故典新型易为附会，倘核之不确，执之不坚，则牵引游移，以弊为例；甚或私欲萦于中，而舞文吏伺其短长而挟持之，奸伪相寻，滋蔓莫救。吏治不振，职此之由。自子延为吏部，则涤濯宿蠹，毅然与之更始。凡一切之务，纷纭几案间，持其端委而断之以义，烛照数计，如辨白黑，老胥巨猾皆咋舌退。故干请不得关其说，欺罔无所售其谋。事在模棱者，或决之以一言；弊在迟久者，或毕之于一日。何则？力有不可夺，物有不可诱，则不必有所待而为之所也。是以被服朴略，门内外萧寂鲜剥啄声。家不益田宅，为蔬食恒无兼味。迹其所处，素士难耳。而子延怡然自高，若不知其身在要途者然。率其质而人不以为矫，属托不行而僚寀不以为嫌，尤之而不可得则相从而安之，服习既久，又相从而称誉之，鼓钟声闻，岂不然乎？

丁酉典试三秦，充正考官，次途半，从行吏伺间为言，欲于闱中媒所私。子延叱责之曰："若盲甚，不问主司为何如人，而敢以此尝试耶？"执而系之，发所司究讯。由是关陕之中欢呼震动，而不肖者咸慑息屏气，以绝非分之望。比入闱，研精澄鉴，所收皆知名士。事竣，疏纠秦吏及夤缘为弊者。上览奏嘉之，称其"不负任使"，下其章比部，拘吏服上刑。使其心一有所惘疑于其际，则无以发奸擿伏而为朝廷彰不可犯之法。故子延之典试，一以典铨之道行之。山涛之在事清明、李重之务抑华竞，以今方昔，宁有殊轨？

戊戌，吏部以岁例请近允省臣议，通列司属姓名，恭听皇上甄别升转，定内外各一人。子延于是奉特简予内升。计子延自改补入铨署，甫二年所，又俸次亚同官，而睿眷所加，用陟卿贰。休采诸臣相与手额，益服皇上知人之哲为不可及。盖禄位之被于一人者小，而所关于治道者巨，不可不察也。欧阳修曰："天下之所以称舜为聪明之圣者，惟能辨君子小人而已。"故国家一人之进用而天下之人视以为风气。今子延淡泊简远，恪勤其官，而不为溢量之求，此其心岂复为富贵宠荣计者？乃天子独断于上，揽驭禄之大权，而为左右智计之所不能谋，则天下之人将曰："彼端己无欲者亦若是其受知于上，是处悖守固不必失而争先处强未尽得也夫！"使子延甘言悦众，饰行钓名，刓方为圆，易拙为巧，则皆有所不能。惟任其介性所至，固已轶侪列而跻清班，若举朝百执事皆恬于势利，尽其职业，以听造物之自然，则名节克修，风气日进。故正人之升、治道之验也。

子延从兹位望日崇，声施益茂，惟期图乃报称，思皇上所以进用之意，竭三事之夙夜，叶百僚之靖共，无渝所守以自薄其生平，无足己自画而不务虚受以勉其未逮，则光赞之猷且与少傅公媲休济美，泰山东海与有宠灵。斯举也，不但吾齐鲁诸君子弹冠执觯，四海之内实跂足而望之矣。

（推荐单位：乳山市委宣传部）

清华简《保训》“中”字解

朱新林

一 问题的提出

清华简《保训》自公布以来，学者对其中的“中”字进行了富于启发性的探讨。归纳起来大致从两个方面着眼，一是认为“中”属于思想范畴。如李学勤认为《保训》篇里的“中”为中正、中道，并指出它与后世儒家“中”的观念密切相关，认为《保训》中“中”的观念正是儒家所津津乐道的“中道”的源头。但对于上甲微怎样“假中”、“归中”于河，仍然无法讲通。姜广辉认为“中”即是处理事情时要把握分寸，要将事情处理得恰到好处。邢文认为“中”就是孔子所传帝尧所说的“天之历数在尔躬”的“天数”，也是传说中舜得河图的河图之数，也是文王据以演《周易》的“易数”。廖名春认为“中”即是“和”。二是“中”为具体的事物。如赵平安认为“中”和“诇”相类，以书的形式流传。李零认为“中”字的古文字写法正像旗表。这里的“中”不可能指“地中”，“地中”无法借，所借只能是测量和标志“地中”的器物，土圭和旗表。武家璧认为“舜帝‘求中’，实际上是天文数学方面的实践活动，舜因能掌握和运用科学知识而获胜”。申超认为“中”是军法，属于广义上的兵书，包含中道的思想。它所反映的思想观念对后世兵书也产生了深远影响。李均明更认为“中”兼有思想观念与具体物体两个意思，即指判决书和周文王的治国理念。

上述学者的探讨对于理解《保训》的核心要义富于启发性，但认为“中”为儒家思想观念的学者囿于“中”与后世中庸之道的联系，主张“中”为具体事物的则受简中“假中于河”的束缚，没有照顾到“恐求中”、“既求中”之“中”与“假中”、“归中”之“中”之间的内在联系。笔者认为应该重视李学勤与廖名春二者的研究观点以及李均明的解读思路，即“中”为思想观念，但并非儒家所特有。从传世文献看，“中”作为上古思想观念被后世儒家、道家并相继承，“恐求中”、“既求中”之“中”与“假中”、“归中”之“中”当从两个方面解读。下面笔者简要陈述理由。

二 “恐求中”、“既求中”之“中”当从儒、道二家解

为了叙述上的方便，现将《清华简》释文录下：

惟王五十年，不豫。王念日之多历，恐坠宝训。戊子自靧水。己丑昧［爽］□□□□□□□□□□□□［王］若曰：“发，朕疾适甚，恐不汝及训。昔前人传宝，必受之以诇。今朕疾允病，恐弗堪终。汝以书受之。钦哉，勿淫！昔舜旧作小人，亲耕于历丘，恐求中。自稽厥志，不违于庶万姓之多欲。厥有施于上下远迩，乃易位设稽，测阴阳之物，咸顺不逆。舜既得中，言不易实变名，身兹备，惟允。翼翼不解，用作三降之德。帝尧嘉之，用授厥绪。呜呼，祗之哉！昔微假中于河，以复有易，有易服厥罪。微亡害，乃归中于河。微志弗忘，传贻子孙，至于成汤，祗服不懈，用受大命。呜呼！发，敬哉！朕闻兹不久，命未有所延。今汝祗服毋懈，其有所由矣，不及尔身受大命，敬哉，毋淫！日不足惟宿不羕。”

从以上简文可知，“中”的来源甚古。“恐求中”、“既得中”之“中”的观念为后世儒家承继。“中”、“衷”二字古通，先秦文献中对于“衷”的记载屡见不鲜。《左传》僖公二十八年云：“今天诱其衷，使皆降心以相从也。不有居者，谁守社稷。不有行者，谁扞牧圉。”杜预云：“衷，中也。”《左传》成公十三年引刘子云：“吾闻之，民受天地之中以生，所谓命也。是以有动作礼义威仪之则，以定命也。”刘子又云：“天诱其衷，成王殒命。”《左传》襄公二十五年云：“天诱其衷，启敝邑之心。”《左传》定公四年云：“天诱其衷，致罚于楚而君又窜之。周室何罪？君若顾报周室，施及寡人，以奖天衷，君之惠也。”《左传》哀公十六年云：“蒯聩得罪于君父君母，逋窜于晋，晋以王室之故，不弃兄弟，寘诸河上，天诱其衷，获嗣守封焉。”《国语·吴语》云：“天舍其衷，楚师败绩。”又云：“天舍其衷，齐师还。夫差岂敢自多，文、武实舍其衷。”又云：“日臣尝卜于天，今吴民既罢，而大荒荐饥，市无赤米。”韦昭注云：“卜于天，天若弃吴，必许吾成，既罢弊其民，天夺之食，安受其烬之言者。”申胥反对吴国征伐齐国，然吴王于艾陵大败齐

国。此事之后，吴王夫差训斥申胥云：“今天降衷于吴，齐师受服。孤岂敢自多，先王之钟鼓，寔式灵之，敢告于大夫。”又《国语·晋语》云：“以君之灵，鬼神降衷，罪人克伏其辜，群臣莫敢宁处，将待君命。”

上古是民神异业的时代，故统治阶层需以巫的形式沟通天人，以实现政局的稳定与和谐，这种沟通天地的手段方逐渐为统治阶层所独占。

尧舜以来高度重视“中”的传统，在后世文献中仍留有重要的痕迹。如《伪古文尚书·汤诰》云：“惟黄上帝，降衷于下民。”《伪古文尚书·皋陶谟》云：“天秩有礼，自我五礼有庸哉。同寅协恭和衷哉。”王先谦引蔡邕《中鼎铭》云：“同寅协恭，以和天衷。”又云：“自朝廷至岳牧，同敬协恭，遵行典礼，自能上合天心。”这与清华简所云“恐求中”、“既得中”的思想如出一辙。这种“中”的观念即是《保训》所云“恐求中”、“既得中”之“中”，被后世儒家继承并加以发挥。需要指出的是，即使从儒家思想入手解读，《保训》之“中”与儒家所主张的中庸之道依然有很大距离。若从治国理念和道德修养而言，二者尚比较接近。

但在儒家之外，尚有道家继承这一“中”的观念并作别解，即“和”。黄生《义府》卷上“司中”条云：“《周礼》有司中、司命二神。始不解司中之义，偶读《老子》‘万物负阴而抱阳，冲气以为和’，乃知中即指此冲气而言。‘冲气以为和’，谓阴阳两相合，不偏不襍，人得之以生，此所以为万物之灵。《中庸》‘喜怒哀乐之未发’，意与《老子》合。(古人不分性、命二物，故通谓之中。《书》所谓‘和衷’、‘降衷’，《左氏》所谓‘天诱其衷’，皆指此。”黄生所云“中”字含义不仅从儒家观念入手，且关注了“中”与道家观念之间的关系，这一点对我们理解清华简“中”字很有启发。如上文所揭，上古时代，民神异业，但随着文明的启蒙，当时的人们开始逐渐重视人的作用。如《尚书·吕刑》云：“乃命重黎，绝地天通，罔有降格。”孔传：“重即羲，黎即和。尧命羲和世掌天地四时之官，使人神不扰，各得其序，是谓绝地天通。言天神无有降地，地祇不至于天，明不相干。”“中”在道家那里已成为万物之灵，而文王在《保训》中认为只有实现“庶万姓之多欲”，方能“用作三降之德”。“中”以冲气而实现阴阳和谐，正是周文王所要孜孜以求的治国目标。需要注意的是这其中又掺杂了上古以来的阴阳学说。《淮南子·天文》云：“道始于一，一而不生，故分为阴阳，阴阳合而万物生。故曰：一生二，二生三，三生万物。”《淮南子·精神》云：“古未有天地之时，惟像无形，窈窈冥冥，芒芠漠闵，鸿蒙鸿洞，莫知其门。有二神混生，经天营地，孔乎莫知其所终极，滔乎莫知其所止息。于是乃别为阴阳，离为八极，刚柔相成，万物乃形。”《淮南子》

作为先秦诸子集大成之作，其中材料来源甚古。从上述文献来看，后世道家所云"和"、"阴阳合而万物生"正是清华简"中"的核心意义，更接近"恐求中"、"既得中"之"中"的本义。即"中"为万物之灵，主宰者天地人的命运，只有实现了"中"的境界，方能实现万物和谐共处，兴国安邦。这也是为何自尧舜以来便如此高度重视"中"的原因所在。

三 "假中"、"归中"之"中"当解作"司中"

《保训》中的"假中"、"归中"之"中"与"恐求中"、"既得中"之"中"含义并不相同，应从另外的思路加以考察。先秦时期，"中国古代文明中的一个重大观念，是把世界分成不同的层次，其中主要的便是'天'和'地'。不同层次之间的关系不是严密隔绝、彼此不相往来的。中国古代许多仪式、宗教思想和行为的很重要的任务，就是在这种世界的不同层次之间进行沟通。进行沟通的人物就是中国古代的巫、觋"。既然尧、舜以来如此重视"中"，也便有能实现天人沟通的专门职官，这种职官可将天的旨意与人的旨意互相沟通。《国语·楚语下》引观射父云："及少皞之衰也，九黎乱德，民神杂糅，不可方物。夫人作享，家为巫史，无有要质。民匮于祀，而不知其福。烝享无度，民神同位。民渎齐盟，无有严威。神狎民则，不蠲其为。嘉生不降，无物以享。祸灾荐臻，莫尽其气。颛顼受之，乃命南正重司天以属神，命火正黎司地以属民，使复旧常，无相侵渎，是谓绝地天通。"

"假中"、"归中"之"中"当作"司中"解。《国语·楚语上》云："灵王虐，白公子张骤谏，王患之，谓史老曰：'吾欲已子张之谏，若何?'对曰：'用之实难，已之易矣。若谏，君则曰："余左执鬼中，右执殇宫。凡百箴谏吾尽闻之矣，宁闻他言?"'"韦昭注云："中，身也。"又云："执，谓把持其录籍，制服其身，知其居处，若今世云能使殇矣。"沈镕曰："此言能役使鬼神，物之情状无不知，盖自以为圣而拒言者。"王念孙云："韦以殇宫为殇之居，非也。殇之居则不可言执，故又为之说曰'谓把持其录籍，制服其身，知其居处'，殆失之迂矣。宫，读为躬。中、躬，皆身也。执殇躬，犹言执鬼中。作宫者，假借字耳。"清代黄生云："又《国语》云：'左执鬼中，右执殇宫。'此中字正与司中合，盖司中、司命二神，即今俗所谓'南斗注生，北斗注死'是也。司中主生，司命主死，故并祀之。左执、右执云者，犹言生杀在其柄。如司中、司命之神，凡大人小儿之命，皆得主之耳。(本注解中为身，亦误。又孙思邈诗："南宫度名，北斗落籍。"玩'殇宫'二字，恐当时已有此语。”）这提示我们应该从“司中”这一角度去理解“假中”、“归中”之中。“恐求中”、“既得中”之“中”为万物之灵，因此才使得“司中”能够主生，有生，民众方能兴盛繁衍，协和万邦方有基础。有主生便有主死，主死者即“司命”。先秦以来，“司中”、“司命”二神地位很高。《周礼·春官·大宗伯》云：“以槱燎祀司中、司命。”疏引《星传》云：“三台，上台司命，为太尉。”《史记·天官书》云：“斗魁戴匡曰文昌宫……四曰司命，五曰司中。”司马贞《索隐》引《春秋元命苞》云：“司命主老幼。”《晋书·天文志》云：“三台六星，两两而居，起文昌，列抵太微……西近文昌二星曰上台，为司命，主寿。次二星曰中台，为司中，主宗室。”何剑熏猜测《周礼》所祀“司中”，很可能就是少司命。中，得也，意云得到儿子。但仅属怀疑，不敢肯定。从先秦文献来看，与“司中”职务相近的“司命”拥有极大的权利，以致先秦诸侯王立宗庙时将“司命”列在第一位。《礼记·祭法》云：“王为群姓立七祀，曰司命，曰中溜，曰国门，曰国行，曰泰厉，曰户，曰灶。王自为立七祀。诸侯为国立五祀，曰司命，曰中溜，曰国门，曰国行，曰公厉。诸侯自立为五祀。”“司命”之神在楚地又有大司命和少司命之别。《九歌·大司命》云：“竦长剑兮拥幼艾，荪独宜兮为民正。”王逸云：“言司命执心公方，无所阿私，善者佑之，故宜为万民之平正也。”清戴震云：“天之司命，亦犹下之居位大臣，所以有‘与君齐速’及‘宜为民正’之语。”此“大司命”正是简文中主生的“中”。这也是为何“司中”、“司命”威力如此大的原因。“司中”既为神，则需巫觋来沟通天人，《殷周金文集成》9729、9730著录“洹子孟姜壶”铭文云：“于大嗣（司）命用璧、两壶、八鼎。”“司中”、“司命”既然是掌握生杀大权的神，则沟通此神与人间的巫觋自然可借可还。

另外，《保训》所云“假中于河，以复有易”也提示我们此“中”与神名有密切的关系。《今本竹书纪年》云：“（帝芬）十六年，洛伯用与河伯冯夷斗。”《淮南子·原道》云：“昔者冯夷、大丙之御也，乘云车，入云蜺。”高诱注云：“皆古之得道能御阴阳者也。”顾炎武云：“是河伯者，国居河上而命之为伯，如文王之为西伯，而冯夷者，其名尔。《楚辞·九歌》以河伯次东君之后，则以河伯为神……是河伯、冯夷皆水神矣。”以神名解简文中的“河”、“有易”对于我们理解“司中”可借可还也很有帮助。

四　结语

综上，清华简《保训》“中”的观念要从儒家和道家两个角度去考虑，且道家将“中”解读为“万物负阴而抱阳，冲气以为和”更接近“中”的本义。“中”由于如此神圣，以致成神名，主生，很有可能即是后世所谓“司中”，“司中”与“司命”为掌管生老病死之神，故地位甚崇。有神名即有相应与此神相通的巫觋，这也印证了上古浓郁的万物有灵的宗教信仰传统。因此，“中”的观念不能作一元化的解读，它的复杂性正如李零所说：“人类历史上，凡是起点性的东西，往往具有混沌未分的特点。它们会在后来的发展中积淀为文化的深层核心，并以各种复杂的形式反复展开。”笔者上述看法还不是很成熟，只是希望能从多个角度为学者研究清华简《保训》提供一些启示。

［作者单位：山东大学（威海）］

纯粹直观与异质美学

——列维纳斯论直觉、感知与审美

张　中

即使是在最一般的意义上，列维纳斯也是十分重视“直觉”的。作为现象学在法国的最早述介者，列维纳斯当然深得胡塞尔现象学“直觉（观）”的精髓。同时，列维纳斯也极为看重“直觉”在认知中的作用。他曾说：“在以最直接的方式接纳的材料中，直觉仍然是所有意义的来源，不管这些材料是观念、关系、还是感性。”比如在谈到语言时，列维纳斯认为，语言所给予的意义必须经过反思来获得合法性；而语言中的一切隐喻必须还原为材料。关键是，“语言中的比喻义只有通过直觉中被提供的字面意义得到其合法性”。不过，列维纳斯在这里所说的“直觉”还只是一般意义上的或心理学意义上的“直觉”；它还并非一种严格科学意义上的“直觉”，即现象学之“直观”。

一　直觉存在

1. 直觉（观）

众所周知，列维纳斯是跟随胡塞尔走进现象学的，不过他很快就追随了海德格尔。在这两位大师的指引下，列维纳斯首先掌握了现象学的方法和原则。对他而言，现象学首要的原则就是“直觉（观）”。正因如此，列维纳斯处女作就是研究胡塞尔现象学“直觉（观）”概念的——而这也就是他的博士论文。不过需要指出的是，在这部作品中列维纳斯虽然整体上只是介绍和分析，但他却用特殊的手法评价了胡塞尔的“直觉（观）”理论。准确地说，在其博士论文《胡塞尔现象学中的直观理论》中，列维纳斯提出了一种海德格尔式的对胡塞尔的阐释；他强调现象学的存在论方面，批评了胡塞尔的理智主义和忽视历史性。当然更重要的是，列维纳斯首次向人们宣介了现象学，也第一次真正让人们了解到一种作为方法的“直觉（观）”。

在列维纳斯眼中，“直觉（观）”是胡塞尔和现象学的首要原则。通过这一方法或原则，我们可以直接察知事物及其本质，可以走向对实事的认知。如此说来，“直觉（观）”也就是一种意识的行为（动）。因之，列维纳斯指出：“一个不能忘记的事实是，对胡塞尔来说，直觉是一种理论的行动（为），并且因为其他行为可以到达他们必须的实存，按照《逻辑研究》，它被建基在一个代（表）现之上”。这就是说，直觉要指向对象，它甚至就是一种“表现”。追随胡塞尔，列维纳斯坚持了直觉（观）和意向性的重要“行动”意义。根据胡塞尔，“意义指向它们的客体；直觉（观），并且在特殊的知觉中，达到它们。”在列维纳斯看来，在我们的知觉中，直觉以意识的意向性行动指认了客体及其意义。这就是说，当我们直觉（观）某物时，我们已经朝向了该对象并已将其纳入我的意识范畴。从这一立场上来说，列维纳斯并没有越出胡塞尔的观念。准确地说，列维纳斯坚持了直觉的首要性。

然而，列维纳斯又代替我们提出了疑问：“如果直觉（观）是知识的首要元素，难道当我们提到真理和判断时不会遇到一种不能克服的困难吗?”这也就是说，“直觉（观）”似乎和“真理”、“判断”是矛盾对立的。换句话说，按照寻常观点，“直觉（观）”不能达到“真理”，也不能实现真正的“判断”。然而按照胡塞尔，直观就是“意向性”或“意向赋予”。这种“意向性”行为既是一种意识行为，也是一种意向相关项的判断。列维纳斯为此解释道，判断是对意向相关项的判断。比如，说“树是绿的”，并非是对一个客体的“树”的判断，而是一个必须和另一个客体“绿色”联系起来的判断。这其中的要点就是，“直觉（观）”和“意向赋予”实际上是一种“关系”的判断，而且是它们的一种“代（表）现”。这就是说，一个意向行动实际上体现的是一种复杂的关系：“这种关系也属于意识的客体性范畴，它并不是一个纯粹的代（表）现间主体性关系”。需要注意的是，列维纳斯提醒我们说，“一种代（表）现间关系也并非一种关系的代（表）现”。总之，直觉（观）是一种意向性的行动。在这一过程中，直觉（观）将建立和串联事物的各种复杂“关系”。而在此基础上，我们就能直接洞察事物的本质。

概言之，胡塞尔的“直觉（观）”理论极其复杂，列维纳斯的分析较为简练和忠实。重要的是，列维纳斯最后总结道：“当我们返回到直觉（观）理论时，很显然，调和（那些在直觉中看见真理）的真理理论与一个‘基本事态’这一事实也是依靠种类建构的，我们将不得不说范畴直观（觉）或智性直观（觉）”。这就意味着，“直观（觉）”可以达到“真理”或“判断”，因为它本身就是“意向”的“赋予”；就是“关系”的“代（再）现”。那么对胡塞尔来说，也就必然会有“范畴直观（觉）”与“智性直觉”（或“本质直观”）。这样，列维纳斯就将胡塞尔的“本质直观”等深层“直观”概念引导出来了。总体而言，在《胡塞尔现象学中的直观理论》一书中，列维纳斯只是简要和描述性地介绍了胡塞尔的现象学理论——当然它主要是围绕“意向性”和“直觉（观）”这两个核心概念来展开的。这也就是说，列维纳斯只是“忠实的”描述者和介绍者，他还没有展开自己的哲学之思。然而一个不可否认的事实是，正是这一时期严格的现象学学术训练，使得列维纳斯不仅掌握了现象学的方法（尤其是“直观/觉”），而且已经为其以后的学术道路埋下了伏笔。

2. 主体性与存在

事实上，“直觉（观）”对于列维纳斯而言只是一种“方法”；然而正是这一方法使他重新“看（见）世界”、重新“发现”世界。而在其中，海德格尔对他的影响实际远远大于胡塞尔。问题是，为什么是海德格尔而不是胡塞尔给他的影响更大？严格来说，胡塞尔对于列维纳斯的影响仅限于方法论；而海德格尔带给他的则是整个思想的震动。早在研究胡塞尔著作的时候，海德格尔的《存在与时间》就已经深刻影响了列维纳斯。海德格尔极为蛊惑人心的基础存在论分析，以及人的生存在场研究，都使列维纳斯深受启发。究其根源，海德格尔对列维纳斯之所以意义重大，除去海德格尔作品本身的感召力和蛊惑力，联系到列维纳斯本人的境遇我们也能得到一定的理解。回到主题，我们说正是借助于“直观（觉）”这一现象学之原则和方法，列维纳斯才得以回到事物的实在。重要的是，他在接下来就发现了海德格尔，尤其是发现了“存在”（即“有”）。

对于海德格尔而言，“形而上学”的历史就是遗忘“存在”的历史；但对列维纳斯来说，“形而上学”就意味着剿灭差异、吞噬他者。准确地说，“按照列维纳斯，以主体为中心的认识论整个儿就是一个唯我之学：自我以外的一切都源出于自我、为了自我并为自我所决定”。有鉴于此，列维纳斯开始了一系列伴随其一生的反驳与重建之事业：他粉碎了“整体性”，选择了“无限性”；他看到了“存在”之确定的无名之“il y a”（有），并开始与他人“相遇”；他倡导“为他人的人道主义”，并来到“心中的上帝”……在所有这些判断中最重要的是，列维纳斯还“他者”（the Other）以应有的地位，并因此重提主体（性）。然而，这种主体不再是单一、孤独和虚空的“自我”，而是面向他人、面对无限之新的“主体”——它强调感性、呼唤自由；然而它更强调责任、宣扬伦理。早在1930年他还迷恋于胡塞尔现象学的阶段时，列维纳斯就已经看到了现象学的弊端，也看到了一种新主体（他者）存在的可能性。于是，列维纳斯指出：“自我的还原，唯我学的还原，只能是朝向现象学的第一步。我们还必须去发现‘他者’和主体间性的世界”。问题是，按照胡塞尔是不可能做到这些的。所以列维纳斯要寻找别的路径，寻找他者的可能性。

当然，呼唤“他者”并不是要抛弃自我和主体性，而是要更好地建构主体。列维纳斯在《总体与无限》的序言中说，他的这本书是对主体性的一种捍卫。重要的是，他对主体性的理解“不是停驻在纯粹自我中心式的抗议总体的层面上，也不是停留在面对死亡所感到的极端苦恼中，而是立足于无限的观念”。这也就是说，列维纳斯“更愿意在主体之内寻求‘他者’的痕迹”。从这一点来看，列维纳斯与福柯和德里达的工作极为相似，只是他更强调一种绝对的“他者”。寻找主体，就是要将其退回到原初的意识中，退回到最初的“感觉”上。列维纳斯认为，“作为绝对主体性的意识之流实际上就是感性自身的意义呈现过程，它‘比对象性意识要更深一层’。这已经是源始之流了，‘它是所有建构和理想化的条件’，在其背后没有任何思想或事件”。这也就是说，这种意识之流是一种“原印象”，它没有任何别的事物掺入——列维纳斯称这种“原印象”为“最高意义上的非观念性”。并且，他认为这种“原印象”就是“感性”。因之，“正是在这个意义上，列维纳斯说感性位于活生生的当下的发生性的基础之中，从而也在意向性本身的基础之中”。换句话说，在列维纳斯看来，感性位于意向性的源头，它创生了主体性时间。如此说来，只有在原初的感性意识之上，我们才能把握主体性，才能理解当下的自我。自我是自由的，但却是有限的。惟有在当下的生存中，我方能真正体验主体的自由。准确地说，“现在是我的自由中的一个开始……它是有限，是与某一自由相辅相成的有限”。

关键是，这一“有限”实际指向的是“无限”。在它之中，有一种真正的“存在”忽隐忽现，这就是“il y a”（有）。众所周知，“il y a”（有）是列维纳斯早期哲学中最为著名的概念。当然，它是列维纳斯在《从存在到存在者》和《时间与他者》这两本书中提出的。虽然列维纳斯后来几乎不再谈论它，但它的重要性却是显而易见的。尤其是，这是列维纳斯真正运用现象学“直观”的方法，并从海德格尔那里获益或寻求到的、极端重要的自主性话语。对他来说，“il y a”（有）是原初的、原质的、第一性的；而所谓的意识、主体性、同一性等却都是第二性的。列维纳斯指出，在我们与世界之间“永恒的互动关系”被打断的那一刻，我们将直接面对“存在”。准确地说，“我们所面对的，既非一般人所错误认为的死亡，亦非所谓‘纯粹自我’，而是无名的存在状态。存在并不是和世界的关系，它先于存在”。这“无名的存在状态”就是列维纳斯所谓“il y a”（有/存在）。在列维纳斯那里，“il y a”（有）“先于并且预设了任何可以为理性所知的东西”；而且“它所吁求的是直观的认知而不是哲学的探究”。准确地说，它既是列维纳斯哲学论证的起点，也是其本质内涵；既是意识的原质，也是主体遭遇异质性或与他者相遇的可能性之基础。

在《从存在到存在者》中，列维纳斯强调要去发现和体验一种“无世界的存在”。而这其实就是要摆脱存在者外在的“虚无”，从而到达真正的“物质”：即，“il y a”（有）之事实本身。在他看来，“在我们和世界之间永恒的互动关系被打断的那一刻，我们所面对的，既非一般人所错误认为的死亡，亦非‘纯粹自我’（moi pur），而是无名的存在状态”。这一状态就是“il y a”，就是无名的、无人称的“il y a”（有）。即是说，列维纳斯的“il y a”是“没有存在者的存在”，是“个体化的人类主体被构造之前的一种匿名的、非个人性的存在”。所以，列维纳斯将其与诸如“正在下雨”、“天很黑”、“天很热”这些无主体的短语进行比较，并且认为，“il y a”就是这样的一种“无名”之“有”。更为紧要的是，在列维纳斯眼中，“il y a”是一种不在场的在场：这种“有”或“存在”，都要求远离功利性或工具性——它与一种“异域感”密切相关，或者说，它就是“异质”。这也就是说，“il y a”是中性的，它是源始的主体性。换言之，它超越了内在性和外在性。我们知道，列维纳斯早就说过：“存在拒绝接受任何形式的特殊化，也从不进行特殊化”。如此一来，“il y a”就是一个特殊的“主体”。重要的是，“这个源始的主体，不是一个实体，也不是一个事件，而是一种气氛，一种逼迫‘存在’向‘生存’转化的力量”。那么，列维纳斯向“无限”的切近，就是以此中性的“il y a”（有）为根基的。如果说海德格尔的“有”（Es gibt）依然还维持着整体的存在的话；那么，列维纳斯的“有”（il y a）则只剩下赤裸和虚空。必须知道的是，正是通过这种赤裸和虚空，列维纳斯才逼近了“他人”，并走向了心灵中的上帝。因此可以说，列维纳斯的“il y a”是其哲学的基石，也是其旨归。于是，列维纳斯用充满诗意的语言来描述“il y a”：“它是缺席之中的在场，是万籁俱寂时你听到的声音，是没有存在者的存在，是虚空者的充盈”。这个“il y a”既是匿名的，又是实在的；既是逻辑的，又是神秘的……

二 感性与异质美学

1. (新) 感性

大致说来，列维纳斯对于海德格尔之“有”(实存)的反驳和颠倒，既是对于“il y a”(有)的解放，也是对于“无限”的解放。事实上，列维纳斯的这些努力都源自于他对“感性”和“异质性”的“直觉(观)”。列维纳斯在描述“il y a”时，就认为它根本就是原质的和第一性的，故而它本身也就是“异质性的”。那么以“il y a”为起点，列维纳斯继续前行，他发现了新的、特殊的“异质性” (即“他人”)；并由此展开其“他异性”伦理(美)学之思考。不过需要知道的是，所有这些发现都是以列维纳斯对于感性和直觉的赞赏或运用为起点的。关键是，列维纳斯因此而进一步否定同一与总体，强调所谓的“异质”和“他性”——而在最基本的意义上，列维纳斯要求去主题化、去形式化和去工具化。为此，他说：“一件物质客体，一旦服务于一种用途，或从属于一处背景，就被裹上了一层形式的外衣，对我们掩藏起了它的赤裸形骸”。如此说来，这就需要通过直觉(或知觉)去发现其真实，发现其存在的“物质性”。

现象学认为，我们在知觉中感知世界。为此，梅洛·庞蒂说：“感知，就是把将来的体验一下子放到不能保证将来的现在中，就是相信一个世界”。问题在于“感知”却是有限的，它看不到那些不可见之物。关键是，我们却并不能因此而放弃者不可见之物。这是因为，“那些缺席的内容赋予了这所予之物以一种意义”。那么，我们就需要求助于这些“缺席之物”，以期将其带向在场——而这显然就需要依赖于直觉、感觉或知觉。列维纳斯指出：“我们在知觉中得到了被给予我们的世界”，而“艺术的运动在于走出知觉以求重建感觉，在于从这种客体的退回中分离出事物的质”。而在这种“退回”和“分离中”，我们的感觉“返回了要素的无人称性”，从而也到达了事物的“本真”状态。重要的是，审美的效果并不是主体化——因为在艺术中，感觉成为了新的“元素”。这样一来，感觉就被还原成“纯粹的质”，而它也变成了一个客体。这个被还原之后的纯粹的客体，它“既不通向任何客体，又是自在的”。由此，列维纳斯认为：“艺术的这种方式就是感觉本身的事件，也就是美学事件”。最终，列维纳斯总结道：“感觉和审美表现事物本身”。这也就是说，与海德格尔相反，列维纳斯想要通过强调感觉来获得审美。因此，他认为要从感觉中寻获意义。即是说，“从中找出一种重要的存在论意义：有

（il y a）的赤裸裸呈现”。在列维纳斯看来，经由这种“感觉”，我们就能发现绘画艺术的“基本性和物质充溢性”；而它们就和“il y a”紧密相连。事实上，列维纳斯想告诉我们的是：“一切存在者，通过形式的光亮而指向我们的‘内部’，而这些形式的光亮背后——物质就是‘il y a’的实事本身”。不过，必需谨记的是，列维纳斯的“il y a”乃“一个匿名、中性、无法遏制的对存在的‘消费’……是那种消除了外在性与内在性差异，处于无人称状态的‘存在着’”。它甚至就是黑夜，亦如布朗肖所谓之“外部”，

在列维纳斯看来，“il y a”就是“不在场的在场”（的经验），而且“它高于矛盾，涵盖、控制了矛盾关系”。艺术是通向“il y a”的关键路径，那么它也就是这种“不在场的在场”的显现——而“感觉”是必经之途。按照列维纳斯的观点，通过“感觉”及其重建、以及审美的“退回”与“分离”，艺术将到达真正的真实。需要注意的是，“艺术的真实就是一个灵魂的表达方式”；同时，“由于我们对这些事物的灵魂或艺术家的心灵产生同情（sympathies），作品的异域感就被融入了我们的世界。”在这里，列维纳斯终于指出了他的真正目的：发现“异质”及“异质”之美。按照列维纳斯的逻辑，我们从“直觉”起步、形成“感觉”的客体，从而“静观”形成审美，最终达致“异域的”审美世界——而自由感也将在其中蔓延、衍生，以至于无穷……显然，列维纳斯的这种“同情”指的是一种“审美的”同情；但是它与西方传统的审美理解似乎并不相同。因为，它既是列维纳斯异质性美学的表征，也属于审美主体间性的范畴。质言之，“感觉”是一个关键的环节，而列维纳斯也据此认为“新感性”或“纯感性”乃艺术的美学力量之所在。在列维纳斯看来，重建感觉就是发现“异质”、发现“il y a”的根本原理和方法。这就是说，我们需要从“直觉”开始看世界。

2. 美学与异质感

列维纳斯很少直接论述艺术或美学问题，但在有限的几篇文章中，我们还是能够看出他的主要美学观念。在这些观念中，列维纳斯看重的无疑是“异质感”。这就是说，他将艺术的真正价值看作是创造“异质感”，而他在论述柏拉图洞穴隐喻时就已经显露了这一点。准确地说，列维纳斯在整体上将艺术与修辞撤回到了柏拉图那里。在他眼中，“艺术作为建立在柏拉图洞穴隐喻之上的意象，尽管被锁定在存在论假设中，却是远离真理的”；至于修辞，它则是一种诡辩，是操纵语言的行为：“它试图用语言来改变他者”。如此看来，列维纳斯并不信任艺术与修辞。这是因为，“列维纳斯反对那种要再现或代言他者的美学，也反对那种用一套规则去操控他者的修辞”。于是，问

题也就明了了：列维纳斯需要的是一种强调他者的“异质感”或“异质性美学”；而并不需要那些“赋予意义”或“方法论”至上的艺术。那么结论也许就应该是：对列维纳斯来说，我们需要一种“新感性”或“纯感性”。这种“感性”将会使我们的艺术真正实现“他者化”或具有“他性”——因为“‘纯感性’正是艺术所要追求的‘异质感’，一种陌生化的效应”。正因如此，弗雷德里克·扬和罗宾斯都指出，列维纳斯真正感兴趣的“是与伦理有关系的艺术，是阻断而非存在论”。扬进一步指出，这里的“阻断”其实是指“消解”之意。这也就是说，在列维纳斯那里，“文学不是作为静止之物而是作为也许能消解意义之物的可能性”而出现的；而这也是他与布朗肖、德里达最为接近的地方。总之，列维纳斯的艺术观实际上与传统迥异，这根源于他对“他者”或“异质感”的渴求。

如此说来，文学艺术不在于创造真理或意义，而在于体现“异质性”或“异质感”。这是因为，只有后者才能使我们真正走向他者、走向与世界的交流。在列维纳斯看来，世上万物皆因其被卷入世界，从而不能真正体现“异质性”。重要的是，“艺术则让它们脱离世界，并由此摆脱了这种对一个主体的从属关系”。于是，我们可以在审美和艺术中超越自身——因为它们能够形成一种“异域感”，而“异域感所改变的是沉思本身”。由是观之，“异域感”其实是他真正关心的主题，而艺术正是“异域感”的表现。列维纳斯指出，艺术不断地将其自身的异质性“赤裸裸地呈现给我们”。它是一种“去形式化”，亦即“赤裸化”的过程。我们说，列维纳斯的“异质感”实际是对传统美学观念的突破。进而言之，列维纳斯试图通过“异域感”来寻找“异质性”，寻找“他者”。准确地说，“以异域感来切入美学艺术，其实是借此来突破生存之实践之链而建立一种自我与世界的新型关系，瓦解‘被卷入了实践之链’的‘作为认识的对象或日常用物’所指涉的‘一种内在’，彰显其‘异质性’”。由此可见，列维纳斯还是试图走出主体与意识哲学的困局，他试图通过“异质感”来发现或创造新的世界和关系。

基于列维纳斯，“审美的‘非功利性’不仅仅在于对占有对象这一活动的中性化，还在于彻底改变对对象的静观。”康德和叔本华曾经试图让美独立和自律，于是他们以“无功利”为审美核心确立了一种自由而自主的审美空间。不过，他们最终还是不可避免地要回到主体之中。换言之，主体哲学或美学必然要回返至自我——即便是在“审美静观”中，主体也只是与世界暂时地“隔离”。与他们不同的是，列维纳斯的“异质性”审美活动强调的不仅是将自身“中性化”，而且也要使审美对象“中立化”。因此，列维纳斯的异质性美学观念就是：“在艺术真实中力图保存其异质感，从中驱除可见形式所依存的灵魂，解除被再现的客体的为表述服务的宿命”。事实上，列维纳斯的这种“异质性美学”远离和拒绝了胡塞尔和梅洛·庞蒂。因为，这种“异质性”其实“完全不同于这种与世界相关的原初意向性的苏醒。相反，它旨在和意向性决裂”。关键在于，列维纳斯的目光由此转向了外边，转向了他人（者），从而开启了一种他异性伦理（美）学，亦即伦理形而上学。

[作者单位：山东大学（威海）]

论中国生态美学的原生性及其美学形态

李自雄

任何美学观念都是以一定的文化观念为根基的，并表现出某种特定的文化观念。那么，中国生态美学是建立在一种什么样的文化根基之上的呢？对于这一问题，不少论者总是试图并习惯于去寻找某种西方的理论根基，这也导致了许多研究满足于西方话语的简单挪用，正如曾繁仁先生所指出的，“我们在生态美学研究中基本上使用的是西方话语”，而“这些话语在相当程度上与中国传统文化与现实存在诸多差异，甚至有些西方话语与我们的文化传统与现实生活难以兼容，就是俗话讲的有点‘水土不服’”。显然，中国生态美学的进一步发展，必须致力于中国话语的探索与建构，而这种中国话语的探索与建构，又必须基于对中国传统文化及现实的充分理解，并从根质与原性上作出准确判断和把握。

一　中国传统文化的水文化底色与原色

如何从根质与原性上来对中国传统文化作出理解与把握？笔者认为，不能离开一个重要的概念与范畴，即：水。

通观中华文脉与文化传承，诚如有学者所说的：“盘古开天辟地，滋养他的是混沌之水。女娲补天造人，取舍首要是水。炎黄创衍稼穑，农耕命脉是水。尧舜无奈天灾，鲧禹功过系于水。《山经》依于水。《海经》基于水。《周易》变如水。《商书》记于水。《老子》效法水。《论语》乐山水。《孙子》学于水。《庄子》智若水。《孟子》乘于水。《荀子》积于水。许由洗于水。屈子溺于水。星相关注水。风水敬畏水。药石通于水。齐术善用水。道教尊崇水。禅宗化如水”，不难看出，水与中国传统文化存在着不可分离的紧密关系，并由此构成了中国传统文化不同于西方文化的水文化底色。西方文化的底色与原色是一种盐文化，这在《圣经》里得到充分体现。《圣经》强调“凡献为素祭的供物都要用盐调和，在素祭上不可缺了你神立约的盐。一切的供物都要配盐而献”，“凡以色列人所献给耶和华圣物中的举祭，我都赐给你和你的儿女，当作永得的分。这是给你和你的后裔，在耶和华面前作为永远的盐约”。可见，盐在西方文化中的重要意义。当然，这也并不意味着西方文化对水的意义的忽视，《圣经》说：“主耶和华对耶路撒冷如此说，你根本，你出世，是在迦南地……论到你出世的景况，在你初生的日子没有为你断脐带，也没有用水洗你，使你洁净，丝毫没有撒盐在你身上，也没有用布裹你”。这里水的意义很明显是与“洗礼”的宗教含义相联系的。但值得注意的是，水在西方文化中的意义显然没有盐重要，《圣经》就提到“以利沙说，你们拿一个新瓶来，装盐给我。他们就拿来给他。他出到水源，将盐倒在水中，说，耶和华如此说，我治好了这水，从此必不再使人死，也不再使地土不生产。于是那水治好了，直到今日，正如以利沙所说的”。又说：“这水往东方流去，必下到亚拉巴，直到海。所发出来的水必流入盐海，使水得医治（译文作“使水变甜”，不及原文作“使水得医治”准确，该引依原文）。”可以说，在西方文化的视域里，世上万物的存在固然离不开水，但水对世上万物的作用却有赖于盐的医治与激活，而正是在这个层面上，与水相比，盐具有更本原的意义，并赋予了西方文化的盐文化底色，而与中国传统文化的水文化底色形成分野。西方文化的盐文化底色认同的是上帝的恩赐，人与天地都是上帝的创造，人与天地并非是所属或是相互依存的关系，而是一种二分的关系，这种二分关系极大地促进了西方强调“天人相分”的“原生性文化”，即科技文化的形成。

与之不同的是，中国传统文化的水文化底色与原色，视水为天地万物之本源，重视天人合一，形成的是一种“天人相和”的“原生性文化”，亦即以水文化为核心的生态文化。正如有学者所指出的，西方的“原生性文化”是一种科技文化，西方生态文化的产生是在英国工业革命之后，而且是受到包括中国在内的东方生态文化影响的结果，生态文化在西方具有后生性、外引性的特征，我们在操持西方话语时，对此应该有充分的认识，而不是数典忘祖。

二　中国原生性的生态文化与美学思想

中国传统文化是一种以水文化为底色与原色的原生性的生态文化，包含着丰富的具有原生性意义的生态美学思想。在中国传统文化中具有原典意义的《周易》，向来被儒家称为“群经之首”，并与道家的《老子》、《庄子》一起被称为“三玄”之一，对这种生态文化与美学思想就有比较集中的表述。《周易》指出，“易有太极，是生两仪，两仪生四象，四象生八卦，八卦定吉凶，吉凶生大业”，是对宇宙万物在创生过程中所呈现出的蓬勃生机与生命之美的高度概括。

《周易》所谓太极是中国古代用以说明世界本原的范畴，那么，究竟应该如何理解“太极”这一范畴呢？尽管宋代周敦颐有所谓“无极而太极”的说法，实则是把太极视为了某种无形质的本原存在，但显然是后世趋于思辨性的发挥，这到底在多大程度上符合“太极”的原初认识，也就成了一个值得追问与探究的问题。对此，庞朴先生曾通过对太极图的考察指出：“太极图虽然在中国出现很晚，思想的萌芽则在新石器时代‘屈家岭文化’中已经出现，大概在公元前3000年”，这种思想的萌芽，表现了“古人对水的一种崇拜”，出于这种崇拜，“先民们所做的就是画水的旋涡”，这就是“太极”思想的最初发端，表现出了先民以水为世界本原并生化万物的看法。笔者认为这种看法是颇具启发意义的，也更加符合当时先民对世界本原的朴素认识。而且，老子主张“道法自然”，指出“道生一，一生二，二生三，三生万物，万物负阴而抱阳，冲气以为和”，又提出“玄之又玄，众妙之门”，“玄牝之门，是谓天地根”，也可以看出其在世界本原问题的认识上与《周易》的密切联系。“玄”字的出现，可追溯至甲骨文时期，甲骨卜辞即有“乙亥卜，其于祖丁，其玄”的记载，而据庞朴先生的考证，“漩涡剖面就是古文‘玄’字”，“以漩涡表示水慢慢变成‘玄’这个字”，“玄”的初始意义是以漩涡表示的水，结合这种分析，由上述卜辞可见，在中国先民的祭祖仪式中保留着对水的崇拜痕迹，这显然是与其对世界本原的理解与认识相一致的；而对“玄”所表示的色彩意义，也是与水相联系的，因为水的漩涡“本身就是黑色的”（经笔者观察实证，确如是），所以“玄”又有“黑”的意思，而且“太极图就是一个漩涡，它的颜色也帮助我们理解‘玄’有黑的意思”，《小尔雅·广诂第一》就称“玄”，“黑也”。《说文解字·玄部》亦云：“黑而有赤色者为玄。”毛传：“玄，黑而有赤也。”可见，“玄”的主色为黑色，为生化万物的水，而其中的赤色则为生命的颜色，而《大戴礼记·易本命》说：“丘陵为牡，溪谷为牝。”据此可知，“牝”可作“溪谷”解，指出的是水的源头，以“玄牝之门”为“天地根”，实质上是道出了水孕育生化宇宙万物的本原意义。而管子则更是明确地指出：“水者，何也？万物之本原也，诸生之宗室也”。《黄帝内经》有肾水之说，认为“肾者主水”，为生命之本。在中国传统文化中，与水的创生与运化意义相联系的是中国人的生命意识，注重其大化流行的过程，如孔子所谓的“逝者如斯夫”，即是将生命视为一个流动的过程。这些无不体现了中国传统文化作为一种以水文化为底色与原色的生态文化所呈现出的生化万物的生命活动论特征。而这表现在具体的美学形态上，即为一种植根于水文化而极富水的意蕴的生命活动论生态美学，并由此构成其独有的原生性特质。

这种原生性的植根于水文化而极富水的意蕴的生命活动论生态美学思想，具体到中国传统的美学范畴上，就是在中国历史上很多具有源头意义的美学范畴都是与水相关联的，或是由水的意义与体认衍生出来的。比如老子所说的“涤除玄览”，就对后世产生了深远的影响，庄子所谓“斋戒，疏瀹而心，澡雪而精神”，表达的也是同样的意思。因为在老庄看来，“上善若水”方“几于道”，所以只有心如水洁，不染尘滓，远离世俗切利害关系，才能在物我同一中达到对宇宙大道的体认。在此基础上，南朝的宗炳提出“澄怀味像”，并进行了比较自觉的理论概括。宗炳的观点是与其艺术实践相结合的，正如有论者所指出的，“在艺术实践中，宗炳顺水而游，迹满天下”，他“从故乡南阳到江陵，经汉水和长江；他‘西陟荆、巫’，走的是漳水和长江；他‘南登衡岳’，走的是长江、洞庭湖、湘江；他‘眷恋庐、衡’，还是顺流下长江至九江；他‘伤趾石门之流’，经过的是澧水；从嵩山至华山，走的是洛水”，他并由此“理解了‘天下之至柔，而驰骋天下之至坚’，确像圣人说的那样，道也便在其中了，这就叫‘味像’，在像上（譬如水）正反映着圣人之道”。纵观中国历史，宗炳的这种文化践行与文化体认，在中国文人中并不少见，是一种颇为普遍的文化现象。从孔子的“智者乐水”，“见大水必观”，到屈原行经沅、湘之间，“思彭咸之水游”，再到苏轼“性喜临水”，而“天下之信，未有若水者”，等等，不一而足，都体现出了中国文人与水不可割舍的精神联系，也表现出了中国文人观看世界的独特文化方式。

而正是在这个层面上，宗炳提出的“澄怀味像”，对中国美学而言，是一个具有文化根性的重要概念。后来朱熹又提出所谓的“涵泳”之说，指出审美体验“自有个血脉流通处，但涵泳久之，自然见得条畅浃洽”。不难发现，无论是宗炳提出的“澄怀味像”，还是朱熹提出的“涵泳”，都强调生命活动的直接参与和体悟，体现出了中国美学重视直观并注重生命活动的特征，而呈现出与西方传统的静观美学不同的风貌。正如上文所提到的，西方传统文化是以盐文化为原色与底色的，这种盐文化底色认同的是人与天地都是上帝的恩赐与创造，人与天地既不是所属的，也不是相互依存的关系，而体现为一种二分的关系，这种二分关系表现在对客体对象的认识上，即是一种主客二分的关系，重视对客体对象的静态考察与逻辑分析，这影响到西方传统的静观美学的形成，西方古典美学的集大成者黑格尔基于其逻辑理念的美学观点就是此种影响的典型产物与集中体现。而与之不同的是，以水文化为底色与原色的中国传统文化是一种生态文化，注重天人合一的直觉体悟与生命感悟，这也决定了中国传统美学的直观性与重视生命活动的特质，表现为一种生命活动论生态美学。这种生命活动论生态美学建立的是一种人与自然的诗意审美关系。在中国传统美学范畴中，最能体现这种关系的，当是“畅神”这一核心范畴，而宗炳所提出的“澄怀味像”，其旨趣也正在于此，他指出在“澄怀味像”的生命体悟与“观道”中，“万趣融其神思”，“畅神而已”，把“畅神”视为最高和最终的审美境界，具体而言，也就是王微所说的“望秋云神飞扬，临春风思浩荡”，“畅神”是一种物我同一而自在欢愉的精神状态，一个“畅”，道出的正是人与自然和谐无碍的诗意存在关系，所谓“心物相谐”表现出的也是人与自然这种诗意存在关系。另外，还值得注意的是，在中国传统美学中还有不少的范畴看似与水无关，实则也要借助对水的体悟来表达，典型的如司空图的《诗品》即是使用“采采流水，蓬蓬无春，窈窕深谷，时见美人”来描述与说明“纤秾”这一范畴的，表现出中国人独有的生态美感悟与生态美学智慧。

三　中国原生性的生态美学思想与山水艺术体系

在中国，上述这种原生性的植根于水文化而极富水的意蕴的生命活动论生态美学思想，体现在具体的艺术活动中，就是中国人创造了独具特色的包括山水诗、山水画、山水建筑与山水园林等在内的山水艺术体系。在文学方面，中国是诗的国度，《诗经》《楚辞》开其端，中国山水诗可远溯至《诗经》《楚辞》，《诗经》《楚辞》中就有各种的山水意象，山水诗经过魏晋时期的发展，到唐时达到兴盛，并对中国文人的生存方式产生极大影响。在绘画方面，山水画在中国具有主导性的历史地位和意义。中国的建筑，如城市、宫殿等，也都讲究山水的布局，形成中国建筑的山水特色。而中国园林更是致力于山水格局及其境界的营构，成就了其山水园林的独特魅力。

而对上述种种山水艺术的形成，又是不能脱离水的意义来作出解释与说明的。中国的山水诗注重山水景物的状写，并往往重视其中水的意义，正如有学者所指出的，“在中国文学史上，水的地位也是至高无上的，不然，一部中国文学史就会失血失魂。少了水，中国的首部诗集《诗经》，一大半都要不复存在”，而在《楚辞》中，屈原“所用之‘水’的意象尤多”，“至于一部唐诗，水的景观，水的佳句更比比皆是”，体现在山水诗里，更是如此，张说的《和尹从事懋泛洞庭》、崔颢的《黄鹤楼》、李白的《望庐山瀑布》、杜甫的《春夜喜雨》、王之焕的《凉州词》、孟浩然的《临洞庭》、王维的《汉江临眺》、韦应物的《滁州西涧》、白居易的《钱塘湖春行》、柳宗元的《江雪》、张继的《枫桥夜泊》、杜牧的《泊秦淮》等，都是此类经典。而对于中国山水画，正如日本画家东山魁夷所指出的，自然山水风景之美“不仅仅意味着天地自然本身的优越，也体现了当地民族的文化、历史和精神。从这个意义上说，谈论中国风景之美，同时也是谈论中国的民族精神之美”，而要表现这种美，“竟是唯有墨才能胜任的”，东山魁夷这里所谓的“墨”，显然是有其特定涵义的，即“水墨”，而正是这种“水和以墨”的“水墨”，赋予中国绘画以生命力的表现。中国古代的城市建筑与宫殿营建，也力求依山傍水，先秦时期的管子就曾指出：“凡立国都，非于大山之下，必于广川之上。高勿近旱而水用足，下勿近水而沟防省”，可见对水的重视。中国园林建设始于殷周时代，秦汉时的帝王宫苑已具有很大规模，其以湖水为中心，堆山建岛，以所谓“一池三山”（瑶池与蓬莱、方丈、瀛洲三仙山）的格局，形成中国皇家园林的传统。而中国私家园林主要地处江南，尽管规模较小，却更于叠石理水、水石相映、小阁临流中见胜。一般来说，园林中不能没有某些形式的建筑，而建筑只要有条件，就会带上园林，做到宜居宜游，就此而言，水的意义更为重大，因为在中国古人看来，对于人的行止居处而言，水有聚气的作用，正所谓“有气则生，无气则死，生者以其气”，气诚然关乎生死，但没有水是不可设想的，水赋予万物以生气。

可以说，在中国传统的山水艺术体系中，水拥有极其重要的地位与文化价值，对于山水景物的关系，以中国传统的艺术观点，“水，活物也”，“山以水为血脉，以草木为毛发，以烟云为神彩，故山得水而活”，水所具有的本根与命脉意义可见一斑。而从更广泛的意义上讲，“水者，天地之血也，血贵周流而不凝滞”，水也赋予中国艺术以生命流动之美，而与这种生命流动之美相一致的是，中国艺术对自然山水的审美观照，并不止于对一景一物的静态摹写，而是注重“经营四方”而“周流六漠”的动态观照，并由此表现出与西方传统艺术不同的审美特征。我们前文说过，西方传统文化的盐文化原色与底色，认同的是上帝的恩赐，人与天地都是上帝的创造，人和万物并非互为一体，而是一种二分的对象性关系，注重对客体进行静态的实证性和解析性的研究，并影响到西方传统的静观美学的形成，表现在艺术活动中，就是审美观照的静观模式。而中国传统文化作为一种以水文化底色的生态文化，构成了其生命活动论生态美学的文化根基，这种生命活动论生态美学表现在中国传统的艺术审美中，即是重视生命活动的审美参与和动态观照。《逍遥游》里的庄子视接万里，目游八方；《离骚》中的屈原“忽反顾以游目兮，将往观乎四荒”；李白“何意到陵阳，游目送飞鸿”；杜甫“游目俯大江，列筵慰别魂”；苏轼“游目以下览”而“五岳为豆，四溟为杯”等，无不是一种动态审美观照的生动体现。中国的山水园林与建筑也重视其游目骋怀的功能，在“俯仰往环，远近取与”的动态审美观照中营造诗意美感。而这种动态审美观照在中国山水画里即表现为所谓的“散点透视”，这种“散点透视”，正如宗白华先生所说的，“画家的眼睛不是从固定角度集中于一个透视的焦点，而是流动着飘瞥上下四方，一目千里，把握全境的阴阳开阖、高下起伏的节奏”，而不同于西方绘画的“焦点透视”。西方绘画的“焦点透视”，从一个固定的视点出发，对景物进行由近及远的描摹，层次与光线明暗的处理遵循视觉真实，这显然符合以盐文化为底色的西方传统文化重逻辑性与实证性的特点，也是西方传统静观美学在绘画中的体现。在这一点上，中国山水画的审美视线是仰观俯察、流动宛转的，从而与山水诗、山水建筑、山水园林等其他中国山水艺术一样，在人与自然的诗意审美关系上，打破了时空局限，容山水万物于尺寸之间，使人在与天地万物同参的生命活动中，达到物我同一、天人合一的审美境界，表现出一种生命活动论生态美学的独特品格，而这正是西方传统静观美学所不具有并做不到的。

总之，中国生态美学是建立在作为中国传统文化底色的水文化的根基之上的，它与根基于盐文化的西方传统美学有着很大的不同，表现为一种植根于水文化而极富水的意蕴的生命活动论生态美学形态，并由此构成其独有的原生性特质，而在中国独具特色的山水诗、山水画、山水建筑与山水园林等山水艺术中得以具体体现，呈现出特有的生态智慧与美学魅力，而这也为中国美学的建设发展提供了丰富的传统资源。我们不能割裂传统而一味地盲目追随西方话语，否则就会造成话语建构中的根性失落与根基错位，目前中国生态美学所出现的话语危机，从根本上说其问题也在于此。毋庸讳言，近年来西方生态美学获得了很大发展，并予以我们不少的理论借鉴，但这种西方话语在更多的意义上是一种环境美学的概念，在这种环境美学的概念中，正如约·瑟帕玛所指出的：“环境围绕我们（我们作为观察者位于它的中心），我们在其中用各种感官进行感知，在其中活动和存在”，是将环境视为主客二分的对象物了，我们前文已经提到，以盐文化为底色的西方文化，强调在主客二分的关系中对世界进行对象性的认识与把握，可见上述环境美学的观点，仍未脱此窠臼。对此，我们应该有清醒的认识，这有利于我们对中国生态美学在根性上与西方话语加以区分，从中国传统文化与现实需要出发，加强本土理论资源与文化传统的深入开掘，使植根于中国水文化传统而富有原生性特质的生命活动论生态美学，在当前生态文明的新时代焕发出新的活力。

［作者单位：山东大学（威海）］

韩国语、朝鲜语、中国朝鲜语汉字词使用现状研究

张晓曼　尚安心

韩国、朝鲜以及中国朝鲜族语言内部虽然存在一定的差别，但在类型分类法中是一致的，同属于阿尔泰语系的黏着语类型。所谓“黏着语”，是指一个词在句子中出现时，除位置不同外，还必须添加表示语法意义的助词或词尾来表示句法功能。韩国标准语、朝鲜文化语以及中国朝鲜语的词汇都由三部分构成，即固有词、汉字词和外来词。本文将着重对韩国标准语、朝鲜文化语以及中国朝鲜语中的汉字词的使用现状进行探讨分析，并把这一研究成果应用到国内的韩国语教学、汉语国际教育以及中国朝鲜族的普通话推广中。

一　韩国语、朝鲜语、中国朝鲜语汉字词研究现状

（一）对韩国语汉字词的研究

关于韩国语汉字词的研究，学者们主要从以下三个方面进行了研究。一是以历史史实为依据的研究。这一研究主要从以下几个方面对韩国语进行了论述：汉字词从中国引入的时期和原因，汉字词在朝鲜半岛的发展历程以及《训民正音》的产生对汉字词的影响等。这部分的研究成果主要是以时间顺序进行论述的。二是以韩国语汉字词的某一项作为研究对象的专题研究。汉字词在韩国语中占有非常重要的地位，因此对汉字词本体的研究也不在少数，包括汉字词的来源、语音、字形、词义、语法和文化等各个方面。三是韩国语汉字词与汉语词汇的对比研究。韩国语汉字词很大一部分都来源于中国，与中国在文字方面有着不容忽视的渊源关系，因此很多学者都致力于韩国语

汉字词与汉语词汇字形、字义的对比分析，在比较分析中找出韩国语汉字词的发展规律以及与汉语的区别，从而指导对韩国的汉语教学。在此类研究中，绝大部分的学者将汉字词分为同形同义词和同形异义词两大类，从对韩汉语教学出发，将研究结果直接应用到对韩汉语教学中。此外，也有对中韩某一词类进行对比研究的。

（二）对朝鲜语汉字词的研究

“朝鲜语汉字词”是指今天朝鲜民主主义人民共和国境内所使用的朝鲜语中的汉字词。朝鲜半岛自古以来由单一的民族组成，全民族使用同一种语言，同一种文字，即朝鲜语。但是，由于历史的原因，1945 年朝鲜半岛分裂为大韩民国和朝鲜民主主义人民共和国两个国家，这同一种语言文字也在不同的政治体制和经济模式的影响下出现了微妙的变化。因此，以历史史实为依据的韩国语汉字词的研究同样适用于朝鲜语汉字词的研究。此外，一小部分中外学者还就朝鲜文化语汉字词与韩国标准语汉字词进行对比研究，研究内容将在下文中进行阐述。

（三）对中国朝鲜语汉字词的研究

“中国朝鲜语汉字词”是指今天中华人民共和国境内的朝鲜族所使用的本民族语言——朝鲜语中的汉字词。中国的朝鲜族是从朝鲜半岛迁徙过来的，据史料记载，1860 年到 1870 年朝鲜北部连续遭到自然灾害，人民生活困苦不堪，为了谋生冒着巨大的生命危险，偷越图们江到延边地区开荒种地，形成了朝鲜人非法越境高潮。

朝鲜人迁入中国之后，居住集中，与其他民族基本上没有来往，他们保存了与朝鲜半岛相同的文化以及语言文字。但是，随着朝鲜半岛分裂为韩国、朝鲜两个不同的国家，朝鲜语也逐渐产生了差异。1977 年以前，中国朝鲜族的语言没有自己的特色，完全按照朝鲜制定的语言规则。1977 年，中国朝鲜语在朝鲜语言规范的基础上制订了适合自己的语言规范。随着中韩建交，中国的朝鲜语又吸收了韩国语的一些成分。目前的研究对中国朝鲜族语言汉字词的本体研究较为缺乏，现有研究成果主要是在与朝鲜语对比研究中阐述中国朝鲜族语言与韩半岛语言的不同，这一部分将在下文中进行阐述。

（四）对韩国、朝鲜、中国朝鲜族语言中的汉字词之间的对比研究

韩国标准语、朝鲜文化语、中国朝鲜语之间汉字词的对比研究，主要是

形态和词义两个方面的研究。由于词汇标记法以及发音方法的不同，将汉字词分为同形同义词和同形异义词两大类，词义方面从词义的扩大、词义的缩小以及词义的转移等方面进行阐述，对这些差异产生的社会、心理、语言等因素进行论述，并将研究成果应用于对外汉语教学中。韩国方面则主要集中在首音现象、词形、词义差别几个方面。但是，在这一方面缺乏系统性的研究，现有研究也只是停留在描写层面。

基于以上论述我们可以看到，近年来对汉字词的研究虽然取得了一定的成果，但其成果并非完全令人满意，研究的过程中还存在着一定的问题。在前人对汉字词的研究中，对汉字词本体各个方面的研究都是孤立的，并且大多侧重于学术方面，与实际应用联系较少，缺少实用性。在对比研究中，虽然在论证的过程中收集了大量的语言材料，但绝大多数学者的研究只停留在描写的层面，并没有进一步进行解释性的工作。前人的研究，大部分的研究成果只注重发现问题，而很少去关注去论述如何解决这些问题。此外，对汉字词的研究大多是以韩国标准语为主，对朝鲜文化语关注甚少，作为朝鲜民族语言的重要组成部分，我们也需要对朝鲜文化语进行一定的关注，对朝鲜文化语的汉字词进行一定的研究。因此，关于汉字词的研究需要学者将研究重点放在汉字词各个方面之间的联系上，从更深的层次、更广的角度去对汉字词进行探讨解释，并将研究成果应用于实际的语言教学中。

二　韩国语汉字词使用现状研究

（一）韩国语词汇系统

从词源学的角度来说，韩国语词汇可以分为固有词、汉字词和外来词。固有词包括全部表示语法成分的黏着成分助词或词尾、接续词、副词和绝大部分的日常生活用语等，是以韩国自古以来的语言资料为基础，在韩国语词汇体系内部产生的纯韩国语词汇。韩国语的基本词汇绝大部分是由固有词构成的，固有词具有丰富而独立的语义体系。汉字词是指虽然是韩文拼写但可以转写为相应汉字的词，是以汉字为基础的韩国语词汇，大部分用来表示抽象逻辑概念。汉字词在长期的使用过程中形成了庞大的体系，它与固有词在语义和构词上形成了相互补充、相互依存的关系。韩国语汉字词从起源上大致可以分为三类：一是来源于中国的中国汉字词，二是来源于日本的日本汉字词，三是韩半岛人民自己创制的韩国汉字词。外来词是指除固有词、汉字词以外，从其他语言吸收进来的词，外来词随着近代西方文化思想的传入而进入韩国语词汇系统，大部分是表示近现代西方文化概念的词。

（二）汉字词的传入及发展过程

中国与韩半岛之间的交往可以追溯到公元前7世纪，史书上就有古朝鲜与齐国使者进行交往的记载，这是由韩半岛的地理位置和历史环境所决定的。由于双方交往的密切，使得汉字和汉字词进入了韩民族文化体系，而汉字和汉字词的传入又促进了这种交往的深入发展。

汉字和汉字词进入韩国语词汇系统之后，经历了几个不同的历史时期，走过了一条上升发展的道路。公元757年，汉字词开始大量使用，最终形成了与固有词并列的一大体系，这种情况在当时的乡歌里有所体现。高丽时期和李朝初期汉字词不断增加，高丽王朝统治者以佛教和儒教来加强自己的统治，佛教词汇以汉字词的形式大量渗入到韩国语词汇体系中，同时，高丽光宗9年（958年）还模仿唐朝实行了科举考试，以文为主的儒教教学随之兴起，在这样的背景下，汉字词数量继续增加。进入李朝时期，汉字词得到了进一步的发展，最终确立了固有词与汉字词的双重体系。由于儒学的兴起，促进了汉文化的传入，崇拜汉文的思想得到进一步宣扬，汉字词开始渗透到社会的各个领域，并且由于燕山君的暴行，这个时期刚刚创制的训民正音遭到践踏，阻碍了固有词的发展，却使得汉文和汉字词得到了更大的发展，出现了大量反映封建王朝制度的汉字词。李朝末期汉字词数量急剧增加，这一时期借入的汉字词绝大部分是来自日语的汉字词，并且大多是反映资本主义关系的社会经济用语和科学技术用语，之后有关政治和社会制度的汉字词也陆续传入。开化时期，汉字词在数量上大幅增长，汉字词的产生出现了一个高潮，并且发生了质的变化，同一词形的汉字词意义发生了变化。光复后，朝鲜废止了汉字的使用，而韩国则继承了使用汉字的历史，保障了汉字使用的社会环境，使得汉字凭借自己强大的造词能力，继续产生更多新的汉字词。进入21世纪，随着韩国社会和时代的发展变迁，产生了很多新词语，在这些新词语中，汉字词所占的比例是最大的。

（三）韩国语汉字词的地位和所占比例

汉字词与固有词、外来词一起构成了韩国语的词汇系统，其中汉字词和固有词是韩国语词汇系统的根干，汉字词和韩文一起构成韩国语的双翼，汉字词对韩国语词汇的发展起了决定性的作用，韩国语汉字词与固有词在语义和构词上是相互补充、相互依存的相辅相成的关系。汉字词在长期的使用过程中形成了庞大的体系，据统计，韩国所有的韩国语词典中收集的汉字词都在词汇总量的50%以上，如韩文学会所编纂的《大词典》第六卷卷末附表中有一个统计，固有词除去专有名词、古语词、吏读和词组外，共收69121条，汉字词除去专有名词外有81362条，外来语除去专有名词外有2987条，这样，汉字词和非汉字词的比例如下：汉字词81362，53.02%，非汉字词72108，46.98%，合计153470，100%。1961年李熙昇编纂的《国语大字典》中共收录词汇257853条，其中汉字词有178745条，所占比例为69.32%。韩国汉字词分布在韩国语的各个词类中，韩国学者李庸周在《韩国语汉字词研究》（1974）中，对56096个词汇中的39563个汉字词进行了统计，汉字词遍布于各个词类中，其中名词占77.26%，动词占14.63%，形容词占4.29%。

（四）韩国语言文字政策及汉字词的使用

1945年12月，美军当局对于韩国教科书的文字问题做出以下决议："废除汉字的使用，小学、中学教科书全部用韩文编写。唯必要时可在括号内标注汉字。"这是第一项关于韩文专用的决议，1948年10月还颁布了《第6号法律》即《韩文专用法》，把这种标记方式的应用扩大到官方文件中："大韩民国的公务文件用韩文书写。唯在一定时期内，必要时可以并用汉字。"1999年2月，韩国政府发布了一条韩汉并用政策："政府的公务文件和路标中共用汉字。"同年8月又修订了事务管理规定，将《韩文专用法》中允许并用的内容作了补充："议案（文书）的编写，以往是采用国汉文混用方式，现改为采用韩文编写，必要时可在括号内标注汉字或其他外语。"纵观韩国文字政策的历史，从1945年至今，以韩文专用政策为主、承认部分汉字的政策始终没有太大的变化。

基于以上的语言文字政策，使得韩国语具有如下特征：1. 大量使用汉字；2. 在词汇使用上存在着固有词体系和汉字词体系并存的现象；3. 在韩国语言交际中存在大量的英语和日语混用的现象；4. 在口语和书面语中大量使用英语，如商品名称、儿童玩具、学习用品等大量使用外国语来标记。对此，编写《国语大辞典》的李喜胜博士在《序言》的第3页指出："在我国关于语法的用语有两种，而且用语繁杂和不统一，这样给年轻的国民学习国语时加重了不必要的负担。"

汉字词在韩国语词汇系统中占有非常重要的地位，并且在韩国语言体系中，很多词汇都存在着固有词和汉字词两套体系，如亲属称谓词语和数词等。

对于汉字词的使用，韩半岛人民是按照自己的语言规则和实际情况，有选择性地进行吸收与改造后使用的，如人名、地名、自然现象名称、动植物、身体部位的名称、方位和时令、农作物、器物名称、理念、颜色、数量词、亲属称谓等都有汉字词的形式。与固有词相比，汉字词在使用中具有以下特点：1. 汉字词比固有词氛围更加庄重、语气更强；2. 汉字词更具有书面语色彩，固有词的口语程度更强；3. 汉字词的语义广泛、褒贬色彩固定，而固有词的色彩意义比较灵活；4. 汉字词本身不带有形态词尾，加上形态词尾才能用到句子之中，因此词性不固定，固有词本身就带有形态词尾。在实际的语言生活中，韩国人民一般根据使用的语言环境和文章的性质来区别使用汉字词和固有词，汉字词和固有词存在互补关系，分别起着不同的作用。

三　朝鲜语汉字词使用现状研究

从历史上来看，朝鲜语与韩国语本是一种语言，但是自韩半岛南北分裂以来，由于一定的历史原因以及国家语言政策等方面的影响，朝鲜语和韩国语在语音、词汇、语法等方面出现了一定的差异，其中词汇的变化尤为突出。

朝鲜建国初期，金日成强调："目前，我们应该关心的最重要的问题是混合在我国语言中的很多汉字词的问题。"" 现在，古人用过的很多汉字式的词语正在复活，而且还不断地出现随便掺杂汉字造出的新词""如有意思相同的两个词，一个是固有词，另一个是汉字词，那么尽可能要用固有词；也可以用一定的汉字词，但要限制其范围，只用已固定成为我们的语言的词，不要继续造出新的汉字词，而要以我国固有的词根为基础进一步丰富和发展我国的语言。""在发展我国语言方面，既不要模仿任何外来语言，也不能把夹杂着很多英语和日语的汉城话作为标准。我们要彻底以我国的固有词为基本，由正在建设社会主义的我们做中心来发展朝鲜语。"

朝鲜在 1949 年全面废除了汉字，在报刊、书籍等印刷品中不再使用汉字，但是汉字词仍然存在，而且又出现了很多新的汉字词，特别是在翻译很多西方的外来词的时候，他们采取的办法是使用汉字词或者是汉字词加上固有词一起使用。如把"돈육"（猪肉）、"상엽"（桑叶）、"양잠"（养蚕）等汉字词改为"돼지고기"，"뽕잎"，"누에치기"等等；又把俄语"에끄자멘"（考试）、"클라스"（班级）、"쁠란"（计划）等改为"시험"，"학급"，"계획"等等；把日语"우와기"（上衣）、"즈봉"（裤子）等改为"양복저고리"，"양복바지"等等。其他外来语，如英语"도라이바"（螺丝起子）、"도란스"（变压器）、

“도로꼬”（手推车）等改为“나사틀개”，“변압기”，“밀차”等等。

基于以上的语言政策，朝鲜语有如下特征：1. 朝鲜废除了对汉字的使用；2. 在词汇体系上以固有词为基础，禁止新造汉字词，可以使用原有汉字词，词汇系统比较单一；3. 禁止英语、日语等外来语的使用。

朝鲜语汉字词与韩国语汉字词的区别有以下几个方面：

1. 朝鲜语中的部分汉字词虽与韩国语汉字词在形态上一致，但是在词义方面却有着非常大的差别。例如：

교시（教示）：指示与教导（韩）/金日成同志在革命建设方面的指示与教导（朝）；

장군（将军）：军队统帅；指挥军官（韩）/因对金日成同志的尊敬而形成的敬仰英雄的名称（朝）；

동지（同志）：关系亲近的人；朋友（韩）/劳动阶层为了实现革命伟业而进行斗争的革命家（朝）；

혁명（革命）：激烈的变革，发生激烈的变化或变动（韩）/为打破各种束缚和压迫，实现自主而进行的斗争（朝）；

인민（人民）：构成社会的个人；百姓（韩）/通指对社会发展起推动作用的阶级和阶层（朝）。

2. 随着朝鲜社会主义建设事业的发展，与建设共产主义相关的政治、经济、社会等方面的词汇也随之产生，而这一部分词汇主要以汉字词的形式表现出来，它只出现在朝鲜语中，而在韩国语汉字词中极少见到，如로동당（劳动党）、산업국（产业局）、소조（小组）、제강（提纲）等。

3. 朝鲜语汉字词与韩国语汉字词在形态方面的差别主要在于，首音现象在朝鲜语中是不存在的。韩国语首音规则规定，汉字音“녀, 뇨, 뉴, 니”和“랴, 려, 례, 료, 류, 리”以及“라, 래, 로, 뢰, 루, 르”在词首时，要变为“여, 요, 유, 이”、“야, 여, 예, 요, 유, 이”以及“나, 내, 노, 뇌, 누, 느”，即“ㄴ”变为“ㅇ”，“ㄹ”变为“ㅇ”或“ㄴ”。但是在朝鲜语中，汉字词是按照汉语的实际发音来进行标记的，并不存在韩国语中的首音规则。如：两班：양반（韩）/량반（朝），良心：양심（韩）/량심（朝），历史：역사（韩）/력사（朝），礼仪：예의（韩）/례의（朝），女性：여성（韩）/녀성（朝），乐园：낙원（韩）/락원（朝），来日：내일（韩）/래일（朝），劳动：노동（韩）/로동（朝）等等。

4. 同一词语，在韩国语中以外来词的形式表现，而在朝鲜语中则以固有词的形式来表现。如：

韩国语	朝鲜语
칼라（collar）	목달개
나이프（knife）	밥상칼
노크（knock）	손기척
롤러（roller）	굴개
마스크（mask）	얼굴가리개
모자이크（mosaic）	쪽무늬그림
브래지어（brassiere）	젖싸개, 가슴띠
원피스（one piece）	달린옷
타이트 스커트（tight skirt）	좁은통치마
슬리퍼（slipper）	끌신
마네킹（mannequin）	몸틀
마스카라（mascara）	눈썹먹
보트（boat）	젓기배

5. 同一词语，在韩国语中以外来词的形式表现，而在朝鲜语中则以固有词＋汉字词或汉字词＋固有词的形式表现。如：

韩国语	朝鲜语
녹아웃（knock out）	완전넘어지기（完全——）
뮤지컬（musical）	가무이야기（歌舞——）
베란다（veranda）	내밈대（——臺）
베어링（bearing）	축받치개（軸——）
블라우스（blouse）	양복적삼（洋服——）
센터링（centering）	중앙으로꺾어차기（中央으로——）
스커트（skirt）	양복치마（洋服——）
텔레비전（television）	그림상자（——箱子）
라디오（radio）	소리전달기（——傳達機）
컴퓨터（computer）	전뇌틀（電腦——）
컨테이너（container）	짐함（——函）
점퍼（jumper）	외투저고리（外套——）
오프사이드（off side）	공격어김（攻击——）

6. 同一词语，在韩国语中以外来词的形式表现，而在朝鲜语中则以汉字

词的形式来表现。如：

韩国语	朝鲜语
볼펜（ball-point pen）	원주필（圓珠筆）
샹들리에（chandelier）	장식등（裝飾燈）
스카이 라운지（sky lounge）	전망식당（展望食堂）
스튜어디스（stewardess）	비행안내원（飛行案內員）
스파이크（spike）	순간타격（瞬間打擊）
드라이 클리닝（dry cleaning）	화학세탁（化學洗濯）
에스컬레이터（escalator）	계단승강기（階段昇降機）
브레이크（brake）	정거대（停車帶）
포스터（poster）	선전화（宣傳畫）
핸들（handle）	조향륜（操向輪）
헬리콥터（helicopter）	직승기（直昇機）
소프라노（soprano）	녀성고음（女性高音）

7. 同一词语，在韩国语中以汉字词的形式表现，而在朝鲜语中则以固有词的形式来表现。如：

韩国语	朝鲜语
가발（假髮）	덧머리
건달（乾達）	날총각
검산（檢算）	뒤셈
과거（過去）	어제날
기성복（既成服）	지은옷
내야수（內野手）	안마당지기
냉면（冷麪）	찬국수
냉수욕（冷水浴）	찬물미역
누명（陋名）	감투
도화선（導火線）	불심지
등장（登場）	나오기
만화（漫畫）	이야기그림
분유（粉乳）	가루젖
비중（比重）	견줌무게
접착제（接着劑）	붙임풀

续表

韩国语	朝鲜语
제초제（除草劑）	풀약
지하도（地下道）	땅속건늠굴길
집중호우（集中豪雨）	무더기비
치통（齒痛）	이쏘기
하복（夏服）	여름살이옷
횡단보도（横斷步道）	건늠길

8. 同一词语，在韩国语和朝鲜语中都是以汉字词的形式表现，只是使用的个别汉字不同。如：

韩国语	朝鲜语
가정주부（家庭主婦）	가정부녀（家庭婦女）
결과（結果）	후과（後果）
고가철도（高架鐵道）	가공철도（架空鐵道）
고급담배（高級——）	특급담배（特級——）
고종사촌（姑從四寸）	고모사촌（姑母四寸）
공무원（公務員）	정무원（政務員）
구술시험（口述試驗）	구답시험（口答試驗）
대중목욕탕（大衆沐浴湯）	공동욕탕（共同浴湯）
대중가요（大衆歌謠）	군중가요（群衆歌謠）
상이군인（傷痍軍人）	영예군인（榮譽軍人）
상여금（賞與金）	가급금（加給金）
선수촌（選手村）	체육촌（體育村）
순환도로（循環道路）	륜환 도로（輪環道路）
자연자원（自然資源）	자연부원（自然富源）
이해（理解）	료해（了解）
자기수양（自己修養）	자체수양（自體修養）
자신감（自信感）	자신（自信）심（心）
장단점（長短點）	우（優）단점（短點）
주식시장（株式市場）	주권시장（株券市場）
중소기업（中小企業）	중세소업（中細小業）
휴양소（休養所）	정양소（静養所）

9. 同一词语，在韩国语中以固有词的形式表现，而在朝鲜语中则以汉字词的形式来表现。如：

韩国语	朝鲜语
가게	가가（假家）
거스름돈	각전（角錢）
그늘	능쪽（阴方）
속셈	속구구（－九九）
얼음지치기	강타기（强打機）
일개미	로동개미（勞動——）
철새	계절조（季節鳥）
미역국을 먹다	락제（落第）국을 먹다

四 中国朝鲜语汉字词使用现状研究

中国朝鲜语是我国朝鲜族人民的主要交际工具，形成的历史比较早。19世纪末，在延边就已经出现了用朝鲜语进行语文教育的私塾，20世纪初，很多地方出现了以教会名义兴办的私立学校。在日伪统治时期，受日本帝国主义奴化教育的影响，延边朝鲜族曾一度失去了使用本民族语言的权利，但半公开或私下使用本民族的语言文字却从未中断。1945年后特别是1948年朝鲜族少数民族地位的确立，为延边朝鲜族语言文字的普及和发展打下了坚实的基础。现在延边朝鲜族自治州范围内的朝鲜族中，本民族语言文字普及率达到90%以上。

1977年以前，中国的朝鲜语尚未制定明确的规范原则，只依照朝鲜的朝鲜语规范。1977年，根据国务院决定东北三省成立了朝鲜语文工作协调小组（“三协”），统一管理中国朝鲜语文工作，自此，朝鲜语的规范化逐步走向正轨。在“三协”的指导下，1977年到1985年制定了规范原则和朝鲜语规范统一方案，“三协”于1986年成立了中国朝鲜语规范委员会，整理修改了《朝鲜语语法》、《外来语标记法》；审核并规范体育、法律、地理等领域的朝鲜语名词术语22.5万余条；审核制定了《朝鲜语规范原则》和《汉朝自然科学名词术语统一案》；编辑出版了国家标准《信息交换用朝鲜文字编码字符集》，编辑整理了《朝鲜语规范集》综合本、《学生用朝鲜语规范集》、《朝鲜语地名词典》。80年代末延边州成立了朝鲜语文规范化委员会，下设音乐、舞蹈、医学、新闻、杂志等若干个分科，广泛开展朝鲜族语文规范活动，现已规范词汇 3500 余条。

中国朝鲜语有以下几个特征：1. 中国朝鲜族语言是以朝鲜语为基础的。2. 中国朝鲜族语言是朝鲜语方言的一种。3. 同朝鲜一样废除了汉字的使用。4. 中国朝鲜语词汇虽然没有体系化，但同韩国一样在客观上存在着固有词体系和汉字词体系。5. 比起朝鲜语和韩国语，中国朝鲜族语言更多地受到汉语的影响，吸收现代汉语词汇数量多，所使用的词汇很多是直接音译汉语词汇，因此存在大量的汉字词。6. 与固有词相比，汉字词的词义变化更大。7. 除学术用语外，外来语很少。8. 有些词同时存在固有词和汉字词，在这一对立中固有词逐渐被汉字词所取代。如：논-수전（水田）、남편-애인（爱人）或대상（对象）、일터-강위（岗位）、터-기지（基地）、쉬다-휴식（休息）하다、어렵다-곤난（困难）하다等等。

语言是社会的产物，与社会有着密切的联系。中国朝鲜族所处的社会环境对语言产生了很大的影响，其中，社会制度和意识形态、语言使用者的变化、朝鲜族在中国社会地位的变化、语言政策的变化以及双语教育等都对朝鲜族语言产生了较大的影响，使朝鲜语随时受到汉语的影响，作为朝鲜族语言重要组成部分的汉字词也在很大程度上受到了这些因素的影响。如果说古代和近代的朝鲜语主要受汉语语音、词汇方面的影响，那么现代朝鲜语很可能越来越走向与汉语同化的道路。从 1999 年 7 月 6 日辽宁省朝文报两篇报道的词汇统计中可见汉语对朝鲜语的深刻影响。

种类 / 文章	汉字词		固有词		汉字词 + 固有词		外来词		总计	
1	59	55.7%	19	17.9%	27	25.5%	1	1%	106	100%
2	48	66.7%	16	22.2%	8	11.1%	0	0%	72	100%

从宏观角度看，中国的各项方针、政策以及社会政治、经济、文化艺术、科学技术、军事、体育、意识形态等方面的各种信息与术语绝大多数使用汉语表现，长此以往，朝鲜语在语音、词汇、语法甚至修辞方面也必然受到汉语的影响，今后表现新词术语的汉字词肯定比固有词多得多。中国朝鲜语深受汉语的影响，一种方式是从汉语中吸收新词新语，包括以下几种：

（1）用朝鲜语汉字读音法吸收汉语的新词新语，例如：

中华人民共和国→중화인민공화국，改革开放→개혁개방。

（2）采取意译的方法吸收汉语的词语，例如：

计划生育→산아제한，独生证→외자식증。

(3) 对汉语采取以固有词、汉字词或外来语词创制的方法吸收过来的，例如：

带头人→선줄군（固有词），赤脚医生→맨발의사（固有词+汉字词），手扶拖拉机→손잡이뜨락또르（固有词+外来词）。

(4) 对汉语或其他少数民族语言采取直接读音的方法吸收过来的，例如：

快板→쾌이발，团长（军事）→퇀장，秧歌→양걸(춤)。

还有一种方式，中国朝鲜语中已经存在表示某种概念的词汇，但又从汉语借用了同义关系的词汇，这种现象分为已有汉字词和借用的汉语词汇并存现象和已有固有词和借用的汉语词汇并存的现象。具体见下表：

已有汉字词	借用汉语词汇	已有汉字词	借用汉语词汇	已有汉字词	借用汉语词汇
계약（合同）	합동	폐물（废物）	폐품	간호원（护士）	호사
선원（水手）	해원	시험（考试）	고시	졸업（毕业）	필업
已有固有词	借用汉语词汇	已有固有词	借用汉语词汇	已有固有词	借用汉语词汇
장마철（雨季）	우기	가루（面粉）	분말	손가락（手指）	수지
고비（关头）	관두	우승（冠军）	관군	알곡（粮食）	량식

有时为了更加简便地表达意思，在口语中随便使用汉语词汇的音借的方式。如：

(1) 상해에 가선 어디에 쭈（住）할 작정이오?

(2) 생일파티에 누굴 칭（请）할까?

(3) 오늘 몇시에 쌰발（下班）하니?

朝鲜语作为一种表音文字，能够很容易很方便地按照汉语的读音来表示相应的汉语词汇。另外，汉字词与汉语一样有着强大的造词能力，因此与韩国语以及朝鲜语相比，中国朝鲜族词汇中汉字词占着更大的比重。

中国朝鲜语汉字词在政治、经济、文化等方面的词语深受汉语的影响，除此之外，中国朝鲜族所使用的汉字词很大程度上也受到朝鲜的影响，如기본교리（基本教理）、근로자（勤劳者）、통신교육（通信教育）、영양단지（营养团地）、자기비판（自我批判）等等。并且方言词在转化为标准语的过程中也在很大程度上受到朝鲜语的影响。

五 结论

综上所述，不论是韩半岛还是我国朝鲜语中的汉字词数量多、分布广、历史长、构词能力强，形成了自己独立的汉字词体系，它的地位和作用非一般外来语所能比拟。汉字词体系的形成，丰富和充实了韩语词汇库，加强和发展了韩语的表现力，扩大了韩语作为信息载体的应用范围和社会交际功能。

韩国、朝鲜是我国的近邻，不论在政治上还是在军事上都具有极其重要的战略地位，在经济上是密切的合作伙伴，在文化上更是渊源深厚、相互影响，因此我们应该加强对这些国家语言的研究。

语言不仅与政治紧密相连，更与国家和民族的命运息息相关，国家强则语言强，随着汉语国际教育工作的不断深入，汉语学习者越来越多元化，各国学习者普遍反映“汉语难学”，这极大地影响了汉语学习者的积极性和主动性，极大地阻碍了我国汉语国际教育工作的进程，为此学者们纷纷探讨解决这一问题的办法。

自 1992 年中韩建交以来，随着中韩两国在各个领域交流与合作的全面展开，中国的韩国语教育也得到了迅速的发展。韩国语教育的迅猛发展，为促进中韩政治、经济、文化交流培养了大批优秀的韩国语人才。作为占韩国语词汇 60% 以上的韩国语汉字词的教学，在中国韩国语教学中有着举足轻重的地位。因此对韩国汉字词使用现状的研究可以为中国的韩国语教学提供一定的理论依据，以更好地开展国内韩国语的教学工作。

中华人民共和国成立以来，政府非常重视普通话的推广工作，普通话的推广增进了各民族各地区的交流，有利于维护国家统一，增强中华民族凝聚力。拥有 180 多万人口的中国朝鲜族的普通话推广工作也是一个不可忽视的重要组成部分，因此这一研究可以更清楚地认识到中国朝鲜语汉字词的使用现状，这样既可以更好地保护朝鲜族的民族语言，又能够有针对性地为普通话的推广提供一定的帮助。

正是基于上述背景，本文运用对比语言学理论，对韩国、朝鲜和中国朝鲜族语言中的汉字词进行研究。词汇是语言中最活跃的因素，也是语言的重要组成部分，特别是在学习一种语言的初期，对词汇的掌握尤为重要，学习者可以通过词汇构成短语，再用短语组成句子，由浅入深迅速找到学习这种语言的突破口和捷径，迅速掌握这一语言。在韩国语、朝鲜语以及中国朝鲜语的词汇体系中，汉字词所占比例都远远超过半数，因此掌握了汉字词，就相当于掌握了韩国语、朝鲜语以及中国朝鲜语词汇的主干和灵魂，汉韩语言的学习也就事半功倍了。本文运用对比研究的方法进行韩国、朝鲜、中国朝鲜族汉字词使用现状的研究，同时探讨韩朝词汇与汉语词汇的异同，一方面能够编纂出适合韩国、朝鲜学生使用的汉语教材，有针对性地、由浅入深地解决他们学习中的困难；另一方面能够在具体的教学中事先估计到学生学习汉语的难点和重点，给他们以切实有效的帮助，从而找出解决“汉语难学”的办法，指出学习汉语的简易路径，并把这一方法进一步推广，进行汉语的国别化研究，做到汉语的国别化教育，从而更好地推动我国的汉语国际教育工作，使世界上更多的人热爱汉语、学习汉语、更快地掌握汉语，更好地理解中国、喜欢中国。同时我们也可以把这一语言对比的研究成果应用于我国国内的韩国语教学中，这就是本课题研究的重要意义所在。

[作者单位：山东大学（威海）]

关于威海本地大学生就业情况的调研

袁　怡

威海现有高校资源较为丰富，每年为社会培养大量专业型人才。以高区为例，现有高校在校生5.2万人，每年输送各类人才1.2万人，但留威就业人数并不多。为此，今年我们立足高区实际，以促进本地高校毕业生就业为课题进行了专题调研。

一　本地大学生资源状况

高区范围内现有高校4所，其中国家“985工程”和“211工程”重点高校2所，共有在校生52003人。具体如下：

2013～2014年本地高校毕业生就业情况表

高校名称	在校生总人数	2013年就业情况					2014年毕业人数
		学历	留威就业	外地就业	暂未就业	小计	
山大	16198	博士	2	2	0	4	19
		硕士	22	248	28	298	323
		本科	124	1692	472	2288	3549
哈工大	10394	硕士	3	223	17	243	259
		本科	22	2218	198	2438	2512
药品学院	7414	大专	316	1802	2	2120	1461
职业学院	17997	大专	2499	2391	49	4939	5025
		中专（技工）					684
合计	52003		2988	8575	766	12329	13832

上表反映出了本地高校毕业生就业的三个特点。

一是留威毕业生以技能型为主。2013 年，4 所高校毕业生总人数 12329 人，其中留威就业 2988 人，职业类院校的毕业生的留威就业人数和比例明显高于综合性院校，尤其是职业学院，毕业生留威就业人数超过了 50%。

二是高层次毕业生留威较少。2013 年本地高校硕士以上学历毕业生共 545 人，而留威就业的仅有 27 人，比例不到 5%。层次越高留威人数越少，说明威海市对高层次人才吸引能力明显不足。

三是重点高校毕业生留威较少。作为威海市重点扶持的两所高校，人才输出的数量和质量都首屈一指，但 2013 年两校毕业生留威就业人数仅有 173 人，仅占留威总数的 5.8%，这一数据表明威海市对重点高校毕业生吸引力不够。

二　高区吸纳大学生本地就业的主要做法

近年来，高区高度重视大学生就业工作，不断加大政府扶持力度，强化促进大学生就地就近就业的工作措施，取得了一定成绩。

一是搭建了校企合作发展平台。人社部门牵线，在企业和高校间搭桥，采取联建实习基地、订单式办学等方式，为企业引进技能人才提供长效保障。威高集团与山东药品食品学校联合办班，学校每年为企业定向提供 100 多名一线技术人才，为企业梯次培养稳定的技能人才队伍打下了基础。发挥区级人力资源市场作用，通过常规招聘会、网络招聘会、校园直通车等，搭建交流平台，吸引各类人才向高区聚集，平均每年为企业招纳毕业生及其他人才 3000 多人，努力推动了本地高校毕业生就业于本地企业。二是发挥了孵化器的辐射带动作用。累计投资 4 亿多元，建成总面积 26 万平方米创新创业孵化基地。目前，有 37 名博士和 4200 名大学生在孵化器发展，在孵企业 226 家，其中 16 家在区内建厂并实现产业化生产。三是加强了毕业生的服务管理。实行未就业大学毕业生实名登记制度，对所有的离校未就业高校毕业生实名登记，免费办理求职登记或失业登记手续。开展就业政策和就业形势“走进高校宣讲活动”，开展职业素质测评，帮助高校毕业生了解自身特点、职业能力，服务毕业生 4000 多人次。对本地有求职意愿的高校毕业生，建立就业 QQ 群，定制定向发布就业信息，已帮助 220 名未就业大学生实现就业。四是做好了毕业生的创业带动工作。启动了“以创业促就业、以创业带就业”的口号，出台了《关于支持大学生科技创业的若干意见》等政策，设立创业“种子”基金和创意产业专项基金，为进区创业大学生提供扶持。规划建设了

3.8万平方米的威海市大学生创业孵化基地，建立了“大学生模拟创业基地”、“高区大学生创业苗圃”等创业载体，提供专业系统的“预孵化”服务。引进威海市创业大学，引用北京华普亿方自主研发的国内最先进的创业实训系统，年可完成大学生创业实训1万人次。目前，大学生创业孵化基地拥有大学生创业企业54家，吸纳社会就业人员近900人，其中大学生就业人员占75%以上。培育出了王仕玮、朱子文、姜燕等一批大学生创业典型，涌现出了吕杨、袁黎明、姚庭等一批大学生创业新生力量。

三　影响大学生留威就业主要因素

通过与师生座谈，目前影响学生留威就业的主要因素有。

第一，对威海城市不了解。大学生交际和活动的范围以校园为主，多数大学生对威海的了解还仅限于学校周边的购物、娱乐等地方，而对全市经济社会发展、企业经营状况等都知之甚少，以至于现有大学生是住在威海不了解威海，住在高区不了解高区。

第二，对现行政策不了解。近年来，市、区出台了一系列促进大学生就业、创业的优惠政策，但座谈中发现学生对这些政策的知晓率较低。有创业想法的学生较少，对政府提供的担保贷款、创业补贴、税费减免的优惠政策也不清楚，有的甚至不知道大学生创业孵化基地。

第三，受传统就业观念影响。一是就业地的选择，50%以上的学生毕业之后首选回家乡就业，主要是考虑到将来工作能离家近，尤其是省外的学生，几乎全部选择回生源地就业。二是行业的选择。目前，多数毕业生首选报考公务员或事业单位，其次是考研，最后才会选择就业。而就业群体中大部分希望有更广阔的平台和机遇，威海现有的岗位、机遇和载体，与北、上、广等一线城市相比还不具吸引力，因此很多毕业生选择了离威就业。三是薪酬待遇因素。大学生就业后都期望能拿到一份理想的报酬，本科毕业生的月工资期望值一般在4000元左右，研究生则要求在5000元以上，而威海当前的工资水平，与大学生工资期望值还有一定差距，因此很多毕业生选择了能提供更高薪酬的大城市。

第四，企业选人用人观念偏差。近年来，我们的企业受整体招聘形势影响，往往“北上”、“南下”到处去招揽人才，恰恰忽略了身边的优势资源。还有的企业希望大学生能招来即用，不注重人才的长远培养和潜能挖掘，对本地高校毕业生这种无形的“疏远”也是造成留威就业人数较少的重要原因。

四 促进本地毕业生留威就业的对策建议

（一）以政府为主导搭建校企合作平台

一是建立直接对接机制。发挥人社部门职能作用，一头调动企业，一头拴住高校，形成稳固的“铁三角”关系。在人力资源大厅设置专门窗口，负责本地高校毕业生就业服务；在高校就业指导处设置对接科室，负责本地毕业生联系对接，建立定期沟通工作机制，对毕业生信息、企业需求信息、人才流动信息实时传递和互通，实现资源同步、信息共享。二是发挥政策比较优势。全方位宣传威海市优惠政策，结合区域产业发展实际抓好政策落地，大力宣传留威大学生创业成功案例，发挥示范带动和典型引导作用。分批次、分行业组织大学生走进企业，了解本地企业优势，宣传企业文化，增进大学生的认知度和认同感。鼓励大学生到中小微企业实习、见习和就业，落实小微企业吸纳高校毕业生的优惠政策，如在培训补贴等方面进行补助。三是提升载体承载能力。引导企业创新转型、加快发展，建设一批科技含量高、发展前景好的新兴企业、科技企业和品牌企业，提高本地毕业生的吸纳能力。发挥品牌带动效应，通过政策补助扶持等形式，在原有威高、克莱特风机、卡尔电器等6大见习基地的基础上，扩大见习基地的数量，强化配套设施建设，搭建本地毕业生的工作平台。利用高校专家学者的优势资源，打造创业导师团队，实施校园孵化、见习培养、基地试训等模式，带出一批创业典型，展示创业型城市魅力，提高本地毕业生的成才率。

（二）以企业为主体做好本地毕业生招聘

一是改进招聘模式。引导企业转变观念，树立科学的用才观，充分发掘本地人才、放手使用本地毕业生。开展“走进本地高校直选直招”、“校园直通车就业”系列活动，将企业专场招聘会开进高校，定期与大学生进行“家门口”对接。二是建立提前对接机制。对专业需求对口大学生敞开式迎接，积极实行前端式介入，从大二开始吸纳大学生进企业实习，让教师和学生充分了解威海和本地企业。鼓励威高、光威、三星等全市规模较大的企业，建立本地大学生实训基地，对大学生进行“定单式培训”，让大学生提前了解企业文化和经营理念，增强认同感，为毕业生选择本地企业打好基础。三是健全待遇提升保障。树立“不拘一格降人才”的理念，最大限度提高专业型人才的薪酬待遇，打消大学生留在威海“怀才不遇”的心理屏障。建立高校毕业生薪酬阶梯式上升机制，鼓励各类人才脱颖而出，以人才集聚促动企业发展，以企业发展留住更多人才。

（三）以高校为阵地加强对毕业生宣传引导

一是科学设置校本课程。本地高校要立足威海实际，珍惜政府提供的优势资源，提高对威海本地的人才输出数量和质量。有针对性地设置关于威海本地的课程，对威海的城市发展、交通建设和新兴产业做好宣传，增强毕业生对威海城市的认知度和认同感，提高毕业生与当地产业发展的适配程度。二是专门机构负责对接。增强人才输出的主动性，设置专门处室机构，负责与本地人社部门和企业进行对接。主动与企业联系，定期组织教师、学生走进企业，介绍引进本地企业进校园进行宣讲，增进与企业的互动。三是优先安排本地企业招聘。利用校园网做好本地企业宣传，优先安排本地企业进校园招聘，择优向本地企业推荐毕业生，切实担负起“驻在威海，共建威海”的使命。

（推荐单位：威海高技术产业开发区工委宣传部）

把握风险度、拓宽信息源、构建管控网

——加强房地产业税收征管质效的管理探讨

王京臣　侯向伟

近十年来，房地产行业税收一直是地税收入的重要来源，威海高区地税房地产业税收约占到全局收入的1/3，凡有开发项目的房地产公司几乎都是重点税源企业。房地产行业涉及多个税种，会计核算也比较复杂，税收征管风险较大。高区地税局积极探索房产行业的税收管理措施，税管人员通过仔细梳理房产企业从购地到开发再到销售各个环节的涉税行为，评估涉税风险程度，针对风险大小和企业具体情况，以信息化为依托，以专业化为手段，以合同管理和大项目管理为两条纵深主线，结合税源分析、纳税评估、预警核查三项横向监控措施，构建房地产业税收立体管控网络，动态监控，科学用力，明显提高了房地产税收管理水平。

一　根据各个税种及其所处的企业经营环节，进行涉税风险评估，确定税收管理的风险点和风险度

房产开发的第一个环节是取得土地，进行开发项目的立项。这一环节主要涉及契税、耕地占用税、土地使用税和印花税，目前威海市的土地管理部门定期将土地出让和交易信息通知税务机关，企业只有在缴纳了耕地占用税和契税之后才能办理土地使用证书，并且规划部门也要求企业在项目立项时必须先到税务机关盖章确认，因此，目前对2011年3月（之前该两税由财政部门负责征收）以后新发生的耕地占用税和契税，不存在由于不掌握信息或没有制约手段而漏征税款的风险，税务管理人员只需要认真依法征收即可，同时关注对应的印花税是否交足，期后的土地使用税是否按时足额缴纳。

房产开发的第二个环节是开工建设，完成房屋设计、建造以及开发区域

内的道路、绿化等配套工程。房地产开发企业在这一阶段需交纳的税种包括：预收房款或定金形成的营业税金及附加、预征的土地增值税、预征的企业所得税、未售房屋占地的土地使用税以及签订建筑安装工程承包合同形成的印花税。在此阶段的涉税风险主要集中在：部分房产企业隐瞒或延迟申报预售不动产的款项或定金，延迟缴纳营业税金及附加、土地增值税和企业所得税，计算土地使用税时多扣减已售出房所占的比例。按新营业税条例规定，企业在预收房款或定金之时就发生了营业税的纳税义务，但现实中一部分企业收到预收款或定金时不计入“预收账款”科目，而是计入“其他应付款”或其他会计科目，甚至有的干脆不入企业账，直接把钱存入个人账户，不及时申报缴纳税款，如果税务部门没有充分的信息渠道，对此种偷漏税行为很难及时发现和处理。

但总的来说，由于目前房管部门在办理产权证书时必须要存档一联售房发票，购房人办房证时必须要持有销售方开具的发票，房产开发企业最终是必须要开具税务发票的，其应交的营业税金及附加，以及应预交的土地增值税和企业所得税是不会漏掉的。但由于部分房产开发企业融资困难，资金成本又高，必然会想方设法推迟交税，现实中预交房款多年而不开发票不办房证的现象还是不少的。

房产开发的最后环节是将房屋售出、顶账或者自用，结清房款，产权由房产开发公司转移给用户。这一阶段主要涉及补征营业税金及附加印花税，进行土地增值税清算，核查企业所得税、土地使用税、印花税，多退少补。由于这一环节是税务机关把好税收管理的最后一关，对税源管控信息的需求、政策的把握、核算的准确要求很高，也是税收征管风险最集中的一个环节，税收风险涉及多个税种，具体的风险主要体现在：1. 房屋售出、顶账或者自用而发生产权变动时不及时结转收入，收取款项或其他经济利益仍然挂账往来科目，甚至不入账，不缴或少缴营业税、企业所得税和土地增值税等。2. 达到土地增值税清算条件的不进行清算、延迟清算，不缴或少缴税款。3. 虚增企业所得税和土地增值税成本费用扣除额，许多公司不止一个开发项目，有的公司将不同开发项目成本混在一起，开发成本向先期项目倾斜，有的供材工程房产公司已将材料计入开发成本，又要求施工单位开具包括材料的全额工程发票，等于一单材料进了两次成本，还有的甚至虚构建筑工程业务虚开发票，人为增大成本费用，少缴企业所得税和土地增值税。4. 由于国家政策调控，许多房产开发公司不能直接取得银行贷款，往往采取由其他非房地产开发公司贷款后再借给房地产公司的方式，有的房产公司甚至采用办理假按揭的手段从银行贷款，造成房产开发公司没有合法票据计入财务费用，而是以白条或自制收据入账，有的长期挂在预提费用科目上，计算企业所得税的费用依据问题很大。5. 少交土地使用税，由于房产开发企业已售出房屋所占比例对应的土地面积不再计征土地使用税，计算起来相对烦琐，有的企业在收到定金或预售款时就扣除所对应部分的税款，造成土地使用税交纳不足。6. 委托房产开发公司代扣税款业务中，对甲方供应材料的工程计算税款时只计算人工费不计入材料价款，少扣税款。

二　根据不同企业管控风险程度，拓宽信息采集渠道

长期以来，制约税收征管质效的主要瓶颈就是征纳双方信息的不对称，税务部门对企业经营的真实情况掌握不全、掌握不透，从而使某些不法单位有机可乘，得以少交税款、迟交税款，因此掌握足够的涉税信息已成为我们提高税收征管质效、化解执法风险的重要前提。

我们采取各种措施拓宽信息采集渠道，尤其重视可信度相对较高的第三方信息的获取，一是及时与国土、建设、房管等部门沟通协调，定期或不定期从开发区管委及土地、规划等行业主管部门采集涉税信息。二是通过每年至少一次的到企业纳税辅导，进行询问和检查，了解企业的长远规划以及年度销售目标和利润指标等信息，结合到施工现场实地察看工程进展情况，获取纳税人经营情况的第一手资料。三是在互联网上广泛查找信息，比如企业的招聘信息、销售和招商广告等资料，其中往往包含很多我们可用的涉税信息，还有的企业设有自己的网页，对自身情况有详尽的介绍；特别值得一提的是我们充分利用房管部门在互联网上的“威海房地产交易网”，该网站虽然是为了方便售房者和购房人而设立，但包含有丰富的我们所需要的涉税信息，有了这个网站的信息，我们对房产开发公司整个项目销售情况一目了然，能即时了解到房产公司销售签约的信息，这就破解了我们上边所讲的开发公司在第二道环节中预收房款隐瞒或迟延交税的征管风险，对于达到土地增值税清算条件的项目也很容易就能发现。四是对欠税企业，我们要求其按月提供银行盖章的对账单，通过银行的信息掌握其资金情况，我们要求应收款较多的欠税企业每季度提供应收账款明细及账龄分析表，对有疑点的款项直接向债务人进行函证，促使欠税企业及早收回款项，及时缴纳税款。五是关注各种新闻媒体有关房地产的行业动态、政策调整，从社会上收集房地产企业纳税人的相关信息，切实掌控税源变化的动态。

三　构建两纵三横立体化税收管控网络，专业化管理提升税收征管质效

在摸清了企业经营过程中各环节的涉税风险点和风险程度，也有针对性地获取了大量的涉税信息的基础上，我们在专业化管理上下功夫，着力提高分析利用涉税信息的能力，构建房地产业“两纵三横”税收立体管控网络，显著地提高了房地产业的税收征管质效。

“两纵”是指合同管理和大项目管理两条纵深主线。房地产开发企业从购地到开发到销售各个环节都要签订合同，合同作为明确双方权利义务的凭据，需要双方盖章签字确认，一般较为真实，很难单方面作假，我们以土地出让、工程设计、建筑施工承包、房产销售等各环节合同的审查和记录为一条主线，对比开发企业申报的房地产项目的收入及各项成本费用，从中查找差异和疑点，分析各种可能的原因，及时堵塞各种税收漏洞；特别是对于甲方供材的建筑工程，仔细审查合同尤其重要，因为税法规定建筑施工企业营业税计税基础是料工费全额，现实中有一种情况是建筑企业按扣除甲方拨料的金额开具发票，缴纳营业税也不包括甲方供料部分，少缴了营业税；还有另一种情况是建筑企业按料工费全额向房产开发公司开具发票，而房产公司购买的材料已经计入其开发成本，这就造成了房产开发公司购买材料部分重复计入开发成本，极大地虚增了房产公司企业所得税和土体增值税的扣除金额，逃税风险极大，因此详细核查合同的每个细节对防止甲方多进成本、防止乙方少计营业税具有非常重要的作用。

此外我们还结合大项目管理，设计制作了“房地产项目开发及纳税情况表”作为“两纵”的另一条主线，该表格为每一户房地产纳税人建立详细的开发经营和纳税情况档案，将纳税人档案按照每一开发项目的具体情况，从立项征地、到开工建设、到预售收款、到完工清算，针对不同阶段的进展情况和涉及的不同税种进行细致的登记，并将每一项目开发产品按楼号和户号及对应面积录入设计好的平面图中，夯实基础数据，使不同项目之间的的经济数据以及同一项目中的价格差异进行比对变得简便易行，我们的税管人员尤其关注对每平方米土地税收贡献进行的比较，将交税差异与纳税人实际情况进行深入分析和评估；同时我们按项目的进度随时进行动态调整，从面、线、点多维度发现税源管理中存在的问题，加强对税源的掌控，使税管人员发现问题的概率增加，分析问题的深度也进一步增强。

"三横"是指税源分析、纳税评估、预警核查三项横向监控措施。我们不断提高和强化税源分析能力，税源分析是税务机关税收管控能力的综合体现，一个地区、一个行业、一个企业、一个税种，其税额波动是否正常，其税收结构是否合理，其未来纳税趋势会如何变化，需要有专业水平的人员科学地进行分析；我们结合国家宏观政策走向、本地区区域经济态势以及企业自身所具备的特点，进行具有前瞻性的分析；税源分析目前已成为我们确定工作重心和执法重点、预测税收未来走势必不可少的步骤和重要手段。

我们还结合纳税评估工作的开展，强化房地产企业的税收精细化管理，房地产行业一般投资金额大、经营周期长、缴纳税种复杂，并且企业收入和税前扣除项目的计算，受纳税人会计核算健全程度影响较大，因此开展纳税评估工作对房地产行业尤其重要，我们对纳税评估模式进行了创新，在税务人员加强评估工作的同时，作为补充局里还通过购买中介服务，借助税务师事务所的力量对区内房地产企业纳税情况进行全面深入的评估，通过税务征管、税政、稽查等科室有机衔接，相互配合，纳税评估工作取得显著成效。

山东地税税收预警模块对日常征管中的错漏起到了很好的警示作用，我们结合税收预警指标，对预警系统发布的信息，严格对照标准逐项指标、逐户分析预警指标产生的原因、反映的问题以及税收征管中的薄弱环节，认真查找征管工作中存在的问题，通过预警指标关联性拓展分析，掌握行业经营规律，深入剖析发现日常征管中存在的薄弱环节，确定税收管理的重点。

总之，我们通过进行涉税风险评估，准确把脉税收管理中的风险落点和风险程度，通过采取各种措施，不断拓宽信息采集渠道，通过加强专业化管理，构建起房地产业"两纵三横"税收立体管控网络，这些举措显著地提高了我区房地产业的税收征管质效。2013 年全区累计入库房地产开发企业税收 4.6 亿元，同比增收 1.2 亿元，增长幅度超过 35%。

（推荐单位：威海高技术产业开发区工委宣传部）

关于2014年第一季度威海市各类市场主体登记注册情况的报告

王振勇　王晓丹

今年以来，在市委、市政府的正确领导下，威海市各级工商部门积极实施公司注册登记制度改革，实行一系列推进工商注册制度便利化的措施，进一步营造良好的营商环境，有效激发了全社会的投资创业活力，推动全市各类市场主体实现加速发展。

一　一季度各类市场主体登记注册基本情况

截至2014年3月底，全市实有各类市场主体138099户，居全省第14位，同比增长了9.21%，注册资本（金）1719.66亿元（注：美元兑人民币汇率按1∶6.1，下同），居全省第11位，同比增长了20.15%。其中实有企业类市场主体39137户（含分支机构），居全省第8位，同比增长10.95%，注册资本1649.76亿元，居全省第10位，同比增长18.79%。全市平均每万人拥有各类市场主体492.23户，居全省第4位；平均每万人拥有各类企业139.5户，居全省第3位；平均每万人拥有民营经济户数465.31户，居全省第6位。

一季度，全市新登记各类市场主体5027户，同比增长22.28%，新登记注册资本（金）37.57亿元，同比下降了6.34%。其中新登记各类企业1267户，同比增长了18.74%，注册资本31.44亿元，同比下降15.56%。

二　一季度各类市场主体登记注册情况分析

（一）新登记内资企业户数、注册资本同比均出现较大幅度下降

一季度，全市新登记内资企业（指国有、集体企业及其控股企业，下同）

49户，同比下降33.78%，注册资本4.21亿元，同比下降23.11%。截至3月底，全市实有内资企业5690户，同比增长3.45%，注册资本409.23亿元，同比增长15.47%。造成一季度新登记内资企业户数、注册资本下降的原因主要有：一是受全国经济增长放缓，国家转方式调结构力度加大、全社会固定资产投资回落等宏观经济影响。二是由于2013年全市全面实施六大重点区域基础设施建设，各级国有资产管理部门直接或间接投资设立的内资企业较为集中，而今年一季度新设内资企业、注册资本力度相对减弱。

（二）新登记外资企业户数、注册资本同比降幅明显

一季度全市新登记外资企业21户，同比下降了34.38%，注册资本0.7亿美元，同比下降了56.56%。截至3月底，全市实有外资企业1863户，同比增长1.53%，注册资本47.47亿美元，同比增长了16.81%。造成一季度新登记外资企业户数、注册资本下降的原因主要有：一是由于目前全球经济缓慢复苏、国内经济增速放缓，境外资本存在较强观望情绪。二是受一季度新批准的外资项目未办理工商注册登记等因素的影响。

（三）新登记私营企业户数、注册资本同比平稳增长

一季度全市新登记私营企业1197户，同比增长24.56%，注册资本22.97亿元，同比增长4.64%。由于注册资本登记制度改革自3月份才开始实施，对全季度市场主体登记注册相关数据影响有限。截至3月底，全市实有私营企业31584户，同比增长13.05%，注册资本950.94亿元，同比增长20.92%。全市私营企业户数、注册资本占全市各类市场主体比重继续上升，截至3月底，私营企业户数占全市企业总数的80.70%，注册资本占企业注册资本总额的57.64%。

（四）新登记个体工商户户数、注册资金同比增幅明显

一季度，全市新登记个体工商户3620户，同比增长22.05%，资金总额2.51亿元，同比增长44.95%。主要原因是由于2013年同期个体工商户户数、注册资金基数较低造成的。截至3月底，威海市实有个体工商户96746户，同比增长8.01%，资金总额38.43亿元，同比增长23.03%。

（五）农民专业合作社户数、出资总额继续保持大幅增长态势

今年以来，各级高度重视农村经济改革，农村集体经济产权制度改革不

断深入，有效激发了农村各类经济组织的发展活力。一季度，全市新登记农民专业合作社 140 户，同比增长 79.49%，出资总额 3.61 亿元，同比增长 216.79%。截至 3 月底，全市实有农民专业合作社 2216 户、出资总额 31.47 亿元，同比分别增长 37.55%、179.87%。

三　注册资本登记制度改革以来市场主体登记注册的特点

3 月 1 日注册资本登记制度改革正式实施以来，全市各类市场主体整体上呈现出加速增长的态势。3 月 1 日至 3 月 31 日，新登记各类市场主体 2501 户，同比增长 23.91%，增幅比全省平均水平高 1.01 个百分点，新登记注册资本（金）41.63 亿元，同比增长 207.0%，增幅比全省平均水平高 104 个百分点。主要呈现出以下特点。

（一）新登记企业户数、注册资本均实现大幅增长

新登记各类企业 1010 户，同比增长 69.85 %，新登记注册资本 39.92 亿元，同比增长 177.22%，其中新登记公司制企业 907 户，同比增长 126.18%，新登记公司制企业注册资本 35.33 亿元，同比增长 366.48%，反映出实施注册资本登记制度改革对促进公司制企业快速增长取得了明显成效。

（二）民营资本活力激发，新登记私营企业户数、注册资本快速增长

注册资本登记制度改革有效降低了公司设立门槛，再加上各级一系列减少下放行政审批事项、国家对小微企业加大减免税收等有利因素，极大地激发了民营资本的活力。3 月份，全市新登记私营企业 979 户，同比增长 97.88%，注册资本 35.7 亿元，同比增长 263.47%。主要是由于注册资本登记制度改革取消了公司最低注册资本限制、注册资本实缴制改为认缴制，以及首次出资比例、货币出资比例等限制，极大地激发了民间资本投资热情和创业活力。

（三）新登记个体工商户户数小幅下降、注册资本小幅增长

较新登记私营企业的大幅增长，3 月份新登记个体工商户户数同比小幅下降。新登记个体工商户 1458 户，同比下降了 11.85%，新登记注册资金 0.86 亿元，同比增长 4.88%。造成新登记个体工商户户数下降的原因，主要是因为由于实行公司注册资本登记制度改革，公司登记注册门槛明显降低，部分准备注册为个体工商户的投资者纷纷转为申请登记注册有限公司。

四　促进全市市场主体发展的建议

（一）进一步推进工商登记制度改革顺利实施

各级各部门要将推进工商登记制度改革摆在重要位置，进一步转变观念、加强领导，积极稳妥有序地推进改革。要坚持依法推进改革，加快制定和完善各项配套措施，营造有利于改革的政策环境。要明确部门职责，强化责任分工，努力形成工作合力，确保各项改革措施逐一落实到位。要加强宣传引导，通过各种媒介，做好改革政策的宣传解读，鼓励更多创业者敢于创业、勇于创业，积极营造政府主导、企业主体、全社会关心参与市场主体发展的浓厚氛围。

（二）进一步深化行政审批制度改革

虽然全市开展过多次清理行政审批事项活动，但是目前仍存在着工商登记前置审批过多的现象，很大程度上束缚了市场主体发展活力，企业上项目、做投资仍然面临着很多行政审批方面的限制。建议市政府在去年推进建设工程项目模块化审批流程再造的基础上，按照国务院《注册资本登记制度改革方案》和省政府《关于推进工商注册制度便利化加强市场监管的实施意见》等相关要求，组织对威海市已设立的工商登记前置许可事项进行清理规范，最大限度地减少工商登记前置许可事项，为市场主体发展进一步松绑减负。

（三）进一步加大助企帮扶力度

受国际经济缓慢复苏、国内经济增速放缓等因素影响，广大中小企业普遍面临着订单减少、融资困难、用工成本上升等难题，制约限制了企业发展活力。针对企业发展中存在的困难，各级各部门要认真落实支持中小企业健康发展的各项政策措施，努力帮助企业破解发展难题。一是加大财税扶持力度，着力减轻中小企业负担；二是加强和改善中小企业的金融服务，努力缓解中小企业融资困难；三是大力发展中小企业公共服务机构，建立完善市场开拓、政策咨询、招工用工等为主要内容的企业公共服务体系，提升服务水平。

（作者单位：威海市工商行政管理局）

中韩自贸区建设对威海市工业发展的影响及对策研究

逄忠全

威海作为与韩国海上距离最近的城市，是中韩经贸交流的桥头堡，中韩自贸区建设必将为威海工业带来重大发展机遇，同时，威海市工业也面临着高端产业薄弱、国际竞争力不强等严峻形势，这就要求全市工业必须加快转型升级、提质增效，尽快增强企业的综合竞争力，抢占更多先机，实现借力加快发展。

一　中韩自贸区为威海市工业发展带来新机遇

威海与韩国地缘相近、文化相通、经济相融，基础设施完善，工业门类齐全，各种发展要素聚集，投资合作、贸易往来具有得天独厚的交通便利条件，是发展中韩经贸合作的重要增长极。韩国为摆脱狭小国内市场的制约，急需进行产业转移，而威海也需要引进韩国的先进管理和技术、开拓通过韩国面向欧美的巨大市场。中韩自贸区建设恰恰提供了良好的机遇，威海与韩国的合作潜力无限。当前，威海经济发展正处于一个重要的转型时期，加快转方式调结构，推动科学发展，是现阶段发展的重大战略任务。韩国拥有先进的科技、节能、环保、生态产业技术，金融保险、文化创意等现代服务业发达，是威海市转方式调结构可以利用的重要战略合作资源。中韩自贸区一旦实现，威海城市开放水平将有明显提升，成为双方产业合作高度聚集的地区。威海的海产品精深加工、纺织服装等传统优势产业，新材料、电子信息等新兴高端制造业的发展，都能乘上“自贸区”的东风寻找新的发展契机；威海企业也能够“走出去”，利用韩国的人才优势和研发资源进行投资，从而在国际化进程中推动自身发展。

二 威海市工业发展情况和面临的挑战

与韩国高度发达的工业体系相比，威海市尚处在工业化加速发展的关键时期。全市工业紧紧围绕加快转变经济发展方式这条主线，大力实施“3+4”重点产业集群发展战略，推进产业朝着集群化、规模化、品牌化发展，近期出台了《加快发展三大战略性新兴产业集群和加快四大传统产业集群转型升级指导意见》，并将于近期编制完成七大产业集群的具体实施方案，确定各产业集群详细的发展目标、重点、实现路径和保障措施。全市现已有工业企业2万多家，其中规模以上工业企业1515家，从业人员53万人，总资产3579亿元。全市拥有36个工业行业大类、306个工业行业小类，工业产品种类达3000多种，初步形成了以机械制造、食品加工、运输设备、纺织服装四大传统优势产业为骨干，以新信息、新医药与医疗器械、新材料及制品三大战略性新兴产业为方向，竞争优势明显、区域特色鲜明的产业体系。今年上半年，全市规模以上工业增加值增长12.01%，高于去年同期0.16个百分点；实现主营业务收入3208.7亿元，同比增长8.78%；实现利润225.7亿元，同比增长12.43%；实现利税314.2亿元，同比增长11.83%。

与此同时，威海也面临产业不完善、自贸区内城市之间竞争加剧的挑战。与青岛、烟台、大连等临近城市比较，威海市城市规模小、高层次人才少、工业优势不明显。自贸区建成后，韩国很多具有竞争力的产品会进入威海市场，资金实力不强、技术水平不高、不注重创新发展的中小企业将在竞争中处于劣势。我们的企业应该做好准备，必须加快转方式、调结构的步伐，才能在竞争中取胜。

三 中韩自贸区对威海市工业的影响

年初，威海市经信委认真贯彻落实市政府《关于加快建设中韩（威海）经济合作示范区的实施意见》，明确任务要求，落实责任分工，主动与市商务局进行工作对接，对全市七大产业集群开展了深入调研，明确了各产业集群目前的现状、存在的不足及各产业集群发展的方向，并对2007~2012年威海口岸对韩进出口商品进行分类调研，分析了电子信息、纺织服装、机械制造、食品、轻工、运输装备、化工、建材、医疗器械等九大类产品的对韩竞争力，研究了中韩自贸区建成对全市产业发展的影响，趋利避害，对中韩自贸区谈判关税产品目录提出了建议，分别向省经信委和市商务局进行了汇报和对接，为中韩自贸区谈判中方决策提供了重要参考。

1. 对威海市重点产品的影响

根据威海市海关提供的2007年到2012年威海口岸对韩进出口情况来看，威海市出口韩国的商品主要为电子信息产品、纺织服装、机械设备、食品和轻工产品，进口商品主要为电子信息产品、轻工产品、化工产品、机械设备。

分行业来看，电子信息产品，以加工贸易为主，在双方贸易中占比很大，全市已经成为韩国电子产业重要的加工基地；纺织服装，全市对韩出口贸易额大大高于进口贸易额，可以看出，全市纺织服装产品在对韩贸易中占据绝对优势；机械设备，全市机械设备对韩出口以配件为主，进口商品则以各种成品机械为主，凸显了全市机械设备在对韩贸易中尚处于弱势一方；食品加工，全市对韩出口贸易额远远高于进口贸易额，可见全市农副产品在对韩贸易中的优势很大；轻工产品，通过对双方进出口商品分析可以看出，韩方的光学元件、相机镜头等高科技轻工产品好于威海市同类产品，而在在家具、生活用品等低端制造产品方面，威海市产品占优势；运输装备，由于威海市为韩国造船企业的重要加工地，船舶产品在对韩贸易中占有重要地位，韩国汽车制造量大，威海市汽车零配件在韩国也有很大的市场；化工产品，威海市轮胎产品在韩国具有市场竞争力，在化学制剂、化工原料方面韩方处于优势地位。建材产品，威海市建筑建材制品在韩国市场优势很大，韩国石棉纸等系列产品为威海市紧缺商品；医疗器械产品，威海市医疗器械产品相对于韩国同类产品性价比较高，在韩国具有一定市场竞争力。

从以上分析可以看出，威海市在纺织服装、农副渔产品、机械零配件、轮胎、汽车零部件、家具、日用生活用品、建材、医疗器械等产品方面具有优势，建议将这些产品列入零关税产品中；而在高端电子产品、光学仪器及器具、合成纤维、专用机械设备、化学制剂、化工原料等产品方面处于劣势地位，建议列入“敏感产品”目录，暂时给予关税保护，待产业发展壮大后再逐步开放。

2. 对威海市重点产业的影响

从目前中韩的经济发展和制造业产品现状来看，中韩分别位于产业链的中低端和中高端，双方产品互补性和依赖性较为明显，这为中韩自贸区的构建提供了有利的市场基础。不难判断，建立自贸区后，中韩相关经济指标将有明显提升，贸易关系将更为密切，与此同时，自贸区的建立也会给各个产业造成一定的影响。

中韩自贸区建立后，威海市的劳动密集型产品将会占有比较大的优势，预计能够借助机遇得到发展的有纺织服装产业、食品加工产业、建材产业和医疗器械产业。纺织服装产业，据近几年威海市对韩进出口数据分析，威海市纺织服装产品非常具有竞争力，虽然目前还受困于人民币升值、贸易保护主义等不利因素影响，但中韩自贸区的建立会促进的威海市纺织服装产业加速发展，同时推动该行业引进、融合韩国在纺织面料、服装设计等方面的技术和创意，加快实现产业转型升级。食品加工产业，与相对发达的第二产业和第三产业相比，韩国的农业和农民长期依赖政府的扶持和鼓励，而我国基于较低劳动力成本水平下的农、渔产品价格低廉，农、渔产品竞争力较强，中韩自贸区的建立将促进威海市的食品加工产业的发展，同时取消关税的优惠政策还将会促进农渔产品的来料加工量。建材产业和医疗器械产业产品由于在对韩贸易中处于优势地位，也会得到较好发展。

在高科技产品及高端制造业方面，威海市部分产业将会受到冲击，主要包括电子信息产业、机械设备产业、运输装备产业和化工产业。电子信息行业，韩国的电子产品由于科技含量高，极具竞争力，如果解除贸易限制，其成熟的技术与优惠的价格会对我国电子信息产业造成巨大冲击，我方应在电子产品方面进行限制，加大该行业自主产品的保护力度。机械设备产业，韩国的工业化程度高于我国，专用机械设备、成套设备产品优于威海市同类产品，机械零部件产品威海市占据优势，中韩自贸区的建立会促进零部件加工产业，而冲击威海市成套设备制造企业。运输装备产业，汽车整车制造企业会受到冲击，汽车零配件产品会具有更大的市场。化工产业，鉴于韩国石化产品具有较大优势，取消关税后，化工产业会受到较大冲击，但由于威海市化工产业规模较小，所以影响不大。

四　对策措施

（一）实施产业集群“3 +4”发展战略，打造产业竞争新优势

抓住建设中韩（威海）经济合作示范区的机遇，深入贯彻实施产业集群“3 +4”发展战略，培育壮大新信息、新医药与医疗器械、新材料及制品 3 个战略性新兴产业集群，改造提升机械制造、食品加工、运输设备、纺织服装 4 个传统优势产业集群，通过规划引导和政策扶持，推动产业结构优化升级。

目前已制定了《新医药与医疗器械产业集群加快发展的实施方案》和《食品加工产业集群转型升级的实施方案》并上报市政府，下一步抓紧制定其他五个产业集群发展实施方案，促进威海工业企业转型升级、提质增效。

（二）培育壮大市场主体，加强对韩合作载体建设

按照“市场主导、企业主体、双轮驱动”的原则，加快实施市场主体培育“2+1”工程，推动100户骨干企业膨胀、100户高成长企业提升、100户新兴企业“小升规”，重点抓好重点项目、创新能力、市场体系“三个建设”，促进市场主体扩总量、增数量、上规模，提升企业国际竞争力，为扩大对外经济合作打好基础。

（三）加快引进先进装备技术，提高企业自主创新能力

落实技改项目进口设备免关税、技改项目购置设备贴息、企业购置设备增值税抵扣等优惠政策，引导全市工业企业尤其是电子、汽车等生产企业加大与韩国的人才、技术交流，加快引进高端装备、核心技术和先进经验，提高企业技术装备水平和自主创新能力，加快形成威海市企业自主知识产权，培育有国际竞争力的自主品牌。

（四）筛选储备重点合作项目，为对韩全方位合作打基础

抓住韩国产业转移机遇，结合威海市“3+4”产业集群发展战略，以海洋装备制造、生物医药、电子信息等为重点，筛选一批资源消耗低、技术含量高、市场前景好的重点合作项目，利用国内外重要展洽活动进行宣传和推介，为下一步对韩产业对接和合作打下基础。

（作者单位：威海市经济和信息化委员会
课题组成员：郑　磊　邱新彬）

山东省水产食品安全现状及对策分析

孙丽萍

水产品因味道鲜美、营养丰富备受青睐，但水产品的安全事件频发，福寿螺事件、多宝鱼事件、大闸蟹事件、孔雀石绿事件等成为大众关注的焦点，影响了人们的健康，同时使得我国水产品在国际市场上的声誉受损，再加上日韩、欧美等国家和地区实施了针对我国出口水产品的贸易壁垒，对山东水产品乃至全国水产品的出口冲击很大。山东省又是一个水产品加工和出口大省，因此如何确保水产品质量，加强水产品质量安全管理，成为推动水产品产业健康发展亟须解决的问题。

一　山东省水产品出口现状分析

山东濒临黄渤海，水产资源丰富，山东省水产品出口量连续多年居全国第一，但近年来，受复杂的国际形势的影响，山东水产品出口总量和出口创汇却降幅明显（见图 1、图 2）。甚至在 2013 年，山东省水产品出口总量和出口总额双双下滑，已降至全国第二。

山东水产品出口加工区和主要出口市场都比较集中，其中出口加工区主要集中在青岛、烟台、威海、日照 4 个沿海地区，2011 年 4 地市的出口额占山东省水产品出口总额的 99.4%；主要出口市场集中在日本、欧盟、韩国、美国，其中日本占山东水产品出口份额的 30%（见图 3），是山东的最大的出口市场，而 2013 年，日本经济下滑和中日钓鱼岛之争是导致山东省水产品出口受阻的重要原因。

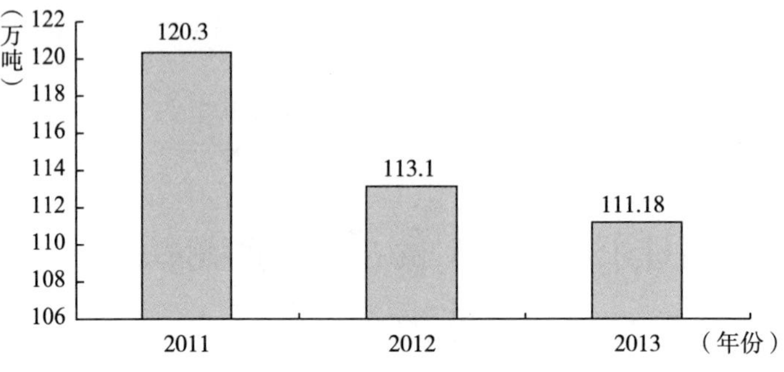

图 1　近三年山东省水产品出口量比较

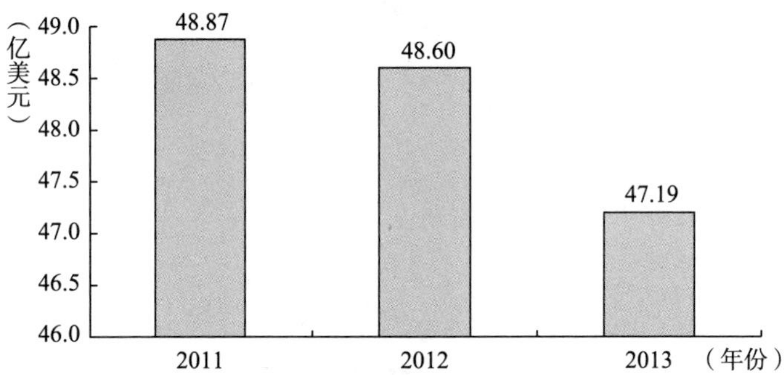

图 2　近三年山东省水产品出口创汇比较

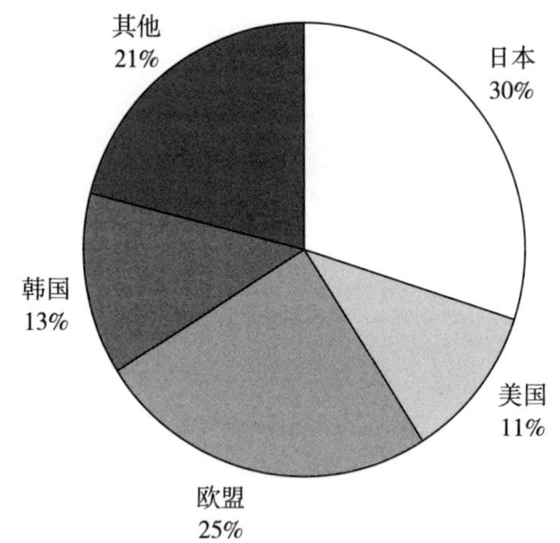

图 3　山东省水产品主要出口市场份额比较

二　山东省水产品存在的安全问题分析

影响水产品出口的原因很多，其中最主要原因是水产品的安全问题（如

表1)，下面就山东省水产品存在的安全问题分析如下。

表1 2011年中国水产品在主要出口国的受阻情况

受阻原因	受阻次数		变化率
	2010年	2011年	
品质不合格	146	116	↓21%
农兽残不合格	83	29	↓65%
微生物污染	100	27	↓71%
食品添加剂超标	76	9	↓88%

备注：该数据源自中国WTO/TBT-SPS通报咨询网。

（一）水产品养殖环节的质量安全问题

山东省水产品出口份额中，养殖的水产品占比例较大，导致养殖水产品质量问题的直接原因是养殖水污染。养殖水污染导致水产品容易出现各种有毒有害物质超标，如微生物、寄生虫和重金属等超标；此外水产品病害多发，养殖过程中常出现违规投放饲料、鱼药和消毒剂，也是影响水产品安全性的重要因素。2006年11月上海多宝鱼（学名大菱鲆）事件，就是在养殖过程中投放禁用的硝基呋喃类药物造成的。从表1可以看出，2011年我国出口水产品的受阻批次比2010年明显下降，但农兽残不合格、微生物污染主要来自水产品养殖环节，所以在水产品的养殖环节应特别重视农药兽药、微生物等指标的控制。

（二）水产品加工中的质量安全问题

水产品加工环节中引起的质量安全问题主要是品质不合格，而品质不合格是影响水产品出口的最主要原因（见表1），目前大多数水产品加工企业依旧采取传统的食品安全控制方法，以最终产品是否通过检验作为衡量食品品质的标准，不注重过程管理，因此在加工过程中容易出现质量安全问题，如产品品质不合格、微生物污染等，原因主要是：原料质量难以控制，除对于其打捞时间、重量有所要求外，原料其他指标很难标准化，并且缺乏规范化管理，水产品加工过程中易受微生物污染导致产品品质不合格；另外加工时违规或超量使用化学添加剂，使得水产品安全问题频发，如2012年山东荣成染色海米。因此在水产品加工环节要尤其重视产品品质、控制微生物及合理使用食品添加剂等。

（三）水产品安全监管网络还没有全覆盖

水产品产业链很长，包括养殖、加工、贮存、运输和销售等，环节多容易导致安全隐患，对监管来说点多面广，容易形成监管盲区；水产品养殖和加工分散，实际上很多水产品养殖、生产、加工环节在乡镇，而乡镇基层部门执法监管人员缺乏，导致水产品安全监管存在漏洞。

三　山东水产品健康发展的对策分析

为保证水产品质量安全水平，要切实推进水产养殖安全生产标准化，加强辖区企业水产质量标准体系化，同时加强安全监管体系建设，延伸基层监管网络，具体措施如下。

（一）严把水产品源头关，扎实推进水产品绿色养殖

从水产品源头抓起，首先要减少养殖环节对水产品质量的影响，优化养殖模式，发展绿色生态养殖。其次，加强对养殖户的普法宣传力度，适时传递食品安全、水产养殖方面的法律法规，让养殖户及时了解出口要求，主动做到规范用药，绝不使用违禁药物；开发“基地＋公司＋养殖户”的水产品安全生产模式，加强水产企业指导和规范签约养殖户的养殖过程，不仅从源头上提升了水产品质量安全水平，而且增加农民收入，对促进农业信息化的步伐具有一定的意义。再者，加快山东省渔业“双十工程”的实施进程，提升渔业的标准化，促进渔业产业结构调整。

（二）加快水产品质量管理体系国际化建设

从20世纪90年代开始，欧盟、美国和加拿大等国逐步确立了其HACCP操作体系。欧盟于1994年明确要求：凡在欧盟市场上销售的水产品的卫生条件必须符合91/493/EEC的规定，在产品加工中必须使用HACCP操作模式。美国1997年明确要求：必须对进口水产品实施HACCP体系认证。

在国际大环境要求下，山东水产品企业加快推进HACCP体系在生产中的应用，并积极获取其他质量管理体系第三方认证，提高了山东省水产品的国际竞争力。实践证明，HACCP体系的应用实现了水产品加工的全过程管理，保障了产品质量安全。

（三）完善水产品可追溯体系建设

近年来我国出口水产品检测出违禁药品氯霉素、硝基呋喃代谢物、孔雀石绿残留等，该问题的出现迫切要求加强食品的“身份证”管理，因此完善从海洋到餐桌、从池塘到餐桌的水产品可追溯体系建设迫在眉睫。欧盟从1997年开始建立食品信息可追溯体系，随后出台法规178/2002《食品法的基本原则和要求》，规定食品流通链的每个环节都必须可追溯。

借鉴国外成熟的做法，2012年山东省已经启动水产品质量可追溯体系建设，目标是用5年的时间实现全省70%以上养殖产品可追溯。山东的可追溯体系建设首先从海参入手并于2013年开展可追溯试点，2014年可追溯体系从海参推广到“十大渔业品牌”产品，实现工厂化养殖产品全部可追溯，并对接农业部可追溯平台，实现水产品整个生命周期的可追溯。

（四）构建全覆盖的安全监管体系，提高产地水产品检测能力

近年来，美国、日本、韩国和欧盟等国加大了水产品的质量安全检测力度，并相继出台规定，要求中国出口的动物源性产品必须实行严格的抽样检测制度，要求对进口水产品实施包括微生物、农兽药残留和环境污染物等三十几个项目的检测方可通关。

水产品的质量安全不是“检测”出来的，而是上一环节延续来的或本环节新生的，因此，水产品的质量安全应从“源头”抓起，将检测重心前移，加大水产养殖环节药残检测力度，同时切实加强政府抽检的制度建设，增加政府在检测上的资金、设备、人力等方面的投入，进一步扩大监测的品种和数目。

（作者单位：山东药品食品职业学院　课题组成员：杨　萌　杨树奇）

计划生育特殊家庭面临的突出问题及建议

王洪洲　范平海　苏允东

威海市是全国实行计划生育最早的地区之一，在取得显著成效的同时也存在一些迫切需要重视和解决的问题，其中计划生育特殊家庭（独生子女三级以上伤残或死亡）面临的问题尤其突出。

截至2013年底，威海市妇女年龄49周岁及以上的计生特殊家庭总量在1700个（涉及夫妇3500人）左右。其中独生子女死亡（以下简称失独）家庭1300个（2700人）左右，独生子女伤残家庭400个（800人）左右。妇女年龄49周岁以下的失独家庭在700个（1200人）左右。所有特殊家庭中，主要生活在农村的占80%，主要生活在城镇的占20%；市区（环翠区、高区、经区、临港区）占19%，荣成市占30%，文登市占26%，乳山市占25%。

当前，特殊家庭面临的突出问题主要集中在经济援助、就医养老、精神慰藉等方面。

（一）经济方面

特殊家庭成员中从事生产一线劳动的占65%，大部分经济收入一般，近80%的人月均收入不足1000元。有45%左右的家庭系子女病亡，为救治子女几乎倾尽所有，生活较为拮据。自2008年起，国家对女方年满49周岁的独生子女三级以上伤残、死亡的夫妇，分别给予不同标准的特别扶助金，2012年扶助金标准分别提高至每人每月110元/135元。从大多数家庭的情况看，其自身收入加上现有的救助资金，基本能够维持其日常生活开销，但要应对大病救治、再生育和抚养子女、全托养老等还存在困难。

（二）就医和养老方面

就医和养老是特殊家庭面临或将要面临的最大难题。除了缺少陪护照料人员外，目前价格高企的医疗和社会养老费用对一些家庭来说难以承担。更为现实的问题是，当他们罹患重大疾病需要手术时或找到合适的养老机构想入住时，却面临"无人签字"的窘境。调查显示，超过 80% 的特殊家庭成员对将来的就医和养老问题感到焦虑和担忧，有 82% 的家庭希望适当增加养老和医疗补贴，有 67% 的家庭希望政府建立专门的养老机构，有 64% 的家庭希望政府或社会慈善团体能够开展有针对性的志愿服务，有 62% 的家庭希望制定、完善与特殊家庭权益保护相关的法规和制度。

（三）精神慰藉方面

调查显示，大多数特殊家庭成员面临不同程度的精神和心理问题困扰，有超过半数的人患慢性病或精神抑郁症，夫妻间关系紧张的占 25% 左右，同辈亲属间关系较差的占 60% 左右。由于家庭变故，有的人失落感和自卑感较强，常年居家不外出，尤其是逢年过节躲避客来客往成了常态，也有部分度过极度痛苦期（半年至一年）之后的家庭，渴望回归到正常的社会生活，希望接受专业的心理疏导和抚慰。但目前针对失独群体提供专业心理干预、综合慰藉服务的政府机构和社会组织还不够健全，无法提供常态化的服务，失独者难以找到适合倾诉宣泄情感的对象和场所。

（四）再生育和收养方面

在条件许可的情况下，大多数失独家庭有再生育或领养子女的意愿。但调查数据显示，失独家庭中，子女 20 岁以后遭遇不幸的家庭比例在 40% 左右，其母亲已超过了适宜生育的年龄区间，即使通过试管婴儿等高科技手段，孕育成功的几率也不高，而且还要面临高昂的费用。我国现行《收养法》对收养人及被收养人的条件有着严格的限定，失独家庭若想收养一名健康的儿童，面临着健康孩子难找、办理收养登记难和户口登记难等一些现实问题。

计划生育特殊家庭是我国特殊国情国策的产物，救助、抚慰好他们，保证其老有所医、老有所养，是全社会的共同责任，政府在其中应发挥主导作用。结合威海市实际，并参考其他地区的经验做法，提出以下建议。

（一）完善经济保障制度

国家新公布的特别扶助标准为农村 150 元/170 元，城镇 270 元/340 元；据了解最近山东省初步定为农村为 150 元/400 元，城镇为 270 元/400 元。虽然标准提高了，但仍存在着城乡差别，从威海市“全域城市化、市域一体化”发展和体现政策公平的角度考虑，不宜再实行城乡差别对待，而且独生子女伤残家庭的负担从某种程度上讲不亚于失独家庭。因此，建议对女方年满 49 周岁以上的独生子女伤残、死亡的家庭实行统一的特别扶助制度，并适当提高扶助标准。据测算，若以威海市 2013 年特别扶助对象为基数，统一按每人每月 400 元标准执行（省级负担 30%，差额部分由市和市区按 5∶5 分担，不含荣成市），则扶助金总额、市级负担额、基层负担额将达到 1678 万元、510 万元、643 万元，与省里标准相比，分别增加 220 万元、86 万元、134 万元左右。

（二）完善社会化养老和医疗体系

建议将计划生育特殊家庭纳入社会基本养老和医疗体系，并建立相关制度，优先优惠提供相关服务，比如对公办养老机构，优先让这些特殊家庭成员进驻；对民办养老机构，政府采取一定补贴的形式尽量满足他们的需求。同时设立或指定专门机构，作为特殊家庭的“娘家”，将全市特殊家庭统一纳入信息档案管理，并承担特殊家庭监护人的职责，负责协调解决他们在就医、养老、殡葬等过程中的相关事宜，为其提供“一站到底式”服务。

（三）完善系统的关怀扶助机制

一是由政府主导，整合民政、卫生、计生、住建等相关部门的资源，统一规范各部门提供的优惠和关爱项目，推广环翠区“12349”平台服务模式，通过政府购买服务（发放家政服务、居家养老服务券等）的方式，为特殊家庭提供再生育、居家生活、医疗等方面的系列服务。二是积极引导和鼓励相关社会组织、团体发展老年服务业，政府优先向这些组织购买相关服务，通过他们搭建爱心传递、公益奉献的平台，为特殊家庭提供专业化的活动场所和服务项目。三是大力发展志愿者队伍。组织有爱心的大学生、军人和各领域工作者，与计生特殊家庭结成长期的“帮扶对子”，为特殊家庭提供情感抚慰等方面的个性服务；发挥基层社区和计生协会的作用，定期组织特殊家庭成员开展活动，加强特殊家庭群体之间的沟通交流；鼓励和引导特殊家庭中的低龄老人与高龄老人结对子，为独居或空巢高龄老人提供接力式的亲情服务。

（四）完善收养登记和户口登记制度

建立失独家庭与福利机构联系机制，对确有收养意愿的失独家庭，积极为他们收养孩子牵线搭桥；对于发现弃婴并送到社会福利机构的失独家庭，在确认无违法违规情况下，及时办理收养登记和户口登记。同时建立收养公开公示制度，加强社会监督，杜绝社会福利机构违规收取高额抚养费等乱设门槛、制造人为障碍问题。

（作者单位：中共威海市委办公室）

税制改革对地方经济影响的研究

张洪起

税收是我国财政收入的主要来源，也是我国政府通过财政政策实施宏观调控的重要手段。近年来，随着经济社会的发展，现行税制呈现出与健全宏观调控体系的要求不相适应的问题。另外，随着大数据时代的来临，我国经济发展面临产业结构升级和发展方式转变等问题。而现行税制支持打造中国经济升级版的功能还不健全，现行税制调节收入分配的作用还未得到更好发挥。党的十八大报告指出，加快改革财税体制，健全中央和地方财力与事权相匹配的体制，构建地方税体系，形成有利于结构优化、社会公平的税收制度。2013 年以来，随着“营改增”试点工作的推进，地方税收总体税源减少、主体税种不明确的问题越来越突出，亟需寻找更稳定和经常性的地方税收收入来源。目前，“营改增”加快推进，对我国现行的分税制、地方税体系和威海市财政收入产生了明显影响。本文适应国家税制改革的发展趋势，梳理分析了威海市地方税收体系的基本情况，从“营改增”角度分析了这项改革对地方税收、对地方财政收入以及对中央和地方收入格局产生的影响。根据今后一个时期财政体改革的方向，提出了地方税体系建设的构想，并基于当前财政体制框架下省级政策调整权限，提出进一步拓展地方税收来源的具体对策建议，并对促进企业“营改增”后的发展提出了相关建议。

一　税制改革基本情况

经过多年的税制改革，我国已经初步建立了较规范的现代税制体系，有力地促进了经济的发展，形成了较稳定的财政收入增长机制。但是现行税制本身并不十分完善，面对国际国内经济社会形势的不断变化，税制改革还有很多领域需要拓展和创新。一方面，现有的一些税种需要不断完善、简化和进行结构性调整；另一方面，在财产、资源、环境等领域的税收体系还需要逐步构建和健全。具体而言，未来税制改革的方向主要包括以下几个方面：一是以促进产业结构调整和统一税制为主要目标，深入推进增值税和营业税改革，打破货物和劳务分别课征计税的历史，实现货物与劳务税制的统一。二是以调节收入分配差距为主要目标，改革个人所得税，增强其调节个人收入分配的职能。三是以节约资源、保护环境为主要目标，合理调整消费税范围和税率结构，推进资源税改革，研究开征环境保护税，突出税收对保护环境、合理化资源开采的调节职能。四是以促进房地产市场健康发展为主要目标，改革完善房地产税制体系，并根据房地产市场健康发展的要求进行调整。

1. 增值税改革进一步推进

2011 年，经国务院批准，财政部、国家税务总局联合下发《营业税改征增值税试点方案》（财税字〔2011〕110 号），作为“营改增”的纲领性文件，正式拉开“营改增”试点的序幕。2012 年 1 月 1 日，选择交通运输业和部分现代服务业率先在上海试点；2013 年 8 月 1 日，“营改增”试点在全国范围内推开；2014 年 1 月，铁路运输和邮政业纳入试点；2014 年 6 月，电信业纳入试点。2015 年，增值税将全面取代现行营业税，营业税将取消。“营改增”作为一项重大的税制改革，其直接作用对象是服务性行业，除行业本身外，与其相关联的上下游产业都会享受到“营改增”带来的减税效应，企业分工细化，更加专注于主营业务，核心竞争力逐步提升；生产性服务企业从数量到质量都得到明显改善，产业结构逐步优化，制造业和服务业的产业融合不断深化；中小企业有了更广阔的发展机会，各类小而专的生产性服务企业蓬勃涌现，从长期看，企业数量的增加将带动就业并产生直接的收入效应，地方经济将变得更加富有活力，这也就意味着税基的进一步扩大。因此，尽管从短期看地方政府的税收收入可能会有所减少，但长时期内税收收入一定是会因此而增加。

2. 完善地方税体系是改革的重点

目前，地税部门征收的收入项目包括营业税、企业所得税、个人所得税、城市维护建设税、资源税、城镇土地使用税、房产税、土地增值税、车船税、印花税、耕地占用税、契税等 12 个税种和教育费附加、地方教育附加、文化事业建设费、残疾人就业保障金、税务部门罚没收入、地方水利基金、工会经费代收等 7 个非税收入项目。国家“十二五”规划纲要明确提出：“加快财税体制改革，理顺各级政府间财政分配关系，健全公共财政体系，完善预算制度和税收制度，积极构建有利于转变经济发展方式的财税体制。”国家税务总局在《“十二五”时期税收发展规划纲要》中对地方税的改革提出：“立足于合理配置税权与完善地方税体系，以研究推进房地产税改革，完善资源环境税费制度为重点，健全财产行为税制。继续推进费改税，全面改革资源税，按照价、税、费、租联动机制，适当提高资源税税负，完善计征方式，将重要资源产品由从量定额征收改为从价定率征收。选择防治任务繁重、技术标准成熟的税目开征环境保护税，逐步扩大征收范围，积极推进耕地占用税改革，统筹实施城市维护建设税、教育费附加、印花税和契税改革，逐步健全地方税体系，赋予省级政府适当税政管理权限。”

3. 直接税比重可能提高

间接税侧重效率，直接税侧重公平。长期以来，我国一直实行的是以间接税为主的税收制度，直接税有个人所得税、企业所得税、房产税、城镇土地使用税、土地增值税、车船税、印花税等，虽然税种数量不少，但税收比重仅占30%左右，这样的税种结构对于保障税源稳定性有重要作用，但却形成间接税与直接税失衡，间接税所占比重大，会对税收的调节机制产生扭曲，从而影响税收应有的调节作用。《决定》提出“逐步提高直接税比重”。个人所得税和房地产税都是列入新一轮改革的直接税。十八届三中全会提出“逐步建立综合与分类相结合的个人所得税制”，“加快房地产税立法并适时推进改革”。

4. 消费税制度将进一步完善

《决定》提出：“调整消费税征收范围、环节、税率，把高耗能、高污染产品及部分高档消费品纳入征收范围”。消费税将划归成为地方税，消费税改革的内容将涉及征税范围、计征方法和税率等三个方面。消费税作为国家的一个税收政策工具，其立法意图，就是期望通过调节人们的消费需求，引导社会资源配置或调节社会财富分配，实现国家的社会经济政策目标。自1994年正式开征消费税以来，我国的消费税制度在调节消费结构、抑制超前消费需求、正确引导消费方向和增加收入等方面发挥了积极的作用。但是，经过多年经济高速的发展，产业结构、消费结构的变化、调整，我国现行消费税制已不可避免地显示出与经济发展、社会消费不相适应的地方，并不能充分真实地反映消费税的立法意图，出现了现行消费税制度与社会发展水平相脱节，在征税范围、征收方式和税率等方面的缺陷日益凸显。

二 税制改革对经济税源的影响

税制改革不仅仅是税制本身的优化，其影响涉及财政体制、地方税体系等财政改革的诸多方面，如果这些关系不能得到理顺，将会对税制改革形成阻碍。反过来说，顺应税制改革的趋势，在税制改革过程中对政府间财政关系进行合理调整，则有助于减少阻力，形成共识，推动税制改革的顺利进行。

1. "营改增"对地方财政收入影响大

营业税是地方税收收入的主体税种。近年来，全市营业税收入呈不断增长态势，2008年以来，每年约占总收入的30%～40%。2012年，全省涉及"营改增"行业的营业税收入占营业税收入总量的10%。2013年8月1日至2014年7月31日，全市共有5996户营业税纳税人经过认证改征增值税，累计申报营改增增值税1.85亿元，累计减税1.99亿元，减税的金额和幅度都相当大。一是小规模纳税人税负下降，普遍减收。"营改增"纳税人中，小规模纳税人5142户，所占比重为85.76%；申报营改增增值税4278万元，所占比重为23.11%，合计减税额3020万元，所占比重为15.19%。尽管总体纳税规模较小，减税绝对金额不大，但减税面广，普惠明显。从减税幅度看，小规模纳税人适用3%的征收率，还原为按含税价格计征的营业税，税率为2.91%，原适用3%税率的交通运输业、邮政业，税负略有下降，原适用5%的现代服务业，税负下降较大，减税幅度超过40%。二是一般纳税人税负有增有减，总体减收。"营改增"纳税人中，一般纳税人有854户，所占比重为14.24%；申报营改增增值税1.42亿元，所占比重为76.89%；剔除即征即退企业后，按增值税申报的应纳增值税税额减去按营业税方法计算的营业税税额，合计减税1.69亿元，所占比重为84.81%。分纳税人看，大部分企业税收减少，少数企业税收增加，税收增收额较大的企业多为交通运输业企业。威海市一户陆路运输企业，2014年缴纳营改增增值税55.21万元，还原成营业税应纳税额为28.69万元，税负增加26.51万元。分析该企业税负大幅提升的原因，主要是抵扣额相对于纳税额，数额偏小、比重偏低。其中，集团内部有加油站、新购置营运资产少、过桥过路费不能抵扣、抵扣发票不能及时取得等，都是抵扣额偏小的影响因素。这户企业只是过渡期内出现的一个典型事例，也说明企业营运成本构成、运营资产购置等情况，会对阶段性税负增减变化产生较大影响。从长期看，随着"营改增"的全面实施、新旧税制的平稳过渡，这些影响因素会逐渐趋于均衡，税负水平也会趋于稳定。三是下游纳税人享受抵扣优惠，影响较大。除了试点纳税人自身的税收变化外，下游企业因直接享受进项抵扣优惠，减税影响非常大。“营改增”以来，各地纳入试点的一般纳税人，开具全市非试点一般纳税人应税服务增值税专用发票273120份，税额合计3.06亿元。四是服务贸易出口实行零税率，出口退税增加。“营改增”对试点企业提供的国际运输服务、出口的研发和设计服务实行零税率，服务贸易出口纳入出口退税范围。自2013年8月以来，试点企业因出口服务享受免抵退税额合计3622万元。

2. 征管效能变化对税收收入产生一定影响

从营业税的历史贡献看，2004～2014年，威海市营业税由8.94亿元增长到63.66亿元，年均递增21.69%，一是税种累计入库占同期地税收入总量的35.30%，支柱地位突出；二是税种年均增幅高于同期收入总量21.50%的增幅，拉动作用明显。多年来，地税部门围绕这一支柱税种的征收管理，不断完善制度、措施、方法、手段，形成了比较成熟、完备的征管体系。“营改增”之后，地税部门因支柱税种缺失，收入总量大幅萎缩，现有征管能力与征管资源配置失衡，征管成本相对增加、征管效能相对降低。与此相反，“营改增”之后，国税部门在相关的人力、物力资源的配置方面，会出现相对短缺或不足，新征管业务短时期也需要一个探索、改进、总结和完善的过程，不可避免地会出现一些新情况、新困难。国、地税部门基于“营改增”所形成的征管业务和征管力量配置不均衡，会对税收收入的增长形成一定影响。同时，企业所得税按照企业主营业务归属划分国地税征收范围，地方税中的企业所得税征管权也将受到冲击，地方税收税源进一步萎缩，个人所得税在“营改增”后，由于涉及“营改增”项目的发票改由国税部门开具，地税部门管理难度加大，“营改增”改革全面覆盖后，地方税收将失去主体税种，随主体税种附征的税费控管难度也将加大。

3. 地方税主体税种不突出，一定程度上影响地方财源

目前我国地方税税种数量很多，但都是一些税源分散、收入不稳定、征管难度大、征收成本高的小税种，收入规模小、缺乏地方主体税种。自1994年税制改革以来，共享税的比例在不断地扩大，难以建立真正的通过分税种来划分各级政府收入的分税制，成为在中央与地方之间“分收入”，不是真正意义上的“分税制”。随着增值税制度的逐步规范，营业税消失，地方主体税种的缺失，不利于建立稳定的地方税体系，不利于调动地方政府理财、聚财的积极性，不利于为地方政府提供稳定可靠的收入来源，进而制约地方政府职能的履行。地方税收收入中，纯属于地方固定的税种所占比重较低。地方

税收收入中剔除企业所得税、个人所得税、营业税等共享税后，纯属于地方固定的税种，其筹集财政收入的能力相当有限，地方政府税收收入的主体税种明显不足。

三 顺应改革要求推动威海市经济发展的对策建议

从国家财税体制改革的要求和地方对建立稳定财政来源的需求看，按照财力与支出相匹配的原则逐步建立完善地方税体系，有利于深化税制改革，优化税制结构，完善税权配置，公平税收负担，规范分配关系；有利于规范中央与地方的财政行为，转变地方财政职能，提高各级政府提供公共服务的能力；有利于地方财政稳定，解决地方财政困难，化解地方财政风险；有利于改善地方政府的行为模式，加快推进经济发展方式转变。

（一）地方税体系建设的基本构想

据了解，对于构建地方税体系问题，国家有关部门正在加快可行性研究，提出了一些初步设想，总的趋势是：建立起与地方税制建设相匹配的配套改革措施，包括合理划分中央、地方支出责任；调整完善中央税及共享税；完善地方税法律体系，赋予地方政府适当税收立法权；建立高效完备的地方税征管体制。围绕解决原分税制框架下“营改增”后地方收入减少的问题，从税权配置、财力安排、主体税种选择、地方税制改革等方面，对完善地方税体系进行分析，提出以下设想。

1. 如果税收制度和现行分税制财政体制下中央与地方的事权划分与转移支付都不作调整，“营改增”后弥补地方的收入缺口仅仅是现行税收收入的重新算账分钱的问题

按照这一思路，可以有三种基本方案可选择：一是按行业划分增值税收入。原征收营业税的行业改征增值税后的收入全部留给地方，原征收增值税的行业继续保持75∶25分成。二是调整增值税分成比例。三是增值税分成比例不变，调整其他税种中央与地方的分配关系。

2. 如果将未来可能实施的税制改革纳入中央与地方财政分配关系调整的视野，可以有两种基本思路：一是增加房产税、资源税等地方税收入

通过房产税改革，把居民自用住宅纳入房产税征收范围并作为地方收入；继续推进资源税从量计征改为从价计征的改革，适度增加税负并扩大征收范围，增加地方收入。二是在“营改增”后，降低增值税的税率并将其全部作

为中央税，在保证总体税负不变或略有下降的前提下，将增值税税率下调减少的收入通过在零售环节征收销售税转移给地方，将零售环节销售税全部作为地方政府收入。

3. 如果将事权划分和转移支付制度的调整也纳入方案，“营改增”引发的地方收入缺口问题将有可能演变为1994年分税制体制的重构

一是重新划分事权，减少地方政府的支出责任。比如，将义务教育、环境保护、安全生产、药品食品质量监督等现行地方政府的事权上划至中央。由于地方支出规模下降，因此可以不弥补或者少弥补收入的下降。二是调整转移支付制度，增加对地方的转移支付。在中央与地方税收分享关系、事权划分不变的情况下，中央通过“营改增”增加的收入也可以通过增加对地方转移支付，尤其是一般性转移支付的方式重新分配给地方，弥补地方政府收入缺口。

（二）加强地方税征收管理保障地方收入

坚持“依法征税，应收尽收，坚决不收过头税，坚决防止和制止越权减免税，坚决落实各项税收优惠政策”的组织收入原则，积极推进税收征管改革，完善税源控管体系，优化纳税服务，强化信息管税和第三方涉税信息利用，最大限度地减少税收跑冒滴漏，提高地税收入质量和效益。

1. 做好经济税收分析预测

发挥地税职能，不断强化经济税收分析工作，加强经济与税源的动态比对分析，准确深入地分析税收收入增减变化的原因和发展趋势，分析区域经济指标与税收数据的关系，密切关注区域产业对地方税收的影响。通过定期或不定期的税收分析，为党委、政府科学决策提供依据。及时向党委、政府汇报，定期与财政等职能部门沟通，争取对地方税收工作的理解支持，最大限度地降低执法风险。

2. 建立由地方政府主导地方税收协助机制

“营改增”后，地税部门“以票控税”的手段缺失，强化地方税收征管必须寻找新的手段。规范零散税源征管和第三方信息采集，对有关涉税事项实行“先税后证”“先税后验”等措施，强化税源控管，为获取第三方信息和税收协助提供法律保障。建议市政府把《山东省地方税收保障条例》贯彻落实情况纳入政府工作督察考核范围，加大零散税源社会化管理的力度，制定出台相关政策，鼓励政府各部门、社会各界组织、个人积极参与协税、护税，加强税源的管理，堵塞税收管理漏洞，壮大地方财源。

3. *大力推进信息管税*

充分运用金税三期系统、三方信息税收应用平台、税收预警和纳税评估系统，开展信息比对，查找管理漏洞和薄弱环节。认真贯彻落实总局和省地税局深化改革工作要求，围绕建立大征管格局的目标，确立“两改革五配套”的改革思路，“两改革”就是集中优势力量，全面推行市级一级稽查和大企业专业化管理改革，实现对大企业事前事后的全面控管，“五配套”就是通过全面推行电子查账软件、实行所长联系企业制度、明确税收管理员职责、全面推行税务公开、提升干部队伍专业素质等五项措施，推进税收征管改革向纵深发展，不断提高税源控管的精细化水平。

（三）加快产业发展，不断拓宽税源领域增加税收收入

1. *发挥减税效应，助力经济发展*

增值税特有的链式抵扣机制，既有效消除了重复征税，也带来了广泛的结构性减税效应，为经济调结构、转方式扫除了障碍、提供了保障。新时期的经济社会发展，服务业将扮演越来越重要的角色，承担着越来越重要的作用。推进服务业发展，扩大规模，利用服务业的直接减负促进发展，通过下游产业减负拉动发展，助推企业主辅业分离引领发展；提升层次，产业层次越高、规模越大，企业受益越大，产业链条越长，越有助于经济又好又快发展；提升质量，通过推进研发、设计、物流、营销等高端服务，大力发展文化会展、旅游体育、金融保险等，提升服务业质量。增值税的链式运行机制，上游企业销项税额增加和下游企业进项税额减少是等量同时发生的，努力占领税收增加的高地和避免形成税收减收的洼地，也是地方财源建设中需要重点关注的问题。

2. *加快建设步伐，提升城市活力*

紧跟消费新热点，扩大养生养老、健康服务、家庭服务、休闲旅游等服务型消费，积极培育新的消费增长点，满足群众个性化、多样化消费需求。适应旅游消费转型需要，积极对接高铁旅游市场，加快旅游业发展。把新型服务业作为威海转型的主攻方向和提升城市核心资源的重要抓手，做大做强文化旅游、电子商务、服务外包以及实体服务业和生产性服务业，在扩大就业的同时，不断提升产业层次和水平，打造新的经济增长点，增强人口聚集度、提升城市繁荣度，增加居民消费，培植壮大地方财源。要以中韩自贸区为契机，制定出台优惠政策，鼓励企业请进来、走出去，改善投资环境，吸引大型公司落户威海，拓展税源领域，增加税收收入。

3. 加快三产发展，拉动地方税源

在新一轮的税制改革中，消费税下放为地方税后，将调整到零售环节征收。地方税落在消费税上，那意味着地方的税收和人的流动性成正比，地方人口越多，消费越多，产生的地方税收就越多，通过发展第三产业，有效聚集消费人群，拉动全市旅游经济和消费品消费，特别是拉动消费税商品消费，培植壮大地方税源。以中韩自贸区为契机，深入推进市域一体化和全域城市化发展，实现各项基础设施的一体化布局，让进城农村人口尽快融入城市，打造人才流动中心，促进消费，积极培育新兴税源。加快发展威海市“海、陆、空”交通产业，发挥威海海滨城市旅游资源优势，全力打造品牌，发展特色旅游，使旅游业成为威海市的特色产业，拉动消费的潜力产业。

（四）充分利用“营改增”政策加快企业发展

“营改增”试点工作的导向主要有三个方面：一是提高企业专业化程度，二是激励固定资产投入，三是鼓励企业科技创新。“营改增”自 2012 年 1 月启动试点以来，成效逐步显现，试点省市产业结构得到优化，服务业特别是现代服务业发展加快，工业转型升级迈出新步伐。特别是从事现代服务业的小规模纳税人减税效应更加显著，由原来 5% 的营业税税率降为 3% 的增值税征收率，下降幅度超过了 40%。但部分企业有可能出现税负“不降反升”的情况，如现代运输业，现行营业税税率是 3%，“营改增”试点后适用 11% 的增值税。运输企业可抵扣项目少，除了油费、轮胎费用等可抵扣之外，过路过桥费和人工工资等都不能抵扣，光过路过桥费这一部分就占到整体运营成本的 20% 左右。从威海实际出发，面对税收政策调整变化，建议相关企业对照自身行业特点及时进行调整，充分享受税制变革带来的红利。

1. 推进产业升级

按照规定，自身有运输业务的物流企业，按交通运输业适用 11% 的税率；自身没有运输业务的物流企业，包括仓储、货物代理等，按物流辅助业适用 6% 的税率。为了减少费用支出，交通运输企业可以转变经营方向，由运输业务转向仓储、货物代理等贸易方向。另外，“营改增”后，企业当期购入固定资产所付出的款项，可以不计入增值税的征税基数，从而免征增值税。因此，建议相关企业尤其是对于政策推行后部分税收负担加重的企业，要积极研究政策导向，提高专业化程度，加快固定资产投入，推动自身产业升级。

2. 推进主辅分离

对于物流等现代服务业的大规模减税，对于部分“大而全、小而全”的企业改变经营模式，“营改增”是个很好的契机。建议这部分企业通过打通二、三产业增值税抵扣链条，做大做强研发和营销，将一些研发、设计、营销等内部服务环节从主业剥离出来，成立单独的生产性服务企业；或是转为外包，产业层次从低端走向中高端，有利于降低税负，实现主业更聚焦、辅业更专业。

3. 推进企业内部管理变革

针对“营改增”带来的税收政策变化，试点企业应该从产业链构建、财务管理、合同管理、供应商选择等方面重新调整优化，完善内部管理机制，加强税收筹划，在政策允许范围内尽可能争取税收利益。如，企业在选择业务合作单位时，从进项税额抵扣的因素考虑，建议尽量选择增值税一般纳税人，争取进项税额抵扣最大化。企业在日常采购方面，应梳理出企业采购中能取得增值税专用发票的项目，尽量取得增值税专用发票，如水电费、办公用品、运输费、汽油、电脑耗材等固定资产发票，以便抵扣相应税金。

（作者单位：威海市地方税务局

课题组成员：侯凤志　连伟光　段美杰　孔　鹏）

关于中医单病种收费试点工作的报告

刘春雨　张洪平　王晓华

为鼓励医疗机构传承中医骨折疗法，促进中医药事业健康发展，切实减轻患者负担，根据省物价局、人力资源和社会保障厅、卫生厅《关于开展中医优势病种收费方式改革试点工作的通知》（鲁价格二发〔2013〕115号）有关要求，威海市本着“医院骨折疗法纯收入略有增加、患者费用远低于西医疗法”的原则，于4月1日起在全省范围内率先开展中医单病种收费试点。现将有关情况报告如下。

一　扎实开展前期调研工作

（一）试点病种的选择

此次纳入中医优势病种收费方式改革试点范围的病种分别是：桡骨远端骨折、锁骨骨折、跟骨骨折、胫腓骨骨折、肱骨髁上骨折、肱骨外科颈骨折和孟氏骨折。这些病种都具有病情常见、诊断标准清楚、路径明确、出现病种变异几率较小、治疗技术相对成熟的特点。

（二）调查对象的确定

威海市现有专业中医院5家，其中文登整骨医院是专业的中医骨科医院，威海中医院是威海市最大的中医专科医院，威海市选取这两家医院作为中医疗法调查对象。此外，为全面了解中、西医骨折疗法在治疗手段、治疗周期、收费水平等方面存在的差别，选取威海市立医院、文登中心医院作为西医疗法调查对象。

（三）中医单病种路径的确定依据

中医单病种路径是按照卫生部、国家中医药管理局、总后卫生部颁布的《临床诊疗指南》、《临床路径管理指导原则（试行）》、《临床技术操作规范》以及各病种临床路径相关规定确定的，具体包括路径住院流程、临床路径表单、路径核价表单等内容。

（四）测算资料来源

一方面，要求整骨医院根据指定病种填报单病种路径核价表单，具体包括住院时间、医疗项目、收费标准等内容；另一方面，要求各医院提供近两年来相关病种的实际收费清单，共收集样本近千个。其中整骨医院和中医院提供试点病种中、西医疗法收费清单，市立医院和中心医院提供各病种西医疗法收费清单。

二　中医单病种数据测算结果及分析

根据调查阶段收集的数据，我们进行整理并测算出各病种收费理论数据和实际数据。

（一）理论数据

理论数据（或者理论值）是指，以中医单病种临床路径为基础，确定该路径所包含的所有正常医疗项目，并逐项进行调查落实，剔除不合理、不必要的收费项目。其中，药品、一次性耗材、服务设施标准的使用考虑了科学适度、病情需要和价格合理等因素，按现行医疗服务价格计算各医疗项目收费标准，最终将各项目收费进行合计产生。

（二）实际数据

实际数据（或者实际值）指的是以各家医院试点病种的实际结算清单为基础，扣除极为特别、不合理和不必要的医疗项目，并对原清单中个别项目收费标准按现行医疗服务价格调整，将各家医院收费清单数据进行平均后确定。

从测算结果看，主要呈现出以下几个特点。

1. 中西医治疗方法下收费水平差距明显

以锁骨骨折病种为例，中医疗法平均住院费用为15275元，而西医平均住院费用高达27962元，西医住院费用大约为中医的1.83倍，其他病种也呈现出类似特点。据分析，其差异产生的主要原因在于药品和一次性耗材，由于治疗方式和临床路径不同，中医疗法在药品和耗材上的支出较西医低很多。

2. 中医治疗方法下各病种理论数据和实际住院费用差距不大

以胫腓骨骨折病种为例，理论住院费用为16844，实际平均住院费用为17548元，差距仅700多元，其他病种的理论费用与实际住院费用的差距也不大，基本上在2000元左右。分析其中的原因，主要是住院天数、一次性耗材、药品使用等方面相差不大。可见，将理论数据作为确定中医单病种收费标准的基础是可行的。

3. 当前收费标准下，中西医治疗方法利润水平较为接近

从数据测算结果看，在西医疗法下，床位费、护理费、药品费用和耗材费用比中医高出很多，而手术费相对中医偏低。考虑到药品费用和一次性耗材费用存在加价因素，我们根据各病种中西医药品、耗材差价和相应加价率计算出中西医治疗法仅在这两项的纯收入差额，再与其他项目收费差额进行合计，计算出中西医治疗法下各病种纯收入差额，最后将其平均后得出中、西医疗法纯收入差额均值为28元。可见，在当前收费标准下，中、西医疗法的利润水平相差无几。

三　中医单病种收费管理模式的确定

目前，中医单病种收费存在制定具体标准和最高标准两种管理模式。

中医单病种具体收费标准是指以理论数据为依据，确定每个病种的具体收费标准。具体操作方式是实行定额包干制，多不退少不补。具体方法是在各病种理论数据基础上，加上测算的手术费调整数额后确定。

中医单病种最高收费标准管理是指以临床路径理论收费数据和测算系数为依据，确定每个病种的最高收费标准。具体操作方式是以住院清单为结算依据，凡实际住院费用低于单病种最高收费标准的，按实际住院费用结算；凡实际住院费用高于单病种最高收费标准的，按单病种最高收费标准结算。

经充分论证，我们认为不宜制定具体收费标准，主要原因在于以下几方面。

（一）确定中医单病种具体收费标准难度较大

一是在中医单病种收费标准制定过程中，要充分考虑诊治方法、病情差异、患者个体差异等因素，具体标准的确定方法有待进一步研究。二是由于医疗服务价格并非固定不变，再加上大多数一次性医用耗材实行市场调节价管理，价格波动较大，此外新版全国医疗服务价格项目规范已经出台，威海市目前正在积极对接过程中，医疗项目和收费标准未来可能会有大的变动，这些因素使得中医单病种具体收费标准的不确定性较大。

（二）与现行“一日清”收费制度很难同时实施

制定中医单病种具体收费标准，将所有费用打包收取，多不退少不补，与现行“一日清”制度很难同时实施：如果按照有关要求向患者提供收费清单，患者通过收费清单得知实际花费低于规定的具体标准，容易产生不满情绪，导致医疗纠纷；如果不提供收费清单，既不符合医疗机构规范管理要求，也容易引发患者误解和质疑，需要院方做大量的政策解释工作。

（三）医疗机构计费系统问题需要解决

从医疗机构计费程序看，目前收费系统都要严格执行《医疗服务价格》规定的项目编码，每个医疗项目对应唯一的编码，并没有设立病种收费编码，将中医单病种打包收费就需对原有系统和操作流程进行优化。

（四）从价格管理角度看很难操作

一方面，从定价成本看，医疗机构运营成本是动态变化的，价格管理也应该是动态的，对医疗机构单病种收费制定具体标准不太科学；另一方面，将中医单病种收费实行打包收取，而非按项目计费，一旦因医疗机构存在质价不符、弄虚作假等行为引发价格纠纷，价格主管部门可能会因无法确定具体违价数额而难以作出价格处罚决定。

（五）不利于医疗机构的创新和发展

考虑到患者的直观利益和感受，中医单病种具体收费标准往往会低于医疗机构预期，但医疗成本是动态变化的，一旦中医单病种收费标准被固定，很容易打击医疗机构的积极性，不利于先进医疗技术、方法和耗材的使用和推广，也不利于医院因病施救，考虑到成本控制等因素，医院可能会千方百计减少病人花费，进而又会损害患者的利益。

四　中医单病种收费政策的主要内容

（一）制定中医单病种收费政策的原则

一是本着“医院纯收入略有增加、患者费用远低于西医疗法”的原则，从保护中医、发展中医的角度，适当提高涉及单病种部分中医收费项目（中医骨折疗法手术费）标准。

二是在充分体现医疗技术和医务人员劳务价值的前提下，按照合理补偿成本、兼顾群众和基本医疗保障承受能力的原则，合理制定试点病种收费标准，使中医单病种整体收费标准与西医疗法的差距有所缩小。

（二）合理调整中医骨折疗法手术费收费标准

通过数据比对我们发现，同一病种中西医收费标准相差很大，主要体现在药品和一次性耗材两项费用，在中医治疗方法下，7 个病种这两项可为住院患者节省支出 5000～10000 元不等，即医院采取中医治疗手段比西医少获得的收入，本着保护中医、发展中医的原则，我们将这部分收入差额作为测算基础，合理确定中医骨折疗法手术费调整数额。根据各病种药品、一次性耗材中西医耗费差额和相应的加价率，测算出中医手术费收费标准需要上调 1800 元左右。

（三）对中医单病种实行最高收费标准管理

具体确定方法是：首先计算各病种中医收费清单数据的平均值，然后将高于此值的清单数据再进行平均后确定高点均值，我们将高点均值与平均值的比值，作为确定最高收费标准的系数。再根据各病种中医具体收费标准（各病种临床路径理论收费数据加手术费调整数额）和测算系数计算各病种最高收费标准。

据测算，此次确定的各中医单病种最高收费标准明显低于西医疗法。差距最小的为桡骨远端骨折，该病种在西医疗法下两次住院费合计 22004 元，而中医疗法最高收费标准为 20700 元，比西医疗法少 1304 元，是西医疗法的 94%；差距最大的孟氏骨折，该病种在西医疗法下两次住院费合计 29355 元，而中医疗法最高收费标准为 18200 元，比西医疗法少 11155 元，只有西医疗法的

62%。总体来看，7 个中医单病种最高收费标准大约只有西医收费水平的 74%。

五　取得的成效

（一）中医骨折疗法使用率得到提高

从 4 月 1 日到 6 月 30 日，威海市医疗机构运用 7 个优势病种诊疗技术共治疗患者 355 例，同比增加 65 例，增长 22.4%。其中治疗锁骨骨折 53 例、增加 10 例，治疗肱骨外科颈骨折 29 例、增加 7 例，治疗肱骨髁上骨折 46 例、增加 11 例，治疗孟氏骨折 47 例、增加 8 例，治疗桡骨远端骨折 58 例、增加 9 例，治疗胫腓骨骨折 99 例、增加 12 例，治疗跟骨骨折 23 例、增加 8 例，中医优势病种诊疗技术的应用率明显增加。

（二）患者就医负担得到了减轻

通过推行中医骨折疗法，大大地减少了耗材、二次手术等医疗费用，缩短了住院时间，患者住院费用比西医治疗方式下降了 28% 以上，切实减轻了经济负担。以锁骨骨折为例，采用中医闭合穿针技术治疗住院时间为 10 天，病人自治疗开始至完全康复需要 10 个周，平均住院费用为 13669 元，而采用西医切开钢板内固定治疗住院时间为 19 天，二次住院取内固定住院为 10～14 天，平均住院费用为 21962 元，病人自治疗开始至完全康复至少需要 20 个周。采用中医治疗方式优势明显，患者可减少花费 8293 元，同时住院及康复时间缩短了至少一半。

（三）政府医保资金得到了节省

采取中医骨折疗法大幅降低了患者的医疗费用，医保报销额度也随之明显下降。以锁骨骨折为例，采用中医闭合穿针技术治疗总费用为 13669 元，按在职职工医保报销 87.5% 计算，医保负担约 11160 元，患者负担 2508 元（含 800 元的过桥费）；采取西医切开钢板内固定治疗总费用为 21962 元（含 8000 元耗材费），医保负担 17566 元，患者负担 4396 元（含 800 元的过桥费及 20% 的国产高值耗材费），两者相比较可明显看出，采用中医治疗方式医保资金可节省 6406 元。

（四）医疗收费得到了有效控制

试点工作启动后，我们对试点单位进行动态监测，加强诊疗行为监管，合理控制医药费用，严格按照临床诊疗路径收费，大力宣传试点工作在增强治疗效果、减轻患者负担等方面看得见、摸得着的好处，把试点病种的治疗方法、效果、治疗周期、费用等告之患者，由患者根据自身情况自主选择治疗方法，提高患者选择中医治疗方式的积极性。以锁骨骨折为例，按照临床路径进行核价，实际测算 135 位锁骨骨折病人的临床费用，平均费用为 13545.27 元，实行最高收费标准管理之后，住院平均费用为 13669 元，可见，威海市实行的中医单病种收费政策并没有出现引导医院增加收费的现象。

（作者单位：威海市物价局）

威海市企业家问卷调查分析报告

张　瑶

威海人行对 28 户工业企业的问卷调查结果显示：企业家对宏观经济回升的信心增强，但经济企稳回升的基础仍不牢固，企业投资意愿依然偏弱；市场需求状况持续改善，企业家经营信心增强；销货款回笼状况、资金周转状况趋于好转，融资难度增加；盈利能力整体偏弱。

一　企业家对宏观经济回升的信心增强，但经济企稳回升的基础仍不牢固，后期经济回暖仍将曲折

宏观经济形势热度指数及其预期指数为 41.07%、42.86%，分别较上季度回升 8.93、12.5 个百分点。今年是全面深化改革的开局之年，结构性改革有利于中国中长期可持续的增长，本季经济热度指数、预期指数双双回升，显示企业家认同当前回归市场化的改革思路，看好经济企稳回升的总体趋势。3 月份“两会”的召开，将有效调整经济与生态、增长与改革、市场与政府、债务与投资等多对重要关系的经济改革思路，继续提振企业家对经济健康发展的信心。

近半年来宏观经济先行指标——中国制造业 PMI 总体呈下行走势，2013 年 10 月 ~ 2014 年 3 月其数值分别为 51.4%、51.4%、51%、50.5%、50.2%、50.3%，尽管 3 月份环比略有回升，但仍较去年 10 月份下降 1.1 个百分点。显示经济企稳回升的基础仍不牢固。我国经济从 10% 左右的高速向目前 8% 左右的中速转换后，此前经济运行中积累的许多矛盾和问题逐渐暴露出来。在很大程度上减弱了经济发展的后劲和抵御市场冲击的能力，制约后期经济快速发展。因此，预计后期经济回暖仍将曲折。

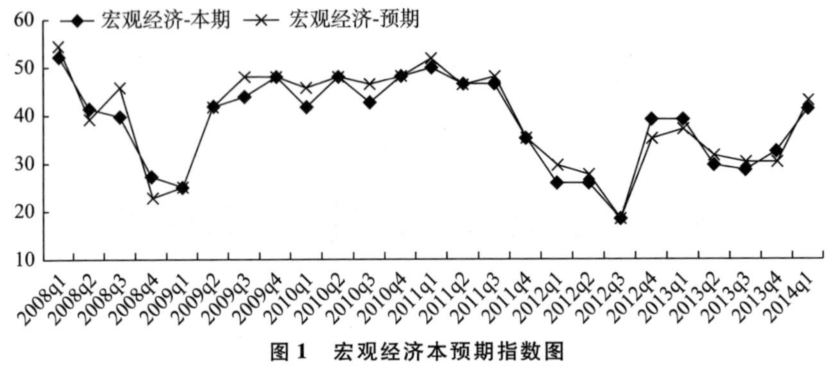

图 1　宏观经济本预期指数图

二　固定资产投资指数下降，企业投资意愿依然偏弱

固定资产投资指数较上季下降 1.79 个百分点，为 50%，显示本季度企业投资意愿依旧偏弱。由于产能过剩和经济增长不确定性加大，投资扩张计划普遍萎缩或推迟。部分有投资计划的企业，主要是由于落后产能被淘汰，或加大设备投资力度以替换人工。调查显示，28 户企业中，7 户企业在 2014 年度有扩大再生产投资意愿，占比为 25%；11 户企业有设备改造投资意愿，占比为 39.29%；既无扩大再生产投资意愿，也无设备改造投资意愿的达 16 户，占比高达 57.14%。

分行业看，监测的橡胶制品、食品加工、船舶制造、纺织服装、电子行业企业固定资产投资指数分别为 66.7%、62.5%、50%、40%、16.7%。其中，橡胶制品、船舶制造业投资指数与上季持平，食品加工、纺织服装、电子行业投资指数分别较上季度下降 12.5、10、33.33 个百分点，主要是因为上述行业部分企业在建项目于去年末进入完工投产期，加之一季度受春节放假影响，新投资项目进度较慢。

三　产品市场需求状况持续改善，国内市场需求状况持续好转，国外市场需求状况依旧疲弱

（一）市场需求指数连续两个季度回升

市场需求状况本、预期指数连续两个季度回升，较上季分别上升 10.72、7.15 个百分点，为 39.29%、37.5%。国内“稳、进、好”的经济走势以及全球经济的复苏，带动市场需求保持平稳增长，使供求失衡压力有所缓解，

但供给过剩而需求不足仍是市场主要特征。本季度认为产品“供大于求”的企业占比 32. 14%，比上季度降低 12. 71 个百分点。

（二）国内订单指数持续回升

国内产品订单本、预期指数连续两个季度回升，本季较上季回升 1. 79、12. 5 个百分点，达 53. 57%、58. 93%。前期受人民币汇率升值、劳动力成本攀升、国际经济不振等因素影响，外需持续低靡，企业纷纷调整市场结构，加大了国内市场的开辟力度及新产品研发力度，一定程度上促进了国内需求的增长。

分行业看，受季节性因素影响，电子、橡胶制品业国内订单有所下滑，其指数较上季度分别下降 16. 67、33. 33 个百分点，为 33. 33%、16. 7%。纺织服装业国内订单指数与上季度持平，为 60%。船舶制造、食品加工业国内订单有所增长，其本季指数分别较上季度回升 25、12. 5 个百分点，为 50%、62. 5%。近年来国家有关部委从有利于缓解我国人均资源短缺、改善渔业产业结构、维护国家海洋权益等战略出发，在不同层面大力扶持远洋捕捞业，例如渔船燃油补贴政策，一定程度上刺激了远洋渔船需求的增长。荣成造船工业有限公司主要生产渔船，受该政策影响，自 2013 年以来企业订单量明显回升，目前企业手持订单 4 亿 ~5 亿元，较 2013 年同期有所增加，预计今年将全年满负荷生产。

（三）出口订单指数当季下滑

问卷调查显示，出口产品订单指数继上季度上升 10. 72 个百分点后，本季回落 3. 57 个百分点，为 44. 65%。尽管世界经济运行中逐步显露出积极的迹象，但是总体态势依然疲弱，没有出现明显回暖的趋势，受此影响，威海市国外市场需求状况未有明显好转，总体形势依旧低迷。调查的 28 户企业中，预计 2014 年 22 户企业会有出口实绩，预计全年实现出口额较 2013 年增

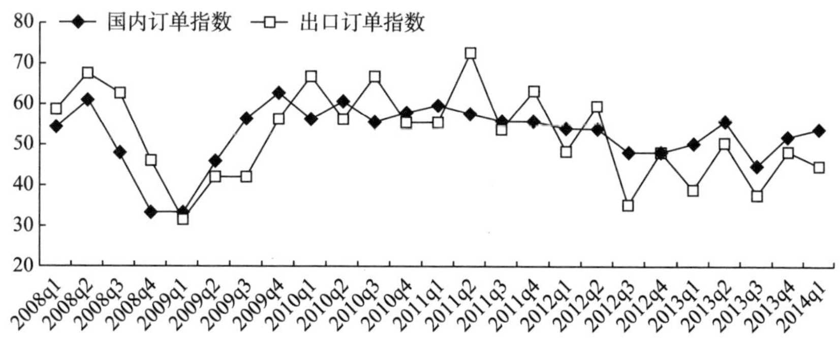

图 2　国内订单、出口订单指数图

长、持平、下降的企业分别为 11 户、8 户、3 户，占比为 50%、36.36%、13.64%。在预计出口额增长的企业中，1 户企业预计出口额增幅达 30%，1 户企业预计出口额增幅达 20%，其余企业预计出口额增幅均在 10% 及以下。

四 企业经营状况继续改善，原材料储备积极性上升，但受春节放假因素影响，设备利用率有所下降、劳动力供求矛盾加剧

（一）经营状况指数连续两个季度回升

问卷调查显示，企业总体经营状况指数连续两个季度回升，本季较上季上升 7.15 个百分点，达 69.65%，略高于同期 2.98 个百分点。受企业家对当前经济回升的信心增强、市场需求状况持续改善影响，企业家的经营信心增强，企业经营状况有所改善。但企业仍面临一系列问题，问卷调查显示，当前企业面临的主要问题是：劳动力成本高招工难（67.86%）、市场竞争加剧（64.29%）、人民币汇率变动（42.86%）、市场需求低迷订单不足（28.57%）。

（二）原材料存货指数回落

原材料存货指数结束了连续四个季度的上升态势，本季度下降 7.15 个百分点，达 50%。其中，选择原材料存货水平适中、偏高的企业家占比分别为 85.71%、7.14%，较上季度上升 7.14、3.57 个百分点。显示企业储备原材料的积极性有所上升。一是部分企业对 2014 年经济前景看好，加大了原材料储备力度；二是部分企业选择原材料价格低点，大批量采购原材料。威达机械集团反映，该企业主要生产用原材料为钢材，1 月份钢材价格较低，为降低生产成本，每年企业会在较低价位大量采购钢材，因此 1 月份该企业采购了 7000 吨钢材，用于后续生产。

（三）设备利用水平指数回落

企业的设备利用水平指数较上季度回落 1.79 个百分点，为 41.07%。一季度适逢元旦、春节，多数企业放假停工，工作时间明显缩短，下拉了设备利用水平。分行业看，监测的纺织服装、船舶制造、食品加工、电子、橡胶制品企业的平均设备利用率分别为 83.4%、87.5%、68.75%、73.33%、81.67%。其中橡胶制品业设备利用率较上季度上升 3.34 个百分点，船舶制

造业与上季度持平，其余行业均有所下降。二季度企业生产逐步恢复，部分企业将迎来生产旺季，设备利用率将有所上升，企业家的设备利用水平预期指数较上季上升7.15个百分点，达50%。

（四）一线员工聘用指数回升

近期市场需求状况持续改善，使劳动力需求有所增加，但受春节影响，部分农民工返乡，劳动力供给下降，劳动力供求矛盾加剧。一线员工聘用指数连续两个季度下降后，本季回升12.5个百分点，达66.07%。

五　销货款回笼状况、资金周转状况趋于改善，受金融机构规模紧张影响，企业融资难度增加

（一）资金周转、销货款回笼指数继续回升

受市场需求状况持续好转影响，企业间资金占用情况减少，销货款回笼状况趋于改善，销货款回笼状况指数连续两个季度回升，本季回升5.36个百分点，达71.43%。而销货款回笼状况的改善使促进了资金周转状况的好转，资金周转状况指数连续两个季度回升，本季较上季上升3.57个百分点，达55.36%。

（二）总体融资状况、银行贷款获得情况指数同向下降

问卷调查显示，企业总体融资状况、银行贷款获得情况指数连续三个季度下降，本季均下降7.14个百分点，分别为35.72%、33.93%，企业对融资环境趋紧感受明显。分行业看，电子、橡胶制品、食品加工、纺织服装行业银行贷款获得指数分别为50%、50%、37.5%、30%、0。其中电子行业银行贷款获得指数略有回升，较上季上升16.67个百分点；船舶制造、食品加工行业银行贷款获得指数与上季持平；橡胶制品、纺织服装行业银行贷款获得指数较上季分别回落16.67、20个百分点。

据了解，本季金融机构对上述行业的信贷政策未做调整，因此信贷审批条件未发生变化，在此背景下，企业融资难度增加主要是受信贷规模紧张影响。今年以来，理财产品、互联网金融业务发展迅猛，分流了部分活期存款、储蓄存款，金融机构资金来源业务增长乏力，受存贷比限制，银行信贷投放规模始终偏紧，进而增加了企业的融资难度。监测的艺达集团反映，受银行

规模管控影响，今年以来企业办理贷款时间延长，由去年的5天左右延长至目前的10天甚至更长。监测的三角集团反映，去年所有金融机构给该企业的利率均为基准利率下浮10%，2014年以来，由于银行贷款规模紧张，仅有少数金融机构能按此利率执行，多数金融机构提高了利率水平。

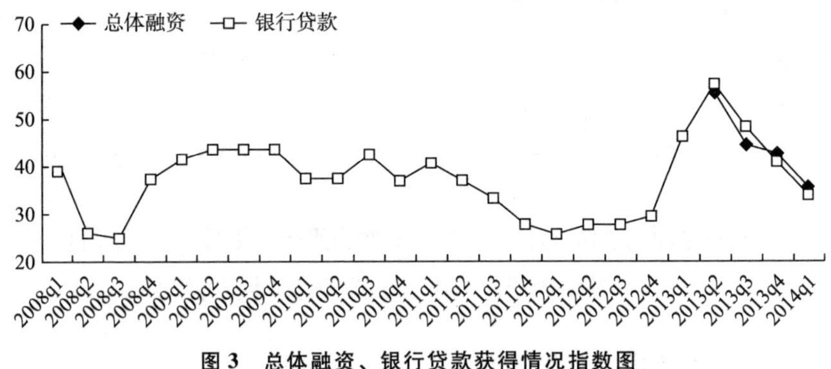

图3　总体融资、银行贷款获得情况指数图

六　盈利能力整体偏弱，缘于市场活跃度不高，用工成本、融资成本上升挤压利润空间

2013年28户重点企业实现利润总额24.34亿元，同比下降8.16%，延续了2012年的下滑走势。调查的28户企业中，12户实现增盈，13户企业减盈，2户由盈转亏，1户增亏。在2013年盈利能力整体偏弱的情况下，进入2014年企业盈利状况未见好转。问卷调查显示，企业盈利情况指数本季下滑3.58个百分点，达50%，位于临界点上。

（一）产品销售价格、原材料购进价格指数有所回升，但仍处于低位

产品销售价格指数、原材料购进价格指数连续两个季度上升，本季分别回升3.57、7.15个百分点，为48.21%、55.36%，但分别低于同期3.64、9.46个百分点。表明尽管产品销售价格、原材料购进价格近期呈上涨趋势，但二者仍处于低位，显示市场活跃度不高。

（二）用工成本、融资成本上升，挤压了企业的盈利空间

问卷调查显示，一线员工工资水平指数本季上升8.93个百分点，达73.22%。显示用工成本仍呈增长趋势。一季度适逢春节，除正常发放工资外，多数企业为职工发放奖金、年货，推高了用工成本。

同时，银行贷款利率水平指数连续两个季度上升，本季上升 1.79 个百分点，达 71.43%。尤其是 2013 年下半年以来，金融体系流动性趋紧，信贷规模紧张，贷款利率水平趋于上升，进入 2014 年度，企业贷款利率仍维持在较高水平，导致企业融资成本的上升，挤压了企业的利润。

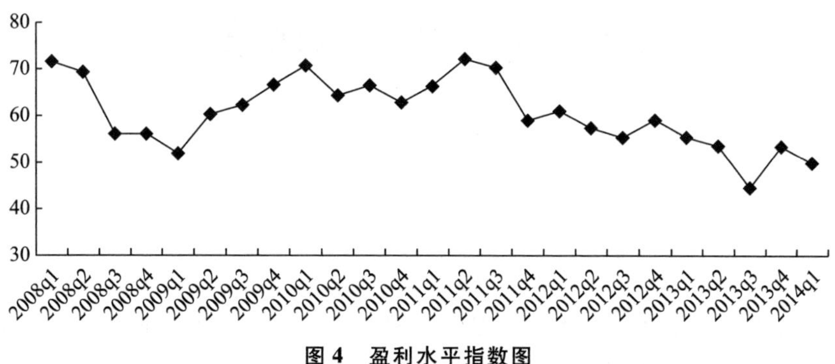

图 4　盈利水平指数图

（作者单位：中国人民银行威海市中心支行）

城中村改造的涉税误区及对策

王子明　张云善

对城市老居住区（城中村）的大规模拆迁改造，有利于改善城市居住条件和城市基础设施的配套建设，对于缓解城市居住压力、用地、环境、交通等问题，改变城市面貌和推进城市化进程，都起到了明显的促进作用。近年来，随着房地产开发企业的竞争以及房产需求的扩大，城中村改造项目的不断增加，为了鼓励和加快旧村改造进程，各级政府部门对旧村改造出台了一些相应的优惠政策，再加上城中村改造项目与一般的房地产开发项目相比较，涉及各方利益都较为复杂，开发企业、旧村改造涉及的村委会（居委会）对拆迁安置部分的涉税问题，产生了许多认识上的误区，需要各有关方面系统分析，及早采取应对之策。

一　城中村改造各方利益分配分析

城中村改造是政府为了改变和更新城市的生活环境，局部或整体地、有步骤地对原有城中村的住宅、建筑进行改造和更新的一种方式。城中村改造过程中，往往涉及各方利益与需求，政府规划的公共利益、村居的集体利益、百姓（居民）的居住利益以及房地产企业永远追求的经济效益。从政府角度讲，城中村改造项目，不仅是为了改善发展条件，更重要的是增强地区吸引力，加快城市化的推进，促进经济发展和社会进步，政府获取土地使用权出让金以后，通过一定方式改善各项公共设施，从而提高社会公共利益保障水平。村委会（居委会）以此为契机，不但改变了村庄面貌和环境，而且通过旧村改造的各项优惠政策和政府拆迁补偿，相应获取一定的经济利益，发展集体经济。百姓（居民）以此改变了长期的一户一居的居住环境，实现了城

市化的居住梦想 。房地产公司取得了巨大的市场收益，为企业增长、发展提供了契机。

二 旧城（村）改造项目涉税规定及存在问题

（一）营业税及附加

根据《国家税务总局关于外商投资企业从事城市住宅小区建设征收营业税问题的批复》（国税函〔1995〕549号）的规定："对外商投资企业从事城市住宅小区建设，应当按照《中华人民共和国营业税暂行条例》的有关规定，就其取得的营业额计征营业税；对偿还面积与拆迁建筑面积相等的部分，由当地税务机关按同类住宅房屋的成本价核定计征营业税。"和山东省地方税务局关于印发《山东省地方税务局房地产开发企业税收征收管理暂行办法》的通知》（鲁地税发〔2005〕23号）第五条"房地产开发企业下列行为属于销售不动产或转让土地使用权"第二款"不动产用于安置拆迁户的"的规定，房地产开发企业取得的售房收入应全额征收营业税。拆迁安置"拆一还一"部分。按照（国税函〔1995〕549号）的规定，按当地同类住宅房屋的成本价核定计征营业税。

（二）企业所得税

国家税务总局《关于房地产开发企业以房屋抵顶地价计算缴纳企业所得税问题的批复》（国税函〔2002〕172号）规定："房地产开发企业以房屋抵顶地价款赔偿给原住户的，在计算缴纳企业所得税时，对赔偿的房屋应视同对外销售，销售收入按其公允价值或参照同期同类房屋的市场价格确定对于旧村改造的企业所得税"，《国家税务总局关于印发房地产开发经营业务企业所得税处理办法的通知》（国税发〔2009〕31号）第七条规定："开发企业将开发产品用于捐赠、赞助、职工福利、奖励、对外投资、分配给股东或投资人、抵偿债务、换取其他企事业单位和个人的非货币性资产等行为，应视同销售，于开发产品所有权或使用权转移，或于实际取得利益权利时确认收入（或利润）的实现"。因此对于旧村改造的拆迁安置部分，应根据税法按照公允价值缴纳企业所得税。虽然开发商在旧城（村）改造中支付大量的费用，如拆迁补偿安置费用、土地使用权的出让金以及安置户的建设费用等，但仍有较大的获利空间，因为老城区一般都是当地的经济、文化的中心，相对繁华，这里的土地都是处在“黄金地带”上，属于生活密集区，利于经商，开发后的房产或商铺价格也高，销售也好，开发商的利润也就不言自明。开发商接受政府委托进行旧城（村）改造，在居民安置后，留下部分房屋作为旧城（村）改造项目的利益部分，获利空间不菲。目前绝大多数房地产企业核定为预征企业所得税的方式，因此企业应按照规定预缴企业所得税，待开发项目结束后按照规定清算，多退少补。

（三）土地增值税

国家税务总局《关于房地产开发企业土地增值税清算管理有关问题的通知》（国税发〔2006〕187 号）规定：“房地产开发企业将开发产品用于职工福利、奖励、对外投资、分配给股东或投资人、抵偿债务、换取其他单位和个人的非货币性资产等，发生所有权转移时应视同销售房地产，其收入按下列方法和顺序确认：1. 按本企业在同一地区、同一年度销售的同类房地产的平均价格确定；2. 由主管税务机关参照当地当年、同类房地产的市场价格或评估价值确定”。国家税务总局《关于土地增值税清算有关问题的通知》（国税函〔2010〕220 号）中第六条规定：“房地产企业用建造的本项目房地产安置回迁户的，安置用房视同销售处理”，因此旧城（村）改造安置的房屋应按照上述规定，根据市场价缴纳土地增值税。目前绝大多数房地产企业核定为预征土地增值税的方式，因此企业应按照规定预缴土地增值税，待开发项目结束后按照规定清算。

上述税收法规对旧城拆迁安置税务涉税方面做了明确规定，但从实际情况看，对拆迁安置（俗称“拆一还一”）部分未能严格按照现行税收法规执行或执行不到位。

三　当前旧城改造涉税误区及原因

（一）开发商纳税意识不强

由于旧城改造项目由政府规划和主导，开发商普遍存在“旧城改造是政府行为”的投机心理，存在政府给予了旧城改造的政策优惠，自然税收也应该优惠或减免的错误理念，以为“拆一还一”部分属于义务，不存在经济效益，片面地把拆迁安置面积单独记载，忽视了拆迁面积开发的建筑面积给企业带来的巨大经济效益，存在不缴或者少缴税款现象以及等待观望的心理，导致税款入库不及时。

（二）拆迁安置复杂，综合治税难度大

目前，由于安置不当引发的纠纷不断、百姓上访事件屡见不鲜，一些不法开发商利用了村委会（居委会）与安置户之间的矛盾，捏造可以不纳税的谣言并进行煽动，增加了税收执法的难度。

（三）税务执法观念、水平存有偏差

因为旧城改造属于政府规划和主导，对旧城改造项目的理解不同，对税收法律的理解有偏差，导致旧城改造项目执法的随意性较大，在税源充足的情况下，纳税方存有拖延、漠视的观点，加上税收征管刚性的不足，容易产生执法安全隐患，降低了对旧城改造项目的监控征管力度。同时部分税务干部业务不过硬，税收政策掌握不够好，执法流程掌握不到位，也不能保证税款征收的公平和公正。

四 改变旧城（村）改造涉税误区的对策

对于旧村改造不同利益方的需求，产生了拆迁安置涉税误区，至少应该从以下几个方面进行应对。

（一）强化税收宣传，提高税收征管法的普法意识

当前旧城改造税收征管面临的一大问题是纳税主体纳税意识的不足，其中既包括城中村改造的开发商，也包括村委会（居委会）、拆迁的房产所有人，应结合实际，有针对性地加大有关政策的宣传力度，营造良好的纳税氛围，使涉及的多方利益主体充分意识到自己的纳税责任，增强依法纳税的意识，这是做好旧城改造税收征管工作的前提和基础。

（二）强化税管的基础工作，加大税收执法力度

将税收征管、检查与税收稽查结合起来，及时掌握辖区内城中村改造有关规划、施工、面积、开发小区及其他配套情况，建立健全税源档案，对城中村改造项目实施全程式监督管理。同时，加强行业分析，对同地区、同价位的开发区的税负水平进行纵、横向比较，及时发现改造项目税收政策执行和征管中存在的问题，规范执法行为，切实做到“以地控税”，“以房控税”，

坚持“先税后证（房产证、土地证）”，从源头加强控管。

（三）强化部门配合，构建综合治税新格局

各级政府应进一步加大协调力度，健全部门配合工作机制，将开发企业每个环节的信息在相关部门传递，在政府统一领导下，税务依法征管监督，其他部门配合，审计部门再监督，形成综合治税格局，改变旧城改造涉税误区，防止国家税收流失。

（作者单位：威海市审计局）

开拓创新　积极进取　威海市内部审计工作成效显著

田建华　张丽萍

威海市内部审计师协会成立于2001年，自成立以来，不断强化优质服务意识，充分发挥“管理、服务、宣传、交流”职能，大力推进内部审计转型与发展，加强组织领导，狠抓制度建设，积极发挥“免疫系统”作用，内部审计工作取得了显著成效，促进了社会经济发展。威海市内部审计师协会现有会员单位611家，内部审计人员1681人，其中专职内部审计人员749人。协会先后两次被威海市委、市政府授予优秀工作成果奖，连续8年被省内部审计协会表彰为全省内部审计先进单位，所属的30多个会员单位被评为全国、全省内部审计先进单位，50余名内部审计人员被评为全国、全省内部审计先进个人。2013年3月，威海市内部审计师协会被中国内部审计协会授予全国基层内部审计协会“推荐学习典型”荣誉称号。

一　加强组织领导，推进内部审计工作有序开展

一是健全组织机构。威海市内部审计工作从1987年开始起步，2001年9月在全省率先成立了第一家市级内部审计师协会。截至2005年10月，全市各县（市、区）均成立了内部审计协会，在全省率先实现了市级内部审计协会指导全市内部审计工作的全覆盖。威海市内部审计工作在一直全省处于领先地位，多次受到了省审计厅领导的肯定和表扬。为强化内部审计管理指导工作，2013年市审计局主要领导积极协调，努力争取，在市直机关机构编制紧张的情况下，经市政府特批成立市审计局内部审计指导中心，结束了多年来市审计局内部审计机构无编制的局面。中心结合诸多行政事业单位内部审计机构不健全、内部审计力量薄弱等状况，将单位规模一般，掌控资金量较

大的32个机关事业单位纳入内部审计管理范围；为进一步提高规模以上企业内部审计工作水平、带动全市经济发展，集中力量重点吸收威海市金猴集团、三角集团、威建集团等大型民营企业为会员单位，将高新技术开发区53家规模较大的外资企业全部吸收为会员单位；协助文登市内部审计协会健全了11个乡镇、3个办事处、3个管委会的内部审计机构。全市形成了机关事业型、村镇审计型、企业互补型会员单位三足鼎立、竞相发展的新格局。

二是狠抓制度建设。近年来，威海市委、市政府非常重视内部审计工作，2010年以市政府名义出台了《关于进一步加强内部审计工作意见》。威海市审计局印发了《威海市内部审计指导工作考核办法》，为全市内部审计工作的长远发展打下良好的制度基础。2013年9月，威海市审计局印发了《关于进一步加强行政事业单位内部审计工作意见》，在促进行政事业单位内部规范管理、切实加强“免疫系统”功能建设，依法履行内部审计监督职责等方面作出了更加明确的规定。

三是成立行业小组。在市直会员单位中，先后成立了行政、金融、事业、国有或国有控股企业、上市公司或民营企业5个行业小组，定期开展内部审计工作交流活动，提高各行业内部审计工作的水平，促进全市内部审计事业的发展。

二　狠抓业务指导，促进内部审计工作转型升级

一是积极协助企业完善制度建设。深入企业进行调查指导，先后协助威海港集团审计部编制了内部审计工作八项流程，协助威海供电公司审计部制定了《审计工作计划管理办法》等3项管理制度；协助三角集团修订了《基建工程跟踪审计管理办法》等10项管理制度。

二是典型引路带动全面发展。威海市内部审计师协会每年召开两次内部审计工作现场会，总结推广了金猴集团、文登市中心医院、乳山电业总公司等单位加强内部审计工作、严格内控管理的经验，总结推广了文登市汪疃镇、高技术产业开发区初村镇开展农村审计、维护社会稳定的经验，总结推广了荣成电业公司运用计算机审计、提高审计工作质量的经验。协会将各单位的典型经验汇编成册，及时下发到会员单位，让大家相互学习、借鉴，达到以点带面、共同提高的目的。其中，威海市教育局发挥行业管理作用，强化内部监督的经验做法，在全省内部审计工作经验交流会议上进行了交流发言，得到山东省内部审计师协会和同行业专业人士的充分肯定和认可。

三是突出审计重点，促进转型发展。以服务发展为落脚点，着眼发展需求开拓内部审计转型发展新局面，坚持把握管理、效益审计重点，积极探索物资采购审计、管理内控审计等增值审计模式。例如，三角集团审计部通过维护现行价格库，每年都进行网上询价，确保采购价格紧跟市场走向，力争采购价格的最小化。威高集团有限公司审计部在物资采购招标审计中，通过审查招标单位资质是否齐全，评标、议价是否合理，合同签订是否合法透明，年审减采购资金 100 多万元。据统计，近年来威海市开展的管理审计和效益审计占审计项目总数的 60%。协会努力克服工程结算审计难点，不断创新村镇审计工作亮点，围绕基层廉政建设和社会稳定工作，建立与镇政府、信访、纪检等部门的协调工作机制，围绕中心工作，积极协调调度，近两年完成村（居）审计项目 200 多个，围绕上访等热点问题，调查各类问题 40 多个，通过审计工作平息上访事件 15 起，有力维护了群众利益，促进了社会稳定。

三　加强宣传交流，进一步扩大内部审计工作影响力

一是利用新闻媒体积极宣传。威海市内部审计师协会通过在局门户网上建立“内部审计”页面，及时向全市内部审计机构发布工作信息 80 多条；通过市电台、电视台、报刊等渠道宣传内部审计工作，刊登发布通讯报道 100 多篇，其中《威海市内部审计师协会工作成效显著》经验材料被《山东内部审计报》刊发，并在山东省内部审计师协会召开的全省内部审计工作会议上进行了典型交流。另有 21 篇通讯报道被《中国内部审计》杂志、《山东内部审计报》刊登。

二是利用报刊通联搭建沟通交流平台。将通联工作列入内部审计工作考核内容，根据内部审计单位的业务需求，将《中国内部审计》杂志、《山东内部审计报》介绍给广大内部审计工作者订阅、学习，指导工作开展。威海市内部审计师协会连续 5 年被山东省内部审计师协会表彰为全省内部审计通联宣传先进单位。通过征集内部审计稿件、及时向报刊推荐，密切了与内部审计单位的联系和服务，为广大内部审计人员搭建了宣传交流的平台。

三是利用工作汇报引起单位主要领导高度重视。《山东省内部审计工作规定》颁布以来，各内部审计机构负责人认真组织学习讨论，并在实际工作中抓好贯彻落实，将《规定》精神向单位主要领导汇报，征得单位领导的关注和支持，提高内部审计在本单位工作中的地位，积极发挥内部审计的“免疫系统”作用。威高集团有限公司董事长陈学利在单位中层以上干部会议上明

确强调，审计处有权对公司的任何部门进行审计，在行使审计职权时，任何人不准以任何理由妨碍和阻挠，维护了审计工作的权威性、独立性和重要性。该公司董事长对审计工作高度重视，公司内一些重大的经济活动和会议都安排审计处参加，遇有大额经费开支或意见不一致时重点听取审计处的意见。2012 年 12 月威高集团有限公司作为威海市民营企业代表参加了全国民营企业交流大会，2013 年 7 月《中国内部审计》对威高集团有限公司董事长陈学利同志进行了专访报道。

四　加强队伍建设，夯实内部审计发展基础

一是加强内部审计人员业务培训。在培训内容上，不仅有会计、审计知识，还包括经营管理知识和计算机技能；在培训方式上，采取多种形式，分层次，分行业，着力增强针对性。近年来共组织举办内部审计现代理论与实务培训班、国际现代内部审计等培训班 20 期，培训人数达 6500 人次，获得岗位资格证人数累计达 1856 人，改善了内部审计队伍知识结构，提高了内部审计人员的整体素质。将审计系统、内部审计机构和社会中介组织“行政事业、企业、投资和计算机”等审计方面的行家里手，纳入“全市审计人才库”管理，吸收部分内部审计人员参加审计机关统一组织的部分审计项目，有效解决审计任务重和审计力量不足的矛盾。

二是依托国际注册内部审计师（CIA）考试平台抓好后续教育。协会将后续教育与 CIA 考试工作紧密结合，通过对重点单位和重点人员进行走访宣传、考前咨询和专题辅导，全市报考 CIA 人数逐年上升。目前全市已有 147 人考取得 CIA 资格证书，为威海市内部审计事业发展储备了大量的高素质人才。

三是抓好理论研讨和优秀项目评选活动。为了提高广大内部审计人员理论水平和专业胜任能力，协会积极开展内部审计理论研讨和优秀论文评选活动，评出优秀论文 72 篇，其中有 38 篇论文分别获得省内部审计协会一、二、三等奖。每年都组织优秀内部审计项目评选活动，对各县（市、区）内部审计师协会和市直及中央驻威单位选送的内部审计项目进行认真评选，其中华能威海电厂的 2 个审计项目被山东省内部审计师协会评为优秀审计项目，文登中心医院的 4 个审计项目被省内部审计师协会通报表扬。开展质量评价活动，督促会员单位采取自我评价为主、自查申报与协会核实确认相结合的方式进行审计质量评价，有效激发了全市内部审计工作者创先争优的工作热情与活力。

威海市内部审计师协会将继往开来，锐意进取，努力拼搏，改进不足，不断取得新成绩，开创全市内部审计工作新局。

（作者单位：威海市审计局）

文登区全力加快培育和发展健康产业

文登区委办公室

健康产业是前景广阔的朝阳产业，涵盖旅游度假、医疗卫生、营养保健、健身休闲等多个领域，产业关联度广，产品链条长，带动能力强，对于优化产业结构，培育新的经济增长点，推动经济社会持续健康发展具有重要意义。文登发展健康产业，有着良好的资源优势和基础条件，目前已将其列为服务业两大重点突破的产业之一，全力加快培育和发展。

一　优势条件

1. 拥有优越的自然环境

发展健康产业，对生态自然环境的要求较高，尤其是自然生态、气候条件、水质、空气等先天环境。文登位于威海的中心区域，北面环山，南部临海，具有独特的温带海洋性气候，四季分明，不湿不燥，空气质量优良，负氧离子含量较高，有益于人体健康。大气、水质、噪声等环境质量指标均达到或优于国家标准，是中国长寿之乡、中国温泉之都、国家园林城市、国家生态市。

2. 拥有独特的资源优势

文登是一个旅游资源城市，休闲养生资源尤其丰富，有“海上仙山之祖”昆嵛山、道教胜地圣经山、天赐福地天福山、李龙故里回龙山，有 5 处高品质温泉和丰富的地热资源，有 156 千米海岸线、万米金色沙滩和万亩滨海松林，“四山五泉一线”资源特色鲜明、优势突出，为发展健康产业奠定了良好的基础。

3. 拥有优质的康疗资源

文登各级各类医疗机构达到 618 所，境内有整骨医院和中心医院两所三甲医院，医疗设施先进，健康查体设备技术处于全国领先水平，辐射服务周边县市。威海市卫生学校、职教中心在校生均保持4000人以上，每年培养大批的护理和技工专业人才，为发展健康产业提供了强有力的医疗人才支撑。

4. 拥有良好的区位条件

文登地处青、烟、威金三角的腹地，与日韩隔海相望，位于环渤海、京津唐及东北亚经济圈的中心位置，区位优势明显；高速公路、济威铁路、城际铁路、开放港口、国际机场等交通设施完备，形成了海陆空立体交通体系。随着威海市域一体化加快推进和文登撤市设区，产业和消费空间进一步拓展，为文登发展健康产业带来了新的机遇。

二　健康产业发展现状

近年来，文登高度重视健康产业发展，成立了健康养生产业推进工作领导小组，加强对健康产业发展的规划、指导和统筹推进。经过多年的培植发展，目前已初步形成了以温泉疗养、道教养生、健身休闲、养生养老、生态餐饮、健康保健产品生产等为主要内容的健康产业体系。

1. 温泉疗养产业快速发展

现有汤泊、天沐、呼雷汤、七里汤、大英汤五处温泉。天沐温泉度假村位于文登区张家产镇，2008年投入使用，总建筑面积11万平方米，集温泉洗浴、特色餐饮、水上娱乐等于一体，针对不同季节的养生需求，开发了菊花汤、枸杞汤等各种中草药汤，与温泉的矿物质和微量元素相结合，起到了更好的养生作用，满足了游客差异化和个性化的需求。汤泊温泉度假村位于文登经济开发区，2009年投入使用，以山地景观温泉为主题，突出东方温泉的自然、休闲和适度动感的文化精髓，主要打造休闲度假、温泉保健、康体养生、商务会务、运动娱乐等多功能于一体的生态型国际温泉休闲度假区。呼雷汤综合开发项目位于文登区高村镇北部，主要规划建设以影视文化为主题的国际温泉旅游度假小镇，包括欧式温泉度假区、影视文化体验区、非物质文化创意孵化区、滨河养老养生区、泛养生文化生态公园区五大功能区。依托温泉资源，每年举办温泉节暨养生论坛，邀请国内外专家学者、旅游商共聚文登，共同领略温泉文化，体验休闲乐趣，推动温泉疗养产业健康快速发展。

2. 道教养生产业逐步兴起

圣经山是道教全真派的发祥地，具有深厚的道教养生文化底蕴，充分发挥圣经山的全真教祖庭优势，整合东华宫、老子天然石像、太上老子道德经摩崖石刻等景点，由山西普大煤业集团公司投资 12 亿元，于 2010 年启动了圣经山旅游风景区开发项目，今年 5 月份投入试营业，吸引游客 5000 多人。

3. 健身休闲产业初具规模

结合近年逐渐兴起的健身、滑雪等休闲运动，引进了山泰滑雪场、天福国际度假山庄等一批健身休闲项目。山泰滑雪场项目，由山泰集团投资 2000 万元建设，可同时容纳游客 1000 人，已于今年 2 月份投入运营，是文登的首家滑雪场。天福国际度假山庄项目，由天福实业总公司投资 3 亿元建设，由上海同济大学规划设计院总体规划，包括休闲旅游度假区、体育运动区、高档别墅住宅区等多个功能区，吸引了国内外大批游客前来旅游度假。同时，依托优越的资源环境优势，连续多年承办了全国群众登山健身大会、全国沙滩排球巡回赛、全国钓鱼邀请赛等国家级体育赛事，文登影响力和美誉度不断提升，品牌效应日益凸显。

4. 保健养生产品极具特色

文登因独特的“半岛”气候和北纬 37°的地理环境，农副产品及海产品种类丰富，结合现有的西洋参、花生、银杏、布蛤等十大国家地理标志产品，在保健养生产品开发上做足文章，先后引进培植了华夏本草、益健医药、颐阳西洋参深加工、海府水产等一批农副产品及海产品精深加工龙头企业，海产品、西洋参、花生等深加工产品驰名中外。颐阳西洋参深加工项目总投资 8000 多万元，建设厂房 1.5 万平方米，与中国科学院生物物理研究所、山东中医药大学合作研发生产西洋参保健品，年内可建成投产。

5. 养生养老产业不断完善

养生产业主要包括养老地产和养老服务两方面。养老地产方面，制定了养老地产发展规划，编印了养老地产地块推介说明书，规划了发展养老地产的专用地块，组建了专门的养老地产项目招商团队，已初步与北京中盟、香港嘉泽等公司达成合作意向。养老服务方面，坚持政府主导与社会举办相结合的原则，鼓励社会力量参与养老服务，并进一步加大了医疗机构与养老机构的合作，建立了预约就诊绿色通道和专业的健康档案，为老年人提供更加便捷、舒适、健康的养老环境。全区现有登记注册养老机构 29 个，其中，公办敬老院 13 个，民办养老机构 16 个，拥有各类养老床位 4400 张，每千名老年人养老床位 32.8 张。颐和源养生中心总投资 1 亿元，设计床位总数 1500 个，于 2012 年 9 月投入使用，是一处集救助管理站、优抚对象光荣院、养生老年公寓、老年养护中心及老年人日间照料中心于一体的综合机构，目前已建成床位300个，入住老年人100多人。

三　存在的问题

一是缺少统一规划。文登健康产业起步较早，但缺乏相应的领导机构统筹管理，在一些健康产业项目的规划、立项、审批过程中，缺乏统一的规划调控，导致项目布局零散，关联度不高，没有形成完整的产业链条，产业特色和竞争力需要进一步提升。

二是缺乏配套支持政策。政府没有出台针对健康产业发展的扶持政策，投资健康产业积极性不高，比如养老地产，在用地方面需按照与普通房地产开发项目同样价格，投入成本较高，且自身回收缓慢，导致盈利困难。

三是健康养生资源开发不完善。文登虽然有大量健康养生资源，但大多以初级开发为主。以康疗养生为例，虽然有两家全国知名的三甲医院，但与国内外知名康疗养生企业合作不足，缺乏具有影响力的企业落户。昆嵛山旅游开发、海产品深加工等方面仍没有取得突破性进展。

四是康疗养生行业管理不规范。目前文登尚未设立专门的民营康复医疗机构，缺乏康复理疗方面的专业人才，从事康复理疗的人员大多也未取得执业医师资格证书。养生、保健等场所缺少规范统一的管理标准，导致消费者对其功能认识存在一定的误区。

五是温泉养生产业监管不到位。温泉资源点状开发，单一产业孤立发展，经营模式雷同，造成了资源浪费与恶性竞争，温泉养生产业链条不完善。

四　发展健康产业的思路重点

下一步，文登将紧紧围绕打造“中国长寿之乡，滨海养生之都”的城市品牌，依托资源秉赋，紧扣市场需求，整合养生资源，发展养老地产，延伸产业链条，推动产业升级，全面加快健康产业发展，努力将其培育成新兴的支柱产业。

一是发展健康旅游产业。温泉疗养旅游方面，继续组织办好“温泉节”，整合城市健康养生资源，捆绑宣传推介，提高城市健康品牌知名度。将养生疗养与康复保健功能有机结合，从温泉的医疗效果和价值延伸入手，抓好5处温泉的差异化开发，大力推进汤泊温泉二期、天沐温泉重组、呼雷汤开发建设、七里汤温泉改造等项目，不断提高温泉开发档次，打造各自的亮点和卖点，满足各类人群的不同需要。道教养生旅游方面。继续加大昆嵛山、圣经山旅游风景区开发建设，进一步深度挖掘道教养生文化内涵，加快旅游景点建设，完善景区配套设施。同时，抓住撤市设区机遇，加强与各级旅游主管部门和重点旅行社联系，争取将景区尽快列入威海和胶东半岛的精品线路。

二是加快建设大型养生养老社区。进一步完善养老地产发展规划，加大包装推介力度。重点抓好锦祥养老、香港嘉泽、北京中盟等项目跟踪调度，力争尽快落地或建成运营。依托专业招商局、产业招商部门和在文登的开发商人脉关系，全面加强定向招商，年内再引进1～2个大型养老地产项目，带动全区养生养老产业及房地产业发展。

三是完善健康产业体系。（1）以餐饮住宿为突破口，提高健康产业服务水平。一方面，围绕健康主题，兴建一批能够增强旅游功能、丰富景区内涵的星级宾馆，提升景区的住宿环境和条件。重点督促华玺大酒店、雷迪生人和国际大酒店尽快投入运营，年内新增2000个酒店床位。另一方面，突出健康主题，鼓励发展一批生态休闲采摘园，做大观光旅游生态农业。（2）依托农副产品资源，加工生产一批保健养生产品。引导农户适度拓展特色“种养殖”规模，年内争取引进1～2家农副产品精深加工企业，培育地方生产养生保健品的龙头企业。（3）大力发展公共服务事业，为健康产业提供技术支撑。借助现有两处三甲医院优势，引进国内知名医院在文登设立分院，或者定期邀请国内知名医院的专家来文登坐诊。同时，依托中心医院、整骨医院成立健康指导咨询中心，充分发挥两家医院的医疗资源和设备优势，引进国内外先进查体设备，成立查体中心、亚健康诊疗指导中心；积极与国内知名卫校、医学院校开展合作，争取设立培养高层次健康医务、护理人员专业机构，培育保健养生专业人才。

五　发展健康产业的保障措施

一是加强规划引导。制定健康产业发展规划，按照集养生旅游、养生度假、养生康疗、养生产品深加工、养老地产等于一体的功能定位，划定专门的经营区域，形成产业聚集发展优势。对健康产业项目进行统一包装，瞄准国内知名的大企业进行攻关。对现有健康项目进行整合，督导项目建设进度，对确实无力经营的，引入退出机制。

二是加强政策扶持。加大政府引导和支持力度，结合上级鼓励健康产业发展税费减免政策规定，研究制定切合文登实际的鼓励扶持政策。设立旅游与健康产业发展专项基金，用于项目招商、产品营销、宣传推介、企业奖励和配套基础设施建设等。对涉及健康产业的行政事业性收费，凡符合政策规定的，能免则免、能减则减，凡收费标准有上下限幅度的，一律按下限额度收取。增加政府导向性投入，充分发挥市场在资源配置中的决定性作用，调动社团组织、中介机构等社会力量的积极性。推动健康养生专业机构通过成立健康养生俱乐部、引进管理团队、开展服务指导等形式，积极引导健康产业向规模化、专业化、连锁化方向发展。

三是加强宣传推介。借助温泉节、樱桃节等节会活动，加大城市品牌宣传推介力度，进一步提升健康产业品牌知名度。充分发挥互联网等新兴媒体优势，开展“健康养生文登行”系列活动，与知名网站合作，搭建对外宣传推介平台。借助国内外高端论坛、主流宣传媒体的影响力和号召力，争创文登健康产业的特色品牌。

（作者单位：威海市审计局）

抓创新提内涵强保障　推进义务教育高位优质均衡发展

姜浩宁

文登区始终把教育摆在优先发展的地位，大力实施“科教兴文”和“人才强区”战略，不断完善保障机制，加强教师队伍建设，优化育人环境，提升教育内涵，推动教育工作均衡协调发展，高考成绩逐年提升、屡创新高，义务教育经验在全省推广，学前教育成为全省先进，职业教育走在全国前列，先后荣获全国“两基”工作先进地区、山东省教育工作示范市、山东省学前教育先进市、全国义务教育发展基本均衡县等40多项省级以上荣誉称号。

一　完善教育保障机制，确保均衡发展落到实处

文登区坚持把发展教育作为打造高质量经济、建设高品位城市的“第一抓手”，着力构建城乡教育经费投入、资源配置、队伍建设、教育质量和考核评估“五统一”机制，实行一元化标准、一体化管理，保障城乡义务教育优质均衡发展。一是构建教育经费保障机制。将基础教育办学经费纳入财政预算，出台了《关于完善农村义务教育管理体制的实施意见》《关于推进义务教育高位优质均衡发展的意见》等规范性文件，加大基础教育投入力度，全面落实各项经费保障政策，实现教育经费财政支出比例逐年增长，促进教育事业健康快速发展。二是构建依法治教管理机制。建立了教育目标考核机制和学校评价机制，每年年初区政府都与各镇办签订《年度教育重点工作目标责任书》《争创教育工作示范镇责任书》和《年度教育执法目标责任书》，将教育工作情况纳入绩效考核，实行刚性管理，确保目标规划落到实处；制定了《中小学办学水平考核意见》，从教育设施设备、学校管理、队伍建设等方面

对中小学办学水平进行全面评估，努力提高教育质量。三是构建城乡学校结对帮扶机制。将区直属中小学确立为中心校，与乡下学校结对为伙伴校，并成立工作委员会，广泛开展蹲点指导、影子培训、送课下乡、同课异构等大教研活动，交流共享教育新理念、新举措。建立伙伴校工作简报制度，及时宣传伙伴校活动亮点，完善伙伴校考核体系，加强过程督导，形成科学性捆绑评价，全面调动工作积极性、主动性，缩小城乡间、学校间的差距。近年来，先后有300多名教师下乡支教，100多名教师参加农村特设岗位工作，城乡间干部双向交流100多人次，城乡伙伴校结对帮扶的做法在山东省县级教师教育基地建设研讨会上进行交流。

二　加强教师队伍建设，促进城乡师资力量均衡

文登区坚持把加强教师队伍建设作为教育发展的根本大计，着力打造德能双馨的高素质教师队伍，夯实教育均衡发展的根基。一是强化教师师德建设，出台了《教育系统开展作风建设年活动实施方案》《教育系统“十不准”师德规定》，将师德纳入教师综合考核，实行“一票否决制”，形成监督约束机制。坚持典型引路，开展以评选表彰优秀班主任、师德标兵等为内容的评选表彰活动，举办以弘扬师德为主题的演讲比赛和征文活动，营造教师爱岗敬业、创先争优的良好氛围，教师师德素养全面提升，被评为“全省部门和行业作风建设先进单位”。二是加快专业成长步伐。依托30个名师工作室，24个教师教育实践基地，44个远程教学站点，深入推进“七名工程”建设，广泛开展校本培训、远程培训、封闭式研修，举办教师读书征文和暑期全员培训、素养大赛等活动，先后组织200多位名师赴北师大、上海等地集中研修培训，着力提高教书育人能力，加快专业成长步伐。近年来，全区共涌现出全国优秀教师、山东省人民教师、齐鲁名校长等省级以上名师、名校长180多人，130多人在省级以上优质课评选中获奖，80多人荣获地级以上教学能手和学科带头人称号。三是优化师资队伍结构。不断健全完善资格准入、合同聘任、职称评聘、考核评比等教师管理制度，推行全区教师统一调配制，加大城乡交流力度，实现教师全域流动，保证每所学校都能得到最需要的人才，每个岗位都有最适合的人选。引入竞争机制，推行干部竞争上岗和教师岗位竞聘制度，构建了干部可上可下、教师能进能出的管理新机制，优化队伍结构，激发工作活力。坚持“凡进必考”，每年公开考选新任教师和进城教师，新上岗教师分配坚持向农村学校倾斜，促进了师资有序流动，推动了城

乡教育均衡发展。

三　统筹教育资源配置，全面优化学校育人环境

始终坚持“高标准、无差异”原则，着力打造优质育人平台，文登区先后实施了“食暖住”、校安、校车惠民等工程，全面提升城乡办学条件。一是实施学校改扩建工程。近年来，先后投资为中小学新建伙房餐厅、水冲式厕所，安装取暖设施、消防楼梯，改造学生宿舍和塑胶操场，改善中小学办学环境。启动实施了中小学校舍安全工程，加固校舍等项目全部按照 7 度抗震设防的安全标准设计施工，努力将每一所学校都建成最安全、最牢固、家长最放心的学校。二是实施校车惠民工程。立足为学生提供安全便捷的校车服务，深入推进校车运营模式改革，依托宏利客运出租有限公司，采取政府补助资金购车、购买服务等方式，打造“政府主导、统一购车、公司化管理”的校车运营管理新模式，推进校车规范运营，提高安全水平。2013 年，全国校车运营管理工作试点地区经验交流现场会在我区召开，经验在全国推广。三是实施教学设施配备工程。先后投资购置各类学科教学仪器，建设双向视频系统、网上阅卷系统、云计算中心、录播教室、数字探究实验室等，为全区中小学和幼儿园安装校园监控系统。目前，全区中小学专任教师实现人手一台微机，校园网接入率、“班班通”安装率、实验课程开设率等均达 100%，全区中小学全部达到威海市规范化学校标准，46% 的学校达到省级规范化学校标准。

四　加强教育内涵建设，持续增强创新发展动力

文登不断深化教育教学改革，深入开展各类课题研究，积极探索素质教育新模式，力促教育教学质量持续提升，着力创建具有地域特色的优质教育品牌。一是加强教育常规管理。加强教职工代表大会、家长委员会、学生会“三会”建设，推动学校管理工作有效落实。定期举办学校文化与特色观摩、学校文化与特色展示周等活动，涌现出一大批办学有特色、人才有特长的特色学校。推进平安校园建设，为所有学校配备足量安保人员和监控设施，完善安全隐患排查机制，强化安全教育和防范演练，严格落实“一岗双责”、全员育人责任制，定期组织公安、药监、建设、消防等部门进行联合检查，为师生创造和谐的工作、学习和生活环境。二是抓实学生德育工作。坚持育人

为本、德育为先，深入实施“铸德工程”，加强传统美德教育、革命历史教育、习惯养成教育和“五感恩”教育。在全省率先成立县级网上家长学校，加强家长委员会建设，构建起学校、家庭、社会“三位一体”德育网络。把经典诵读列入每年的工作要点，筹资50多万元，向全区学生免费发放《中华传统美德警句名言》；聘请国学大师欧阳中石先生担任德育导师，举办“让生命充满爱”“爱满校园”大型感恩励志演讲30多场次，增强了德育教育实效。区教育局成为山东省首批“德耀齐鲁”道德示范基地、山东省家委会建设实验区。三是创新教育教学研究。积极实施“科研兴教”工程，深入推进课堂教学模式改革，义务教育学段的自主学习能力培养课堂教学研究和高中学段的“四步八环节”教学模式被作为典型在全省推广。承担国家级课题4个、省级课题30个、威海市级课题138个，50多项研究成果得到市级以上教育部门肯定和推广。积极构建多元化课程体系，探索京剧进校园工作，深入推进习惯养成教育、体育大课间、实践与创新三大主题实践活动，学生创新精神和实践能力显著提高，先后有200多人次在省级以上各类实践竞赛和科技创新大赛中获奖，80多项科技发明成果获得了国家专利。

（推荐单位：文登区委宣传部）

《阳光路上洒满爱》内容提要

王黎明

《阳光路上洒满爱》这本书记载了古寨小学“阳光教育”特色创建历程。古寨小学“以爱育爱　主动发展　差异闪光”的特色办学理念深入人心，同时形成了完整的特色办学思路。学校各方面工作得到最大程度的整合，形成更立体、更开放的教育体系。学生主体地位得到彰显，教师工作的主动性得以提升，加强家校联系，整合家长、社区资源，老师、学生、家长的幸福指数明显提升。

阳光教育特色解读

理念是学校文化的灵魂，集中体现了学校的核心价值。阳光教育是古寨小学所创立的对少儿生命主体实施的以爱为灵魂的具有阳光般普照、温暖、自律、和谐等特点的特色教育理念。学校于 2004 年成立了阳光中队对单亲孩子进行特殊关爱。这种无私的大爱帮助单亲孩子树立起积极向上的人生观。追寻阳光中队一路走来的历程，是“爱”成就了每个生命。因此，我们以“爱”为核心，确立了争做“三能”教师和“三会”学生的培养目标，并通过阳光教育的“一体两翼”，即“小老师开讲”的课堂教学模式研究和以“感恩”为核心的“爱的教育”的实施路径，培养健康、自信、内外和谐的人。

学生在阳光下成长。

老师在阳光下成长。

挖掘传统优势，创建学校理念文化

文化的形成在于积淀，在于长时间的坚持。因此，对学校历史的尊重就是对文化根基的追寻。

2004 年 5 月，学校成立了由 43 名单亲孩子组成的阳光中队。之所以取名"阳光中队"，是因为我们希望学校的教育能像阳光普照大地、润泽万物，对所有的生命都不择不弃。这种无私的大爱能够帮助单亲孩子克服家庭不幸所带来的心灵阴影，让学生树立积极向上的人生观。我们对单亲孩子的特殊关爱行动及所取得的成绩受到省、市领导的高度评价。追寻阳光中队一路走来的历程，我们愈来愈明晰地发现，阳光教育，本质上源于爱，是爱让每个生命舒展。因此，阳光中队倡导的"教育因爱而高贵，生命因爱而精彩"的教育成为学校"阳光教育"的灵魂。在此基础上，我们确立了"为师生打造阳光般幸福人生"的总体育人目标，我们坚信，爱能让每个生命彰显出最本真、最自信的光辉。

深入解读特色理念，承载师生教育理想

有感于阳光温暖下的万物自由自主、多姿多彩、蓬蓬勃勃的生长状态以及彼此间相互映衬的美，展示出一种高度和谐的生命哲理。取法其中的阳光教育，自然就是一种以爱为底色的主动发展、差异发展、和谐发展的教育，它让主动成为习惯、让差异闪光，让和谐成为共有的气质。

我们希望我校的阳光教育能够"为师生打造阳光般幸福人生"，我们从阳光中汲取智慧和力量，提炼出了阳光教育的三大特性——以爱育爱　主动发展　差异闪光。因为只有像阳光一样关爱学生，才能实现"以爱育爱"，爱是源泉。阳光滋养下的万物，生机勃勃、顽强不息，展示出生命本身的能动性、主动性之美。阳光教育呵护下的每位学生都能"主动发展"。因此，"自主，自动，自治，自律"是我校的主动之魂。同时，阳光哺育着万千生灵，它们千姿百态、不拘一格，气象万千，每个生命都能"差异闪光"。"人人不同，人人精彩；没有差生，只有差异"则成为我们的"差异之魂"！

阳光下的生命顽强不息、勃勃生机，展示了生命的能动性、主动性之美，阳光教育所培养的也应是健康的、自信的、内外和谐的人。我们确立了"三能"教师和"三会"学生的培养目标。"三能"教师"一能"以爱育爱，做个有情的教师；"二能"实施主体性、差异性育人，做个有力量的教师；"三能"追求人生幸福，做个有幸福感的教师；"三会"学生"一会"感知爱给予爱，做个有爱的人；"二会"乐思善辩，做个有思想的人；"三会"自主成长，做个有发展后劲的人。

这一核心理念连接着古寨小学的历史与未来，承载着全校教师对教育理想的追求。如今，深入解读后的特色理念，已沉淀为古寨小学最为清晰的文化烙印，其价值追求和行为取向也成为学校最为宝贵的财富。

为实现“为师生打造阳光般幸福人生”的总体育人目标，我们通过“一体两翼”的特色架构，实现我们的终极目标。“一体”即“为师生打造阳光般幸福人生”的教育理想。“两翼”即“小老师开讲”的课堂教学模式研究和以“感恩”为核心的“爱的教育”。围绕着“一体两翼”的特色构想，我们将“激活主体性，优化差异性”作为我们的特色教风，同时将“让主动成自然，让差异闪光”成为我校的特色学风，“关爱，主动，快乐，和谐”是我校的特色校风，最终，培养健康的、自信的、内外和谐的人。

总体育人目标——为师生打造阳光般幸福人生。

教师培养目标——成为“三能”教师。“一能”以爱育爱，做个有情的教师；“二能”实施主体性、差异性育人，做个有力量的教师；“三能”追求人生幸福，做个有幸福感的教师。

学生培养目标——成为“三会”学生。“一会”感知爱给予爱，做个有爱的人；“二会”乐思善辩，做个有思想的人；“三会”自主成长，做个有发展后劲的人。

教育理想：为师生打造阳光般幸福人生。

教育灵魂：教育因爱而高贵，生命因爱而精彩。

主动之魂：自主，自动，自治，自律。

差异之魂：人人不同，人人精彩；没有差生，只有差异。

教学模式：“小老师开讲”的课堂模式研究

德育模式：以“感恩”为核心的“爱的教育”

特色教风：激活主体性，优化差异性。

特色学风：让主动成自然，让差异闪光。

特色校风：关爱，主动，快乐，和谐。

每日爱的三部曲——播种爱

教育家马卡连柯说：“爱是一种伟大的感情，它总在创造奇迹，创造新的人。”古寨小学的爱也将创造着奇迹，学校从学生的成长需要出发，在2010年春季提出将“感恩”为主线的“爱的教育”延伸到每天、落实到每天。师生将“爱的功课”落实到学习、生活中的点点滴滴。于是就有了晨点、午点、晚点有机融合的“爱的三部曲”。

“爱的三部曲”的三个时段划分如下：早晨是爱的开启、中午是爱的感受、傍晚是爱的分享。爱的三部曲里，每一部都有着爱与感恩的浸润，每一部都无痕进行着习惯做人的教育，一日三唱，唱响“爱的三部曲”。

1. 晨曲——十分钟

一天之计在于晨，古寨小学充分利用早晨十分钟播种爱、开启爱：

环节一：高唱国歌——每天清晨伴随着庄严的国歌声，全校师生肃立高唱国歌迎接国旗的升起，这已经成为古寨小学建校 21 年来不变的爱国情怀。

环节二：齐唱校歌——全校师生共同迎着朝阳，齐唱校歌《阳光下的少年》，迎接一天的开始。

环节三：清晨盘点——每日一小结时间开始了，班级小主持人总结班级习惯养成情况。你瞧，刚入学的一年级小朋友也像个小大人似的站到讲台上：“大家好！今天由我总结一天习惯养成情况，首先说说路队情况。有请各小队路队长。”每周一位主持人准时上场了。“蜻蜓小队都能做到自觉排队，特别是琳琳同学从不东张西望，也不说话。”蜻蜓路队长洋洋站起来总结：“青蛙小队的王涛同学昨晚买零食了，希望他能改正……”

环节四：静思一分钟—— 随着优美钢琴曲的播放，同学、老师已经将爱心准备好，你听：“亲爱的老师、同学们！早晨的阳光是美好的，早晨的记忆是清新的，让我们将爱心准备好，用爱善待自己、关爱他人、热爱集体，迎着朝阳，开始我们一天的美好生活。”此时的同学们聆听着暖暖的话语，轻闭双眼，双手放于胸前，开始了新的一天思考，对自己新的一天提出目标。

环节五：感恩行动——晨曲播放完毕，同学们站立，同桌俩互相握握手，真诚地看着对方：“谢谢你陪我一起学习、游戏，我们是相亲相爱的一家人。”然后同学们面向老师，齐说：“老师，谢谢您，教给我们知识和做人的道理。”老师们也为同学们送上了一句爱的格言。接下来，带着彼此的问候和祝福，老师和同学们携手在爱的晨曲中开启着一天的幸福生活。

2. 午曲——五分钟

午间是同学们享受午餐、玩耍休息的时间，你听：“沐浴午间的阳光，让我们全校师生一起带上爱继续上路，走进午后的快乐时光……”此时的学生们都回到了教室里，由值日班长开始带领大家感受爱。

环节一：午间一支歌——全校学生齐唱一首《感恩的心》，用歌声、用行动来践行爱的行动。

环节二：午间盘点——班级主持人就上午的班级管理如路队秩序、餐厅就餐、间操活动、课间游戏、课前准备等进行盘点。

3. 夕曲——十分钟

晚点音乐开始了，学生们有序回到教室，开始了一天习惯的盘点：学习习惯、行为习惯、礼仪习惯……

环节一：晚间盘点——晚曲音乐开始了，师生们手放胸口进行着爱的盘点："亲爱的老师、同学们，放学的时间到了，现在让我们放松身心，静静回想：今天，我善待自己、关爱他人、热爱集体了吗？我还有哪些不足，明天需要继续努力？"

环节二：晒晒我的爱心行动—— 说说今天自己的爱心行动及爱心发现，每到此时，班级的爱心小天使们准时记录着爱心榜，将所有爱的发现一一记录在班级日志中。

环节三：我的地盘我整理——随着放学的音乐，学生们轻轻整理书包、小抽屉，互相整理书包、衣服，告别老师回到家和父母一起继续感受爱。

（推荐单位：中共威海市环翠区委宣传部）

关于“能人治村”情况的调研思考

王进华

“能人治村”是提高村干部整体素质、加强农村基层党组织执政能力建设、促进农村经济快速发展的有效途径。近日，我们通过到文登区部分镇村走访座谈和查阅有关资料等方式，对“能人治村”情况进行了一些调查思考。

一 能人治村的特点和成效

威海市文登区共有744个村（居），在近几届的村“两委”换届中，很多农村经济能人通过选举被推到村“两委”一把手的岗位上，目前能人治村的比例达到50%以上。总体上看，“能人”村官主要有以下几方面特点。

一是思路宽，致富能力强。“能人”多年在外打拼，见多识广，思想开放程度较高，多数具有自己的产业，生活较为富裕，具有较高的发展意识和致富能力。

二是热情高，奉献精神好。“能人”当选后，面对党员群众的信任，责任意识较强，敬业实干精神比较好，许多村干部采取自己出资、垫资等方式兴办公益事业，为群众造福谋利。

三是闯劲足，敢于碰硬破难。许多“能人”特别是私营业主经过多年的创业磨练和市场竞争，具有了较强的敢打敢拼精神，遇事不怕难，做事有毅力。

四是能办事，群众威信较高。回村任职的“能人”思维比较活跃，社会关系较广，人脉资源丰富，遇事有法子、有点子，能够找准解决问题的关键点，在争取政策资金方面有优势，可以解决许多群众多年期望的难点问题。

实践证明，通过“能人治村”促进了村级经济发展，增加了群众收入，加快了村级公益事业发展，促进了乡风文明，实现了“选好一个人，治好一个村”的目标，许多后进村还成为当地的新农村建设示范村。

二 能人治村存在的问题

尽管“能人”回村任职在整治难点村方面发挥了积极作用，有力地促进了新农村建设，但是在调查中，也发现了一些需要注意的问题。

一是不同程度地存有追高求大、盲目攀比的心理。“能人”当选后，多数都希望在短时间内干出成绩，因此在推进工作、确定目标时，往往定位比较高，容易出现与当前村级承受能力不相适应的问题，以及群众传统思想观念落后与“能人”治村思路做法脱节的问题，对村级平稳健康发展带来一些压力和影响，特别是由于竞选时的一些承诺无法兑现，村内党员群众强烈不满，引发了一些不稳定因素。

二是处理村级日常事务有时精力投入不够、经验不足。部分“能人”村官在治村过程中投入时间不足，特别是任村两委“一把手”的业主型、大户型或机关事业单位下派“能人”，由于没有完全脱产，在自办企业、项目或行政事务上与治村工作存在两头难以兼顾的情况，导致处理村务时间不多、精力不够，出现“当官不理政”的现象。

三是心态不够稳定，发展后劲不足。有的随着工作成绩的显现、群众威信的提高，表现出翘“小尾巴”的现象。个别新任“能人”村官政治觉悟不高，组织观念淡薄，不讲原则不听招呼，不参加镇村党组织重要会议，不执行重大决策，对上级安排的工作合意的积极推进，不合意的有拖拉推诿的现象，有的甚至出现镇上管不了的问题。

四是受政策程序和群众认可度等方面限制，部分“能人”被挡在村干部队伍之外。有的在外“能人”有回村任职意愿，并且经多方考察有一定的施政能力，可以承担治乱治穷重任，但受户籍、在村居住时间、党组织关系制约，不具备回村参选任职条件；有的虽然符合回村任职条件，但由于不熟悉选举程序、自我宣传不够、竞争者拉票等因素影响，未能通过党员群众选举。

三 能人治村的思考建议

一要坚持因村制宜确定人选意向。要在深入调查摸底的基础上，根据各村经济基础、产业特征、班子状况、群众意愿等情况，分别对干部人选进行定位，确定人选培养选拔意向。比如，对区位优势明显、村集体房屋、土地、山峦资源较为丰富的村，着重从在外务工经商、有市场经济头脑的“能人”中物色开拓型人才；对派性复杂、村务管理混乱、村风较差的村，着重从机关企事业单位离岗退休干部中选择农村工作经验丰富、奉献意识强的管理型人才回村参选。要放宽视野，大胆选人，提前解决户籍、居住时间等制约问题，为“能人”回村竞选任职扫除障碍，畅通“能人”回村的渠道。

二要加强教育培训，提高“能人”治村能力。把加强农村法规政策、村级工作规范、群众工作方法、组织协调能力等方面的培训作为基础工作，通过定期开展专题培训、镇包村干部帮带等方式，不断提高其依法办事、民主管理、科学施政的能力。要突出思想政治、民主法治和科学发展观教育，切实提高他们的政治素质、党性观念和大局意识，树立正确的权力观和利益观，不断夯实其回村任职、为民服务的思想基础。要强化他们的长远发展意识，充分发挥“能人”自身发展理念新、掌握资源多等优势，加大在推进农业产业化、上项目、办实体等方面的扶持力度，不断壮大集体经济实力，促进农民致富。

三要加大关爱力度，健全激励机制。要把政治激励作为关心支持他们的重要手段，采取评选“优秀回村‘能人’村官”等各类评先树优活动，激发和增强他们的荣誉感。注重吸收政治素质好、实绩突出的回村“能人”村官参政议政，推荐他们担任党代表、人大代表、政协委员，培养和强化他们的政治责任感。要积极帮助解决他们工作中遇到的难题，对于有自己企业或致富项目的，还要积极帮助解决企业和项目发展中的问题，促使他们把更多的心思和精力用在带领群众致富、推进村级工作上。

四要严格监督管理，规范“能人”治村的行为。严格落实村级事务“四议两公开”民主决策程序，进一步强化对民主决策的监督管理。要强化民主公开，认真落实村级决策、财务等群众关心的事项全面公开制度，充分发挥群众的监督作用，增强村级各项工作的透明度。要加强对“能人”村官的经常性考察，建立群众满意度测评制度，及时了解他们德、能、勤、绩、廉情况，对苗头性问题早发现、早提醒、早纠正，对有问题的及时进行诫勉或处理，确保“能人”回村任职干部健康成长，推进农村经济社会又好又快发展。

（推荐单位：中共威海市文登区委党校）

依法治理的基础工程

——荣成市建设社会信用体系的探索与启示

中共荣成市委办公室

党的十八大明确提出要全面推进依法治国，加快建设社会主义法治国家，推进商务诚信、政务诚信、社会诚信和司法公信建设。自 2012 年以来，荣成市把建设社会信用体系作为推进依法治市的重要抓手，连续开展了诚信建设年、诚信建设创新年、诚信建设提升年活动，取得了良好效果。全市先后评选表彰各类诚信典型 1.3 万多个、“身边好人” 3.5 万多人，金融机构不良贷款率下降了 26%。在威海市社情民意调查中，荣成市的群众满意度始终保持在 96% 以上。2013 年，荣成市被山东省委宣传部授予山东省“四德”工程示范市；2014 年，被评为山东省投资环境最佳县市。在全省蓝区建设考核和县域科学发展年度综合评价考核中，荣成市分列第一、第二位。

一　把信用体系建设作为经济社会发展的重要支撑

荣成市作为经济强县，一直处在山东省县域发展的“第一方阵”。但近些年来，受不良社会风气的影响，辖区内也出现了一些诚信缺失、道德滑坡、信任危机等社会问题。市委在深入调研后认识到，问题的发生有社会个体的原因，但深层次上还是缺乏诚信的制度性约束，失信成本太低。特别是我们国家正处于经济社会转型期，如果没有相应的制度约束，上述社会问题会越来越严重。经过反复讨论，形成了三点共识。

一是抓发展必须抓信用体系建设。诚为官本，信为政基。市委“一班人”通过深入学习中央关于依法治国的决策部署、学习习近平总书记关于依法治国的重要论述，逐步认识到，建设信用体系不仅仅是一项具体工作，而是关系经济社会发展全局的大事。他们联系实际分析现象，得出了一个结论：社会诚信缺失，根本责任在党委政府。荣成曾多年稳坐全省县域经济发展的“第一把交椅”。面对成绩，一些干部包括领导干部听赞扬的话多了，忧患意识淡了，对潜在的问题特别是经济社会发展方面存在的不实、不诚、不为等问题，要么视而不见、要么点到为止，甚至为保“第一”的面子有意为之。这样下去，必然影响经济社会发展的良好环境。市场经济是信用经济。如果党委政府工作不能实事求是，政府和社会缺乏相应的制度约束，经济社会发展就不可能建立良好的秩序。实现荣成的再次“腾飞”，必须从诚信做起，始终牢牢抓住信用体系建设这个重要抓手。

二是信用体系建设是创造竞争新优势的重要举措。市委“一班人”清醒地认识到，荣成尽管属于沿海开放城市，自然环境和经济发展基础比较好，但区位相对偏僻、资源要素紧缺，如果没有诚信环境，就不可能建立更好的经济社会秩序，更不可能在更宽领域、更高层次上进行对外交流合作。同时，荣成又是海洋产业大市，质量安全关系企业发展的生命，如果没有严格的制度约束和品牌信誉作保障，企业就可难以发展壮大。可以说信用体系建设对荣成来讲是一个非选不可的答案。

三是党委、政府必须走在信用体系建设的前列。建立信用体系是一个新生事物，既没有现成经验可借鉴，也不可能“一蹴而就”；信用体系建设是一项系统工程，单单依靠社会自身的力量不可能“水到渠成”，必须由党委、政府强力带动。面对崭新的任务，市委的认识自觉而又坚定：信用体系建设没有捷径，政府责无旁贷；早抓早主动、抓好早受益。在这个问题上，谁见事早谁就能赢得主动。为此，市委把建立信用体系摆上党委重要议事日程，视信用体系建设为经济社会发展的重要支撑，经常研究、全面部署、抓好落实，要求机关部门、乡镇党委政府强化配合意识，服务信用体系建设，自觉整合现有资源，形成工作合力。

二　以政府为主导推进信用体系建设

信用体系建设涉及经济社会发展的方方面面，涉及每一个人的切身利益，必须精心设计、周密部署。为此，市委把发挥政府的主导作用、坚持自上而下推进作为一条重要原则加以遵循，具体实践中做到了“五个坚持”。

（一）坚持科学规划

社会信用体系建设是新生事物，全社会普遍关注。为了稳妥起见，荣成市从 2012 年开始，先后组织召开 14 次专家论证会、专题研讨会规划设计信用体系。在此基础上，市委出台了《关于加快推进社会信用体系建设的实施意见》，将信用体系建设划分为管理制度筹备、信用系统建设、依法规范运行三个阶段，并成立由市长任组长，分管常委任副组长，25 个区镇街道、83 个部门任成员的社会信用体系建设领导小组，下设办公室负责组织实施。工作中，荣成市把制度建设作为重点，采取人大常委会决议的形式，出台了四个规范性文件：一是《荣成市社会法人和自然人征信管理试行办法》，明确规定了一整套规范化的运作程序，使信用管理有法可依、有据可查；二是《守信激励和失信惩戒试行办法》，主要从 78 个方面列举了社会法人和自然人的守信行为和失信行为，从 61 个方面明确了守信激励和失信约束的适用范围，让全社会都明白守信不吃亏、失信有代价；三是《信用信息评价试行规定》，主要采取千分制评价办法，从 170 多个方面，详细规定了每个评价项目的奖扣分标准，使社会法人和自然人明确自身行为规范；四是《关于在社会管理中使用信用产品有关事项的试行规定》，主要从政府采购、社会法人注册登记、个人资格认定、评先选优等九大方面，明确必须使用信用产品，使信用体系建设贯穿社会管理的全过程。

（二）坚持政府带头

建设信用体系，政府是主导；运用信用体系，政府必须起带头作用。一是规范行政权力运行。围绕加快转变政府职能，市委、市政府提出打造“审批事项最少、时限最短、效率最高”政务环境的目标，明确规定审批事项不进大厅的，部门一把手就进驻大厅；权力不下放到镇街的，机关干部就带着权力到基层办公。2013 年以来，部门行政许可权全部进驻服务大厅、集中办理率达到 97.2%，审批事项由 555 项压缩到 106 项、压缩了 80% 多，平均办件时限由 11.2 个工作日缩短到 1.7 个，比法定时间缩短了 91%。2014 年安排 28 个部门、448 名干部，带着权力到镇村便民服务中心轮流坐班，把服务送到群众的家门口。二是完善政府信用应用。凡是市里出台的政策性文件，全部标明适用的诚信等级；凡是财政资金扶持、申报项目、土地出让、工程招标、政府采购等，同等条件下优先考虑诚信度高的企业和个人；凡是党政机关公开招考人员，都要审查个人信用等级。2014 年以来，已出具信用报告 300 多份。三是完善党政诚信制约。出台《关于在全市党员干部和“两代表一委员”管理中强化信用评价结果运用的意见》，将领导班子成员的行为与其信用等级挂钩，好的表彰，差者批评，问题突出的依法依纪处理，以党政诚信引领社会诚信。四是完善干部监督问责。出台了《从严管理干部制度》，组织 8 个巡视督导组，对少数干部不作为、慢作为、乱作为等“庸懒散”现象和违反中央八项规定的行为，不定期进行明察暗访。2013 年以来，先后对 105 名干部行政问责。

（三）坚持信用征集全覆盖

把所有具有完全民事行为能力的社会成员全部纳入征信管理体系，对全市 58.2 万名 18 周岁以上居民、2.1 万家个体工商户、7637 家企业、617 家农村合作社、107 家社会团体、153 家民办非企业单位和 82 家中介机构，全部建立信用信息档案，使每个社会成员都有了自己的信用名片。对自然人，主要征集基本信息、商务信用、社会管理、遵纪守法、荣誉奖励等 30 多项内容；对社会法人，则依法征集生产经营、金融信贷、纳税缴费、涉法涉诉、职工工资保险等 20 多项内容。根据信用记录，划分为 A +、A、B、C、D 五个等级，即诚信模范、诚信、较诚信、诚信警示、不诚信，其中诚信警示级别将被列入诚信黄名单，不诚信级别将被列入诚信黑名单。目前，已征集信息 67 万多条，其中奖励信息 1.2 万多条，失信信息 3 万多条。

（四）坚持信息平台共建共享

信用信息平台是社会信用体系建设的“第一道关口”。就县域而言，公安、金融、工商、质监、人社、税务等重点部门，过去都有自己的信用信息基础数据库，但仅限于行业内部管理，彼此不联通、不共享。为此，荣成市成立了社会信用信息征集管理办公室，在建立以身份证号码为基础的公民信用信息数据库、以组织机构代码为基础的社会法人信用信息数据库“两库”的基础上，整合部门单位信息，建立了以“两网”为载体的信用共享平台。一个是建立“公共征信网”。利用党委、政府电子政务网站，将市级信用管理平台与 142 个部门单位联网，各单位作出的行政处罚决定、评先选优奖励以及其他信用信息，每月定期上报至市级平台，确保信用信息数据及时更新、全面真实。另一个是建立“信用荣成网”。按照“既保护隐私又适度公开”的原则，对外发布信用建设动态，为社会全员提供基本信用信息查询服务，并建立诚信红黑榜，对市里评选表彰的单位和个人以及严重失信行为进行公开公示，目前已上榜单位和个人 1.1 万多个。2014 年在鱼粉行业污染整治工作中，荣成市除了由环保局对 8 家违规生产的企业强制关停之外，还在新闻、报纸上进行曝光，并由畜牧局在发放饲料生产许可证、工商局在换发营业执照等方面予以限制，起到了很好的警示震慑作用。

（五）坚持兑现信用惩戒与奖励

信用体系建设重在落实，而落实的关键在于兑现奖惩。依据《守信激励与失信惩戒实行办法》等制度，该奖励的奖励，该惩罚的惩罚，做到奖罚分明。围绕严重影响经济发展秩序的“老赖”问题，荣成市持续开展了“清理积案执行年”活动，对“老赖”采取罚款、拘留、查封和扣押财产等强制措施，并在全国高院失信执行人信息平台、荣成新闻媒体、被执行人所在单位或村居公告栏公布失信信息，使其在经营、社会活动方面寸步难行。2013 年以来，荣成市法院共清理执行积案 1080 起，标的额 2600 多万元，公布“老赖”信息 208 人。在多重手段的震慑下，29 名当事人主动要求执行，5 名当事人与申请执行人达成和解协议，按时履行了还款义务。围绕解决社会普遍反映的出租车管理不规范的问题，荣成市在出租客运行业全面推行征信管理，对拒载、超标收费、服务态度不佳等车主给予警告、停运等惩戒，对好人好事等车主给予星级挂牌奖励，先后对 80 名车主给予了警告、罚款处分，对 17 辆出租车给予停运 3～5 天的处罚，37% 的出租车获得了最高的四星级标牌，乘客投诉率同比下降了 72%、出租司机好人好事上升了 30%。围绕解决群众创业贷款难的问题，荣成市鼓励金融机构以信用管理为平台，创新诚信贷款产品。农村商业银行推出个人荣誉贷款业务，参考个人信用信息、以往信贷记录、邻里口碑三方面因素，对诚信个人放宽授信额度和还款期限，并给予 30% 的利率优惠，今年上半年发放个人荣誉贷款 1000 多万元。荣成市滕家镇的小企业主滕夕海资金短缺，但他仅用一天时间就拿到了 50 万元贷款，而他的抵押品，是他的“诚信”。目前，已有 71 位拥有诚信荣誉称号的市民申请到个人信誉贷款。

三 几点启示

我们在调查中感受到，荣成市积极作为、不等不靠、以我为主加快建设信用体系的生动实践，符合党的十八大和十八届三中全会精神，符合经济转型、社会发展的实际。他们的做法也给予我们一些有益的启示。

（一）信用体系是依法治理的基础工程，必须强化抓早抓实的意识

建设信用体系、促进依法治理，是党中央、国务院作出的重大战略部署，

也是推动区域经济社会科学发展、和谐发展的迫切要求。纵观世界法治发展历程，坚持依法治国，依法治理是基本方式；推进依法治理，构建信用体系是基础。缺乏信用体系支撑的社会是难以实现依法治理的。各级党委、政府特别是县（市、区）党委、政府要树立强烈的担当意识，主动作为，积极探索建立适合区域实际的社会信用体系。荣成的实践也证明，在建设信用体系的问题上谁见事早、下手早，谁就能赢得主动，谁就能把握引领经济社会发展的主动权。

（二）党委政府既要推进建设信用体系建设，更要以实际行动影响和带动全社会

诚信创造价值，诚信规范秩序。党委政府是社会信用体系建设的“引路人”，各类政务行为主体的诚信水平，对其他社会主体诚信建设发挥着重要的表率和导向作用。必须以党委政府重信守诺为重点，全面推行依法办事和依法行政，规范权力运行的监督制约。要求社会做到的党委政府首先要做到，向社会承诺的事情必须要兑现。进而树立“言必信、行必果”的诚信形象，以党政公信增进干群互信、带动社会守信。

（三）建设信用体系关键在建立有效管用的制度

加强信用体系建设，要坚持教育引导与依法监管相结合。建立信用体系，目的不是为了“好看”，而在于在实践中应用并形成规范有序的秩序，推动经济社会发展。建立管用的制度，就要认真摸索，在实践中不断加以完善，积小胜为大成；建立管用的制度，就要重视程序的合法性，不能图省事、简单化，以程序的严谨确保结果的公正；建立管用的制度，就要敢于碰硬、勇于实践，不怕得罪人。荣成在推进信用体系建设中遇到了不少矛盾，特别是对失信行为的惩戒，阻力是可想而知的。如果遇到阻力就退缩，信用体系建设就可能半途而废。可见，推进信用体系建设是一次深刻的改革，是对党委、政府和每一个领导干部的实际检验。

中韩自贸区机遇下威海创新金融服务研究

尹选芹

金融是现代经济的核心，是区域经济发展的重要推动力，也是区域经济合作的重要纽带。实现中韩在更大范围、更广领域、更高层次上的合作，离不开金融改革创新。基于此，如何抓住机遇，创新金融服务，促进实体经济发展，具有十分重要而深远的意义。

一　创新金融服务是威海建设中韩自贸区的重要任务

金融服务是服务贸易的一种。根据服务贸易总协定的定义，金融服务是指成员国的金融服务提供者向金融人提供的服务，包括所有保险和与保险相关的服务，以及所有银行和其他金融服务（保险除外）。概括起来，就是所有可能的融资、支付、证券发行、金融中介和咨询、资产管理等金融服务形式。

在中韩自贸协定中，服务贸易不仅是一项重要内容，而且首次单独设立了金融服务章节，承诺双方在中国入世和其他协定承诺的基础上作出更进一步的开放。例如，在市场准入方面，承诺两国金融企业进军对方国家或开放资本市场时，双方都应努力提供互惠待遇，金融市场门槛大大降低，进军各方市场更为便利；在透明度方面，承诺双方将依照各自国内法律法规要求，提高金融服务领域的监管透明度，为两国的金融服务提供者进入彼此市场并开展运营提供了政策确定性；在投资者与国家的投资争端解决方面，专门设置事前磋商机制，通过两国金融主管部门就争议展开磋商，有助于以协商的方式解决分歧，等等。这些安排，为密切和深化两国在金融领域的合作打造了良好的政策框架。

与其他行业不同的是，金融具有双重属性，它本身就是一个很大的产业，而且是高端产业，同时又是经济的血液，是实体经济更紧密的成长伙伴，构成现代经济发展的基础设施，为其他部门发展提供要素投入。经济越发展，它的地位越重要，对转型升级的撬动作用越大。尤其在开放的金融市场中，国际资本流动更加顺畅，资金配置更加合理，金融服务的数量和质量更加提高，金融体系的竞争力也会相应提升；但外资金融机构的进入，也促进了金融技术外溢，竞争和效率的要求促使金融机构加快金融服务创新，提高服务质量，降低服务成本。相反，如果金融服务业在激烈的竞争中经营不善甚至倒闭，所带来的影响，绝不仅限于单个企业，也不会只局限于金融服务业本身，而是会通过金融服务与各经济部门之间的紧密联系传染到整个经济。因此，许多国家伴随着金融服务市场开放频频出现金融危机，金融体系和经济运行都遭受毁灭性打击。这也提醒我们：开放的贸易体制下，金融服务如何做大做强，如何更好地支持实体经济发展？不仅关系到威海在自贸区建设中如何大有作为，更关系到金融体系效率的高低及稳定性，关系到众多生产部门和整个经济的繁荣与稳定。正因为这一点，威海在推进自贸区建设的过程中，金融虽然不是改革试验的中心，但立足于支持贸易投资便利化等一系列改革目标的实现，必须有高效的金融服务作支撑，必须强化金融服务实体经济的鲜明导向。

事实上，近年来随着中韩关系不断升温、韩元和人民币直接交易市场的开设，双方资本进一步加大流入。据韩国金融监督院和金融投资行业 5 月 24 日发布的数据，截至 4 月底，外国投资者持有的韩国上市债券规模为 102.7 万亿韩元（约合人民币 5800 亿元），同比增加 1000 亿韩元。与此同时，中国的资本流入量也激增，中国投资者持有债券占比年内有望赶超美国排名第一。目前威海共有韩资企业 803 家，实际到账韩资占全市外资总额的 35%，对韩贸易占全市对外贸易总额的 30% 以上，很多像迪尚集团一样的威海企业纷纷“走出去”到韩国投资，形成了双向投资的互动格局，金融服务领域的创新发展蓄势待发。

二　威海创新金融服务的机遇与挑战

中韩自贸区是打造中国经济“升级版”的重要举措之一，为威海经济社会发展注入新活力、提供新引擎，也为金融机构加快创新转型、服务实体经济、再造竞争优势创造了千载难逢的重大机遇。

1. 准入前国民待遇和负面清单管理，为投融资便利化开辟了新领域

在外资企业已大量进入威海的加工、制造等产业以后，事实上外资的“热情”已有所下降，如何重新点燃其热情，需要拓宽投资领域。按照我国现行法律，外商投资境内企业必须遵守《外商投资企业指导目录》，但在自贸区内，韩资企业享有准入前国民待遇和负面清单管理，这是彰显自贸区开放与透明的最大政策工具。此前中国与发达经济体签订的 4 项自贸区协定中，除最早签订的新西兰之外，都未涉及投资领域，而中韩自贸协议将投资领域与货物和服务贸易领域并列，成为同等重要的另一支柱，为韩资企业尤其是服务业企业“走进来”开辟了绿色通道。因为，在准入前国民待遇下，韩资企业在自贸区内注册，将按照内外资一致原则，在项目准入、设立变更及工商登记环节“一视同仁”；同时，实施负面清单后，逐步减少和取消韩国投资准入限制，在部分设有外商投资产业准入限制的领域实行“一事一议”，允许韩资独资或控股。自贸区内外双向投资的自由流通，双方企业可以获得比《外商投资产业指导目录》更为宽泛的投资准入范围，这无疑会吸引更多的韩资进入，包括境内资本参股境外（内）企业。这一制度设计，不仅为深化金融开放和创新提供了实现路径，也进一步支持了投资贸易便利化等改革目标，拓展了金融服务实体经济的模式和领域。

2. 利率、汇率市场化的基本实现和韩国金融机构的放宽准入，为金融创新带来了新机遇

2000 年以来，尤其是近年来，中国利率和汇率市场化速度明显加快。就利率而言，目前已实现贷款利率市场化，而自贸区内的人民币利率市场化，需要存贷款利率同步市场化，包括：允许金融机构对人民币存款和贷款利率自由定价，区内银行的人民币存款不实行法定存款准备金制度，央行也不必对区内银行提供人民币流动性，区内企业从境内获得的资本金和货款可以入账；就汇率而言，目前实行的是有管理的浮动汇率，虽然浮动的区间在逐步扩大，但不等于汇率市场化，汇率仍然受到浮动区间的事实上的控制，人民币汇率中间价仍受到央行不同程度的干预，而在自贸区内，不但实行人民币汇率市场化，而且基本放开人民币汇率的衍生品交易，同时取消外汇业务和本币业务的地域限制，允许韩国金融机构自加入时起在中国提供外汇业务服务，允许韩国金融机构向中国企业提供本币业务服务，允许韩国金融机构向所有中国客户提供服务。这一政策设计，实现了与国际金融市场的紧密接轨，为人民币资金走出去和回流开辟了广阔渠道，必将推进金融创新，助推人民币国际化，也为未来金融全面开放和市场化积累经验。

3. 离岸金融和资本项目可兑换的先行先试，为增强金融服务功能搭建了新平台

在资本项目没有完全可兑换的情况下，中国境内企业和机构原则上不能从境外借款，即使可以借款，根据现行法律，中国企业（包括外商投资企业）借入的贷款额，不能超过批准的投资总额与注册资本之差；中国金融机构（包括内资和外资）从境外融资，必须以批准的额度为准；境内个人资本流出也受到高度限制，虽然个人可以通过 QDII 投资境外证券市场，但不允许个人境外直接投资（包括投资证券）。而在自贸区内，中国企业可以比较自由地从韩国获得借款，韩国资本也可以投资中国证券市场，个人资本流出也较为便利。比如，威海人民银行表示，将争取划设特定监管区域，设立个人本外币兑换特许机构，在一定限额内允许人民币与韩元自由兑换；争取以资本项目可兑换为重点的外汇管理改革试点和外资股权投资基金结汇试点，探索放开区内居民个人对韩直接投资、区内银行业金融机构对韩同业拆借等部分资本项目；支持建设人民币对韩元抱团定价信息服务中心、中国（山东）韩元现钞交易中心，推动中资银行试点开展外币离岸业务。显然，在中外存在巨大利差、中国有巨大外汇储备和个人外汇储蓄的情况下，这一政策设计可以密切与境外金融机构合作，提高外国资本流入，不仅有利于外汇有效利用，也便利企业和机构获得成本较低的资金，更好满足境内企业“走出去”、境外企业“走进来”的金融服务需求。

4. 双边贸易广度和深度的拓展，为金融服务创新发展注入了新动力

中韩自贸区追求的目标，是以“要素自由流动、自由贸易”为主导的投资贸易便利化，这离不开金融服务创新，因为如果没有金融服务便利化，投资贸易便利化就很难迈开步子、难有实质性进展。因此，金融服务虽然不是中韩自贸区建设内容的中心，却是一个极其重要的方面，必将促进两国金融服务业创新发展。目前，韩国已指定交通银行作为人民币清算行，中国已允许韩国机构投资者买入至多 800 亿元的股票和债券，2014 年 12 月 1 日中韩两国正式启动银行间的韩元对人民币直接交易。据有关研究测算，随着协定签署和人民币对韩元直接交易市场的建立，2015 年中韩人民币结算比重将同比增长 2 ~3 倍。在韩国，自自贸区谈判以来，各大银行研发的与人民币相关的金融产品不断涌现，如 2014 年 10 月底外换银行推出“全球人民币贷款”，向一家海外成套设备企业提供 6 千万元人民币贷款。2014 年 11 月韩亚银行与外换银行共同推出 6 个月和 1 年期人民币定期存款产品，销售限额为 6 亿元，6 个月定期存款利率超过 3%；友利银行推出以离岸人民币利率为基准利率的一

揽子人民币存款产品。从韩国各家商业银行发布的2015年发展计划看，出于对中韩贸易人民币结算比例升高的预期，多家银行将重点吸引人民币资金用于开展进出口企业人民币贷款业务及相关衍生品交易。如新韩银行表示，2015年将为对华出口企业开发更多类型的人民币金融产品。于我而言，为深化与韩国金融同业合作提供了有效渠道，有利于构建一个开放环境下金融服务与产品创新池，促进金融深化。如威海人民银行表示，支持威海复制国家自由贸易试验区的经验，支持合作示范区开展“股权众筹”融资试点，支持合作示范区企业赴韩发行人民币债券并在当地人民银行确定的额度内将资金调回境内使用，支持中资商业银行、韩资银行和非银行金融机构到威海发展，支持设立辐射山东半岛、服务中韩自贸区的民营银行、村镇银行、保险公司、证券公司等地方法人金融机构，支持设立融资租赁公司或专业化子公司，支持在合作示范区内设立以海产品为主要品种、辐射东北亚的大宗商品交易中心，支持建设专门服务中韩跨境电子商务发展的第三方在线支付平台等。

机遇与挑战并存。韩资金融机构的涌入，影响是全方位的，而我们还没有完全准备好。如荣成市目前只有一家外资银行——荣成汇丰村镇银行，可以说进入威海市金融领域的外资还很少，我们的金融业还存在经营观念陈旧、存贷比不合理、金融产品创新不足等问题。表现在：一是从目前融资情况看，企业过度依赖间接融资，直接融资占资本市场比重不高，导致企业负债水平偏高；二是银行仍是融资主渠道，过度贷款造成银行不良资产问题，长远看非银行金融比重提升是大趋势，我们迫切需要发展股权交易市场、私募股权投资基金、大宗商品交易、融资租赁等直接融资机构；三是融资成本居高不下，给本身盈利能力下降的企业带来了过重负担，也带来资金链、担保链风险；四是新常态下经济发展需要引金融“活水”灌溉支持，信息技术衍生出的新的金融生态，储蓄水平和消费能力升级引出的对财富管理、个人信贷、消费金融、互联网金融等方面的多元需求，迫切需要金融机构更新经营理念、优化信贷结构、拓展服务领域和创新金融产品等。所有这些，都需要我们积极鼓励和引导金融机构开展全方位、适应性的服务创新，进一步增强金融服务的集聚力、辐射力和贡献力，避免自贸区成为投机资本冒险的乐园。

三　威海创新金融服务的对策建议

创新自贸区金融服务，不是现有业务体系的简单增加和移植，而是立足我国经济、金融改革开放的国家战略背景，而实施的一场由点及面、由粗至精、由表及里的经营变革，需要跳出思维定势，摆脱路径依赖，因时而变、应需而变。

1. 坚持四条原则，推进服务理念创新

国际经验表明，一些国家爆发金融危机最根本的原因，在于金融开放与实体经济发展不匹配。面对自贸区新政策，防止出现金融脱离实体经济的“非理性繁荣”，必须坚持四条原则：一是“不放空”，就是要以服务实体经济为目标，满足区内实体经济的最大需求，满足投融资贸易便利化的最大需要，将金融资源投放到实体经济最需要、综合效益最优、可持续的领域当中。否则，如果只注重速度、能力、顺序的管理问题，而忽视“金融很容易超脱实体经济”向前“跃进”这一重要特征，就无法避免危机爆发的悲惨命运。二是“不走偏”，就是要以国家金融改革的大方向为引领。自贸区的金融政策不是一次性的全部放开，而是采取先挂牌再逐步规范的策略，按照制度安排有步骤地放开，逐步放大金融机构在自贸区开展业务的自由度，金融服务创新必须符合这个大方向，绝不能“自说自话”，更不能关起门来自己表演，只有这样才能起到先行先试的引领作用。三是“不掉链”，就是要以金融机构和市场组织为主体，利用好自贸区的金融改革措施，把制度安排变成支持实体经济发展的实际需要。金融服务主体，包括商业银行、金融租赁公司、股权投资企业、第三方支付机构等非银行金融机构和类金融机构。只有各类主体都参与到金融创新中来，才能体现自贸区金融开放创新的丰富性和广泛性，也证明自贸区搭建的金融平台可以为金融服务创新提供更多的可能性。如果这个主体缺失了，再好的政策都没用。四是“不松懈”，就是要以金融风险的防范为底线，把风险防范放在重要位置。如果风险防范意识不牢，出现金融风险，那不只是金融改革的制度安排大打折扣，更会影响到整个自贸区建设和威海发展。

2. 抓住 4 个环节，将制度安排做实做细做新

在学懂、吃透自贸协定大框架下的各项制度安排，熟悉合作示范区特殊政策的基础上，结合威海市实际，制定出切实可行的措施并付诸实施。在这一过程中，要紧紧抓住 4 个环节：一是便利化。切实把握好开放的时机、顺序、内容和方向，做到资金进出便利，融资便利，境内外在资产管理、风险管理、资金管理等方面便利，确保金融创新的每一步都在为繁荣实体经济服务。二是协调推进。着眼于细节，坚持风险可控、稳步推进、协调发展，改革内容成熟一项、推动一项，适时有序地组织试点，积累经验，并通过现有金融创新案例的“溢出”效应不断推出新的案例，让金融服务为高端“要素

自由贸易”提供强有力的支撑。三是加强监管。坚持“宽进严管”，把该放的权力放到位，该管的事情坚决管好；实施全过程风险管理，做到方案设计上有充分论证，规则安排上有法律依据，技术上有控制手段，运行上有实时监控措施，异常事件有应对预案。同时还要做好压力测试工作，建立以金融管理部门为主体的金融监管协调机制，在监管目标上，由过去的传统监管目标向新的监管目标聚焦，把金融消费者权益保护作为重要监管目标；在监管方式上，将监管重心从资质审批转到事后监管和日常监管，坚持寓监管于服务；在监管协调上，构建监管部门、银行业协会、银行业机构“三位一体”的监管机制，推进金融、海关等监管制度创新，建设好法制环境、信用体系以及政府管理和服务等金融环境。四是拓展推广。作为先导示范区，威海创新金融服务的意义，不仅仅是在自贸区建设方面，不仅仅是在服务实体经济上，更重要的是可推广和拓展性，金融服务的改革措施需要向外推广和拓展。要通过做大做强服务品牌，率先走出一条转型发展的新路子，探索可复制、可推广的经验。实现这一目标，需要分三个步骤进行：第一步是在较短时间内稳妥推进，总结出一套经验；第二步是逐步渗透，有序扩展，形成联动机制；第三步，将积累的有益经验，在更大的层面、更广的范围推进，这个推进并不是单纯的等，而是要主动走出去，与其他地方相互呼应。

3. 尝试 7 种模式，有效提升服务水平

遵循产业发展规律，围绕实体经济需求，积极探索“差异化、专业化、多元化”的金融服务模式。

一是科技创新金融服务模式。利用自贸区发展平台，一方面可以考虑设立科技创新创业基金，为前来威海创业的市内外高收入群体、成功产业资本和受过良好高等教育的知识人才提供金融支持，甚至可以考虑引进海外成熟的天使基金团队，并启用一部分国家创新资金，经由第三方项目评估的专业机构认证和专业金融部门运作，来支持小微企业创新。这类项目一旦成功，它的收益回报与成熟产业相比，不仅获利时间长、效益高，有很好的发展前景，更符合产业结构调整方向。另一方面，对缺乏人力资源和资金优势的民营企业家来说，可以调整盈利模式，抓住自贸区准入机会，以自己积累的产业资本，与当下最称职和最专业化的海内外“金融团队”合作，再寻找最有创新精神和才干的“青年企业家”，三者结合，让“硅谷金融”等直接金融服务平台为“创新驱动、转型发展”的产业发展模式提供专业化的长期金融支撑。当然，企业要获得这类融资并不容易，需要有过硬的业绩，更需要有成长的时间，我们要为企业在自贸区里生根发芽创造有利条件。

二是投资金融服务模式。资源的稀缺性和人力资本、环境压力，使得过去依靠成本优势保持竞争力的做法越来越难维系；在提高要素市场资源配置效率的同时，鼓励企业“走出去”乃上上之策，但企业“走出去”，必须有国际金融业务能力的银行和券商等金融机构的支持。为此，需要建立起一套完善的服务中资企业“走出去”的金融业务平台和制度体系，既帮助其顺利“走出去”，又推动其在海外公平竞争的环境中由小变大、由大变强。

三是政府金融服务模式。经济转型离不开政府公共服务的贡献，解决百姓后顾之忧、释放内需力量也是政府应承担的责任，养老金的管理更需要发挥资本市场创造财富的作用。未来适应自贸区金融开放业务，通过与韩国金融机构的竞争与合作，“政府金融”将更多地通过专业化和市场化的运作方式和管理效率来推动。比如社会保障资金，可以通过股息和高收益债券回报来分享优质企业创造财富的能力，而不是通过资本市场的交易和变现能力来获取投资回报。从这个意义上说，未来政府金融与企业发展密切相关，只有培养一批强大的企业军团，才能为资产市场提高财富创造能力打下坚实基础。

四是商务金融服务模式。新常态下，经济增长由粗放转向集约，由要素驱动、投资驱动转向创新驱动，必然要求将制造业的生产环节延伸到绿色的服务业和服务贸易环节，为此，支持这种从前端的“产业金融”向后端的“商务金融”延伸和转型，便成为威海率先应该完成的任务，“物流金融”“租赁金融”“仓储金融”“航运金融”等商务金融服务模式将成为新宠。比如，通过开展金融租赁业务，加大船舶、汽车、港航物流等重点产业的融资支持，可以将工业、贸易、金融三个领域紧密结合在一起，引导资本、资产有序流动，同时以融物代替融资，能够保证资金直接进入实体经济，而不会挪作他用。既为企业以较小的投资获得设备使用提供了基础，又为银行和其他资金提供了一条安全的投融资渠道。但是，这种注重“轻型化、差异化、透明化”的商务金融服务模式，与传统的依靠抵押放贷产业金融模式显然不同，如何形成能够给金融机构带来主打收益的盈利格局，如何控制高违约风险，是金融机构面临的最大挑战。于政府监管部门而言，商务金融“真实状态”的识别，运转效率的提高，也是最需要重视的问题。

五是财富金融管理服务模式。随着居民收入水平提高和民生改善，民间积累了大量财富，如何激发创造民间财富涌流，财富金融管理服务模式亟待创新。这从股市就可以得到印证，大量散户投资者对风险的厌恶程度远远超过成熟市场的平均水平，这绝不是中国股民赌博心态浓重，而是中国市场缺乏健康投资的安全资产，于是越来越多的人把手中的闲钱投向了房地产，不但导致大量资金沉淀于房地产市场之中，造成资金使用上的“低效率”，也为房地产市场埋下了隐患。自贸区内金融机构的主要机会是融资、理财和交易，资产管理类公司将大有前途，这也是财富金融管理模式的用武之地。

六是消费金融服务模式。扩大内需，需要创新消费金融服务模式。但消费金融业务的过度扩张，会导致系统性金融风险。国际经验表明，很多擅长做“产业金融”的制造业国家，都是因为消费金融服务模式的扭曲而出现严重的金融危机。比如，20 世纪 80 年代后期日本房地产泡沫危机和 21 世纪初韩国 LG 集团信用卡业务危机。因此，自贸区内消费金融业务的发展，一定要把握好“度”，一方面加强征信管理，为真正有能力消费的群体提供便捷服务，切忌在没有征信和资产证券化能力的前提下，打着“刺激消费”的旗号而无视系统性风险。另一方面，利用好合作示范区“先行先试”的契机，通过开放的市场，引入更多更强的企业和坚持“价值投资”理念的优质的专业化金融团队，打造大众“财富增长”的市场繁荣格局，促进财富增长。

七是全球化金融服务模式。发挥自贸区全球化经营优势，利用人民币对韩元直接交易、中资银行试点开展外币离岸业务等，按照“引进来、走出去、延下去、长出来”的思路，持续推进“引银入威”工程，建立人民币国际使用网络，提供全球贸易和投资所需要的支付便利性。

4. 加强 5 项建设，优化营商环境

目前我们谈论最多的是准入前国民待遇，而准入后的国民待遇如何体现，不仅是一个更为关键的问题，也有很大的试验空间。准入后的国民待遇，将仰仗一个国际化、法治化的营商环境。为此，一要建设服务型政府，打造透明的政务政策环境。加快政府职能转变，一方面积极探索建立与国际高标准投资和贸易规则体系相适应的行政管理体系，推进政府职能由管理型向服务型转变，使政府在产业政策、金融扶持、中小企业支持等方面适应自贸区要求，为企业在技术改造、新产品开发、科技成果转化等提供更多的便利和支持；另一方面，促进政府管理由注重事前审批转为注重事中、事后监管，加强政府与公众的沟通，提高行政运作透明度，促进各类投资主体公平竞争。二要建设多元化投资开发平台，打造国际化市场环境。一方面，变本土观念为国际观念，立足威海市实际和未来发展需要，选择金融、航运、商贸、文化、旅游、电子商务等服务领域，利用两国共享的金融政策，通过威海与仁川建立共同的金融创建平台、技术开发平台和创意衍生平台，在中韩双边检验检疫和海关合作机制下，争取在威海试点与韩国相关部门开展进出口贸易、食品安全及相关领域、电子口岸等方面的互信认证和数据共享，逐步形成与国际接轨的外商投资管理制度，将眼光放到国际竞争之中；另一方面，变本土观念为全球观念，立足提升软、硬件水平，进一步完善城市功能，加快智慧城市、便利交通网络等建设，通过云计算和互联网技术，在威海与仁川进行直接网联互通，提高城市信息化水平，打造真正意义上的中央商务区，为总部经济、会展经济等创造良好环境，；改革境外投资管理方式，通过信息对接、客户对接、渠道对接，整合境内外市场，构建起覆盖全球的资源共享网络，提升协同化经营水平，真正进入全球市场竞争。三要建设专业化团队，打造适应国际金融运作的高素质人才环境。一方面，根据需要积极引进相关专业人才及技术来威就业创业；另一方面，全面加强人才的培养、使用和考核力度，通过实施“专业化团队、专业化产品、专业化考核”制度，提升服务水平。在系统建设上，根据自贸区政策特点，初步形成面向自贸区客户的涵盖“结算、投资、融资、交易”等专属金融产品，全方位满足客户在资金管理、风险管理、跨境投资、融资、贸易结算等方面的多元需求，形成自贸区业务先发优势；在考核设置上，对自贸区实施差异化考核，突出业务创新和市场拓展类指标，鼓励创新金融产品，同时结合监管部门的风险防范要求，强化风险控制，夯实自贸区市场拓展和转型发展基础。四要建设品牌形象，打造优良的服务环境。秉承为客户创造价值的共赢理念，适应国际市场惯例，以便利高效为原则，利用现代信息技术，不断优化业务流程，增强需求响应能力，做到基础服务“最后一公里”“最后一道岗”；全面加强新产品开发，为客户提供高品质、高效率、多样化的服务，全力锻造自贸区服务竞争品牌，提升市场化经营水平和跨境金融服务能力。五要建设法治威海，打造公平正义的法治环境。一方面树立“无罪推定”和依法行政理念，坚持“法无禁止皆可为”；另一方面强化顶层设计和组织推动，通过地方立法，建立与试点要求相适应的合作区管理制度，支持合作区深化改革试点，及时解决试点过程中的制度保障问题。

（作者单位：中共荣成市委党校）

FTA 框架下的威海跨境电商发展对策研究

姚金鑫

2015 年 6 月 1 日，中韩 FTA 自由贸易协定正式签署。这标志着中韩自贸区建设正式完成制度设计，即将进入实施阶段，将对两国经济发展、企业运营、群众生活带来深远影响和深刻变迁。如何利用地区资源，辅以政策支持，大力开展跨境电商示范城市和示范基地的建设工作；如何通过先行先试，解决制约跨境电商发展的瓶颈问题；如何制定跨境贸易电子商务涉及的通关、结汇和退税等方面的管理办法及标准规范，有效促进跨境电商发展；如何通过跨境电商更好更快地发展，把威海打造成中韩自由贸易先试平台、中韩产业融合先行高地、中韩地方合作示范城市、中韩双边合作创新试验田，成为迫切需要研究和解决的问题。

一 我国跨境电商发展的现状及特点

随着经济的全球化，跨境电商风靡世界。目前主要跨境电商企业已经开始了国际化进程，如美国 eBay、亚马逊，中国阿里巴巴、日本乐酷天等在本国站稳脚跟后迅速向海外扩张势力。

面对国际跨境电商的快速发展与挑战，我国政府高度关注并结合国情积极推动。2012 年 5 月，国家发改委下发了《关于组织开展国家商务示范城市电子商务试点专项的通知》，正式推出跨境贸易电子商务试点。同年 12 月，启动了郑州、上海、重庆、杭州和宁波五个首批试点城市。此后，在国家层面，习近平总书记视察郑州跨境电商试点，李克强总理在国务院常务会议中多次提及跨境电商。发改委、海关、商检、央行/外管局等部门认真调研并出台相关政策文件 10 余份。广州、深圳、苏州、青岛、长沙等城市相继获得试点资格，郑州、上海、重庆、杭州和宁波等各级政府积极规划跨境电商园区，试水跨境电商业务。2013 年我国确定了 17 家第三方支付机构获跨境电商外汇结算牌照；2015 年 1 月 29 日，国家外汇管理局公布的《关于开展支付机构跨境外汇支付业务试点的通知》在提高单笔业务限额、规范试点流程、严格风险管控等方面积极促进我国跨境电商的发展。

为推进跨境贸易电子商务服务试点，海关积极探索适合跨境电子商务发展的相关政策和监管措施，提出了一般出口、特殊区域出口、直购进口和网购保税等 4 种新型海关通关监管模式。目前，由海关总署牵头的跨境贸易电子商务服务试点已在郑州、上海、重庆、杭州、宁波、广州、深圳、苏州、青岛、长沙等城市开展，全国统一版本的出口通关系统也在 2014 年 7 月 1 日起投入使用。同时，各省市也分别利用地区资源，辅以相关政策给予支持，大力开展跨境贸易电子商务示范城市和示范基地的建设工作。其中，河南、广东、重庆、上海、北京、浙江等省市的创建工作位于全国前列。

在企业方面，行业巨头阿里巴巴上线天猫国际、全球速卖通，亚马逊开通海淘业务，一号店、苏宁、聚美、敦煌网、兰亭集势、DX、Wish、米兰网、大龙网、全麦等横空出世，跨境电商百花齐放，风起云涌。2013 年，我国跨境电商平台企业超过 5000 家，境内开展跨境电子商务的企业已超过 20 万家。2014 年，我国跨境电商交易额达 4 万亿元，同比增长 30.6%，占进出口总额 14.8%，增速远超同期外贸增速。中国跨境电商交易额占中国外贸总额的比例，从 2013 年的 11.9% 升至 2014 年的 14.8%。预计，2016 年跨境电商总额将超过 6.4 万亿元，在外贸总额的比重将达到 18.5%；到 2017 年，会达到 20% 左右。在贸易全球化的趋势和中国制造的大力驱动下，跨境电子商务交易规模将会急剧增长，在我国进出口贸易中的比重也会越来越大。业内预计，我国跨境电子商务试点进出口额今年仍将保持 30% 左右的增长率，有望在跨境电商时代成为全球化贸易的中心。

我国跨境电商的快速发展具有以下特点。

一是跨境电商贸易以出口为主。2014 年占比 86.7%，这种结构特征意味着跨境出口电商发展快速，而跨境进口电商还处于起步阶段。在区域格局方面，主要以广东、浙江、福建、江苏等电商及外贸较发达的省份引领发展。

二是得到了政府的高度重视及大力支持。李克强总理在今年的《政府工作报告》中多次强调发展电子商务，提出了要鼓励电子商务创新发展、要加快电子商务等新议题谈判等，并单独强调跨境电商的发展，表示要鼓励进口政策，增加国内短缺产品进口，扩大跨境电子商务试点。

三是进口电商目前处于发展初期，投资机会较多。在产业链方面，目前跨境支付和跨境物流都是投资的热点，跨境供应链的服务和整合能力是未来跨境电商的竞争点。随着政策的支持力度以及人民对生活品质要求的提高，消费者对跨境网购的认可，未来中国跨境电商必定跨入高速发展时期。

据估算，目前每年在跨境电子商务平台上注册的新经营主体中，中小企业和个体商户已经占到90%以上。另外，巴西、俄罗斯、印度等新兴市场交易额大幅提升，推动了境内跨境电子商务平台的发展。目前，我国跨境贸易电子商务的进口规模小，出口规模大。进口商品主要包括奶粉等食品和化妆品等奢侈品；出口商品主要包括服装、饰品、小家电、数码产品等日用消费品，每年增速很快。

跨境贸易电子商务的商家和消费者遍布全球，拥有强大的市场潜力，而在中国政府和企业的大力推动下，市场规模逐渐增加，已围绕整个跨境贸易形成了一条从营销到支付、物流和金融服务的清晰、完整的产业链。

二　威海跨境电商发展中的机遇与问题

（一）面临的机遇

2015年2月，中韩自贸全部文本甫一草签完成，协定创新引入地方经济合作条款，明确将威海市和韩国仁川自由经济区作为地方经济合作示范区并写入协定。威海迅速出台《加快推动中韩自贸区地方经济合作第一批实施方案》，明确了争取政策的方向和领域，并围绕贸易、投资、服务、产业合作等领域进行先行先试。

该协定被媒体称为我国迄今为止对外签署的覆盖议题范围最广、涉及国别贸易额最大的自贸协定，对未来中韩经济成长将带来不可估量的效应。报道称，在自贸协定生效后的20年内，两国将取消对方90%以上贸易产品的关税。其中，中国将达到85%，韩国将达到91%。

因此，全方位、深层次推进对韩开放、与韩合作已成为威海各界的一致行动。不论是旅游业先行先试、建设产业园区和韩国商品集散地，还是加强口岸互联互通、推动对韩跨境电子商务发展，威海已站在中韩自贸地方经济合作示范城市的新高度上。探寻多维度、多领域的实施路径，一幅秀美的自贸区地方经济合作的恢弘画卷正在徐徐展开：威海正在着力加强产业园建设，规划建设中韩自贸区地方经济合作开放试验区，布局中韩合作产业园、中韩现代物流产业园、中韩服务贸易与电子商务街区等项目载体。

2015 年 2 月 27 日，青岛海关同意批准威海海关开通中韩海运跨境贸易电子商务一般出口业务，意味着威海已打通中韩间跨境电子商务通路，威海市中韩跨境电子商务正式开启。

3 月 3 日上午，威海首批对韩海运跨境电子商务出口商品在威海海关驻邮局办事处跨境电商监管中心顺利通关，对韩跨境电子商务出口“黄金通道”正式开启，标志着威海市成为继青岛、烟台后省内第 3 个启动出口跨境电商的城市，也是国内首个启动中韩海运跨境电商出口的城市。

在试水跨境电商发展的路上，威海港集团有限公司、威海聚韩进出口有限公司、威海盛世国际物流有限公司、泰祥集团等企业，通过放大威海市对韩开放、与韩合作的渠道优势、平台优势和载体优势，在全市众多涉足跨境电商业务的企业中走在前列。

此外，为在新贸易环境下依托产业优势，更好地服务于外贸业务，营造良好的跨境贸易电子商务环境，市商务局协调易华通、迪尚、威高、家家悦、威海港集团、威东航运等威海龙头企业及部分电商企业，积极筹备“威韩购”跨境电子商务综合服务平台，打造集“电商交易、贸易服务、通关监管”为一体的第三方跨境电商综合服务平台。目前建设方案已基本成熟并完成注册，主要发起企业将于近期磋商达成最终意见。

目前，威海市基础设施建设正加快推进。首先，国家已经启动了威海综合保税区的审核程序，综保区年内有望获批。综保区基础设施建设和招商引资工作正在稳步推进，为开展跨境电商提供坚实保障。韩国商品交易集散中心已初步成型，中韩（威海）合作产业园已完成规划布局，“大口岸”、“大通关”体系逐步确立。威海已与仁川自由经济区先后举行了两轮地方经济合作谈判，签署了加强地方经济合作备忘录，约定在贸易、投资、服务、产业合作等方面加强合作，把两地打造成中韩自由贸易先试平台、中韩产业融合先行高地、中韩地方合作示范城市、中韩双边合作创新试验田。

（二）存在的问题

尽管跨境贸易电子商务具有诸多优势，但我国跨境贸易电子商务的发展正处于探索阶段，存在着一些不和谐的因素，阻碍和制约着跨境贸易电子商务的发展。在已经建立的试点城市中，跨境物流及跨境第三方支付方面尚未跟上跨境电商的步伐。其主要问题具体表现在通关效率、物流与电子支付及退税、人才缺乏、品牌信用等几个方面。

1. 相关政策、标准规范不完善

目前，美国、欧盟、新加坡、韩国、澳大利亚等30多个国家和地区制定了综合性电子商务法律和相关标准、政策，联合国国际贸易法律委员会也陆续建立相关的支撑保障体系。而我国陆续出台的只是针对跨境电商的试点政策，在促进产业发展和市场体系建设方面尚有缺失。加强政策法规及标准研究和开发制定，考验着政府智慧。

跨境电子商务信用体系建设是一项系统工程，相比信用体系建设及管理相对完备的美国及欧盟国家，我国的企业信用管理机制则显得非常滞后，需要与各国政府及相关机构的协调配合，制定行业规范、完善认证体系，以及寻求在法律框架下的信用制度安排。

2. 通关效率及物流效率低

跨境贸易电子商务在交易的过程中不可避免地会涉及海关通关监管与征税。与批量大、周期长、频率低的传统贸易特点相比较，电子商务的供应商与客户是直接“见面”的，这种变化会引发整个跨境贸易电子商务产业链或者环节上的变化，单个客户商与单个客户之间批量很小，且由过去的低频变成高频，频率的变换降低了通关效率，对海关的监管和物流效率提出了新的挑战。

大量的跨境货物是通过快件渠道和邮递渠道进境的，面对跨境货物的邮递与退换等问题，现行的海关监管模式难以解决快速通关与规范结汇等问题。进一步提高通关效率，已成为社会的迫切期待。

另外，物流通常包括仓储、分拣、包装和配送服务，它作为连通买家和卖家的一根纽带，在电子商务交易中占据着重要位置。我国刚起步跨境物流却存在很多的困难与问题。首先，跨境物流成本偏高，跨境物流很多依靠空运，增加了物流成本。其次，跨境物流尚未跟上跨境贸易电子商务的步伐，存在一定的滞后性，且体系建设不合理，基础设施不完善，满足不了跨境电商爆发式增长的交易需求，严重制约其发展。

如香港邮政小包因不堪过多小包业务量而造成大量货物堆积、迟到，遭受到各种投诉。又如速卖通曾经调整货品发往俄罗斯的最长承诺运达时间，由60天上限延长至90天。也就是说，一个俄罗斯客户从速卖通下单，3个月之后收到商品都是可能的。

3. 电子支付问题

跨境电子支付涉及交易双方资金转账安全，是跨境贸易电子商务的核心环节。目前，电子支付也存在着一定的风险。一方面，在信息传输过程中，因系统故障或信息故障而造成支付信息丢失；另一方面，存在一些外部人员非法利用计算机技术盗取支付信息，对交易的一方造成损失的情况。2013 年 3 月，江苏省徐州市铜山区人民法院开庭审理的“浮云木马”盗窃案，让世人对电子支付的风险有了更清晰的认识。艾瑞调研数据显示，2012 ~ 2013 年中国网民在决定是否使用跨境支付方式时受到的最主要影响因素有安全性、费率、支付效率与便捷性以及个人支付习惯。其中，安全性占比最高，为 36.1%。

在跨境贸易电子商务过程中，因人民币暂时不能自由兑换而无法作为结算货币。中国人民银行、国家外汇管理局、国家税务总局相配套的制度尚在完善中，办理相关的跨境贸易电子商务支付业务缺乏系统的管理办法及实施细则。同时，人民币汇率的上升会对劳动密集型出口企业成本产生较大影响。一些跨境贸易电子商务平台目前还不能提供高效的售后服务和纠纷解决方案，缺乏坚实的诚信体系支撑，无法完全体现规模成本减少所带来的现实效益。

第三方支付业务是一项新兴的业务，在国际市场上，PayPal 仍占据着主体地位，从 2012 ~ 2013 年中国网民在境外电商网站使用的第三方支付平台分布来看，境外电商网站用户主要选择 PayPal，占比达 41.3%。中国第三方支付平台国际化的进程仍有提升空间。

4. 退税问题

出口货物退税制度，是一个国家税收制度的重要组成部分，主要是通过退还出口货物的国内已纳税款，使本国产品以不含税成本进入国际市场，与国外产品在同等条件下展开竞争。目前跨境贸易电子商务主要是以快件为主，卖家无法提供报关单，大部分卖家无法享受到退税政策。据了解，2012 年，义乌通过 eBay、亚马逊、敦煌网等国际电子商务平台，以零售（B2C）为主的跨境快递日均出货量达 15 万件。但这些货物都是以航空小包、邮寄、快递等方式出境，没有纳入海关的货物贸易监管体系，回避了报检、退税等问题，无法作为货物贸易结汇。

5. 人才短缺

在跨境电子商务贸易快速发展的过程中，综合型外贸人才缺口严重等问题逐渐暴露，并成发展的“硬伤”。

第一，语种限制。目前做跨境电商的人才主要来自外贸行业，英语专业居多，小语种电商人才缺乏，像阿拉伯国家，蒙古国、印度、巴西、俄罗斯等国家，跨境电商具有很大的发展潜力，也是跨境电商企业关注的重点。

第二，能力限制。从事跨境电商业务的人才是复合型人才，不但要了解国际支付方式、国际物流工具、国际贸易常识和跨文化交流等多方面的知识，而且要熟悉相关法律法规，具备英文网店管理和在线英语交流技巧，还要有从事海外网络营销、优化搜索引擎和分析海外客户的需求等综合能力。目前，我国跨境电子商务人才存量较少，有经验有能力的跨境电子商务人才更是缺乏，随着国内电商群体的迅速成长，对人才的渴求也不断加码，跨境电商人才缺乏已成业内常态。

6. 交易信用问题凸显

电子商务是基于网络虚拟性及开放性的商务模式，参与者信用不确定性已是电子商务发展中的桎梏，跨境电子商务信用问题也难以幸免。国内供应商的假冒伪劣成为制约跨境外贸电子商务发展的顽疾，因侵犯知识产权而被海关扣留的仿牌产品事件时有发生；某知名外贸电子商务网站被曝信用欺诈，更让跨境外贸电子商务信用问题凸显。如 2013 年 10 月，中国十大网上支付平台深圳网商网倒闭，公司欠客户款超千万元，第三方支付的安全性成为中国几十万跨境电商企业和消费者最关心也最急需解决的问题。

三　FTA 框架下的威海跨境电商发展对策

随着中韩和中澳 FTA 自由贸易协定正式签署及国内上海、广东、天津、福建自由贸易试验区的相继批复，我国已有 20 多个对外自由贸易区，涉及 50 多个国家和地区，这将迎来我国跨境电商蓬勃发展的新时代。

必须承认，我国跨境电商发展中存在的各种问题在威海都有不同程度的体现和反映，因此，必须加大对中韩自贸区的宣传，增强商贸洽谈、投资合作的针对性，畅通威海跨境电子商务的“最后一公里”，努力推动中韩 FTA 实现科学发展、健康发展、可持续发展。

（一）争取政策支持；制定政策，支持跨境电商发展

2015 年 6 月，国务院办公厅印发《关于促进跨境电子商务健康快速发展的指导意见》（国办发〔2015〕46 号），就促进跨境电商发展提出了五方面具体支持措施。

国务院频频力推跨境电商，各地也纷纷制定出台相关跨境电商促进政策。6 月 15 日，浙江省杭州市人民政府对外发布《关于 2015 年推进跨境电子商务发展的通知》（征求意见稿）。6 月 24 日，上海国检局按照国家质检总局及上海市有关文件精神，结合自贸区工作实际，发布深化检验检疫监

管模式改革支持上海自贸区发展的 24 条意见，其中有专条支持跨境电子商务发展等等。

跨境电子商务支撑体系建设是一项系统工程，需要与各国政府及相关机构间的协调配合，制定行业规范、完善管理和服务体系，做好在法律框架下的制度安排及争议处理。从 2012 年至今，国务院办公厅、商务部、发改委、海关总署、国家质检总局、国家外管局、国家财政部及国家税务总局共出台了 14 份政策文件，鼓励和规范跨境电商行业发展。然而，这些政策有的未涉及进口，有的没有真正考虑到跨境电商行业的实际困难，需要威海借鉴国内外经验，在实践当中因地制宜，具体细化落实，最终物化并形成国际竞争力。同时，威海还要争取跨境电商试点项目早日落户威海，争取威海综合保税港区早日获批，以最大限度地服务、推动威海市跨境电商快速发展。

在制定政策的过程中，针对跨境电商平台的建设要制定相关的鼓励政策，如杭州市制定政策给予每家跨境电子商务平台不超过 500 万元的扶持总额，对各类跨境电子商务平台针对非英语国家开设子网站或独立页面的给予不超过 20 万元的扶持。鼓励跨境电商平台信息化建设要由单一的信息提供平台转向涵盖海外推广、交易支持、在线物流、在线支付、售后服务、信用体系和纠纷处理等整合服务的综合性交易平台。

（二）大力引进和培养跨境电商人才

跨境电子商务人才是既懂外贸又懂电子商务的交叉型复合人才，要本地培养、在岗培训和外部引进三者结合。要依托本地高校等人文优势，促进开展校企合作，“订单式”定向定制培养各类跨境电商人才；要鼓励高校与社会培训机构调整对电子商务人才的培养，引导高校整合资源，进行模块化教学，搭建校企合作平台，让学生到企业实习和实践，同时为企业输送人才；要加强跨境电商在岗员工知识和专业技能培训，提升综合素质。

如泰祥集团与哈尔滨理工大学荣成学院、威海海洋职业学院等高校联合开展“订单式”电商人才培养，将企业办公地点搬到学校里，取得了明显的效果；2013 年底与 2014 年初，荣成与杭州电子商务研究院联合举办“电子商务师资培训班”，之后，荣成又建成电子商务培训基地，并举办多期电子商务培训班，为荣成发展电子商务发展提供人才支撑。

总之，要利用各种政策优惠吸引高水平的跨境电商人才，加快威海跨境电子商务的发展。充分发挥政府、行业协会、学校和企业跨境电子商务人才培养方面的各自优势，分工合作，着力以市场需求为导向，政府为引导，高校为依托，企业为主体，行业为纽带的跨境电子商务人才培养。

（三）提高通关效率，完善物流体系建设

蓬勃发展的跨境贸易电子商务对海关监管体系提出更高要求，按照世界海关组织公布的《全球贸易安全与便利标准框架》中要求海关应做好实际货物的监管与查验，要在无纸通关的基础上依托电子口岸，以信息化为手段解决制约出口小额 B2B、B2C 业务发展中难以快速通关、规范结汇及退税等瓶颈问题，提高通关效率，降低通关成本。

作为对韩开放的“桥头堡”，威海应该借鉴杭州跨境贸易电子商务服务平台经营，面向一些小额跨境贸易电子商务，把跨境贸易电子商务纳入一般贸易货物管理。进口时，海外订购的货物通过平台集中报关进境，在规定时间内集中申报，从而提高通关效率。利用信息化手段，特别是通过“定期申报”、“集中申报”业务实现园区内海关、国检、国税、外管、电商企业、物流企业之间的流程优化，降低跨境电子商务企业的通关成本，实现了园区内的“现场通关”。应积极争取国家海关的支持，在威海通关方面争取政策的先行先试，不断积累经验，提高通关效率。

（四）对接智慧威海建设，打造智慧跨境电商

威海市是国家和省智慧城市双试点单位，2013 年 2 月起，通过实施智慧威海建设行动计划，现已基本形成以数字化、网络化、智能化为主要特征的智慧威海基本框架。

对接智慧威海建设，发展电子商务服务业，鼓励各类跨境电子商务、大宗商品交易服务平台集聚发展，培育对接产业链的嵌入式电子商务集成创新服务平台，支持围绕中小企业生命周期经营各环节实际需求的创新平台发展，推动应用云计算、大数据、移动互联网等新技术的电子商务服务模式和业态创新，加快形成第三方电子商务服务产业链。围绕传统产业改造提升，鼓励骨干制造行业加速提升供应链业务协同能力，应用电子商务创新制造、服务模式。推动传统商贸服务业加快网络购物、网上商城等应用，积极探索线上线下互动（O2O）、客户到企业（C2B）等新型电子商务服务模式。深化电子商务产业园区和示范基地建设，推动电子商务与物流、快递业协调发展，进一步优化电子支付、信用服务、安全认证等支撑环境，促进电子发票、电子合同应用推广。构建快递业服务安全评估预警监管综合信息平台，创新行业服务方式和监管模式，鼓励规模快递企业创新应用，提升全市快递业信息化

水平和快件末端投递智能化水平。

（五）完善跨境电子支付监管与外汇管理体系

对于电子支付面临风险这一问题，应从制度上加强电子支付服务交易的立法，可以借鉴美国的《电子资金划拨法》和《统一商法典》中关于电子支付中参与各方权利义务及责任分担的内容，结合我国电子支付服务实践，制定相应法律，以规范电子支付服务中参与主体间的权利义务关系，特别是风险分担规则的制定。

第三方支付公司应就某项跨境业务向外汇管理局提出申请，外汇管理局对所提交的申请进行评估，核定年度购付汇额度，银行凭外汇管理局出具的核准件为第三方支付公司办理限额内售付汇业务。对法规未明确规定审核凭证的跨境贸易电子商务售付汇业务，由银行审核等值 10 万美元以下的业务，审核的单据为能证明第三方支付公司真实交易的单据，在把握风险控制的基础上，尽量简化单据的种类，促进贸易便利化。超过 10 万美元以上的由所在地外汇局审核，银行凭外汇管理局的核准件办理售付汇业务。

针对企业信用不足的问题，一方面要加强宣传和引导，提升跨境电商企业的法律意识，学习国际法律法规，避免出现侵权和售假现象；同时鼓励企业提高自身实力，提高产品质量，培养自己的品牌；要建立跨境企业诚信制度和企业诚信“黑名单”系统，将侵权或售假的电商列入黑名单，营造良好的诚信发展环境。

（六）积极建立新型跨境第三方物流企业模式

未来跨境物流的发展方向应该是加强资源整合能力，建立新型跨境第三方物流企业，提高处理仓储、库存、订单、物流配送的效率，提升服务质量，更好地服务于跨境贸易电子商务。目前国内第三方物流还处于发展阶段，面对如今发达的资本市场，在建立新型跨境第三方物流企业的过程中，威海更应该首先加强与外资的合作，在已经比较成熟的物流管理经验的基础上，提高技术水平，创新管理方式，为客户提供更高效快捷的服务。

完善便捷的跨境物流是跨境电子商务迅速发展的关键。威海要完善跨境物流基础设施，引进相关知名企业入驻，提升本地物流企业服务水平，例如，鼓励建设公共海外仓储设施。实施跨境电商公共海外仓储建设企业试点，给予资金扶持。鼓励完善仓储企业配套服务。为跨境电商交易平台提供公共集货仓储服务的企业，按照合同实际使用面积给予租金补助。鼓励各类企业开设中韩物流专线，扩大运能。对于开设中韩专线物流的企业，给予一定的扶持。加快推进电子口岸和物流信息平台的建设，实现不同部门间和地区间的信息共享，为跨境物流企业、电商企业、海关等提供全面的信息，实现物流信息、资金结算和通关商检等多种功能的集成，提高整体运作水平。

（七）以地缘优势拓展交流合作的新空间

积极争取加快威海综合保税区的审核程序，加快基础设施建设，加大招商引资工作力度，科学、有效地推动综保区加快建设。应与国家批复的44个综合保税区加强交流和合作。海运快递成本优势、韩国商品集散优势，一直是威海市企业发展跨境电商业务的传统优势。而中韩自贸区地方经济合作示范区建设将叠加并释放各种政策优势，推动跨境电商业务进入新境地。

（八）借力对韩贸易优势加大进口力度

韩国是威海最大的贸易国，随着中韩自贸区的推进，韩国与威海的贸易合作将开启全新格局——威海对韩贸易合作将提质扩面，步入深度和高度合作阶段。据预测，中韩之间形成自由贸易区后，威海的贸易额可能会增加3到4亿美元。中韩自贸区启动后，对国际价值链的扩张和延伸将带来重要改变，中韩企业国际外部采购流程将更加方便，国际价值链的参与度及利用率将提升，使企业中间材料选择幅度增大。因此，威海各方应抢抓机遇，科学谋划，积极应对，再造威海对韩贸易先发优势。如引导出口企业参照韩国市场要求和农业操作规范制定标准，促进出口农产品生产向规模化、集约化、标准化方向升级；在东部滨海新城规划建设中韩商品交易集散中心，并逐步完善物流配送中心、保税仓储中心、会议展览中心、生活中心、电子商务中心等配套设施。在推动企业提升技术水平的基础和条件下，积极推进地方经济与韩国企业产业间内在联系，提升密切生产链和垂直专业化分工，从而达到促进双方贸易可持续和平衡增长的目的。

（九）全力扶持中小微企业发展

规范出口退税政策会带动相关企业尤其是中小企业外贸出口的发展，税收优惠加之电商本身特性，对降低企业成本，促进外贸转型升级也将起到积极作用。

出口方面，为解决中小微企业不能结汇、退税问题，可以采用“清单核放、定期申报”模式，通过电子订单、电子支付凭证、电子运单与报关清单的自动对比，实现分类通关、快速验放，并定期汇总清单数据形成一般贸易报关单，通过与国税、外汇部门的电子数据联网，为企业办理退税、结汇，扶持中小微电商企业的发展。

进口方面，一是建立阳光跨境直购渠道，打造一批明码标注商品价格、税款及运费的电子商务平台，为国内购买者提供放心、保质的网购环境，做到税费应收尽收，监管快捷便利。二是充分发挥海关保税区域监管优势，允许电商企业将涉及国计民生、国内消费者欢迎的消费品事先批量进入报税区域存放，境内消费者网上购买后再逐批分拨配送，节省国际邮件运输成本，加快购物交付时间。实施适应电子商务出口的税收政策，以解决电子商务出口企业无法办理出口退税问题。积极争取进口保税的试点优惠政策，让坐拥中韩自由贸易天时地利的威海企业，尽享进口保税的政策红利。

（十）切实规避和防范跨境电子商务风险

从国家角度考虑，跨境电子商务的发展需要建立在安全之上，我国需要逐步建立自己的跨境电子商务管理规范，制定跨境电子商务的法律法规，规范跨境电子商务参与者的行为，保障企业的权益。同时，我国也需要与交易伙伴国积极协调建立互相认可的交易规则，并充分参与到国际电子商务规范的制定中去，以维护本国企业的利益。在这些方面，威海必须不断探索、创新，形成一套完善体系，确保跨境电商有序、依法运作，保障区域经济社会安全。

结束语

2014 年跨境电商迎来了规模化发展拐点，在贸易全球化趋势和中国制造 2025 战略的大力驱动下，跨境电商交易规模将会急剧增长，在我国进出口贸易中的比重也会越来越大。

威海地处东北亚经济圈中心，是中国距离韩国最近的城市，对韩交通便利，发展中韩跨境电子商务具有得天独厚的优势，我们必须全力以赴地抢抓这一重大历史机遇，进一步积极营造电子商务发展的良好环境，将威海打造成为对韩电子商务示范城市。

（作者单位：哈尔滨理工大学荣成学院
课题组成员：孙明琦　吴明磊　赵世喜　陈士林　席永进）

运动员跨国流动的梦想与现实

——以亚洲与欧洲足球中的非洲移民球员为中心的考察

战文腾

一　文献简评

运动员跨国流动是伴随着体育全球化而来的实践现象，在世界范围内，运动员流动在持续迅速地发展，今后必将体现更为广泛、深入的运动员跨国流动趋势。国内对该问题的关注，主要源自中国竞技体育优势项目运动员人才外流引发的社会问题，这些精英运动员移民国外，代表外国参加国际大赛，对中国竞技体育优势项目产生威胁。不仅中国竞技体育优势项目面临这样的问题，而且所有单项的高水平运动员均表现出跨国流动的趋势，形成庞大的“海外兵团”现象。国内相关研究主要表现在两个方面，一，从竞技体育“海外兵团”现象，对球员跨国流动现象进行学理层面的阐释，认为运动员跨国流动可以增强国际交流，促进单项运动的世界均衡发展，宣扬球员输出国竞技体育所取得的突出成就等，并对现有的负面认识进行纠偏，唤起人们对中国竞技体育“海外兵团”的关注和理解；对球员输入国而言，运动员跨国流动在促进国家体育经济发展、分流运动员退役就业压力、促进国家体育文化的国际发展等方面具有战略性的价值意义。二，有学者对球员跨国流动现象进行数据描述性分析。有研究对欧洲足球俱乐部球员流动规律进行了初步探讨，相关观点并未得到详细数据的支持，但对基本观点的把握较为准确。也有研究认为球员跨国流动是一个比较复杂的全球体育实践现象，对其产生作用的影响因素比较多。

国外的相关研究对球员跨国流动带来的社会影响进行了学理讨论，结论同样反映出球员跨国流动的西欧中心主义趋势。在针对欧洲足球方面，对球员跨国流动可能产生的经济和高水平职业联赛对世界各国国家队的供应效益影响进行量化分析。国内的相关研究过多集中在博斯曼法案的判例和法理分析上面，研究大都从历史演进的角度对该法案产生的长期政治经济影响进行宏观考察。而国外的研究集中在该法案对职业体育经济的影响及测算方面，其中 Bernd Frick 的研究最接近本研究主题，作者建立了博斯曼法案经济影响的评估模型，对欧洲球员转会与欧洲足球竞争平衡之间的关系进行了初步的实证研究。而对于非洲球员的研究较少，同时作为亚洲国家球员流动案例参考价值的非洲球员研究更少，笔者试图对该研究方向进行深入探讨。

非洲球员以他们在欧洲顶级俱乐部和全世界范围内的无国籍身份而著称。由于他们在球场上威猛无比，这些流出非洲的球员俨然已成了非洲的大使，和艺术家、作家、音乐家一样，常常被人们用来作出比较。他们用实力向世人展示了他们祖籍非洲积极的一面，并不像一般西方媒体的描述那样。球员的体育成功已经“随球一起”移动，这燃起了非洲青年球员的激情，促使他们渴望通过踢球赢得美好前程。足球已经成为“非洲发展的希望颂歌”，大部分非洲体育媒体和一般媒体的体育版面都会报道已经脱离非洲国籍的球星，2009 年 9 月，3 份科特迪瓦体育日报的 335 张头版图片中，球星照片占了 282 张。在欧洲脱离国籍的球员占图片总数的 75.8%，占全部脱离国籍球员人数的 79.4%。实践证明，他们的每次回归祖国都受到了真正英雄般的欢迎。德罗巴似乎是科特迪瓦十足的明星。媒介分析数据中，他的特写照片至少有 45 张，占本地区头版所有图片版面的 31.4%。整体上来看，脱离非洲国籍并穿着他们在欧洲效力球队球衣的照片占涉及体育日报头版图片总版面的 53.9%。媒体对欧洲足球和这些出国踢球的球星的报道促进了靠足球提升社会地位这一梦想神话的形成，整个非洲都对此抱有信念。

事实上，通过踢球获得社会地位和经济上的成功还是很虚幻的。球员走出非洲，进入欧洲大型俱乐部而获得成功的例子很少，而这背后失败的例子却数不胜数，也不只是球员离开非洲，到国外实现自己的雄心壮志这一方面。实际上，非洲球员到欧洲面试，最后成功签约为职业球员的比例很低。从 2005 年起，由前足球运动员尚格·云顿创立的法国非政府组织——文化足球联合会已经帮助超过 1000 名处于不利环境中的非洲球员。

其他洲的足球锦标赛职业水准较高，和其他洲的球员相比，非洲球员相对廉价，获得商业成功的概率较低。本地足球的业余化和优秀球员早早出国发展都会影响外国俱乐部签约球员时支付的转会费。从拉美地区引进球员可能花费超过 2000 万英镑，但从撒哈拉以南非洲地区签约球员很少会超过 100

万英镑，即使是最有潜力的球员。根据俱乐部提供的官方数据，科特迪瓦地区最好的俱乐部在 2002～2009 年之间转移出国的 24 名球员的转会费平均为 336250 英镑。买卖球员投机开始的大环境是俱乐部官员和一系列其他中间机构，俗称中介代理搭建起来的买卖网络，这些代理的目标就是通过他们的转手来提升球员的市场价值。职业足球领域的球员流动可以被定义为：在通过结构调整而变得有利可图经济环境背景下，在不同城市的一系列短暂停留，因此球员流动伴随着资本的交换，而受益的大多是投资公司和俱乐部经理管理的中间机构。

笔者研究了非洲球员在亚洲和欧洲的情况。对于非洲球员在欧洲的情况，研究主要基于 2013 年 10 月的一项球员信息统计研究，研究从 30 个欧洲足联成员国中选取了 456 个顶尖俱乐部。入选条件是从赛季开始参加过至少一场锦标赛，或参加过之前两个赛季中的职业球赛。笔者采用新的研究视角，把足球视为在欧洲和亚洲提高社会地位的方法。亚洲在促进非洲球员的国际流动方面起到了越来越大的作用。

二　非洲球员在亚洲

美洲和大洋洲只存在一定数量的非洲职业球员，相比之下，亚洲却多很多。比如，不同非洲国家和印度之间已经有了球员转移系统。2005 年，来自 6 个非洲国家（南非、喀麦隆、尼日利亚、多哥、贝宁和津巴布韦）的 12 名球员效力印度俱乐部。在许多东南亚国家（中国，日本，越南，泰国，马来西亚等）联赛中也有几十名非洲球员。2007 年 2 月，柬埔寨足联宣布从下个赛季开始禁止外国球员加入。已经签约柬埔寨球队的许多尼日利亚球员不得不另寻出路。一些非洲球员每年还在不同亚洲国家之间穿梭。例如，一些球员参加了孟加拉国冠军赛，赛季只从 7 月持续到 9 月。20 世纪 90 年代开始，喀麦隆球员就已经开始签约印度尼西亚俱乐部。第一名签约印度尼西亚俱乐部的球员约翰·欧巴至今还在印度尼西亚，作为慕天那体育管理公司的一名球员代理员工。2010 年 2 月，根据公司网站上的信息，约翰·欧巴管理 22 名球员的职业生涯，其中一半是喀麦隆球员，大多数活跃在亚洲国家（印度尼西亚、马来西亚、文莱、卡塔尔、新加坡）。

波斯湾附近国家也从非洲引进了许多球员。有时候引进的球员的年龄很小，如卡塔尔的标杆学院。科洛莫尔为巴塞罗那发现了年仅 13 岁的利昂内尔·梅西，在他的领导下，标杆学院设立了非洲足球梦计划。计划包括一个覆盖10个非洲国家（喀麦隆、加纳、科特迪瓦、肯尼亚、马里、卢旺达、塞内加尔、乌干达和坦桑尼亚）的足球人才搜寻网络，同时也在亚洲（越南、泰国）、美洲中部（哥斯达黎加、危地马拉）和南美（巴拉圭）执行。自2007年起，约有715000名13～14岁球员受试，每年会输送一批到卡塔尔进行训练。一些最富潜力的非洲球员一开始就被送到塞内加尔，在标杆学院接受训练。

标杆学院的目的不仅仅是要提高卡塔尔国家队的实力，或地方锦标赛的水准，它还有着经济目的。学院目标的确是培养年轻球员，以便日后输送到欧洲联赛发展。马格利布的情况就是这样，波斯湾已然成了撒哈拉以南非洲球员进军欧洲俱乐部的一块跳板。来自科特迪瓦的卡德尔·凯塔和鲍巴卡·萨诺戈，还有尼日利亚的约翰·乌塔卡，他们的职业轨迹就是很好的例子。卡德尔·凯塔17岁时，在瑞士斯德哥尔摩的一个科特迪瓦球员本地代理组织下，在瑞典短暂停留，之后他回到科特迪瓦效力于位于阿比让的非洲体育俱乐部。一年后，被转到突尼斯，加入了萨赫勒体育明星队，参加了一个赛季的比赛。突尼斯之后，他来到阿拉伯联合酋长国，被分配到艾恩足球俱乐部。一年后，他签约阿尔萨德多哈的卡塔尔队。在卡塔尔三年后，凯塔被里尔足球俱乐部以大约300万欧元签约。两年后，这个法国俱乐部把该球员的所有权以大约1600万英镑卖给奥林匹克里昂队，大赚了一笔。相反，里昂队两年后把该球员以850万英镑转给加拉塔萨雷，损失巨大。

鲍巴卡·萨诺戈的职业轨迹也是从一开始就把科特迪瓦的球员带到了突尼斯。萨诺戈17岁时从一个小俱乐部FC圣佩德罗转入突尼斯的希望俱乐部。他在突尼斯呆了3年，随后加入了阿拉伯联合酋长国的艾恩俱乐部。在波斯湾参加三个赛季的比赛后，他的表现引起了德国俱乐部凯泽斯劳滕的注意，俱乐部花了50万英镑使萨诺戈为其效力。一年后，德国汉堡俱乐部以3800万英镑的高价买下他，卖给云达不来梅体育俱乐部，并在随后赛季中获利70万英镑。最后，萨诺戈在2009年夏的转会市场上，以大约500万英镑的价格转入圣艾蒂安俱乐部。

尼日利亚前锋约翰·乌塔卡也是通过波斯湾进入欧洲的。16岁时，他先是从埃努古流浪者俱乐部转入埃及肯彻特斯俱乐部，之后加入伊斯梅利体育俱乐部。在埃及呆了3年之后，他离开埃及，转入多哈阿尔萨德俱乐部。在卡塔尔待了一年后，以约200万欧元签约朗斯足球俱乐部。两个赛季后，加入雷恩俱乐部时，这个签约金额翻了一番。再两个赛季后，布雷顿俱乐部大赚了一笔，将其以大约1000万英镑的价格转入英国朴茨茅斯俱乐部。

职业生涯中先后效力多个国家的球员例证越来越常见。2009～2010 赛季的前半段中，五大欧洲足联联盟（英国、德国、西班牙、法国和意大利）旗下签约的 151 名非洲球员（7.3%）都曾在一个或多个亚洲国家过渡过（卡塔尔、沙特阿拉伯、阿联酋、泰国、中国、黎巴嫩）。其中在法甲踢球的非洲球员达 102 人，占法甲外籍球员总数的 54.0%。2006～2007 赛季在欧洲 44 个国家的顶级联赛（First Tier Leagues）中踢球的非洲球员达 730 人，其中法甲 133 人、英超 46 人、德甲 29 人、西甲 15 人、意甲 12 人。总的来说，只有 13.9% 的非洲本土球员是直接进入这些国家顶级联盟的成员俱乐部的。其他球员都有过渡阶段，要么先在中间国家踢球作为职业生涯跳板，要么是先加入世界顶级足球联盟所在国的较低层次俱乐部。这些数据显示，非洲球员要先经历一系列不同水平和经济级别的冠军赛才能进入财力雄厚的联盟或职业俱乐部。全球商品链的分析框架在认识足球运动员国际市场中的危险环节中特别有用。从这个角度而言，俱乐部可被视为逐渐提高球员水平的行业，球员是一种特殊的商品，可以买卖其转让权以产生附加价值。一方面，这个投机性很强的球员中介系统使部分球员成为国际球星，例如德罗巴，但另一方面也很明显，它的失败率非常之高。

三　非洲球员在欧洲

欧洲一直是非洲球员的理想归宿，不仅仅是因为能赚更多钱，或许最重要的因素是因为欧洲俱乐部具有的象征性吸引力。2008 年 9 月进行的一项研究表明，欧洲足联成员国的 30 场英超冠军赛中有 531 名球员来自非洲。非洲“随球”移民占外籍球员总人数的 13.5%。在所有非欧洲公民的外籍球员中，只有拉美球员人数更多（为 979 人，占 25.0%），巴西球员有 551 名。外籍球员就是离开其成长的国家，通过和国外俱乐部签约而到其他国家踢球的球员。这一定义是职业足球运动员观测机构完成工作的重点所在。它只允许考虑和足球直接相关的国际流动情况。非洲输出球员最多的国家都位于非洲西部。尼日利亚和喀麦隆两个国家向欧洲输送球员的数量就占了总数的三分之一。如果加上另外三个主要输送国，科特迪瓦、塞内加尔和加纳，这一比例就上升到了 62%。2003 年，这五大球员输出国家输送球员数量占总数的 54%。这表明，虽然全球化趋势日渐明显，球员的转会系统的重点还是在几个国家内进行，这些国家的跨国社会联系已经逐渐发展成熟。

法国俱乐部和比利时俱乐部的非洲球员比例最高。这一结果证明，即使在全球化的大背景下，保持人口流动造成的地理分布中流传下来的联系依然很重要。但是，非洲球员采取的移民通道把他们带到了几乎所有的欧洲国家，只有冰岛没有从非洲引进任何球员。相比 2003 年，非洲球员数量有所增加，尤其是在罗马尼亚（增加 20 名），挪威（增加 16 名），芬兰（增加 14 名）和英国（增加 9 名），但法国有所减少，比利时减少得更多。在比利时，有关人口走私的丑闻迫使政府当局对非欧盟国家球员采取最低薪资政策，所产生的效果就是使俱乐部签约球员的获利减少。瑞士之前也采取过类似的政策。球员跨国流动的局势呈现多样化的发展趋势。和法国、比利时一样，许多北欧和东欧国家的外籍球员中非洲球员所占比例高于联盟球员的平均水平。如果从欧洲足联划分的足球联盟的三个层次这个角度来看，会发现对西欧和拉美球员来说，随着俱乐部层次由高到低，这种比例也会逐渐消失。但对非洲和东欧球员来说，这个比例却会上升。由于来自世界其他地区的球员数量非常少，因此没有对此进行考虑。就东欧球员而言，第三级别的冠军赛多数在欧洲东部举行，这解释了这类联盟中东欧球员溢出的现象。非洲球员这方面的情况表明，相对来说他们在中下水平球队中比较集中。根据职业俱乐部的级别划分情况，大部分是根据经济实力来划分的，相比于来自其他国家的球员，来自非洲的球员融入欧洲足球运动员市场的情况不是很好。这种情况和撒哈拉以南非洲更弱的职业足球发展有关，那里的球员很早就离开了。在 2007 ~2008 赛季中，欧洲 5 大职业足球联盟的非洲球员离开非洲的平均年龄为 18. 8 岁，比南美、西欧和东欧球员早 3 年。从经济角度看，这样的结果就是给俱乐部支付更低的转会费和更低的球员签约费。前卡梅隆球员奥古斯丁・西摩解释说，非洲球员一般会“接受欧洲球员不会接受的条件。我们必须接受某些条件才能踢球。许多代理和俱乐部非常明白怎么利用非洲球员，也能够给他们施加条件。”这一说法和笔者搜集到的文献资料都充分说明，全球经济中的不平等是如何被真实反映到球员转会系统中，并影响非洲球员在跨国流动过程中的经验判断。

四　讨论分析

非洲球员的国际流动路线图是由俱乐部和球员代理建立的网络决定的。这些“转会网络”起到的是移民通道的作用。由于球探和代理工作涉及范围越来越广，球员的跨国职业生涯是足球劳动力市场全球化进程的核心，也是职业联赛功能性整合的核心命题。因此，非洲球员的国际流动揭示了全球化市场中足球联盟担当的不同职责问题。为了发挥球员的职业流动性，俱乐部可以起着跳板的作用，使球员进入更高级别的俱乐部中踢球。但如果新俱乐部相比之前的没有明显优势，那么球员就会进入停滞期，如果新球队或球员的能力还要弱些，那么球员就降级了。职业足球呈金字塔结构，拥有大量手段、渠道可以利用的球队数量相比经济实力稍弱的球队数量要少，这就意味着，使球员进入停滞期或降级的球队比起跳板作用的球队更多。因此，与其说节节攀升的职业生涯轨迹是惯例，不如说是特例。

对球员而言，移民渠道既是机会也是限制。一方面，它提供球员出国踢球所必须的条件。另一方面，它可能会通过施加转会条件和行动条件而减少球员选择的余地，这通常是对球员不利的，只有最成功的球员才能摆脱这一困境。在 2002～2003 赛季中，14 个职业欧洲冠军联赛俱乐部下签约的 338 名 28 岁以下非洲球员中，只有 15% 在 4 个赛季后加入了更高级别的俱乐部。约 27% 在竞技水平相近的俱乐部踢球。而 58% 进入了级别更低的球队。其中一半甚至退出了职业足球市场。同期相比，其他国籍的外籍球员的退出率仅为 13%。然而，实际研究结果表明，职业足球生涯中的不确定性并没有减弱无数非洲青年追逐这一目标的渴望。虽然职业足球只是一小部分精英球员在踢，但职业足球却有着广泛的媒体报道，并逐渐形成了一种非常强大的象征性价值。2010 年南非主办的世界杯就是足球作为非洲青年提高社会地位这一途径神圣化过程（神话与梦想的价值）的一部分。

通过足球获得成功的故事虽然在世界各地不断上演，但在撒哈拉以南非洲地区尤为不幸。在那里，职业足球这种社会职业基本不存在，而双重职业也基本不可能。几个获得职业生涯成功的例子掩盖了许多失败的例子，仅这几个成功案例就能够使年轻人和他的家人相信，全身心投入足球运动是值当的，结果常常是影响了学校的训练和实习。这一现象在输出球员最多的国家尤其普遍，例如尼日利亚、喀麦隆、科特迪瓦、加纳和塞内加尔。当地一些经纪人在这些国家的重要城镇建立了训练营或中介机构，希望通过输送球员出国而赚钱。这些训练机构的建立并不只是迎合了社会需求，还积极强化了社会需求。媒体把获得成功的外籍球员提升到偶像的层面，因此它也参与了将外籍球员的成功神圣化这一过程。对非洲青年球员而言，通过足球进行移民不只是变得富有这么简单。不论是在媒体报道中，还是在国家队的选拔中，外籍球员普遍比本地球员更受青睐。因此，走出国门是获得同龄人真正认可和成为国家英雄的可能性的必要条件。经济标准和社会标准的结合把许多青年推向了职业足球生涯，使他们认为移民是在足球生涯中获得社会地位提升的终极方法，很多时候也是唯一方法。只可惜与足球能够为球员真正提供的上升机会相比，足球承载的巨大梦想是不现实的。

但是，必须避免用民族中心主义的方式来看待这一现象。一名喀麦隆球员，曾在法国非法停留，并通过婚姻获得了国籍。虽然他的足球生涯失败了，但他会认为自己“因为足球”而获得了人生的成功。原因很简单，他来到了欧洲，并能在那里生活。这名非洲球员的话反映了一个事实，不管足球真正带来的获得职业生涯成功可能性和社会流动有多大，非洲男性青年都愿意视其为出国并逃离国内艰苦生活条件的一种途径。达比和索尔伯格也强调了这一点：“加纳足球运动员愿意在各个国家辗转奔波以获得签约，如印度或越南，这一情况说明了‘迫使’他们离开加纳的原因很强烈。很明显，主要原因是为了逃离这个球员获得极少报酬的足球环境和社会环境。”必须要对球员离开的国家所提供的其他足球方案进行客观的分析。然而，对任何年轻人来说，不管来自哪个国家，把足球视为职业融合和获得社会成功的唯一途径是很草率的。尽管在撒哈拉以南的球员输出国中，这种现象已经变得很常见。非洲球员跨国流动的梦想与现实，同样是亚洲球员或中国球员现实环境的真实写照。

［作者单位：山东大学（威海）］

新常态下威海经济发展法治环境调查研究

林吉爽

一 问题的提出

认识新常态，适应新常态，引领新常态，是当前和今后一个时期我国经济发展的大逻辑，更是威海市经济发展的基本遵循。因此，深刻把握经济发展新常态的内涵和规律，突破威海市经济发展瓶颈，全面深化改革，为市场主体创造良好的制度环境，是当前亟待解决的问题。

社会主义市场经济是法治经济，要发挥市场在资源配置中的决定性作用，关键是要营造一个良善的法治环境。为全面了解威海市经济发展的法治环境情况，我们在全市开展了经济发展的法治环境调研，调研对象涉及各区市政府（管委）、政府部门及工作人员，镇街和村居、企业、个体经济组织、居民和村民等。通过实地走访、召开座谈会、发放调查问卷、电话调查和数据统计分析等方式，历时 6 个月，对威海范围内的两区两市及三个国家级开发区的 102 家企业、98 家个体工商户进行走访调研；依托相关行业主管部门组织分行业企业座谈会 8 次，参加座谈企业 90 余家、个体工商户 300 余户。在调研过程中，共发放各类调查问卷 5200 余份，通过社情民意调查拨打电话 3684 个，汇总统计报表 500 余份。

本报告在调研基础上，通过采取主观与客观、定量与定性相结合的方法，在政策制定环境、政务服务环境、投资发展环境、社会服务环境、市场竞争环境和法律服务环境六个方面，对威海市新常态下经济发展的法治环境进行系统研究，以期全面客观地评估威海市经济法治环境，查找存在的问题和不足，提出改进思路，从而使威海市经济发展体制机制更加顺畅，营商环境更加优越，创新创业活力竞相迸发，为建设现代化幸福威海奠定坚实的经济基础。

二　威海市经济发展法治环境现状透视

（一）政策制定环境

一个地区经济政策对该地区的经济布局和发展走向发挥着重要的引领和导向功能，而政策制定科学与否直接关系到该政策能否对区域经济发展起到正向引领作用。因而对区域经济政策制定的民主性和科学化进行综合考察，是评估其整体经济法治环境的重要部分。

1. 政策的民主性有待提升

政策的民主性情况如何，体现在制定过程的公民参与及施行过程的公民了解程度。

威海市第十四次党代会提出了“中心崛起、两轴支撑、环海发展、一体化布局”战略部署，围绕着建设现代化幸福威海这一目标，全市宏观经济规划和产业布局已经全面展开。而调查发现，市场主体对威海市经济政策的制定参与及施行了解认可度普遍不高。有42.8%的被调查者认为威海市政府在制定经济社会发展规划、产业布局方面广泛征求了民意，但同时有多达五分之一的被调查者否认政府在制定经济政策时征求过民意，有23.7%的被调查者表示对威海市经济社会发展规划不了解。这表明威海市在制定经济社会发展规划时的信息覆盖面还不够广，公开范围和公开程度需要进一步加大。

进一步调查发现，不同性质、不同规模、不同类型的市场主体对政策环境的评价差异非常显著。如在“对本地宏观经济社会发展规划是否了解”问题上，国有企业选择“非常了解”的比重远远高于其他性质的企业；大中型企业选择“非常了解”的比重远远高于小微企业；第一产业选择“非常了解”的比重远远高于第二、三产业，甚至有8.9%的第三产业选择了“完全不了解”本地的宏观经济社会发展规划。

分析原因，可能是国有企业和其他大中型企业已经发展到了一定规模，其自身的发展得益于顺应政策环境发展，因而比较关注政府的政策，同时与政府部门接触较多，信息渠道较之其他企业更为畅通。这也从另一个侧面反映政府对于不同性质、不同规模和不同类型的企业，在政策制定的参与和信息传递上还存在一定的差距。

2. 政策的科学化相对较高

调查发现，市场主体对威海市宏观经济发展规划的科学性评价相对积极。

55.0%的被调查者认为威海市宏观经济发展规划符合本地实际，59.5%的被调查者认为威海市的产业布局合理。但是在调研中一些市场主体也提出了威海市产业布局存在的一些问题，比如：房地产严重过剩、小商品批发市场类的商场开办较多、旅游业与传统渔业争夺发展空间、造船业过分密集等。这些都需要政府在制定规划时找准定位，充分发挥调节功能。

（二）政务服务环境

政务服务环境是经济发展的高潜质资源，哪个地方政府创新及政务环境优化，各种资金、技术、人才等资源就向哪里流动，哪里的经济发展速度就快。考察政务服务环境的核心要素是依法履职和优化服务。

1. 履职情况较好，但具体评价发生分化

在政府履职方式上，77.4%的被调查者认为政府部门与其所在企业最常见的打交道的方式是“检查”，其后依次是：审批（73.6%）、征收（53.0%）、收费（41.3%）、拨款（11.1%）、处罚（9.7%）、强制（1.6%）。表明政府与企业打交道更多地集中在检查、审批、征收和收费上。在调研中，有不少企业反映政府过于频繁地检查给企业增加了额外的负担，有些企业甚至是疲于应付；审批所占比例较高，表明行政审批制度改革依然任重道远。

在市场主体法律意识普遍提高的情况下，接近70%的调查对象对政府履职情况予以肯定，表明政府部门的履职行为比较规范，权力寻租现象基本得到遏制。

进一步调查发现，国有企业、集体企业和外资企业对依法履职的认可度明显高于私营企业和股份合作制企业；小微企业对政府部门依法履职的认可度明显低于大中型企业。相对于私营企业、股份合作制企业以及小微企业而言，国有和集体企业，一般都是大中型企业，一方面其企业性质的公有性特征，使其与政府有着千丝万缕的联系，另一方面由于规模较大，内部运作体系也较为成型和完善，经济实力比较强，比较受政府的重视；而外资企业多是政府招商引资过来的，政策都比较透明，因此，它们对政府依法履职的评价也比较高。

从产业类型分析，第三产业对政府部门依法履职的认可度明显低于第一和第二产业。第三产业中新兴行业比较多，政府部门在履职过程中遇到的新情况、新问题也比较多，因而产生的意见和冲突也比较多，这导致第三产业对于政府有关部门依法履职的评价低于第一、第二产业，存在着服务意识不到位、服务方式不科学、服务效果不明显，甚至是不依法履职的问题。

2. 服务效能较高，但存在改进空间

调查结果显示，80%的市场主体对威海市政府的服务态度和服务效率比较满意，不满意率仅为1.1%。但在具体服务上还有需要改进的地方，如在调查“您认为企业注册申领营业执照手续办理方面还存在哪些问题”时，手续繁杂和时间长是最突出的问题。选择“手续繁杂”的占比最高，为58.6%；选择“时间长”排第二，占比为34.2%。这说明我们的行政审批制度改革还需要进一步深化。

（三）投资发展环境

资金是企业发展的命脉，是市场主体得以存在、运行和发展壮大的基础。尤其是在新常态下，经济转型和经济下行压力加大，一个地区的投资发展环境如何，不仅决定着企业的生死存亡，而且成为传统产业能否顺利转型、新兴产业能否成功孕育和成长的关键。对于威海市的投资发展环境，我们主要从融资环境和税负环境两个维度来考察。

1. 融资环境正在改善，但有待继续优化

调查结果显示，市场主体对威海市融资环境评价相对积极，大约60%的企业表示满意。这得益于近年来政府对企业的财政、金融政策扶持力度的加大，财税金融政策支持的覆盖面达到了67.8%。但是覆盖主体极为不均衡。有超过60%的小微企业表示自己享受不到财税金融政策的支持。原因有三：一是由于小微企业获取政府扶持政策的渠道比较少；二是一些政策门槛高，小微企业很难达到规定的申请条件；三是一些政策办理公开程度不够，出现了应该得到扶持的却未得到的情况，甚至还存在着个别骗取扶持资金现象等等。

贷款情况是反映融资环境的重要指标。威海市的银行贷款环境并不宽松，仍有30%的企业认为存在贷款困难。而且不同性质、不同规模、不同类型的企业对这一问题感受趋同。调研发现，贷款困难主要受以下四个因素的影响：一是银行风险管理约束强化；二是企业抵押品不足，担保难落实；三是企业债务重，信用度较低；四是企业素质不高，生存能力不强。由此可见，贷款难是多方面因素综合作用的结果，既与金融政策约束有关，又与企业自身状况有关。近些年银行加强了风险管理，这从大环境上增加了企业贷款的难度，但从另一个角度讲，金融环境跟市场环境关系唇齿相依，贷款难的出现还是源于市场的不稳定。

2. 税负评价分化明显，有待分类调整扶持

税收是政府调控经济的重要杠杆之一，合理的税负是促进企业健康发展和

社会经济健康运行的润滑剂。调查显示，有 44.2% 的市场主体认为税负比较合理，有 33.9% 的企业感觉税负过重。从企业性质看，国有企业认为税负合理的比率最高，达到 60.5%；从企业规模来看，大中型企业认可税负合理的比率明显高于小微企业，达到 57.1%，而小微企业仅为 36.6%。由此可见，要想激发经济活力，促进小微企业的发展，需要继续加大对其税收扶持政策的力度。

（四）社会服务环境

社会服务环境是企业正常生产运营所需要的最基本的前提和条件，良好的社会服务环境能够节省生产成本、提高生产效率。对于社会服务环境，我们主要从基础设施服务、中介服务、就业服务、环保执法来考察。

1. 基础设施服务较满意，但效率有待提高

基础设施服务主要包括供水、供热、供电、供气、广电网络等。威海市市场主体对基础设施服务满意度较高。调查结果显示，满意率达到 76.5%，不满意的仅占 4.8%。同时发现，市场主体对公共基础服务反映最强烈的问题是办事流程复杂和服务态度差。这两个问题的反映比率占到 45% 左右。目前公共服务企业还处于一定程度的垄断地位，引入市场机制，进行充分的竞争，已经势在必行。

2. 中介服务市场欠发达，中介服务意识需强化

中介服务市场的出现意味着社会分工的细化，是市场经济高度发展的表现。依托专业化的中介服务，可以节省企业项目运营的时间和成本。但是从总体来看，威海市为企业办理手续服务的中介市场还不够发达。仅有 12.5% 的市场主体表示在经营及办理手续中与中介“经常打交道”。从企业类型上，经常与中介结构打交道的主要集中在国有、集体和三资企业，而超过一半的私营企业和股份合作制企业表示基本不与中介机构打交道；从企业规模看，36.4% 的大型企业经常靠中介机构去办理经营手续，明显高于其他规模的企业，高达 52.5% 的微型企业基本不与中介机构打交道。

3. 就业服务环境逐步优化，但就业压力依然较大

市场主体对威海市就业服务评价积极，有 88.5% 的被调查者对市政府在人力劳动力市场管理方面的政策措施表示满意。这也得益于市政府不断加强就业服务体系的建设。但是，由于经济下行压力加大，威海市劳动力就业形势不容乐观。有三分之一的调查对象认为本地劳动力找工作存在困难，有 60% 的调查对象把就业岗位有限作为影响就业的首要原因。由此可见，增加就业岗位是解决当前就业难的最迫切的任务。政府应该下大力气激发经济活

力，鼓励自主创业，促进小微企业的发展，创造更多的就业机会。

4. 环保执法效果较好，但制约因素不容忽视

调研发现，接近70%的被调查者对威海市的环保执法情况感到满意。这与政府近年来对企业环保工作监督力度的加大不无关系。但是环保执法存在的一些问题也不容忽视，比如：有的环保法规比较滞后，导致执法缺乏依据；有的环保标准不够明确，缺乏可操作性；执行过程中缺乏强制手段；执法过程中权责不明确，存在交叉执法现象；有的环保执法与民生相矛盾等。

（五）市场竞争秩序

公平有序的市场竞争秩序是平等保护各类市场主体合法权益、激发市场主体活力、促进经济社会健康发展的前提。对于市场竞争秩序，我们分别从政府采购、工程招投标、打击制售假冒伪劣商品等三个方面进行综合考察。

1. 政府采购、工程招投标日趋规范，但公开力度需要加大

近年来，威海市在政府采购、工程招投标等方面不断健全制度设计，注重完善相关程序，使政府采购、工程招投标等工作日趋规范。但同时工作的公开性和透明度有待进一步加大，调查发现，有接近65%的被调查者表示对政府相关部门在政府采购和工程招投标方面的相关信息不了解，甚至无从知晓。

2. 政府市场执法效果明显

特别是在知识产权保护和打击制售假冒伪劣商品方面，市场主体对政府所发挥的作用基本认可。有大约60%的受访者对政府市场执法效果表示满意，不满意的仅占3.2%。说明威海市政府的市场监管职能发挥积极，市场主体满意度较高。

（六）法律服务环境

法律服务环境有广义和狭义之分，这里主要是从狭义的规则制定和执行以及纠纷解决角度来考察威海市经济发展的法律服务环境。

1. 规则制度基本完备，但执行力度有待加大

目前威海市各级执法部门负责实施的涉及行政法律共225件，国务院行政法规及相关方面的决定301件，省人大地方性法规106件，国务院部委规章681件，省政府规章及决定96件，省级以上规范性文件2540件。为配合法律法规规章和上级规范性文件的实施，市级政府制定了大量配套规范性文件，其中现行有效的492件。各区市政府（管委）和政府部门根据实际需要制定了数量不等的配套规范性文件。但少数领域存在调研立项滞后、配套不及时

等问题，部分部门存在重制定轻执行问题，还有些部门对规范性文件后评估制度执行不认真，不能及时发现和调整文件存在的问题。

2. 纠纷解决途径单一，司法途径亟需畅通

调查显示，当市场主体的合法权益受到侵犯时，有54.8%的被调查者选择找党委、政府解决，而寻求司法解决的仅有27.7%。超过一半以上的企业会找党委、政府，一方面暴露出威海市市场主体法律意识不强，“有困难找政府”的传统观念一时难以改变，同时也表明司法解决途径不畅通。在调研中发现，很多企业反映到法院打官司往往程序复杂，手续烦琐，时间跨度大，而且结案率不高，这也是导致市场主体在权益受到侵犯时喜欢找党委、政府的一个重要因素。

三　加强威海市经济发展法治环境建设的几点建议

（一）围绕民主和科学化建设，打造科学透明的政策制定环境

1. 建议各级政府建立产、官、学一体化的政策制定方式，实现政策制定的民主化。

要特别重视市场主体，尤其是行业协会、各类型企业在政策制定过程中的作用。在政策制定征集意见环节，通过座谈会、问卷调查、电话调查等方式询问相关市场主体的意见建议，特别是易受到忽视的小微企业和第三产业企业，努力实现不同市场主体在决策制定中的机会公平、权利公平，使政策制定更加民主。

2. 针对部分市场主体，特别是民营企业、小微企业不了解威海市经济发展规划、产业发展政策、各类扶持优惠政策等问题，建议市政府牵头，整合工商、税务部门企业信息数据库，建立统一的经济发展信息公开平台。

平台安排专人进行管理，将威海市不同规模、不同类型、不同行业的市场主体分类注册管理，通过链接国家、省、市经济发展规划政策相关网站，运用网站发布、分类定期推送、手机短信等形式将各类政策统一或分别告知相关服务对象，实现信息公开广覆盖和常态化。

3. 做好产业规划。

要坚持十四次党代会提出的产业强市举措，一方面改造传统产业，如造船业，消化过剩产能，提高产品附加值和市场竞争力；另一方面抓住蓝色经济区建设的战略机遇，充分利用优势资源，积极培植蓝色产业等新兴产业，

谋划推进一批符合国家政策、拉动作用强、综合效益好的重大产业项目，逐步推进产业结构优化升级，使之符合新常态下威海市的经济发展要求。

（二）围绕行政审批改革，打造宽松的政务服务环境

针对部分企业反映的政府审批、检查、收费过多过重，审批手续不完善等问题，建议以政务服务中心为行政审批改革载体，集中解决以下问题：解决普遍反映的企业注册申领营业执照手续办理繁杂、时间长的问题；汇总不能在服务中心办理的事项，将服务主体期望的以及应该纳入中心办理的手续都纳入中心办理；政务服务中心进一步向基层延伸，能在镇上办就不要到区、市办理；落实一次性告知制度，对不能做到一次性告知、擅自增设条件材料、超时限办理以及已明令取消的事项仍在实施等问题要依法进行严肃查处；建议规范区市间同一事项办理标准，特别是企业的设立、变更等方面，统一办理条件、提报材料、申办程序、承诺时限、收费等事项的标准。

（三）围绕强化财税政策扶持，打造完善的投资发展环境

针对部分小微企业反映无法像大中型企业那样享受到财政金融政策支持的问题，建议市政府科学划定财税优惠政策门槛，扶持优惠向小微企业倾斜；拓宽融资政策信息公开渠道，提高融资政策的透明度，让小微企业同大中型企业一样，有相同的机会争取政府财税政策支持。

针对相当一部分市场主体提出的贷款难，特别是针对中小企业融资困难的问题，建议拓宽融资渠道，实现融资方式多元化，如中小金融机构贷款、担保贷款、融资租赁、风险投资等；建立完善的中小企业融资担保体系，设立支持中小企业信用担保体系建设的专项资金，减轻银行贷款风险；由政府牵头，搞好银企合作，成立银企关系协调机构，定期召开银行、企业、司法及政府负责人会议，专门就解决企业债务问题进行协商。

针对小微企业普遍反映税负较重的问题，进一步落实《支持小微企业健康发展实施意见》，将对小微企业的税收扶持政策落到实处；要进一步取消或减免对小微企业行政事业性收费，推行清单管理制度，对现行收费情况进行清理，清单之外的项目一律不得收费；要加强收费监督检查，严禁自立项目、自立标准、超范围、超标准收费或变相收费，给小微企业“松绑”。

（四）围绕改进公共服务，打造满意的社会服务环境

提高公共服务的社会化、市场化水平。在界定好哪些公共产品必须由政

府提供、哪些可以外移到市场和社会的基础上，建议政府放松对市场的限制，引入私人和非政府组织参与公共产品提供的竞争，提高服务效率。政府在这方面有很大潜力，比如在供水、供热、供电、供气、广电网络等没有大规模实施市场化的领域，都可以进行探索逐步放开。

针对威海市中介服务市场欠发达、中介服务意识欠缺的问题，建议市政府通过简化市场准入程序、加大财税扶持力度、推进中介品牌战略、加强行业协会建设、培养专业人才等手段，着力培育威海市的中介服务市场，形成管理规范、公平公开、服务高效的中介市场运转机制；要引导各类企业转变经营理念，积极参与中介服务市场，与中介机构形成稳定有序的合作关系，以节约成本，提高经营效率。

针对市场主体提出的招工难、就业难问题，需要政府多处着力，进一步推动产业转型升级，通过扶持第三产业和小微企业激发市场潜力，增加就业岗位；鼓励创新创业，破除“等靠要”思想；更加重视技能教育，提升劳动力素质，提高就业竞争力。

针对环保领域执法制约因素较多、执法资源配置不合理、部门职责交叉重复、执法配合不力等问题，建议市政府加快推进执法体制改革，有效整合现有执法资源，促进执法效能进一步提高。要理顺执法体制，大幅减少市县两级政府执法队伍种类，探索推行跨部门综合执法；加大执法协调力度，对一些部门间交叉不清的执法职能，例如油烟污染和噪声污染等，建议由政府法制机构牵头，尽快进行合理界定，明确主管部门；建立完善的执法责任制，做到有权必有责、用权受监督、违法受追究、侵权须赔偿，减少执法随意性；要充分考虑环保执法与保障民生的关系，使环境保护与民众利益增进相得益彰。

（五）围绕推进信息公开，打造良好的市场竞争环境

针对部分市场主体反映的政府相关部门在政府采购、工程招投标方面信息公开力度不够的问题，建议在政府采购、工程招投标过程中多渠道公开信息，实现招标发布、竞标过程和竞标结果的全公开。同时建议设立第三方监督机构，科学选取监督机构的组织构成，保持监督机构运行不受当事任何一方的影响。

（六）严格执法，畅通司法途径，打造完善的法律服务环境

继续完善规则制度的制定和执行，确保法律落实到位。此次山东省人大

常委会已经将威海市列为全省首批行使地方立法权的城市，要以此为契机，对实际中亟需规范解决的问题，集中精力给予立项并及时出台相关地方性法规，同时要根据具体实践，完善相应的配套规定；对一些实际管理中亟需的制度规定，有关部门不积极或推诿的，政府法制机构可以指定其限时起草，确保规章制度的配套和现实操作性；要严格落实统一登记制度，对未经统一登记发布的规范性文件，应及时公布无效，对已经实施产生严重不良后果的，要提请有关部门追究责任人的责任；要加大对有关法规规章和规范性文件实施的监督检查和对实施效果的认真评估，发现问题及时反馈，便于进一步调整修订。

针对市场主体反映的司法救济渠道不畅的问题，要进一步健全司法救济机制，简化司法程序，压缩办案时间，提高司法效率；同时，政府要做好宣传和引导，培养企业的法治意识，使企业形成通过法律途径保护自己合法权益的理念和习惯。

（作者单位：中共威海市委党校　课题组成员：孙　洁　张远娜）

威海作为中韩自贸区合作示范区的应对策略

郑　强

2015 年 6 月 1 日，中韩签署自贸协定，中韩自贸协定（FTA）成了中国迄今为止涉及国别贸易额最大、领域范围最广、涉及项目最多的最为全面的自贸协定。威海成为首个被写入自贸协定的中国城市。

早在 2015 年 2 月 25 日，在中韩两国草签的《中国－韩国自由贸易协定》中，明确提出“缔约方同意充分利用中韩自贸区的成果，促进地方经济合作，将威海与仁川自由经济区（IFEZ）作为实施合作项目的示范区。”在中韩自贸区谈判过程中，威海市先后承办或举办了中韩自贸区官产学联合研究第三次会议、中韩地方经济合作研讨会、中韩自贸区第三轮谈判等重要会议，并作为唯一的城市代表参与自贸区谈判，为谈判提供贸易数据、产业合作实际案例、与仁川的地方经济合作实践等基础支持。

一　威海作为中韩自贸区合作示范区的概况

在中韩合作中，威海和仁川的合作具有典型意义。此次被列入中韩自贸区地方经济合作示范区的仁川自由经济区，是韩国政府力推的东北亚经济中心实现战略的核心地区，成立于 2003 年 8 月，包括仁川国际机场和港湾在内的松岛、永宗、青罗地区共 209 平方千米。

威海是中国距离仁川最近的城市，两市直线距离仅有 93 海里。1990 年，中韩两国尚未正式建交，威海和仁川即开通了中韩之间的第一条海上航线。中韩自贸协定签署，威海凭借作为中国距离韩国最近的城市，形成了其他城市无法比拟的地缘、交通、产业、文化优势，成为全国范围内对韩贸易及文化往来的城市之中的前沿。

此次，中韩双方确定威海和仁川自由经济区作为地方经济合作示范区，旨在发挥两地区位和经贸合作优势，根据中韩自贸协定地方经济合作条款，在包括但不限于以下领域探索和实施合作，如贸易、投资、服务、产业合作。在中韩自贸区框架下地方经济合作方面，发挥示范和引导作用。

资料显示，威海很早就享有“韩国人落地签证”的特殊政策，平均每天有2400多人往返于威韩之间。2014年，威海市与韩国贸易额52.3亿美元，占全市进出口总额的31.5%。2014年，全市实际到账韩资3亿美元，增长57.5%，占全市到账外资的30%。至2014年底，全市正常运营的韩资企业有803家，韩资存量近20亿美元，占全市的35%。今年1~4月份，威海市新设立韩资企业21家，实际到账韩资6955万美元，占全市的21.3%。韩国三星电子、三星重工、现代重工、乐天集团、锦湖集团等世界知名企业陆续投资威海。截至2015年4月份，威海市在韩国投资且正常运营的项目16个，合计中方投资额7920万美元，投资领域涉及交通运输、远洋捕捞、水产养殖加工、纺织服装、电子科技研发等多个行业。眼下，威海市与仁川建立了对接磋商机制。高层定期互访，双方拟互设办公室、互派公务员，共同研究有利于在中韩两国“可复制、可推广”的先行先试政策。根据目前掌握的信息，金融、旅游、文化、通关、建设、建筑、环保等领域不同程度开放，市政府相关部门正在将这些讯息传达给企业，动员旅行社与韩方接洽，商讨互设旅行社、合作组团旅游等事宜；指导文化公司与韩方成立合资公司，在影视合拍、文化创意、动漫制作等方面开展合作；在东部滨海新城及各区市中韩产业园的规划、建设，以及污水处理等领域引入韩国资本参与，扩大融资渠道；鼓励韩国银行业前来设立机构，开展金融产品开发、人民币存款等业务，吸引韩国资本进入威海市。同时，威海市进一步优化口岸通关服务，消除非关税贸易壁垒，加快发展跨境快递业务，提高人员、货物的通行效率。威海市通过韩媒透露的消息，看到韩国医药界对中韩FTA喜忧参半。韩国对华医药出口处于逆差，一个重要原因是中方对医药行业的保护导致审批过程复杂且漫长。目前，韩美药品、绿十字等多数韩国制药公司正在着力拓宽中国市场。威海市相关部门就提示迪沙制药等企业及早采取措施应对，并开展与韩方的沟通合作。

经过20多年的发展，威海已开通5条至韩国的海上客运航线，每周有30个航班，是中韩海上航线密度最大的城市。同时，威海很早就享有“韩国人落地签证”的特殊政策，平均每天有2400多人往返于威韩之间。威海已经成为对韩经贸往来最密切、友好交流最频繁的城市，对韩全方位交流合作成果显著。

二　融入国家战略的中韩自贸区合作威海示范区的机遇

随着中韩自贸区示范区的加快建设，威海市的开放水平将有明显提升，各种发展要素聚集，贸易合作活动会在双边的城市中形成聚集洼地效应，企业的投资贸易活动会更加便捷，企业的贸易投资成本会明显降低，双方贸易往来会上一个新台阶，威韩贸易和投资合作有望驶入快车道，双方将由竞争博弈迈入合作共赢时代。中韩自贸区将给威海经济发展的新常态带来更大的机遇。

（一）有利于提升威海市城市知名度

选定威海作为中韩地方经济合作示范区，使得威海抢占了先机，用一个比喻来讲，就是商务部搭建好了马拉松比赛平台，威海在起跑时已经冲在了众多参赛者的最前面。商务部国际司在给威海市的复函中也表示，中韩自贸谈判首次涉及地方经济合作内容是谈判取得的重要突破之一，也是我国十多年来对外商谈自贸区的重大创举。威海作为首个写入自贸协定的中国城市，在对韩开放上抢得先机，对提升威海的知名度和影响力有重大作用。这个效果已经显现，目前来威海市咨询、考察、洽谈的中韩客商络绎不绝。

（二）有利于将试验项目上升到国家战略

中韩自贸区建立后，中韩双方将成立由双方部长级代表组成的中韩自贸区联合委员会，统筹协调协定的实施。联合委员会下设 13 个分支委员会，威海作为示范城市，将成为“中韩自贸联合委员会经济合作委员会”成员。与仁川谈判确定的合作项目、涉及威韩合作的重要事项等，都可通过联合委员会上升到两国国家战略层面。

（三）有利于借势争取国家和省里政策

中韩自贸区谈判完成的是基础协议，主要是就货物贸易也就是降关税方面达成共识，涉及服务、投资的诸多领域开放都需要继续谈判。双方商定，在中韩自贸协定生效后 2 年内启动投资和服务贸易领域的谈判。威海成为地方经济合作示范区，是国家给予我们的“金字招牌”。我们可以借势利用这块招牌争取国家和山东省的支持政策，在威海和仁川自由经济区率先开展投资和服务贸易的先行先试，共同制定规则，形成“可复制、可推广”的项目，为中韩今后进一步扩大合作先行探路并积累经验。

（四）有利于提升威海市对外开放水平

威海中韩自贸区地方经济合作示范区是跨国的先行开放试验，意义超出国内自贸区试验。韩国本身就是发达的经济体，而仁川自由经济区自 2003 年设立以来，韩国政府就将其定位为东北亚经济中心，开放程度很高。威海与这样的地区开展合作，可以利用先行试验的优势，实现经济结构的转型，大力发展新经济部门。通过与仁川合作发展新的产业结构，打造新的产业链，为两国提升产业合作提供开放的平台。同时会形成以开放倒逼改革的机制，促进威海市进一步深化改革，转变政府职能，创新体制机制，优化营商环境，提升服务效能，进一步提高对外开放水平。

（五）有利于强化威海市的区位优势

长久以来，位于山东半岛最东端的地理位置既赋予威海市沿海开放城市的地位，也造成威海市位于交通物流末端、出行条件不便的现实。借助中韩自贸区的机遇，威海市就可以直接面向日韩乃至整个东北亚开展合作。原来威海的开放主要是“眼睛向外”，今后，则是既向外又向内，具备国内和韩国的双重吸引力。特别是，威海将会成为全国对韩开放的引力中心，国内企业可以利用威海的开放平台自由进入仁川和韩国市场。威海将从支端末梢变为重要的节点，成为连接中国和日韩、东北亚的枢纽城市。

（六）使威海市对韩跨境电子商务也将迈出新步伐

经积极争取，青岛海关日前同意批准威海市海关开通中韩海运跨境贸易电子商务一般出口业务，这意味着威海市中韩跨境电子商务正式开启，全市 10 家企业列入首批跨境电子商务企业。威海市是全国第一个与韩国开通海运跨境电子商务的城市，同时还是第一个开通跨境电子商务的非试点城市，在先行先试方面迈出了实质性一步。建立跨境电商服务平台，与韩国知名企业洽谈合作，设立网上产品展示中心，可以促进威海产品与韩国商品互通。

跨境电子商务通道开通，威海市企业通过跨境电子商务模式出口，会显著降低成本、提高通关效率。跨境电子商务采取“清单核放、汇总申报”的通关模式，简而言之就是备案电商企业按照清单通关，海关通关监管系统会定期汇总形成报关单进行申报，同时还享受退税政策。

另外，通过对跨境电子商务企业的备案和管理，可有效避免以往通过个人物品形式通关、不利监管的现象，有利于提升威海市企业整体形象。可以说，中韩海运跨境电子商务的开通，是威海市加强对韩交往的一个重要机遇，对促进威海企业开拓韩国市场将起到重要作用。中韩跨境电子商务第一票业务将于近日启动，开启中韩自贸协定草签后地方经济合作的“首航”。待首批企业试运行完成后，总结完善经验并在全市企业中培训和推广。

三　威海面临中韩自贸区合作示范区经济新常态下的应对

审视自身，当前威海对韩开放处于转型突破的关键节点，深化对韩国合作，是威海市扩大对外开放、增创发展优势的现实要求，是进一步强化威海在全国对韩开放合作的前沿和窗口地位的重要机遇。面对国家战略机遇，威海坚持战略引领，行动在前，当仁不让地提出——发挥威海对韩开放的区位、产业、文化等优势，先行打造中韩（威海）经济合作示范区，矢志成为中韩自贸区的先行区和先导区。

（一）威海要力争成为双边合作“试验田”

虽然目前尚无法获取中韩自贸协定的具体内容，但综合韩国媒体的报道可以看出，威海市面临对韩合作的种种政策利好和重大机遇。

作为中韩自贸区地方经济合作示范区，威海将按照“边研究、边探索、边推进、边完善”的原则，有针对性地分批推出中韩地方经济合作实施方案，把威海打造成中韩自由贸易先行先试平台、中韩产业融合先行高地、中韩地方合作示范城市、中韩双边合作创新试验田。

据韩联社报道，中国将在最长 20 年内实现零关税的产品达到税目的 91%、进口额的 85%，韩国零关税产品达到税目的 92%、进口额的 91%。中国将在电器电子领域针对电饭锅、洗衣机、冰箱、医疗仪器和家电零件等产品实现零关税，在钢铁领域实现冷轧钢板、不锈钢热轧钢板和厚板等产品的贸易自由化。韩国将分阶段取消电动机和变压器关税，并在 15～20 年内逐步取消手提包和高尔夫球杆等自华进口量较大的生活用品关税。

被列入中韩自贸区地方经济合作示范区后，威海市将在中韩自贸协定的大框架内，创新和深化同仁川自由经济区的合作，争取服务业、投资、产业合作等领域的先行先试政策，为中韩自由贸易提供先导示范，成为中韩双边合作的“试验田”，夯实对接载体，推动威韩深度融合。新机遇需要新平台。中韩自贸协定生效后，韩国商品将大举进入中国。威海市作为距韩最近的城市，在韩国商品集散方面具有得天独厚的优势，目前正在建设推进韩国食品日用品交易集散中心，可借机吸引更有实力的商家入驻，增加韩国商品的多样性，尽快形成品牌效应，瞄准“中韩自贸区地方经济合作示范区”的目标。

（二）建设5个韩国食品日用品展示交易中心

为强化载体支撑，威海市出台《关于建设韩国食品日用品交易集散中心的实施意见》，规划建设了经区韩乐坊、环翠区金桥国际购物广场、临港区盛文韩国新城、荣成中韩边贸城、文登长江汇泉国际商贸城5个韩国食品日用品展示交易中心，专门经营进口韩国食品日用品。目前，韩乐坊已引进经销商53家。经区管委与韩国京畿都市公社签订战略合作框架协议，在东部滨海新城开发方面开展合作。临港区以先进制造业和现代物流业为核心，规划建设中韩机电装备产业园和中韩现代物流产业园。

（三）大力推进产业合作平台建设

产业合作平台建设同步推进。以东部滨海新城为依托，规划了中韩信息技术产业园。目前，经区管委与韩国京畿都市公社签订了战略合作框架协议，明确双方在新城开发等方面开展合作。临港区以先进制造业和现代物流业为核心，规划建设中韩机电装备产业园和中韩现代物流产业园；规划建设威海国际物流园、石岛新港冷链物流园等韩国商品保税仓储中心和第三方物流配送中心，加快推进威海新港国际客运中心等港口设施建设。威海市应积极推动威海出口加工区转型升级为综合保税区，按照海关总署《海关特殊监管区适合入区项目指引》要求，引进了一批重点项目，北辰物流、山海物流等项目已开工建设。海关总署已正式启动审核程序。综合保税区的设立，将为威海市提供一个层次更高、功能更全的开放平台。

（四）多举措推进通关便利化

通关便利化是体现对外开放水平的重要标杆。威海作为全国首个试点口岸，率先开通了威海－仁川中韩陆海联运通道，在全省已开通的6个口岸通道中，威海占3个（威海、龙眼、石岛），至2014年底，中韩陆海联运累计完成进出境挂车778辆次，运输货物2156吨，贸易额约2430万美元。

威海市要积极利用中韩自贸协定将威海与仁川自由经济区作为地方经济合作示范区的有利机遇，充分发挥中韩经贸文化交流“桥头堡”位置优势，谋求对外开放新突破，提高通关便利化水平。加强与仁川口岸互联互通，推进中韩优秀进出口企业互认工作，让企业享受更多通关便利。加快口岸开放步伐，稳步推进进口冰鲜水产品口岸建设，争取获批进境肉类指定口岸。推动内销选择性征税、集中汇总纳税、保税展示交易等海关监管制度创新，实现口岸通关全流程电子化管理，推行口岸签证应急服务，实现全天候办理证件；实施出入境证件自助化办理、无纸化审批，推进电子护照普及应用，进一步提高通关效率。

（五）加强口岸互联互通建设，拓展对韩经贸往来渠道

在提升对韩开放中，威海市注重拓展对韩经贸往来渠道，成为韩国仁川亚运火炬在境外传递的唯一中国城市，举办了中韩（威海）文化创意产业合作交流会。去年，全市与韩国贸易额 52.3 亿美元，占全市进出口总额的 31.5%。目前，全市有韩国投资企业 803 家，实际到账韩资存量 16.3 亿美元，占全市的 35%，占山东省的 17%，约占全国存量韩资的 5%。增创对韩开放新优势，威海着着领先，步步超前，形成了其他地区无法比拟的优势，释放出威韩“先行先试，率先突破”的强烈信号。打造中韩自贸区地方经济合作示范区，是威海市优化城市空间布局，推进产业转型升级的现实抉择，也是威海市争当中韩自贸区先导区、提升对外开放水平的战略决策。

借鉴福建平潭综合实验区、厦门大嶝小镇对台小额商品交易市场等地实行的免税优惠政策，探索离区免税政策，规划建设对韩小额商品交易市场，促进高端旅游与现代商贸的有机融合。威海市还在推动韩国医疗美容技术“引进来”，计划设立韩资合资医院，提高韩方投资比例。深化博雅集团同韩国秀岩生命工学研究院的合作，加快推进环翠区中韩（威海）国际生命健康中心建设。仁川自由经济区是韩国国家层面的经济园区，享受韩国最优惠的政策和先行先试机会。按照对等合作的思路，威海市也正在整合两个国家级经济技术开发区和威海出口加工区的优势资源，规划建设中韩自贸区地方经济合作开放试验区，作为对接仁川自由经济区的核心区，布局中韩合作产业园、中韩现代物流产业园、中韩服务贸易与电子商务街区等项目载体。基于此，威海市要进一步解放思想，大胆探索，以改革的思维和创新的举措，以贸易、服务、投资、产业合作等为重点，努力建设中韩自由贸易先试平台、中韩产业融合先行高地和中韩地方合作示范先进城市，为中韩自由贸易提供先导示范。

为进一步优化威韩合作环境，威海市要加强口岸互联互通建设，推动威海检验检疫中心按照威海市和仁川市进出口贸易、食品安全等检测要求，开展相关检测工作，借助与仁川的合作机制，扩大韩方对威海市检测结果的认

可范围。

（六）争取旅游业合作先行先试

据相关媒体报道，经过就少数技术性问题的磋商和法律分析后，在草签的协定中新增了允许韩国旅行社在中国招募游客等内容。为此，威海市将争取旅游业合作先行先试。以 2015 年和 2016 年中韩互办旅游年为契机，加强同仁川市合作，争取互设旅行社，将双方打造成本国游客赴对方国家旅游的第一站。

按照计划，威海市要积极争取与仁川之间的旅游团队落地签证政策。在此基础上，探索、争取威海和仁川两地居民免签政策，方便人员往来。这对扩大双方旅游、经贸合作意义重大。美容、养生、旅游相结合，打造“美容旅游、医疗旅游、健康旅游、养生旅游”品牌。在南海新区举办第二届中韩美丽产业博览会；在乳山搭建“美在韩国、养在乳山”健康养生服务平台，策划开发以“医疗养生主题”为特色的美容旅游线路。为做足旅游业这一文章，威海市将旅游与购物相结合，加快推进韩国商品集散地建设——依托威海国际物流园，打造韩国商品中国分拨中心；依托韩乐坊、中韩边贸城设立韩国商品保税展示交易中心。

（七）推动服务业重点领域深度开放合作，加快发展对韩跨境电子商务

要大力引进韩国医疗美容技术，争取在威海市开展设立韩资独资医院试点；加快推进中韩（威海）国际生命健康中心建设，推动中韩双方银行改进金融服务方式，加强跨区域金融资本合作等。在加快发展对韩跨境电子商务方面，要积极争取跨境电子商务“网购保税进口”试点，通过跨境电商企业集中海外采购、国内保税配送的模式，打造优质、高效、惠民的跨境电子商务购物平台。在加强各类产业园建设方面，要建设“中韩自贸区地方经济合作开放试验区”，建设中韩自贸区服务贸易和电子商务大厦。在加强口岸互联互通建设方面，要探索建立与仁川市互通的中韩电子口岸，并整合威海港、龙眼港、石岛港 3 个国家一类开放口岸的资源，最大限度发挥对韩国海运优势。在建立地方合作推进保障机制方面，要加快转变政府职能，进一步深化行政审批制度改革，整合部门审批职能和机构设置，推动部门建立相对集中行政审批权，大力推行流程再造和网上审批，打造与国际接轨的政务服务体系。

（作者单位：中共威海市委党校）

儒、释、道的人生价值观比较

赵喜婧

价值观是人们关于什么是价值、怎样评判价值、如何创造价值等问题的根本观点。作为一种社会意识，价值观集中反映了一定社会的经济、政治、文化，代表了人们对生活现实的总体认识、基本理念和价值追求。中国的传统思想，不论是儒家，还是佛教、道家，共同的特点就是对人生问题非常重视，他们的思想学说实际都是以探讨人生为中心的。其中包括对人生的意义、价值以及如何对待人生中的各种问题的探讨。认真总结、比较并吸收儒、佛、道人生价值观的精华，对我们弘扬社会主义核心价值观，实现中华民族伟大复兴的中国梦具有积极的学术理论意义和较强的实践指导意义。

一　儒、释、道的人生价值观

1. 儒家的人生价值观

儒家思想是我国两千多年封建社会的正统思想文化，因为被封建统治者所利用，所以成为为专制统治服务的政治意识形态。其实，儒学本质上是一种关于人的学问，核心是讲如何做人，讲如何实现人生价值。儒家的人生价值观可以从以下几个方面理解：第一：人生价值的根源在于人的道德本性。关于人生价值的认识，儒家的逻辑起点是人性与兽性有“类”的区别，这一区别在于人的道德本性。《论语·阳货》中说：“性相近也，习相远也。”人与人是同类，可是人与人之间在智力和体力等方面又有具体差异，但这种差别不大，主要差别在于后天的学习和熏陶，因此人们的道德观念和道德行为存在差别。孟子也提出：“无恻隐之心，非人也；无羞恶之心，非人也；无辞让之心，非人也；无是非之心，非人也。”他认为人性与兽性的根本区分在于人有道德本性。孔孟之后关于人的道德本性的讨论基本上是沿着这个思路的。儒家从人性的视角，来分析人的本质规定性，并由此确认人的道德主体地位。这不仅在人生价值认识的问题上具有积极意义，在对自身认识的历史上也具有非常重要的意义。

第二，重义轻利，舍生取义的价值追求。儒家认为人生最重要的问题就是名利和生死。孔子提出“君子喻于义，小人喻于利”，又说“放于利而行，多怨”。孟子发挥了孔子的“君子喻于义”的思想，主张重义轻利，“王何必曰利？亦有仁义而已矣”。荀子主张“义胜利者为治世，义克利者为乱世”。都在说物质利益的获取应该以义为标准，讲到生死问题，同样把义放在首位。孟子说：“鱼，我所欲也，熊掌，亦我所欲也；二者不可得兼，舍鱼而取熊掌者也。生，亦我所欲也，义，亦我所欲也；二者不可得兼，舍生而取义者也。……生亦我所欲，所欲有甚于生者，故不为苟得也；死亦我所恶，所恶有甚于死者，故患有所不辟也。”儒家非常重视道义，同时也强调公利，但并不简单地反对个人私利，孔子讲“己欲立而立人，己欲达而达人”，实际就是在立人、达人的过程中实现立己、达己，从而实现义利合一。也就是说人们对利的追求既有和义相矛盾的一面，但同时人们对利的追求也可以与义取得一致。

第三，人生价值追求的目标是圣人和君子。儒家在重义轻利、舍生取义的价值追求影响下，确立了人生价值追求目标，也就是其理想人格——圣人和君子。君子是儒家现实生活中的理想人格，人生价值追求的较高目标；圣人则是彼岸理想人格，是人生价值追求的最高目标。孔子的圣人标准是“博施于民而能济众”，就是能使“仁”的原则得到最大程度的实行。孟子则认为伯夷、伊尹、柳下惠和孔子都可以称为圣人，他的标准虽与孔子有所不同，但基本精神是一致的：仁者以天下为己任，清者不为不善，和者宽容敦厚，时者是更全面、更善于做到仁义的人。儒家的君子和圣人既是人伦道德的楷模，同时又能对改善政治，移风易俗起到巨大作用。

第四，人生意义在于有所作为。孔子和孟子共同认定最高的道德原则是仁义。孔子说：“仁者，人也，亲亲为大”，仁者，爱人。仁是做人之道，其中包含对亲人的亲爱和对同类的泛爱。孟子称之为“不忍之心”。关于义，孔子说：“义者，宜也，尊贤为大”，孟子说：“义者，人路也”，“敬长，义也”，“非其有而取之，非义也”，“人皆有所不为，达之于其所为，义也”。义的含义，是对人们之间等级关系的肯定，但其中也包含了要尊重一定的社会秩序，不损害他人利益的含义。实际上都是在说生命的意义在于有所作为，在于有益于同类。

第五，自我修养是实现人生价值的途径。理想人格塑造的过程，也就是人生价值的实现过程。儒家从孔子开始就明确指出理想人格的塑造应以自我修养为主要途径，孔子认为“为仁由己”，离开个人的自觉努力，一个人要想实现自己的人生价值，是不可想象的。

2. 佛教的人生价值观

佛教是在两汉时传入中国的，在与中国传统文化经历了漫长的冲突和融合之后，逐渐形成具有中国特点的佛教。佛教的人生价值观主要包括以下观点：第一，人生的价值根源于“缘起性空”。佛教认为，人由五蕴和合而生，而五蕴又是虚幻无常的。天地万物都是因缘和合的结果，随生随灭，没有稳定的本质存在，因此世界的本质是空的，是“无我”的，僧肇在《维摩经注・方便品》中说：“我为万物主，万物为我所。若离我我所，则无法不离”。佛教认为事物只不过是人类认识的形式而已，进而否定事物存在的真实性，认为虚幻才是事物的本质。

第二，众生平等的价值观念。佛教以普度众生为根本宗旨，要求破除一切差别，提倡众生平等。它认为，天地万物的存在及差别都是不真实的，一切事物和现象都是由因缘和合而成，无我无常，一切都是幻象，因此万事万物之间一律平等，从而形成平等的价值观念。众生平等实质就是众生皆有佛性。也就是说，一切生命，主要指一切人，都有佛性，都能成佛，一切人在本性上平等，实际上就是要消灭人与人之间的对立、争斗、歧视，要把他人看作是与自己完全一样的人，自己对他人没有任何特权或优越之处，自己也没有任何缺失而必须依赖于人。

第三，佛家的人生价值目标是成佛。作为一种宗教，佛教的理想人格当然不是俗人。佛教的理想人格有三个层次，即僧伽、菩萨和佛。第一层次是僧伽，僧伽也就是出家修行的佛教徒，它以对佛教义理的皈依与觉悟作为基本要求。第二层次是菩萨，菩萨不仅追求个人的自身觉悟，而且以拯救众生脱离苦海，自度度人为修行的最高目的，是中国佛教最为推崇、对中国传统道德影响极大的理想人格。第三层次就是佛，佛是佛教最高的人格形象和人生追求的终极目标。佛教规劝人们舍弃现实生活中的追求，认为对现实生活的任何追求只给人增添烦恼，永远无法获得真正的幸福。佛教最理想的世界不是在尘世，而是在西方。要想获得这种极乐，就必须依佛教，义理修持，了悟宇宙、人生及自性的真实，发大愿，往生西方净土。只有在那里才可能得到最完满的永恒和最真实的幸福。

第四，实现人生价值的途径则是学佛修道。佛教认为人生皆苦，而导致人生痛苦的根源在于“无明”，也就是对人生和世界的本质缺乏真正的认识，是对真知的无明，最终会导致种种业报和苦果。想要从人生无尽的痛苦中解脱出来，首先就要消除对人生和世界认识的无明，然后通过修行，回到涅槃寂静，从而才能摆脱人生的痛苦。

第五，佛教认为人生的意义在于超越现实。佛教认为一切都是空的，所以否定人的现实生活，认为人的现实生活是不完满的，必须超越、摆脱。

3. 道家的人生价值观

第一，道家的人生价值根源于天道自然。道家的代表人物老子认为万物都是由“道”派生出来的，“道生一，一生二，二生三，三生万物。”万物都以道为法则，“人法地，地法天，天法道，道法自然”。老子认为人类生存发展的法则也应该听任自然，无所为而为。

第二，顺其自然的价值追求。老子主张“见素抱朴，少私寡欲”、认为“绝巧去利，盗贼无有”，“民多利器，国家昏乱”。在老子看来，追求名利欲望是有害的，人应该顺应自然，自然而然。但当追求的名利是遵循人的自然本性时，并且是与自然自然而然地相处时所得到的，那就摆脱了它给人类带来的烦恼。

第三，道家的人生价值追求目标也是圣人。同儒家一样，道家的理想人格也称之为圣人。但与儒家所讲的圣人不同，道家所讲的圣人是天道无为的体现者，“天地不仁，以圣人为刍狗，圣人不仁，以万物为刍狗。”后来庄子又提出至人、真人、神人作为他的理想人格。庄子认为“至人无己，神人无功，圣人无名”。庄子的这种逍遥游精神发展到魏晋时期，又转化成纵欲主义、个人享乐主义的理论依据，成为颓废派的主要精神支柱。

第四，实现人生价值的途径就是因顺自然。道家的理想境界是一切都要顺其自然，要使自然本性得到自由发展，实际就是不要现实的理想社会与理想人，达到“致虚极，守静笃，万物并作，吾可观复”的境界。在这里没有美与丑、善与恶，没有圣智、仁义、巧利，人已经完全摆脱了这些给自身带来负担的东西，达到虚静忘我的超脱状态。

第五，道家认为人生的意义在于自然无为。道家强调一切都因顺自然，自然而然，只有超世脱俗的追求，使能自然本性得到自由的发展，而生命就在这个自然而然的过程中得到安顿。

二　儒、释、道人生价值观比较

儒、佛、道的人生价值观各有不同。第一，从对待人生的态度来看，儒家主张救世、济世，也就是要“挑起”；佛家强调“境识俱泯”，“本归于空”，也就是“放下”；道家则主张消极避世，保身全生，即“看明”。第二，从价值追求上来看，儒家以“仁义”为最高价值，佛家则强调众生平等，道家主张回归自然，返璞归真。第三，儒、佛、道的人生价值追求也不相同，儒家主张济世，道家主张避世，虽然追求不同，但都着眼于现实世界；而佛家则把理想与追求寄托于现实世界之外的神秘世界。第四，在实现人生价值的方法和途径上，儒、佛两家都强调自我修养作为主要途径；道家则强调因顺自然，自然无为。

从各方面看，儒佛道的人生价值观都各有不同，然而在儒、佛、道之间又存在着相通。

第一，在顺应人的自然本性这个问题上有相同之处。儒家认为人的道德本性源于天道。《易传》说“一阴一阳之谓道，继之者善也，成之者性也。”其中包含了人法天道是善，尽人性可以与天道和两层意思。《中庸》说“天命之谓性，率性之谓道，修道之谓教。”进一步说明了人道是率天性而行。道家要求绝圣弃智，绝仁弃义，绝巧弃利，以求因任自然，达到无为而无不为。实际上也就是在强调应效法天道的自然无为。佛教以“无我”“无物”为其根本宗旨。“无我”是指要破除世俗所认知的我，把握真实的自我，实现本性道德的完善。三家对人的本性理解，迥然不同，但都顺应人的自然本性立论，认为人不能违背本性。

第二，在对待物质欲望方面，儒、佛、道三家表现出共同的基本倾向。儒家主张重义轻利，反对见义忘利；佛家认为万物皆空，“钱财乃身外之物”；道家主张绝巧弃利，少私寡欲。三家主张不同，但基本精神是一致，就是以精神追求为第一位，认为过度的追求物质欲望有害人生，必须对个人欲望加以限制。

第三，在理想人格和人生理想境界方面也表现出相通。儒家的理想人格强调重视道义，强调人的社会责任。佛教的理想人格是以拯救众生脱离苦海，自度度人为努力目标。道家的理想人格则追求生命自在，反对计较个人名利。三家理想人格各不相同，但都追求人的完善，他们的理想人格都有着高尚的道德品质。

传统的人生价值观有着其时代性的一面，但也有着其普遍性的一面。在不同的时代人生价值观的具体内容会有所不同容，这是适应不同社会的需要；但其中也有普遍适用于各个时代的内容和精神，主要包括以下几点。

第一，强调整体精神，把个人的发展同社会的利益、民族的利益、国家的利益统一起来，以国家和民族的整体利益为重的价值取向。这是中国传统人生价值观中比较核心的一点。实际上这一点经过历代仁人志士的发扬，已经变成中华民族的民族精神、民族正气，在民族危亡的紧要关头，正是这种民族精神、民族正气鼓舞着我们为救亡图存而前仆后继，继往开来。现在我们要实现中国梦，仍需要继续把个人的发展同国家和民族的发展结合起来，在中华民族伟大复兴的历史使命中实现自己的价值。

第二，强调人际关系的和谐。无论是儒家讲的“爱人”，“己所不欲，勿施于人”，“己欲立而立人，己欲达而达人”，还是道家讲的“自然”，“无为”，或是佛家讲的“众生平等”，实际都是包含的处理人际关系的原则，其中也包含了处理人际关系的方法。其中“仁者爱人”应该是中国最早的人本主义思想，这种思想除了能维护统治阶级的统治秩序外，对于协调人际关系也曾发挥了积极的作用。和谐的人际关系是和谐社会的基石，建设和谐社会的构想令人向往，但真正达到这个境界，还需要一个相当漫长的过程。这就需要我们每个人都积极参与，从建立和谐的人际关系开始，在全社会唱响富强、民主、文明、和谐的时代主旋律。

第三，强调崇高的精神境界。这也是中国传统思想中非常重要的一个方面。儒、佛、道三家都主张在物质生活基本满足的情况下，应追求崇高的精神境界，向往理想人格。一个国家的强盛，离不开精神的支撑。追求崇高的精神境界是中国传统文化中非常重要的一个方面，只有“清心寡欲”、“知足常乐”，反对拜金主义、享乐主义、极端个人主义，才能在全社会形成崇德向善的良好风尚。

（作者单位：威海职业学院）

如何规范地识别量刑情节

——以实务中量刑情节的泛化和功利化为背景

王瑞君

量刑情节是刑事个案中宣告刑的调节器。一个案件，有无量刑情节、有几个量刑情节、每个量刑情节的功能怎样，直接影响该案件的最终量刑结论。规范地识别量刑情节，要树立根据一定的评价标准及与标准之间的关联性来进行量刑情节的识别和判断的意识；建立对量刑情节的个数进行识别和认定的思维；还要对量刑情节进行功能性的区分，从而将量刑情节的识别纳入到以责任主义主导量刑情节活动的理论设计和思维上来。当然，规范地识别量刑情节，首先要区分定罪情节和量刑情节，由于学界和实务界对此话题已经有一定的研究，因此，不作为本文研究的重点。

一　量刑情节识别中存在的问题

1. 何种事由能够作为量刑情节，对其进行识别和判断的标准是什么，该事由与判断标准之间需具有怎样的联系始能作为量刑情节，不清晰。

首先以犯罪嫌疑人在羁押期间的表现作为量刑情节为例。近年来不断有报道称，一些地方将犯罪嫌疑人在羁押期间的表现作为量刑情节。笔者尝试以“羁押期间表现作为量刑情节”为篇名在中国知网进行检索，相关报道 6 篇，相关论文 7 篇；以“羁押表现量刑化”为篇名进行检索，以报纸为载体的报道 15 篇，期刊论文 9 篇；以“羁押表现”为篇名进行检索，相关报道和论文共 42 篇，其中与量刑有关的报道和论文 37 篇；以“监室表现”为篇名检索，与量刑有关的文章 1 篇。包括《光明日报》、《法制日报》、《人民法院报》、《检察日报》、《人民公安报》、《四川日报》、《西部法制报》等十几家报纸，均是从积极肯定的立场来对羁押期间表现作为量刑情节进行报道的，目前，涉及的地区包括浙江宁波镇海区、福建莆田市、山东烟台芝罘区、山东宁津县、山东宁阳县、宁夏盐池县、宁波北仑区、上海金山区、北京平谷区、北京石景山区、江苏兴化市、苏州沧浪区、江西樟树市、四川金堂县、四川剑客县、河南中牟县、陕西宁强县、江苏海门市等。翻阅这些地区的有关规定，有的将未成年在押人员是否自觉遵守监规，服从管理，是否自觉学习政治、文化知识；能否组织和检举他人违反监规或者其他违法行为等表现纳入法官酌定量刑情节。有的则将羁押期间“自伤自残、装病诈伤或者绝食的”作为从重处罚的情节。有关论文也都持肯定的态度，如认为：“看守所的监管措施不力和奖励措施不足，致使监管秩序难以得到有效的维护；牢头狱霸殴打虐待其他在押人员的行为得不到严厉的惩罚，致使在押人员的人身权利难以得到切实的保障；遵守监规服从监管的行为得不到现实的利益，致使在押人员容易交叉感染，习得不良行为习惯。若将在押人员在羁押期间的行为表现作为一种量刑情节在刑罚裁量中予以考虑，则可以从根本上解决上述问题。自2012 年 1 月实施将看守所在押未决人员羁押期间的表现纳入酌定量刑范围考量的机制以来，看守所在押人员违规违纪、对抗监管的现象逐渐减少，监管秩序明显好转。……”论证凸显出将看守所秩序维护之功利化效果作为出发点的倾向性。

其次，实践中存在的将“社会影响”、“民众反映”等作为量刑情节的做法，也颇使人困惑。如我们在阅读《刑事审判参考》（第 76 集）时，会读到姚国英故意杀人案的一审判决中这样的表述：“鉴于被告人长期受虐待和家庭暴力而杀夫的行为受到民众高度同情，社会危害性相对较小，……对其适用缓刑不致再危害社会，可依法宣告缓刑。”再如，《刑事审判参考》（第 77 集）中的覃玉顺强奸、故意杀人案。该案一审判决中写道，“覃玉顺故意杀人虽属未遂，但……社会影响极坏，不足以从轻处罚。”事实上，上面两个案件判决中出现的“民众高度同情”、“社会影响极坏”等在司法实务判决中并不是个别现象。我国的文本性文件中也不难查到类似的内容，如最高人民法院《关于贯彻宽严相济刑事政策的若干意见》（以下简称《意见》）第 8 条规定，“对于……发生在……等领域严重损害群众利益、社会影响恶劣、群众反映强烈的国家工作人员职务犯罪，……要依法从严惩处。对于被告人犯罪所得数额不大，……社会影响极其恶劣的职务犯罪和商业贿赂犯罪案件，也应依法从严惩处。”《意见》第 17 条还规定，“有的虽然不能认定为自首，但考虑到被告人亲属支持司法机关工作，促使被告人到案、认罪、悔罪，在决定对被告人具体处罚时，也应当予以充分考虑。”

那么，我们不禁要问：“羁押期间的表现”可否作为量刑情节，哪方面的羁押表现可以作为量刑情节？“社会影响”、“群众反映”、“亲属送被告人归案”、“被告人亲属支持司法机关工作”等可否构成影响量刑的因素？理由和根据是什么？

2. 不仅何种事由能够作为量刑情节存在不明确、不一致的认识和判断，对情节的数量也存在不同的认识，影响量刑情节个数的判断，从而影响量刑结果的稳定性和公正性。

如最高人民法院中国应用法学研究所编写的《量刑规范化典型案例①》中选录的山东省淄博市人民法院审理的桑某某故意伤害案的量刑情节量化分析中，将赔偿和谅解分开作为两个量刑情节，将桑某某的监护人全部赔偿被害人的损失作为量刑情节减少基准刑的30%，将被害人对被告人的谅解作为量刑情节减少基准刑20%，二者相加减少基准刑50%。而在上海市，基于犯罪人积极赔偿被害人的损失，由此获得了被害方的谅解的情形，则视作一个量刑情节。

“从宽”处罚存在量刑情节个数的判断，在“从严”处罚中同样存在。如，根据《刑法》第206条的规定：“……伪造或者出售伪造的增值税专用发票的，处三年以下有期徒刑、拘役或者管制，并处二万元以上二十万元以下罚金；数量较大或者有其他严重情节的，处三年以上十年以下有期徒刑，并处五万元以上五十万元以下罚金……”在最高人民法院《关于适用〈全国人民代表大会常务委员会关于惩治虚开、伪造和非法出售增值税专用发票犯罪的决定〉的若干问题的解释》中（1996年10月17日）规定：虚开税款数额10万元以上的，属于“虚开的税款数额较大”，具有下列情形之一的，属于“有其他严重情节：……（2）曾因虚开增值税专用发票受过刑事处罚的……”根据第（2）项规定，如果行为人前一个虚开增值税专用发票罪刑罚执行完毕没有超过5年的，构成累犯，按照累犯的规定量刑即可；如果行为人的前一个虚开增值税专用发票犯罪执行完毕超过5年的，不构成累犯，可以因为行为人预防必要性大而从重处罚。但由于司法解释将“曾因虚开增值税专用发票受过刑事处罚的”作为“严重情节”来认定，那么，裁判者在裁判中到底是按“严重情节”来认定还是按“累犯”来评价，抑或既按“严重情节”又按“累犯”来评价？无形中给司法办案人员出了一道难题。

3. 量刑情节分类不科学，不仅造成量刑情节适用顺序缺乏逻辑性，影响量刑活动的思维顺序和结果公正，同时对量刑情节的泛化和功利化没有起到必要的限缩作用。

如最高人民法院《人民法院量刑指导意见（试行）》中将量刑情节设定为减少基准刑的情节和增加基准刑的情节，特别令人困惑的是，同样是罪中情节，有的作为确定基准刑的因素，有的作为调整基准刑的情节，如将“影响犯罪构成的犯罪数额、犯罪次数、犯罪后果等犯罪事实”均作为确定基准刑时考虑的因素，而将犯罪侵害特定的行为对象、犯罪发生在特定的时间和地点，规定为在基准刑确定后在基准刑之上的影响量刑的情节。那么，哪些情节应该在确定基准刑时予以考虑？哪些情节作为基准刑确定后影响量刑的因素？特别是哪些情节能够在基准刑之上影响量刑？如，在省级高级人民法院的有关规定中出现了将“有能力赔偿而拒不赔偿”作为增加基准刑的情节的规定，如，内蒙古自治区高级人民法院《人民法院量刑指导意见（试行）》实施细则（试行）规定：“有能力赔偿而拒不赔偿的，可以增加基准刑的10－30%。”黑龙江省高级人民法院、江苏省高级人民法院、江西省高级人民法院及辽宁省高级人民法院也将“有能力赔偿而拒不赔偿的”，作为增加基准刑的情节进行了规定。这样的规定，依据是什么？

此外，最高人民法院在《人民法院量刑指导意见（试行）》关于“常见量刑情节的适用”的“总则性”规定中，是按从宽和从严的属性来对量刑情节进行分类和排列的，先是未成年人、未遂犯、从犯、自首、立功、坦白、当庭自愿认罪、退赃、退赔、积极赔偿被害人经济损失、取得被害人或其家属谅解这些从宽情节的规定，之后是关于累犯、前科劣迹、犯罪对象，在重大自然灾害，预防、控制突发传染病疫情等灾害期间犯罪的从严情节的规定。这种对量刑情节的列举方式，除了具有条理价值之外，不具有任何实际的导向意义，未能提供对量刑情节进行识别和判断的标准，更何况，《人民法院量刑指导意见（试行）》不可能穷尽所有的量刑情节，正如《人民法院量刑指导意见（试行）》中规定的：“本意见尚未规定的其他量刑情节，在量刑时也要予以考虑，并确定适当的调节比例。”实务中，在量刑情节的识别和判断上，标准是不清晰的，裁判者的自由选取余地较大，办案人员自主选取量刑情节的空间较大，因而常常基于工作管理便利等功利化目标的需要，量刑情节被不断拓展和利用，上述将羁押期间表现作为量刑情节即为适例。

量刑问题是刑法理论的缩图。量刑的结果往往对犯罪人的命运具有决定性的意义。由于我国对量刑基础理论即刑罚根据原理及其对量刑情节的制约和影响作用的研究的严重不足，从而导致实践中，裁判者并不清晰该依据什么标准以及如何来提取和识别、判断量刑情节，以至于应作为量刑情节的没有成为量刑情节，不该作为量刑情节的事由却没有被排除在量刑情节之外；量刑情节的单复数不清晰；作为量刑的事由与犯罪事实关联松散，导致量刑情节被泛化和功利化。这些都是影响量刑公正实现的重要因素。

二　规范地识别量刑情节需要清楚识别的根据和标准

“‘为什么’刑罚是正当的根据，也是‘何种程度的’刑罚是正当的根据。”量刑情节是刑事个案宣告刑的调节器。办案人员在个案中确定的情节要经得起推敲和验证，即使是刑法、司法解释和准司法解释规定的情节，也有从基本的刑法原理出发进行研讨的必要，原因在于：量刑情节不限于所谓从“司法实践中总结出来”的常见情节，量刑情节也不能随意地进行选择和确定，对量刑情节的选取和适用要有根据，这一根据即量刑的根据、刑罚的根据。

（一）立法中的量刑根据及其特点

在欧洲国家中，刑法典规定量刑根据的有德国、意大利、瑞典、瑞士、俄罗斯、奥地利等国。如《德国刑法典》第 46 条第 1 款规定：“行为人的罪责是量刑的基础。量刑时应考虑刑罚对行为人将来的社会生活所产生的影响。”《瑞士联邦刑法典》，第 63 条关于“量刑的一般规定”中规定：“法官根据行为人的罪责量刑；量刑时要考虑到被害人的犯罪动机、履历和个人关系。”《奥地利刑法典》第 32 条规定，行为人的责任是量刑的基础；法院在量刑时，应权衡对行为人有利和不利的情况，还应考虑到刑罚和行为的其他后果对行为人将来在社会生活中的影响。

在亚洲国家或地区中，越南、蒙古、我国以及我国台湾地区的刑法典中也明确规定了刑罚的根据。

美洲国家中，加拿大、巴西、古巴等国刑法典规定了刑罚的目的或根据。《加拿大刑事法典》第 718 条关于量刑的目的作了这样的规定：“量刑的根本目的在于，通过适用具有下列一项或者多项目的制裁，积极预防犯罪，促进对于法律的尊重，维护正当、和平和安全的社会秩序……”关于量刑的基本原则，在法典的第 718.1 条规定：“刑罚必须与犯罪的严重程度和犯罪人的责任相适应。”美国法律协会《示范刑法典修正案》（2007 年 5 月 16 日起适用），在第 1.02（2）节将应得惩罚原则规定为首选的分配原则，但也允许遵循威慑、改造、使丧失犯罪能力、恢复能力和重返社会的原则，只要它们可行并且不与应得惩罚原则相冲突。规定如下："本法典中定义量刑的规定适用于所有量刑体系中的公职人员，量刑的一般目的如下：（a）有关个人犯罪的量刑……（ⅰ）根据犯罪严重程度、对被害人造成伤害大小及罪犯应负责任实施量刑；（ⅱ）在不违背（a）（ⅰ）规定且合理可行时，达到改造、一般威慑、使危险的犯罪人丧失犯罪能力、犯罪受害人及社区恢复，犯罪人重返法律容许的社区的效果；（ⅲ）为达上述（ⅰ）（ⅱ）目标，量刑不得重于必要性要求。"

有的国家，尽管未对刑罚目的或者根据作出明确的规定，但是通过对量刑情节的列举，也可以看出其所依据的是行为人的责任大小与轻重以及行为人的人身危险性，如《土耳其刑法典》。

从各国或地区的立法，可以看出，各国家或地区关于刑罚目的、刑罚根据的规定，一般采取并合主义，即刑罚一方面要与应负的责任相适应，另一方面要考虑预防犯罪的需要，同时有的将恢复性司法的理念引入立法。具体而言：

（1）关于刑罚根据的规定，一方面要求刑罚与行为人的责任相适应，另一方面要求刑罚有利于预防犯罪。前者以犯罪本身的轻重决定刑罚的轻重，体现的是报应正义；后者要求量刑时考虑预防犯罪的效果，体现的是预防论。

（2）将恢复性司法理念引入刑法典。如现行《德国刑法典》第46a条规定："行为人具备下列情形之一的，法院可依第49条第1款减轻其刑罚，或者，如果科处的刑罚不超过1年自由刑或不超过360单位日额罚金之罚金刑的，则免除其刑罚：1. 行为人努力与被害人达成和解（行为人——被害人和解），对其行为造成的损害全部或大部予以赔偿，或认真致力于对其行为造成的损害进行补偿的，或2. 在行为人可以自主决定对损害进行补偿或者不补偿的情况下，他对被害人的损害进行了全部或大部分补偿"。该刑法典是2002年修订的，将"行为人——被害人和解"作为减轻刑罚的考虑因素，反映了新的刑事政策即犯罪人与被害人和解的思想即恢复性司法的理念在刑法典中得到肯定。再如美国法律协会《示范刑法典修正案》关于量刑的一般目的中规定的："（ⅱ）在不违背（a）（ⅰ）规定且合理可行时，达到改造、一般威慑、使危险的犯罪人丧失犯罪能力、犯罪受害人及社区恢复，犯罪人重返法律容许的社区的效果。"《波兰刑法典》、《芬兰刑法典》也将犯罪人与受害人之间的调解纳入法官量刑时考虑的内容。

（3）在遵循报应论为基础的并合主义的同时有例外，如有的是基于政策或者人道主义的理由，将某事由作为量刑情节。前者如将自首规定为可以从轻、减轻处罚的事由，并且其中的自首包含一个人尽管无悔过自新之意，但只要他自动投案、如实供述自己的罪行，仍然成立自首，就是出于该行为人因为其行为使案件的侦破与审判变得更加容易的刑事政策的考虑；后者如将“犯罪人怀孕”、“犯罪人有幼年子女”作为从宽的情节，既不是因为“犯罪人怀孕”、“犯罪人有幼年子女”犯罪危害性小，也不是因“犯罪人怀孕”、“犯罪人有幼年子女”的人的责任能力减少，而是基于人道主义及兼顾到特殊预防必要性减少的理由。

（二）有关刑罚根据的理论及其基本共识

对于国家为什么惩罚罪犯和如何惩罚罪犯即刑罚正当化的根据，古今中外的哲学家、政治家、法学家给出了多种解说。仅自近代以来，便有各种各样的报应论、一般预防论与个别预防论，从不同的角度对刑罚的根据进行了解说。这些解说各具有合理性也均存在片面性，于是，“当代西方学者在刑罚根据问题上基本上持这种态度，试图从诸种刑罚根据论的扬弃、中和与整合中找到一种对刑罚的根据的趋于完整的解释。”由此，形成了取传统诸说而成为西方刑罚根据论的所谓刑罚一体论理论，也可以称之为折衷理论，或称混合理论，也有的称为并合主义。并合主义内部，又因报应和预防两大因素为什么能够结合以及如何结合问题上所持主张不同，有所不同。也就是说，同样主张刑罚兼具报应和预防的目的，但在各自的刑罚根据、刑罚目的理论中，报应和预防所占的位置和作用是不同的。

当然，尽管关于刑罚根据理论的研究一方面呈现出多元性的特点，但更重要的特点是，不同理论观点所围绕的基本元素大体一致，即“报应”和“预防”。美国学者帕克曾将刑罚的根据中的功利主义预防模式分为威慑、威吓、剥夺能力和再社会化，但诚如他本人概括的那样：“在我看来，刑事惩罚服务于两个目的，且只服务于这两个最终目的：使作恶者受到应有的惩罚和预防犯罪。我们或许可以区分出很多更为具体的目的，但说到底，所有这些目的都只是这两个最终目的中的一个或另外那个的中间形式而已。”我国的储槐植教授也曾总结道：“大陆法系法学把刑罚理论归纳为报应刑合目的刑两大类，美国刑法理论归纳为报应主义和功利主义两大类，除表述方法有差异（大陆法系理论提‘刑罚目的’，美国理论提“刑罚理由”，如此等等）之外，实质上是相同的。”目前，并合主义同样是我国刑法学界关于刑罚正当化根据的主流观点。对此，何秉松教授、张明楷教授、陈兴良教授、梁根林教授、邱兴隆教授均有过相应的阐述。

近年来兴起的恢复性司法理念，在传统的刑罚体系之外为加害人的侵害责任提供了一种新的承担方式。与传统刑事司法所追求的报应正义相对应，与报应正义所追求的有限平衡不同，恢复正义所追求的是全面的平衡：对被害人而言，修复物质的损害、治疗受到创伤的心理，使财产利益和精神利益恢复旧有的平衡；对加害人而言，向被害人、社会承认过错并承担责任，在确保社会安全价值的前提下交出不当利益从而恢复过去的平衡；对社会而言，受到破坏的社会关系得到了被害人与加害人的共同修复，从而恢复了社会关系的稳定与平衡。恢复正义构成了当今西方刑事和解最重要的理论基础。恢复性司法在传统的刑罚体系之外为加害人的侵害责任提供了一种新的承担方式。从效果上，大多数恢复性司法计划是保安处分之外的另一类刑罚替代措施。与保安处分相比，恢复性司法的特殊预防作用只是次要的附属的价值，全面恢复正义才是它的根本目的，同时，恢复性司法强调自愿与合意，不具有强制性与惩罚性。

当然，关于恢复性司法与并合主义之间的关系如何定位，国外有不同的主张，如有学者认为："至于恢复性司法和传统刑事司法制度的关系，我们概括为三种：'废除主义'（Abolitionism）、'分离主义'（Separatism）、'改良主义'（Reformism）。'废除主义'主张用恢复性司法取代传统的刑事司法制度；'分离主义'主张，将恢复性司法完全在刑事司法制度之外，以一种补充身份运作。'改良主义'，对刑事司法制度本身予以完善，使其与恢复性司法原则、价值、结果或者程序保持一致。"我国有学者认为，刑罚的理论基础，大致包括报应主义（报复刑）、功利主义（特殊预防与一般预防）和恢复性司法三种类型。报应主义和功利主义将犯罪人和受害人作为考量的中心；而恢复性司法则将犯罪所产生的问题作为关注的重心。也有不少学者将恢复性司法看作功利主义的一种变种，其目的也是为了减少犯罪。当今各国在设置刑罚制度时通常情况下都综合考虑上述三种理论。

综合各国或地区的立法的相关规定和学理的相关研究，某事由可否成为量刑情节就是要看该事由与下列因素是否关联以及关联的程度：行为人的责任、预防的必要性（主要是特殊预防的必要性）、损害修复、各方关系的修复、人道主义等，此外刑事政策对量刑具有不可忽视的指导作用。并且，已然犯罪的危害程度、预防的必要性、损害修复、各方关系的修复、人道主义的需要等被提炼出来作为判断某事由可否成为量刑情节的元素根据，它们的地位不同、稳定性程度也不同。行为人罪责的轻重是刑罚轻重的决定性因素，然后才是犯罪的人身危险性。而基于政策生成的量刑情节功利特点明显，因此，在基于政策选取量刑情节时要注意避免量刑情节泛化现象的出现。

三　规范地识别量刑情节需要就“准情节”与刑罚根据的关联性进行判断

在判断某一事由是否为量刑情节时，该事由不论与报应刑根据相关联，还是与报应刑根据相关联，都可能成为量刑情节。以杀人后碎尸为例，杀人后的碎尸行为不能作为报应刑的情节，因为杀人后碎尸并非刑法意义上的违法事实，碎尸无法改变犯罪行为即杀人的危害性和严重性，然而，碎尸却能够反映行为人的人身危险性，因此，可以作为影响特殊预防刑的情节。但不论依据上述哪方面的根据来识别和判断量刑情节，都要注意对该有可能作为量刑情节的事由即标题中的“准情节”与刑罚根据的关联性的判断，从而避免因有的事由与刑罚根据缺乏关联性或者关联性松散而仍被作为量刑情节。

所谓与刑罚根据关联性的判断，就是要看某事由与刑罚根据基本元素如刑事个案中的罪行严重性与人身危险性是否相关联及关联的程度。即，除了要依据量刑的根据确定量刑情节外，还要注意基于对某事由与刑罚根据关联性、关联度的判断，来最终识别量刑情节的真伪，防止量刑情节被泛化。

以论文开头所提及的犯罪嫌疑人“羁押期间表现”为例。目前各地的规定中，更多地考虑看守所期间对未决犯的管理和关押的工作的需要和便利，偏重于强调对看守所管理秩序的维护和遏制牢头狱霸的需要，较少考虑羁押期间的表现与刑罚根据的关联性，这种过分注重功利诉求，将人作为实现其他功利目的的手段，是不公道的。羁押期间的表现，首先应是与特殊预防的必要性有密切联系的表现，才能作为量刑时应当考虑的因素，因为这种因素反映行为人的再犯罪可能性大小，属于影响预防刑的情节，至于“是否自觉学习政治、文化知识”的表现，由于与行为人的再犯可能性大小没有直接的联系，不宜作为量刑情节。其次，要注意犯罪嫌疑人的权利行使行为不应作为从重处罚的事由。犯罪时或犯罪后的行为能够说明行为人的犯罪能力，能够用来反映行为人的社会危险性，犯罪时或犯罪后的行为包括犯罪人在诉讼过程中的行为，但不包括犯罪人行使权利的行为，如被告人有权拒绝回答询问人的问题，不容许将行使权利的行为作为加重犯罪人刑罚的条件。我国新的刑事诉讼法规定了“不得强迫任何人证实自己有罪”之后，犯罪嫌疑人的拒绝回答归罪性提问不能被看作是认罪态度不好的表现。

与“羁押期间的表现”作为量刑情节原理相同的是“犯罪人的一贯表

现”。犯罪人的一贯表现通常被认为可以作为量刑情节，主要的依据是能够反映犯罪人犯罪时的主观罪过程度以及对其特殊预防必要性的大小，可以归类为影响预防刑的情节。但是，不能笼统地直接作为量刑情节，而是要看是什么样的表现，与判断犯罪人特殊预防必要性的大小是否相关，必须是与犯罪行为密切关联的一贯表现，才可以作为量刑情节，如盗窃罪犯，两人盗窃数额相同，一个平时经常有小偷小摸行为，一个偶然偷窃，对于前者的量刑就可能重于后者。但是，如果后者曾经有过打架斗殴行为，就不易在对他的盗窃行为量刑时作为影响盗窃罪量刑轻重的情节，因为二者并无直接的关联性。德国联邦法院曾指出，被告之生活方式及其行为实施以外之举止，尤其是其私生活，仅能于如下情况时，于刑罚裁量中加以考虑：当其与拟判之行为有关联时，当其引起一个较高程度的行为罪责结果发生，而在此等意义上与行为过程形成一个具体的意义意志一致性时，方可列为刑罚裁量因素。我国的张明楷教授和日本的曾根威彦教授也曾表露过此意：“对行为人的人格的考虑，是全面地考察行为人的人格，还是仅仅在与犯罪行为有关联性的限度内考虑？回答应该是后者。”“行为并非单纯是人格的表现，而是人格与环境的相互作用中产生的东西。从这一点来看，人格全体并不一定总是与行为联系在一起的，而且，国家不应该判断人格本身。既然目的在于以刑罚来防止犯罪，仅仅在与犯罪行为相互联系的限度来考虑个人的人格或性格就足够了。”可见，与刑罚根据貌似具有关联性的事由，还要进行能否作为量刑情节的“真”与“假”判断，否则会导致不应该作为影响量刑的事由无根据、无限制地进入法官量刑的视野。

再以“被告人亲属支持司法机关工作”可否作为量刑情节为例。如前所述，最高人民法院 2010 年 2 月 8 日发布《关于贯彻宽严相济刑事政策的若干意见》第 17 条规定，“……有的虽然不能认定为自首，但考虑到被告人亲属支持司法机关工作，促使被告人到案、认罪、悔罪，在决定对被告人具体处罚时，也应当予以充分考虑。”被告人主动认罪、悔罪，说明被告人犯罪后人身危险性和再犯可能性的降低，可以作为影响预防刑的情节，哪怕他（她）的认罪、悔罪是其亲属促成的。然而，单纯的被告人亲属支持司法机关工作，毕竟不同于被告人自身的行为表现，与被告人的犯罪危害性、人身危险性没有直接的联系，被告人亲属的功劳只能算作亲属的功劳，不能直接转换成被告人的功劳，被告人亲属的表现既不能直接说明被告人犯罪危害性小，也不能说明其人身危险性的降低，也难能从其他方面找到合理的根据作为影响对被告人量刑的理由，因此，最高人民法院的规定实在令人费解。

另如，最高人民法院、最高人民检察院2009年3月20日《关于办理职务犯罪案件认定自首、立功等量刑情节若干问题的意见》第4条第1款规定："贪污案件中赃款赃物全部或者大部分追缴的，一般应当考虑从轻处罚。"同条第2款规定："受贿案件中赃款赃物全部或者大部分追缴的，视具体情况可以酌定从轻处罚。"存在的疑问是：被告人从轻处罚的理由是什么？在贪污案、受贿案中，赃款赃物全部或者大部分追缴与被告人构成什么样的联系，以至于最高人民法院作出上述规定？实践中，赃款赃物全部或者大部分追缴，有两种情况：一种是被告人并没有积极配合，而是司法机关通过努力完成，这种情况下追回赃款赃物与被告人的行为没有任何关联，无法表明其悔改之意，不能证明预防必要性的减少，不存在对被告人从轻处罚的理由，此时，赃款赃物全部或者大部分追缴不能构成对被告人从轻的理由；一种是被告人积极配合，协助司法机关追回赃款赃物，表明被告人有悔改之意，这种情形下的赃款赃物的追缴（通过被告人的积极配合）与被告人的悔罪建立起直接的联系，可以作为减少其预防刑的情节。

四　规范地识别量刑情节要辨别量刑情节的单复数

上文中提到的犯罪人"赔偿"获得被害人谅解、"已经受过刑事处罚"与累犯同时出现时，是几个情节的问题和困惑。那么，如何进行量刑情节单复数的识别？

以犯罪人"悔罪"、"赔偿"、"被害人谅解"是几个情节为例。首先，悔罪、赔偿、被害人谅解均可以作为独立的量刑情节：赔偿，除了能够证明犯罪人悔罪以及由此表明犯罪人人身危险性降低之外，还具有弥补被害人损失、修复当事人关系的机能。谅解可以在恢复性理念中找到作为独立的量刑情节的依据。一般而言，犯罪人的罪行并不会因为被害人的谅解而减少，被害人谅解不影响犯罪所犯下的罪行，并且，被害人谅解也未必意味犯罪人人身危险性的降低，因此，在报应刑和预防刑根据中，很难找到被害人谅解成为独立的量刑情节理由，被害人谅解似乎仅仅在恢复性司法理念中能够找到独立作为量刑情节的依据，因为被害人谅解与恢复性司法"修复"理念是一致的，并构成"修复"结果的一项事由。悔罪能够说明犯罪人犯罪后的态度，表明犯罪人人身危险性的降低和特殊预防必要性的减少，因此，依据预防刑原理，悔罪能够作为量刑情节。可见，从理论上来说，赔偿、被害人谅解、悔罪均有理由作为独立的量刑情节。

我们接着可以分析悔罪、赔偿和谅解在个案中是一个还是多个量刑情节的问题。“悔罪”作为量刑情节，其重要功能是揭示犯罪人的主观恶性及人身危险性，但悔罪具有不可自证性悔罪，必须通过一定行为才能表现出来。“在存在被害人的案件中，犯罪以后如何对待被害人，是悔罪表现之一。”因此，悔罪常常与其他情节竞合适用，如最高人民法院《人民法院量刑指导意见（试行）》中，有5处提到“悔罪表现”，均是同其他情节一并作为量刑情节来规定的，包括与被害人谅解一道作为量刑情节。悔罪同样可以同赔偿一道作为一个量刑情节，因为犯罪人犯罪后积极努力赔偿受害方的损失，本身是犯罪人悔罪的强有力的证明，二者构成证据（赔偿）与证明对象（悔罪）的关系，属于同一行为或情况涉及不同的量刑情节，仅仅成立一个量刑情节，或者说，赔偿和悔罪作为量刑情节出现了竞合的情形，这时，要避免重复评价作为数个量刑情节，应按一个情节来对待，适用时选择对被告人从重或者从轻幅度最大的情节适用。当然，如果犯罪人另有其他悔罪表现如积极救助被害人、向被害人赔礼道歉、善待被害人家属等，说明另有悔改表现，量刑时可单独考虑，因为这时不仅存在赔偿表现，还存在其他证明悔罪的情形。关于赔偿和谅解，有时可以是分立的两个情节，但在我国目前的司法实践中，据调研了解的情况，单纯出于受害方的宽容、谅解原谅犯罪人的情形很少，多数案件往往是犯罪人出钱赔偿换得对方的谅解，此时，也是同一行为或情况涉及不同的量刑情节，属于量刑情节的竞合情形，对此，笔者赞同前面提到的上海市的规定。

关于“受过刑事处罚”作为认定“严重情节”的表现依据之一的规定，存在将原本应该作为一个量刑情节的事由非要进行重复评价或者至少有招致这种做法的风险，其思维错误较为明显。类似的思维错误也出现在定罪情节和量刑情节的重复评价中，只能说，这些规定反映出我们对量刑包括量刑情节的思考尚不够精细。

当然，量刑情节个数的识别并不意味着量刑情节的个数可以绝对区分和量化，只是想阐明这样一种观点：能够进行数量划分的要进行划分，如果不能绝对量化和分割的情况下，也要在观念上、在抽象的思维中牢记禁止重复评价的原则。

因此，对量刑情节的识别，在确定某事由可以作为量刑情节的基础上，要分清是几个量刑情节，做到心中有数。

1. 同向呈现因果链条的各事由之间，通常是一个量刑情节，被作为多个量刑情节的可能性较大，要注意量刑情节单复数的判断。如上面谈到的出于

“悔罪”、通过“赔偿”、获得“谅解”作为一个量刑情节，其道理就在于此。这类情况，如同由一个“辐射源”向四周各个不同方向射出了射线，当一条射线上距离“辐射源”最近的“点”可以并且已经作为量刑情节时，同一条射线上的距离“辐射源”相对比较远的“点”，特别是已经偏离这条射线，仅仅只是能够用来作为证明前面的“点”的证据，就不应再作为影响量刑的独立情节进行评价。当然，如果距离“辐射源”相对较远的“点”，在强度上强于前面的“点”，那么，可以以最强的“点”作为量刑情节，其他的不再作为独立的情节来评价。当然，这不影响表达这些事由的语词同时出现在判决书中，只是裁判者心里要有数，到底是按一个还是多个量刑情节来对待。

2. 已经被现行刑法规定为量刑情节的构成要件的因素，不宜再次作为独立的或者其他量刑情节的组成部分，否则易导致重复评价。如上面提及的最高人民法院《关于适用〈全国人民代表大会常务委员会关于惩治虚开、伪造和非法出售增值税专用发票犯罪的决定〉的若干问题的解释》中关于“受过刑事处罚”作为“严重情节”表现之一的规定，如果累犯的认定要使用这个要件，就不得再将“受过刑事处罚”作为“严重情节”的要素。

3. 逻辑上呈种属关系的事由之间，成立一个量刑情节，“重”方向的，以最重事由可以达到的影响力来影响量刑，“轻”方向的，以最轻的事由可以达到的影响力来影响量刑。如再犯和累犯，逻辑上是种属关系，如果行为人的行为可以认定为累犯，那么就按累犯的处罚规定处罚，无须再考虑其再犯的评价问题。

4. 能够独立存在又相互印证事由，如由于行为人作案手段残忍所作出的行为人主观恶性深的判断，这种通过行为人的作案手段对行为人的主观恶性进行判断，适合抽象为一个量刑情节，不宜将作为证据的“事由”与作为证明对象的“事由”重复评价为两个量刑情节。同理，当被害人有过错能够证明犯罪人主观恶性较小时，也是一个量刑情节，被害人过错只是用来证明加害人主观恶相较小的证据而已。

五　规范地识别量刑情节倡导按功能对量刑情节进行区分

多年来，我国学界和司法实务界普遍关注的是法定情节和酌定情节的划分，事实上，从影响量刑的功能角度来说，根据是影响责任刑的事由还是影响预防刑的事由，加上基于其他刑罚根据，将量刑情节区分为影响责任刑的情节、影响预防刑的情节以及其他情节，对于公正地量刑、更大程度地实现量刑结果的稳定性才是最具有价值的。

1. 先进行责任刑情节和预防刑情节的划分，并且，先责任刑情节，后预防刑情节，适用顺序也采取同样的顺序。

责任刑与预防刑的划分，根据是责任主义，责任主义有积极责任主义和消极责任主义之分，当今德、日等大陆法系刑法理论的通说采取的是消极的责任主义，以消极的责任主义为中心的刑罚根据理论主张：量刑以责任为前提，区分影响责任刑的情节和影响预防刑的情节，在量定刑罚的量时，以责任刑制约预防刑。这种主张实践中已成为德、日等大陆法系国家乃至英美法系许多国家的做法。我国多年来，刑罚根据理论研究薄弱、量刑理念存在片面性，因此有的规定和司法实践的做法存在违背量刑规律的现象。为此，有必要借鉴他国的理论和做法，使得我们的量刑规定和实践更加吻合量刑的客观规律，提升量刑公信力。

当下，我国的司法解释和实践中，影响责任刑的情节和影响预防刑的情节不分，如最高人民法院在《人民法院量刑指导意见（试行）》中，不分是影响责任刑的情节还是影响预防刑的情节，有的作为增加基准刑的情节，有的作为减少基准刑的情节，情节的适用无明确的先后顺序，此其一。其二，将“犯罪对象为未成年人、老人、残疾人、孕妇等弱势人员的”和“在重大自然灾害，预防、控制突发传染病疫情等灾害期间犯罪的”作为量刑基准之上影响量刑的情节，让人搞不明白，它们到底应该是影响责任刑的情节还是影响预防刑的情节？因为，如果将“未成年人、老人、残疾人、孕妇等弱势人员等”、“重大自然灾害，预防、控制突发传染病疫情”作为确定预防刑的根据，而不作为确定责任刑的根据，会使得责任刑对应的刑罚量被不当地减少。作为与犯罪行为相联系的犯罪对象和犯罪的时空条件，主要反映了对法益的已然的侵害程度，尽管对判断预防必要性的大小有参考价值，但是首先应当作为决定责任刑的情节，并且如果已经在确定责任刑时考虑过的情节，就不可以再作为影响预防刑的情节来适用，否则就是违反禁止重复评价的原则。

目前，我国《人民法院量刑指导意见（试行）》中的基准刑是“根据其他影响犯罪构成的犯罪数额、犯罪次数、犯罪后果等犯罪事实，在量刑起点的基础上增加刑罚量确定基准刑”，我国基准刑不同于“责任刑”，没有穷尽责任主义意义上的“责任”的内容，没有使责任主义意义上的“责任”达到饱和，所以才出现了该《意见》中将“犯罪对象”、“犯罪的时空条件”作为增加基准刑情节的规定。假如，我们按照以责任刑为基础的量刑方法来设计量刑的步骤，先穷尽责任情节，确定责任刑，其次考虑影响预防刑的情节，如有学者建议的“量刑时分为三步：第一步：根据违法和责任事由选择相应的法定刑；第二步，根据责任确定责任刑；第三步根据影响目的刑的情节（包括教育、改造、预防目的的所有情节），在责任刑的幅度内对刑罚进行调节，得出宣告刑。”那么，“犯罪对象”、“犯罪的时空条件”原本在确定责任刑时就应考虑进去，这样，就会减少不必要的质疑。相反，按目前最高人民法院《人民法院量刑指导意见（试行）》规定的确定基准刑的方法和量刑的步骤，不仅徒生质疑，并会降低责任刑，导致刑罚不公的结果。

再如，犯罪未遂、犯罪预备和犯罪中止，是认定为影响责任刑的情节还是影响预防刑的情节，其对最终量刑结果的影响是不一样的，犯罪未遂和犯罪预备由于犯罪停止的原因是行为人意志以外的原因，因此，从功能上来讲，已经发生的未遂、预备，主要反映了对法益的已然的侵害程度，本身不能反映预防必要性，所以应当作为它们是影响责任刑的情节，如果将犯罪未遂、犯罪预备作为影响预防刑的情节，就会使得责任刑对应的刑罚量被不当地减少。而犯罪中止则不同，就犯罪中止避免后果的发生以及自动停止犯罪来说，犯罪中止属于影响责任刑的情节，但犯罪中止也可作为判断犯罪人人身危险性降低的证据。当然，如果同一罪中事由已经作为影响责任刑情节考虑过，那么，在预防刑阶段就不得再重复考虑。与此原理相同的如：犯罪目的、动机是影响责任刑的情节，就不要再用来影响预防刑，因为，从重的时候重复评价会加重犯罪人的刑罚，而从轻情节的重复利用，则会造成量刑偏轻，出现量刑不公正现象。

2. 先责任刑情节后预防刑情节等对量刑情节进行功能性识别和区分的做法，对于限缩量刑情节泛化和功利化及规范适用，同样具有积极的意义。

如上文所述，通过考察各国或地区的立法的相关规定和学理的基本共识，我们可以认同已然犯罪的危害程度、预防的必要性、损害修复、各方关系的修复、人道主义的需要、刑事政策可以用来作为判断某事由可否成为量刑情节的根据，然而，这些“根据”的地位和稳定性程度是不同的。与已然犯罪的危害程度相对应的是责任刑，与预防的必要性相对应的是预防刑，既然行为人罪责的轻重是刑罚轻重的决定性因素，其次是犯罪的人身危险性，那么，量刑情节也首先需要进行责任刑情节和预防刑情节的划分。不仅如此，在识别责任刑情节和预防刑情节之后，要进行其他情节的识别和判断，在识别时同样要对照“根据”对关联性展开判断，将与“根据”无关或者关联性远的因素排除在量刑情节之外，同时，这种先报应刑、预防刑情节，然后才是其他情节的识别和判断的思维顺序，本身也在降低依据其他“根据”和“标准”所确定的量刑情节的空间和影响力。以宽严相济的刑事政策的有关规定为例。本文的第一部分曾引用最高人民法院《关于贯彻宽严相济刑事政策的若干意见》中的第8条规定，其中就有“社会影响恶劣、群众反映强烈”、“社会影响极其恶劣的”、“被告人亲属支持司法机关工作”等应当在量刑时予以充分考虑的内容。该《意见》提到的“社会影响恶劣”、“群众反映强烈”、“社会影响极其恶劣的”、“被告人亲属支持司法机关工作”，如果已经被责任刑情节或者报应刑情节等所涵盖，就不适合再作为量刑情节。再以“人道主义”作为量刑情节的根据为例，“人道主义”本身是一个较容易获得社会主体支持而成为从轻的根据，同时又是一个伸缩性较大的概念，因此，以“人道主义”为根据确定量刑情节，要避免以“人道主义”为名，造成对以报应刑和预防刑为基础地位的刑罚根据的冲击。

至于依据被害修复作为根据来确定量刑情节，由于在各国的立法和司法中已经取得越来越广泛的认同，在我国也逐渐被接受，其理念已经为我国立法所肯定，因此，本文主张，按照行为人的责任、预防的必要性（主要是特殊预防的必要性）、被害修复的顺序和与之的关联性进行量刑情节的识别和判断，然后再考虑基于人道主义、刑事政策生成的量刑情节，对后者更应从严把握，尽量减少量刑情节泛化、功利化现象的出现，促进量刑结果的公正性与稳定性的实现。

［作者单位：山东大学（威海）］

族群冲突对缅甸民主转型的影响

焦　佩

从1948年摆脱英国殖民统治建国至2010年11月7日举行联邦议会两院选举，缅甸正在实现由集权政府向民选政府的转型。缅甸的民主转型是否能真正取得成功？以往的缅甸民主转型研究多偏重研究国内派系对立因素、军政府内部分裂因素和西方制裁因素等等。然而，如果不考虑族群冲突对缅甸民主转型的影响，对缅甸民主转型结果的各种说明和预测都将是不全面的。因此，本文将尝试从族群冲突视角研究缅甸民主转型，探讨族群冲突对缅甸民主转型的影响。

一　缅甸族群冲突的缘起

缅甸是一个族群状况非常复杂的国家，境内共有135个民族，其中缅族（Bamar）占72%，克伦族（Karen）占7%，掸族（Shan）占6%，克钦族（Kachin）占2%，来自周边国家的移民群体占5%，此外还有钦族（Chin）、孟族（Mon）、若开族（Rakhine）、克耶族（Kayah）等众多人口规模不大的民族。缅甸政府按照各个民族聚居的地理位置，将这135个民族划分为8大族群，即缅族群、克伦族群、掸族群、克钦族群、钦族群、孟族群、若开族群、克耶族群。与其说缅甸是一个民族熔炉，不如说缅甸是一个民族大拼盘，因为这些民族在漫长的历史中并没有很好地融合在一起，反而总是处于一种若即若离的分散状态。

缅甸的族群冲突由来已久，最早可以追溯到11世纪起的封建王朝时期。那时的缅甸，整合了该地区的若干族群，形成一个以缅族居中心，其他民族分居东、西、北三面的分封制国家。居于中心地带的缅族在大部分的历史岁月中掌握着国家政权，虽然居于周边的个别少数民族在一定时期也曾取得过国家政权，但是大部分少数民族还是以自治形态偏安一隅，与中央政府形成一种松散的贡赋关系，族群冲突时有发生。19 世纪中叶，缅甸逐步沦为英国的殖民地。英国在缅甸推行民族分治政策，一方面打压缅族势力，另一方面扶植其他族群、保留其既有的统治方式，并且对那些协助殖民统治的族群给予特殊优待，结果加剧了族群仇恨。1948 年缅甸独立后，殖民地时期留下来的民族仇恨和猜忌爆发为民族武装分裂运动，成了族群冲突的现代起点。

1948 年起的缅甸族群冲突，历经吴努政府时期（1948 ~ 1962）、那温政府时期（1962 ~ 1988）、新军政府时期（1988 ~ 2011）、民主转型时期（2011 ~ ），始终未被解决，甚至还有蔓延升级的趋势。最初解决族群冲突的方案是独立运动领袖昂山将军在 1947 年召集各个少数民族领袖协商后达成的《彬龙协议》，确立了以联邦制的国家结构形式来保障少数民族自治权的原则。然而，1948 年的缅甸宪法却背离了《彬龙协议》，将缅甸变为半联邦制国家，其下有省、邦两种行政单位，不仅邦的自治权远远低于《彬龙协议》的许诺，而且也不是所有的少数民族地区都可以自主建邦。这样，已经建邦的克伦邦、克钦邦、克耶邦、掸邦开始争取更多的自主权，没有建邦的少数民族开始争取建邦的权力。面对少数民族的自治要求，缅甸政府始终采取回避态度，只强调缅甸各民族的相似性和融合可能性，却忽视缅甸各民族在语言、宗教和文化上的差异性和独特性，试图通过以暴制暴的方法来解决族群冲突，即便举行停火谈判也避免谈及自治问题，结果导致族群冲突至今无法根除。1948 年以来，缅甸民族政策的核心是“一个种族（缅甸族）、一种语言（缅甸语）、一个宗教（佛教）”。无论是吴努政府，还是随后的那温政府和新军政府都坚持了这一核心原则，吴努政府宣布佛教为国教，那温政府强制推广缅甸语为国语，新军政府将国名由“Burma”改为“Myanmar”，这些强制民族同化的措施与缅甸民族多样性的实情相互抵触，族群冲突在所难免。

现在的缅甸族群冲突主要表现为代表缅族的中央政府军队与少数民族军队之间的武装冲突。缅甸的七大少数民族族群，即克伦族群、掸族群、克钦族群、钦族群、孟族群、若开族群、克耶族群，都拥有势力大小不等的武装部队。克伦族群武装组织的代表是克伦民族联盟（Karen National Union），它不仅是缅甸最大的反政府武装组织，而且还是反政府统一战线——“民族民主统一战线”（Union National Democracy Party）的主导力量。掸族群的武装组织比较分散，主要包括掸邦民族军（Shan State Nationalities Army）、掸邦联合革命军（Shan United Revolution ary Army）、掸东民主民族同盟军（National

Democratic Alliance Army-Eastern Shan State）、南部掸邦军（Shan State Army-South）等。克钦族群的武装组织主要有克钦独立军（Kachin Independence Army）、克钦新民主军（New Democratic Army-Kachin）、克钦保卫军（Kachin Defense Army）等。钦族群的武装组织主要是钦族民族战线（Chin National Front）。孟族群的武装组织主要是新孟邦党（New Mon State Party）。若开族群的武装组织主要包括若开罗兴伽国家组织（Arakan Rohingya National Organization）、若开解放党（Arakan Liberation Party）、若开民族解放军（Arakan Liberation Army）等。克耶族群的主要武装组织是克耶民族进步党（Kayah National Progressive Party）。此外，还有佤邦联合军（United Wa State Army）、勃欧民族组织（The PaO National Organization）、克伦尼民族进步党（Karenni National Progressive Party）等其他少数民族反政府武装力量。

缅甸各少数民族武装之间既有合作，也有矛盾。争取民族自治权是各少数民族武装合作的基础，领土划界和宗教文化的差异又造成了各少数民族武装的分裂。克伦民族联盟领导的“民族民主统一战线”就曾形成过短暂的反政府武装同盟，成为国内仅次于缅甸共产党的武装力量，但由于内部宗教和领土矛盾，克伦民族同盟内讧分裂出了克伦进步佛教协会。缅甸各少数民族武装之间的矛盾和冲突，为缅甸政府军采取各个击破战略提供了可能性。1988 年新军部上台后，分别与各个少数民族武装举行停火谈判，疲于战争、急需休整的少数民族武装先后与政府达成了停火协议。2009 年缅甸政府决定进一步将停火的少数民族武装陆续改编为国防军，在少数民族自治权还没有解决的状况下推进的军队国家化政策再次点燃了战火，同时也激发了一直都在继续武装斗争的克伦民族同盟、南部掸邦军和克伦尼民族进步党的斗志。新一轮的缅甸族群冲突引发了新一轮的停火谈判，缅甸的民族和解道路再次陷入不明朗状态。

缅甸族群冲突主要是由以下原因造成的。第一，历史上，缅族与少数民族长期处于不平等的地位且缺乏有效的民族融合时期，这是族群冲突的根本原因。缅族在历史上一直处于统治地位，其他少数民族在经济和文化上处于劣势，这种不平等降低了少数民族的国家认同感。在英国殖民势力的扶植下与缅族发生地位翻转的少数民族，独立后再次遭遇边缘化，更是摧毁了少数民族本来就不牢靠的国家认同感。另外，历史上的缅甸从未有过强硬的中央集权时期，中央地方之间的权力分散结构使缅甸各民族形成了相对独立的政治、经济和文化体系，少数民族对民族的认同优先于对国家的认同，如果在国家和民族的界线无法一一对应的情况下成立中央集权型的多民族国家，少数民族就会因为惧怕来自主体民族的加害而选择武装分裂。第二，缅甸政府忽视少数民族的自治权，强行推行民族同化政策，这是族群冲突的直接原因。缅甸的少数民族一直以来都享有充分的自治权，即便在英国殖民地时期，这种自治权也没有被剥夺。然而，1948 年以后的缅甸政府逐渐剥夺了少数民族的自治权，强迫他们改变宗教信仰、放弃使用本族的语言和文字，甚至自 1995 年起禁止出版发行缅甸语以外的报刊书籍，政府的上层精英中也很难看到少数民族的身影，就连 2010 年的国会选举也没有在少数民族边境地区实施。当在现有的国家体系中民族认同遭遇威胁时，少数民族在反殖民侵略中形成的国家认同也就随即破裂。第三，缅甸少数民族地区的当权者不甘丧失既得权力和利益，推动民族分裂，这是族群冲突的重要原因。缅甸各地政治经济发展不平衡，大多数少数民族地区政治经济落后，甚至还停留在部落酋长社会，普通群众缺乏自主意识，唯族群领袖意见马首是瞻。1959 年，缅甸政府相继收回掸族和克耶族首领的继承权，导致少数民族领袖纷纷与中央政府决裂并组织本族群众进行武装斗争。第四，缅甸没有实现军队国家化，少数民族各自拥有军队，这是缅甸族群冲突的又一原因。缅甸少数民族有建立军队的传统，担负维护地方治安和本民族利益的任务，缅甸境内复杂的地形又给这些地方武装提供了天然的保护屏障。1948 年独立建国后，缅甸政府在没有对少数民族军队实施有效改编的情况下就贸然削弱少数民族的自治权，结果导致民族矛盾变为民族战争。

二　族群冲突对缅甸民主转型的影响

2011 年 2 月，缅甸举行总统选举，国家和平与发展委员会将权力移交给由吴登盛总统组成的新政府，表示将全面推进政治民主，克服经济危机，促进民族和解。然而，缅甸的民主转型并不会自动平息目前的族群冲突，相反，缅甸的族群冲突顽疾还会成为阻碍缅甸民主转型的重要障碍，甚至可能逆转缅甸民主的方向。

（一）族群冲突阻碍民主转型

在单一民族的国家中，民族和国家的界线相互吻合，建立民主制度、遵循少数服从多数的原则，并不会使少数产生在国家中受到排斥的感觉，因为在不同的议题中少数的身份属于不同的人群而不是固定在特定的人群中。然而，在多民族国家中，民族和国家的界线并不一致，在代议制和少数服从多数原则基础上运行的民主制度，使国家中在经济和人口上占弱势地位的少数民族处于静音状态，因为基于共同民族而产生的感情在投票中发挥了重要作用，使少数的身份被固定在特定的民族上。因此，多民族国家的民主制度必须考虑到各民族的代表性，注重培养各民族的国家认同，消除他们独立建国的意图。

缅甸少数民族缺乏对统一国家的认同，各自认为拥有独立建国的民族自决权，在 1947 年的《缅甸宪法》中就保留了各邦十年后脱离缅甸联邦的权利。为了防止少数民族脱离联邦独立建国，缅甸在专制政府时期本应采取两种方法：第一，提高国家魅力，即从经济、军事、文化等方面产生出对国民的吸引力，使少数民族感到留在该国内获得的利益要远远大于分离出去独立建国获得的利益。第二，强制实行民族同化，消除民族差别，解决民族认同和国家认同之间的矛盾。采取第一种方法要求缅甸政府快速促进国家发展，在经济、政治、文化、社会等各个方面优于同地区其他国家，采取第二种方法则要求缅甸政府在专制制度下，用暴力的方法解决反对民族同化的势力。然而，建国几十年以来，缅甸政府先后推行民主社会主义发展模式和军事社会主义发展模式，无论是民主社会主义模式下的多党议会政治，还是军事社会主义模式下的军事独裁政治，都无法解决国内的民族问题。究其原因，无非是缅甸政府既没有解决国家发展问题，也没有压倒性的军事力量来解决民族同化带来的分裂问题。这样，缅甸的民族问题就陷入了尴尬境地，正如密尔《代议制政府》一书中谈及“代议制和民族问题”时指出，如果专制政府一旦错过民族融合的机会，这种机会就会一去不复返。缅甸正是如此，民主化前的缅甸政府既没有在各民族之间培养出共同的国家认同感，又没有将少数民族同化融合，这无疑成为缅甸建立民主政府的巨大障碍。族群冲突对缅甸民主转型的阻碍作用表现在以下两个方面。

首先，缺乏国家认同感的缅甸少数民族对缅甸政府的民主转型充满疑虑。长期以来的族群冲突，不仅使少数民族地区无法获得稳定的发展环境，而且造成少数民族对中央政府的不信。1988 年苏貌政府宣布实行民主改革、开放党禁，少数民主纷纷建党参政，其中包括掸族民主联盟、掸邦果敢民主党、联邦克伦族联盟、果敢民族团结党、佤族发展党等。这些少数民族政党在 1990 年的大选中都有不俗表现，特别是掸族民主联盟甚至以 23 席的优势成为议会第二大党。但是，随后军政府拒绝向民选议会交接权力，强行中断民主改革进程，浇灭了少数民族通过议会政治争取民族自治权的希望。2003 年 8 月缅甸政府重启民主进程，宣布将在“七点路线图”的指导下推进民族和解与民主转型。2008 年以后，缅甸的政治发生了一系列巨大变化：制宪、公投、大选，并最终制定了新宪法，成立了新国会，选举了新总统。然而，少数民族仍对这些民主变化持怀疑态度。这些怀疑基于以下几个原因：第一，2008 年的新宪法继续强调缅甸是一个单一制的国家，回避了少数民族的自治权。第二，2010 年缅甸的中央和地方议会选举，限制了少数民族政党的参加，甚至在一些少数民族地区没有举行选举。第三，2011 年上台的吴登盛政府重启与少数民族武装的谈判后，只追求停火而忽视少数民族的政治自治要求。这些对民主转型的疑虑，使缅甸少数民族武装不愿意与中央政府沟通和谈判，更不相信通过民主转型就能实现各民族间的永久和平。在此背景下，少数民族武装对缅甸政府推行的军队国家化政策采取了抵制态度，宣称在自治权没有解决的情况下绝不放下武器，克伦族民族武装如此，掸邦等其他少数民族武装亦如此。新的族群冲突造成了数十万的难民，克伦邦地区和果敢地区损失严重，这些自然加深了少数民族对缅甸新政府的拒斥和抵触。

其次，拒绝同化的缅甸少数民族将增加缅甸民主转型期发生国家分裂的可能性。缅甸民主转型的法律基础是 2008 年制定的新宪法，该宪法具有明显的过渡性质，在政治制度的设计上既有民主的因素又有专制的痕迹。2008 年宪法的过渡性表现在以下几个方面。第一，虽然缅甸总统由选举产生，但并不是由公民直接选举产生。缅甸总统，国家的元首和政府首脑，由联邦议会代表间接选举产生，总统候选人也由联邦议会决定。联邦议会在总统选举前确定三名候选人，分别由联邦议会民族院、联邦议会人民院和联邦议会中的军人代表推荐产生。联邦议会议员投票，三名候选人中得票最高者为总统，其余两名分别为第一副总统和第二副总统。第二，虽然缅甸的联邦议会通过直选产生，但无论是人民院还是民族院都为军部预留了 1/4 的席位。缅甸的民族院，不分地区（省或邦）大小，由每个地区选出的 2 名代表组成，但 224 个席位中的 56 个却由军部提名产生。同样，缅甸的人民院，由每个地区按照人口比例选举产生，但 440 个席位中的 110 个也由军部提名产生。第三，虽然缅甸在各省和各邦都设立了民选产生的地方议会，但独立性却十分有限。例如，国防军总司令可以依法提名地方议会代表总数的 1/3，少数民族武装代表却无法获得选举资格，地方议会一年只召开一次，权力集中在行政机构。这种专制和民主因素并存的 2008 年缅甸宪法，不仅无法让少数民族相信在目前的国家制度下可以用和平的手段保护自身权利，而且使少数民族武装力量认识到，应该利用缅甸政府民主转型中的和谈意愿去追求高度自治甚至独立。一旦少数民族武装去追求独立建国，处于民主转型时期的缅甸政府鉴于国内外压力将很难用军政时期的暴力剿灭方法来解决问题，结果必然增加国家分裂的可能性。

（二）族群冲突逆转民主方向

从各国的民主转型历史来看，民主转型不是单线性的而是具有随时可能逆转的双向性，经济危机、对外战争、内部分裂等都是逆转民主转型方向的重要因素。例如，20 世纪 30 年代的经济大恐慌使民主的德国走上了法西斯道路，50 年代的朝鲜战争为韩国李承晚政府延缓民主转型强化集权统治提供了口实，80 年代不丹的尼泊尔族独立自治运动把不丹国王开启的自上而下的民主转型逼入了困境。

缅甸的民主转型也经历了一波三折，族群冲突是逆转其民主转型的主要原因。1948 年独立之初，缅甸就建立了多党竞争的议会民主制度，但是少数民族的各种利益并没有被多党议会制整合，感受自治权被侵害的少数民族开始展开武装斗争。在持续分裂和内乱的局势下，维护安定的愿望使军人在政府中的地位迅速提高，最终促成了 1962 年军事政变，那温将军上台推行军事专政，这是缅甸民主转型的第一次逆转。1988 年缅甸爆发大规模群众民主运动，那温政府倒台，随即上台的苏貌政府成立“国家恢复法律与秩序委员会”，承诺重建民主，1990 年 5 月如期实施议会选举。然而，代表军部势力的民族团结党、代表反军部势力的全国民主联盟和少数民族武装势力无法通过议会选举达成妥协共识，军部代表原执政势力与少数民族势力展开和平谈判，只谈停火避谈自治，议会选举落败后拒绝向全国民主联盟移交权力。反对派和少数民族政治势力遭遇排斥，缅甸的新议会和新宪法相继难产，这是缅甸民主转型的第二次逆转。2003 年 8 月，面对国内外各种压力缅甸政府公开宣布“民主路线图”，表示将按照七步走的计划实现包括民族和解在内的政治民主目标。“民主路线图”的前四步是制宪，分别包括重启制宪国民大会、确定制宪原则和步骤、起草宪法草案、全民公决通过宪法草案，2008 年缅甸新宪法的出台标志制宪结束。“民主路线图”的后三步是实现军人政权向文人政权的移交，分别包括实施议会选举、召开联邦议会、选举总统成立新政府，2011 年吴登盛组建新政府标志“民主路线图”基本完成。然而，七步“民主路线图”的完成并没有实现民族和解，反而 2008 年新宪法出台后，少数民族武装成为非法武装，需自觉接受政府的改编或取缔，这直接引发新一轮族群冲突。克伦邦、掸邦、若开邦、克耶邦、克钦邦纷纷和中央军队全线开火，其中北掸邦军和南掸邦军的战火最为猛烈，克伦佛教军的战火导致大量难民出逃泰缅边境，克钦地区的武装冲突也导致数万难民逃往中缅边境，民族和解谈判重新回到了起点。因此，吴登盛组成的新政府一旦无法与少数民族武装力量谈判成功，缅甸的民主转型就随时有第三次逆转的可能。

2011 年 2 月，吴登盛总统在首次新闻发布会上表示重启与少数民族武装的谈判，特别是与克钦族、克伦族和掸族的谈判，提议停火、建立联络办公室、在交战区域展开合作以及在全国范围内进行划界谈判。根据吴登盛政府的设想，民族和解可以分三步走：先和少数民族武装达成停火协议，后实现全国各民族间的永久和平，最终以少数民族建党参政的方式将其纳入多党议会制的框架之中，建立一个多民族的民主国家。第一步，和少数民族武装达成停火协议比较容易，因为长期的战争给缅甸各地造成了巨大损失，要求和平的呼声高涨，再加上少数民族武装也需要休养生息。2011 年 2 月，缅甸的 15 个少数民族组成民族联邦委员会，共同应对吴登盛政府的谈判，谈判的焦点是 2008 年宪法的合法性。少数民族武装势力认为 2008 年宪法是军部势力主导的产物，没有反映缅甸各族的要求，不能为缅甸新政府提供合法性。2008 年的缅甸新宪法必须作出如下修正：确定国家结构形式为真正的联邦制，缅族应和其他民族一样建立自治邦，保障各民族的政治自治权。谈判是在战火中进行的，在边打边谈的状态下，2012 年 2 月缅甸政府与少数民族武装基本都签订了停火协议。第二步，启动政治谈判达成永久和平协议是缅甸民族和解的关键，1948 年以来政府与少数民族武装多次撕毁停火协议都是缘于政治谈判的失败。历史上，克伦族武装势力就先后与缅甸政府签订过五次停火协议，但都因停火后的政治谈判失败而重新开火。谈判初期，克钦独立军拒绝与缅甸政府达成停火协议，也是因为缅甸政府只追求停火而忽视了克钦人的政治自治要求。缅甸少数民族武装虽然各有利益要求，但在争取自治权上却出奇地团结一致，1947 年的彬龙会议和 1961 年的东枝研讨会就是最好的证明。在这两次会议上，缅甸少数民族曾达成五点共识：即“缅甸本部应该像钦邦、克钦邦、掸邦以及其他邦一样作为（缅甸联邦的）一个组成邦；议会两院权利平等；在上议院每个州享有平等的代表权；联邦政府保留以下各项权利：外交、防务、货币制度与纸币发行、邮政与电信、铁路、航空与水路、联邦司法以及海关关税，余下的权利交给各州；联邦政府征收的税收由各邦公平分配”。因此，如果政治谈判无法取得进展，必然重新点燃族群冲突，民主转型不仅受阻，甚至还为军人以维稳为借口重新回归军人专政提供了机会。第三步，将少数民族政治势力，即少数民族政党，纳入缅甸的多党议会体制内，建立多民族的民主国家，是缅甸民主转型基本完成的标志。若要完成该目标，在第二步达成的政治协议基础上，构建出一套适合缅甸多民族国情的政治制度，并制定出实施细节，是关键所在。这样，缅甸政府目前存在的问题大体集中在以下几个方面。第一，联邦议会中为军部保留席位的做法；第二，民族和邦界的不一致及邦的自治程度偏低；第三，各邦在联邦民族院中的代表权不平等；第四，在涉及少数民族权益的问题上滥用少数服从多数的简单多数决制。

三 缅甸民主转型的展望与对策

缅甸的民主转型走的是自上而下的渐进改革道路，有军部背景的巩固与发展党是民主转型的主导力量，它既可以继续稳步推进民主转型，也可能因无法处理好民主转型中的各种利益关系，使国家再次陷入分裂和动荡。其中，如何处理民族利益引发的族群冲突就是判断缅甸民主转型能否成功的一枚试金石。试想一下，要在缅甸 135 个缺乏充分历史融合背景的民族中，造成民主讨论氛围，建立起一套被所有民族认同的民主运行机制，既保持每个民族的独特性，又能形成共同的国家决策，对缅甸这个才从军事专政过渡到“有秩序的民主”的国家该是多么困难。即便在民主主义制度发达的欧美国家，这个问题都没有被完全解决，英国的北爱尔兰、加拿大的魁北克、西班牙的巴斯克、比利时荷法语区的分裂等都属于此类。

因此，缅甸的民主转型前景并不透明。第一，缅甸能否形成竞争性的多党政治不透明。目前缅甸议会中主要有五大政党，巩固与发展党、民族团结党、全国民主联盟、掸邦民族民主党，巩固与发展党占据 70% 以上的议席，呈现一党独大的态势。最具竞争性的全国民主联盟没能参加 2010 年的议会选举，虽在 2012 年的补选中获得 43 个席位但已经不具备与巩固与发展党抗衡的实力。众多的少数民族政党，力量分散，在议会中也没有形成独立力量。第二，缅甸是否能够避免新一轮的军事政变不透明。军部对缅甸新政府保有重要影响，包括总统在内的政府多名主要官员都具有军人背景，国防军总司令有权直接任命军人担任内政部长、国防部长和边境事务部长，并有权在国家紧急状态下接管政权，议会中的 25% 席位为军人预留，修改宪法要获得3/4以上多数的赞同。这样，如果政府与少数民族武装力量政治谈判失败，族群冲突危机国家稳定，以维稳为借口的军事政变就极易发生。2011 年 5 月 28 日，若开族女性被奸杀，引起了若开邦内族群猜忌，特别是佛教徒和穆斯林教徒之间的冲突，随后缅甸政府就以此为借口在该地区实施了紧急状态。第三，缅甸能否实现民族自治不透明。目前的缅甸宪法并没有赋予少数民族自主建邦的权利，已经建邦的少数民族也并不拥有区别于省的高度自治权。要实现民族自治，就需要修改宪法，要修改宪法，就需要赢得3/4的联邦议员。然而，不仅占1/4议会的军人议员很难同意改变"民族团结"的现状，而且全国民主联盟，缅甸最大的反对党，也在民族问题上与执政党更加接近。这样，少数民族追求自治的意志不是在拉锯式的谈判中被消磨，就是在猜忌中激发为独立战争。

缅甸要实现民族和解，推进民主转型，可以在以下几个方面努力。第一，邀请已经达成停火协议的少数民族武装力量参加修宪大会，以包容性和多样性为基础，制定出一部反映缅甸各族人民意愿的宪法。第二，走先民族自治后军队国家化的道路，在宪法和制度上保障少数民族自治权后再改编少数民族武装，消除少数民族长期以来对中央政府的不信任，结束族群冲突"战争－停火－战争"不断反复的恶循环。第三，促进少数民族武装势力建党，引导武装斗争方式变为议会斗争方式。第四，利用各个民族之间的同源性和近似性，促进少数民族经济发展，消除民族间的社会发展不平衡，培养国家认同。"自远古到现代，在缅甸的历史发展中一直有着向心的和整合的因素和成分"。例如，缅族、克钦族、掸族、若开族等同属于蒙古人种，来自中国西藏高原和云贵高原，语言是汉藏语系，如何有效利用多民族中的同质性也就成为了解决缅甸族群问题的又一个关键。

［作者单位：山东大学（威海）］

现代政治价值体系建构：西方国家的探索之路

刘　洋

16 世纪以来，市场经济在西方世界的发展在政治上提出了建立统一民族国家与有效防范国家权力之独断这两个历史性任务。这两个历史任务一方面要求权力有相对的集中，另一方面又要求对集中的权力进行有效制约。这一双重性要求构成了西方社会现代化转型中不得不直面的“权力悖论”。而能不能战胜“权力悖论”所提出的挑战在很大意义上决定了西方社会现代化转型的兴衰成败。

从人类的超越性、应然性和意义性的人类学本体论出发，我们认为价值本质不在于物的属性，也不在于客体对主体的效用，而在于人类所特有的超越性、应然性本性。而所谓价值观念不过是人所具有的超越性、应然性本性在主观方面的投射。明了了价值与价值观念的含义，进而理解政治价值与政治价值观念就相对容易一些。政治价值、政治价值观念是价值、价值观念的一般性在政治领域的个别性表现。故而，所谓政治价值就是人类对实然政治所具有的超越性和应然性体现。而所谓政治价值观念就是人类对现实政治所具有的超越本性在主观上的反映，它具体地表现为对政治本真意义和理想政治生活的双重追问。

政治价值观念在特定的时空背景下，会在相互关系方面呈现出逻辑上的一体性，由此形成的观念系统就是政治价值体系。换而言之，政治价值体系也可以表述为人们围绕政治价值取舍而形成的一套有关人类公共生活应然性的观念体系。从时间、承担主体和层次角度来看，政治价值体系有着不同的面相，这既使政治价值体系自身显现出高度的丰富性和复杂性，也给人们对政治价值体系的研究带来了难度。政治价值体系从历时性角度来看，包括古代政治价值体系和近现代政治价值体系；从承担主体上来看，它又包括以国家为主体的国家政治价值体系和集团政治价值体系，前者对一国公共生活营造、政治制度建设、政治行为评判都具有深远影响，而后者更多地体现为特殊群体的政治价值诉求；从内部层次上看，政治价值体系内部可以划分为思想家所持的系统化、理论化的价值观，在政治行为过程中明确具有的政治价值意识和社会层面不稳定的政治价值心理；而就政治价值体系的外化载体而言，则包括理念物质化的制度设计和更具抽象色彩的理论凝结。

成功应对这一挑战要求社会政治领域方方面面作出调整，而政治价值体系的变革更是居于最为核心的地位。从系统演进的角度而言，西方现代政治价值体系是应对这一时代挑战的产物。而就西方各国现代政治价值体系的初次选择来看，其中既有值得汲取的经验，也有需要总结的教训。本文试图运用历史唯物主义与演化论相结合的视角，在对英国宪政自由主义、法国激进民主主义、德国国家-民族主义这三个具有典型意义的政治价值体系内涵进行细致剖析的基础上，尝试性地对政治价值体系的建构模式作出解读，以期为“后发国家”的现代政治价值体系建构提供借鉴。

理解现代政治价值体系的建构，首先要把握两个前提条件。其一，作为观念体系，政治价值体系在纯粹形式意义上是以信念层次为核心，具有多重层次结构、多种价值观念要素的复杂性存在。从系统论的角度来看，政治价值体系作为一种观念系统，是由一系列的政治价值信念、政治价值理念、政治价值规范等观念层次所组成的。在政治价值体系之中，每一个层次又包含着更为具体的要素性观念，这些要素性观念按一定的层次组合在一起，形成一个具有内在层次与结构、具有一定稳定性和应变能力的价值系统。就笔者认识而言，政治价值体系三个层次从结构上讲，层层递进，形成一个环环相套的内核与外围的结构，政治价值信念的核心地位使得整个政治价值体系的性质以它为转移，而政治价值信念来源在于广泛存在于社会思想之中的价值预设，它构成政治价值信念的隐蔽性前提。其二，现代政治价值体系建构的实质在于从功能上满足化解“权力悖论”的需要。从这一要求出发，对政治价值体系变革最为重要的地方，并不在于价值信念的概念形式变化，而在于在价值信念指向上作出调整。在我们看来，政治价值体系是一个以信念层次为核心的复杂系统，而政治价值信念概念表达形式变革的意义其实远远小于价值信念指向上变革的意义。因此，只有核心的信念层次发生了指向上而不是观念表达形式上的重大变革，政治价值体系才可能出现一种性质上的真正转换。在这样一个意义上，对政治价值观念表达形式进行全面替换的这一变革路径就不应该被视为衡量价值体系是否真正更新的唯一衡量标准，而渐进式的政治价值体系变更路径便具有了不可替代性的积极意义。

从政治价值体系的结构形式前提出发，本文首先对三种政治价值体系进行了层次与要素的细致分析，进而认为由于信念指向的不同，它们在处理“权力悖论”挑战时，表现出不同的倾向，即：宪政自由主义谋求对无限权力的降服，而激进民主主义则走向对无限权力的向往，国家－民族主义成为绝对权力的背后支撑。以此为出发点，结合现代政治价值体系建构要应对“权力悖论”这一核心使命来看，文章认为宪政自由主义政治价值体系在信念指向上面达至了对“权力悖论”的消解。而激进民主主义在对政治价值观念元素进行通盘革新的过程中，恰恰忽略了对信念指向的有效变更，从而重新堕入旧制度谋求无限权力的黑洞。德国国家－民族主义本质上是对政治价值信念指向根本性调整的抗拒，从而与商品经济所提出的历史课题渐行渐远。

在历史唯物主义和演化论看来，三种政治价值体系之所以能够在各自所在国家的多种政治价值体系竞争中胜出，这是特定国家既有历史条件、社会结构复杂作用的结果。具体来说：

就宪政自由主义而言，步入近代以来，英国社会的“权力悖论”表现为王权与社会权力的双向加强与彼此矛盾。这也就是说英国市场经济的发展推动了王权的集中与加强，而强大的王权在为市场经济保驾护航的同时，又对它的进一步发展构成了潜在的或实际的威胁。王权与市场经济双向发展之间的磨合与调整构成现代英国政治价值体系产生的基本环境。为应对这种环境的压力，现代英国社会出现多种政治价值选择，最终，英国既有的社会与历史条件促成了在信念指向上承担降服绝对权力功能的宪政自由主义政治价值体系胜出。当然，作为胜出的政治价值体系，宪政自由主义独特信念表达方式的形成获得了在英国文化上广为存在的价值预设的前在性支撑。

就激进民主主义来说，专断权力的过分强大是法国转型社会之中权力悖论所面临的现实困境。从中，我们能够看到法国市场经济的发展不仅没能摆脱专断权力的深刻影响，反而在专断王权的掣肘下为转型社会增添诸多苦楚。旧制度与市场经济的利益交织、恶性互动是法国社会转型所面临的突出矛盾。从应对矛盾出发，现代化进程中产生重农学派、宪政主义、激进民主主义等诸多政治价值体系。然而，法国社会突出的社会矛盾、畸形的社会和权力结构成为滋生激进观念的温床，而法国文化传统中包含的价值预设则为这种激进价值观念提供了具体的价值表达载体。激进民主主义正是在这样的内外作用之下登上法国现代化的历史舞台。

就德国国家－民族主义而言，与英、法两国比较而言，德国在西方世界现代化转型初期充当了边缘角色。在相当长的一段时期内，德国国家权力的碎片化严重阻碍了市场经济的发展，没有强有力的统一权力是德国现代化转型过程中内忧外患频仍的重要缘由。权力悖论在近代德国最直接的体验是中央权力的软弱和缺失。故而，经过拿破仑战争刺激后，对国家统一、权力一统的呼唤逐渐成为德国政治价值观念发展的主旋律。普鲁士和德意志的历史与社会结构使得这种政治价值体系没能朝着限制专断权力、走向有限政治的方向发展。作为德国统一过程第一提琴手的普鲁士，它的宗教、军事、文化特征中蕴含的价值预为这种具有强烈国家主义、权威主义色彩的价值体系建构提供了意义支撑，从而使之最终背离了对权力悖论的化解之路。

这三种主义的具体价值内涵源自于具有地域色彩的价值预设。具体而言；

就英国宪政自由主义政治价值体系而言，个人主义、基督教二元世界观、自然法传统和普通法精神作为特定时代中人们主观上无意识、理论上不自觉的思想背景而存在，从而构成科林伍德意义上的“绝对预设”。英国宪政自由主义价值体系深深地扎根于这样的文化传统和价值脉络之中。

就法国激进民主主义而言，法国转型社会条件是激进民主主义兴起的大背景，然而，激进民主主义之所以呈现出对一元价值的盲目寻求、对“人民”的过度信任和进步主义对未来世界的完美憧憬又是法国社会长期蕴含的价值预设在政治上的反应。我们在很大程度上可以认为正是这些价值预设为激进民主主义具有独特性质的价值表达形式提供了直接的思想来源。

就德国的国家－民族主义而言，德国国家－民族主义的政治价值信念具有强烈的整体主义、权威主义色彩，这样的政治价值信念能够在近代德国出现，并最终获得政治实践上的优先地位与蕴含在德意志历史文化之中的深层价值预设之间有着密切关联。新教思想导致的顺从观、浪漫主义和兵营文化为国家－民族主义的信念形成提供了更为广泛意义上的前提与支撑。

宪政自由主义、激进民主主义和国家－民族主义作为具体现象已然成为历史遗迹。然而，如果从应对市场经济、“权力悖论”这一时代挑战出发，三者则又构成现代化进程中值得反复回味与思考的重要对象。通过对宪政自由主义、激进民主主义和国家－民族主义三种政治价值体系价值观念内涵和生成模式的分析与总结，本文认为成功应对“权力悖论”挑战的现代政治价值体系建构需要注意如下几个方面。

首先，从历史上来看，政治价值体系信念层面的高级指向往往与神学相关，它在近代则与理性主义、意识形态政治结下不解之缘。在对理性主义反思的今天不能不使我们不对政治价值信念所具有的高级指向进行清算。这意味着，政治价值信念在总体上要在指向上实现从高级理想达成走向对现实问题应对的时代转换，从而实现政治价值目标的节制、政治边界的收缩和政治秩序的底线寻求。只有信念指向完成了这样的变更，整个政治价值体系的建构才能找到自己化解“权力悖论”的正确方向。

其次，作为现代政治灵魂与支撑的政治价值体系，它很大程度上必须去适应市场经济所带来的时代挑战。政治价值体系的变革路径不仅关系到它的构建进度和所发挥作用程度，而且直接影响到现代政治价值体系构建的兴衰成败。政治价值体系变革的有效性和彻底性并不以是否实现价值观念外在表达形式的全盘更新为标准。政治价值体系的变革是一个牵涉到时代发展主题、价值体系内在层次和所在环境传统与现实资源的综合过程。政治价值体系的变革路径要避免激进的变更形式，也要谨防逡巡不前、顽固守旧。以信念指向变革为核心的渐进式变革道路是现代价值体系变迁阻力最小，因而也是最为合理的路径。在现代政治价值体系的渐进变革中要努力实现应对市场经济所引发的时代诉求和时代诉求在具体条件下的不同表现之间的平衡；表达政治价值信念的概念形式创新与信念指向调整的结合；新政治价值观念与传统资源的和谐共生。

最后，现代政治价值体系究竟是一元抑或是多样，政治价值的核心信念是恒常抑或是流变、政治价值可欲性的基础是绝对还是相对，对这些问题的回答在极限意义上构成普遍主义与历史主义两种认知范式的深刻分歧。仔细剖析政治价值体系背后方法论的内涵与表现，既是对作为精神劳作产物的价值体系把握的深化，也是进一步挖掘西方近现代政治价值体系构造所具有的借鉴意义的基础所在。现代政治价值体体系建构在应对“权力悖论”挑战这一功能需要上，具有时代的共性或普遍性特征，而具体政治价值内涵的表现则具有个性的、本土化的色彩。在步入现代社会以后，市场经济、市场机制成为人们不得不面对的历史现实，从而使之所提出的时代挑战不仅具有必要性而且具有某种必然性。这恰如福山所言，“经济增长为所有社会带来了某种统一的社会变革，无论它们过去的社会结构如何”。在应对市场经济过程中所形成的有利于化解权力悖论的规范、价值与理念便具有特定时代的不可侵犯、不可消解性，从而构成特定时代的政治价值信念指向。虽然如此，不同国家和同一个国家不同阶段在落实政治价值信念指向时候如何形成具体的政治价值信念话语、如何阐释自己的价值理念与价值规范，如何建立具体的落实机制，却是一个需要结合自身文化背景、历史传统、社会结构去摸索与探求的过程。这种时代普遍性与历史具体性相结合的结果必然是具体的价值信念、价值理念和价值规范的差异性、具体实践路径的多样性、具体政治价值体系形式的多元性。尽管如此，形式的多样性最终不能否定功能需求实质上面的同一性。正是在这个意义上，笔者认为现代政治价值体系是普遍性与特殊性的复合性统一。

[作者单位：山东大学（威海）]

规范推理的基本形式及其逻辑表达

张传新

道义逻辑被认为是哲学逻辑中“最成问题的”的一个分支。之所以如此是因为作为其研究对象的规范推理不仅仅是基于规范之间的逻辑关系所进行的推理，也不仅仅是当现实情境符合规范适用条件时所进行的推理（我们称之为涵摄义务推理），它还要研究规范被违反时所进行的推理（我们称之为渎职义务推理）、存在规范困境时所进行的推理（我们称之为道义困境推理）、存在例外规范时所进行的推理（我们称之为例外义务规范推理）。据我们所知现有的道义逻辑往往只能刻画其中一种或几种规范推理模式，从而导致了大量的道义悖论的产生。

一　规范违反与渎职义务推理问题

在现实规范领域普遍存在着规范被违反的情况，正是因为存在着规范被违反的可能性，才使得道义逻辑成为一个有用的工具。人工智能研究的领袖人物 McCarty 认为：“道义逻辑研究的一个主要特点是规范并非总是被遵守，只有在一个被禁止的行为发生了或者一个应当的行为没有发生的时候，我们才需要道义逻辑的机制确定相应的违规行为并采取合适的行动。”如果假定主体总是按照规范的要求行动，那么规范性要求便变得毫无意义：如果主体的实际行为不偏离理想的模式，那么仅仅描述主体实际上做了什么就可以了。并且只要有义务被违反的可能，就有相应的渎职义务存在的必要。所谓渎职义务就是一种只有在相关义务（初始义务）被违反的情况下才具有效力的义务。因为只要规范被违反就必须有相应的义务作为救济，因此，渎职义务又被称为救济义务。例如，伦理规范要求一个人应当履行诺言，但是，如果每个人都能够履行自己的诺言，不存在或者不允许出现违背诺言的可能，那么这个规范就不再有存在的必要。而要使人们自觉地履行自己的义务就必须规定如果规范被违反的情况下应当怎么办。如：

（1）你应当履行诺言。

（2）如果你没有履行诺言，你就应当道歉。

其中（2）就是相对于（1）的一个渎职义务。另一方面，规范被视为对人的行为进行控制的一种机制。一个理性的人被假定为尽量选择受到最小的惩罚，因而理想的选择是不违反规范；但是，如果他违反规范，他应当尽可能地选择一种不太坏的方式。例如，一个贼不应当使用暴力，一个绑匪不应当杀害人质。Bench-Capon 认为在法律的很多地方，规范的作用相当于他所称的“选择理性行为的价目表”。他认为“在现实的法律中存在着一个基本的区分：一方面理想的要求应当是什么，另一方面实际上又是什么。道义逻辑本质上是就是对这种差异的表达和分析。”

渎职义务推理就是在初始义务被违反的情况下应如何进行的规范推理，它因为齐硕姆悖论（Chisholm paradox）的发现而受到人们的特别关注。道义悖论并不是通常意义上的逻辑悖论，而是指根据某个道义逻辑理论，基于一致的或者符合直观的前提集合却推出了不一致的或者不符合直观的结论。在大量的道义悖论中，最难缠的似乎就是齐硕姆悖论，它实质上是渎职义务悖论（Country-To-Duty obligation，简称 CTD）的一个具体例示。直接表现为如何形式刻画由下面四个语句构成的集合：

例 1　齐硕姆语句集合

（1）你应当去帮助你的邻居。

（2）如果你去帮助你的邻居，你应当告知他你要去。

（3）如果你不去帮助你的邻居，你应当不告知他你要去。

（4）你没去帮助你的邻居。

标准道义逻辑（Standard Deondic Logic，简称 SDL）用三个模态算子符号“O”、“P”、“F”分别表达规范概念“应当”、“允许”、“禁止”，结合相应的命题语句构成表达规范的规范命题，如 OA 表示“A 是应当的”，或者“A 是一个义务”等。这里我们用 h 表示前去帮助邻居，用 t 表示告知邻居，可得到以下表达式集合：

（1′）Oh；

（2′）$O(h\rightarrow t)$；

（3′）$\neg h\rightarrow O\neg t$；

(4′) ¬ h.

适用 SDL 中广泛接受的道义单调性原则（Monotonic principle，简称 RM。该原则又被称为遗传规则 inheritance rule，或者分配原则 distributive rule）：

$$RM: \vdash O(A \to B) \to OA \to OB,$$

则根据（2'）可以推出

(5') Oh→Ot;

对（1'）和（5'）适用道义分离规则（Deontic detachment，简称 DD）：

$$DD: \vdash OA \wedge (OA \to OB) \to OB,$$

则可以推出：

(6') Ot。

对（3'）和（4'）适用事实分离规则（Actual detachment，简称 AD）：

$$AD: \vdash (A \wedge (A \to OB)) \to OB,$$

则可以推出：

(7') O ¬ t。

根据（6'）和（7'）则可以推出：

(8') Ot ∧ O ¬ t.

很显然（8'）违背了标准道义逻辑中的另一个基本原则：道义一致性原则（no obligation conflict principle，简称 D）：

D：⊢¬（OA ∧ O ¬ A），即相矛盾的对象不能成为义务。

因为 D 原则的存在才使得 SDL 对齐硕姆语句集合的形式刻画成为悖论，因此，最自然的解决方法就是构造不包含 D 原则的道义逻辑系统，其中最具代表性的是由 van Fraassen 和 Chellas 构造的极小道义逻辑系统（minimal deontic logic）。根据这些道义逻辑系统，虽然一个系统能够推出 OA 和 O ¬ A，但是因为 D 原则无效，所以不再被视为一个矛盾（这是因为与 OA 相矛盾的是¬ OA，而拒绝 D 原则的实质是否定了与之等价的康德原则：OA→PA，从而也排除了 O ¬ A↔¬ OA 的有效性）。事实证明这是一个极弱的道义逻辑系统，在解决齐硕姆悖论的同时，将一些非常具有直观有效的推理模式也排除了，其中重要的一个原则就是聚合原则（Aggregation principle，简称 AND）：

$$AND: \vdash OA \wedge OB \to O(A \wedge B)$$

而排除这个原则的一个直接后果是导致了新的悖论的产生。

例 2 斯密斯服兵役的推理

假设有以下语句集合：

(1) 斯密斯应当服兵役或者做公务员：O (F∨S)

(2) 斯密斯应当不服兵役：(O ¬ F)

根据直观，我们应当能够根据以上前提推出斯密斯应当做公务员 OS 的结论，然而，因为没有聚合原则，所以，赖以推出 OS 的 O ((F∨S) ∧¬ F) 是无效的，所以，在这些系统中无法推出 OS 的结论。

解决齐硕姆悖论的另一种方法是构造二元道义逻辑（Dyadic deontic logic，简称 DDL），用二元道义公式 O (B | A) 表示在 A 的条件下应当 B。并根据规范适用的条件对"应当"做不同意义上的解读，即将"你应当帮助你的邻居"视为一个初始义务（prima facie obligation），将"如果你不去帮助他，你应当不告知他你要去"视为一个渎职义务。或者将规范推理定义为特定主体根据一个特定情形下的规范集合推出实际选择的义务的推理过程，则出现在前提集合中的规范被称为是理想义务，而将被推出的义务称为全盘考虑的义务（all-things-considered obligation）或者实际义务（actual obligation）。据此，齐硕姆语句集合可以被形式刻画为：

(1″) O (h | T)；

(2″) O (t | h)；

(3″) O (¬ t | ¬ h)；

(4″) ¬ h.

其中 T 指任意逻辑重言式，表示规范的缺省条件。在这里（3″）所表达的义务是（1″）所表达的义务的一个渎职义务，即在只有（1″）被违反的情况下（3″）才具有效力，之所以在 SDL 中出现了齐硕姆悖论是因为对规范产生效力的条件绝对化了，从而无法处理当相关义务被违反后应当怎么办的问题。在 DDL 中为了避免齐硕姆悖论，通常采用的方法是排除前件强化原则（Strengthening the Antecedent，简称 SA）：

$$\text{SA}: \vdash O(A|B) \rightarrow O(A|B \wedge C)$$

SA 无效的直接后果是不会根据前提（1″）和（2″）推出 O (t | ¬ h) 的结论，从而避免了矛盾的产生。但是，正如后来人们所发现的，在有些情形下，前件强化原则似乎是应当有效的，而这些系统并不能很好地处理这些情形。例如：

例 3 餐桌礼仪悖论

(1) 你应当不直接用手抓饭吃：O (¬ f | T)

（2）你应当将餐巾铺在你的膝盖上：O（n | T）

（3）如果你吃的是芦笋，你应当直接用手抓着吃：O（f | a）

我们可以说第三条义务的条件违反了第一条义务，即（3）表达的义务是（1）表达的义务的渎职义务，因此，在 a 为真的条件下不应当受到第一条规则规制，也就是说我们不能将其前件强化为：

（4）如果你吃的是芦笋，你应当不直接用手抓着吃：O（¬ f | a）

但是，现在的问题是第二条规则，它并没有被第三条规则推翻，因而似乎有理由根据（2）、（3）推出：

（5）如果你吃的是芦笋，你应当将餐巾铺在你的膝盖上：O（n | a）

遗憾的是在缺乏 SA 原则的二元道义逻辑中，该推理却是无效的。

以上分析表明，对规范推理进行形式刻画构建的道义逻辑既不能太强，从而导致在规范被违反的情况下导致齐硕姆悖论；也不能太弱，从而将一些直观有效的推理模式排除在外。这是因为作为规范推理前提的规范具有缺省的性质，或者说是具有概称句的结构，它们只能相对于特定的条件下被适用，而规范推理所面对的却是一个开放的语境，只有相关条件与规范适用的条件一致的情况下才能被适用，而当不一致的条件存在时，原来根据缺省条件得出的结论被废止。因而规范推理的规则非常类似于非单调推理或者可废止推理文献中的规则，例如 SA 规则非常类似于可废止推理中所称的“确定性保存原则（determinacy preservation，简称 DP）”：

$$\text{DP: 如果 } A \mid\sim B\text{, 并且 } A \wedge C \mid\not\sim \neg B\text{, 那么, } A \wedge C \mid\sim B.$$

总之，我们认为规范的缺省结构决定了规范推理是一种非单调性推理，形式刻画规范推理的道义逻辑也必须具有非单调逻辑的机制，之所以在传统的道义逻辑中出现了大量的道义悖论，就是因为它们缺少这种机制。

当然，为处理齐硕姆悖论，还有一些学者提出了将道义逻辑与时态逻辑、行为逻辑等相结合，构建时态道义逻辑（如［Åqvist，Hoepelman，1981］，［van Eck，1982］、［Loewer，Belze，1983］、［张莉敏，2006］等）、行为道义逻辑（如［Castaned，1981］、［Meyer，1988］等）等系统。我们说这些系统只能解决部分与时间、行为等因素相关的渎职义务悖论，例如：

例 4 图书馆借阅条例

（1）所借图书应当在一个月内归还。

（2）逾期不还者应当缴纳罚款。

语句（1）所表达的义务只在借阅图书后的一个月内具有实际的效力，超过了一个月后则不再具有效力；而语句（2）表达的义务只有在借阅图书满一个月后才具有效力，在没有满一个月之前不具有实际的效力。通过将时间因素作为规范生效的条件，从而可以避免应当归还图书与应当交纳罚款的义务之间的冲突。但是，时间因素仅仅是确定规范推理可废止性的一个条件，还有很多的渎职义务悖论不涉及或者不明显地涉及时间因素，如，例 1 和例 3 所描述的情形就无法通过或者直接通过时态道义逻辑解决。自从 Prakken 和 Sargot 在 1996 年提出了一个关于度假别墅管理规定的例子后，对渎职义务推理的研究就很少再把时间作为一个必要因素构建道义逻辑了。行为道义逻辑等情况与此类似，都只能解决部分渎职义务悖论，而不具有普遍性。对于借助于其他因素以对相关义务作出区分所构建的道义逻辑系统都存在着相同的问题。

如上所述，渎职义务悖论的实质是在义务被违反后应当怎么办？很显然，这个问题是与规范推理的实践应用具有密切关系的，因为规范在现实中都存在被违反的可能性。它不仅仅涉及规范推理的机制问题，还直接涉及对于什么是“应当”的语义解释问题，因为根据道义逻辑的可能世界语义理论，通常把 OA 定义为在可能世界 w 中为真，当且仅当 A 在 w 的所有理想可及世界或者道义替代世界里为真。而如果所有的规范都被遵守，那么这将是一个理想的世界，也就不必要存在规范的必要了，相应的道义逻辑也将坍塌为一个真势逻辑系统，例如，在现代道义逻辑产生之前，Mally 在 1926 年曾经构造过一个公理化的道义逻辑系统。该系统被证明是一个失败的系统，之所以失败就在于该系统可以推出 $A \leftrightarrow OA$ 的定理，即所有实现的都是应当实现的，而所有应当实现的都已经实现了，最终退化为一个不含道义模态词的经典模态逻辑系统。因此，形式刻画渎职义务推理成为道义逻辑必须解决的一个重要问题，也是评价一个道义逻辑系统能否充分地处理道义推理的一个重要的标准。

二　道义困境与道义爆炸问题

所谓道义困境（Deontic Dilemma）是指这样一类特定的情形，基于一个意义明确的“应当”，一个事态 A 既是应当实现的又是不应当实现的，也就是在这类情形中，OA 与 $O\neg A$ 都为真。或者更宽泛地说，一个道义困境是指一类特定的情形，其中存在不一致的事态 A 和 B，OA 与 OB 都为真。再宽泛一点说，一个道义困境是一类情形，其中事态 A 和 B 是不可能都得到实现的，即使二者都应当得到实现。这里所谓的不可能可以是指基于讨论所在的语境

的任意不可能性，既可以是哲学上的不可能性，也可以是非常现实的不相容性。这些情形意味着在条件 B 下，A 所描述的事态是应当实现的，而在同样的条件下非 A 所描述的事态也是应当实现的，即 O（A | B）与 O（¬ A | B）都为真。

对于道义逻辑是否应当容纳道义困境以及如何形式刻画存在道义困境的规范推理在道义逻辑研究中存在着激烈的争论。在道义逻辑发展的早期，曾经存在着一个反对存在道义困境的可能性的传统。Horty 对这种观点的多种形式进行过分析，Forrester 也提供了丰富的材料。这种传统的观点很多都坚持认为：那些表面上看起来所谓的道义困境，如一个主体应当做 A 并且应当做 B，但是不能既做 A 又做 B 的情形事实上并不是真正的道义困境，它们仅仅是应当做（A 或者 B）的情形。然而理论上是否承认道义困境存在的可能性并不是问题的关键，关键是在规范领域确实存在着大量的涉及道义困境的情形。Routley 与 Plumwood 对于道义困境如何普遍存在于我们的生活中有详细的讨论。例如下面是由 Horty 举出的一个例子：

例 5 琼斯看望女儿的困境

（1）琼斯应当在一个特定的时间（例如举行婚礼时）看望他的女儿艾比：(Ov_a)。

（2）在这种情况下他应当先告诉她他要去，然后再去看望她似乎也是应当的：(O（$V_a \wedge N_a$)。

（3）琼斯应当看望他的另一个女儿贝丝，并且也应当告诉她他要去看望她：(O（$V_b \wedge N_b$)。

（4）艾比与贝丝居住在一个国家相对的两端，这就导致琼斯不允许在同一时间（两人同时举行婚礼）既看望艾比又看望贝丝：¬ P（（$V_a \wedge N_a$）∧（$V_b \wedge N_b$)）。

这里我们暂时用¬ P（（$V_a \wedge N_a$）∧（$V_b \wedge N_b$)）表示客观情况决定了不允许琼斯既看望艾比并告知她又看望贝丝并告知她的事实，当然我们也可以用¬ ◇（（$V_a \wedge N_a$）∧（$V_b \wedge N_b$)）表示这种情况。在这样的情况下，根据我们前面提到的 RM 规则，由 O（$V_a \wedge N_a$）可以推出 ON_a，同样由 O（$V_b \wedge N_b$）可以推出 ON_b。又因为 N_a 与 N_b 是一致的，经适用 AND 规则可以推出 O（$N_a \wedge N_b$）也都为真，也就是说琼斯应当告知他的两个女儿他将去看望她们，即使他只能看望其中的一个女儿，但是他也应当告知她们两个他要去看望她们，很显然这是荒谬的。

道义困境造成的最大问题是会导致所谓的道义爆炸（deontic explosion，

简称 DEX)，其意思是说如果存在道义困境，那么（做）所有事情都是应当的。用公式表达就是：

$$\text{DEX}: \vdash (OA \wedge O\neg A) \rightarrow OB.$$

表面看起来产生道义爆炸的原因在于构建道义逻辑时所依赖的作为其基础的经典逻辑（通常为命题逻辑）中包含的由假得全原则（ex falso quodlibet，简称 EFQ)：

$$\text{EFQ}: \vdash (A \wedge \neg A) \rightarrow B$$

因为该原则是经典逻辑的一个基本假定，而道义逻辑通常被视为是模态逻辑的一个分支，即在经典逻辑形式语言的基础上加上道义模态词 O、P、F〔或者 O（—|—)、P（—|—)、F（—|—)〕建立起来的，其自然地也继承了包括 EFQ 原则所导致的问题。另外一个解释与标准道义逻辑所包含的聚合原则和分配原则有关：假设 OA 和 O¬A，并且¬◇（A∧¬A)，A→A∨B，适用分配原则，则 OA→O（A∨B)，同样，O¬A→O（¬A∨B)，适用聚合原则，则 O〔（A∨B）∧（¬A∨B)，它等值于 O（B∨（A∧¬A)〕，而后者又等值于 OB，所以，可以得出结论（OA∧O¬A）→OB。也就是说如果存在着道义困境，则做任何事情都成为义务。其他以经典逻辑为基础构建的模态逻辑也会出现类似的问题。但是，这个问题在道义逻辑中表现得尤为突出，这是因为在规范领域中道义冲突的存在是普遍的并且是现实的，而在其他逻辑中，虽然所构建的系统存在由假得全之类的假定，但往往并不具有现实的基础，例如，我们很容易确认在逻辑意义上□A 和□¬A 是相冲突的并且不可能都真，而在道义逻辑中，虽然 OA 与 O¬A 也是相互冲突的，但是，基于不同的规范渊源却有可能都真。例如，基于法律规范，你应当检举你涉嫌犯罪的朋友，而基于伦理或者某种信念，你应当不检举你涉嫌犯罪的朋友。并且我们不能据此推出（做）所有的事情都是应当的，也不能完全地拒绝推理。

解决道义爆炸问题首先要做到的是剔除道义一致性性原则 D，因为它根本否定道义冲突存在的可能性，其次分析产生道义爆炸的原因，剔除或者限制产生道义爆炸的推理规则，事实证明这是道义逻辑研究中存在的最复杂的问题之一。这是因为任何包含我们前面提到的遗传原则 RM、聚合原则 AND 和由假得全原则的逻辑系统都将导致道义爆炸。因此，道义逻辑要能够充分地处理道义困境并避免道义爆炸都必须拒绝原则 RM、AND、EFQ，或者至少其中的一个。

使问题更加复杂的是，如果加入逻辑等值置换规则（rule of replacement for equivalents，简称 RE）：

RE：如果 $\vdash A \leftrightarrow B$，那么，$\vdash OA \leftrightarrow OB$，

则 RM 等价于分配原则（distributive principle，简称 M）和析取规则（disjunctive rule，简称 OR）：

M：$\vdash O(A \wedge B) \rightarrow (OA \wedge OB)$；

OR：$\vdash OA \rightarrow O(A \vee B)$。

而等值置换规则 RE 对于任意合理的道义逻辑似乎都是一个必要条件。这就意味着在 RM 有效的情况下，M 和 OR 都是可以推出的（当然是在 RE 有效的条件下）；在假定 RE 有效的情况下，则根据 M 或 OR，RM 也是可以推出的。因此，若 M 或 OR 有效则同样会导致 DEX。现在的问题是那一种方法最可取呢？

Lou Goble 认为一个能够处理道义困境的（一元）道义逻辑应当满足以下标准：

第一，一致性（consistency）原则。冲突（OA，OB）不能在一个逻辑中推出矛盾。至少要明确存在规范冲突的可能性。

第二，无不足道性（Non-triviality）原则：一个能够充分处理规范困境的道义逻辑避免道义爆炸以及类似的情况，即使下面的道义爆炸原则无效：

DEX－1：如果 $\vdash B$，那么，$\vdash (OA \wedge O\neg A) \rightarrow OB)$.

DEX－2：$\vdash (OA \wedge O\neg A) \rightarrow (PB \rightarrow OB)$.

DEX－3：$\vdash (OC \wedge PC) \rightarrow [(OA \wedge O\neg A) \rightarrow (PB \rightarrow OB)]$.

第三，强度性（strength）原则：一个能够容纳道义困境的道义逻辑应当通过增加道义一致性原则 D：$\vdash OA \rightarrow \neg O \neg A$ 作为一个公理使其等价于标准道义逻辑 SDL。

van Fraassen 在 1972 年，Chellas 在 1980 年，Lou Goble 分别在 2004 年、2005 年、2009 年都构建了容纳道义困境的道义逻辑。其中前几个采用的方法是剔除某个或者某几个标准道义逻辑的基本原则，结果是所构建的系统太弱，从而使一些可欲的推理模式无法得到刻画。Lou Goble 采用了限制而不是完全剔除某个或者某几个道义原则的方法，但是，所用到的限制条件需要在该系统之外通过用户自主地作出判断，因此我们认为它不是一个充分的形式系统。

需要指出的是尽管在形式结构，乃至于解决方案上，道义困境与道义爆炸问题与渎职义务推理问题以及后面要提到的例外义务推理问题有很大的相似性，但是，这是两个不同的问题。前者讨论的问题直接表现为哪一个原则应当、不应当包含在一个道义逻辑中，以使其能够处理道义困境。而后者涉及的问题是如何在相冲突的义务中进行选择。也应当与可废止推理研究文献中经常面对的问题区别开来，后者处理的问题是一个人拥有的信息依据传统的观点导致不一致的结论，可废止推理采用的方法使其中的一些信息废止了其他信息的应用，因而事实上并没有真正的冲突的出现（鸟会飞，企鹅是鸟，企鹅不会飞，X 是一个企鹅。那么我们可以得出结论说 X 不会飞，因为它是一只企鹅；我们不会得出结论说 X 会飞，尽管它是一只鸟。在这里因为企鹅不会飞的规则比鸟会飞的规则更具特异性，所以，前者废止了后者的适用）。与此类似，一个人可能拥有的信息得出结论说他应当做 A，但是进一步的信息得出结论说他应当做 B，但是 A 与 B 是不相容的，而后者遮蔽或者废止了前一个义务。（例如，一个规范集合，其中的一个规范要求应当做 A，而另一个规范要求禁止做 A，但是还可能存在一个关于等级的程序表明在特定的情境中后一个规范优先适用于前一个规范，因而禁止做 A 的规范废止了允许做 A 的规范。）而道义困境所描述的是在 A 与 B 不相容时，OA 与 OB 没有一个是被废止的或者是相互废止的。但是，我们认为这种区分也不是绝对的，因为二者涉及的基本问题都是在推理的前提集合中存在相冲突的信息时如何得出相应结论的问题。在可废止道义逻辑中，基于冲突的信息可能形成不同的扩张，当前提集合中的规则存在着优先关系，或者事实之间存在特异性差异的时候，我们可以基于这种优先关系或特异性选择其中的一个扩张作为推理的结论，而当无法区分这种关系的时候往往只能是一种策略（轻信的策略或者谨慎的策略）的选择，这时候的可废止推理实质上处理的就是一个道义困境问题。而就 Goble 所构建的处理道义困境的 DPM 系统来看，只不过把他认为是不言而喻的隐含条件作为推理的前提加入到前提集合中，从而限制相应的推理规则的适用而已。而如果排除这样一种可能性，即构成道义冲突的两个义务并不具有可以根据某种优先关系以其中的一个义务废止另一个义务，那么就应当采用道义困境推理的模式。

三　例外义务与例外义务推理问题

对于我们前面所举的例 3 还存在着另一种解释，这就是将（3）表达的规则视为（1）表达的规则的一个例外。

例 6　餐桌礼仪悖论（续）

（1）你应当不直接用手抓饭吃：$O(\neg f \mid T)$

（2）你应当将餐巾铺在你的膝盖上：$O(n \mid T)$

（3）如果你吃的是芦笋，你应当直接用手抓着吃：$O(f \mid a)$

也就是说当你吃的是芦笋，并且直接用手抓着吃的行为并没有构成对应当不直接用手抓饭吃的义务的违反，基于渎职义务是只有在特定义务被违反的条件下才产生效力的定义，严格来讲（3）表达的义务并不是一个渎职义务而是一个例外义务。刻画例外义务推理遭遇到的最大困难在于它的适用条件是与之对应的典型义务的适用条件的一个具体形式。就本例而言，我们可以把（1）表达的规范的适用条件理解为对“就餐”的一种缺省表达，而吃芦笋显然是就餐的一种具体形式，因此，适用前件强化原则 SA，可以根据 $O(\neg f \mid T)$ 和 a 推出 $O(\neg f \mid a)$，从而与（3）表达的规范相矛盾。

例外义务推理非常类似于人工智能与计算机科学领域所研究的常识推理，即根据一个关于典型事例的规则得出一个结论，而对于一个关于具体事例的规则得出另一个结论。然后根据特异性原则，后者废止前者。在多个可废止道义逻辑中采用的就是这种方法。但是，问题是在道义逻辑中还存在常识推理所不能刻画的其他一些可废止推理模式，即前面讨论的渎职义务推理和道义困境推理，因此，当以这类道义逻辑处理非例外义务推理的时候就无法给出令人满意的解决方案。

四　涵摄义务推理问题

涵摄义务推理是本文在道义逻辑研究中首先提出的一个概念，长期以来这种推理模式之所以没有受到人们的关注，是因为这种推理模式是通过经典逻辑的一些基本原则就可以很好实现的一种推理模式。这主要表现为两个方面。

第一，前件强化原则 SA。与例外义务推理相反，在现实的规范推理中存在的大部分或者典型的推理模式都是通过适用前件强化原则实现的。例如：

例 7　涵摄义务推理

（1）上课时你应当认真听讲：$O(s \mid t)$

（2）你上逻辑学课。$t \wedge l$

根据以上前提我们当然希望能够得出结论 $O(s \mid t \wedge l)$，这是因为 $t \wedge l \rightarrow$

t，并且（2）所描述的事实条件并不是适用（1）所表达的规范的例外。

第二，事实分离原则FD。以A以及在A的条件下应当做B的义务作为前提，那么就可以推出一个应当做B的现实义务。即：$A\wedge O(B \mid A)\rightarrow OB$。这是一个非常符合直观的推理模式。问题是基于处理渎职义务推理等原因，很多道义逻辑并不包含FD，从而使这些可欲的推理模式被排除在外，这不能不说是这些道义逻辑的缺陷。但是，如果包含这个原则，在处理渎职义务、例外义务、道义困境推理时就会导致不一致的结论的出现。因此，这也成为道义逻辑研究中的一个难题。Åqvist曾经悲观地说："我们似乎感觉到分离原则应当是可能的，但是，两种方法（指事实分离原则和道义分离原则）都无法做到这一点，我们真的能做到吗？这是一个关于义务与分离原则的难题。"

也许单独刻画某一种类型的规范推理模式对于道义逻辑而言并不是一件特别困难的事情，但是，要在一个逻辑系统中对以上列举的所有推理模式都进行恰当的刻画才使得问题变得复杂起来。这就要求，第一，一个充分的道义逻辑首先能够区分不同类型的规范推理模式，并对其形式结构予以准确的刻画。第二，不能单单为了刻画某种类型的推理模式而简单地剔除某个或某些基本的原则，其结果往往导致所构建的系统太弱，而不能刻画另外一些可欲的推理模式，如前面所提到的极小道义逻辑系统。可取的方案应当是对一些原则的适用条件予以必要的限制，根据相应的条件确定这些原则是否可以适用，这就决定了所构建的系统必然是非单调的系统。第三，虽然标准道义逻辑所包含的几乎每一个原则都受到了批评，但是，鉴于迄今为止它依然是最为基础的道义逻辑系统，以此作为研究的起点不失为一个合理的选择。

［作者单位：山东大学（威海）］

高职大学生公益创业教育研究

张爱娜

第一部分　山东省高职院校创业教育现状调查报告

为了解山东省高职院校创业教育及公益创业教育整体状况，查找问题，分析原因，提出对策，促进高职院校创业教育的发展。2013 年 10～12 月，我们在山东省内选取 10 所高职院校开展“山东省高职院校大学生创业教育现状调查”，选取调研学校的过程中，注意区域代表性和覆盖广泛性，具有综合性院校和行业性院校兼顾、参与调查的大学生多专业和多年级兼备的特点，力求保证调查的全面性和客观性。

一　调查对象的基本情况

本次参与调研的学校有山东商业职业学院、山东科技职业学院、青岛酒店管理学院、烟台工程职业学院、聊城职业学院、山东药品食品职业学院、临沂职业学院、淄博职业学院、泰山职业学院、威海职业学院，共发放调查问卷 1000 份，每个学校投放问卷 100 份，共回收问卷 993 份，回收率为 99.3%，剔除回答不完整问卷 16 份，回收有效问卷 977 份，有效率 98.4%。

参与调查的女生人数为 579 人（占 59.3%），男生人数为 398 人（占 40.7%），其中，就读大学一年级的学生为 181 人（占 18.5%），就读大学二年级的学生为 579 人（占 59.3%），就读大学三年级的学生为 216 人（占 22.1%）。参与调查学生所学专业涉及会计、生化制药、汽车检测与维修、市场营销、工商企业管理、机电一体化、电子商务、物流管理、建筑工程、护理等 19 个专业。

调查问卷由创业倾向、创业教育、创业环境、公益创业、个人状况五部分构成，共设计了30道问题。调查问卷回收后，运用SPSS1.7进行数据处理和分析。

二　调查结果统计与分析

（一）高职大学生的创业倾向状况

1. 对创业感兴趣的学生多，将创业付诸行动的学生少

调查数据显示（见表1），41.4%的大学生表示对创业很有兴趣，35.1%的大学生表示对创业较有兴趣，只有4.5%的高职大学生明确表示对创业没兴趣或不太感兴趣；有60.8%的大学生在校期间从事过勤工俭学、做小生意和开网店等营利性活动（见表2）。表明大多数高职大学生有创业意愿，并具有一定的商业经营意识，通过在校园开展多种形式的商业经营活动，探索校园创业，实现经济独立，或者通过勤工俭学等方式赚取学费和生活费用，减轻家庭负担。如表3所示，正在创业和曾经创业的学生的比例为5.5%，64%的大学生表示将来打算创业，说明高职大学生对真正进行自主创业持谨慎态度。

表1　高职大学生对创业是否有兴趣情况

		频率	百分比	有效百分比	累计百分比
有效	很有兴趣	404	37.9	41.4	41.4
	较有兴趣	343	32.1	35.1	76.5
	一般	185	17.3	19.0	95.5
	不太感兴趣	36	3.4	3.7	99.2
	没兴趣	8	.7	.8	100.0
	合计	976	91.5	100.0	
无效	System	91	8.5		
合计		1067	100.0		

表2　高职大学生在校期间从事过营利性活动情况

		频率	百分比	有效百分比	累计百分比
有效	是	594	55.7	60.8	60.8
	否	380	35.6	38.9	99.7
	3	2	.2	.2	99.9
	5	1	.1	.1	100.0
	合计	977	91.6	100.0	

续表

		频率	百分比	有效百分比	累计百分比
无效	System	90	8.4		
合计		1067	100.0		

表 3　高职大学生是否打算创业的情况

		频率	百分比	有效百分比	累计百分比
有效	完全没考虑过	58	5.4	5.9	5.9
	考虑过但不打算尝试	241	22.6	24.7	30.6
	将来打算尝试	625	58.6	64.0	94.6
	正在进行创业	31	2.9	3.2	97.7
	曾经尝试过创业	22	2.1	2.3	100.0
	合计	977	91.6	100.0	
无效	System	90	8.4		
合计		1067	100.0		

2. 创业出发点主要基于个人利益和追求，部分大学生创业考虑公共利益

调查数据显示（见表4），59.5%的大学生创业出发点是基于向往个人的自由和独立，56.6%的大学生是为了获得更高的经济收入。9.8%的大学生创业出发点是为社会弱势群体提供帮助，7.3%的大学生创业出发点是为了解决民生问题。一方面说明90后大学生崇尚和追求个人自由，包括经济自由，另一方面我们也能看到，17.1%的大学生关注社会问题，愿意承担社会责任。

表 4　高职大学生创业出发点调查

		反应		样本百分比
		样本数	百分比	
创业出发点	获得更高的经济收入	553	21.5%	56.6%
	向往个人自由和独立	581	22.6%	59.5%
	想自己当老板	397	15.5%	40.6%
	想接受挑战，喜欢冒险	309	12.0%	31.6%
	迫于就业压力	111	4.3%	11.4%
	获得锻炼，有利于成长	432	16.8%	44.2%
	为社会弱势群体提供帮助	96	3.7%	9.8%
	解决民生问题	71	2.8%	7.3%

续表

		反应		样本百分比
		样本数	百分比	
创业出发点	其他	17	.7%	1.7%
合计		2567	100.0%	262.7%

3. 经验、资金和社会关系是影响大学生创业的三大问题

被调查的大学生认为创业面临的困难排在前三位的是：缺乏经验（68.1%）、缺乏资金（65.4%）、缺乏社会关系（56.9%）（见表5）。可以看出，高职大学生对创业所面临困难的思考和认识，也可以看到高职院校创业教育需要努力的方向和改进的重点。

表5　高职大学生创业面临问题调查

		反应		样本百分比
		样本数	百分比	
大学生创业面临问题	缺乏经验	665	24.4%	68.1%
	缺乏社会关系	556	20.4%	56.9%
	缺乏资金	639	23.5%	65.4%
	合作伙伴难找	129	4.7%	13.2%
	专业知识和自身能力欠缺	271	9.9%	27.7%
	缺少创业机会	135	5.0%	13.8%
	不了解政策法规，国家的优惠政策不能有效落实	98	3.6%	10.0%
	没有合适的创业项目	94	3.5%	9.6%
	缺少专业的指导	133	4.9%	13.6%
	其他	4	.1%	.4%
Total		2724	100.0%	278.8%

（二）高职院校创业教育现状

1. 接受创业教育已成为大学生的共识，创业教育最佳时机选择有差异

调查数据显示（见表6），42.3%的大学生认为非常有必要开展创业教育，49.5%的大学生认为有必要开展创业教育，需要接受创业教育已成为大学生的共识。在创业教育时机选择方面（见表7），19.5%的人认为接受创业教育的最佳时机是大学一年级，42.6%的人认为接受创业教育的最佳时机是大学二年级，21.9%的人认为接受创业教育的最佳时机是大学三年级，16%

的人认为接受创业教育的最佳时间是毕业后 1～2 年。说明不同年级的大学生对创业教育都有需求，希望能够学习创业知识和技能，也表明高职院校需要建立创业教育体系，保证创业教育能够贯穿大学教育，针对学生的不同需求分层实现创业教育目标，并能与毕业后的创业教育培训相衔接。

表 6　对在高职大学生中开展创业教育必要性的调查

		频率	百分比	有效百分比	累计百分比
有效	非常有必要	413	38.7	42.3	42.3
	有必要	484	45.4	49.5	91.8
	没必要	45	4.2	4.6	96.4
	不太关心	35	3.3	3.6	100.0
	合计	977	91.6	100.0	
无效	System	90	8.4		
合计		1067	100.0		

表 7　高职大学生接受创业教育的最佳时机调查

		频率	百分比	有效百分比	累计百分比
有效	大学一年级	190	17.8	19.5	19.5
	大学二年级	416	39.0	42.6	62.1
	大学三年级	214	20.1	21.9	84.0
	毕业后 1－2 年	156	14.6	16.0	100.0
	合计	976	91.5	100.0	
无效	System	91	8.5		
合计		1067	100.0		

2. 大多数高职院校已开设创业教育课程，人际交流与沟通技巧是大学生最看中的课程内容

调查数据显示（见表 8），86.6% 的大学生反映所在的高职院校已开设创业教育课程，13.4% 的大学生反映所在的学校没有开设创业教育课程。具体开设课程情况是：66.6% 的学校开设了大学生就业与创业指导课程，10% 的学校开设了创业教育理论课程，7.3% 的学校开展 KAB 创业教育，2.7% 的学校开展 SYB 创业教育。通过调查来看，大多数高职院校已开设创业教育课程，涵盖创业教育理论、KAB 和 SYB 创业教育，呈现创业教育与就业教育相结合的特点。

表 8　所在学校开设创业教育课程情况

		频率	百分比	有效百分比	累计百分比
有效	创业教育理论	97	9.1	10.0	10.0
	大学生就业与创业指导	647	60.6	66.6	76.6
	KAB 创业教育	71	6.7	7.3	83.9
	SYB 创业教育	26	2.4	2.7	86.6
	没有开设创业教育课程	130	12.2	13.4	100.0
	合计	971	91.0	100.0	
无效	System	96	9.0		
合计		1067	100.0		

在创业教育课程内容方面（见表 9），71.4% 的大学生认为人际交往和沟通技巧是创业教育课程中的重要内容，64.1% 的人认为需要开展与专业相关的创业实践活动，54.1% 的人认为需要开设市场营销培训。说明高职院校应进一步加强创业教育课程内容的实践性和应用性。

表 9　创业教育课程内容需求调查

		反应		样本百分比
		样本数	百分比	
课程内容	人际交流与沟通技巧	696	26.5%	71.4%
	市场营销	527	20.1%	54.1%
	开展一些与专业相关的创业实践活动	625	23.8%	64.1%
	财务税收法律知识	267	10.2%	27.4%
	案例分析	209	8.0%	21.4%
	工商企业管理知识	282	10.8%	28.9%
	其他	17	0.6%	1.7%
合计		2623	100.0%	269.0%

3. 高职院校已开展多种创业活动，创业技能培训对大学生创业最有帮助

通过调查发现，目前山东省高职院校已组织开展了多种创业活动，包括：创业知识讲座、创业经验交流、创业计划指导、创业技能培训、创业模拟实践、创业大赛等，53.7% 的大学生参加过创业知识讲座，38% 接受过创业计划指导，28.6% 的学生参加过创业经验交流，23.9% 的学生参加过

创业技能培训（见表 10）。参加调查的高职大学生认为创业技能培训（52.9%）、创业经验交流（51.3%）和创业计划指导（49.5%）对创业有帮助（见表 11）。

表 10　高职大学生参加创业活动情况

		反应		样本百分比
		样本数	百分比	
高职院校开展的创业活动	创业知识讲座	524	29.4%	53.7%
	创业经验交流	279	15.7%	28.6%
	创业计划指导	371	20.8%	38.0%
	创业技能培训	233	13.1%	23.9%
	创业模拟实践	139	7.8%	14.2%
	创业大赛	92	5.2%	9.4%
	其他	143	8.0%	14.7%
合计		2493	100.0%	255.2%

表 11　高职院校组织的创业活动是否有帮助

		反应		样本百分比
		样本数	百分比	
创业活动对高职大学生的帮助	创业知识讲座	341	13.7%	34.9%
	创业经验交流	501	20.1%	51.3%
	创业计划指导	484	19.4%	49.5%
	创业技能培训	517	20.7%	52.9%
	创业模拟实践	335	13.4%	34.3%
	创业大赛	187	7.5%	19.1%
	其他	124	5.0%	12.7%
合计		2493	100.0%	255.2%

4. 学校创业教育应加强创业技能训练和提升，缺少实践平台是学生最关注的问题

针对学校创业教育应注重的方面（见表 12），65.3% 的高职大学生认为应注重创业技能的训练和提升，50.7% 的学生认为应注重创业精神和创业意识的培养，47.1% 的学生认为应注重创业项目的策划和模拟实施。

表 12 学校开展创业教育应注重的问题调查

		反应		样本百分比
		样本数	百分比	
学校开展创业教育应注意问题	创业精神、创业意识的培养	494	18.5%	50.7%
	创业技能的训练与提升	636	23.8%	65.3%
	以专业知识为基础的创业教育	431	16.1%	44.3%
	创业项目的策划和模拟实施	459	17.2%	47.1%
	鼓励学生成立创业公司	198	7.4%	20.3%
	培养大学生开拓创新等素质	436	16.3%	44.8%
	其他	22	.8%	2.3%
合计		2676	100.0%	274.7%

创业技能提升方面存在的主要问题（见表 13），60.5% 的大学生认为缺少实践平台，56% 的大学生认为缺少创业方面专家的系统训练，54.7% 的大学生认为缺乏创业教育与专业教育的融合，45.7% 的大学生认为大学生自身对创业实践不重视。

表 13 创业教育存在的问题调查

		反应		样本百分比
		样本数	百分比	
创业技能提升存在的问题	缺少实践的平台	589	23.7%	60.5%
	缺少创业方面专家的系统训练	545	22.0%	56.0%
	缺乏专业教育与创业教育的融合	533	21.5%	54.7%
	大学生自身对创业实践重视不够	445	17.9%	45.7%
	创业教育的实践环节没有形成体系	329	13.3%	33.8%
	其他	40	1.5%	4.1%
合计		2481	100.0%	254.7%

（三）高职大学生对公益创业认知现状

1. 高职大学生对公益创业了解较少，参加志愿公益活动频率不高

调查数据显示（见表 14），23.1% 的大学生从未听说过公益创业，31.4% 的大学生只知道公益创业是兼顾社会公共利益的创业，42% 的大学生大致了解含义，但不清楚具体操作，只有 3.5% 的大学生对公益创业的含义和具体操作都了解。

表 14　高职大学生对公益创业的了解程度调查

		频率	百分比	有效百分比	累计百分比
有效	没听说过公益创业	225	21.1	23.1	23.1
	只知道是兼顾社会公共利益的创业	306	28.7	31.4	54.4
	大致了解含义，但不了解具体操作	410	38.4	42.0	96.4
	对公益创业的含义和具体操作都了解	35	3.4	3.5	100.0
	合计	976	91.5	100.0	
无效	System	91	8.5		
合计		1067	100.0		

志愿公益活动是公益创业的一种形式，从参加的频率看（见表 15），6.3%的大学生经常参加；48.5%的大学生偶尔参加，一年参加 2～3 次；37.7%的大学生没参加过，以后准备参加；7.5%的大学生没参加过，也不想参加。

表 15　高职大学生参加志愿公益活动的频率

		频率	百分比	有效百分比	累计百分比
有效	没参加过，也不想参加	73	6.8	7.5	7.5
	没参加过，以后会找机会参加	368	34.5	37.7	45.1
	偶尔参加，一年 2～3 次	474	44.4	48.5	93.7
	经常参加	62	5.8	6.3	100.0
	合计	977	91.6	100.0	
无效	System	90	8.4		
合计		1067	100.0		

2. 89.1%的大学生认为应该接受公益创业教育，公益创业教育课程开设比率低

数据调查显示（见表 16），52.2%的大学生认为公益创业是一条良好的发展道路，可以给大学生提供新的成长方向；21.4%的大学生认为公益创业有自己的一套运营模式，可以拓展视野，提升素质；14.5%的大学生认为公益创业可以培养社会责任感；只有 11.9%的大学生认为公益创业不是基础课，对学生的帮助不大。说明大多数高职大学生对公益创业教育有强烈需求。

表 16 公益创业教育必要性的调查

		频率	百分比	有效百分比	累计百分比
有效	不应该，公益创业不是基础课程，对同学们的帮助不大	116	10.9	11.9	11.9
	应该，公益创业是一条良好的发展道路，可以给大学生提供新的成长方向	510	47.8	52.2	64.1
	应该，公益创业有自己的一套运营模式，可以拓展视野，提升素质	209	19.6	21.4	85.5
	应该，公益创业有公益性，可以培养大学生的社会责任感	142	13.3	14.5	100.0
	合计	977	91.6	100.0	
无效	System	90	8.4		
合计		1067	100.0		

公益创业教育课程的开设情况（见表 17），31%的大学生反映所在的学校开设了公益创业课程，21.5%的大学生反映所在的学校没有开设公益创业课程，47.5%的大学生并不清楚所在学校是否开设了公益创业课程，说明高职院校学校公益创业教育具有明显的滞后性。

表 17 所在的学校开设公益创业教育课程情况

		频率	百分比	有效百分比	累计百分比
有效	是	303	28.4	31.0	31.0
	否	210	19.7	21.5	52.5
	不清楚	464	43.5	47.5	100.0
	合计	977	91.6	100.0	
无效	System	90	8.4		
合计		1067	100.0		

3. 高职大学生对公益创业的认同度高，从事公益创业的意愿较强

调查数据显示（见表 18），高职大学生对公益创业的认同度较高，33%的大学生认为把公益事业与经济活动结合起来，是很有前途、有意义的发展道路；30.5%的大学生认为公益创业能够发展公益事业，帮助弱势群体，弥补社会鸿沟；22%的大学生认为公益创业既能解决大学生就业问题，也能对

社会有公益性的指导。高职大学生对从事公益创业的意愿较强（见表19），42.5%的大学生打算短期内参加公益创业活动，提高自身能力；22.3%的大学生打算将公益创业作为自己的长期事业。

表18　公益创业的意义调查

		频率	百分比	有效百分比	累计百分比
有效	发展公益事业，帮助弱势群体，弥补社会鸿沟	298	27.9	30.5	30.5
	把公益事业与经济活动结合起来，是很有前途、有意义的发展道路	322	30.2	33.0	63.5
	增加个人能力，提高综合素质	142	13.3	14.5	78.0
	既能解决大学生就业问题，也能对社会有公益性的指导	255	20.2	22.0	100.0
	合计	977	91.6	100.0	
无效	System	90	8.4		
合计		1067	100.0		

表19　从事公益创业的意愿调查

		频率	百分比	有效百分比	累计百分比
有效	是，打算短期内从事，提高自身能力，参加公益活动	415	38.9	42.5	42.5
	是，打算作为自己的长期事业	218	20.4	22.3	64.8
	没考虑过	177	16.6	18.1	82.9
	不确定	167	15.7	17.1	100.0
	合计	977	91.6	100.0	
无效	System	90	8.4		
合计		1067	100.0		

（四）高职大学生创业环境支持现状

1. 高职院校为大学生创业提供的支持评价

通过调查发现，高职院校已为大学生创业提供了各种支持，包括创业休学或兼职政策、提供创业场地扶持、提供校园创业基金、创业指导中心提供指导和咨询、创业社团活动、建设创业园提供项目孵化、举办创业设计大赛、鼓励产学研项目转化和宣传普及创业政策知识等。在学校提供的各种支持中

（见表20），大学生认为最有帮助的是提供校园创业基金（29.9%）、创业指导中心提供指导和咨询（27.8%）、提供创业场地扶持（22.4%）。大学生表示不满意的是创业休学或兼职政策（32.5%）、提供创业场地扶持（25.9%）、建立校园创业基金（23.2%）（见表21）。

表20　学校提供的创业支持活动最有帮助的事项调查

		反应		样本百分比
		样本数	百分比	
有帮助的创业支持活动	创业休学或兼职政策	98	7.5%	13.1%
	提供创业场地扶持	167	12.7%	22.4%
	建立校园创业基金	223	17.0%	29.9%
	创业指导中心指导与咨询	208	15.9%	27.8%
	丰富的创业社团活动	134	10.2%	17.9%
	建设创业园提供项目孵化	122	9.3%	16.3%
	举办创业设计大赛	139	10.6%	18.6%
	鼓励产学研项目转化	77	5.9%	10.3%
	宣传普及创业政策知识	78	5.9%	10.4%
	其他	65	5.0%	8.7%
合计		1311	100.0%	175.5%

表21　对学校提供的创业支持不满意的事项调查

		反应		样本百分比
		样本数	百分比	
对学校提供的创业支持不满意的事项	创业休学或兼职政策	304	17.4%	32.5%
	提供创业场地扶持	242	13.9%	25.9%
	建立校园创业基金	217	12.4%	23.2%
	创业指导中心指导与咨询	145	8.3%	15.5%
	丰富的创业社团活动	108	6.2%	11.6%
	建设创业园提供项目孵化	126	7.2%	13.5%
	举办创业设计大赛	120	6.9%	12.8%
	鼓励产学研项目转化	166	9.5%	17.8%
	宣传普及创业政策知识	83	4.8%	8.9%
	其他	233	13.4%	24.9%
合计		1744	100.0%	186.5%

2. 政府为大学生创业提供的支持评价和需求

目前政府为大学生创业提供了全面支持，包括政策扶持、信息咨询、项目支持、知识产权保护、提供创业基金、倡导和支持建立创业基地等。37.1%的大学生认为最有帮助的是政策扶持，27.5%的大学生认为最有帮助的是在税收、货款、审批、工商手续申办等方面提供便利，23.8%的大学生认为最有帮助的是信息咨询（见表22）。

表22 政府提供创业支持最有帮助的事项调查

		反应		样本百分比
		样本数	百分比	
政府提供创业支持最有帮助的事项	政策扶持	365	17.4%	37.1%
	信息咨询	234	11.1%	23.8%
	项目支持	225	10.7%	22.8%
	承担一定的创业风险，宽容失败	219	10.4%	22.2%
	知识产权保护	158	7.5%	16.0%
	创业财政补贴	219	10.4%	22.2%
	提供创业基金	220	10.5%	22.3%
	倡导和支持建立创业基地	92	4.4%	9.3%
	在税收、贷款、审批、工商申办等方面提供便利	271	12.9%	27.5%
	其他	100	4.8%	10.2%
合计		2103	100.0%	213.5%

3. 家庭、社会为大学生创业提供支持的需求状况

在家庭支持方面（见表23），64.9%的大学生希望家庭提供资金支持，57%的大学生希望家庭提供创业机会，51.1%的大学生希望提供情感支持，50.6%的大学生希望提供社会资源支持。

表23 高职大学生创业希望得到的家庭支持

		反应		样本百分比
		样本数	百分比	
希望得到的家庭支持	情感支持	528	22.6%	51.1%
	资金资助	671	28.7%	64.9%
	提供创业机会	589	25.2%	57.0%

续表

		反应		样本百分比
		样本数	百分比	
希望得到的家庭支持	社会资源支持	523	22.4%	50.6%
	其他	25	1.0%	2.3%
合计		2336	100.0%	225.9%

在社会支持方面，74.4%的大学生希望创业中介公司提供咨询服务，56.6%的大学生希望得到社会慈善捐助，40.2%的大学生希望得到社会公众舆论的支持。

表 24 高职大学生希望得到的社会支持情况

		反应		样本百分比
		样本数	百分比	
高职大学生希望得到的社会支持	社会公众舆论支持	393	22.9%	40.2%
	社会慈善捐助	553	32.3%	56.6%
	创业中介公司提供咨询服务	727	42.4%	74.4%
	其他	41	2.5%	4.2%
合计		1714	100.0%	175.4%

三 思考与建议

（一）合理引导高职大学生的创业意愿，解决制约创业的三大问题，分层实现高职院校创业教育目标

高校创业教育总目标是把大学生培养成具有一定创业素质的人才。结合高职大学生的创业意愿，我们可以将创业教育总目标分解为三个层次，第一层次是引导高职大学生树立“用创业的心态去工作”，学习创业者不畏艰难的创业精神，培养创新意识和创新能力，成为具有良好创新素质的职场人，提高大学生的就业竞争力。第二层次是引导对创业感兴趣的大学生，学习创业知识和创业流程，训练和提升创业技能，培育创业品质，通过创业设计大赛等形式筛选合格的创业项目，提供创业孵化场地支持和种子期创业孵化资金。通过校园创业的历练，为未来的自主创业积累有益的经验。第三层次是与政府管理的创新创业基地建立联系，将经过校园创业孵化的成熟项目与创新创业基地实现对接，搭建与社会企业界接触的机会和平台，建立良好的社会关系和人脉积累，指导申请 YBC 等青年创业组织提供的创业资金和导师支持，

培养高职大学生成为新企业的创办者。在这一过程中，一方面，形成了“创业心态和创业精神培养→创业技能训练→创业能力培育”的创业素质育成链条，实现校园创业与进入社会创业相衔接；另一方面，在一定程度上解决了影响高职大学生将创业付诸行动的“经验、资金、社会关系”三大问题，有力地保证高职院校创业教育目标的实现。

（二）护佑高职大学生的公益创业意愿，开展公益创业教育，探索创业教育的新途径

公益创业是指个人、社会组织或网络等在社会使命的激发下，追求创新、效率和社会效果，是面向社会需要、建立新的组织、向公众提供产品或服务的社会活动。党的十八大报告把“立德树人”作为教育的根本任务，而公益创业正是实现这一根本任务的重要实践形式之一。

通过调查发现，17.1%的高职大学生创业出发点是考虑公共利益，89.1%的高职大学生认为应该接受公益创业教育，可以看出，高职大学生对公益创业的认同度高，从事公益创业的意愿较强。目前的现实情况是，大部分高职院校没有开设公益创业教育课程，高职大学生对公益创业了解较少，参加志愿公益活动频率也不高。其主要原因在于大部分高职院校还没有看到公益创业对人才培养的价值。牛津大学公益创业研究中心认为公益创业具有公益性、创新性和市场导向性三个特点，结合高职大学生群体的特点，我们提出：公益创业的公益性有助于培养学生的积极人格，其创新性有助于建立学生的高自尊，其市场导向性有助于提高学生的创新精神和就业能力，更有助于实现“立德树人”的人才培养目标。建议结合各高职院校实际情况，在现有创业教育教学和实践的基础上，引入公益创业教育，鼓励学生探索具有一定公益性的创业项目，关注社会公共利益，为学生提供志愿公益活动机会，激发高职大学生心底的善良和社会责任感。

（三）整合政府、社会和企业家资源，完善课程、师资和实践平台建设，构建具有高职特色的创业教育体系

创业课程建设、师资队伍建设和实践平台建设是高职院校创业教育的三驾马车，是培养具有创新创业素质的人才的三个重要组成部分。

构建多层次、与专业相融合的创业教育课程体系。在明确高职院校创业教育目标的前提下，以创新创业能力培养为导向，分析归纳出创业知识和创业能力结构，结合所开设专业的特点，构建创业教育课程体系。涵盖创业活动全过程，注重激发高职大学生的创业意识和创业精神，满足实现创业教育分层目标的需求，加强创业教育、专业教育、就业教育相结合，商业创业活动与公益创业活动相结合。突出创业实务操作能力的培养，强化创业技能的训练和提升，采用“任务驱动”、“项目导向”的行动导向教学法，教会学生在亲身体验和实践中构建属于自己的创业经验和知识能力体系。

构建多元化、“双师型”创业教育师资体系。一方面要建立校内创业教育专职教师队伍，形成创业教育专职教师的培养机制，鼓励教师自己创业或带动学生创业，积累创业实践经验，发挥引领和示范作用，营造创业风气和氛围，为高职大学生创业活动提供指导和支持；另一方面要建立校外创业导师队伍，整合优化社会资源，与相关企业、行业协会、YBC 等青年创业组织等紧密合作，依托校外创业导师的行业经验和创业经验，开展创业专题讲座，提供到企业实习机会，为高职大学生创业提供咨询和指导服务。

构建以学生为中心的创业实践体系。创业实践体系包括三个方面，一是要建立校内创业实践平台，为大学生校内创业实践活动提供规章制度、创业项目孵化场地、创业基金的支持、创业咨询指导，为创业实践活动的顺利开展提供基本保障；二是开展校内创业实践活动，通过学生社团活动、校园商业竞赛、营销大赛、创业设计大赛等形式，形成仰望创业、参与创业的深厚氛围，通过各种活动竞赛，培育和发现创新创业型人才，并选取适合的创业项目进行孵化；三是拓宽与行业企业的合作渠道和模式，加强产学研合作的深入和广度，与社会创新创业基地对接，提升学生的创业实践能力和创业成功率。

第二部分　高职院校公益创业教育模式研究

我国社会转型期庞大的社会需求、相比于商业领域创业的低风险和高成功率、以及社会公益领域对人才的大量需求，为公益创业带来了广阔的发展前景和就业机会。在高职院校探索和实践公益创业教育，拓展传统创业和创业教育的概念和思维，激发高职大学生的职业梦想和社会责任意识，是帮助大学生解决就业、创业难题，优化高职院校人才培养模式的重要途径。本文结合高职学生的特点和起点，阐明公益创业教育对高职院校人才培养的价值，提出探索具有高职特色的公益创业教育模式。

一　公益创业与公益创业教育的含义

公益创业（Social Entrepreneurship）是指个人、社会组织或网络等在社会使命的激发下，追求创新、效率和社会效果，是面向社会需要、建立新的组织、向公众提供产品或服务的社会活动。公益创业有别于传统的商业领域创业，以满足社会公共需求，创造社会效益为核心目标，涉及绿色环保、扶贫发展、社区服务、信息化普及、特殊群体关爱等领域。公益创业强调创业时兼顾社会公共利益，兼顾公益诉求和创业梦想。公益创业企业最大的特点是有社会使命，寻求社会问题的解决之道；有创新性的方法促进社会改进；以商业运作的方法和管理模式营利，以获得可持续的发展。根据湖南大学公益创业研究中心的研究，公益创业初步确定为创办兼顾社会利益的非营利组织、创办兼顾社会利益的营利企业、志愿公益活动和产学研混合型等四种类型。

公益创业教育就是以公共利益为导向，对大学生进行公益创业所需要的意识、精神、知识、能力及其相应公益创业实践活动的教育。公益创业教育在欧美发展了近 20 年，目前在美国、加拿大和英国至少有 30 个大学开设了公益创业课程。我国公益创业教育始于北京光华慈善基金会 2003 年举办的公益创业培训，2007 年中国首个公益创业研究中心在湖南大学成立，2009 年清华大学启动首届公益创业实践赛，北京大学成立了公益创业研究会，可见，我国的公益创业教育发展相对较晚，尚处于起步阶段，高职院校的公益创业教育更是如此。

二　公益创业教育对高职院校人才培养的价值

牛津大学公益创业研究中心认为公益创业具有公益性、创新性和市场导向性三个特点，基于公益创业的特点，我们可以看出开展公益创业教育对高职院校的人才培养将带来的价值。

（一）公益创业的公益性有助于培养学生的积极人格

哈佛大学校长陆登庭曾指出："大学该提供这样一种教育，这种教育不仅赋予他们较多的专业技能，而且使他们善于观察、勤于思考、勇于探索，塑造健全完善的人格"。高职学生大多因为达不到普通高校录取标准被高职院校录取，高职学生被看成比普通院校的学生低一个层次，高职学生也认为自己不如普通高校的大学生，上职业院校是高考失败的无奈选择。这种心理状况会左右学生的情绪，影响他们的学习和生活。公益创业教育能激发学生心底的善良和社会责任感，通过帮助家庭贫困的同学完成学业、关爱空巢老人和外来务工者及其子女、普法宣传、青春助残等志愿公益活动，增进了学生们的积极体验，有利于他们心智的成长和幸福感的产生，形成积极完善的人格。

（二）公益创业的创新性有助于建立学生的高自尊

高自尊是指个体具有良好的自尊，能自己管理、指导和监督自己，能有效地应对生活中出现的种种挑战和各种问题，相信自己在这个世界中的价值和意义，表现出较为明显的心理幸福和心理健康（Branden，1994）。受早期学校教育消极因素积累及失败经历的影响，一些高职学生进入高职院校后，产生新的心理困扰：部分高职生对自己如何度过大学阶段，今后如何发展，非常茫然，学习动力不足；有的认为自己选错了学校，选错了专业，对学习和活动没有兴趣；有的学生认为读书无用，就是来混日子的，这些心理困扰影响学生健康地成长和发展。公益创业的创新性，意味着新思想的产生和新模式的建立，从而解决社会或社会环境问题。以湖南大学“滴水恩公益基金会项目”为例，该基金会通过海内外各界的支持，以多种方式帮助来自贫困地区和贫困家庭的学生顺利完成学业，并招聘贫困大学生加入滴水恩旗下的创业项目，使其在积累经验的同时获得一定的生活来源，以创业促进就业。通过创新性的实践活动，激发和挖掘学生的潜能，让学生体验到自己的能力和价值，有利于逐步建立高自尊。

（三）公益创业的实践性有助于重塑学生的学业自我效能感

很多高职学生是低学业成就者，学业自我效能感低，对自己能否利用所拥有的能力或技能去完成学习任务的自信程度的评价不高。其实，高职学生与普通高校学生相比，其智力类型和智能结构不同，高职学生更擅长实践性操作技能，通过“做中学、学中做”的体验式学习来构建自己的知识。创业教育是一种开放的、与各种创业活动密切相关的教育，所以课堂教学更加趋于实践化，通过创业设计大赛、产品销售竞赛、网上开店等形式让学生在实践中提高自己的创业能力，学会创业学习。义乌工商学院有 1200 多名学生在淘宝网开店做网商，学校建立弹性学制和替代学分的制度，将创业教育全面融入人才培养计划和专业教学课程，涌现出一批凭借经营网店创业致富的学生典型。创业教育的实践性特点，与高职学生的智力类型和智能结构相匹配，有利于学生重新评价自己的学业自我效能感，提高自我的学习能力和社会实践能力。

（四）公益创业的市场导向性有助于提升学生的创新精神和就业能力

公益创业的市场导向性表明公益创业的绩效驱动、竞争性和前瞻性，它需要更大的责任担当和跨部门合作。以赛扶中国项目为例，赛扶是一个全球性的以在校大学生为主体的商业实践社团，引导大学生开展面向社区的具有公益性的商业社会实践活动。在众多世界 500 强企业的赞助下，在大学校园里组织团队，在全球 40 个国家共 2000 所大学拥有独立运行的学生团队，通过自主策划并实施公益性的商业社会实践项目，帮助社区创造经济机会，提高人们的经济收入，改善生活质量。比如2010年宁波诺丁汉大学赛扶团队的“参参不息”项目，帮助吉林省集安市清河镇参农合理利用当地丰富的人参资源，建立统一的销售渠道，开发人参在长三角地区巨大的市场潜力，改善参农的生活条件，参农收入提高了逾200%。在公益创业活动过程中，培养学生的创新精神和市场驾驭能力，领导能力、团队精神和沟通能力等未来就业必备的素质和能力得到提升。

三　具有高职特色的公益创业教育模式探索

湖南大学创立的基于集群的“公益助学+创业+就业”的产学研一体化模式，以授人以鱼（公益助学）+授人以渔（就业）+授人以业（创业）+授人以智（研究）的四个层次来构建整个公益创业教育系统，对公益创业教育进行了有益的探索，并取得大量开创性的成果。公益创业是一种创新的社会实践模式，是高校创业教育的新天地。高职院校应积极重视和推广，针对高职学生的特点，探索具有高职特色的公益创业教育模式。

（一）围绕高职院校人才培养目标，做好公益创业教育的顶层设计

《国家中长期教育改革和发展规划纲要（2010－2020年）》指出，职业教育要着力培养学生的职业道德、职业技能和就业创业能力。《教育部关于推进高等教育改革创新引领职业教育科学发展的若干意见》（以下简称“教职成〔2011〕12号文件”）提出，高等职业教育以培养生产、建设、服务、管理第一线的高端技能型专门人才为主要任务。重视学生全面发展，推进素质教育，增强学生自信心，满足学生成长需要，促进学生人人成才。公益创业教育是实现上述目标和规划的重要途径之一，高职院校在总结现有创业教育经验的基础上，以转变教育思想、更新教育观念为先，以提升学生的社会责任感、创新精神、创业意识和创业能力为核心，以改革人才培养模式和课程体系为重点，在创业教育课程体系、创业师资队伍、创业实践活动、质量检测跟踪体系、创业支撑平台、创业扶持政策和制度等方面形成整体理念并具体化，通过公益创业教育的顶层设计，明确公益创业教育的目标定位和行动方向，提高人才培养质量。

（二）建立健全创业教育组织机构，营造公益创业文化和氛围

公益创业教育是“一把手”工程，需要学校管理层的重视和支持。美国大学的创业教育成功的原因之一，就是美国高校管理层对创业教育的高度重视，有力推动了创业教育的发展，很多学校的校院级管理者都在创业教育体系中担任重要职务。例如百森商学院的校长、教务长、研究生院院长都是创

业教育领域全球著名的学者。为规范公益创业教育的推进，要建立学校创业教育工作指导委员会或工作领导小组，学校领导层是创业教育的领导者和决策者，负责理念、目标和相关政策的制定；校团委、教务处、学工处、学生会、就业创业指导中心、各系部及后勤部门各司其职，为公益创业教育提供资源和支持，制定相配套的鼓励学生创业的制度，比如弹性学制和替代学分制度、请销假制度、考试制度、奖优评先制度等，在学校内形成合力，营造公益创业教育的氛围和环境，推动公益创业教育的运行实施。

（三）运用校内培养和校外聘请的校企结合模式，建设公益创业教育师资队伍

很多高职院校缺乏具有创业经验、具备创业素质的教师，创业教育师资缺乏成为目前制约创业教育有效开展的主要因素之一。美国高校在开展创业教育时大都配备了雄厚的师资力量，例如，百森学院有 35 名专职从事创业教育和研究的教师，共计开设 33 门课程。为解决师资的瓶颈问题，可以采用校内培育师资和建立校外创业导师资源库两种方法。在学校内部，鼓励专业教师提升职业经验和职业能力，成为双师型教师；支持双师型教师开展创业活动，增加创业经验，指导学生创业，成为创业指导师。通过专业教师——双师型教师——创业指导师三级递进模式，培育“三师型”创业师资队伍，不仅有利于配备部分创业教育师资力量，而且有利于专业教师职业生涯的可持续发展。广东中山职业技术学院在校内构建“双创”教学工场——各系部建立工场，各专业成立公司，通过整合专业资源为社会提供服务，为教师提供创业学习的平台，为学生提供创业实践活动的机会。另外，依托本地创业企业家资源和创业校友资源，建立创业导师资源库，开展创业课程设计和开发、创业讲座、创业人物生涯访谈、创业企业调研、创业实践指导等活动，一方面可以在一定程度上弥补和解决创业教育师资问题，另一方面为从事公益创业实践活动的学生提供有影响力的学习标杆。

（四）结合高职院校学生的特点和现状，建立“三自一体”的公益创业实践活动体系

教职成〔2011〕12 号文件提出，“将毕业生就业率、就业质量、企业满意度和创业成效等作为衡量人才培养质量的重要指标”。创业实践活动的深入开展是实现创业成效的不二法门。在高职院校开展公益创业实践活动，首先要从高职学生现有的经济基础和生活状况出发。据笔者对所在学校 2011 级新生入学信息资料的统计，来自农村的学生占 92.7%，其中，通过申请助学贷款的学生比例接近 30%。虽然有多种奖助学金，鼓励和帮助学生完成学业，但日常生活开销和学习用品花销仍然给他们带来不小的生存压力。在这样生源特点和起点上，要构建自立——自信——自强“三自一体”的公益创业教育实践体系。

自立阶段：将勤工助学和打工训练相结合，解决贫困学生的生存问题。在校内建立勤工助学和打工训练服务中心，建立学生资源信息库和企业岗位需求信息资源库，搭建学生与用人企业的沟通桥梁，为有勤工助学和打工需求的学生提供有效信息，对用人企业的短工需求能够快速反应，实现学生和用人企业双赢。定期开展多种勤工助学主题活动，比如组织开办跳蚤市场、组织兼职招聘会、寒暑假打工招聘会、社区家教对接活动等，帮助贫困学生实现生活自立。

自信阶段：将公益学生社团与志愿服务项目相结合，塑造学生的积极人格。指导学生建立公益社团，以公益社团为载体，宣传推广公益创业理念，开展校内外公益实践活动，吸纳培养公益创业人才。拓展志愿服务项目资源，与政府部门、共青团、妇联、义工联、科协、红十字会等机构，以及基金会、NGO、社区居委会等建立联系，承担志愿公益服务活动。通过公益学生社团和志愿服务活动，增进学生的积极体验，增强对社会的认识，在提高综合能力的同时，有利于塑造学生的积极人格。

自强阶段：将公益创业活动和商业创业实践相结合，培养学生的创新精神和实践能力。通过公益创业项目设计大赛等形式，征集优秀公益创业项目，借助当地的 YBC 机构（瀛公益基金会）等公益组织机构，给予重点指导和扶持，或者借鉴赛扶中国的项目运作模式，开展公益创业竞赛活动。另外，在校园建立创业经营摊位或校园“格子铺”，通过低成本、低风险、易实践的方式，支持学生进行创业实践；鼓励创业学生或学生创业团队参与校内服务性企业的经营活动；扶持项目前景好、可行性强、有专业支撑的优秀学生创业团队入驻校创业孵化园。公益创业和商业创业实践结合，在培养学生的创新精神和实践能力上相得益彰。

（五）依托政府、组织、企业、家长和社会舆论，建立“五力合一”的公益创业协同支持系统

零点研究咨询集团董事长袁岳认为，只有当整个社会对大学生公益创业有一个认知，大学生、社会公众、企业、学校以及政府形成一个多元化合力时，大学生公益创业才会成熟发展。所以，良好的社会协同支持系统是实施公益创业教育的重要推手，主要包括：政府层面提供政策扶持和引导；各类组织机构开展资金、技术支持，如瀛公益基金会、南都公益基金会等开展的业务活动；具有社会责任感的企业的行动示范，比如联想集团、零点集团、新东方科技集团等开展的公益活动；家长改变传统的教育观念和就业想法，支持大学生参与公益创业活动；电视台、网络等媒体宣传公益活动，营造公益创业社会舆论。通过“五力合一”的协同支持系统，提高大学生公益创业的热情，推动公益创业成果转化的效率和效果。

综上所述，根据高职院校创业教育现状和学生特点，我们提出以顶层设计和组织机构建立为先导，以师资建设和创业实践活动为重点，以创业文化和社会协同支持为两翼，构建具有高职特色的公益创业教育模式，丰富和优化高职院校人才培养体系。

（作者单位：威海职业学院
课题组成员：刘志刚　孙洪霞　窦永刚　孙念超）

高职教育校企合作长效机制研究

许春燕

近年来，“招工难”成为困扰企业稳定持续发展的一个突出问题。与此同时，职业学校毕业生的就业稳定性却一直不高。企业“用工荒”和学生“就业难”的尴尬同时出现，症结何在？如何突破？

当前，我国正处于加快推进工业化、城镇化的关键时期。这一时期，德国等职业教育发达国家在推进校企合作方面，均具有相应的法律、法规和支持政策，规范校企合作双方的权利与义务，鼓励企业积极参与技能人才培养工作。发达国家高度重视大力发展职业教育的成功做法和经验，与中国职业教育近十年来的探索前行足迹说明，校企合作是培养高素质、技能型人才的根本途径。

但是，当前我国校企合作还存在许多困难和问题，比如企业参与职业教育项目合作的积极性不高，合作的层次较浅；政府对校企合作的引导、鼓励和扶持缺乏有效的措施保障，校企合作协调运行机制尚不够完善；职业院校和企业在合作过程中的权利义务关系以及学生在实习期间发生意外事故的应对办法等，均有待进一步明确。威海职业教育的发展也同样不同程度上存在类似困境。校企合作是当前职业教育改革和发展的重点．更是职业教育改革和发展的难点，是解决当前职业教育诸多问题的关键点，也是解决“用工荒”和“就业难”尴尬的突破口。

一　校企合作是职业教育发展的战略引擎

当前我国职业教育发展的致命弱点是什么？前教育部部长袁贵仁明确指出：弱在校企合作！他强调，这是今后一个时期职业教育改革发展的重点，是我们应当下大功夫、也是必须下大功夫去探索和解决的难点。

1. 校企合作是激发职业教育发展活力、破解职业教育发展难题的有效举措

通过校企合作，企业为学生提供实习场所、实习设施，可以使学生获得直接的职业实践经验、与用人单位一致的管理经验、明确的职业定向以及一定的顶岗实习收入，从而解决了职业学校设备、设施缺乏，学生实习难、就业难的问题。反过来，学校可以为企业提供具有一定技术、技能的劳动者，节省企业日常运营开支，解决目前经常提及的民工荒、技工荒问题，满足企业职工迫切需要接受继续教育的需求，使职业学校成为既是学校又是企业的生产型学校，使企业成为既是学校又是企业的学习型企业，在社会上形成一举多得、互利共赢的关系。

校企合作是激发职业教育发展活力、破解职业教育发展难题的有效举措，是推进职业院校与企业互利共赢，共同发展的内在要求，对于发挥院校和企业双方积极性，提高职工和学生素质，加快培养高素质应用型、技能型人才，促进职业教育与地方经济互动发展具有重要作用。

2. 经济发达省市地方政府成为推动职业教育校企合作的开路先锋

一些地方经济转型，为校企合作提供了广阔空间。广东省目前劳动部门已制定了优惠政策，比如校企合作支出，可以按照国家规定在计算企业应纳税所得额时给予优惠；企业委托技工院校开发新产品、新技术、新工艺发生的研究开发费用，可以按照国家规定享受企业所得税优惠；对支付实习学生报酬的企业，按国家规定给予相应税收优惠；校企共建的学生实习实训基地，可按地税的有关规定给予营业税减免的政策优惠。

2009 年 3 月 1 日，全国首部专门针对职业教育校企合作的地方性法规《宁波市职业教育校企合作促进条例》开始实施；《宁波市职业教育校企合作促进条例实施办法》于 2012 年 2 月 1 日起正式施行，宁波职业教育校企合作实现了五大转变：一是由学校主动转变为校企互动；二是由校企双方合作转变为政府部门、学校、行业组织、企业等多方协同；三是由“求企业合作”转变为“为企业服务”；四是由学校“关门办学”转变为“开放办学”；五是由松散型合作转变为紧密型联盟，构建起服务型职业教育体系。

以地方立法的形式保护与促进职业院校与企业的“联姻”，宁波成为国内第一个“吃螃蟹者”。《条例》的颁布实施，为明确政府部门职业院校和企业的职责，预防学生在实习期间意外伤害事故，保护企业商业秘密等，为职业院校和企业联手培养高素质应用型人才，促进校企合作持续、健康发展提供了法律保障，更为全国的职业教育改革提供了可借鉴的路径设计。

在《促进条例》的推动下，截至2011年年底，宁波各职业院校与1000多家企业建立了合作关系。宁波市把校企合作作为破解职业教育发展难题的突破口，现已初步建立政府引导、院校主动、行业中介、企业参与的“四位一体”校企合作发展机制，为宁波职业教育继续在高位发展奠定了基础。

继宁波市率先在全国最早出台了《宁波市职业教育校企合作促进条例》，并制定了实施细则之后，辽宁沈阳、河南开封、河南三门峡、浙江上虞、河北唐山等市也纷纷出台了校企合作促进条例。在省级层面，2012年河南省在全国率先出台了《河南省职业教育校企合作促进办法（试行）》。还有一些地方有针对性地出台了一些校企合作政策措施，如北京市出台了《北京市交通行业职业教育校企合作暂行办法》，重庆市下发了《重庆市教育委员会重庆市旅游局关于开展旅游职业教育现代学徒制人才培养模式试点工作的通知》等。

3. 企业积极性显著提高，校企合作局面逐步改观

阿里巴巴、圆通快递、三一重工、海尔、如家等企业都在校企深度合作方面进行了积极的模式创新与探索。2012年6月28日，中国南车大学正式成立并落户于湖南铁道职业技术学院。学院作为中国南车大学的承办者和企业“三高人才”培训基地，从战略规划、组织构架、业务流程等方面深深嵌入到中国南车人力资源开发体系之中。

伴随着我国经济社会转型和产业升级与调整，高素质技能人才成为企业获得竞争优势的关键性要素。越来越多的企业将与职业院校开展全方位的合作纳入到企业发展战略中来，并通过各种方式和途径积极主动地参与到职业院校办学过程中来，围绕技术创新、人才培养、员工培训等内容开展全方位、多层次的合作。但是受技术水平、企业规模、历史传统等影响，不同的企业参与校企合作的积极性、途径和模式存在着明显的差异。

（1）大型企业积极举办职业院校，将职业教育纳入企业发展战略。大型企业雄厚的经济基础和大规模的企业内部培训，为企业开展职业教育提供了坚实的经济后盾，并能产生显著的规模效益，从而有效地降低培训成本。因此，为满足对技能人才的需求，在企业内部独立设置或依托一些职业院校举办职业教育，将职业教育纳入企业自身的发展战略中成为许多大型企业的选择。长春汽车集团、海尔集团等许多大型企业都在内部举办了职业院校。而中国南车集团、淮北矿业等大型企业则依托现有的职业院校举办职业教育，形成了校企紧密合作的办学模式。

（2）中小企业通过校中厂，厂中校的形式，积极参与职业院校办学。对于中小型企业来说，独立举办或者依托职业院校举办职业教育超出了企业能

力范围。因此更为现实的是，充分利用企业自身现有的技术、设备和资金，通过企业实习车间、厂中校、校中厂等途径，将企业用人标准引入职业院校，积极介入职业院校人才培养计划、师资培养、教学过程，推动校企合作不断深入发展。

（3）更多企业通过订单培养等形式，积极参与技能人才培养过程。在校企合作过程中，寻求企业与院校的利益共同点，成为许多企业参与校企合作的普遍做法。

4. 职业院校转变办学理念，合作模式不断推陈出新

浙江北仑高级职业中学积极实践现代学徒制，制定了学校各专业现代学徒制实施方案。这种人才培养模式以企业用人需求与岗位资格标准为服务目标，以校企合作为基础，以学生（学徒）的培养为核心，以课程为纽带，以工学结合、半工半读为形式，以学校、行业、企业的深度参与和教师、师傅的深入指导为支撑，强调“做中学、学中做”。校企合作双方以及学生通过协议明确三方权利和义务，明确学生和学徒的双重身份，重点做好学校和企业的双元培养、教师和师傅的双重指导工作。

随着校企合作的不断深入，合作各方基于自身优势，锐意创新，形成了许多特色鲜明、效果突出的职业教育校企合作模式。

（1）从产权关系看，形成了校中厂、厂中校、专业实体化、校企一体化办学、集团化办学等校企合作办学模式。许多职业院校，面向市场需求，通过出租厂房，提供土地等形式盘活学校现有资源，采取校中厂、厂中校的模式，将生产性的实践活动与教学活动有机整合，在满足企业需求的同时，有效解决了学校办学资源不足的困境，实现了企业利益和学校利益的双赢。还有的院校，与企业合作成立实体性的办学机构，将技术创新、人才培养和社会服务有机整合在一起，积极探索产教共融机制与模式。而集团化办学模式则将政府、行业、企业、学校、科研机构、社会组织等主体有机地整合在一起，成为当前校企合作办学体系的重要实现形式，在全国范围内得到了广泛发展。

（2）从人才培养方式看，形成了顶岗实习、订单培养、现代学徒制等校企合作人才培养模式。当前校企合作已经逐渐从满足企业简单的人力资本短缺的需要，向以高素质技能人才支撑企业技术升级，获得市场竞争力逐步演进。在校企合作过程中，企业也不再简单地以获取劳动力为目的，而是越来越多地主动参与到技能人才培养过程中，以企业标准引导职业院校办学，实现企业用人标准与职业院校人才培养标准相对接，企业生产车间与课堂相对

接，不断提升技能人才质量。

（3）订单培养是职业教育校企合作人才培养的普遍模式。而现代学徒制则是落实职业教育面向人人、面向社会的一种探索，是传统学徒制增加了学校教育因素的一种职业教育。和传统的学徒制相比，现代学徒制增加了学校教育的成分，是职业教育校企合作不断深化的一种新形式。顶岗实习、订单培养、现代学徒制是一种递进关系，传统职业教育的育人责任和就业风险均由学校承担，而现代学徒制则是校企共同负责培养、共同承担风险。现代学徒制的特征，一是招工即招生，首先解决了学生的员工身份问题，不再简单地把顶岗实习的学生叫作“学徒工”，而要视作企业培养自己的“员工”，这样其责任感才能真正被激发。二是校企共同负责培养，共同制定培养方案，各司其职，各负其责，各专所长，分工合作，共同完成对学生（员工）的培养。

5. 校企合作内涵延伸，服务区域能力提升

校企合作不断深入，推进职业教育与区域相生相伴发展。紧密结合区域经济发展需要，与区域经济社会产业结构与分布格局相适应，是职业教育可持续发展的战略选择。而校企合作则是推进职业教育与区域经济相生相伴的重要手段。

（1）以科技服务为引领，提升职业教育支撑产业发展的服务能力。产业升级与调整离不开技术进步与技能人才的支撑。职业教育积极推进校企合作模式创新，以增进技术技能积累为重点，在不断促进产业人才培养质量和技术创新的同时，提升产业社会经济效益，推动产业优化与调整，提升产业竞争能力。

（2）承担社会培训，满足经济社会转型需要。随着国家产业结构调整、技术升级和城乡一体化发展，企业急需大量的新型技术人才，城乡各类转移劳动力的就业问题也日显突出，技术培训需求剧增。承担社会培训成为职业教育的重要职能。

二　校企合作现状不尽如人意：“学校热、企业冷”，冷热两重天

德国的两个70%令人印象深刻：只有30%的人进入大学学习，而70%的学生直接接受职业教育；接受职业教育的学生，在职业学校学理论占30%，而在企业接受培训的时间占学业学习时间的70%。《国家中长期教育改革与发展规划纲要（2010－2020）》起草专家、北京市教育科学研究院副院长吴岩认为，职业教育培养人才的天然特性决定了单凭学校内部是培养不出技能型人

才的，全世界采取的一个共同办法就是校企合作。

进入新世纪，在党和国家的高度重视下，国内职业教育体制机制不断创新，职业教育校企合作呈现出令人欣喜的变化和发展。但整体来说，我国校企合作的水平还远不能满足经济社会转型、产业结构升级与调整对职业教育的需要。目前国内职业教育中校企合作的现状仍不尽如人意，突出表现在：

1. 职教体制改革，行至水深处

国家职业教育体制改革自2010年启动，相关省市地区领导重视、政策支持、经费保障到位，由上到下形成了部司会议推动、地方文件牵动、行业组织联动、企业部分互动、学校积极行动的有序实施状况，职教体系雏形显现。与此同时，职教体制改革行至水深处，改革过程也出现了系列问题，集中表现在：地域进展不平衡、需求导向待提升、实质创新突破难、内外支持体系缺失。具体体现在；

（1）主观上，我国很多地区都有轻视技能和鄙薄职业教育的文化传统。

（2）一些试点地区的改革和资源整合还仅限于职教内部，忽视外部经济发展条件及外部资源整合的改革，经济发展需求所激发的职教发展动力也被政府所忽视，职教人士无力整合职教外部资源，更不用说将职业教育纳入地方经济发展规划了。

（3）就校企合作来说，仅有极个别地区或行业尝试了政策建设，而对于校企合作税收优惠政策，几乎没有一个试点项目尝试。真正在制约校企合作持续、健康发展的制度和政策问题上取得实质进展的较少。校企合作遍地开花，但合作内容肤浅、进展缓慢。

（4）职业教育牵涉面广、社会参与主体多、实践性强、协调难度大，因此需要强大而全面的外部支持，如就业准入制度、职业资格制度、金融制度、劳资关系制度、经济发展战略等。而上述这些职教改革与发展所必需的外部支持，在我国几乎都是缺失的。

职业教育内部也协调困难，改革阻碍重重。例如，职业教育对教师和职业院校的评价基本沿用了普通教育的评价方式，对教师重在评价其科研数量和论文成果，对学校的评价也依然是有多少博士和硕士，而非高技术技能人才。

2. 校企合作现状冷热两重天

（1）企业的利益难以体现。全国人大教科文卫委员会在调研中发现，企业参与职业教育积极性不高，校企合作缺乏制度保障。《职业教育法》规定，企业、事业组织应当接纳职业学校和职业培训机构的学生和教师实习；对上岗实习的，应当给予适当的劳动报酬。但落实这一规定，企业没有积极性，主要原因是企业的利益没有在这一过程中得到体现。企业接受职业学校的学生、教师实习，需要配备专门的指导教师，工作的质、量可能会受影响，有些企业还要承担学生因技术不熟练而损坏机器设备或发生安全事故等风险，而且，政府对企业支持职业教育的税收优惠和经费补偿政策也不够完善。

武汉一所中职学校校长告诉记者，不少企业把实习生当廉价劳动力，简单地让学生进行顶岗工作，引发了一些矛盾。全国人大常委吴启迪指出，有的学校跟企业合作，企业实际上把学生作为劳动力使用，学生只做一件工作，整天绕线圈，三年后就毕业了。假如这些企业没有了、转产了，像这些只会绕线圈的学生，还能不能找到工作？

山东职业教育发展也遇到同样的困扰。由于学校与企业存在性质差异、认识差异，校企合作长期以来存在“学校热、企业冷”的状态，合作的层次不高、可持续性不强，直接影响了职业院校的办学水平和服务经济社会发展的能力。即便双方签订协议已开始携手合作，但合作过程中，企业因经营不善或是感觉受益不大，随时都可能单方面决定结束合作关系。同时，由于人事、管理等制度原因，目前大部分企事业单位还没有任何支持职工去学校兼职的政策，兼职教师只能利用业余时间备课、上课，兼职教师教学质量难以保证。企业接收学生实习，也往往只是单方面考虑企业经营节奏需要，很少考虑学校的教学节奏实际。

看似红红火火的校企合作，职业学校是满腔热情，而企业则是勉勉强强。这种“一头热”现象已成为阻碍职业院校、企业走向深度合作的瓶颈。

（2）学校与行业关系脱节。“行业是独立于政府的，在职业教育的发展过程中，可以帮助政府解决很多中观、微观的事情。”中国化工教育协会秘书长任耀生表示，职业性是职业教育的本质特征，职业院校必须紧贴行业的发展。但是 1998 年的政府机构改革后，职业院校办学管理体制发生了很大变化，大部分职业院校脱离行业改制为属地化管理，而原政府经济部门管理的职业教育的主要职能却没有真正得到转移落实，使得此后职业教育的管理职能出现行业缺位的状况，行业在审批、认证、评估等管理环节上几乎没有话语权，一定程度上导致了专业布局的无序发展，并且造成由于各地区培植的职业院校多为综合性学校，不同行业类型学校从专业到课程结构的趋同化，导致各地的职业院校办学失去特色，难以形成行业优质教育资源的充分利用，失去了职业教育职业化的特色优势。

行业企业对职业教育的参与度不高，是《国家中长期教育改革和发展规划纲要》中提到的我国职业教育目前存在的主要问题之一。

(3) 政府对校企合作的引导、鼓励和扶持缺乏有效的措施保障。威海市各级党委、政府十分重视发展职业教育，专门成立了职业教育工作领导小组，出台了《关于大力发展职业技术教育的决定》等一系列推进职业教育发展的规范性文件，建立并完善了在市政府领导下“分级管理、地方为主、政府统筹、社会参与”的职业教育管理体制，为职业教育的健康发展提供了组织领导、政策支撑和制度保障。

从2006年开始设立了职业教育专项资金，规定教育费附加用于职业教育比例不低于30%，地方教育附加用于职业教育不低于20%（两项比例），统一纳入财政预算管理。对公办职业学校，地方财政按农村每生4000元、城市每生5000元的专业教学经费足额拨付。自2005年以来全市用于职业教育的经费达到20多亿元，其中各级政府用于职业教育的经费达到13亿元。中等职业学校助学金制度全面落实到位。这些投入政策的建立，保障了职业教育经费的有效落实。

目前，全市共有各类中等职业学校35所，其中国家级重点职业学校11所，省级重点职业学校1所，在校生4.4万人（职业教育与普通高中教育在校生之比为52∶48）；驻威高等职业院校3所，在校生2.9万人。全市职业学校共有教职工5306人，其中专任教师3781人。在近年来的职业教育发展过程中，也出现了家家悦工商管理学院、华夏技工学校等多种校企合作办学模式的积极探索和先进经验。

但进一步调查发现，威海市职业教育校企合作仍存在诸多困难和问题，如企业参与职业教育的积极性不高，合作的层次较浅，学生在实习期间发生意外事故处理难度较大，如何在校企合作中有效保护企业的商业秘密，以及企业与职业院校的权利义务不明确等。之所以存在这些阻碍校企合作深入发展问题，其主要原因是缺乏扶持引导、规范和管理校企合作的长效机制，同时也一定程度存在部分鼓励、扶持校企合作的税收等优惠政策落实不到位等情况。

作为经济发展大省，山东的职业教育整体发展较快，但同样存在上述系列具体问题。

三　校企合作长效机制建设：政行校企联动，以体制机制创新，引领校企合作纵深发展，共育技能型实用人才

《国家中长期教育改革和发展规划纲要（2010－2020）》提出了“要调动

行业企业积极性，建立健全政府主导、行业指导、企业参与的办学机制，制定促进校企合作办学法规，推进校企合作制度化”的发展目标。在此目标引领下，产教合作、校企合作、工学结合的办学理念正在得到广泛认同和普遍重视，

2014 年 3 月 24 日《人民日报》刊载了对教育部副部长鲁昕的专访《建设现代职教体系解决就业矛盾的重要举措》。2014 年 2 月 26 日，国务院总理李克强主持召开国务院常务会议，部署加快发展现代职业教育，明确提出要牢固确立职业教育在国家人才培养体系中的重要地位，构建以就业为导向的现代职业教育体系。

1. 以体制机制创新引领校企合作深入发展

构建以就业为导向的现代职业教育体系的核心是校企合作，进一步推进校企合作深入发展，需要立足全局，加强顶层设计，以体制机制创新为突破口，引领校企合作走向深入。从如下几方面予以突破：

一要加强统筹水平，将职业教育纳入经济社会发展整体战略。

职业教育是产业结构升级与调整的重要支撑，是经济发展方式转型的重要基石，是我国由人口大国迈向人力资源大国的推进器。随着教育体制改革的不断深入，职业院校面向区域经济发展、面向产业需要，积极创新办学理念和办学模式，与区域经济发展相生相伴，成为区域经济社会发展的重要依托。

因此，提升职业教育统筹水平，将职业教育纳入经济社会发展整体规划成为必然。首先，应将职业教育发展纳入国家产业调整与布局和新兴产业发展规划中，将技能人才发展战略与技术创新战略紧密地结合起来，以技能人才支撑产业升级。其次，应在进一步明确地市统筹的职业教育管理体制的基础上，将职业教育纳入区域规划，鼓励地方以产业园区、职业园区为依托，构建区域技术技能复合平台，促进技术创新与技能人才培养的对接，以高技能人才助力企业技术创新与升级，以职业教育支撑区域经济发展。再次，加强制度设计，明确企业进行职业培训、参与职业教育、履行劳动力再生产的社会责任，将企业培训纳入企业发展战略。

二是加强法律法规建设，构建校企合作健康发展的制度环境。

政策制度是校企合作深入发展的重要依据。纵观国外职业教育发展历程，依靠政策法规引导、调整、规范、约束职业教育校企合作利益主体的责任和权利是普遍做法。近年来，我国职业教育取得了令人瞩目的成就，进入崭新的发展阶段，许多地方先行先试，出台了地方性的法律法规和政策制度，进

行了积极探索。但从整体上，一个有利于职业教育校企合作的法律制度体系还远未形成。因此，积极推进相关法律制度体系的建设成为进一步推进职业教育发展的必然需求。

在国家层面，要积极推进《职业教育法》和《职业教育校企合作促进条例》等国家层面法规条例的修订和制定工作，为地方法规条例的制定提供上位法依据和支持。启动其他配套法律条规的制定或修订工作，加快职业教育校企合作法律体系的建立和完善。

在地方层面，鼓励各地先行先试，积累经验，为国家层面的法律法规的修订或制定提供实践支撑。鼓励条件成熟的地方积极着手制定地方性的法规条例，条件尚未成熟的地方可先进行相关制度政策试点，逐步推进。要通过政策制度体系的构建，逐步明晰政、行、企、校各方主体在校企合作中的责任和权利，构建各方利益主体积极参与的校企合作政策制度环境。

三是加强顶层设计，构建行业企业积极参与的机制。

澳大利亚国家职业教育研究中心报告指出："行业能够影响职业教育政策和发展方向的关键点在于组织体系"。从国外职业教育管理体制看，从宏观层面的职业教育发展战略、政策制度的制定，到中观层面的行业标准、需求的确定，再到微观的人才培养方案的确定、教材的开发、质量的监控与监督，都有行业企业代表的参与，无论是代表的数量还是所发挥的作用，都占据了很重的分量。构建行业企业全面深入参与的职业教育校企合作体制机制是将行业企业需求融入职业教育人才培养，提高职业教育质量的重要环节。

为了提升行业企业参与力度，我国积极构建了职业教育联席会制度、行业教学指导委员会、专业建设委员会、职教集团等不同层次、不同形式的行业企业参与职业教育的组织机构。但由于缺乏统筹规划，各机构之间缺乏整体的设计与联系，加上行业组织自身能力不足，导致行业企业的作用并没有得到有效发挥。

因此，可以通过顶层设计，整合优化现有机制，通过职业教育部门联席会和行业教学指导委员会，发挥行业企业在职业教育战略规划和制度设计、行业人才需求预测、行业人才标准制定中的作用；通过地方的专业建设委员会、协作联盟或理事会等新的组织形式拓宽行业企业参与的通道，让行业企业参与学校的专业建设、课程开发、基地建设、师资培训过程；通过职业教育集团化办学，将行业企业引入职业教育，实现教学链和产业链的有效对接，形成立体化的、多层次的行业企业参与职业教育的机制，让行业企业在影响职业教育、满足产业需求的过程中发挥实质性的作用。

四是设立校企合作基金，营造校企合作良性发展局面。

高昂的培训成本是制约行业企业参与职业教育的重要原因。从国外看，许多国家通过税收减免、专项资助、专项基金等经济手段有效地激发了行业企业参与的积极性。我国《职业教育法》中也提出了要多渠道筹集职业教育发展基金，社会各界对此呼声很高。一些地方则因地制宜，设立了地方性的校企合作基金，在改善校企合作基本建设和基本能力，发挥正面的宣传和引导作用，营造校企合作良性发展环境等方面起到了积极作用。而国家性的校企合作基金却因为种种原因，一直没有建立起来。

面对职业教育的快速发展，建立校企合作基金成为大势所趋。国家相关部门和地方政府可以通过财政投入、社会捐赠、企业培训基金归集等方式多渠道筹集校企合作基金。基金的使用，一方面用于支持职业教育专项项目、支持校企合作日常运转、公共实训平台建设、购买师生企业实习岗位、外聘企业专家等基本费用，重在补贴校企合作各方成本，弥补校企合作经费不足。另一方面主要对校企合作中涌现出的企业、个人及典型做法进行奖励，旨在通过树先进、立典型，提升企业参与职业教育的社会责任意识，推动职业教育校企合作社会环境的形成与发展。

2. 政行校企协同联动，深化校企合作纵深发展，共育技能型实用人才

教育专家认为，校企合作需要政府统筹协调。政府应统筹经费、统筹资源、统筹信息；协调全局和局部利益、企业和学校双方利益；规划合作方向，搭建合作平台，监督合作落实，评价合作成效；完善有关的法律法规，明确政府、企业、学校的责、权、利；政策适当倾斜，如减免合作企业的税收、学生带薪实习、政府出资支持教师到企业实践，对校企共建基地进行补偿，创设良好的环境。

中国职业技术学会会长、教育部原副部长张天保表示，关心和支持职业教育是企业应尽的社会责任，也是企业自身发展的需要。

（1）政府统筹主导，实施校企合作体制机制创新。职业教育的地方性和地市级政府在职业教育管理体制中的地位，决定了地市在构建政府主导、行业指导、企业参与的职业教育校企合作办学体制中扮演着重要角色。

① 政府统筹规划，谋划区域职业教育发展。职业教育在区域经济发展方式转型、产业结构调整、企业生产经营和科学技术进步中的重要作用已得到地方政府的高度认同。许多地方政府有意识地将职业教育发展纳入区域经济社会规划中，统筹安排，积极谋划区域职业教育发展。

② 政府加强政策制度设计，营造校企合作健康发展良性环境。政策法规

是政府进行管理的有效手段。在中央的大力倡导下，一些地方先行先试，陆续出台了校企合作地方法规。通过法规制度来鼓励、约束各方参与校企合作的动机、责任和权利，为校企合作的深入开展创造了良性的发展环境。

③ 政府统筹领导，创新校企合作体制机制。政府加强职业教育管理统筹管理，并不意味着一切依靠政策法规、行政命令和计划才能运转，还有一项重要的职能在于协调，创造性地运用各种管理手段，协调好各部门之间的关系，充分调动各方面的办学积极性，形成适合本地区实际的管理模式。

④ 政府加强管理创新，引导行业企业深度参与校企合作。行业企业是职业教育校企合作的重要主体，各地政府积极拓宽行业企业参与职业教育的渠道，丰富行业企业参与职业教育的方式，增强行业企业在职业教育中的话语权，以行业标准引领职业教育发展。

⑤ 政府加强激励引导，提高行业企业参与积极性。许多政府加大财政投入，整合相关制度安排，采取税收减免、专项基金扶持等政策措施，补偿和减少企业参与成本，有力地提升了企业参与职业教育的积极性。

《国家中长期教育改革与发展规划纲要（2010－2020)》提出要建立健全政府主导、行业指导、企业参与的办学机制，制定促进校企合作的政策法规。

（2）组建职业教育集团，倡导行业企业办学。

① 企业深度参与校企合作办学。职业教育界人士经常用“剃头挑子一头热”来形容校企合作。要让“另一头”即企业也“热”起来，需要保证企业在合作中的利益，真正使校企实现双赢、共赢。“用工荒”迫使企业开始参与人力资源的培养。有远见的企业一方面开始寻求转型，一方面开始转变用工习惯，从原来的“拿来主义”转变为积极参与人才的培养。越来越多的企业主动找到技校，希望能共同培养员工，并把企业文化和价值观念灌输到学生即未来的员工中，使员工产生认同感，减少员工的流失，降低企业招工成本。

从一开始受传统观念影响不愿意招聘职校毕业生而拒绝职业院校主动抛来的橄榄枝，到发现职校毕业生“好用”而与多所职业院校开展校企深度合作，再到后来尝试改革满足企业需求技术人才新途径而自主创办职业学校，三一集团在寻求其急需的技术工人的过程中，可谓是经历了一波三折才得以修成校企合作、自主办学的“正果”。如今，在三一集团，职业院校毕业生占到了集团工人总数的48.9%，而在集团现任的423名班组长中，又有215名来自于职业院校，占了班组长总数的50.8%。“与职业院校开展校企深度合作，为集团储备了大批优秀人才。职校毕业生已经成为集团生产一线的中流砥柱。”

② 行业、职业教育集团化办学。职业教育集团化办学是一个新生事物。近年来不少地方依托较为优质的职业教育资源，以专业为纽带，与行业企业共同组建职教集团，加强校企合作、城乡合作、区域合作，促进职业教育与经济社会的紧密结合。

在杭州，一所职高竟由 35 家单位合办。杭州电子信息职业学校教育集团，由杭州电子信息职业学校发起，联合了 6 所中等职业学校、2 所高等职业院校、5 家行业协会和 22 家企业，形成了校际联合、校企合作、校协联手、学历教育和社会培训贯通、中职教育与高职教育紧密衔接的模式。

行业企业办学也有回暖的趋势。天津市以行业企业办学为主，50% 以上的中职和 85% 以上的高职都是由行业企业举办，学校的资产和人事由行业部门管理，教育部门加强教育专业方面的管理。这样办学，企业的实训基地不成问题，“双师型”教师绰绰有余，办学模式与生产岗位需要自然结合紧密。

四 加快制定《山东省职业教育校企合作促进条例》

针对目前山东职业教育校企合作的特色不明显，职业针对性不强，职业教育校企合作数量还十分有限，合作的层次还比较粗浅，校企合作的主动性和积极性普遍不高，政府对校企合作的引导、鼓励和扶持机制还未切实有效落实建立，政府对职业教育的投入不多，企业与职业院校共建对企业发展以及学生技能提高的优势还未显现，政府、企业、职业院校三方互利互惠共赢的长效机制尚未形成。建议从如下方面加快山东省职业教育校企合作促进工作：

（1）向宁波市政府学习，甘为校企合作做嫁衣，2012 年 4 月，宁波市先后举办了由中共宁波市委人才工作领导小组主办，宁波市委组织部、宁波市人力社保局、宁波市教育局和宁波市经信委等 4 个部门联合承办的宁波市第二届“百校千企”人才培养合作交流大会，宁波市教育局开展了“职教进企业　服务促发展”活动。山东省也应适时采取相应措施，予以推进。

（2）切实加强山东省市两级政府对职业教育校企合作的领导，定期召开省市两级校企合作联席会议制度，及时研究、解决校企合作中出现的新情况、新问题。

（3）加大政府对校企合作的投资和扶持力度，建立校企合作专项发展资金，主要用于资助职业院校和企业联合设立职业教育实习实训基地、合作建设实验室以及“双师”型师资队伍建设。同时，对于企业职工的技能培训和继续教育所发生的费用，可采取税收减扣等扶持政策，调动职业院校、企业参与校企合作的积极性。

（4）改革创新，在机制和体制上创新校企合作的管理模式。

（5）加快培育、推广校企合作的先进典型，推动威海市校企合作的普遍开展。

（6）加快《山东省职业教育校企合作促进条例》地方立法步伐，学习、借鉴宁波、重庆、常州、台湾等地以及国外职业教育校企合作的先进经验，努力从如下六个方面取得突破：

突破一：建立校企合作长效机制。在加强政府统筹引导的基础上，充分发挥行业组织在职业教育校企合作中的独特作用，引导和鼓励本行业企业开展校企合作，充分发挥行业资源、技术、信息等优势，参与校企合作项目的评估、职业技能鉴定及相关管理工作，强化指导、协调和服务职能。

突破二：明确职业院校在校企合作中的权利与义务。职业院校应根据经济社会发展和市场需求，主动与企业在学生实习、专业设置与课程开发、订单式教育与就业推荐、师资交流与培训、职工培训与继续教育等方面开展合作。同时，对职业院校学生和教师到企业建立实习、实践制度的有关内容作出规定。

突破三：鼓励和强化企业应履行的社会责任。对企业与职业院校开展合作的内容和形式作出明确规定，明确企业在接纳职业院校学生实习和教师实践中的相关义务。

突破四：明确政府各部门在校企合作中职责。对教育、劳动、人事、发展和改革、经济、贸易、农业、科技等相关部门应在各自职责范围内为校企合作提供倾斜政策或优先支持等公共服务内容作出原则性规定。

突破五：建立预防和妥善处理实习学生发生意外伤害机制。一是明确企业和职业院校的安全义务；二是要求职业院校为实习学生统一办理意外伤害的保险，在意外伤害发生时可以有序处理，考虑到职业院校承担全部保险费用压力比较大，拟规定政府补助部分费用，以减轻职业院校的压力。

突破六：设立职业教育校企合作发展专项资金。

（作者单位：威海职业学院

课题组成员：苗成栋　连志强　张倩倩　宋艳红）

近代威海慈善事业发展研究

李永玲

1840年鸦片战争后的中国，随着帝国主义列强的入侵，西方社会的各种文化思潮纷至沓来，中西两种异质文明之间出现了激烈的碰撞和交融，中国社会各方面都在悄然随之变化。在这一历史背景下展开的中国近代慈善事业，既秉承了乐善好施、仁义为本的中华传统文化的优秀基因，又汲取了西方社会慈善福利思想中的有益养分，从而呈现出古今贯通、东西融会的特点，并逐步向制度化与近代化迈进。这个时期的威海既地处齐鲁孔孟之乡，是道教全真派的发祥地之一，又在1898年至1930年间沦为英国的殖民地，是闻一多笔下的“七子”之一，因此在研究中国近代慈善事业的发展上具有很强的代表性。本文以威海为范例，通过对近代威海慈善事业发展状况的考察分析，管窥中国近代慈善事业的主要特征及其成因，扩展近代中国慈善事业的研究视野。

一　近代威海慈善事业发展状况

（一）早年的寺庙善举

威海历史上的寺庙有从事慈善活动的优良传统。早年寺庙的善举主要有救灾、修桥铺路、助学、就医施药以及代耕等方式。灾荒年间，不少寺院都要举办祈禳法会，既是代民求天，同时也借机向富人募捐用以赈灾。据威海地方志记载，道光年间文登甘泉寺曾放粮数千石，救济灾民；20世纪20年代，文登太平观在观内设“太平观私立同化小学”，初、高级各1个班，初级4年，高级2年，教师2人，周围村庄30多个学生就读。民国期间，威海卫境内61处寺庙中，有31处庙属房产成为助学的资产。荣成、乳山境内的寺观也有半数房产成了助学资产。

（二）西方教会的宗教慈善活动

19 世纪末 20 世纪初，西方的天主教和基督教相继传入威海。其间，天主教会和基督教会在威海兴办了许多公益机构，从事慈善公益活动。这些机构与活动包括：

1. 设立教会学校，为贫家子女提供受教育机会。1899 年英国中华圣公会创办了安立甘堂中学。1900 年天主教法籍神甫罗汉光创办了约瑟小学。1904 年基督教弟兄会英籍传教士格雷沙姆、罗特两人创办了讲书堂小学。1908 年基督教弟兄会英籍传教士孙约翰夫妇创办了石岛明德小学。1923 年法国天主教堂创办了海星小学（1945 年改名为鲸园小学）。1928 年法国修道院创办了专收女生的明星小学。1935 年法国天主教堂又创办了西南园初级小学。

2. 开设医院，义务施医施药。天主教堂于 1908 年创办方济医院，1935 年创办妇产院，用西医的施诊手段，为天主教会内的产妇助产，为孤儿和其他天主教徒施医。

3. 建立福利院，安老抚孤。天主教堂于 1908 年创建圣母养老院，1935 年创建孤儿院。养老院接收的对象是孤寡年迈的天主教徒。孤儿院收留的是私生子和家庭贫困的幼儿。在孤儿院内，孩子长到 6 岁后就为教堂充当无偿劳动力，女孩学习刺绣、做花边、编织及勤杂事务，男孩学印刷、木工、铁工及其他杂工或园艺工，同时进行宗教灌输和必要的识字教育。

（三）英租威海卫时期的赈灾活动

英租威海卫之后，有限的财政收入使得殖民当局无力承担救荒的职责，只有寄希望于社会和民众。作为已经崛起的民族工商业者的代表，威海卫商埠商会逐步承担起赈灾的责任，成为英租时期威海卫频频发生的水旱风灾的主要救灾组织。

1920 年春，威海遭遇大饥荒，威海卫商埠商会呼吁成立了由威海卫华商和洋商组成的赈济会，在全区设立 6 个放粮中心。商埠商会充分发挥其内外组织能力，通电派团、奔走呼号、广为劝募。在其努力下，国内外商业团体和慈善团体，如新加坡马六甲英商会、香港华商总会、上海总商会、天津总商会、烟台商会等，纷纷慷慨解囊，捐款捐物。其中，仅香港华商总会和东华医院捐款即达 11000 元。曾任山东巡抚的北洋政府要员孙宝琦也将威海所办赈粮全部免税。大连广源泰、文盛裕等商号顶住日本占领当局的压力义务为威海灾民代购高粱。据统计，此次救灾活动共筹得捐款65730元，为1万多名灾民发放了4个月的无偿救济，为3万多灾民发放了有偿救济，租界内灾民几乎都得到了救济，其救济范围甚至扩大到了租界外的荣成北部沿海一带。

（四）民国年间官民共同参与的救济活动

民国年间，地方士绅是慈善事业的主要力量，他们自发成立了赈济会、周急会等救助组织。赈济会专门办理普通赈济事宜，资金来源于1920年的旱灾余款，共约万余元。周急会专门从事渔船被灾、渔人淹毙等赈济事宜，经费由渔商凑集。赈济会和周急会的善款都由地方士绅、商人经管，平时存放在殷实银行生息保本，并于每年贫危时刻提出若干施行赈济。

威海卫管理公署成立后着手筹备成立救济院，筹拨开办经费近千元，聘请地方绅董8人并委派公署官员2人共同管理，凡属养老、育婴、施医、济良等事宜，悉由救济院统筹办理。周济贫困方面，设立乞丐收容所。当时本地贫民在春、夏、秋三季尚能自食其力，凡沦为乞丐的多是外来穷困或年老残废之人，收容所对他们一律收养或出资遣送原籍；附近极贫年老之人，也按月拨给赡养费。赈济灾疫方面，1932年津沪时疫流行，政府当即召集商绅紧急商议，在救济院设防疫临时医院，并于埠内四乡筹设临时诊所，进行消毒预防等事。责令西医轮流诊治，不分昼夜随叫随诊。当年秋雨成灾，公署会同商会共同筹划设立粥厂，并发放玉米面4万余斤。

（五）威海红万字会的慈善义举

1929年李翼之联合威海绅商共同出资，成立世界红万字会威海分会，内设因利局、育婴处、施诊所、小学等4个机构。（1）因利局主要任务是负责扶贫济困以及恤嫠、恤产等救助活动。每年春季和冬季各放粮一次，冬季施舍棉衣一次，遇有荒年还在街头施粥。对没有任何生活来源的鳏寡孤独户，采取定期补助的办法，每人每月5元，以解决其生活问题。（2）育婴处主要任务是收养因无力抚养或不愿抚养的婴儿（如私生子）。婴儿在育婴处由保育员抚育到七八岁时，被送到牟平县红万字会设立的恤养院去读书、做工，至18岁时可离院自行谋生。（3）施诊所有所长兼医生1人，医助1人。凡来诊病取药的普通群众，一律免费治疗。（4）小学收留因家境贫寒上不起学的学龄儿童。学生总数有100余人。

威海红万字会办慈善事业所需经费多由会员捐助，有时也向商会或资本家募集。救济方式分为两种：永久慈业和临时慈业。永久慈业包括施医、施棺、恤产、育婴、附设小学、春赈冬赈、资遣难民等，临时慈业包括临时性的赈济本区和邻境灾荒事宜。

二　近代威海慈善事业发展的重要特征

（一）地方商绅是近代威海慈善活动的捐赠主体

慈善是公众以捐赠款物、志愿服务等形式关爱他人、奉献社会的自愿行动。通过某种途径自愿地向社会及受益人提供无偿的社会救助和社会援助的行为是慈善的核心所在。捐赠主体的存在是慈善事业发展的首要条件。在近代威海的慈善事业中，商绅自觉充当了捐赠主体的角色。1920 年的特大饥荒中，威海卫商埠商会充当了赈济会的发起者和主要捐赠者，还利用商会的广泛联系，通电派团，争取国内外商业团体和慈善团体的援助。1932 年预防时疫中，设立防疫临时医院的主要费用是由商绅无偿捐助的。民国时期威海的慈善事业由地方士绅经营，经费全部来自商绅捐赠。在境内寺庙和威海红万字会的募捐中，商绅始终被作为重点募集对象。

（二）宗教团体在近代威海慈善活动中作用明显

在人类历史上，慈善是宗教发挥社会作用的一个重要领域，宗教对慈善思想的产生和慈善活动的发展具有积极的推动作用。在近代威海，宗教慈善也成为其慈善活动的重要组成部分。无论是本土的寺庙、道观和红万字分会组织，还是外来的基督教、天主教等教会组织，都积极发挥宗教“劝人向善、救人苦难”的作用，兴办了许多慈善学堂、免费诊所、福利院、育婴处等公益机构，主动承担了对穷人、残疾人、被遗弃者提供照顾服务的责任。宗教团体的经常性慈善救助活动，在近代威海慈善事业中发挥了十分重要的作用。

（三）官府在近代威海慈善活动中有所作为

慈善事业作为一项社会性、公益性事业，需要社会的广泛参与，其中政府的支持不可或缺。在近代威海，无论是外来的殖民政府还是本土的国民政府都组织和参与过赈灾活动，这固然是其救助职责使然，但客观上对民间慈善活动起到了一定的组织号召和管理协调作用。1920 年的救灾中，经商会陈请，租界行政长官出面组织成立了赈济会，尽管支撑赈济会的主要是商会等民间力量，但当政者在宣传联络、采粮运粮、募捐散赈等事务中发挥了较好的组织协调作用。山东巡抚曾将威海所办赈粮全部免税，这是赈灾活动有序开展并取得成效的重要因素之一。1932 年为预防津沪时疫，威海卫管理公署当即召集商绅紧急会议，果断作出开设防疫临时医院的决定，并积极组织实施，使疫情得到及时控制。

（四）近代威海慈善活动的运作方式初步体现出现代特征

现代慈善越来越多地被视为一项制度，即一整套建立在完备的价值体系上、依托一定组织、具有理性设计的职能分工、得到法律和其他规范保障的安排。威海近代的慈善活动体现出某些制度安排的特点。

一是慈善行为体现出组织化特点。近代威海几乎所有慈善救助活动都是有组织进行的，不仅宗教性慈善公益活动都是依托寺庙、道观、教会、红万字会等中外各类宗教组织开展的，官府和商绅发起的其他慈善救助活动，包括临时性、应急性的活动也都是有组织进行的，如：1920 年为救济饥荒成立了赈济会，1932 年成立了救济院作为经常性救助机构。

二是救助方式体现出制度化特点。近代威海慈善救助程序规范透明，救助方式合理得当。1920 年赈济会建立的散赈机制中，救助程序为事先由各村村董负责调查本村灾情，上报各区总董及当局稽核；发放赈粮时，由村董与巡捕房头目共同签字，并派官员监督；散赈方式分为无偿救济和有偿救济两种，有偿救济必须由村董或总董担保。红万字会由专门机构——因利局对临时困难户给予无息贷款，对鳏寡孤独户实行定期补助。

（五）近代威海慈善活动体现出较为先进的救助理念

在人类慈善事业的起步阶段，慈善活动主要是救助性慈善，但不同国家和地区的慈善救助理念存在差距，导致慈善事业发展水平并不同步。相对于中国的传统慈善观念，近代威海的救助理念比较先进。

一是不囿于地域，广济天下。平等博爱是慈善行为的最高境界。现代慈善更是强调无论亲属与远近均推崇爱人如己的博爱理念。尽管中国传统慈善更注重街坊邻里熟人间的互助，具有浓厚的乡里情结和亲族情结，但威海近代慈善活动在很大程度上突破了地域限制，将威海域外乃至国外的救助需求都纳入视野。如：民国年间的救济院对外来乞丐或收养或出资遣送原籍；上海“一·二八”事变、黄河水灾、北平冬灾时都曾得到威海红万字会的救助；朝鲜万宝山排华事件后，威海各界积极援救旅韩被难侨胞。

二是“输血型”救助与“造血型”救助并举。现代慈善理论认为，慈善应不仅仅局限于扶危济困，还应该探索防止贫困产生的途径，为推进社会的长期福祉而投资，从而达到“真正永恒地造福世界”的目的。由于时代的局限，威海近代慈善事业仍属于救助性慈善，但救助理念正在逐步接近现代慈善理念，不仅从事以钱物为主要形式的简单的“输血型”救助，而且重视以培养教育为主的“造血型”救助。寺庙出资助学、太平观内设小学，天主教、基督教等西方宗教团体开办各类学校，红万字会开办培德小学、育婴处等一系列善举，促进了慈善事业由“施养”向“教养”的转变。

三　近代威海慈善事业发展的根源

（一）缘于齐鲁文化的影响

威海自古属齐鲁之地、孔孟之乡，以儒家思想为根基的齐鲁文化在这里得到了代代传承，造就了适宜近代慈善事业发展的文化沃土。“仁爱”是孔孟思想的核心，也是齐鲁文化的精髓，它孕育了尊老爱幼、孝慈为怀、邻里相助、济人危难、助人为乐等优秀道德品质。孟子倡导的“穷则独善其身，达则兼济天下”的处世境界，不仅被历代仁人志士奉为圭臬，而且被威海近代的民族工商业者予以践行。他们中的一些贤达之士富而不忘“仁”，在近代威海历史上，既是境内中西各类慈善宗教组织募捐的主要对象，也是当地殖民政府和国民政府共同依靠的赈灾力量。面对灾难，作为民族工商业者代表的威海卫商埠商会不仅自己慷慨解囊，自觉地承担起赈灾的重任，还积极呼吁社会各界出钱出力，表现出强烈的仁慈之心和社会责任意识。同时，政府对社会救助活动的支持与参与，也是儒家“仁政”思想的具体体现。

（二）缘于渔捕文化的影响

人类历史文化的源头要从物质生产活动中寻找。威海的渔业生产方式产生了独特的渔捕文化，这种文化又孕育出了威海人的慈善情怀。威海位于胶东半岛最东端，北、东、南三面濒临黄海，基于人同海洋的关系，这里形成了独特的渔捕文化。人们常年在海洋中劳作，必须协同劳动、齐心协力，才能战胜风浪、繁衍生息，因此同舟共济是渔捕文化的突出特点。在近代威海慈善事业中，从英租威海卫时期商埠商会会众以赈灾为己任，到民国年间地方士绅自发成立赈济会、周急会等救助组织，专门办理赈济事宜，处处彰显着渔捕文化孕育下的威海民众同舟共济的处世风格。

（三）缘于道教文化的影响

威海具有厚重的道教文化积淀，境内至今保存有“仙山之祖”昆嵛山、道教胜地铁槎山、《道德经》摩崖石刻圣经山、“玉阳洞天”圣水宫等多处道教文化遗迹。昆嵛山是道教重要流派——全真派的发祥地，金大定年间，陕西道士王重阳到此传经布道，创立“全真教”，并收下七个弟子，号称“北七真人”，一度风靡北方。全真教以道教教义为主，杂糅儒、释两教，主张济贫拔苦、先人后己、与物无私。威海近代寺庙、道观常年以救灾、修桥铺路、助学、就医施药以及代耕等方式从事慈善活动，就是对“教以行善立功，以致神仙之旨”的道教宗教伦理观念的具体践行。

（四）缘于西方文化的影响

甲午战争后的威海可谓命运多舛，先有日寇铁蹄蹂躏，后有英国强行租借，成为闻一多先生笔下的“七子”之一，这是民族之大不幸。但英租时期，威海卫行政长官署曾在辖区兴建了“爱德华商埠区”，一度把威海港变成了世界性的自由贸易港，并与世界30多个国家和地区有过贸易往来，这又促使西方慈善文化不断传入威海，实现着中西慈善文化的碰撞交融，促进着威海慈善事业的发展。一方面，天主教、基督教的慈善公益活动，极大地丰富了近代威海慈善活动的形式和内容；另一方面，西方慈善文化中无论亲疏与远近均推崇推己及人、爱人如己的博爱理念，和重视制度安排、强调组织化运作的管理理念的传入，提升了威海近代慈善事业的现代化程度，使近代威海的慈善活动具备了组织化、制度化、规范化和开放性等现代慈善事业特征。

（五）缘于淳朴敦厚的民风

威海自古民风淳朴，百姓敦厚、重信义，这也为威海近代慈善事业的发展创造了良好的社会生态，一个典型的例证是：1920年赈灾活动中，获得有偿救济的3万多灾民，在灾情过后都按期如数归还了借粮。百姓的守义践诺行为，不仅对捐赠者、施善者是极大的精神鼓舞，也使慈善活动发起者、组织者信心倍增，甚至连殖民政府官员也肃然起敬，英租威海卫最高行政长官骆克哈特曾在当地树碑立传表彰如数归还借粮者。

（作者单位：中共威海市委党校）

创新思路　深化改革　全力推动渔业经济转型跨越发展

中共荣成市委

荣成市三面环海，海岸线长 500 千米，年水产品产量 120 万吨左右，连续 32 年位居全国县级第一。多年来，在发展壮大渔业经济的过程中，荣成市始终紧跟政策变化和渔业发展的阶段性特点，不断加大改革创新力度，积极探索具有区域特色的渔业经济快速健康、可持续发展之路。

一　深化经营体制创新，推动渔业经济快速发展

荣成是一个靠渔业发展起来的城市，渔业始终在县域经济中占据主导地位。回顾荣成渔业的发展历程，主要是抓住机遇推行了两次大的经营体制变革，实现了两次大的跨越。一个是，抓住水产品价格市场放开的机遇，建立集体渔业经营制度，确立了渔业经济发展的规模优势。20 世纪 80 年代初期，国家放开水产品价格市场，并推行渔业分船到户改革，为荣成渔业发展带来了新的机遇和挑战。在各地推行渔船、网具"分包到户"的形势下，荣成市委、市政府经过分析研究，认为荣成渔业具有一次性投资大、风险性大、丰歉性大和协作性强的"三大一强"特点，仅靠个体力量很难实现大的发展。为此，在广泛征求意见的基础上，顶住各方面压力，创建了"集体所有、统一经营、分级承包、纯益分成"的渔业经营体制，将原来以生产队为单位经营的小船小网保留下来，合并成渔业公司，对外统一参与市场竞争，对内根据绩效进行按劳分配。这一大胆变革，确立了鲜明的体制优势和规模优势，使荣成渔业在随后的发展中脱颖而出，一举奠定了全国第一渔业大县的地位。1982 年到 1992 年间，荣成 185 马力以上渔船从 100 条增加到 480 多条，增长

近5倍；水产品产量从17.6万吨增加到66万吨，增长近4倍；渔业经济总收入从0.93亿元增加到28.5亿元，增长30倍。正是靠着这一时期的发展，荣成渔业企业加速了资本积累，为后来的转型扩张奠定了坚实基础。另一个是，抓住市场经济体制改革的机遇，建立现代企业经营管理制度，增强了渔业经济发展后劲。90年代中后期，随着市场经济的蓬勃发展，荣成传统的集体渔业经营管理模式也逐渐显露出一些弊端，人浮于事、资产闲置浪费等现象不同程度存在。荣成市抓住国家新一轮企业经营体制改革机遇，采取整体买断、股份合作、村企分开等多种模式，大刀阔斧地推进渔业企业改制，引导企业重组内部产权，剥离低效资产，将传统的捕捞等行业进行承包或转让，集中优势资本培植精深加工、滨海旅游、港口物流等二、三产业。改制后的渔业企业极大地焕发了生机活力，随即开展了大规模的“二次创业”，成功地培植起好当家集团、赤山集团、西霞口集团、寻山集团等一批以渔业经济为基础、多元化经营的国家级企业集团。1998年到2009年间，荣成渔业企业总资产由55亿元增加到402亿元，增长7.3倍；食品加工企业由240家发展到600多家，年食品加工量由75万吨增加到200多万吨。好当家集团通过股份改制，于2004年成功上市，成为全国首家以海洋水产产业为主导的上市公司。去年荣成市纳税前十强工业企业中，有5家是从渔业企业发展起来的。

二　深化行业管理创新，推动渔业经济健康发展

荣成渔业企业多、从业人员多，能不能规范行业管理秩序，事关渔业经济的长远发展。荣成市从实际出发，探索推行了三种行业组织管理模式。一是成立渔业协会，规范海带业发展。20世纪90年代，荣成市大力实施“以养兴渔”战略，海带养殖面积由1990年的6万亩扩大到1998年的9.6万亩。尽管海带产量很大，但由于缺乏统一管理，再加上海带需求量最大的海藻化工行业不景气，荣成海带一直受控于买方市场，各养殖企业为争夺有限的市场资源，竞相压价赊销，甚至掺杂使假，使海带产业发展陷入了“低价—低质—再低价”的恶性循环，最高峰时全市养殖企业应收账款高达3亿多元，相当于全市海带养殖一年半的总收入。为扭转这一被动局面，1998年，荣成市成立了由184家海带养殖加工企业组成的渔业协会，制订出台了淡干海带最低保护价格和持证采购制度，对海带收割、晾晒、包装、加工、销售的全过程进行监督，建立起统一质量标准、统一价格销售、统一加工工艺、统一品牌推介的“四统一”管理模式，使荣成海带产业步入了规范化发展轨道。

2005 年，荣成海带争创国家地理标志商标，2012 年又成功入选“山东三珍”。目前，全市海带养殖面积达 15 万亩，年产量 43 万吨，约占全国的一半。二是成立渔业合作社，规范滩涂养殖业发展。荣成市滩涂面积近 10 万亩、养殖户近千家，这种以个体为主的养殖模式，在技术推广、用药安全等方面存在很大弊端。2006 年全国“多宝鱼事件”，给荣成养殖业带来不小冲击，当年养殖收入损失 4000 多万元。针对这一实际，荣成市立即着手推行“龙头企业 + 专业合作社 + 养殖户”的产业化发展模式，先后成立刺参、贝类等 22 家渔业专业合作社，大力加强种苗、用药管理，推动先进适用技术引进和名优养殖品种推广，实现了由传统养殖向生态效益更优的立体养殖、水质条件更好的深海养殖、产出水平更高的名优养殖转型。全市海洋牧场面积达到 52 万亩，名优养殖比重达到 75% 以上，争创了荣成海参等 6 个国家地理标志水产品、166 个无公害水产品认证，海参、鲍鱼产量分别占全国的 16%、9%。三是成立渔船管理组织，规范捕捞业发展。荣成拥有各类渔船 8000 多艘、港口码头 107 处，行业管理难度和海上安全隐患很大。近年来，荣成市在安装渔船定位系统、加强船员管理培训的基础上，积极探索创新渔业管理新模式。2011 年，在全省率先启动了个体船东组建渔业公司、合作社工作，引导拥有 6 条以上渔船的船东成立公司，其他个体渔船加入渔船合作社，市里每年争取的涉外捕捞配额、渔船更新改造政策，优先考虑依法经营的公司和合作社，对发生越界捕鱼、恶意欠薪、安全事故的，对渔船所在组织给予一票否决，形成了行业自我管理、自我规范的倒逼机制。在此基础上，2013 年荣成市又成立了全省首家渔业港口协会，对捕捞企业实行会员制管理，在每个单位设立 1 名渔港管理员、1 名渔船进出港信息员，对渔船作业信息进行动态监管、即时报告，实现了渔船管理组织化、信息化全覆盖。

三　深化产业结构调整，推动渔业经济转型发展

近年来，随着资源环境约束不断加剧，以捕捞为主的传统渔业面临很大困境，荣成市及时转变发展理念，以“转方式、调结构”为主线，启动实施科技兴荣战略，从政策引导入手，分三步走，深入推进渔业产业结构调整和转型升级，拉长产业链，提升价值链，实现由渔业大市向海洋经济强市跨越。第一步，着眼破解渔业资源衰退的制约，推动近海捕捞向远洋捕捞转型。抓住国家扶持大洋渔业发展的政策机遇，鼓励引导企业建造远洋渔船、建设海外捕捞基地，积极走出去竞争国际渔业资源，拓展新的发展空间。近两年，

全市投入资金32亿元，新建专业远洋渔船107艘，相当于前十年的总和，远洋渔船总数达到247艘。同时，启动实施了总投资3.2亿美元的印度尼西亚、斐济等6个远洋渔业基地项目，把远洋捕捞作业的触角延伸到了太平洋、印度洋、西南太平洋、非洲西海岸等领域，去年远洋捕捞产量达到5.5万吨，增长近1/3。第二步，着眼拉长渔业产业链条，推动单一捕捞向捕捞、回运、加工一体化转型。荣成远洋捕捞的金枪鱼、鱿鱼等，过去一直以海上直接销鲜为主，高档渔业资源只卖出了原料价格，产业链短、利润率低，而且在销售价格方面一直受制于人。为此，2012年，荣成市出台了鼓励远洋捕捞资源回运加工的调控政策，引导渔业企业组建运输船队，把远洋捕捞资源运回来，通过加工实现二次增值。去年建造了8艘3500~4800吨大型冷藏运输船，远洋捕捞回运加工的比重实现翻番增长，带动起了一批龙头加工企业。赤山集团投资8亿元建设的嘉美食品项目，年鱿鱼加工量占全国的30%；鑫发集团投资7亿元建设的-60℃超低温金枪鱼加工项目，年加工能力7万吨，成为国内最大的金枪鱼精深加工基地。第三步，着眼提升经济发展质量，推动传统食品加工向海洋生物食品转型。荣成市食品工业基础较好，规模以上企业200多家，但不少都是以传统初加工和出口为主，在市场竞争中不占优势。近年来，受外需减弱、日元贬值等因素影响，企业订单下滑，效益增长放缓。为扭转这一被动局面，荣成市确立了打造中国海洋食品名城的目标，提出开发高端产品、拓展终端市场的“两端”发展思路，出台鼓励企业转型发展、建设营销网点、发展电子商务等系列扶持政策，引导企业从提升研发能力入手，大力开发海洋医药保健品、功能性食品和化妆品、生物新材料等高端产品，提高国内市场占有率，增创产业发展新优势。近两年，全市新上总投资90多亿元的食品精深加工项目，组建了海参产业技术创新战略联盟，海洋生物食品企业省级以上研发中心达到18个，省级以上品牌和商标达到53个，达因儿童制药、鸿洋神深海鱼油、好当家冷冻调理食品、泓达海产品罐头等系列产品保持行业领先优势。同时，荣成市还成立了海洋食品市场管理委员会，每年举办海洋食品展销会，整体推介荣成海洋生物食品。引进建设了中韩边贸城水产品交易中心等专业市场，实施了总投资40多亿元的冷链物流项目，全市冷藏总库容达到150万吨，建立起以专业市场为龙头、企业冷冻库为依托的现代冷链物流体系，提高了海洋食品在流通环节的盈利水平。2013年，荣成市海洋生物食品产业销售收入突破1000亿元。

后危机时代山东对外贸易转型、可持续发展对策研究

金万甲

山东是我国的经济大省，2012 年的国民生产总值（GDP）为 50013.2 亿元，占同年我国国民生产总值（GDP）519322 亿元的 9.63%。2005 年以来，山东的经济规模在我国 31 个省、自治区和直辖市中一直保持在前三名之内。山东也是我国的对外贸易大省，2012 年的进出口贸易总额为 2455.4 亿美元，占同年我国进出口贸易总额 38667.6 亿美元的 6.35%。改革开放以来，尤其是我国加入 WTO 以来，山东的对外贸易得到飞速发展，贸易规模从 2001 年加入世贸组织时的 289.6 亿美元，猛增至 2012 年的 2455.4 亿美元，年均保持了 21.73% 的高增长率。在长达 12 年的时间里，保持如此高的增长率不能不说是一个奇迹，的确可庆可贺。

但是，我们在庆贺已取得成绩的同时，居安思危，有必要冷静分析和思考我省对外贸易尚存在的不足和面临的挑战。尤其是在当前世界经济不景气和全球市场需求低迷的情况下，这种分析和思考对我省对外贸易可持续和稳定发展具有重要意义。

一　后危机时代的国际贸易环境

2008 年由美国华尔街引发的国际金融危机已过四年有余，然而紧随其后爆发的欧债危机，使尚未恢复元气的全球经济再次遭受打击，直到 2012 年世界经济复苏步履依然蹒跚。

国际金融危机爆发以来全球经济增长率走势

单位：%

年度	2008 年	2009 年	2010 年	2011 年	2012 年
增长率	2.5	-0.6	5.1	3.8	3.3

数据来源：国际货币基金组织（IFM）。

（一）发达国家经济复苏步伐沉重，增速低迷

美日两大经济体经济虽然出现了止跌回升的势头，但其经济增长率起伏不定，复苏步伐依然沉重。在欧洲，欧债危机继续发酵，使欧元区经济陷入持续衰退的窘境。从目前情况看，西班牙、希腊、意大利等欧债危机的重灾区虽然躲过了国家破产的最坏局面，但欧洲要彻底摆脱欧债危机阴影仍需时日。由于受国际金融危机后续影响和欧债危机拖累，世界其他发达经济体的经济发展速度也明显减缓，2012 年的经济增长率仅为 1.5%，不但低于发展中国家增长水平，也未能达到世界平均水平（3.3%）。

国际金融危机爆发以来美、日、欧经济增长率走势

单位：%

国家	2008 年	2009 年	2010 年	2011 年	2012 年	2013 年预期值
美国	-0.3	-3.1	2.4	1.8	2.2	2.6
日本	-1.2	-5.5	4.4	-0.9	2.2	0.9
欧元区	0.6	-4.1	1.7	1.4	-0.4	1.5

数据来源：国际货币基金组织（IFM）、美商务部经济分析局、日本内阁府、经合组织经济展望 91 数据库（OECD Economic Outlook 91 database）等机构公布和新闻媒体报道的数据。

经济萧条和不景气，直接影响这些国家和地区的劳动力、消费和投资市场，使这些国家和地区的失业率不断攀升，消费和投资规模持续萎缩，进而又反过来拖累全球经济的复苏。

国际金融危机爆发以来美、日、欧失业率走势

单位：%

年度	2008 年	2009 年	2010 年	2011 年	2012 年
美国	5.8	9.3	9.6	8.9	8.1
日本	4.0	5.1	5.1	4.6	4.4

续表

年度	2008 年	2009 年	2010 年	2011 年	2012 年
欧盟	7.7	9.6	10.1	10.2	11.4

数据来源：美国劳工部、日总务省、欧洲央行年度或月份报告。

国际金融危机爆发以来美国个人消费支出及设备投资增长率①走势

单位：%

年度	2008 年	2009 年	2010 年	2011 年	2012 年第 1 季度	第 2 季度	第 3 季度
个人消费增长率	-0.6	-1.9	1.8	2.5	2.4	1.5	1.4
设备投资增长率	-0.8	-18.1	0.7	8.6	7.5	3.6	-2.2

①与前 1 年和前 1 季度相比的增长率。

数据来源：美国商务部经济分析局。

国际金融危机爆发以来日本民间消费及投资增长率①走势

单位：%

年度	2008 年	2009 年	2010 年	2011 年第 1 季度	2011 年第 2 季度	2011 年第 3 季度
民间消费	-0.7	-0.7	2.6	-1.2	0.3	0.7
住宅投资	-0.8	-16.6	-4.3	1.8	-2.0	5.2
设备投资	-1.4	-14.3	0.5	-0.9	-0.5	-0.4
公共投资	-8.6	7.0	0.4	-1.9	6.7	-1.0

①与前 1 年和前 1 季度相比的增长率。

数据来源：日本内阁府和央行公布的数据。

在欧盟地区，随着国家债务危机的加深，民间消费和政府支出持续萎缩，固定投资和出口增长率迅速下降。

国际金融危机爆发以来欧盟民间消费、政府支出和投资增长率①走势

单位：%

年度	2008 年	2009 年	2010 年	2011 年第 1 季度	2011 年第 2 季度	2011 年第 3 季度
民间消费	0.4	-1.2	0.9	0.1	-0.5	0.3
政府支出	2.4	2.6	0.4	0.0	-0.1	0.0
固定投资	-1.1	-12.0	-0.8	1.9	0.0	0.1

①与前 1 年和前 1 季度相比的增长率。

数据来源：欧洲央行月度报告。

（二）发达经济体需求减少，国际贸易增速明显下滑

由于美、日、欧等主要发达经济体经济低迷，投资和消费乏力，导致市场需求急剧萎缩，包括中国在内的主要新兴经济体国家的出口贸易受阻，国际贸易增速明显下滑。

国际金融危机爆发以来美、日、欧进口贸易增长率①走势

单位：%

国别	2008 年	2009 年	2010 年	2011 年	2012 年
美国	-0.4	-13.6	12.5	15.6	2.8
日本	-1.0	-15.7	11.1	12.0	3.8
欧盟	-1.0	-11.7	9.3	13.4	1.7

①与前 1 年相比的增长率。

数据来源：美国商务部、日本经济产业省和欧洲央行。

主要发达国家经济体的经济萧条和需求减少，首当其害的是新兴经济体国家的出口贸易。因为这些国家的出口贸易对发达经济体的依赖度比较高。就“金砖五国”而言，中国、俄罗斯、巴西对美、日、欧等发达国家的出口贸易额，均占其出口贸易总额的 40% 以上。即使依赖度较低的印度和南非也都在 25% 和 32% 之间。因此这些发达经济体的经济状况和进口贸易增减幅度，如同新兴经济体国家出口贸易的晴雨表，彼晴则晴，彼暗则暗。

国际金融危机爆发以来金砖五国出口贸易增长率①走势

单位：%

国别	2008 年	2009 年	2010 年	2011 年	2012 年
中国	17.3	-16.0	31.4	20.3	7.9
巴西	22.6	-22.7	32	26.81	-1.24
俄罗斯	33.0	-35.7	31.9	30.0	1.6
印度	12.27	-2.6	18.16	45.6	-3.7
南非	14.8	-22.23	30.35	18.93	-9.5

①与前 1 年相比的增长率。

资料来源：根据 WTO 公布的统计数据整理。

新兴经济体国家的出口贸易受阻，必然导致这些国家的进出口贸易不平衡，使他们的贸易收入减少或赤字增加。这就迫使新兴经济体国家为保持贸易平衡或减少赤字，紧缩开支减少进口，进而导致全球贸易增速明显减缓。

国际金融危机爆发以来全球贸易增长率①走势

单位：%

	2008 年	2009 年	2010 年	2011 年	2012 年	2013 年预期值
增长率	2	-12.2	14.5	5.0	2.5	3.3

①与前 1 年和前 1 季度相比的增长率。

资料来源：根据 WTO 公布的统计数据整理。

金融危机爆发前的 2007 年全球贸易增长率为 6%，2012 年全球贸易增长率仅为 2.5%，远低于 1980 年以来 5.7% 的年均增速。

总之，由于欧债危机使世界贸易规模急剧萎缩和人们的消费心理恶化，世界经济增长势头正在减缓。世界经济的低谷比当初预料的还要低。因此，各国学者都普遍认为，世界经济在 2012 年增长 3.3% 的基础上，2013 年也将有与 2012 年类似的增长率，不会有大的改观。在今后若干年内，各国政府部门的支出减少，将成为国际需求市场萎缩的主要因素，而家庭收支方面的债务负担将会进一步制约消费增长。欧元区国家尽管采取了延长扭转政府财政困局期限和缓解财政紧缩政策等措施，但仍难以提振经济增长势头，预计 2013 年的欧元区经济增长率停留在 0% 的水平。美国与其他发达国家相比略微好一些，尤其是住宅市场复苏势头明显，但是由于政府的财政风险其经济增长势头起伏不定。金砖国家因财政收支和经常收支恶化等原因，需求将受到制约。

（三）贸易保护主义盛行，导致贸易摩擦增多

从近 16 年来的情况看，国际经济形势和贸易保护主义正好成反比。全球经济形势陷入低谷，发展低迷时，贸易保护主义就盛行，贸易摩擦也随之增多。

2008 年下半年国际金融危机爆发后，世界各国为减少本国企业因金融危机遭受的损失，普遍加强了对贸易救济的调查。据 WTO 的统计，2008 年 WTO 会员国对贸易救济的调查件数共 227 件，比 2007 年同期增加 43 件。其中，反倾销调查 208 件，比 2007 年增加 45 件；反补助金调查 14 件，比 2007 年增加 3 件；保护措施（Safeguard）调查 5 件，比 2007 年减少 3 件。

另外，对各地区和各国而言，其贸易规模和起诉、被起诉件数又成正比。也就是说，贸易规模越大，贸易量越多，起诉和被起诉的概率就越高。据 WTO 统计资料显示，1995 年至 2008 年的 14 年间，WTO 会员国共进行 3810 件贸易救济调查。其中，反倾销调查 3427 件，占调查总件数的 89.9%；反补

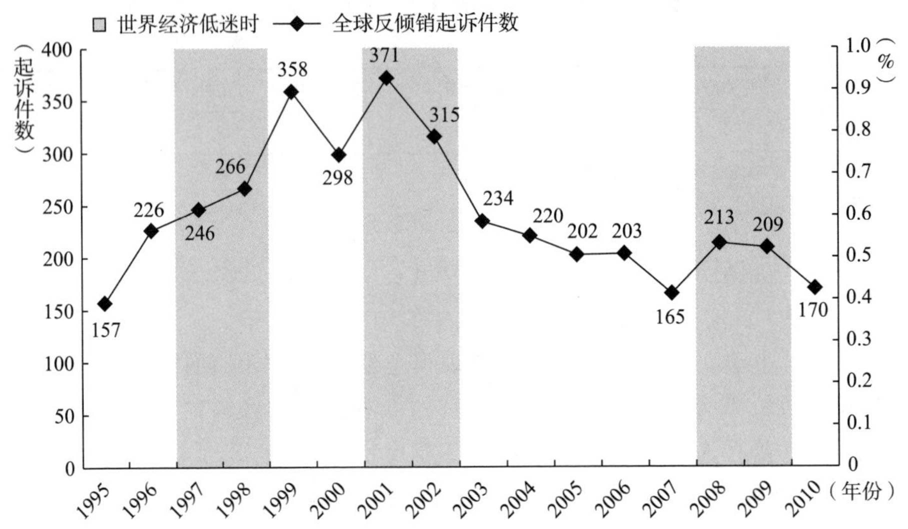

1995 年至 2010 年国际经济形势与全球反倾销起诉件数变化走势

资料来源：根据 WWW. WTO. ORG 公布的数据整理。

助金调查 215 件，占 5.6%；保护措施调查 168 件，占 4.4%。

在这一段时期，亚洲地区是世界上贸易最活跃的地区，所以亚洲地区又是提出贸易救济调查和接受贸易救济调查件数最多的地区。在 1995 年至 2008 年的共 3427 件反倾销调查中，亚洲国家提出的反倾销调查件数达 1211 件，占总件数的 35.3%，北美洲 687 件，占 20.0%，南美洲 575 件，占 16.8%，欧洲 433 件，占 12.6%，非洲 271 件，占 7.9%，大洋洲 250 件，占 7.3%。同时，亚洲国家接受的反倾销调查件数也最多，共 2034 件，占总件数的 59.4%，欧洲 771 件，占 22.5%，北美洲 323 件，占 9.4%，南美洲 188 件，占 5.5%，非洲 79 件，占 2.3%，大洋洲 32 件，占 0.9%。

从各国分布情况来看，在 3427 件反倾销调查中，被起诉件数排在前 5 位的国家和地区是，中国 677 件，占总件数的 19.8%，韩国 252 件，占 7.4%，美国 189 件，占 5.5%，中国台湾 187 件，占 5.5%，印度尼西亚 145 件，占 4.2%。在 215 件反补助金调查中，被起诉件数最多的前 5 位国家是，印度 46 件，占 21.4%，中国 23 件，占 10.7%，韩国 16 件，占 7.4%，意大利 13 件，占 6.0%，印度尼西亚 11 件，占 5.1%。中国是从 2004 年才开始接受反补助金调查的，可是在这 4 年间，外国对中国的反补助金调查件数大幅度增加。

据 WTO 统计资料，2006 年至 2010 年 5 年间，全世界反倾销起诉件数共 960 件。其中，中国提出起诉的只有 53 件，占全球总件数的 5.5%，而中国被起诉的件数多达 330 件，占全球总件数的 34%。

1995 年至 2010 年中国提出的反倾销调查

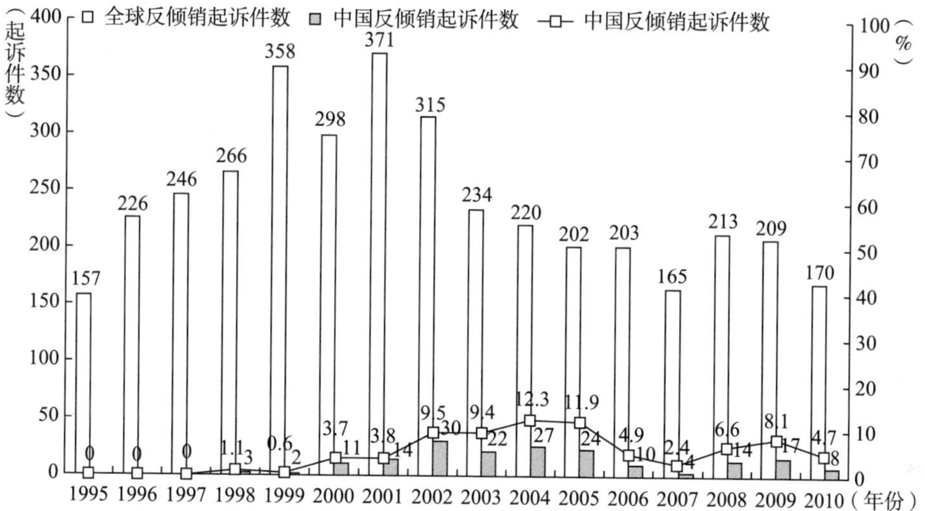

起诉件数及其在世界反倾销起诉总件数中所占比重的变化情况

资料来源：根据 WWW. WTO. ORG 公布的数据整理。

1995 年至 2010 年中国收到的反倾销调查

被起诉件数及其在世界反倾销被起诉总件数中所占比重的变化情况

资料来源：根据 WWW. WTO. ORG 公布的数据整理。

对中国起诉比较多的是美国和欧盟等我国的主要贸易伙伴。因为，我国与这些国家和地区的贸易规模大，所以发生贸易摩擦和纠纷的几率也高。譬如，中国和美国都是世界上数一数二的贸易大国，2012 年两国的贸易额分别为 38667.6 亿和 38628.59 亿美元，在全球贸易总额中所占的比重分别为 11.1% 和 11.09%。中美双方又是互为主要贸易伙伴，2012 年的双边贸易额接近 5000 亿美元的历史高点，美国成为中国的最大出口市场。所以，中美两国提出起诉和被起诉的件数通常比其他国家多，而且双方发生贸易纠纷的概率也比较高。

2006 年至 2010 年中美两国相互实施的贸易救济

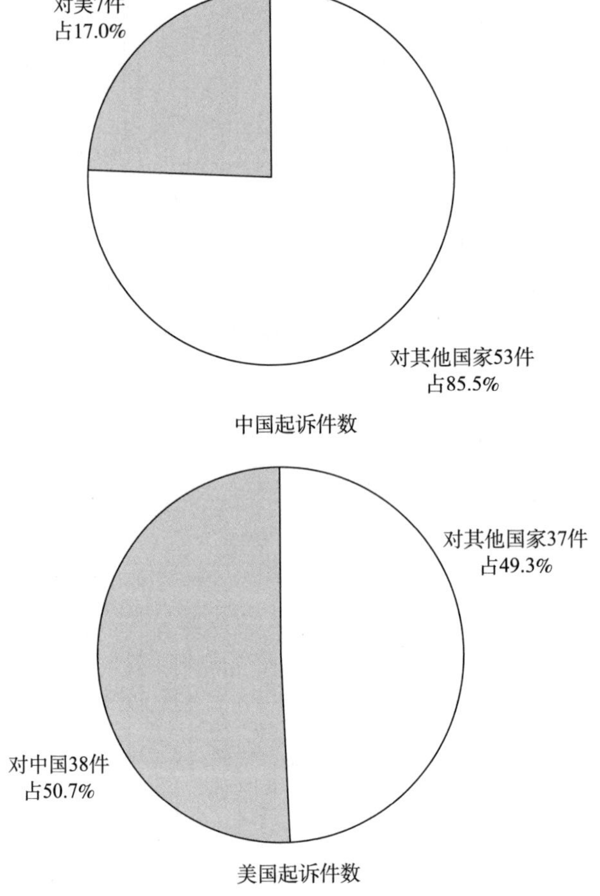

调查件数及其在各自起诉总件数中所占比重

资料来源：根据 WWW. WTO. ORG 公布的数据整理。

从上图可以看出，在 2006 年至 2010 年的 5 年间，中国提出的贸易救济调查件数共60件，其中针对美国的起诉有7件，占其起诉总件数的17.0%。而在同一时期，美国共提出75件贸易救济调查，其中针对中国的起诉有38件，占其起诉总件数的50.7%。

中美两国相互起诉的件数差距比较大，美国针对中国的起诉件数多，而中国针对美国的起诉件数较少。这除了中国对美国的出口贸易规模大之外，还有两条不可忽视的重要原因：一是美国至今没有承认中国的完全市场经济地位（MES）。按照现有的WTO规则，当拥有MES的国家和没有MES的国家发生贸易纠纷时，没有MES的国家在对拥有MES的国家提出贸易救济调查方面受一定的限制，而且即使提出了起诉，也处在相对败诉概率高的不利地位。截至2011年底，澳大利亚、新西兰、韩国等81个国家已承认我国的完全市场经济地位。然而，美国、欧盟、日本等73个国家和地区至今尚未承认我国的完全市场经济地位。这显然对我国是不公平的。二是有些外国媒体认为，近年来，美国在与中国的贸易中，年年出现巨额赤字。所以，美国采取减少贸易赤字，保持贸易平衡的措施，加强了针对中国的贸易救济调查。据中国海关统计，2012年1~11月，中美贸易额达到4386亿美元，同比上升8.2%。其中，中国自美进口1192亿美元，同比上升8.1%；出口3194亿美元，同比上升8.2%。中方顺差2003亿美元，同比上升8.3%。近年来，美国在与我国的贸易中的确有不少赤字。但这不是因为中国人为限制美国产品进口，而恰恰相反，是美国自己人为限制其高技术产品出口中国所致。这就是说，在贸易救济调查问题上，包括美国在内的一些国家和地区对我国执行的是双重标准，是不公平和不公正的。我们必须充分认识，在今后一个较长时期内，一些国家和地区对我国贸易的这种不公正和不公平的待遇仍将继续存在，而当世界经济不景气的时候，这种状况会进一步加剧。我们要证实这样一个现实，要从长计议，认真加以应对。

二　后危机时代山东对外贸易面临的问题及其所产生原因分析

金融危机爆发后，山东对外贸易随着国际市场的波动而波动，2009年山东对外贸易出现12.36%的负增长，这在改革开放30余年来是从来没有过的。2010年和2011年虽然有了恢复性增长，但到了2012年其增长率又回落到4.05%。

2008 年国际金融危机爆发以来山东进出口贸易增长率走势

单位：亿美元，%

年度	进出口贸易		出口		进口	
	总额	增长率	出口额	增长率	进口额	增长率
2008	1581.4	29.0	931.7	23.8	649.7	37.1
2009	1386.0	-12.36	795.6	-14.6	590.4	-9.1
2010	1889.5	35.9	1042.5	31.1	847	42.2
2011	2359.9	24.8	1257.9	20.7	1102.0	29.8
2012	2455.4	4.05	1287.3	2.4	1168.1	6.9

资料来源：山东省商务厅门户网站公布的统计数据整理。

当然，从客观上说这是受国际金融危机和欧债危机影响所致。但出现如此大的波动，至少从主观上说明，山东对外贸易基础结构尚不够牢固，抵御外部影响的能力不够强，受海外市场需求影响比较大。

那么，为什么会出现这些问题呢？归结其原因主要有如下几个方面。

（一）外企加工贸易在山东贸易总额中所占比重过高，易受海外需求影响

30 余年来，我们通过实施改革开放政策成功引进了大量的外资和外资企业。不可否认，这些外资和外资企业为山东省的经济腾飞和对外贸易迅猛发展立了汗马功劳，尤其经济起步阶段其作用是决定性的。但它同时带来了，在山东省的对外贸易中加工贸易比重过高的问题。因为，在鲁外资企业迄今为止的基本经营模式是，向山东省出口中间产品（半成品和零部件），并利用山东省当地相对廉价的劳动力进行组装生产，然后向其国内或美国、欧盟等第三市场出口。这种经营模式的基本特点是“大进大出”。也就是说，不管是“来料加工”，还是“进料加工”，其生产所需各类材料和零部件全部依靠进口，然后生产出来的产品又几乎全部出口海外。因此可以说，改革开放以来，这种“大进大出”的加工贸易是山东对外贸易规模迅速扩大的重要推动力。

2001 年至 2011 年在山东出口贸易总额中各不同贸易方式所占比重统计表

单位：亿美元，%

年度	总出口额	一般贸易出口		加工贸易出口		其他贸易出口	
		金额	比重	金额	比重	金额	比重
2001	181.29	91.325	50.375	88.9138	49.045	1.0508	0.58

续表

年度	总出口额	一般贸易出口		加工贸易出口		其他贸易出口	
		金额	比重	金额	比重	金额	比重
2002	211.1511	108.9063	51.58	101.1488	47.9	1.0960	0.52
2003	265.7285	140.0709	52.7	123.81	46.6	1.8466	0.69
2004	358.7286	179.9792	50.17	173.5495	48.38	5.1999	1.45
2005	462.5113	231.0122	49.95	226.3342	48.94	5.1649	1.12
2006	586.4717	301.3461	51.38	273.8958	46.7	11.2298	1.91
2007	752.4374	380.0924	50.51	354.2346	47.08	18.1104	2.41
2008	931.7486	473.9880	50.87	429.5478	46.1	28.2128	3.03
2009	795.6530	363.7582	45.72	399.4047	50.2	32.4901	4.08
2010	1042.4695	497.3019	47.7	498.1212	47.78	47.0464	4.51
2011	1257.8809	646.6907	51.41	558.0629	44.37	53.1273	4.22
2012	1287.3171	687.5045	53.41	543.3872	42.21	56.4254	4.38

资料来源：山东省商务厅门户网站公布的统计数据整理。

从上表的统计数据可以看出，山东的对外贸易，尤其是出口贸易的主要方式之一是加工贸易。在2001年至2010年之间，在山东出口贸易中加工贸易所占的比重均超过45%。2011年和2012年尽管其所占比重有所下降，但仍然占40%以上。

在这种加工贸易比重高的结构下，虽然山东的贸易规模迅速得到扩大，但收益率低，而且其相当一部分的收益与外资有密切的关系。

2005年至2012年在鲁外资企业进出口额及其在山东对外贸易总额中所占比重

单位：亿美元，%

年度	进出口总值			出口			进口		
	全省	外资企业	比重	全省	外资企业	比重	全省	外资企业	比重
2005	768.8876	413.3889	53.76	462.5113	237.7119	51.4	306.3763	175.6770	57.34
2006	952.8817	513.3527	53.87	586.4717	307.5157	52.43	366.4100	205.8370	56.18
2007	1226.1798	665.4777	54.27	752.4374	402.8327	53.54	473.7424	262.6450	55.44
2008	1581.4480	845.7000	53.48	931.7486	506.7000	54.38	649.6994	339.0000	52.18
2009	1386.0378	755.9835	54.54	795.6530	447.8307	56.28	590.3848	308.1528	52.2
2010	1889.5085	962.8034	50.96	1042.4695	565.6789	54.26	847.0390	397.1245	46.88
2011	2359.9191	1074.3801	45.53	1257.8809	637.2487	50.66	1102.0382	437.1314	39.67

续表

年度	进出口总值			出口			进口		
	全省	外资企业	比重	全省	外资企业	比重	全省	外资企业	比重
2012	2455.4487	1020.3345	41.55	1287.3171	604.9739	46.99	1168.1316	415.3606	35.56

资料来源：山东省商务厅门户网站公布的统计数据整理。

从上表统计数据可以看出，改革开放以来，尤其是2001年我国加入世贸组织以后，在鲁外资企业逐渐成了我省进出口贸易的主体。在2005年至2010年期间，在鲁外资企业进出口额在山东进出口总额中所占的比重都在50%以上。2011年和2012年其比重有所下降，但仍在40%以上。这就是说，多年来山东进出口贸易规模的扩大，很大程度上是靠外资企业的加工贸易实现的。所以，近年来山东对外贸易规模的扩大，相当一部分是属于量上的扩张，真正通过贸易所得的收益并不多。

而且，由于这种贸易方式主要依靠海外技术、海外资金和海外市场，通过“大规模进出口”的途径来实现。所以对海外市场的依赖度很高，海外市场的任何风吹草动，都可能带来不同程度的影响。

（二）对部分国家的出口比重过高，易受这些市场的需求影响

目前山东的贸易市场，尤其出口市场过于集中，对部分国家和地区的出口依赖度过高，易被这些市场的需求变化所左右。比如，2012年我省的出口贸易总额为1287.3171亿美元。排在前5位的我省出口市场依次为欧盟204.7180亿美元，占山东当年出口总额的15.9%；美国203.4726亿美元，占15.81%；日本171.8142亿美元，占13.35%；韩国133.1241亿美元，占10.34%；东盟108.1218亿美元，占8.4%。对这5个国家和地区的出口额，在我省当年出口总额中所占比重高达63.8%，尤其是对美、欧、日的出口额比重超过45%。从上述这些数据不难看出，此次国际金融危机和欧债危机，为什么对山东出口贸易带来如此大影响的原因。

（三）廉价劳动力带来的价格优势在消失，也是易受海外市场影响的重要原因

改革开放30余年来，我省的贸易规模，尤其是出口贸易规模迅速扩大的重要推动力是廉价劳动力。这也是众多外资企业纷纷到山东来投资办厂的重要原因。然而，随着经济发展和人均国民收入的增长，这种由廉价劳动力带

来的价格竞争优势正在消失，尤其在沿海地区已非常明显。

2000 年至 2012 年山东人均 GDP 增长情况表

单位：美元

2000	2001	2002	2003	2004	2005	2006	2007	2008	2009	2010	2011	2012
1127	1232	1370	1603	1983	2433	2961	3630	4742	5255	6072	7329	8201

数据来源：《山东统计年鉴 2012》。

在我国部分沿海地区，最初出现“用工荒”是 2003 年。当年，我国的人均 GDP 才 1270 美元，刚刚过 1000 美元。但是，广东、江苏、浙江等沿海地区和北京、上海、天津等地区的人均国民收入已接近或超过 5000 美元。所以，在这些地区的企业，那时雇佣廉价劳动力已有困难了。何况现在，我省人均国民收入已达 8201 美元（2012 年）。而且 2012 年我省东营（23131 美元）、威海（13222 美元）、青岛（13152 美元）、淄博（12368 美元）、烟台（11994 美元）、济南（11073 美元）六个城市人均国民收入已超过 1 万美元，相当于中等发达国家水平。因此可以说，在我省沿海发达地区和中心城市由廉价劳动力带来的出口商品价格优势已不复存在。如果说，山东省还有廉价劳动力那就是在菏泽、德州、聊城等中、西部欠发达地区。专家们根据我国国情预测，我国中、西部地区的廉价劳动力资源，最多能维持 10 年左右。山东属于沿海省份，所以廉价劳动力资源维持时间可能还要短。随着经济发展和人均国民收入的增长，用廉价劳动力寻求高额利润和赢得出口商品价格优势的路子会越走越窄。

（四）不合理的外资产业布局和产业结构，加速出口商品价格优势的消失

目前，以加工贸易为主的海外直接投资基本都集中在山东省的东部沿海地区和中心城市。从截至 2012 年我省各地市合同和实际引进外资累计数额及其在全省总额中所占比重可以看出，排在前五位的青岛、烟台、威海、济南和潍坊合同和实际引进外资的比重高达 76.54% 和 74.66%，而菏泽、德州、聊城、临沂、泰安、枣庄、莱芜等内陆地区合同和实际引进外资的比重分别只有 10.1% 和 10.54%。这七个地市实际引进外资的比重加在一起，不及青岛 35.06% 和烟台 16.67% 一个市引进外资所占的比重。

截至 2012 年山东省各地市合同和实际引进外资累计数额及其在全省总额中所占比重

单位：美元，%

合同外资			实际使用外资		
地区	数额	比重	地区	数额	比重
全省	2100.4739	100	全省	1251.6002	100
青岛	713.1258	33.95	青岛	438.8415	35.06
烟台	417.0373	19.85	烟台	208.6051	16.67
威海	193.1652	9.2	威海	116.4475	9.3
潍坊	144.0928	6.86	济南	85.8739	6.86
济南	140.3342	6.68	潍坊	84.7088	6.77
济宁	80.1638	3.82	淄博	51.2240	4.09
淄博	75.1133	3.58	济宁	47.8172	3.82
临沂	46.1983	2.2	日照	32.9817	2.64
日照	42.8484	2.04	临沂	30.9305	2.47
德州	35.0589	1.67	滨州	23.1421	1.85
滨州	34.4485	1.64	德州	22.4859	1.8
菏泽	30.9660	1.47	聊城	21.8299	1.74
聊城	29.4025	1.4	东营	19.1410	1.53
东营	27.8448	1.33	枣庄	17.5089	1.4
枣庄	27.4027	1.31	泰安	14.5475	1.16
泰安	25.5875	1.22	菏泽	13.6124	1.09
莱芜	17.4638	0.83	莱芜	11.0293	0.88

数据来源：《山东统计年鉴 2012》中的数据整理。

而且，迄今为止大量外资涌入第 2 产业，近来虽然流入第 3 产业的外资规模有所增加。但是截至 2011 年，在海外对鲁直接投资（FDI）总额中，流入第 2 产业的外资比重仍高达 60.95%。尤其制造业的比重相当高，2004 年 83.56%，2007 年 77.59%，到 2010 年仍在 58.21% 的高位。

2009 年至 2012 年外商对鲁直接投资（FDI）额及其在三次产业的分布情况

单位：美元

	2009		2010		2011		2012	
	金额	比重	金额	比重	金额	比重	金额	比重
总额	87.1045	100%	136.3381	100%	157.9081	100%	165.5717	100%
第一产业	3.5445	4.07%	4.4784	3.28%	5.2208	3.31%	5.6065	3.39%

续表

	2009		2010		2011		2012	
	金额	比重	金额	比重	金额	比重	金额	比重
第二产业	55.9191	64.2%	85.4984	62.71%	96.2382	60.95%	94.5982	57.13%
第三产业	27.6409	31.73%	46.3613	34%	56.4491	35.75%	65.3670	39.48%

资料来源：山东省商务厅门户网站公布的统计数据整理。

从各产业结构来看，2010 年在山东引进外资前 5 位的产业是：第 1 制造业占 58.21%；第 2 房地产业占 11.47%；交通运输、仓储和邮政业占 7.59%；批发和零售业占 4.27%；租赁和商业服务业占 3.43%。

与过去的数据相比，在 2011 年和 2012 年海外直接投资总额中，虽然第二产业所占比重有所下降，房地产业、租赁及商业服务业和批发商零售业等第 3 产业所占的比重有所上升，但是以制造业为主的第二产业 60.95% 和 57.13% 的比重仍然最高。

显然，这样的产业布局和产业结构，由于无法得到廉价劳动力的支撑，只能加速出口商品价格优势的消失。

三 后危机时代山东对外贸易稳定可持续发展对策研究

改革开放以来，尤其是我国加入 WTO 以来，山东 GDP 的年均增长率在 12.68%，而 2005 年以来对外贸易额在我省 GDP 中的比重都在 28.43% 左右。因此，在今后若干年内，我省 GDP 能不能保持 8% 左右的增长势头，对外贸易依然具有不可忽视的重要作用。稳定和可持续的对外贸发展是山东经济平稳可持续发展不可或缺的重要支撑和保障。

（一）加快从“以加工为主”到“以自主研发制造为主”的转化

从韩国、新加坡等后发展起来的工业化国家的发展历程看，似乎都经历了从“以加工组装为主”到“以自主研发制造为主”的转化过程。在经济起步阶段，一般都采用引进外资和外资企业，通过加工贸易扩大出口和就业。然后，逐步提高产品的国产化率，最终实现从“以加工为主”到“以自主研发制造为主”的转化。

韩国的这种产业转型期是在 20 世纪 80 年代后期到 90 年代中后期，当时韩国的人均 GDP 正好是从 5000 美元向 1 万美元过渡的时候。

1992年至2002年韩国人均GDP走势

单位：美元

年度	1992	1993	1994	1995	1996	1997	1998	1999	2000	2001	2002
人均GDP	7730	8422	9757	11779	12587	11582	7724	9906	11347	10655	12094

资料来源：韩国大信证券研究中心。

但是，韩国在转换过程中走了一些弯路。当时韩国企业界普遍存在只求眼前繁荣，缺乏从长计议和在产品生产方面，只求多、全、快，不求高、精、尖的错误经营理念。因此，那时在韩国企业界低水平扩张和重复投资现象非常严重。尤其是1995年，面对世界经济形势好转和世贸组织成立后贸易机会增多的情况，韩国各家企业为赢得眼前利益，不惜举债竞相从国外引进设备，盲目上项目扩大再生产，掀起了前所未有的“设备投资热”。结果到1996年底，韩国30家大型企业集团平均负债率高达386.5%，企业的负债总额多达635万亿韩元，相当于当时韩国国民生产总值的1.5倍。并且，由于只热衷于整机和成品生产，而忽视自主研发和零部件生产，所以当时韩国各类主要出口产品的相当一部分核心零部件仍依赖进口。结果到1997年当东南亚金融风暴到来的时候，那些举债经营和低水平盲目扩张的企业受到了惩罚。由于资金链断裂，他们纷纷倒闭，仅1997年1年破产企业数多达16900余家，破产高峰期1个月就破产3000家企业，日均倒闭达100家。其中包括大宇、韩宝、起亚等18家大型上市企业集团。不但如此，由于制造包括汽车在内的主要出口产品所需关键零部件大部分依赖进口，加之因金融危机韩元贬值导致从美、日等国进口的零部件价格上涨，其对外贸易陷入了“因价格倒挂，出口越多，赤字越多，出口增长带来更大进口增长”的被动局面。由于大批企业倒闭和出口贸易受阻，韩国经济陷入濒临破产的绝境，而且1996年已达12587美元的人均GDP也回落到1998年的7724美元，直到2003年整整过了7年才恢复过来。

这是前车之鉴，我们不能重蹈韩国的覆辙。目前，山东人均GDP也正处在5000美元向1万美元的过渡期。这一时期的基本特点是，随着人均GDP的增长，劳动力、地皮、物流及各类原材料等企业经营所需成本价格随之快速上涨。在这个时期，如果还按照当初粗放式的经营方式已经行不通了。显然，单靠“加工组装”得来的微薄收益，已维持不了一个企业的正常运转。必须要通过技术改造，降低成本，提高产品的国产化率、科技含量和质量，自主研发和制造相关核心零部件，生产出拥有自主知识产权的高附加值产品，以顺应市场需求。为此，政府和企业都应加大科技扶持力度和科技投入。

（二）稳定并坚守已有市场，不断开拓和培育新市场

我们说，山东出口贸易对美国、欧盟、日本等部分发达国家市场的依赖度过高，并不是说要人为减少对这些市场的出口，而是要通过开拓和培育新市场的途径，在我省总出口中适当降低对这些发达国家市场出口的所占比重。发达国家通常都是高收入，高消费，具有雄厚的消费潜力。今后发达国家市场仍将是山东出口贸易的主战场。所以，尽管贸易摩擦不断，竞争也十分激烈，但绝对不能退缩。我们必须要千方百计，稳定并坚守通过几十年奋斗得来不易的已有市场。

不断开拓和培育新市场，积极推进市场多元化战略。在此次国际金融危机和欧债危机中，山东出口贸易虽然受到影响，但与其他金砖国家相比，收到的冲击小得多。这主要应归功于近年来我省积极推进的市场多元化战略。

据海关统计，山东省对东盟、澳大利亚和金砖四国（俄罗斯、巴西、印度和南非）出口占山东省出口总值的比重由 2005 年的 6.81%、1.31% 和 3.59% 分别上升至 2013 年前九个月的 9.07%、2.44% 和 7.58%。与此相对照，2013 年前九个月我省对美国、日本和欧盟出口占我省出口总值的比重分别为 15.89%、12.28% 和 15.16%。与 2005 年相比分别回落了 3.45、6.06 和 1.3 个百分点。

2010 年和 2011 年我省与主要新兴经济体的双边贸易额及其增长率

单位：亿美元，与上一年相比的增长率%

国家和地区		中国台湾	巴西	俄罗斯	印度	东盟	南非	澳大利亚
2010	贸易额	32.8320	58.0707	43.4591	72.8914	198.0625	19.4029	82.7504
	增长率	48.4	54.6	45.1	59.8	58.5	41.5	57
2011	贸易额	41.1675	93.9769	67.6218	83.1759	285.5082	25.9193	125.8302
	增长率	25.4	61.8	55.6	14.1	44.2	33.6	52.1

资料来源：根据山东省商务厅公布的数据整理。

从上表数据可以看出，山东省与新兴经济体贸易的发展势头非常迅猛，且大有发展潜力。只要我们持之以恒地贯彻市场多元化战略，积极开拓和培育新兴市场，不但可以减少贸易风险，而且确保我省对外贸易稳定可持续发展是完全可能的。

（三）通过调整产业布局，充分挖掘和利用我省尚存的廉价劳动力资源

据一些专家预测："从我国经济发展速度来看，廉价劳动力资源还能维持

10年左右。”从“2012年山东省17城市人均GDP排名”可知，我省区域发展不平衡，沿海各地及中心城市人均GDP已超过1万美元，但仍有菏泽、临沂、聊城等地区人均GDP还不到6000美元。由于我省区域发展不平衡，在中、西部地区仍有雄厚的廉价劳动力资源。这对人力密集型加工制造业来说，是不可不利用的宝贵资源。

2012年山东省17城市人均GDP排名

城市	人口	GDP总量	人均GDP
东营	200.48万	492亿美元	24551美元
青岛	871.51万	1197.54亿美元	13743美元
威海	280.48万	382.12亿美元	13628美元
淄博	453.06万	583.38亿美元	12890美元
烟台	696.82万	866.14亿美元	12431美元
济南	681.40万	789.27亿美元	11595美元
滨州	379.00万	325.99亿美元	8609美元
莱芜	129.85万	103.55亿美元	7987美元
日照	280.11万	221.82亿美元	7921美元
泰安	556.00万	427.05亿美元	7692美元
枣庄	372.93万	279.28亿美元	7495美元
潍坊	908.62万	666.00亿美元	7249美元
济宁	808.19万	523.05亿美元	6478美元
德州	586.19万	365.72亿美元	6238美元
聊城	635.24万	352.60亿美元	5560美元
临沂	1003.94万	494.10亿美元	4921美元
菏泽	828.78万	293.13亿美元	3542美元

资料来源：根据山东省统计局公布的数据整理。

但是，目前作为山东省对外贸易主力的加工贸易企业，几乎都集中在沿海地区和中心城市，而先期开放并发展起来的这些地区已无廉价劳动力可用。因此有必要调整产业布局，可选择的调整方式有整体搬迁、选择性地局部搬迁或沿着江河水路、高速公路和铁路等交通干线向纵深发展，把沿海地区和中、西部地区连接起来形成有机的产业链。如，把设计研发中心继续保留在人才密集、信息畅通的沿海地区和中心城市，而把人力密集型加工制造工厂搬迁到交通便利的中、西部地区等。这样不但有利于降低产品成本，并在若干年内产品仍能在国际市场上保持相对的价格优势，而且有助于带动中、西部地区的发展。

（四）大力鼓励和扶持民营企业和中、小企业从事对外贸易

改革开放以来，经过30余年的发展，山东民营经济已成了我省经济发展的重要推动力和对外贸易增长的强大生力军。据山东省工商局公布的统计数据，截至2012年底，山东实有民营经济市场主体352.7万户，注册资本金21237.3亿元，占市场主体总量的比重分别为95.9%和51.3%。近年来，民营经济市场主体比重持续上升，对市场主体注册资本金总额增长的贡献率达到64.0%，经济发展中市场配置资源的基础性作用更加明显。尤其近年来，因受国际金融危机和欧债危机影响，对外贸易普遍不景气的情况下，民营企业异军突起，表现出强大的生命力和雄厚的发展潜力。

山东省不同性质企业在2010年至2013年7月间对外贸易增长率及各自在贸易总额中所占比重的变化情况

单位：%

年度 企业类	2010年		2011年		2012年		2013年1~7月	
	增长率	总额中比重	增长率	总额中比重	增长率	总额中比重	增长率	总额中比重
国企	33.7	13.18	24.9	13.18	-5.9	11.92	-7.5	11.10
民企	56.8	27.52	49.0	32.84	22.4	38.64	18.4	42.51
外企	27.5	50.94	11.7	45.57	-5.1	41.59	-2.5	38.12

资料来源：根据山东省商务厅门户网站公布的数据整理。

从上表数据可以看出，近年来国企和在鲁外资企业的进出口贸易增长率明显减缓，可是我省民营企业的对外贸易增长势头非常强劲，而且其在我省贸易总额中所占比重在逐年提高。这当然得益于近年来我省各级政府采取的一系列鼓励扶持民营企业发展的政策，但同时也反映了民营企业自身内在的雄厚发展潜力。

据有关部门公布的统计数据，2005年山东省有进出口经营业绩的民营企业有7965家，截至2009年7月其数量增加到11856家。在这些民营企业中，除了实力雄厚的魏桥、华泰、西王等大型企业外，绝大部分是中、小企业，占全省民营企业总数的99%以上。它们在我省轻工业、纺织、玩具、机械、电子零部件等领域发挥着很大的作用。它们通常规模小、经济实力相对单薄、

应对风险能力弱，但它们具有“船小好调头”、经营灵活、便于应变和创新能力强等独特优势。据悉，目前我国65%的发明专利和80%的新产品是由中小企业完成的。在复杂多变的市场环境下，它们的这些优势是非常难能可贵的。这也是当前国际贸易市场普遍不景气的情况下，我省民营企业依然能保持强劲发展势头的主要原因之一。

但是，目前我国中小企业的发展的确遇到了一些困难。在前不久举行的博鳌亚洲论坛上，我国中小企业协会会长李子彬指出：“目前我国中小企业发展存在四个问题：一是因国际市场不景气，订单减少；二是税负过重和效益大幅下滑；三是大企业拖延支付资金；四是融资难等。”为此，我省各级政府应从完善法律和制度入手，在融资、税收、用工、开拓海外市场以及应对涉外贸易纠纷等方面大力扶持民营企业和中、小企业的发展。

（五）充分挖掘尚待开发的服务贸易潜力

经济学家们普遍认为：“世界经济正在进入服务经济时代。”近年来，国际服务贸易发展非常快，世界服务出口额从1980年的3673亿美元增长到2010年的36639亿美元，在整个出口贸易中所占的比重也从原来的1/7增加到1/5。服务贸易的发展速度超过了货物贸易的发展速度。计算机信息服务、咨询服务等高附加值新兴服务贸易比重，已超过运输、旅游观光、建筑等传统服务贸易领域。国际产业的侧重点正在从制造业领域转移到服务产业领域。服务产业跨国投资在全球投资中所占比重已接近2/3。专家们认为：“带来这种变化的原因是在世界服务领域发生的四种变化，即制造业的服务化趋势；服务产业的计算机化倾向；服务产业的国际化趋势；消费结构的升级等。”

近年来，山东省的服务贸易规模也迅速扩大，2012年山东服务贸易进出口总额达到420多亿美元，增速达40%，是货物贸易增速的近10倍。而且山东的服务贸易具有广阔的发展前景。作为服务贸易产业基础的我省服务产业还有更大的发展空间和潜力。随着经济发展模式的变化和结构调整的加速，社会保障体系将日益完善，因而形成更大的国内需求。

2010年世界各主要国家的服务产业在其GDP中所占比重

单位：%

国别	美国	英国	日本	德国	韩国	中国
在GDP中的比重	80.72	78.89	72.80	72.76	60.68	42.62

资料来源：美国环球通视有限公司（Global Insight）。

从上表数据可以看出，我国的服务产业与发达国家相比有很大的差距，就是与中等发达的韩国相比也有较大的差距。而山东省2010年服务产业产值在其GDP中的比重仅为36.61%，2011年和2012年分别为38.34%和39.98%，还达不到全国的平均水平。这说明，山东省在服务产业领域对外开放、引进外资的潜在空间还很大，并且在金融、保险、特许使用、中医药、文化艺术等领域的出口服务仍有很大的发展空间。

通常一个国家服务产业在其GDP中所占的比重，与该国人均GDP增长有密切的连带关系。因为人均GDP较低，对尚未解决温饱或刚刚解决温饱的国家而言，人们的消费侧重点都在制造业相关产品的消费上。而当人均国民收入满足基本生活需求后有剩余时，人们的消费倾向从制造业商品，逐步转移

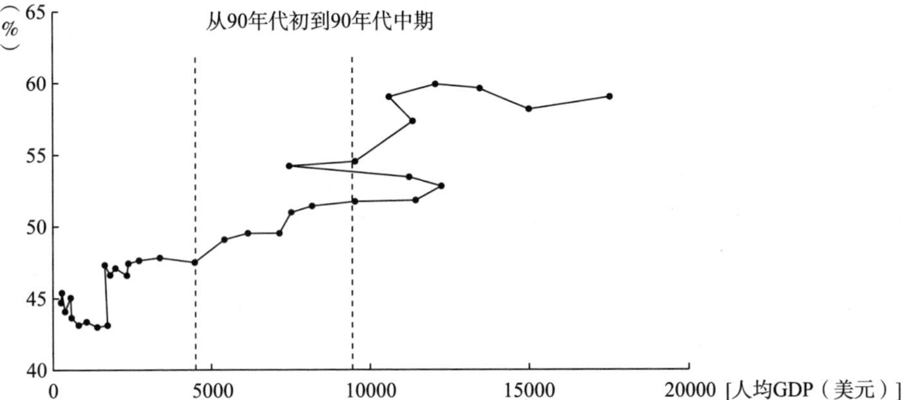

20世纪90年代韩国服务业在GDP中的比重随人均GDP增长而快速增长情况

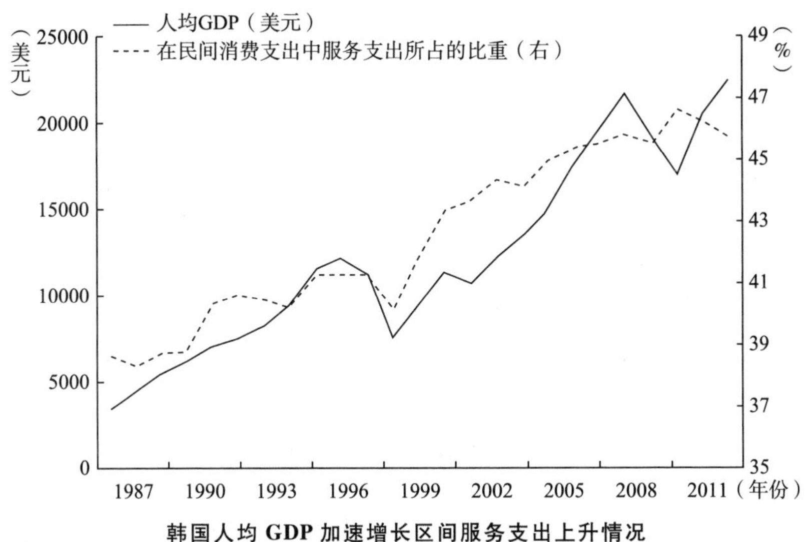

韩国人均GDP加速增长区间服务支出上升情况

到服务业上来。很多经济学家把这个临界点定在了人均 GDP5000 美元上。2009 年山东省人均 GDP 达 5255 美元，已进入从 5000 美元向 1 万美元的过渡期。从这个时期开始，随着人均收入的增加，在人们消费支出中服务消费支出所占比重会迅速增加，服务交易机会也随之增多。因而带来整个产业结构的变化，服务产业在整个 GDP 中的比重也会迅速提高。韩国在 20 世纪 90 年代初到 90 年代中后期正好经历了这样一个过程。

从上图可以看出，韩国人均 GDP5000 美元后，服务产业在其 GDP 中的比重在原有基础上明显跃升的情况。同样显示出了人均 GDP 达到 5000 美元和 1 万美元时，在民间消费支出中服务消费支出所占比重明显上升的情况。收入水平的变化在服务产业创造出旅游、休闲娱乐、文艺节目等新的需求，从而带来了产业结构的变化。人均 GDP 超过 5000 美元的 90 年代初，韩国的对外服务贸易收支开始出现赤字；超过 1 万美元的 90 年代中后期，韩国服务贸易收支的赤字幅度开始扩大。90 年代初随着到海外旅游人数急剧增加引起的旅行收支恶化，是韩国服务贸易收支出现赤字的主要原因。

现在山东的情况与韩国 20 世纪 80 年代后期和 90 年代初期服务产业跃升新台阶的情况非常相近。山东省从人均 GDP 接近 5000 美元的 2007 年起，服务贸易收支开始出现赤字，并呈现逐年扩大的趋势，2010 年赤字达 13.3 亿美元。而且近年来，随着国民人均收入的增加，在山东省 GDP 中，服务业所占比重出现了加速增长的趋势。

2005 年至 2013 年前 9 个月山东服务业产值及 GDP 中所占的比重

单位：亿元人民币，%

	2005	2006	2007	2008	2009	2010	2011	2012	2013 1 ~9 月
GDP 总量	18468.3	21846.7	25887.7	31072.1	33805.3	39416.2	45429.2	50013.2	38676.2
服务业产值	5920.4	6978.8	8605.2	10367.2	11543.7	14429.0	17418.0	19995.8	17597.5
GDP 中服务业比重	32.05	32.0	32.6	33.4	34.1	36.61	38.34	39.98	45.50

资料来源：根据山东省统计局公布的历年数据整理。

总之，山东已进入服务产业加速发展期。我们应正确把握时机，顺应这一经济发展趋势，大力发展服务产业和服务贸易，使服务业成为牵引我省经济和对外贸易稳定可持续发展的一个新引擎。

（六）大力发展以海洋产业为基础的对外贸易

山东半岛是我国最大的半岛，陆地海岸线总长 3345 公里，约占全国的

1/6，沿岸分布200多个海湾，可建万吨级以上泊位的港址50多处，优质沙滩资源居全国前列。可利用的海洋面积达47300平方公里，拥有500平方米以上海岛320个，多数处于未开发状态。山东半岛近海海洋生物种类繁多，海洋油气已探明储量23.8亿吨，我国第一座滨海煤田——龙口煤田，累计查明资源储量9.04亿吨，海底金矿资源潜力在100吨以上，地下卤水资源已查明储量1.4亿吨，开发潜力巨大。

2011年1月4日，国务院以国函〔2011〕1号文件批复《山东半岛蓝色经济区发展规划》。该规划确定的目标是："到2015年，现代海洋产业体系基本建立，综合经济实力显著增强，海洋科技自主创新能力大幅提升，海陆生态环境质量明显改善，海洋经济对外开放格局不断完善，率先达到全面建设小康社会的总体要求；到2020年，建成海洋经济发达、产业结构优化、人与自然和谐的蓝色经济区，率先基本实现现代化。"

《规划》的实施正在给山东经济发展带来新的勃勃生机。山东省国民经济和社会发展统计公报显示，2011年山东省海洋产业总产出7892.9亿元，比上

2007年世界不同类型海洋产业的市场规模

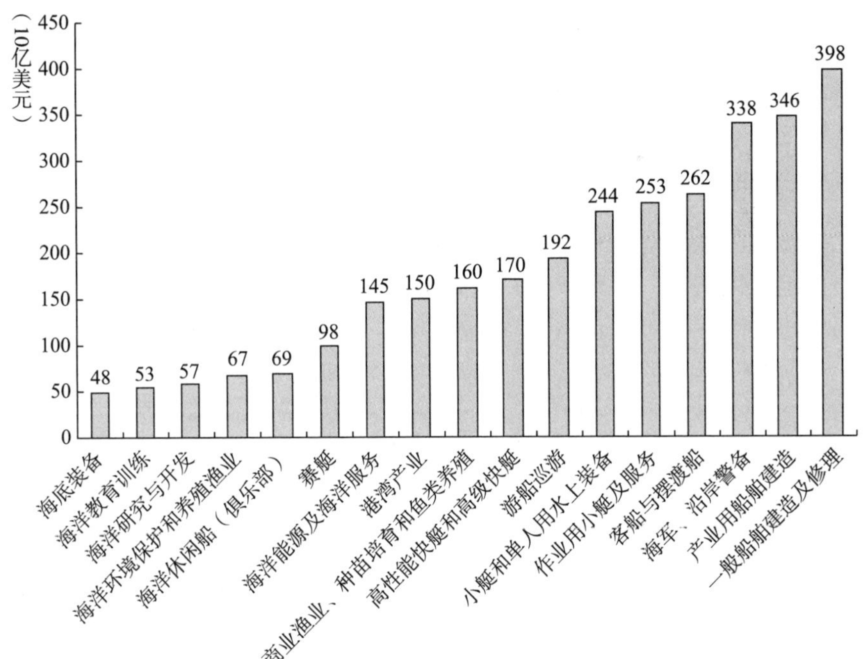

资料来源：摘自SEEDA发表在MareNet，2009.2.上的《国际贸易和海洋产业的机会（International Trade and Global Marine Opportunities）》一文。

年增长17.2%。而且，2009至2011年，山东省的主要海洋产业总产出增长率平均在20%以上。这就是说，山东省的海洋产业具有雄厚的发展潜力。海洋产业的崛起和发展在今后较长时期内，对山东省经济和国际贸易稳定可持续发展将发挥重要的推动和支撑作用。

据"英格兰东南发展署（SEEDA）"2009年公布的调查资料显示，2007年世界海洋产业的市场规模超过31000亿美元。据该机构推算，2005年仅海运业和海底石油和天然气产业的市场规模就达5000亿美元。

2005年至2010年世界不同类型海洋产业的市场规模（推算值）及其走势

单位：100万欧元（EUR），%

年度 产业类别	2005	2006	2008	2010	2005～2010年的增长率
海运业	287748	275466	290885	325826	13
海洋旅游业	173739	179487	191606	204614	18
海底石油与天然气	88237	93544	98011	99057	12
海洋食品加工	75544	76083	77294	78644	4
海洋装备	57474	58761	55603	60346	5
渔业	50.713	50.259	49.326	48.478	-4
造船业	32744	33141	28716	30272	-8
国防造船业	27358	28410	30775	34414	26
港湾业	24827	26068	28196	30496	23
海洋养殖业	24831	25824	27931	30166	21
休闲游艇制造业	12109	13017	15043	17303	43
巡航旅游产业	12091	12909	14363	15505	28
海洋研究与开发产业	10346	10757	11010	11624	12
海洋服务业	5742	5497	5805	652	13
海洋可再生能源	514	1365	2857	4704	815
海洋安全及控制	877	1822	4577	2320	164
海洋调查	1925	1964	2802	2209	15
海洋教育及训练	1514	1546	1655	1790	18
海底技术	1275	1323	1363	1438	13
海底勘探装备（运用）	479	506	537	545	14

资料来源：世界船舶市场，道格拉斯威斯特伍德能源咨询公司。

从上两个表数据可以看出，海洋产业不但有巨大的发展潜力，而且有广阔的市场前景。尤其是海洋可再生能源、海洋安全及控制、休闲游艇制造业、巡航旅游产业、港湾业、海洋养殖业等朝阳产业具有光明的发展前景。只要我们顺应国际发展趋势，大胆改革，果断摈弃落后产能，大力发展具有广阔市场前景的海洋产业，必将给山东的对外贸易注入稳定可持续发展的强大推动力。

（七）认真应对贸易纠纷，确保我省对外贸易企业的正当利益不受损失

近年来，随着全球经济低迷，贸易保护主义出现了愈演愈烈的趋势。最近，美、欧两大市场对我国光伏产品提出反倾销调查。据一些专家预测，继2012年3月美国对我国光伏产品启动反倾销调查后，如果今年6月底欧盟再对我国光伏产品启动反倾销调查，那么对包括山东在内的我国光伏产业将带来“最惨重的一次打击，可以说近乎致命”。由此可知，贸易保护主义的危害有多么的严重。因此，我们必须要认真应对贸易纠纷，确保我省对外贸易企业的正当利益不受损失。

首先，要做好非关税壁垒相关信息的收集与传播工作。对单个企业来说，收集国际非关税壁垒相关信息是比较困难的一件事情，尤其是众多中小企业因没有海外网络，并且对非关税壁垒的认识上相对滞后，难以作出恰当的应对。因此，在这一方面发挥政府相关机构及行业协会的作用相当重要。政府有关部门应建立全省通用非关税壁垒综合信息网，随时公布海外包括技术、安全、绿色等非关税壁垒信息，使各相关企业能随时了解海外各市场的非关税壁垒信息，以便事先主动做好必要的应对准备，减少不必要的摩擦和损失。

其次，为与有关国家进口限制规定和标准相适应，政府部门对中小外贸企业要加大相关认证方面的支持力度。通常当中小企业销售其商品时，虽然其技术和构想都是不错的，但要进入美国、欧盟等发达国家市场，必须要获得允许在其市场流通的安全标准和规格等相关认证。如果没有这个认证，一些买主连商谈的机会都不给你。但是，对中小企业来说，他们的商品连销路都还没有确定的情况下，让其消耗相当费用来获得这种认证是比较困难的。因此，为使中小企业便于获得海外认证，有必要在省内加强获得海外认证所需考核、验证等相关基础机构的建设。同时，还要通过与有关国家和地区协商或签署自贸协定（FTA）等途径，逐步扩大“相互认证制度（Mutual Recognition Agreement）”的适用范围。

再次，要增强国际贸易方面的协商和应对能力。正当的技术、环境方面的限制规定，可以通过引入“相互认证制度”的途径加以解决。但是，有目

的地人为设置的非关税壁垒只能通过协商解决。当然，一些发达国家有时把本国企业的高技术能力作为武器，制定高水平的技术标准和规格，人为给别国的进口商品制造不必要的贸易壁垒。由于两国有关保护环境和健康方面的依据标准有所不同，一般来说难以把技术及环境标准作为贸易壁垒加以处置。但是，从仅2012年一年，世界各国通报WTO的有关引入技术标准规格的文书数量，达创纪录的1560件的情况来看，把技术标准规格作为歪曲贸易规则的手段来使用的可能性很高。所以，为收集并积累主要市场的非关税贸易壁垒实例和能够印证其贸易壁垒的法律和科学性根据，作为长远措施，有必要加强省内专门应对非关税壁垒的相关机构和人力建设。

（作者单位：山东外事翻译职业学院
课题组成员：武海峰　段青英　廖玉静　安爱红）

《企业社会责任传播：理论与实践》内容提要

张文祥　李新颖

本书是我国学术界首部从传播学视角研究企业社会责任理论和实践问题的专著。

近年来屡屡发生的食品安全、药品安全等热点事件经媒体披露后，社会公众对一些企业只顾追逐经济利益而不顾公众利益的不负责任的做法越来越反感。企业社会责任（Corporate Social Responsibility，CSR）迅速成为一个与公众利益密切相关的现实话题，同时也成为一个学界关注的理论问题。本书不是停留在对企业社会责任做泛泛研究，而是从新闻学和传播学的视角来探讨企业社会责任，研究了企业社会责任传播的一系列有价值的理论和实践问题。

本书共分绪论和六章正文，分别为：企业社会责任概况；企业社会责任传播；企业社会责任信息披露与沟通机制；媒体的企业社会责任传播实践；NGO 的企业社会责任传播实践；政府的企业社会责任传播。

绪论部分首先梳理了企业社会责任问题的由来。简要概括从 19 世纪西方国家产生企业社会责任思想到现在理论和实践的源流演变，继而分析企业社会责任概念介绍到中国后的发展历程。认为企业社会责任已不仅是西方问题，也是中国问题；不仅仅是理论问题，更是一个与公众利益密切相关的实际问题。基于此，提出本书的研究主旨：结合近年来发生的具体案例和热点事件，从企业行为和媒体新闻报道入手，以传播学视野探讨企业社会责任，不仅是我国学界对该领域的理论开拓之举，而且对新闻传播业、企业和政府管理等也有现实指导意义。其次概括说明了企业社会责任传播的意义。企业社会责任是一个与时俱进、事关社会公共利益的课题。媒体作为社会进步的助推器，对推动企业更好承担社会责任，维护社会公共利益具有重要作用。企业承担社会责任，需要媒介的参与和监督。媒介是企业与社会公众沟通交流的中介和平台，是受众了解企业的窗口，大众传媒通过客观、真实的新闻报道反映企业承担社会责任的情况，运用舆论监督的功能，能够促使企业更好地履行其义务。企业社会责任传播可以促进企业发展，是媒体公共职能的体现，有利于和谐社会的构建。

第一章介绍了国外学者及相关机构对企业社会责任的代表性观点和争论的问题；中国学者对企业社会责任的认识；对企业社会责任的内容划分，介绍了四种代表性理论的观点，分别为“三个同心圆理论”“金字塔理论”“戴维斯理论”“三角理论”；概括分析中国企业社会责任承担现状，分别就企业办社会阶段、片面逐利的经济责任阶段、承担社会责任的整合阶段，从我国企业社会责任的历史沿革梳理了企业社会责任观念史；分析当前我国企业社会责任缺失的表现和原因，认为除企业社会责任意识缺乏、法律法规不健全、政府监管缺位等原因外，媒体监督企业功能发挥不足是一个尚未引起足够重视的问题。

第二章重点研究企业社会责任传播的主要问题。第一节提出，企业自身的社会责任传播是企业社会责任传播的重要环节。企业传播社会责任的三种途径：通过大众传媒进行常态化的企业社会责任信息披露；以企业年度报告的形式传播企业承担社会责任的信息；编制并发布专门的社会责任报告来传播企业社会责任。第二节把媒体对企业社会责任的传播方式归纳为三种：一是将企业社会责任履行情况作为新闻事件进行报道；二是对企业履行社会责任状况进行评估；三是与其他机构合作开展企业社会责任研究。第三节把媒体在企业社会责任传播中的角色和作用归纳为五个方面：一、媒体是企业社会责任的提倡者；二、媒体是企业社会责任信息的披露者；三、媒体是企业行为的监督者；四、媒体是企业与社会的沟通者；五、媒体是企业社会责任的践行者。

第三章讨论企业社会责任信息披露与沟通机制。第一节从信息披露的动机、披露的内容、披露的形式、披露的影响因素和价值评价等五个方面，分析了企业社会责任信息披露的问题。第二节分析我国企业社会责任信息披露现状。我国企业在社会责任信息披露方面存在的问题包括：企业社会责任信息披露意识不足；披露的社会责任信息内容不充分；社会责任信息披露形式不规范、信息太分散；企业社会责任信息披露制度不健全。第三节从企业、媒体和非政府组织（NGO）等三个层面讨论企业社会责任沟通机制。企业社会责任沟通机制的建立是一个系统的过程，需要企业、媒体和NGO的多方努力和相互配合。

第四章研究媒体的企业社会责任传播实践，是本书的重点内容。对媒体社会责任的内涵、媒体社会责任披露制度与评价体系、媒体与企业关系等问题进行了深入研究。随着社会呼吁企业履行社会责任的呼声日益高涨，新闻媒体在推动企业承担社会责任过程中的作用得到学界和业界的肯定。特别是在中国的环境下，大众媒体成为企业承担社会责任强有力的外部推动力量。本书研究发现，新闻媒体对一家企业的报道数量和公众对该企业的认知度有正向相关关系；新闻报道对一家企业特定属性的报道数量与用这些特定属性来界定该企业的公众比例有正向相关关系；对企业特定属性的媒体报道越是正面，则公众对此特定属性的感知就越正面。相反，对企业特定属性的媒体报道越是负面，则公众对此特定属性的感知就越负面。由于我国现行的媒介制度，使得媒体在和企业的关系中处于强势一方，一些媒体滥用自身权力，往往对企业居高临下，在企业社会责任报道出现了新闻寻租、炒作现象，媒介越权，舆论失衡等问题，使得企业社会责任和媒体社会责任纠结为一道难解的题。第一节对媒体的企业社会责任传播问题做了具体研究，提出社会责任传播的核心是要求新闻媒介在享有自由权利的时候，恪尽对社会和公众的义务和责任，对公众负责，对社会负责，并自觉接受社会监督。企业社会责任的实施需要媒介参与监督。而媒介对企业社会责任的报道，首先要求媒介履行起社会责任，保证提供信息的准确、及时，维护新闻传播的客观真实，体现新闻的专业精神和良好的职业修养。

第二节明确提出，作为企业监督者的媒体，同样需要接受社会监督，承担社会责任。重点研究和回答了媒体社会责任的如下问题：媒体社会责任的内涵是什么？媒体如何承担社会责任？媒体是否应和企业一样，发布社会责任报告？媒体应建立怎样的社会责任评价体系？如何处理媒体与企业的关系？媒体应怎样监督企业？研究发现，我国新闻媒体绝大多数没发布过社会责任报告，没有在阳光下披露自身公信力程度的制度安排。认为新闻媒体切实承担好社会责任，是化解媒体与企业矛盾、建立良性媒企关系的根本途径。新闻媒体发布社会责任报告，是媒体进步的需要，也是媒体从事企业社会责任传播的需要。新闻媒体只有接受社会监督，才能成为推动企业进步、促使企业承担社会责任的重要监督力量。提出媒体社会责任的实现路径，在考察国内部分媒体发布社会责任报告情况的基础上，呼吁新闻媒体应普遍建立社会责任报告制度，改进社会责任承担状况。第三节研究媒体的企业社会责任传播策略。主要策略有三：一是充分发挥媒体在企业社会责任领域的议程设置功能，这是影响社会公众对企业社会责任认知的最为关键的一点；二是在具体的传播过程中，不仅要发挥传统媒体的中坚作用，同时要积极利用新媒体，实现新老媒体的互动，创新企业社会责任传播的手段与方式，增强企业社会责任传播的效果；三是要积极开展与政府部门、NGO 组织、第三方评估机构等组织机构的合作，动员多方社会力量，共同推进我国企业社会责任建设。本节运用传播学理论和社会责任理论，对媒体的企业社会责任传播策略做了富有前瞻性、应用性的专业研究。

第五章研究 NGO 的企业社会责任传播实践。在全球视野下，结合大量案例，分析 NGO 在企业社会责任传播中的作用。认为 NGO 组织对企业社会责任的推动作用主要表现在：通过对抗性活动对企业施加压力；通过建立对话机制促进企业与利益相关方的沟通与协调；企业社会责任标准制定。专题研究了全球报告倡议组织（Global Reporting Initiative，GRI）如何改进和推广可持续发展报告框架，制定的《可持续发展报告指南》供全球企业等社会机构免费使用。重点分析了《指南》最新版本（G4）的报告原则。界定报告内容的原则和界定报告质量的原则对指导企业承担社会责任发挥了重要作用。在 NGO 与企业沟通部分，以具体案例分析了沟通的三种具体类型和实操方法：1. 对峙型：一些小型的，或发展尚不够成熟，或以倡导为主要工作手段的 NGO，与企业打交道往往会首先以“对峙”的形式进行。一个典型的例子是国际环保组织绿色和平（Greenpeace）。2. 合作型：一些发展较为成熟的，或以研究、教育、服务为主要工作手段的 NGO，往往以与企业“合作”作为其主要沟通方式。代表性的 NGO 是国际环保组织大自然保护协会（TNC）。3. 复合型：与企业既对峙又合作，尤其是先对峙后合作的情况。这一复合型沟通方式是受国际 NGO 推崇的一种方式，是可持续的战略性沟通方式，虽然这种方式不可能适用于所有的 NGO，且目前尚不普遍。

第六章研究政府在企业社会传播中的作用。第一节考察西方发达国家政府在推动本国企业社会责任建设方面发挥的作用，结合对我国现阶段企业社会责任现状的讨论，认为政府应积极发挥在企业社会责任建设及传播中的主导作用。主要包括：（1）鼓励和倡导企业履行社会责任。企业社会责任的传播离不开政府的积极鼓励和倡导。在企业社会责任传播过程中，各级政府及相关部门应明确企业社会责任的政治导向，表明政府对企业社会责任建设的决心，提高社会各界对企业社会责任重要性的认识，鼓励和倡导企业履行社会责任。从企业社会责任传播来看，政府的引导作用主要体现在两个方面：其一，政府是有效制度安排的主要供给者，并具体表现为扮演法规制定者和政策引导者的角色。其二，政府加强对企业履行社会责任的宣传，倡导、鼓励和培养全体公民的社会责任意识，形成企业履行社会责任的外部环境与氛围，推动公众和企业对企业社会责任认识的提升。（2）制定并实施企业社会责任法律规范。企业社会责任法律法规体系，不仅是企业履行社会责任的外在强制力量，也为企业社会责任建设工作提供了强有力的法律保障。通过制定相关的法律法规，创造良好的法制环境，强化企业社会责任意识，政府对企业社会责任的法律规范支持了企业社会责任行为。在企业社会责任传播中，政府部门一方面要不断完善有关企业社会责任的立法工作，另一方面要加强普法宣传，提高社会各界的法制意识。（3）营造企业社会责任传播的政策环境。在企业社会责任传播中，政府通过营造良好的政策环境，为企业社会责任传播提供有效的激励机制，刺激和引导企业承担社会责任。在营造政策环境方面，分析了欧盟委员会及英国的做法，作为我国的借鉴。（4）促进企业社会责任的交流与合作。在传播企业社会责任理念时，政府可以搭建沟通的平台，促进各方主体之间的交流与合作，在多边的沟通与对话中，不断深化社会各界对企业社会责任理念的意识，调动各方主体参与企业社会责任建设的积极性，从而推动企业社会责任实践活动的发展。该部分也做了全球性考察。第二节以白酒塑化剂事件为例，对政府的企业社会责任传播实践进行了案例分析，探讨了企业社会责任传播中政府行为的得失及影响，提出改进办法，认为政府部门应增强企业社会责任引导与管理意识，建立企业社会责任应急反应机制，不断完善企业社会责任相关标准与法律，特别是应重视并积极回馈社会公众的诉求，改进企业社会责任的传播。

本书使用大量笔墨重点研究了媒体对企业社会责任传播的问题，对媒体在企业社会责任传播中的角色和作用做了深入探讨。推动企业承担社会责任，离不开新闻媒体的积极作为。认为媒体是企业社会责任的提倡者、企业社会责任信息的披露者、企业行为的监督者、企业与社会的沟通者，还是企业社会责任的践行者。在对齐鲁制药等山东企业进行调研基础上，本书分析了媒体的企业社会责任传播实践中存在的种种问题，聚焦了媒体的社会责任问题。明确提出：作为社会监督者的新闻媒体，也应接受社会监督。媒体和企业同样是社会责任主体，都应当承担社会责任。对社会责任的担当，是新闻媒体的生存发展之道，也是推动企业社会责任承担的需要。

本书还讨论了政府、NGO在企业社会责任传播中的作用，结合具体案例分析政府的企业社会责任实践、NGO与企业的沟通等具体问题。

总体上看，本书探讨了企业社会责任传播要素、企业社会责任信息披露、企业社会责任传播效果、传媒社会责任与企业社会责任关系等问题，并结合系列热点事件做了案例分析，重点分析了我国企业社会责任与媒体及公众的关系、企业社会责任信息披露与沟通机制问题，对企业社会责任传播实务操作提出了可行方案，体现了较强的问题意识和探索精神，是一部具有重要理论和实践价值的学术专著。

［作者单位：山东大学（威海）］

不当督导对员工组织承诺、职场偏差行为的作用机制研究

于静静　赵曙明　蒋守芬

一　引言

领导者作为组织中权力的拥有者，无论对下属还是组织都具有很强的影响。长久以来，学者们较多地关注积极性领导，然而无论是领导者还是领导行为，都具有其“阴暗面”或负面性。凯勒曼（Kellerman）提出，有必要从各个视角对领导或领导者进行全面的洞察，才能真正地理解领导的本质。目前关于负向领导行为的研究涉及惩罚性领导、毒性领导及不当督导等。本文的关注点是泰珀（Tepper）作为最早的研究者提出的不当督导。不当督导是指主管持续性地对下属表现出的语言性或非语言性的敌意行为。不当督导通常表现为主管对下属员工的责备和批评，发怒以及拒绝为下属提供工作所需的信息等。泰珀（Tepper）及其同事关于不当督导的实证研究表明，不当督导减少了员工的工作和家庭满意度及组织公民行为，不当督导也会使员工产生负面情感，导致情绪耗竭及产生家庭工作冲突。但目前大量的研究建立在西方文化情景中，在中国情境下，由于中国人固有的“中庸”、面子观、息事宁人、以和为贵等传统伦理思想的影响，不当督导仍然会对员工的工作态度和工作行为产生显著的负面影响吗？不当督导是否会显著降低员工的组织承诺，产生职场偏差行为？基于以上考虑，本文探讨中国情境下，不当督导是否会显著影响员工的组织承诺及职场偏差行为，并以社会交换理论为理论基础，探讨领导-成员交换关系对二者的作用机制。

二　文献回顾与研究假设

（一）不当督导与员工组织承诺、职场偏差行为

不当督导过程中，一旦员工感受到来自于主管的羞辱、冒犯和心理上的压抑，便会对其工作绩效产生影响，也会对工作环境产生不满。这个过程是在主管有意或无意中发生的，但是对员工心理会带来持久的破坏性后果。不当督导所带来的员工工作行为既包括与工作相关的，也包括与员工个人相关的行为。伊那森（Einarsen）认为不当督导以其逐步升级的频率及强度，使得其下属持续性地不能正常地处理其日常业务，也不能在工作中正常地进行合作和交流，使下属绩效行为持续下降。

达菲等（Duffy）通过研究发现，主管支持加剧了不当督导的效果，认为不一致的行为（例如敌意与支持行为的结合）会导致员工产生不安全感，使得组织控制力度降低，进而减少员工对组织的信任感。泰珀（Tepper）等的研究表明，只有当主管不采取不当督导行为时，员工才会对其职场同事的亲社会行为做出有利反应，而当面临不当督导时，员工认为其同事的亲社会行为是对其主管的奉承举动，因而职场同事较多的组织公民行为会导致员工对组织产生负面态度，包括减少员工的组织承诺。弗隆（Frone）指出由于主管拥有组织正式职位赋予的权力，因而他们有能力影响员工对组织的态度和行为。主管的合法职位赋予他们控制重要的组织资源，包括奖酬，提升和工作分配。因而，员工期望其主管能够以合理的方式对待他们，如果主管以不当的方式对待他们，就会产生心理契约违背，组织中有正式权力的一方就会给受害者发出他们是无关紧要的信号，由此会强烈地影响员工对组织的承诺。综上所述，当员工面临较多的不当督导行为时，心理上会对组织产生不信任、不公平感，因而会降低对组织的承诺。因此，本文提出以下假设。

H1：不当督导与员工组织承诺负相关。

员工职场偏差行为（workplace deviant behavior）是指员工有意违反重要的组织规范并且影响到组织及其他员工发展的行为。员工职场偏差行为包括不努力工作，迟到早退，肆意破坏公共财物，人际交往中的无礼行为等。根据认知一致性理论，个体之间倾向于保护想法和行为的一致性而避免不和谐，因而一旦员工受到来自主管的不当督导行为，便会产生负面情感，进而思考如何更好地处理他们所经历的伤害和不公平，从而产生报复性认知的想法，

最终导致主管导向的职场偏差行为。另外，根据社会交换理论，经历过伤害的个体更可能会产生消极反应。米切尔和艾姆博泽（Mitchell and Ambrose）的研究表明，不当督导与三种导向的偏差行为正相关，其中包括主管导向的偏差行为、人际导向的偏差行为及组织导向的偏差行为，其中主管导向的偏差行为包括：对主管或其上级无礼或者散布不利于主管的流言；人际导向的偏差行为包括背后说别人的坏话或在工作场所对他人的恶作剧等；组织导向的偏差行为包括将公共财物据为己有。刘等探究了中国情境下不当督导与主管导向的员工偏差行为之间的关系，研究结果表明，不当督导与针对主管的报复性认知及主管导向的偏差行为正相关。米切尔和艾姆博泽（Mitchell and Ambrose）研究了主管侵犯与员工行为反应之间的关系，探究了员工感知到主管侵犯后的积极性和破坏性反应的原因，认为员工在受到上级的不当督导后，会产生三种类型的反应：报复、替代性侵犯（即将侵犯目标对准工作任务而不是主管）、解决问题（积极性的反应）。索尔（Thau）等人的研究表明，当主管的独裁水平较低时，不当督导虽然能够预测组织导向的职场偏差行为，但是不能预测人际导向的职场偏差行为。当下属处于高度不确定性情境时，会因受到不当督导而导致更多的主管导向和组织导向的职场偏差行为。基于以上分析，本文提出以下假设：

H2：不当督导与员工职场偏差行为正相关。

（二）领导－成员交换关系的中介作用

现有文献对不当督导与员工工作态度、工作行为之间的关系进行了一些研究，但对二者之间作用机制的探讨无论从理论分析还是实证研究方面都仍存在较多争论，现有研究主要从两个理论视角解释二者之间的关系，其一是公平理论视角，其二是权力理论视角。根据公平理论，不公平会产生认知和行为上的反应，进而导致组织导向的偏差行为，当员工感知到其主管的不当督导行为时，他们会产生不满和其他负面情绪，这些负面情绪导致员工开始思考他们是否被公平地对待，这些思考促使他们去理解发生了什么事，以及决定如何来处理他们所经历的伤害。另有学者从权力理论视角对不当督导导致的员工工作态度和行为的作用机制进行了探究，研究表明，那些拥有较高社会权力的个体的行为更有可能改变拥有较低社会权力个体的社会环境。已往研究关注于从公平和权力理论视角对不当督导对员工组织承诺及职场偏差行为的作用机制进行研究，本文在社会交换理论的基础上，从领导－成员交换关系的视角对不当督导与员工组织承诺、职场偏差行为之间的关系进行分析。

领导－成员交换关系（LMX）是指领导者和下属之间的双重交换关系。领导成员交换理论源自角色理论，假定在不同时期一系列的交换过程中的双重关系，包括“角色承担”“角色形成”“角色常规化”等不同时期，在这一系列的过程中，领导者和每一个下属都发展出唯一的关系。这些关系的质量有高有低，低者建立在雇佣合同的基础上，高者建立在信任、尊敬、忠诚、相互负责任的基础之上。

社会交换理论表明，在双重关系（例如主管与下属之间）中，给予者会获得等价的回报，也就是说，那些从主管处获益的下属会返给主管有利的回报，相反如果下属感知到主管在剥削他们，就会给予不利的回报，即主管和员工被期望以资源进行交换。当员工从主管处感知到不当督导行为时，例如当员工与主管之间在某一问题上产生分歧时，主管对员工的大声喊叫及责备，用丢失工作做威胁，拒绝给予员工工作必需的信息，沉默行为及在他人面前羞辱或取笑员工等做法，使得员工与主管之间的交换关系处于低质量的水平，而当员工与主管的交换关系质量较低时，员工从主管处获得的有价值的资源将很少，从主管处获得的组织支持也较少，因而会影响员工能力的发挥进而导致员工绩效的下降。而且由于从主管处获得的资源和支持较低，员工在工作时也会失去努力的动机，提供给主管不利的回报，这种关系将导致员工负面的工作态度和工作行为，从而降低员工的组织承诺，产生较多的职场偏差行为。

基于以上分析，我们提出假设。

H3a：领导－成员交换关系在不当督导与员工组织承诺之间起中介作用

H3b：领导－成员交换关系在不当督导与员工职场偏差行为之间起中介作用

三　研究方法

（一）样本与数据收集

本研究于 2012 年 10 月 8 日～2012 年 12 月 30 日在山东、江苏、广东、福建、安徽、天津、重庆、湖北等省、市进行市场调研，问卷调查采用匿名的方式填写，问卷填写人采用在每家企业随机选择 8 名普通员工的方式，减少了数据搜集时的误差，从而提高了数据可靠性与真实性。在具体调查之前，先确定了样本的选择标准，主要包括：（1）企业规模在30人以上；（2）企业成立时间在12个月以上。问卷发放采用现场发放的方式，问卷的回收采用当场回收和邮寄方法相结合的方式。截至2013年1月底，共向300家企业发放问卷3000份，按照一定的标准筛选废卷，筛选标准主要是：①缺选题项超过三题；②连续五个项目的选择相同。最终回收到2119份问卷，回收率为70.63%，有效问卷为1782份，问卷有效回收率为59.4%。样本描述性统计分析表明，本次调查中，男性占54.5%；员工年龄以20~30岁之间的员工为主（58.1%）；员工学历以专科及研究生学历为主（75.9%），其中大专学历占36.3%，研究生学历占39.6%；员工从事行业以金融业为主（33.7%），员工月收入在2000~2999元的占35.1%，3000~3999元的占23.7%。

（二）测量工具

本研究涉及的构想有不当督导、领导-成员交换关系、组织承诺、员工职场偏差行为，四个构想均参考西方成熟的量表进行测量。首先，由管理学专业的博士生并行地、双盲地对量表进行双向翻译；然后把原英文、中文译句，以及翻译的英文译句给两位人力资源方向的教授，请他们评价修改，并讨论以确定合适的中文译句。其次，选择五家民营企业进行问卷的试调查，一共发放190份问卷，共回收185份（有效回收率97.37%），并利用试调查的样本对问卷中的各概念进行信度与效度检验。结果表明，各概念量表的信度系数（Cronbachα）都在0.8以上。最后，以座谈会的形式对问卷条目的意义、表达方式等进行讨论。问卷中每个条目用一个7点Likert式量表测量，1表示“完全不同意”，7表示“完全同意”。

1. 不当督导。不当督导的量表主要基于泰珀的15个条目，如“我的上司经常嘲笑我”，本研究中该量表的a系数为0.939。

2. 领导-成员交换关系。领导-成员交换关系的量表主要基于格雷恩和伍尔边（Graen and Uhl-bien）的7条目量表，如“我的上司对我工作中存在的问题和需要很理解”，本研究中该量表的a系数为0.931。

3. 组织承诺。组织承诺由情感承诺及持续承诺组成，本研究主要探讨情感承诺，量表基于屈姆波（Tremble et al.）的7条目量表，如“在公司里，我觉得自己是大家庭里的一分子”，本研究中该量表的a系数为0.901。

4. 员工职场偏差行为。员工职场偏差行为由组织导向及人际导向的职场偏差行为组成。本研究主要探讨员工组织导向的职场偏差行为，主要基于贝内特和罗宾逊（Bennett and Robinson）组织导向的职场偏差行为的12条目量表，如“假公济私，利用职权谋取个人利益”，本研究该量表的 a 系数为 0.88。

（三）研究程序与资料分析

在企业进行实地调研时，由每个企业人力资源管理部门工作人员及相关研究人员在现场发放问卷，指导问卷填写，并回收问卷。问卷回收之后，随即由相关研究人员进行问卷筛选、编号、资料录入以及资料分析。在资料分析上，我们首先使用 LISREL8.8 实施验证性因子分析（CFA，Confirmatory Factor Analysis）来检验本研究中各变量之间的区分效度。然后，使用 SPSS16.0 实施相关及回归分析检验本研究假设 1～假设 3。依据拜伦（Baron）等的分析思路，采用多步骤结构方程模型比较的方法检验本研究的假设 3。

四 数据分析与结果

（一）构想区分性的验证性因子分析

为了检验本研究所涉及变量的构想区分性，我们对不当督导、领导－成员交换关系、组织承诺、员工职场偏差行为进行了验证性因子分析，拟合度指数见表 1。由表 1 可见，四因子模型的各项拟合度指数中，CFI 和 NNFI 均为 0.97，取值大于 0.9，说明理论模型与数据的拟合度非常好；RMSEA 为 0.07，取值为 0.05～0.08 之间，表示拟合程度较好。并且与其他因子模型相比，四因子模型对实际数据拟合得最为理想，说明本研究所涉及的 4 个变量具有良好的区分效度，代表了 4 个不同的构想，可以进行下一步的结构方程分析。

表 1 验证性因子分析的拟合指数

模型	$\chi2$	df	CFI	NNFI	RMSEA
四因子：不当督导；领导－成员交换关系；职场偏差行为；组织承诺	9730.39	696	0.97	0.97	0.07
三因子：不当督导＋领导－成员交换关系；职场偏差行为；组织承诺	10016.88	699	0.95	0.95	0.09
单因子：不当督导＋领导－成员交换关系＋职场偏差行为＋组织承诺	25240.49	702	0.91	0.90	0.19

注：＋代表两个因子合并为一个因子；区分效度检验的模型数量较多，由于篇幅的原因，本文仅列出四因子、三因子、单因子公 3 个嵌套模型。

（二）各变量之间的相关及回归分析

表2给出了4个变量的均值、标准差和相关系数。不当督导与领导－成员交换关系显著负相关（$\beta = -0.67$，$p<0.01$）；与职场偏差行为显著正相关（$\beta=0.45$，$p<0.01$），与组织承诺也显著负相关（$\beta = -0.57$，$p<0.01$）。领导－成员交换关系与职场偏差行为显著负相关（$\beta = -0.38$，$p<0.01$），与组织承诺显著正相关（$\beta=0.64$，$p<0.01$）。因此，假设1，2得到支持和验证。

表2　各变量的均值、标准差和相关系数

变量	M	S. D	1	2	3	4	5	6	7	8	9
1. 性别	1.46	.50	1								
2. 年龄	1.98	69.04	.06*	1							
3. 学历	2.32	.84	-.02	.05	1						
4. 行业	1.25	.805	.00	.02	-.12**	1					
5. 收入	2.86	1.24	-.17**	.04	.45**	-.10**	1				
6. 不当督导	5.37	1.07	-.03	.04	.13**	.02	.14**	1			
7. 领导－成员交换关系	5.12	1.22	-.01	.07**	.06*	.01	.07**	-.67**	1		
8. 职场偏差行为	5.81	1.06	.07**	.00	-.03	.06*	-.01	.45**	.38**	1	
9. 组织承诺	4.87	1.20	-.03	-.00	.08**	.05*	.11**	-.57**	.64**	.36**	1

注：括号中的数字为回归方程的β系数；** 表示 $p<0.01$，$n=1782$。

（三）中介作用的结构方程分析

本研究首先分析了不当督导对员工组织承诺及职场偏差行为的直接作用（见表2）。其次，我们建立不当督导与员工组织承诺及职场偏差行为的部分中介作用模型（表3模型1）与完全中介作用模型（模型2）。从表3数据拟合指数来看，模型1、模型2对数据拟合都非常好，但模型1与模型2的多数指标相比都更好，因此，我们接受模型1。我们进一步比较了部分中介作用模型与完全中介作用。在部分中介作用模型1中，不当督导与领导－成员交换关系（$\beta = -0.73$，$p<0.05$）、员工组织承诺显著负相关（$\beta = -0.27$，$p<0.05$），与员工职场偏差行为显著正相关（$\beta=0.47$，$p<0.05$）；领导－成员

交换关系与员工组织承诺显著正相关（$\beta=0.51$，$p<0.05$），与职场偏差行为（$\beta=-0.11$，$p<0.05$）显著负相关。在完全中介作用模型1中，不当督导与领导-成员交换关系（$\beta=-0.75$，$p<0.05$），领导-成员交换关系与员工组织承诺显著正相关（$\beta=0.73$，$p<0.05$），与职场偏差行为（$\beta=-0.48$，$p<0.05$）显著负相关。由此可见，当代入领导-成员交换关系时，不当督导与员工组织承诺、职场偏差行为之间的相关系数减少，但并不消失，综上所述，表2和表3的结果证实了假设3：领导-成员交换关系在不当督导与员工组织承诺、职场偏差行为的关系中只起部分中介作用。图1显示了显著性水平在0.05的路径系数，不当督导对领导-成员交换关系的影响是显著的（$\beta=-0.73$，$p<0.05$），不当督导对员工组织承诺（$\beta=-0.27$，$p<0.05$）、职场偏差行为（$\beta=0.47$，$p<0.05$）的影响是显著的；领导-成员交换关系与员工组织承诺、职场偏差行为也显著相关（$\beta=0.51$，$p<0.05$）、（$\beta=-0.11$，$p<0.05$）。

表3　结构方程模型间的比较

结构模型	χ^2	df	CFI	NNFI	RMSEA
1. 部分中介作用模型：AS→LMX→OD（OC）和AS→OD（OC）	6306.21	697	0.97	0.96	0.067
2. 完全中介作用模型：AS→LMX→OD（OC）	6549.54	699	0.97	0.96	0.069
3. 直接作用模型	5132.41	462	0.97	0.96	0.075

注：AS表示不当督导；LMX表示领导-成员交换关系；OD表示组织导向的职场偏差行为；OC表示组织承诺；→表示作用方向。

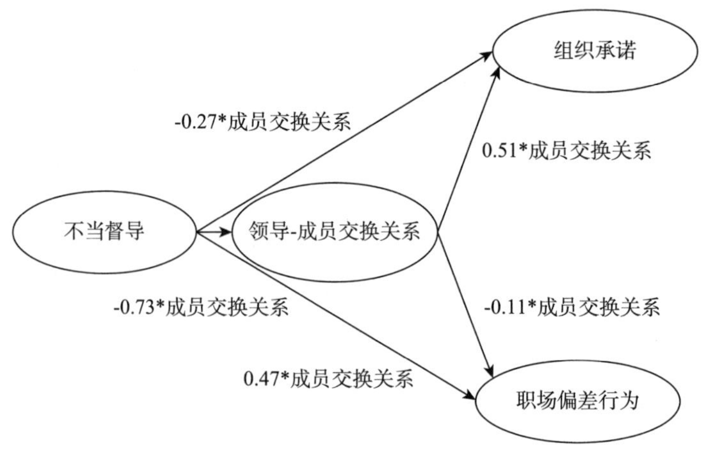

图1　领导-成员交换关系中介作用的结构模型（*表示 $p<0.05$）

五　结论与未来研究方向

（一）研究结论

不当督导与员工工作态度及工作行为之间的关系是近年来西方学者热烈关注的一个研究议题，上司不当督导对下属所带来的负向影响被学者们普遍证实。中国学者相比较西方学者而言，对该研究议题的关注则是处于“小荷刚露尖尖角”的状态。根据霍夫斯泰德（Hofstede）的文化维度理论，中国属于权力距离较大的国家。所谓“权力距离”，是指一个国家的机构和组织中，掌握权力较少的那部分成员对于权力分配不平衡这一现象能够接受的程度。很多企业中上司与下属之间是一种“上尊下卑”的关系，关系明显不对称，无论上级的观点和行为正确与否，上级都可以通过命令指挥下级（龙立荣，刘亚）。在华人企业里，可以看到主管对下属表现出权威的领导行为，如专权作风、贬抑下属的能力以及教诲行为等（樊景立、郑伯埙）。中国情境下企业组织中的不当督导现象普遍存在，上司不当督导对组织及员工的负向性、消极性影响应当引起学者们及企业家们的足够重视。但目前为止，中国情景下的不当督导研究仍处于起步阶段。

本研究首先证实了不当督导会减少员工的组织承诺，并产生更多的员工职场偏差行为。该研究结果与泰珀在西方情境下进行的研究得出的结论基本相同，在中国情境下不当督导也会对员工工作成果产生消极影响。

其次，以往研究多从组织公平及权力视角出发探讨不当督导的作用机制，本研究则尝试从领导－成员交换角度进行探讨。研究结果发现，社会交换理论有助于解释不当督导的作用机制，领导－成员交换关系在不当督导与员工组织承诺及职场偏差行为之间起部分中介作用。当员工感受到来自主管的不当督导行为时，员工与主管的领导－成员交换关系质量较低，导致组织支持降低，从主管处获得的有价值的资源将很少，因而会影响员工的工作效率进而降低员工绩效。同时作为社会交换的一方，员工也会给予主管负向的回报，从而产生消极的工作态度和工作行为，包括降低员工对组织的承诺及产生较多的职场偏差行为。

再次，本研究从实证角度分析了不当督导通过领导－成员交换关系对员工工作态度及工作行为的作用机制过程，充实了领导理论在负向性和破坏性方面的研究，填补了以往研究在此方面的不足。传统领导理论的研究侧重于研究领导行为的正向性、积极性，忽视了领导行为对组织和员工的负向性、消极性影响。领导行为有效性的研究需要多角度审视，不仅要研究领导行为的“积极性”“正面性”，还要通过对其“破坏性”“负向性”的探讨，发展出新的领导理论。本研究通过考察不当督导对员工的组织承诺及职场偏差行为的影响，对领导行为的负向性进行了实证研究，填补了以往研究在此方面的不足，对深化基于权变思想的不当督导的研究有积极的贡献。

最后，除以上理论意义外，本研究对中国企业的组织经营管理具有一定的实践意义。不当督导使员工从组织处获得较少的支持、信任及相关资源，根据社会交换理论，他们会以同样的方式回报组织。因此，组织应通过筛选、培训及控制等方式努力减少主管上级的不当督导行为。企业应对管理层进行人际发展及情绪管理方面的专业培训，以最大限度地减少主管上级对下属的不当督导行为。

（二）研究局限与未来研究方向

本研究不可避免地存在着一些局限性。

1. 我们所采用的研究测量工具大多都是在西方组织情景中发展而来的，虽然有些已被证明在中西方样本间存在着测量的稳定性如组织承诺等，但更佳的选择是选用本土测量工具或对西方量表进行适当修订，以使得变量的测量更加符合中国本土特点。

2. 本文的另一局限性表现在研究方法采用的是单一层次法，即仅从员工感知角度分析各个变量，而没有能够进行上司－下属员工的配对调查，未来的研究可考虑从领导和员工两个角度进行。另外由于本研究涉及的变量测量条目多以负向为主，内容具有一定的敏感性，员工填写时会由于敏感问题而对某些问题的回答具有模糊性，对数据的真实性有一定的影响。

［作者单位：山东大学（威海）］

我国网上购物商城顾客感知形象的评价研究

——基于网购论坛顾客点评的分析

付宜强

随着电子商务的快速发展，网络购物不仅影响消费者的网购理念，也影响着顾客对网购商城的整体感知。例如，顾客对淘宝商城（天猫）“时尚和品质”、对京东商城“简单、快捷、可信赖”、对当当网“精品购物、全网最低价”的整体感知不同，才有利于各家商城管理者制定差异化营销策略。鉴于此，本文以B2C网上购物商城为研究对象，在对百度知道、天涯社区、新浪微博以及腾讯微博等网络社区网友点评进行分析的基础上，对三家网购商城的顾客感知形象进行实证评价。

一　网上购物商城顾客感知形象的理论研究述评

国内外学者认为，感知形象是人们基于对某一事物的客观感知而产生的主观印象及评价，是人们对某种事物的整体印象。而作为利用互联网进行在线销售的虚拟商城——网上购物商城也有商城形象，即顾客在网上商城购物的过程中也会对网上商城形成一种总体认知与评价。因此，可以认为网上商城形象是顾客对所感知的一家虚拟商城功能性和心理性属性的综合印象与评价。一个好的商城形象所能创造的竞争优势，往往是其他商城无法轻易复制或模仿的。在网上商城形象评价方面，邵家兵和杨璐从网上商城氛围角度分析认为，网店氛围是网店给顾客的第一印象，氛围差异会影响顾客对网店的评价。此外，丁文云和邱阳认为，影响网上商城服务质量的因素主要有网店信誉、商品信息、顾客界面、在线客服、购物便利性和安全性等。其中，卖方信誉起决定性作用，这从侧面分析了网上商城形象的构成要素及其逻辑顺序。因此，网上购物商城应注重形象建设，提高顾客对其整体感知的能力，同时这也有利于提升网上商城的竞争软实力。

二　我国网上购物商城发展态势与形象建设现状分析

（一）网购商城市场集中度明显增强

近年来，随着互联网技术的快速发展与应用，B2C 电子商务以其在服务和质量上的显著优势继续引领着中国网络购物市场的蓬勃发展。中国电子商务研究中心（100EC. CN）监测数据显示，截至 2014 年 6 月，我国网络零售市场交易额达 10856 亿元，同比增长 43. 9%。在我国 B2C 网络零售市场份额上（包括开放平台与自营销售），截至 2014 年 6 月底，淘宝商城（天猫）排名第一，占比 57. 4%；京东商城（21. 1%）名列第二；而当当网以 1. 2% 的份额名列第八。可见，我国网上购物商城的市场集中度在进一步增强。未来我国 B2C 网购市场“两超多强”的竞争格局将随时间变化而不断演进。淘宝商城（天猫）和京东商城是我国 B2C 网购商城中的两个典型代表，其领先地位短期内难以被撼动，而其他 B2C 电商企业依托技术、物流或供应链优势将在市场中获得或保持自己的一席之地。

（二）网购商城形象定位突显差异化

我国 B2C 网购市场“两超多强”的竞争格局虽然在短时间内不会变化，然而基于行业细分的不同电商企业已各自占据着较为稳定的市场份额。其中，具有代表性的电商企业有：平台类的淘宝商城（天猫）；家电类的苏宁易购和京东商城；百货类的当当网；服装类的凡客诚品；美妆类的聚美优品；钻石类的钻石小鸟等。面对剧烈的网购竞争环境，塑造商城形象日益受到电商企业的重视。统观各大网购商城，在商城形象定位上无不突显差异化意图。如淘宝商城（天猫）作为国内一线的电商平台，核心优势在于价格低，选择度宽，可以实时沟通；在平台包容性上，呈现了强大的规模优势，依靠自主招商，提供最为广泛的产品选择余地，并能够提供实时的客户服务，以打造高端网上品牌商圈。京东商城，作为国内发展速度最快、平台运营质量最高的平台之一，其核心优势在于物流系统，其配送能力覆盖面广、标准化程度高、操作较为简单、产品和配送服务可靠性强，是能全面体现京东服务质量和良好用户体验的优势资源，凭此来塑造“简单、快捷、可信赖”的商城形象。

而当当网平台，作为国内资格最老的电商平台之一，具有良好的社会知名度和客户基础，成功实现由图书专营向百货类的转型，力求产品多而精，以保持“精品购物、全网最低价”的商城形象。

（三）网购商城形象建设依然面临诸多问题

目前，我国网购商城快速发展的同时，在商城形象建设上依然面临许多问题。中国质量万里行投诉数据显示，我国网购商城主要存在如下问题：1. 物流配送问题，主要表现为配送不及时、货物损毁、配送人员服务差等方面；2. 商品品质问题，如商品质量缺陷、假货问题等；3. 售后服务问题，表现为产品维修难、退换货延迟、退款慢、客服电话无人接听、屏蔽差评等；4. 诚信问题，表现为虚假宣传、商家单方取消订单、返券/补贴不兑现等；5. 安全问题，表现为个人信息泄露、账号及资金被盗等。商城形象的塑造和品牌资产的积累，需要电商企业在整体运营环节提供良好的顾客体验，任何环节的低效率和低质量都会有损商城形象的塑造。而我国网购商城在物流、服务、诚信、安全等环节的问题，将严重影响网购商城的形象建设。此外，近年来，我国网购商城表现出惊人的同质化趋势，这种雷同不仅表现在网站设计上，更体现在所提供商品和服务以及各种策略的运用上。无疑，“过度模仿、缺乏创新”是制约网购商城形象建设的一大瓶颈。

三　我国网上购物商城顾客感知形象的评价与分析

（一）评价指标体系

本文以淘宝商城、京东商城和当当网为实证研究对象，为了对三家商城的顾客感知形象进行有效评价，本次研究对评价指标进行了系统设计。具体如表 1 所示。

表 1　网上购物商城顾客感知形象的评价指标体系

一级指标（A）	二级指标（a）	指标来源
商品形象（A1）	商品种类（a1）	Martineau, 1958 Kunkel & Berry, 1968
	商品质量（a2）	Berman & Evans, 2001
	商品价格（a3）	Martineau, 1958

续表

一级指标（A）	二级指标（a）	指标来源
便捷形象（A2）	物流快捷性（a4）	Kunkel & Berry，1968 吴锦峰，2009
	支付快捷性（a5）	Kunkel & Berry，1968 吴锦峰，2009
安全形象（A3）	支付安全（a6）	章文瑶、陈琳，2011
	账号余额安全（a7）	章文瑶、陈琳，2011 马小梅，2010
	物流安全（a8）	章文瑶、陈琳，2011 傅荣、吴莎，2009
营销形象（A4）	网站促销（a9）	Kunkel & Berry，1968
	广告宣传（a10）	Kunkel & Berry，1968 梁艳，2011
服务形象（A5）	服务态度（a11）	贾媛，2009
	退换货服务（a12）	Kunkel & Berry，1968
	售后服务（a13）	吴锦峰，2009
技术形象（A6）	页面设计（a14）	Martineau，1958
	浏览顺畅性（a15）	章文瑶、陈琳，2011
	手机客户端（a16）	姜红，2011

资料来源：作者整理。

（二）数据和资料来源

本文所用的数据主要来自网络社区中网购用户对淘宝商城、京东商城和当当网的点评主帖，在具体的网络社区选择上，将百度知道、天涯社区、新浪微博以及腾讯微博作为数据收集的主要来源。本文选取2011年11月1日至2013年11月30日之间，有关三家商城的点评主帖作为顾客感知形象因素的分析资料。通过对以上网络社区的资料检索，剔除一些不文明、重复性以及广告性主帖，最终分别得到156个、154个、149个有效性主帖。在资料整理时，一个主帖中可能包含多种形象属性，本文采用多项选择题的处理方法，对频数分别进行重复登记，统计出每个属性包含的频数，并用各项属性的频数除以总帖数，得出每个属性占总帖的比例。

（三）数据分析

1. 顾客对三家网上购物商城感知形象的整体评价。为了考察顾客对三家商城的整体形象感知情况是否与其特点相吻合，本文对三家网上购物商城各项形象属性在顾客点评中出现的频数进行了综合统计，频数排序情况代表了顾客对各项形象属性感知程度的高低，结果如表 2 所示。

表 2　三家网上购物商城各项形象属性的综合频数排序

属性	a1	a2	a3	a4	a5	a6	a7	a8	a9	a10	a11	a12	a13	a14	a15	a16
频数	26	91	92	136	12	7	1	16	46	16	76	22	7	14	2	7
排序	6	3	2	1	10	11	13	8	5	8	4	7	11	9	12	11

资料来源：根据网络社区点评主贴整理而得。

从表 2 可以看出，频数位于前四位的形象属性分别为物流便捷性、商品价格、商品质量以及服务态度。此外，网站促销和退换货服务也颇受顾客关注。一般而言，顾客提及较多的形象属性正是商城留给他们印象较为深刻的特征，反映出顾客对这三家商城感知形象评价中较为突出的部分。由此可见，高品质的商品、低廉的商品价格、优质的客户服务、便捷的物流以及有效的促销力度等，都是顾客最为关注的感知形象因素，也是影响顾客重复购物和积极推荐的关键。

2. 顾客对三家网上购物商城感知形象的对应分析。淘宝商城、京东商城以及当当网均属大型综合性 B2C 网站，其在商城定位、顾客吸引物等方面具有一定相似性，但在商品形象、便捷形象、服务形象、营销形象等方面仍存在一些差异，而利用对应分析方法能够将这些差异较好地展示出来。

在进行对应分析之前，首先要对数据进行整理，为避免某些因素所占比例太小，而造成分析偏差的情况，对前文所列的 16 项形象属性进行筛选，去除其中综合频数小于 10 的 5 个形象属性，保留余下的 11 项形象属性。表 3 是对应分析的各项统计指标，其中列出了各维度的奇异值、惯量。从中可以看出，第一维度的解释量达 65.5%，第二维度的解释量达 34.5%，前两个维度的解释量累计比例达 100%，因此本文取两维结果是较优的选择。

表 3　对应分析各项统计指标

维数					惯量比例		置信奇异值	
								相关
	奇异值	惯量	卡方	Sig.	解释	累积	标准差	2
1	.327	.107			.655	.655	.040	.120
2	.237	.056			.345	1.000	.040	
总计		.163	88.904	.000	1.000	1.000		

图 1 是三家商城顾客感知形象的对应分析图，图中三家商城分属不同象限、相互远离，较直观地反映出三家商城在顾客感知形象方面存在较大差异。可以看出：（1）商品质量、广告宣传和服务态度与淘宝商城同处一个象限且距离较为接近，说明顾客对淘宝商城的形象感知主要偏重于此，从顾客发表的评价性主帖来看，绝大多数顾客认为淘宝商城是一个商品质量有保证、服务态度好以及广告宣传较为到位的 B2C 网站。这一感知形象与淘宝商城的行业地位也较为相符，该网站所提供的商品信息与服务质量较为全面、富有保障，同时近年来所打造的“双 11 购物节”活动也让淘宝的营销形象更深入人心。（2）物流便捷性、物流安全以及页面设计与京东商城的距离较近，说明顾客对京东商城的形象感知主要来源于其独特的物流形象和人性化的网站技术形象。从顾客对京东商城的评价主帖看，其高效、安全的自有物流系统和持续、人性化的网站优化设计是顾客频频乐道的主要方面。（3）商品价格、支付便捷性以及网站促销与当当网同处一个象限并且距离很近，说明顾客对当当网的形象感知主要偏重于低廉的商品价格形象、支付的便捷形象和网站促销形象。在很多评价性主帖中，顾客都认为当当网的商品价格便宜，促销力度较大，而跨平台的在线支付也给顾客提供了很大方便。

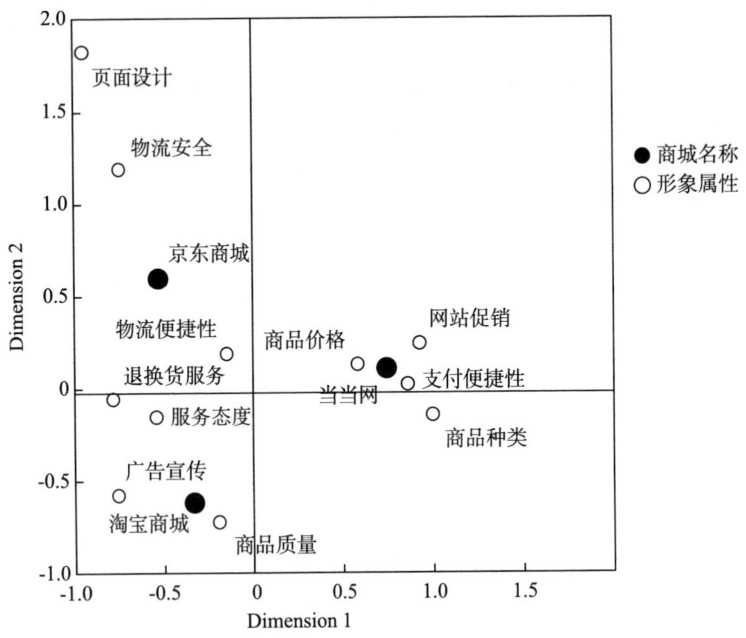

图 1　三家网上购物商城顾客感知形象的对应分析

四 结论与建议

综合上述分析可以看出，顾客对我国网上购物商城感知形象的整体评价主要集中于“商品质量”“商品价格”“物流便捷性”“服务态度”“网站促销”及“退换货服务”等方面；对应分析反映出三家商城在顾客感知形象方面存在较大差异。基于此，本文提出如下对策建议：

1. 切实转变观念，提高对商城形象建设的认识。网上购物商城作为在线交易行为发生的场所，作为联结网络卖家和顾客的平台，应在满足产品展示、营销传播等功能的同时，更要注重发挥吸引顾客、服务顾客、留住顾客的功能。而商城感知形象在顾客网购决策过程中扮演着极为重要的角色，潜在顾客选择某家网购商城很大程度上取决于对该网购商城良好的形象感知。为此，网上商城管理者应转变观念，提高对网上商城感知形象重要性的认识，切实建立推进机制，完善网上商城形象建设。

2. 提升服务水平，持续优化顾客体验。网上购物商城必须认识到在网络环境下，自身对商城的感知形象和顾客购买决策的控制力大大降低。因此，网上商城应适时构筑平台规模优势，坚守正品行货、提供更多让渡价值，开展实时的客户咨询反馈，提高在线支付效率和安全性，打造一站式物流配送平台，提升商城服务水平和增强顾客黏性。唯有如此，网上购物商城才能持续优化顾客购物体验，不断强化顾客感知形象，逐步增强综合竞争能力。

3. 建立健全商城形象监测机制，加强动态管理。网上购物商城形象建设是一项涉及环节多、需要持续改进的系统工程。为此，应建立健全商城形象动态监测机制，借助微博、微信、SNS 社区等最新网络渠道，有效监测网上商城的运行状态及顾客感知形象的变动趋势，及时把握顾客消费行为的变化，并实施有针对性的营销举措，以确保网上购物商城具有良好的顾客感知形象和持久的活力。

4. 强化顾客需求导向，增强创新能力。在经历了产品同质化竞争与“价格战”后，顾客日益成熟，仅仅依靠产品并不能很好地满足他们的需求。顾客的需求不仅希望看到某类产品的集中展示和更低价格，同时还需要更专业化的服务。可以说，创新已成为今天网购商城的必然选择。创新要以顾客需求为导向，顾客需求复杂多变，创新也要呈现动态性、多元化变化。在充分把握顾客需求的基础上进行产品创新、服务创新、物流创新及营销创新，实现产品正品化、价格透明化、服务全面化、物流便捷化、营销人性化、应用安全化，最终使网购商城在不断的创新中完成对其形象与个性的完美塑造。

[作者单位：山东大学（威海）]

《放在父母枕边的书》内容提要

战元川

战元川主编的《放在父母枕边的书》从贴近家庭教育的小故事、小案例入手，给广大家长提供了很多具体可行的方法。这些方法是在教育一线的老师们用他们的亲身感受与众多角色的经历与尝试、探索与研究而精心总结的教育经验。

教育是一项系统的工程，包含着家庭教育、社会教育、集体教育，三者相互关联且有机地结合在一起，相互影响、相互作用、相互制约。这项教育工程离开哪一项都不可能，但在这项系统工程之中，作为最基础的家庭教育，它应该与社会、教育部门共同担负起教育下一代的任务。

家庭教育是学校教育和社会教育的基础。家庭教育在加强未成年人思想道德建设、构建和谐社会中具有不可替代的作用。很多家长认为对于孩子成长来说，学校教育才是关键，忽略了自己为人父母的教育职责，忽略了他们自己才是决定孩子命运的关键，他们不懂得与孩子一起成长的意义，不了解父母对孩子的教育影响孩子一生的发展。

每个孩子都是独一无二的，面对孩子们一个个鲜活的个体，他们有自己的特性，家长们无法复制哪一个孩子的培养历程。良好的个人修养是成为合格父母的基本条件；科学的教育方法是教育观念和教育行为的综合体现；良好的生活方式是保证孩子健康成长的基石；健康的心理是孩子幸福成长的关键；平等和谐的亲子关系是家庭成功的要素等等。为了帮助家长更好地开展家庭教育，更合理的处理孩子成长中的难题，本书分“育儿先育己——父母成长的起点”、“智慧父母，打造和谐亲子关系!”、“入学，您准备好了吗?”、“放飞心灵　关注成长”、“点石成金——让孩子爱上学习”、“好习惯成就好未来”，共六章三十个主题。每一主题包括“生活镜像”“妙计锦囊”“温馨提示”三个环节，从贴近家庭教育的小故事、小案例入手，提供给家长一些具体可行的方法，在温馨提示一栏中还将某个主题家长易存在的家庭教育误区给予提示。力求使本书成为家长朋友的帮手，帮助大家解决家庭教育中的困惑，指导家长可以更好地做好家庭教育工作，营造和谐的家庭氛围，为每个孩子的健康成长撑起一片晴空。

天下没有不爱自己孩子的父母，可如何去爱，似乎成了当前父母们很大的困惑。要想做一个好父亲，做一个好母亲，应当深入学习，尤其是在这个瞬息万变的时代。本书第一章“育儿先育己——父母成长的起点”，从五个板块阐述了为人父母要通过不断学习，为孩子做好榜样，和孩子一起成长。第一板块“给自己考个家长合格证”阐述了家长的九大岗位职责，分别为交流、关注、规范、约束、直觉、表扬、维和、威信、放手。第二板块“做漂亮影子的主人”，表明孩子的品行习惯是如此依赖家长的言传身教，所以家长在思考改变孩子的问题时，切入点永远应该是如何改变自己，以及自己的教育方式。父母有责任通过改变自己，唤起孩子的自我觉醒。父母是孩子第一任老师，也是一生的老师。第三板块“经常给自己充电”，给家长提出了三条建议：一是了解孩子——去学习孩子生长发育规律方面的共性知识；二是情绪管理——每个人都做自己情绪的主人，对自己负责；三是亲子沟通——重要的不是你说了什么，而是孩子理解了什么。第四板块“父母该有美好的心境”，启示家长家庭的幸福在于全体成员是否相亲相爱，孩子的人生价值在于为了自己的理想而快乐地去奋斗。在家庭和睦的基础上，给孩子一个宽松的环境，不要把生活的不快、工作的压力传染给孩子，而要极力创造一种和谐的氛围。第五板块“一起搭建幸福的小窝”，提示父母需要意识到家庭气氛对孩子成长的重要性，为他们提供一个能激发生命潜能和创造力的生活环境，以自己特有的方式积极参与到孩子的整个成长过程中去，为他们的成长搭建一个幸福的小窝。

良好的亲子关系是亲子教育的基础，只有在关系和谐的状态下，孩子才会尊重父母、接受父母的教育。和谐亲子关系胜过教育。本书第二章“智慧父母，打造和谐亲子关系!”，从四个板块阐述了如何通过构建和谐的亲子关系，增进亲子沟通、理解，从而培养身心健康的孩子。第一板块“父母要学会向孩子索取爱”，阐述了作为父母，要向孩子“索取”亲情、善良、孝心和健全的人格，从而铸造孩子健康的人格。重视孩子爱的能力的培养，尊重孩子家庭成员的地位，和孩子共同分享家庭幸福，共同承受生活的酸苦，父母爱孩子，也让孩子爱父母。第二板块“给宝贝写信”，通过选取生活中父母给孩子的书信，表明用书信交流，更能表达父母内心深处对孩子最真挚的情意，是一种“润物细无声”的教育方式。建议父母要融于真情给孩子写信，写信的形式可以是多样的以及掌握写信的时机。第三板块“做儿子的哥们儿、女儿的闺蜜”，阐述了虽然家庭教育并无特定的模式，但理性的相互交流是在家庭教育中帮助孩子明确生活目标、完成新人诞生的有效途径。建议家长多参加孩子的活动、蹲下来和孩子说话、同孩子说话要注意语言表述、适时妥协，放下架子、成为孩子的最佳听众、平等尊重，打造和谐的亲子关系。第四板块“像莫言母亲那样宽容”，启示家长身为父母，需要通过听听孩子的想法、不埋怨孩子、教育孩子就事论事、公共场合给孩子留面子来宽容孩子的过错。同时，通过为孩子树立榜样，教孩子学会心理换位、教孩子学会理解他人，理解人人都有缺点。让孩子多与同伴交往、鼓励孩子“纳新”和处变来培养孩子宽容的品质。

孩子入学的准备是一个十分复杂、长期的任务，这需要家长有十分明确的目标意识和准备意识，及时地为孩子入学做好准备工作，使他们能够愉快地、顺利地度过初入小学的不适应阶段，在小学里健康、幸福地成长。

本书第三章“入学，您准备好了吗?”从六个板块阐述了家长如何配合学校做好幼小衔接工作。第一板块“小学，我来啦!”，表明由于儿童所处的客观环境、学习内容、作息时间、自理要求、师生关系等都发生了较大的变化，因此从幼儿园生活过渡到小学生活是儿童成长过程中的一个重大的转折点。作为家长，应该在孩子入学前激发孩子对新校园的向往之情，锻炼好身体备战小学生活，帮助孩子进行社会交往。第二板块“不一样的小学生活”向家长阐述了幼儿园教育与小学教育主要存在学习方式、学习环境和人际关系三方面的差异，家长应充分认识小学生与幼儿园在学习方法、内容、时间等方面的差异，采取积极的态度和科学的教育方法，在孩子入小学前后的一段时间内，帮助孩子减少不适应症，做好必要的入学准备。第三板块“做学习的小主人”，倡导家长从营造和谐的家庭氛围、提供良好的学习环境、发挥家长的榜样作用、保持教育的一致性、正面教育孩子，培养孩子热爱学习的态度、上课专心听讲、独立完成作业、多思考、勤动脑的好习惯。第四板块“孩子注意力需练兵”，幼升小阶段是儿童注意力发展的关键期，并向家长提出了十条训练注意力的建议，如有效利用学习的每一分钟，而不是利用每一分钟去学习；让孩子在规定时间内分阶段完成学习任务，改定时为定量；平时多鼓励，不干扰孩子做他喜欢做的事情等。第五板块“我的生活我做主”，向家长阐述了“生活自理”训练是入学准备中不可忽视的内容。家长应根据孩子的具体情况教会孩子必需的生活技能，以便更好地适应一年级以后的学习和生活。第六板块“沟通，让入学变得更轻松”，阐述了成功的教育就是家庭和学校和谐一致的教育。为了达到更好的教育效果，家长要积极参与和配合，这是孩子健康发展的基础。尤其是刚入学的孩子，家长更应该注意积极主动和老师沟通。

每一个家长，都希望孩子能够健康成长。“心理健康”是孩子成长中不能忽视的重要问题。心理健康的要素很多。在孩子成长路上，家长要在孩子成长的不同敏感期关注孩子的个性发展，陪伴孩子养成健康的心理。本书第四章“放飞心灵　关注成长”，从五个板块阐述了家长如何培养孩子具备自制力、自信心、责任感、安全意识和宽广心胸。第一板块“网外风景更好”，阐述了孩子的网瘾是家庭功能失调的表现，父母亲需要首先改变与孩子的互动模式，建立一个与以往大不相同的家庭情绪氛围，让孩子能够有足够的情绪支撑力，回到现实生活当中来，才能让改变持之以恒。第二板块“青春　不烦恼”，向家长阐述了孩子进入青春期会面临许多自身的成长课题，核心是成为独立的自己，开始并完成与父母的分离。帮助孩子应对青春期的挑战过程中，一个重要的内容是来自家长自身的成长。第三板块“成功源于责任”，孩子责任感的形成是一个渐进的过程，需要日积月累。培养孩子的责任心要坚持正面教育，多鼓励、表扬，少指责、批评。第四板块“生命只有一次”，向家长阐述家长有责任照顾好孩子，要对他们进行珍爱生命的教育，并教给他们自我保护的方法，使他们健康成长。第五板块“培养心胸宽广的孩子”，建议家长通过身体力行做孩子的榜样，和孩子一起去享受自然，正视孩子与同伴之间的冲突，鼓励孩子参与活动承担责任，教孩子学会自我排解，鼓励孩子大量阅读来培养孩子的宽容心。

掌握了学习方法，就等于掌握了打开一切知识宝库的钥匙。教育、引导孩子学习，不仅仅是教师的职责，也是每一位家长义不容辞的责任。本书第五章“点石成金——让孩子爱上学习”，从五个板块向家长阐述了如何培养孩子热爱读书、善于想象、自主、独立、高效学习的优秀的学习品质。第一板块“给孩子最好的礼物”，表明就开发孩子的想象力和思考能力、培养孩子理性思维、促进孩子健康成长来说，阅读书籍和报章都是电视和网络所不能代替的。第二板块“插上想象的翅膀”，启示家长作为父母，要相信“想象力比知识更为重要”，留意孩子的想象瞬间，并用智慧加以引导。第三板块“打开自主学习的空间”，表明现在孩子学习中缺乏成就感，学习动力不足的情况比较普遍，出现这种状况完全是因为家长在平时的教育中走进了误区，在孩子学习过程中的一些交流方式缺乏技巧，未能激发孩子的求知欲和进取心、培养孩子的自主学习能力。第四板块“勿让陪练成为副业”，小学生家长陪孩子学习的价值主要集中在“为孩子做伴”和“辅导孩子求精”上。不能简单地说陪与不陪的对错，而是要根据孩子的个体差异、学习习惯的养成及进步情况来确定。第五板块“远离小磨蹭”，对孩子磨蹭的问题，家长一定要用耐心和爱心帮助孩子逐步改正，不要操之过急。要注意总结方式方法，不断提高孩子的速度。

“行为构成习惯，习惯养成性格，性格决定命运”。生活是人生的第一课，生活习惯的好坏对孩子身心的健康、知识的获得、能力的培养、品德的陶冶、个性的形成有重要影响。家长应该充分发挥家庭成员对孩子的影响力，帮助孩子从细小处做起，养成良好的生活习惯。本书第六章“好习惯成就好未来”，从五个板块阐述了培养好习惯的重要性。第一板块“我家来了小客人”，阐述了作为家长，有责任帮助孩子养成良好的文明习惯，教给孩子最基本的礼貌知识。第二板块“做个勤俭节约的小卫士”，阐述了家长首先要明确从小培养孩子勤俭节约是非常必要的，今天培养孩子节俭是为了明天的他们能够成为推动社会进步的力量。家长要有意识地培养孩子节俭的好习惯，运用正确的策略方法，使孩子养成节俭的习惯，有利于孩子的发展。第三板块“自己的事情自己做”，阐述了父母要转变观念，让孩子早动手，多动手，这不仅能提高他们的学习兴趣，发展其思维能力，还能培养他们良好的学习和生活习惯，养成积极主动、认真细致、不怕困难的个性品质。第四板块“做时间的小主”，表明家长在教导孩子时应培养其养成珍惜时间，合理运用时间的良好习惯。让孩子走在时间的前头，做时间的主人。第五板块“做个干净的小宝贝”，建议家长培养孩子养成良好的生活卫生习惯是件平凡而细致的工作。父母要持之以恒，坚持一贯地要求孩子，给孩子以具体的指导和帮助。

正如为本书作序言的著名的“知心姐姐”（现任中国少年儿童新闻出版总社总编辑，中国家庭教育学会常务理事，中国关心下一代工作委员会专家委员会委员，中国教育电视台 CETV1《师说》栏目《道德的力量》主讲专家）卢勤女士所说，“战元川校长在写这本书时，不仅站在一个研究者的角度去思考、更是以一位有智慧的家长的身份和角色来写的，她摒弃学者式枯燥的理论说教，而是采用生活中一个个鲜活的小案例，阐述科学的家教理念。书中既有丰富的实践经验，又有教育学素养；既有思考力度，又有很强的可读性，尤其紧跟每个案例之后的‘妙计锦囊’‘温馨提示’，为家长提供了行之有效、捏来即用的家庭教子技巧，为家长真正提供了非常实用的养儿育女的思路、方法，帮助家长成为孩子的智慧父母！”

（推荐单位：威海高技术产业开发区工委宣传部）

《山东革命根据地北海银行历史年表》内容提要

葛志强　刁云涛　宋文胜

北海银行是中国人民银行的三大奠基行之一，她诞生于1938年的山东抗日民主根据地，成长壮大于抗日战争的烽火岁月，辗转奋进在解放战争的胜利凯歌中。为新民主主义革命时期金融事业的发展，做出了重要贡献。1948年12月1日，山东北海银行与华北银行、西北农民银行一起，组建起新中国的国家银行——中国人民银行，为中华人民共和国金融事业的开创，写下了浓墨重彩的一笔。

编撰此书，既是为了纪念那已经逝去的可歌可泣的峥嵘岁月，也是在新世纪、新形势下为中国金融事业的发展、改革与创新汲取历史的动力、智慧和经验。

战火中的金融丰碑

金融是国民经济的核心和杠杆，金融事业的存在和发展与国内外政治经济形势的变化有着极高的关联性。北海银行成立于战争时期，在那个特殊岁月里，她克服了想象不到的艰难险阻，经历着战火磨炼，支撑着战时经济，服务于战争需要，推动着金融发展。当我们今天回眸那段漫长岁月时，却不经意间发现了在北海银行的创业和成长史中所凸显的那显著而又十分珍贵的特点；曾经有人把其归之于“战时金融”“地方金融”这两大特点，这其实并没有捕捉到事物的本质属性。纵观北海银行的发展史，我们认为这些特点主要体现在以下五个方面。

1. 红色金融。北海银行是在中国共产党领导下成立和发展起来的金融机构。自始至终坚持中国共产党的坚强领导，这是北海银行第一大特色。

1937年日本军国主义发动的侵华战争，极大地改变了中国的政治、军事和经济版图，也深刻地改变了中国的金融格局。当日伪金融机构紧随日军侵华步伐在膏药旗下向中国沿海和内地纷纷建立网点机构，滥发日伪钞票，对中国广大沦陷区进行金融侵略和掠夺时；国民政府的金融机构则随着军事上的失利和溃败纷纷向西部大后方转移。

在山东则是因为当时任山东省军政长官的韩复榘的不战而逃，在许多地方造成了各种钞票（包括伪钞、土钞、杂钞、假钞及各种替代券、票）的泛滥成灾。极大地扰乱了战时的经济金融秩序和人民群众的日常生活，损害了抗日的金融基础。此时，中国共产党人高擎起抗日救国的大旗，脱下长衫，挽起裤腿，深入敌后，发动群众，仅仅在山东省就先后领导了上百起抗日武装起义，组建了无数的抗日武装，在有些地方又随之成立了抗日民主政府，在胶东掖县（现为莱州市）则开始筹建金融机构——北海银行，发行北海币，从而对日伪政权开展了从军事、政治、经济到金融货币领域里的全面抵抗。

北海银行虽然曾经由于战争的残酷而暂时停止业务，但不久就在中共中央和中共山东省委的指示下，重新开始了工作。此后不论环境多么复杂、残酷，斗争多么尖锐、血腥，条件多么严峻、苛刻；在中国共产党的领导下，北海银行的旗帜始终不倒，北海币的流通则如同春风化雨般的遍及齐鲁；不论是解放区、游击区还是敌占区，就是在敌军军人的军服口袋里，也偷偷掖着北海币。这哪里仅仅是货币战、金融战，这其实也是政治战、经济战、文化战。北海币在其所流通到的地方传播着党的信念，惠及着百姓，温暖着人心，推动着经济，支持着战争；打破了日军通过金融以战养战的美梦，动摇了敌人吞并中华的狂妄野心，坚定了人民群众的抗战信心；既提高了中国共产党在广大人民群众中的威信，也为中国共产党将来的执政奠定了日益雄厚的金融基础。

2. 敌后金融。有人曾经把北海银行的金融特征归结为“战时金融”，其实，这种概括有着很大的泛然性。因为战争一旦爆发，交战双方的金融业就几乎同时处于战时状态。在抗日战争初期，战时金融可以用来概括中国国民政府一方，日伪一方和中国共产党一方的任何金融形态；二战爆发后，欧洲各国、北非、苏联、美国、东南亚及整个澳洲、美洲、非洲除了少数国家外，金融业也都先后进入战时状态。所以，仅仅用战时金融是难以准确概括北海银行特征的，那么北海银行的另一最大的特征是什么呢？——就是“敌后金融”。

众所周知，抗日战争期间的中国分为正面战场和敌后战场两个战场，正面战场是以国民政府较大规模的阵地战为主要特点，而敌后战场则是以中国共产党领导下的机动灵活的游击战为主要特点。随着日军的大举入侵，国民党政府正面战场的节节败退，中国共产党则在敌后广大的沦陷区发动和组织民众开辟了另一战场。从军事、政治、经济、文化和金融等领域以特殊的形式与日寇进行了殊死的抗争。三里一碉，五里一堡；铁壁合围，敌特横冲；清乡扫荡，烧杀抢光；百里无鸡鸣，处处野坟塚；一枪打透根据地，满眼皆是膏药旗。

北海银行就是在这犬牙交错的敌后背景下诞生的，也是在这一变动剧烈的环境下生存和发展壮大的。战斗之频繁，战争之残酷，生活之艰难，工作之紧张，牺牲之惨烈，贡献之巨大，堪称金融史上的奇观。“敌后金融”——这是中国人民在第二次世界大战史上，也是在世界金融史上所创造的独一无二的战时金融现象。其中所蕴含着的中国金融从业人员的爱国热情、敬业精神、职业道德、业务水准、工作作风及牺牲精神，永远值得人们去怀念、讴歌和发扬光大。

3. 草根金融。北海银行是广大人民群众自己的银行，这不仅仅是在以后成立中国人民银行的称谓上体现出来的，而且是在北海银行成立的第一天起，直至以后的漫长岁月中处处呈现出来的宗旨和本质。

不管是为了战争的胜利，还是为了推动经济的发展，还是为了民生的改善，北海银行的一切业务都紧扣着人民群众的脉搏，体现了人民群众的愿望和期待。在那样严酷紧张的战争年代里，在那样拮据的资金环境下，在那样变动频繁的军事、政治和金融版图中，北海银行的员工冒着生命危险，赶着毛驴，推着独轮车，挑着担子，穿过敌人的封锁线，跋山涉水，走村串户，宣传着党的货币金融方针政策，吸收着存款，发放着春耕、渔业、种子、手工业、商业等各项贷款，推动着根据地的经济在敌人的封锁和绞杀战中不断发展。

在农村破败的屋檐里，深山黑暗的洞窟里，郊野荒芜的草丛中，敌伪扫荡的间隙中，北海银行印钞厂的机器不时被埋藏，不时被转移，不时被拆卸，不时又出故障；但是，北海币的印刷从来没有停止，北海币源源不断地输往前线，为抗日军队和民主政府提供着必不可少的物质支持。稳定物价、展开货币斗争，排斥伪币和法币，进行反假钞宣传，直至北海币在山东根据地成为唯一货币，实现了全境流通。

正是由于全心全意为人民服务的宗旨和行为，使北海银行在严酷的战争环境中，和广大人民群众同甘苦，共命运，建立了鱼水难分、血肉相连的关系，使得广大人民群众把她当作自己的银行，在敌人多次的搜查和扫荡中，不惜以热血和生命来保护北海银行，从而使北海银行不但没有在长期的敌强我弱的残酷的战争条件下被压倒，被打散，反而不断发展壮大，推动着根据地的金融斗争、货币斗争逐步迈向胜利的坦途。处处为了人民群众，紧紧依靠人民群众，一切从人民群众的利益出发，就是北海银行取之不竭，用之不尽的力量源泉。“离离原上草，一岁一枯荣，野火烧不尽，春风吹又生。”——“草根金融”那顽强而执着的生命力，正是北海银行所呈现出的第三大特征。

4. 弹性金融。北海银行长期工作在环境残酷，战斗频繁，处境危险，节奏紧张的敌人后方。在没有广阔的战略纵深和大后方作为依托的情况下，北海银行自身及业务发展有着显著的不可预测性，金融风险形成的频率和巨大危害性的阴影远非和平时期的金融机构及战时处在大后方的金融机构所能比拟的。没有固定的网点和行址，没有稳定的业务区域，难以拟订和实施中长期甚至短期的业务发展计划；难以吸收存款，难以收回贷款的本金及利息……

根据地时而扩大时而缩小，战火时而前推时而后移，形势多变，强敌环伺。北海银行虽然最初成立于胶东半岛，后来立足于沂蒙山区，遍及齐鲁大地。但是，并不是一个“地方金融”的概念就能对其特点做出概括的，因为，她并不拘于某一行政区域，也并不画地为牢。

北海银行在变动中，她的业务区域是不规则的。北海银行常常是在几个行政区划交界的地方扩展业务；网点和行址随着战争的进程而撤销而建立，业务区域随着战线的变动而缩小而扩大，业务种类随着形势的变化而推出而取消，业务人员有时在工作，有时在转移，有时在战斗。北海银行在流动中，她的行址有时在山里，有时在河边，有时在森林，有时在荒野，有时在老百姓的炕桌上……

虽然人员和物资的损失曾经多次发生，但是北海银行几乎每次都很快地汲取了经验教训，恢复了元气，重新开始了工作。在战争状态下，在敌后环境中，金融风险可以说无时不在，无处不在；北海银行却基本上处于进退有序，伸缩自如，风险可控的状态，表现出对风险超强的预测性、抵抗性、缓冲性和化解能力；在风险过后，北海银行又表现出超强的自我愈合、自我修复和自我发展的能力。

从胶东到鲁中，从沂蒙山区到遍及齐鲁大地以及邻近省份。从乡村到县城，从县城到工商业重镇，从工商业重镇再到中心城市，到省会城市，到沿海直辖市。直至 1949 年春天，北海银行随百万华东野战军从山东挺进江苏，挺进江南，挺进当时远东最大的金融中心——上海，完成了对国民党最为庞大的官僚金融机构的接管。

所以，北海银行的特性仅仅就区域性质来说，也绝不是一个“地方银行”所能准确概括的。

不论其所在的区域、区位，所从事的金融业务，还是其机构，其员工队伍；北海银行就像弹簧一样充满弹性、韧性和灵性；坚守底线，抗压抗拽，坚韧灵活，能伸能缩，一旦压力减轻，反而会释放出更大的能量。又像涅槃的凤凰，在经历了烈火的考验和痛苦的煎熬后，一旦浴火重生，就将一鸣惊人，直上九重云霄。

5. 创新金融。创新是北海银行最为显著的特点之一，也是北海银行最为宝贵的品质之一。在与直接上级——中共胶东特委长期失去联系的情况下，掖县县委并没有因为没有接到上级的指示而在消极等待中无所作为，而是不等不靠，凭着中共北方局号召优秀共产党员脱下长衫到游击队里去的“华北决议”，凭着通过关系弄来的中共中央几期《解放周刊》和山西牺牲救国同盟会寄来的《抗日民族统一战线基本原则》，准确地领悟到中共中央的指示精神，把握住时代的脉搏。他们抓住各种政治力量在碰撞消长中形成的千载难逢的有利时机，联合各界爱国力量，发动天福山起义，夺取了被日伪占据的县城；又根据形势需要，不失时机地筹建北海银行，解决了抗日武装和民主政府成立后的经费难题和货币金融难题，客观上也为不久后移居掖县的胶东抗日民主政府奠定了金融基础，充分表现了中国共产党人的历史主动性。

北海银行成立以后，面对着前所未有、瞬息万变、错综复杂的形势，他们不拘泥于书本，不迷信于教条，解放思想，实事求是，逢山开路，遇水搭桥；在业务发展、机构设立、货币斗争、队伍建设、制度建设等方面摸索出一整套适合当时形势需要和敌后金融发展规律的行之有效的办法。这些新办法、新举措、新经验、新制度既是对以往经验的总结，也是对金融业务的创新。而就是靠着不断的创新精神，北海银行才在敌强我弱的情况下，完成了绝地逆袭，取得了对敌货币斗争的完胜。尤其是 1946 年，当时北海银行的货币斗争专家薛暮桥在回答美国金融学者关于“北海币之谜”的困惑中所提出的货币理论，言简意赅，寥寥数语，不但深刻地揭示了货币运动的内在规律，而且再次展现了中国共产党人在金融理论思维创新中的高度、深度以及其超前性。创新金融作为北海银行的重要特征，同样是不言而喻的。

再现·缅怀·探索

北海银行成立至今已经走过七十五年的光辉历程，但是回眸北海银行的历史图像，我们仍然深深感到心灵上的震动和感慨。北海银行是一笔丰厚的历史遗产，需要在新形势下加以挖掘和整理。其目的主要有以下方面：

1. 真实再现北海银行的光辉历程。如上所述，北海银行作为中国人民银行的三大奠基行之一，在新民主主义革命时期曾经创造了金融史上的奇迹。我们之前曾经组织人手整理和出版了北海银行的史料汇编及回忆录。但是现在看来，仅仅做到这一点是远远不够的，我们决心通过此书的编撰出版，把北海银行的光辉历程及历史贡献全方位、多角度、全景式地展现人们面前，使今天的人们对此有着更加深刻、完整、生动真实的认识。

2. 铭记革命前辈的金融伟业。在北海银行成立和发展过程中，曾经涌现了一批又一批杰出的共产党人、金融家、货币理论学者和金融从业人员。郑耀南、张加洛、李佐长、陈文其、薛暮桥等同志就是其中的杰出代表。正是由于他们的使命感、责任感，勇于担当、百折不挠、默默奉献的精神，以及对党的事业披肝沥胆、无比忠诚，和对金融事业的深刻认识，才在历史的转折关头，勇敢地承担其历史使命，开创了中国共产党领导下根据地金融发展的大好局面，为新中国的金融事业奠定了坚实的基础。今天，我们缅怀他们，就得学习和铭记他们的业绩，继承和发扬他们的精神，为新时期的金融改革与发展贡献自己的力量。

3. 探索金融发展的内在规律。金融作为国民经济的核心，随着现代经济的发展，其重要性日益凸显出来。北海银行虽然存在于20世纪三、四十年代的战争时期，但是前辈们对金融规律的探索和发现至今仍有着重要的借鉴意义。何况还有许多宝贵的经验有待于我们继续挖掘和整理，许多认识有待于进一步深化和提高。我们今天编撰此书，就是要进一步创造条件，通过借鉴和挖掘历史的智慧，推进金融发展，促进金融创新，改进金融服务，防范金融风险。

（作者单位：威海市金融学会）

初中语文教材中鲁迅作品的教学策略分析

迟向君

在新课改的发展和推动下，鲁迅作品在语文教学中的编选发生了一些变化，从中编选出的作品具有新的特点，这样的改变在一定程度上对语文中新的教学理念进行了反应。作为中国文坛上现代文学的开拓者，鲁迅的作品现代意识极为强烈。随着教育的发展以及时代的变化，有关鲁迅作品的讨论越演越烈，从而导致其作品在进行教学时得到了重点关注。

一　对鲁迅作品进行分析，把握正确中心

1. 从文章题目进行分析

教师在对鲁迅作品进行教学的过程中，要注意结合文章的题目对全文进行分析。本文从《从百草园到三味书屋》这篇文章入手进行分析。在这篇文章的题目中，我们可以通过分析得知，其中“三味书屋”以及“百草园”都是作者小时候的生活处所。其中，题目中的“百草园”是作者儿时玩耍的地方，在作者心中是小时候的乐园，而“三味书屋”则是作者读书写字的地方，代表着作者儿时读书生活的枯燥无味，在这里暗指对青少年身心健康发展具有束缚意义的封建教育制度。在文章中，作者通过对两个地方所代表的两种生活的对比，对相关的封建教育进行深刻而含蓄的揭示。而且，作者文章的标题也在一定程度上暗示着文章所要写的内容。

2. 从文章时代背景进行分析

作为一代文坛巨匠，鲁迅的文章具有自身独特的语言特色以及深刻的思想内涵，在中国的文坛上有着极为重要的意义。他的文章受时代背景以及当时的社会环境影响比较大，其作品通过多种角度对当时的现实社会，运用曲

折而含蓄的表现手法来进行揭示。在此我们对鲁迅的《藤野先生》的教学手法进行分析，对教师在讲课过程中，需要点明的几个要点进行简单的分析。

其一，有关鲁迅的求学经历，在鲁迅的其他几篇文章中曾被提起过，因为战争，其在学习过程中学的专业是医学，想要在毕业回来后多救助和父亲有着相似经历的病人。这是鲁迅最初的梦想，带着对“维新”思想的希冀，希望祖国的人们都能拥有一个健壮的身体。但学医始终只能医一人而医不了国家，在深受奴役和压迫，乃至被屠杀的现实中，作者不得不抱着救国救民的思想弃医从文。鲁迅先生认为，文字能唤醒麻木、愚昧的中国人，从此走上文学道路。

其二，创作的时代背景，鲁迅先生对这篇文章进行创作的时候，正是北洋军阀统治的时期，他从北京离开到了厦门。而这篇文章是鲁迅先生在和藤野先生分离了二十多年后，在厦门大学的时候进行创作的。而藤野先生是在1874年出生的，他的家庭是日本福井县的一个医生家庭。在对节选课文进行讲解时，要注意对文章时代背景的讲解，告诉学生这篇文章创作的时代背景，从而使学生对这篇文章更深刻的理解。

3. 从《朝花夕拾》的简介入手分析

这篇文章是被收录在《朝花夕拾》这部散文集中的，而这本散文集是鲁迅先生用来回忆往事的，其在几个月的时间内写了十篇散文，并陆续发表在当时一篇杂志的半月刊上。鲁迅先生在对这些文章进行描写的时候，都是用夹叙夹议的方式，用自己的生活经历作为文章的线索，对其从国内到国外、农村到城镇及从家庭到社会的生活进行生动而真实的描写。在这部文集中，包含了作者对其中所写的所有的东西的爱恨，以平淡的语调表述感情，简洁的描写回忆中每一件事情的是非。

二　对鲁迅作品艺术手法进行把握

1. 对人物形象刻画生动

作为人物形象刻画大师，鲁迅先生笔下的所有人物都是有血有肉、活灵活现的。例如在《故乡》这篇文章中，作者对杨二嫂的刻画深刻传神，用犀利清晰的言辞，把一个人物形象生动地展现在人们面前，在杨二嫂的身上我们可以深刻体会到其被社会毒害，受私有观念束缚的思想。在她年轻的时候，曾经被称为豆腐西施来招揽生意，后来更是被现实生活所迫，变得自私、泼悍以及尖刻，这是一个被当时社会现实扭曲的人物形象。

2. 语言的特点

鲁迅先生的语言具有深刻、精炼以及准确的特点，其对文字的掌控极为精准。在《孔乙己》一文中，往往是一句话就能对人物的形态以及性格形象进行精准的表述。文章的语言流畅，运用深刻精练的语言把复杂的人物形象及心情完美的表述，把其完整的精神风貌生动地呈现在人们面前。

3. 有序描写景物

在鲁迅先生对《从百草园到三味书屋》的描写中可以看出，其在对文章景貌进行描写时有着精确的顺序，在写百草园大致景象的时候，从低到高，从静到动。在写植物的时候，通过对百草园中植物的描写，把园中静雅的景观形象铺展在人们面前，让人有一种清新辽阔的感觉。而写动物时，简洁的语言又让人觉得寂静中的百草园其实也充满着生机。另外，鲁迅先生在用词方面也极为精确，往往能用最简单的词语让笔下的任何东西都变得生动形象。

三 结束语

综上所述，随着教育的发展以及时代的变化，有关鲁迅作品的讨论越演越烈，从而导致其作品在进行教学时得到了重点关注。新课改对鲁迅作品在语文教材中的选编进行了一些改变，从而使鲁迅作品中存在的现代性意义以及其在语文教材中的重要作用得到发挥，促使学生对语文学习效率的提高。在对鲁迅文章的学习过程中，要深刻把握其文章中的具体内涵，对其作品的艺术表现手法及作品中所蕴含的深刻含义进行全面分析，从而促使初中语文学习质量的提高。此外，还要注意从文章的题目、时代背景以及文章的中心进行分析，从而对鲁迅作品的中心进行准确地把握。

（作者单位：威海经济技术开发区皇冠中学）

基于高级职业资格的高职人才培养的改革与实践

李传伟

前　言

高职教育的培养目标定位从高素质技能型专门人才、高技能型专门人才到高端技能型专门人才，始终坚持了高职教育职业性的内涵——“高技能”。依据中办发〔2006〕15 号对“高技能人才”作出的权威界定，指的就是高级技工、技师和高级技师。我们首先抓住了高职教育亟须解决的体现技能水平的职业资格与高技能对应关系，于 2007 年选择了市场需求量大、职业特征明显、技术要求高且国家已颁布职业标准并已实行职业资格证书制度的制造类机电一体化技术、汽车检测与维修、模具设计与制造三个专业，按照高职毕业证 + 高级职业资格证的高素质高技能人才培养要求，构建以综合能力培养为核心的高职学历证书与高级职业资格证书对接的“双高证书”人才培养方案，实行了学训交替、工学结合的理实一体化的人才培养模式。通过五年多的实践得到了有效的验证，四届毕业生参加高级工技能鉴定获取率一直保持 95% 以上。在践行职业教育教学改革中取得重大突破，为有效推行“双证书”制度和实施高等职业教育与技师教育合作培养起到了引领借鉴作用。

1　“双高”人才培养的改革与实施

1.1　准确定位专业培养目标和人才培养规格

在合作企业的支持下，成立专业建设指导委员会，从职业岗位（群）分析入手，确定高技能人才的知识、能力和素质结构。以能力增进为主线，通过典型工作任务分析对接职业资格标准的职业功能模块，构建课程体系，校企合作共同制定与高级职业资格标准衔接的人才培养方案，使专业人才培养目标和培养规格与产业发展所需求的高技能人才相吻合。

1.2 设计人才培养模式，制定课程标准

组建专业课程群改革项目小组，进行专业课程标准与职业标准衔接的教学研究，以真实工作任务及其工作过程为依据，对接职业资格标准中的工作内容和技能要求来整合、序化教学内容。依托学院“五位一体”实践教学平台，建构了从第一学期开始专业认知学习与实践，第二学期开始采取学训交替、理实一体化的培养模式，开展从基本技能、专项技能、综合技能、岗位适应性训练的涵盖初级、中级到高级的能力递进训练，实践教学的比重达到60%以上。教学项目实施与企业生产完整产品要求一致。将教学过程考核与职业技能鉴定考核、产品检验标准对接，保证了课程教学标准与职业资格标准的衔接与岗位需求的对接。（如图1所示）

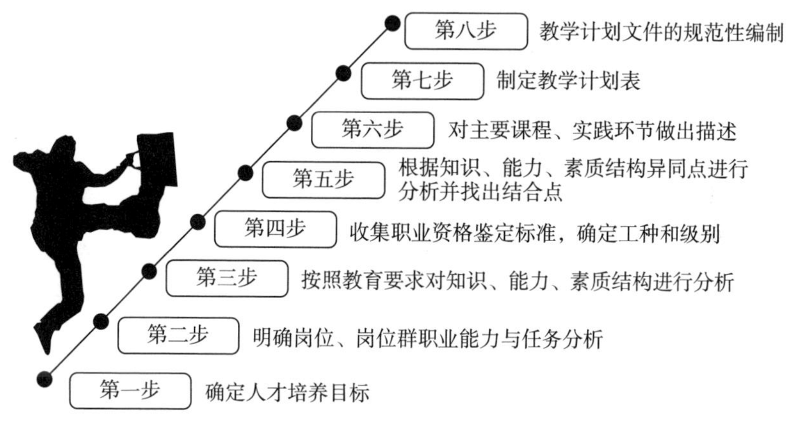

图1 开发与国家职业标准相衔接的理论课程和实践环节具体步骤

1.3 加强“双师型”教师队伍建设和实习基地建设

参照高级技工学校设置标准和高级职业资格标准，配备与办学规模、专业设置相适应的实习、实验设备和专兼职教师队伍。加强校内现有教师队伍的培训，使其成为“双师型”教师。聘请行业企业的专业人才和能工巧匠到学校担任兼职教师，形成实践技能课程主要由具有相应高技能水平的专、兼职教师讲授的机制。三个试点专业专任教师具有高级以上职业资格证书（高

级工、技师、高级技师）比例为95%。

建设完善了以专业认知和基本技能训练为主要功能的实验实训室28个、以仿真训练和综合技能训练为主要功能的校内实训基地3个、以真实工作环境的岗位适应性训练为主要功能的生产性教学工厂2个、以突出个性发展和创新能力培养为主要功能的创新拓展工作室2个、以顶岗实习为主要功能的校外实习基地25个。（如图2所示）“五位一体”的实践教学平台，实现了各专业实验实训条件体系化，凸显了以生产性实训为特征的工学结合人才培养模式的办学特色。基本技能、专项技能训练的实训场地设备的数量能满足一人一岗的要求，主要设备达到了国内先进水平。实训指导教师具备技师以上职业资格，与学生比例不低于1:20；具有企业实践经验的教师占教师队伍总数的20%以上；专业课教师和实训指导教师“双师型”不低于教师队伍总数的70%，理实一体化教学教师达到专任教师总数的50%以上。

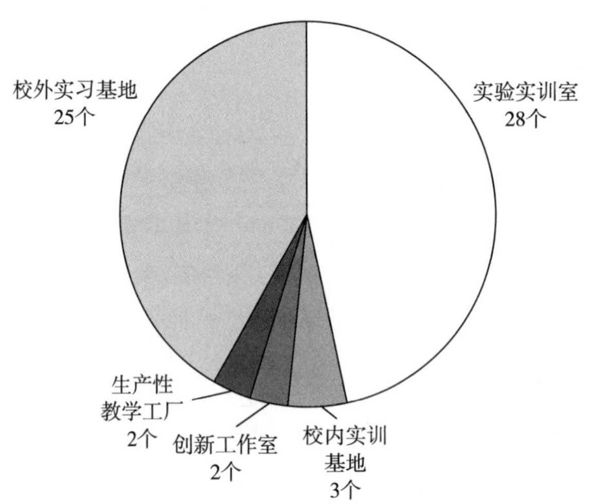

图2 专业技能实训基地建设情况

2 “双高”人才培养解决的教学问题

构建了基于职业岗位群能力需求，对接国家高级职业资格标准、行业技术规范的课程体系，解决了高职教育人才培养规格定位模糊不十分明确的问题。开发了以典型工作项目为主体，对接国家中、高级职业资格标准的课程标准，解决了课程教学内容不能涵盖职业资格标准的要求。创新了以强化学生动手能力培养的学训交替、工学结合的理实一体化的人才培养模式，解决了理论与实践脱节，技能操作标准与职业技能鉴定考核标准不接轨的矛盾。实施了以能力为本位的行动导向教学模式，解决了教学方法手段与综合职业能力培养不相适应的问题。加强了专业教学团队和实践教学基地建设，解决了制约高技能人才培养师资和设备与高级职业资格标准不达标的瓶颈问题。改革了考核办法，解决了课程考核方法与职业资格鉴定方式不统一的问题。

3 “双高”人才培养实施的效果

自07级的汽车检测与维修技术、机电一体化技术、模具设计与制造技术三个专业实施，经过几年的实施建设取得成功。通过试点专业的改革成果，带动了学院工科类专业的改革，制定的课程标准、评价标准被鲁、苏、皖等地的多所高职院校借鉴；出版的教材应用面广；基于行动导向的一体化教学模式，为人社部制定一体化教学实验班的标准提供了参考。总之，该项目在推广应用中取得了很好的效果，得到了校内外专家、同行、企业、鉴定机构及学生的普遍认可。

3.1 人才培养质量高，社会声誉好

三个试点专业“双高”人才培养自实施以来，毕业生高级职业资格获取率一直保持95%以上，双证获取率达95%，就业率99%。毕业学生综合能力高，专业技能扎实，普遍得到企业的好评和重用。

表1 试点专业双高证书获取率

项目 专业	高级职业 资格证书	毕业 年代	毕业生 人数	取得双证书 人数	通过率	备注
机电一体化技术	维修电工 （维修钳工）	2010	265	252	95%	
		2011	256	245	95.7%	
		2012	268	257	96%	
汽车检测与维修技术	汽车修理工	2010	166	159	95.7%	
		2011	164	158	96.3%	
		2012	180	172	95.5%	
模具设计与制造	数控铣工/加工中心操作工	2010	51	50	98%	数控铣工/加工中心操作工任选其一
		2011	58	56	96.6%	
		2012	34	33	97.1%	

3.2 动手能力强，学生获益大

试点专业的汽车检测与维修、模具设计与制造两专业的学生参加省级技能大赛均获省级一等奖 1 项，二等奖 3 项，其中模具专业获国家级三等奖一项。机电一体化技术专业学生参加全省职业技能大赛，有 4 名选手直接取得技师资格，5 名获威海市技术能手称号。2012～2013 年机电专业学生获全国大学生智能车大赛山东赛区三等奖，2011～2013 年连续三年获得山东省大学生机电创新设计大赛二等奖。

3.3 改革力度大，教学成果多

三个试点专业相继建设了国家级精品课程 3 门，省级 7 门；2 个省级特色专业；1 个省级、2 个院级优秀教学团队；1 个省级、3 个院级教学名师。完成教研课题省级 2 项，校级 8 项，荣获第六届省高等教育教学成果二等奖 1 项；发表论文 120 余篇，主编和参编配套教材 30 部。教学团队 90% 具有技师、高级技师职业资格证书，80% 能胜任一体化教学。

3.4 “双高”人才培养创新特色

3.4.1 高起点的目标定位，使高职教育的高技能人才培养目标落到实处

按照高职毕业证 + 高级职业资格证的高素质高技能人才培养目标，构建以综合能力培养为核心的高职学历证书与高级职业资格证书对接的“双高证书”人才培养方案，凸现了高技能的特色。

3.4.2 高目标的实践教学体系建设，使工学结合的高技能人才培养模式得以彰显

依托校内生产型教学工厂和校外实训基地，建设了从基本技能、专项技能、综合技能到岗位适应性训练的初级、中级到高级的三级培养层次的实践教学体系，将各培养层次的学习、训练任务结合工厂产品，开发成教学项目，将教学过程的考核与职业技能鉴定考核结合与产品检验标准对接，强化学生的职业实践能力。

3.4.3 高标准的资源配置，使能力本位的高技能人才培养方案实施得到保障

建成了融教学、培训、技能鉴定于一体的能够满足专业实践教学及中高级资格鉴定的实训基地。建设了一支能胜任培养高技能人才的专兼结合的教师队伍，保障了人才培养方案的顺利实施。

4 结论

基于高级职业资格的高职人才培养符合山东省现代职业教育体系的要求，与山东省教育厅、山东省人力资源和社会保障厅《关于印发高等职业教育与技师教育合作培养试点实施方案的通知》（鲁教职发〔2013〕3 号）的文件精神相吻合。该成果在职业教育教学上有重大创新，对高等职业教育教学改革实践有重大示范作用，对提高高职教育教学水平和教育质量、实现高技能人才的培养目标产生了重大成效，在省内处于领先水平并产生了重大影响。

（作者单位：威海职业学院）

翻译错误的界定、评估以及对翻译教学的启示

——一个功能主义的视角

王军平

1 引言

翻译错误在学习者翻译能力提高过程中难以避免，因此也是翻译教学必须直面的问题。翻译错误就如一个晴雨表，能够具体地反映出特定的翻译能力缺陷。对其进行分析和研究，能够帮助教师深入地把握学生的学习状况，从而为重新设计教学过程、针对性地解决翻译教学中出现的问题提供重要依据。正是因为翻译错误的诸多价值，国内外有不少学者都对其进行了研究，对翻译错误的价值、错误原因、翻译错误的分类以及翻译错误的评估等问题都有所涉及。但目前来看，国内大多数学者对翻译错误的研究还停留在一个比较模糊的阶段，对翻译错误的分类视角比较单一，对于翻译错误的层次性区分也不够清晰，将翻译教学和教学翻译各自所应该针对的翻译错误混为一谈，甚至对翻译错误连一个统一的系统分类也还没有达成一致意见。针对这些问题，笔者建议从功能主义的视角对翻译错误进行重新界定、分类和评估，以期对翻译教学带来新的启示。

2 翻译错误的界定

许建忠通过对错误概念的探讨，从认识论角度将翻译错误定义为“在翻译关系中与翻译的客观规律或状况不相符合的认识和行动；从外延上说，翻译错误是翻译认识错误和翻译实践错误的集合。”这样的定义对翻译教学而言

略显抽象，不容易让我们比较具体地把握翻译错误的实际表现。从他所举的例子来看，其所说的翻译错误其实主要还是语言错误，比如将地名“六甲”错译“六寨”。杨仕章将误译（也即我们讨论的翻译错误）分成语言误译和文化误译，并认为“翻译教学中出现的误译情形大都属于语言误译”。据此，他将翻译错误分成词层误译、词组层误译、句子层误译和篇章层误译，认为“理解不准确是造成语言误译的主要原因”。杨仕章的误译定义和分类比较具有代表性，国内大多数学者在此方面的研究都跟他的结论大同小异，只不过有些学者在此之外，提到了文化层面的误译。从对以上学者研究成果的分析来看，大家所界定的翻译错误具有下面两个特征：（1）翻译错误都是用“正确”与“错误”的二元对立标准来判断而得出的结果，这样的错误主要都是语言层面的错误；（2）如果把翻译过程分解成理解、表达两个阶段，上面的翻译错误主要都处在理解的层面，都是因为作者语言能力不足或者相关文化知识的欠缺而产生的错误理解所致。

与国内相比，国外学者对翻译错误的研究则更加深入，研究的视角也更加开阔。特别是功能主义视角下的翻译错误研究，能给我们带来全新的启示。根据 Nord 的研究，功能视角下的错误首先由 Sigrid Kupsch-loserert 引入翻译研究领域，后经 Hans Honig，Paul Kussmaul 和 Nord 得到了进一步的发展。“对功能主义而言，翻译错误必须从翻译过程和翻译产品的目的角度来界定。”功能主义将翻译视作交际过程，翻译的目的就是实现成功的交际，实现预期的功能传递，因此他们所认定的翻译错误是就其需要实现的翻译目的而言的。“任何阻碍目的实现的东西都可以看成是翻译错误”。基于这样的认识，Sigrid Kupsch-loserert 将翻译错误定义为对以下方面的“违背”：（1）翻译功能；（2）文本连贯性；（3）文本类型或者文本形式；（4）语言传统；（5）特定的文化和场景条件；（6）语言系统。从这里的分类可以看出，功能视角的翻译错误主要是放在译语表达层面来衡量的。因此，翻译错误大部分跟语言和文化层面的理解错误已经相去甚远，也就是说，功能视角下对翻译错误的认定重点是考察适合性（adequacy）的问题，评价的标准是看其能否实现其所要传达的功能，是否达到交际目的。语言理解错误虽然可以看作是翻译错误的一个方面，但属于比较“低级”的层次。总而言之，我们可以看到从功能角度来看，翻译错误具有以下几个特点：（1）翻译错误可能不只是“正确”与“错误”的二元对立，应该存在诸多的选项，其关键是针对不同的场景、翻译要求、文化背景、译文目的，选择更加适合的译文选项的问题；（2）功能视角下的翻译错误重在翻译过程中的表达层面，评估的标准是考察译文能否在目的语中实现预期的功能。这样看来，有些即使是字面正确的译文，也有可能因为有损翻译功能而成为翻译错误。导致此类错误的原因不是因为译者的语言能力不够，而是因为在翻译过程中面对诸多的选项，出现了选择失误。借用皮姆（Pym）对错误的划分，语言方面由于理解出错而造成的错误属于“二元对立”错误，属于“正确”与“错误”的对立，而功能视角下的翻译错误则属于“非二元对立”的错误，翻译可能的选项呈现出一种聚合关系，不可以简单地用上述二元标准来衡量。在教学过程中，根据学者们对“教学翻译”与“翻译教学”的区分，“前者的目的是巩固和培养学生的语言能力，后者的目的则是培养学生的双语交际的能力”。那么我们就可以认为语言层面的二元对立错误正是教学翻译所要克服的问题，而非二元对立的翻译错误则属于翻译教学所要攻克的主要目标。

3　翻译错误评估

翻译教学的目的，无疑是为了提高学生的翻译能力，这在学界已经达成了共识。而翻译错误的出现则是学生翻译能力缺陷的一个明确标记。因此可以针对翻译错误评估所投射出的学生在翻译能力构成方面的不足，制定相应的翻译教学措施，甚至更新翻译教学理念。

一般对二元对立的语言层面理解错误的评估基本都是以翻译结果或者翻译产品作为评估翻译错误的立足点，通过与原文的对比来找出错误，属于对原文和译文的静态对比，只注重结果分析，不寻求对译文在目的语系统中的目的功能方面的考量。而功能视角下的非二元对立的翻译错误分析则是以译文的功能目的为主要考察标准，不仅考察翻译产品，也注重对翻译错误产生的翻译过程的评估。为了达到翻译目的，合格的译者在翻译过程中会面临诸多的语言层面都“正确”的选项，这些选项呈现出一种聚合关系。翻译的过程就是译者根据相关的翻译要求，从语用、文本、体裁、风格、文化、目的等方面考量而进行决策的过程，这个过程如果决策不当，就会产生“不恰当”（inadequate）的翻译，造成译文功能的损伤，出现非二元对立的翻译错误。

Nord 将翻译错误从功能的视角分成了四个方面，分别是：（1）语用翻译错误；（2）文化翻译错误；（3）语言翻译错误；（4）特定文本翻译错误。她认为造成这些翻译错误的原因都在于译者翻译过程中的不当决策（inadequate solutions）。就错误评估而言，我们总试图按期严重性对这些翻译类别进行排序，Nord 也在这方面做了探讨。她认为语用翻译错误不能仅靠译文来判别，除非出现了明显的不连贯，此类翻译错误应该由一个具有翻译能力的人，参照翻译要求对原文和译文进行对比来断定。而文化和语言翻译错误的严重性则取决于其对目标文本功能的影响，“如果漏了一个逗号或者一个拼写错误会导致对（译文）指示功能的影响，那这个错误就不仅是一个对于语言规范的偏离了，……如果翻译的任务是为了检验语言水平，那么语言错误则比文化错误更加严重”。总而言之，翻译出现的不同类型的错误，是要根据其翻译目的、译文功能和翻译要求等方面来综合考察的。与此类似，Kussmaul 指出，“职业培训中的错误评估应该聚焦于文本的交际功能，但同时要与整个的翻译目的和翻译细则联系起来”。由此可见，翻译错误的评估应该是一个“自上而下”的过程，每个类型的错误本身没有绝对的“严重”与“不严重”之分，对其评估必须与整个的文本功能、翻译目的、翻译要求等方面的要求相结合来进行厘定。根据此标准，我们可以看出，那种要用二元标准来衡量的语言层面的“对与错”的翻译错误属于相对比较容易识别的错误，是“低档次”的错误，是语言水平不达标的体现；而功能翻译视角所重视的“非二元对立”错误其评估相对而言难度比较大，需要考虑更多方面的因素。因此，如何将此类翻译错误评估所涉及的要素纳入翻译教学中去，让学生学会对翻译结果进行自我评估和反省，进而切实提高译者的翻译选择能力，就成为译者培训或者翻译教学的重中之重。

据此，我们在下文对译者翻译能力构成加以分析，找到译者产生这些翻译错误的具体能力缺陷所在，从而明确我们在翻译教学过程中需要加以改进和提高的目标所在。

4 翻译错误所反映的翻译能力缺陷

翻译能力的界定和构成，在近 20 年成了一个翻译研究的热点问题，也是一个比较复杂的问题。学者们对翻译能力的定义和构成提出了各种看法。Hornby 认为翻译能力应该包括：精通翻译所涉及的语言，掌握翻译研究中相关的理论和方法，具有翻译所涉及领域的专门知识以及文化能力。Bell 则认为翻译能力包括三个方面：理想的双语能力；专家体系，储备了大量的知识，具有推理能力；交际能力。而 Neubert 的分类更加细致，他提出翻译能力应该包括五个方面的分力，分别是语言能力、文本能力、学科能力、文化能力以及转换能力。与此比较类似的是，西班牙巴塞罗那自治大学进行翻译能力习得过程和评估专项研究的学者将翻译能力分成了以下几个方面：双语能力，非语言能力，翻译专业知识，专业操作能力，策略能力，心理生理因素。国内学者在这些分类的基础上也提出了自己的见解，苗菊将翻译能力分成了认知能力，语言能力和交际能力。而文军的分类跟她稍有差异，翻译能力包括：语言/文本能力，策略能力和自我评估能力。从以上的翻译分类来看，不管翻译能力涵盖的范围有多广，有两个核心的方面是每个分类都必不可少的，这也就构成了翻译能力的核心内容。所以为了便于我们从翻译教学层面对翻译错误进行分析，我们将翻译能力构成简化成下面两个层面：一个是语言能力。精通翻译涉及的两种语言是最为基础的能力，学生外语学习的目标就是掌握所学的语言知识，将其转换成语言能力，从教学角度来看，这应该是教学翻译所要达到的目标，那种源于语言能力不足或者理解错误的二元错误大都是源于这方面的能力欠缺；另一个就是交际能力（包含策略能力或者有的学者所说的转换能力），这是由翻译的性质决定的。翻译本身就是在不同文化和语言之间的交际行为，而交际行为本身就具有目的性，为了达到此目的，译者肯定会在文本选择、策略运用、文本形式、表达风格等各个方面做出选择。而就狭义的翻译过程来看，功能视角下的翻译过程更加注重翻译过程中的选择和效果。Pym 对翻译能力的界定，能更加清楚地帮助我们认识此方面能力所涵盖的内容。根据 Chesterman 对 Pym 研究所做的总结，翻译能力包括以下两个方面：就给定的源语文本或篇章生成多种可能译文的能力；迅速并确信地从一系列译文中找出最佳译文的能力。Chesterman 将这两种能力分别命名为生成能力（generative ability）和选择能力（selective ability）。具体而言，就是译者首先要能够拿出不止一种译文，译文的选项越多，说明译者的生成能力愈强。然后就是选择，这是一个确定最终译文质量的过程。译者能够根据给定的要求、翻译的任务、读者对象或者文本功能以及交际目的，运用合适的策略，选择出最佳的译文。由此可见，功能理论下的翻译错误主要是由于译者在生成与选择两个方面的能力不足造成的，译者翻译过程中的选择不当是导致此类非二元对立错误的主要原因。据此，这就成为翻译教学所要针对的主要问题。

5　翻译错误分析对翻译教学的启示

正如笔者在本文开始所言，翻译错误分析能够揭示出翻译教学中存在的问题，是学习者翻译能力存在缺陷的最直接反映。基于上面的讨论，这里我们从翻译教学角度来尝试提出一些建议，以期能对翻译教学的发展有所裨益。

首先，明确地将翻译错误进行区分，能帮助我们更清楚地厘定教学翻译和翻译教学所针对的不同目标。“翻译教学的重点就是帮助学生掌握转换能力。”虽然在实际教学中，教学翻译和翻译教学几乎是同时进行的（特别是在低年级阶段），但有了这样的区分以后，我们可以在整个的教学过程中对不同阶段的教学重点有所偏重，张美芳就曾建议：“前者（教学翻译）对译文的要求较低，比较适合大学一二年级或者以下的外语教学；而后者（翻译教学）的对象是外语专业高年级或翻译专业的学生，对译文的要求较高。”从另一个方面来说，翻译错误的类型也是对学生语言水平和翻译水平的一个评估标准，可以告诉我们学生的能力缺陷所在，让教师知道对于不同的学习者或班级，在不同的阶段应该将教学的重点放在那种层次的教学上。

其次，功能视角下的翻译错误主要是由翻译过程中的选择失当造成的，所以翻译教学中的错误评估应该从以翻译结果与原文比较为主转向以翻译过程和译文效果评估为主，侧重从译文功能方面进行评估和自我评估，重视学生在翻译过程中的动态选择过程，帮助他们了解翻译选择过程中所要考虑的要素。Chesterman 就认为，教学中翻译错误评估的理想状态是：在给予译者反馈时，首先要尝试探明为什么译者在第一时间写下了不当的译文，即应该对译文进行“反省式评估，”教师应该鼓励学生去反省，明确自己选择的理由，并且客观地说明其之所以选择某些策略而不选择其他策略或者选项背后的动机等。这样“学习者就会意识到，（翻译中）存在各种翻译方式，每种都各有优缺点……可以为了达到不同的翻译目的而对一篇文章采用不同的翻译方法”。这样的翻译教学评估，会有效地提升学生的交际选择能力，从而克服因为选择不当而造成的翻译错误。

再次，建构以学生为主体的建构式教学模式。在教师做好引导启发的同时，侧重翻译教学中对于翻译过程的关注。传统的翻译教学过程形式比较单一：学生做练习，教师凭译文进行评判。大多数时候都是基于对错二元对立错误的层面，没有深入发掘学生在翻译过程中所经历的决策和选择过程，从而无法真正在更高层面上提高学生的翻译能力。建构式的教学模式倡导学生积极参与，要求学生进行自我评估和学生间的相互评估。通过撰写翻译日志，翻译评论以及集体评论等方式，每个人对自己实际翻译过程的各个环节进行反省和交流，对于出现的问题进行总结和反思，将翻译过程与翻译结果相结合，参照翻译要求或者功能进行自我分析或相互分析，成为积极主动的翻译学习者和研究者。这样才能让学生最终寻得翻译能力提升的有效途径。

最后，注重翻译练习实践的多样化。将一般翻译实践与真正的项目模拟引入翻译教学，翻译练习应该尝试各种方式和各种文本类型，让学生从译文功能分析、翻译要求、客户要求、翻译细则、翻译目的等方面进行全方位的考量，将翻译实践过程与翻译的最终功能相结合，对翻译过程中的策略选择和最终译文选择背后的依据和原则进行深入思考和把握，这样可以克服因为选择不当而造成的翻译错误，进而从根本上提高翻译能力。

[作者单位：哈尔滨工业大学（威海）]

《白描语文》内容提要

管红丽

审视过去的教学，我发现，自己有时刮“浮夸风”：为了让课堂容量大，在设计教学时就千方百计地面面俱到；有时刮“热闹风”：老师是“问声”不断，学生是“热情”讨论；有时刮“泛滥风”：匆匆处理了课文，然后一个拓展接着一个拓展。这样的教学，看上去“花团锦簇”，但学生又能得到什么呢？

我想：天空上有什么？望过去，空空荡荡，什么也没有。可是天空里又有太阳白云，有月亮星星……有无尽的东西，没有什么比天空更丰富的了；大海里有什么？看上去，空无一物，很简单。可是大海里有多彩的生命，有无穷的宝藏……没有什么比大海更富有的了。那，有没有让语文教学“形简意丰”的路径呢？“白描”这个词一下子就从我心里蹦出来。

那么，“白描”的本义是什么？如何来定义“白描语文教学”？“白描语文教学”又该如何实施？……在对这一系列问题的追问和求解中，我开始了“白描语文教学”理论与实践的双向同构。

一　白描语文的起点——宽容与尊重

伏尔泰曾经说过：“我不同意你的观点，但我誓死捍卫你说话的权利。”这就是宽容，这就是尊重。其实，学习就是不断地出错、改错的过程，教师就是要“誓死捍卫学生出错的权利”。教师能够宽容学生的“错误”，才能设身处地去理解学生的需要，去了解学生的困惑，才能给予学生更大地支持与帮助。学生感受到了老师的尊重，就能最大限度地释放出蕴藏的知识和潜能。《圣经》里有这样一句话：希望是萌发人间奇迹的无限沃土。我觉得，宽容与尊重就是激发学力奇迹的无限沃土。有了宽容与尊重，师生之间就会心心相印，就会心有灵犀。所以，宽容与尊重是白描语文的起点。

二　白描语文的目标——朴素与气韵

白描是墨线的艺术，是用“线”作艺术语言，在“清唱”；白描是“有真意，去粉饰，少做作，勿卖弄”（鲁迅语）。无论是绘画白描还是文学白描都是“朴素简洁”而又“气韵生动”的。这，正是我理想中的语文教学。

朴素简洁是一种“至美”。正如庄子所说：“朴素而天下莫能与之争美。”而朴素只有与简洁结合时，才会产生生动的美感。“简洁”，是指用精练的内容表现出丰富的意韵。“朴素简洁”，是说语文教学朴实精练、行云流水、不事雕琢，形成一种“清水出芙蓉，天然去雕饰”的“淡抹”效果。

气韵就是“神气”与“神韵”的总和，其特点是“生动”，即有生命力。中国画，绝不仅仅是笔墨的技法，更是画家个性、气质、学养、思想的集合体。“气韵生动”，是说语文教学绝不仅仅是知识的学习、能力的提高，更是师生情感丰盈的过程、思想升华的历程。

三　白描语文的路径——对话与实践

在语文学习的过程中，需要教师去营造“爱与智慧”的现场。理解孩子，去贴身体会孩子；解放孩子，让孩子独立自主；帮助孩子，和孩子共同面对。基于这样的认识，主要采用两条路径实施白描语文。

第一条路径：对话。

苏格拉底说：没有一种方式，比师生之间的对话更能提高沟通能力，更能启发思维技能；《学记》里也说：独学而无友，则孤陋而寡闻；也有人说：在对话中，师生思维才得以唤醒和激活……

白描语文教学的对话，以“倾听”为前提，在个体的“反思”中，在相互间的“追问”中，实现共同分享、共同发展。只有认真倾听，再通过反思不断内化对方的话语、观点或情感，才能做出积极的回应，双方才能产生互动。追问是对话的延伸和拓展，是在一问之后又多次提问，是追根究底式的发问。追问，能够让对话中的每个人穿越知识、精神的迷雾。

这样的“对话”，才能够唤醒学生的主体意识，才能让学生积极参与到教学过程，充分地培养学生的自主性、能动性和创造性。

第二条路径：实践。

语文教学应该让学生在大量的语文实践中体会、把握运用语文的规律。白描语文，以“目标”为线，以“核心问题”为点，以“语言学习”为抓手，精心设计“学习实践活动”。白描语文主要有三种类型的学习实践活动，即自主学习活动、合作学习活动、交流学习活动。每一次学习活动，都会抓住“切入点、兴趣点、思维点”激趣启思，真正地让课堂成为思考的“王国”。

四　白描语文的走向——成就生命

古希腊有一句谚语：每滴水里都藏着一个太阳。也就是说，每个人身上都有优点。因此，一个好的语文老师是要有“欣赏力”的。欣赏力就是能够从“橡子中预见到高大的橡树”。宽容与尊重最好的表现形式是“欣赏”，欣赏孩子就能让孩子获得成就感，就能让孩子最大限度地发挥潜能。那么，语文教学就应该是师生在欣赏中感悟生命、成就生命的过程。我用三个词来描述白描语文的教学过程：有味、流畅、变化。这一过程中，就是教师引领学生以一种优雅的心境，在语文学习的海洋中徜徉。

第一章：“大音希声，大象无形”是一种朴素自然而无人为痕迹的真本境界，是一种艺术的最高境界。而白描画法，用墨色线条勾描形象而不施彩色，表现出来的那份“气韵生动”，让我们感受到了一份“精神和力度”。我期待语文教学回归“真本”，即“朴素简洁”又“气韵生动”。“朴素简洁”就是“扫去粉黛，而光彩动人”，即去掉“花里胡哨”的东西，让语文自身的魅力迸发出来，吸引学生走进语文、热爱语文。“气韵生动”就是对语文教学的生命意义的释义。语文教学不仅要有和谐的氛围，还要富有情趣；不仅要有知识的学习，还要有生命的发展。

第二章：“墨线”是白描的组成，是白描灵魂的外显；“文字”是文章的组成，也是文章灵魂的外显。换言之，文字就如同墨画中的“墨线”，表面上看似乎只是一个“词”，实际上，这个词的“背后”有太多的“滋味”。那么，阅读教学就要让学生透过文字“咂”出背后的“滋味”。“整体性原则、一课一得原则、核心问题原则”，是白描阅读教学的三个原则。白描阅读教学就是还原阅读的本质，激发学生的创造思维，以积极的态度参与艺术形象的创造，使学生的阅读理解活动具有一种创新倾向。

第三章：“文贵简。凡文笔老则简，意真则简。辞切则简。理当则简……

神远而含藏不尽则简，故简为文章尽境。”白描写作教学认为学生习作应该做到“删繁就简”。古人有“归真返璞”的说法，这意思用于文，就是绚烂之极归于平淡。写作时应要求学生说真话、实话、心里话，不说假话、空话、套话……在教学实践中，白描写作教学致力于听、说、读、写的结合，以“听说读”为“写”的前奏。

第四章：有时白描画也会略敷淡彩稍加渲染。在白描语文教学中，可以说拓展课程是“略敷淡彩”地“渲染”，虽然是“渲染”，但是万万不可缺少。拓展阅读课程力求用精当的方式突破教材的有限性，不求热闹、不作矫饰，鼓励学生到生活中学习语文、学习生活中的语文，拓展教科书的内容，“弥补”课堂教学的不足。收到以少胜多，以点带面，以形传神的教学效果。

第五章：从走上语文教育之路的那天，我就下定决心：做孩子们喜欢的语文老师，创造孩子们喜欢的课堂，为孩子们提供优质的语文教育。因为这样的信念，我从来没有停止过追求的脚步。即使走不多远，但我一直躬行践履在课堂教学的研究之路上—— 一路跋涉，一路向前。耐力是一种智慧，坚持走难走的路，必定能见到不寻常的美景。

有人说过，“匠”与“家”的区别在于：“匠”的手是自己的，心是别人的，所以技术再高，描摹得再像，活儿做得再精，还是个匠人；“家”则不同，有时他的手或许是别人的，但心永远是自己的，所以无论他随意泼墨也好，任意抒写也罢，表达的都是自己的思想。白描语文，试图做到“心是自己的”，努力让语文教学“素面朝天”，但仍然“清新可人”。

（推荐单位：威海市文登区委宣传部）

《社会文化视角下的西方翻译传统》内容提要

赵　巍

翻译史是翻译领域的基础知识，是翻译本科知识结构必不可少的一部分。在全国率先开设翻译本科和翻译硕士的院校中，翻译史都被列为专业必修课或专业必选课，但翻译方向教材建设相对滞后，目前仍然没有较为详尽的面对国内翻译专业的西方翻译史专门教材。

国内外西方翻译史研究述评

由于资料和语言文化优势，西方翻译界在西方翻译史撰写及研究方面早已经有丰硕成果。彻斯特曼（Chesterman）的《翻译理论读本》，是资料比较丰富的西方翻译理论史书。Mona Baker 1998，George Steiner 2001，Douglas Robinson 2006 和 Weissbort，D. & A. Eyeteinsson 2006 等主要撰写翻译实践或理论通史。更多学者按照某一思路或从某一角度阐述翻译史。Lawrence Venuti 2004 从意识形态角度阐述翻译史，Willis Barnstone 1993 从翻译诗学角度描述翻译史，Louis. G. Kelly 1979，Jean Delisle 和 Judith Woodsworth 1995 等从译者角度梳理翻译史，勒菲弗尔（Lefvere）从文化角度描述翻译理论史《翻译·历史·文化读本》（Culture sourcebook，1992）。也有的学者仅描写某一语言的翻译史，如 Flora Ross Amos 1920 和 Peter France 2000 专门记录英语翻译史，Benson Bobrick 2001 则专门研究圣经的英语翻译及其影响，R Stanton2002 研究英国盎格鲁—萨克逊时期的翻译文化，还有专门研究德国翻译史（The experience of the foreign）等等。除了以上专著，还有大量的期刊论文，对翻译史中的某一具体问题进行专门研究。从史料的收录、编排来看，这些文集各有其优点，均体现了独到的研究角度和学术视野，以及现代译学的研究兴趣和研究理念。但总体而言，国外翻译通史的内容过于宽泛，编排体例也过于单一，而翻译专史过于专深，作为翻译专业翻译史教材都不尽适用。

国内的西方翻译史研究在翻译史研究中比较边缘化，基本上以译介综述西方研究成果为主，主要包括《西方翻译简史》《中西翻译简史》《中外翻译简史》《翻译简史》等。其余为期刊文章，对翻译史中的某一具体问题进行专门研究。综观国内的翻译史教材，一般按照时间先后和国别，以翻译历史事件和翻译人物为线索来编排、叙述历史，能够较为连贯清晰的梳理西方历史上的主要译事译论，可以较为客观地认识西方译论的分布状况及其发展趋势。但没有一个一以贯之的中心思想来串联史实，因此无法就翻译现象得出任何整体性、规律性认识。其次，国内的西方翻译史孤立地阐述翻译，没有与通史研究融会贯通，不能结合社会政治文化变迁的脉络来解释翻译史变化的根本原因。最后，目前国内的西方翻译史对翻译史实的剪裁、取舍不尽合理，对某些翻译事实的译述也不尽完整和准确。

翻译研究的社会学转向和文化转向

翻译史是构建现代翻译理论的基础性工作，而翻译史撰写不仅在于阐述过去，更主要的是结合当下的翻译学学科发展状况，更好地为翻译学学科建设服务。因此，翻译史也需要与时俱进，按照当下翻译界全新的理论兴趣和宏阔的学术视野对历史上的翻译活动做出新的阐释，以便及时反映并跟进翻译学的最新进展。当代翻译理论正日益突破文本研究，表现出更加宏阔的社会－文化研究取向。目前的翻译研究基本上是社会学和文化学翻译研究的深化和细化，这主要体现在两个方面：一是延续了文化研究对现实政治的关注，如意识形态、文化身份、权力关系、翻译伦理等；二是延续了社会翻译学对翻译外部的兴趣，如注重从翻译与外部社会环境的关系来研究翻译，或者借鉴社会学宏观理论框架或具体理论概念，来分析研究对象。世界翻译史实证明，翻译不是一种孤立的活动，而是特定社会历史背景下整体文化学术思潮的一部分，翻译只有在整体的社会历史文化语境中才能得到充分理解。

按照“翻译是一种社会文化实践活动”的基本思路，试图从外部的社会历史环境角度对西方译论进行回顾和梳理，说明社会文化思潮对西方翻译实践及理论的影响及其连续性。具体内容如下：

1. 公元前 3 世纪到公元 5 世纪，罗马人开始系统地、大规模地翻译希腊作品，以史诗、戏剧、哲学为主，前后将近800年，形成了西方翻译史上第一次翻译高潮。罗马人按照罗马人的意识形态和文化价值观念进行改造和归化，完成了和罗马文化的一体化或文化融合，欧洲文明的希腊罗马传统成功地传承了下来。罗马帝国后期（4~6世纪），基督教取得合法地位不久，罗马出现了宗教势力支持之下的大规模圣经翻译。此次圣经翻译和基督教在罗马境内的广泛传播基本同步，圣经翻译成为罗马统治者对人民进行精神奴役和政治统治的重要手段。其中哲罗姆翻译的《通俗拉丁文圣经》是第一部直接译自希伯来旧约和希腊语新约的完整圣经。这部圣经为解决当时的宗教纷争发挥了很大作用，教义的阐释和翻译符合罗马天主教的利益，完成了希腊化的圣经传统的拉丁化。它很快就被天主教会认定为官方圣经，在此后漫长的中世纪统治了整个欧洲的精神生活。经过这次翻译，源自犹太教的基督教宗教文化得以保留，完成了西方文明的宗教文化传承。

2. 7~8世纪，希腊文化被译为叙利亚语。9~10世纪，这些叙利亚语言地区落入阿拉伯帝国统治之下。阿拉伯人把这些叙利亚语的希腊文化带回新首都巴格达，翻译为阿拉伯语。阿拉伯翻译家对希腊文化进行了创造性的“阿拉伯化”，使之纳入伊斯兰文化体系。11~12世纪，在十字军东征的历史背景之下，被穆斯林征服的西班牙文化古城托莱多回到了基督徒手中。以基督徒为主的西方翻译家云集托莱多，把大批阿拉伯语的希腊古典文化又译成拉丁语。在这次翻译中，基督徒对阿拉伯化了的希腊文本来了一次“去阿拉伯化”和“基督教化”，阿拉伯人添加的富有伊斯兰文化色彩的注释都被删去。基督徒翻译的第一部拉丁文《可兰经》被译为《伪先知穆罕穆德的律法》，充满了基督教对伊斯兰教的仇视和偏见。《可兰经》的翻译不是为了传播伊斯兰教，而是为了妖魔化和污名化伊斯兰教，宣扬基督教，以配合当时的十字军东征。

3. 东罗马帝国灭亡后，保存在帝国境内的古希腊手稿流入欧洲，激发了欧洲人对古典文化的热情。15世纪印刷术和造纸术的改进大大促进了知识的传播，珍贵的希腊原稿以相对统一的版本在欧洲发行。欧洲文艺复兴时期对希腊文化的翻译以直接从希腊语译为本族语为主，此前通过第三种语言转译的间接翻译基本上被摒弃。文艺复兴时期的翻译家按照文艺复兴的人文精神对古典文化进行了重新阐释，对人的情感欲望给予肯定，对天主教的禁欲主义进行质疑和批判。此时的翻译是欧洲民族语言形成和成熟的过程，也是民族意识高涨、天主教危机深化的时期。天主教会的腐败和统治危机引发了全欧的宗教改革运动，圣经翻译在意识形态的斗争中发挥了积极的作用。德国的路德翻译的《圣经》是第一部民众的圣经，不仅采用了普通大众的通俗德语，促进了德语的独立，也为当时的新教运动提供了思想武器。伊拉斯谟面对日益深重的天主教危机和日益激化的宗教分歧，始终坚持天主教立场和教会的统一。他校勘考证了大量的希腊语和拉丁语圣经版本，提供了最权威的希腊语和拉丁语对照圣经读本，解决了原有圣经主要底本及译本之间的文本差异现象。伊拉斯谟通过经典圣经版本的互释互译，为危机深重的天主教信仰提供了统一的文本。该圣经以其尊重原著、权威客观的教义阐释，最终取代了哲罗姆的《通俗拉丁文圣经》，成为天主教会认可的官方圣经。英国 1611 年的《钦定本圣经》则是天主教以及新教各教派之间斗争和妥协的产物。该圣经不仅对英语语言文学产生了深远的影响，也是英国宗教改革运动的阶段性成果。该圣经教义上采用了新教的温和派主张，而激进派——清教徒立场则受到排斥。

4. 启蒙运动某种程度上是文艺复兴自由精神的延续和发展，在 17 世纪法国理性主义哲学的影响之下，理性成为启蒙时代的时代精神和时代主题。理性主义和英国的经验主义哲学是欧洲思想界挑战天主教会思想垄断的有力武器。古典文化翻译和研究仍然是这一时期的重点。在理性主义影响之下，法国 17 世纪的戏剧创作与翻译恪守古典戏剧的三一律，以阿伯兰库为代表的“美而不忠”的译文也是按照法国既有的文学规范对古典文化进行改造，译文以取悦读者为目的，并不注重忠实原文。包括中国文化在内的东方文化也开始被译成拉丁语等欧洲语言，进入了世界翻译史。其中就有按照欧洲理性主义精神改编的中国戏剧《赵氏孤儿》。《中国孤儿》经过创造性改编，虽然完全背离了原著的精神，但却完成了中国孤儿在异域的归化和接受。而这种对外来文化的本土化改造是成功的文化传播的普遍特征。

19 世纪的翻译活动很大程度上被用来建立、巩固和强化民族语言与民族文化，这一点在德国的翻译实践中表现得尤为明显。美国诗人兼翻译家朗费罗、英国诗人兼翻译家菲茨杰拉德、勃朗宁等人的翻译活动则为译介异域文化、加强各民族间的文学和文化交流做出了贡献。19 世纪的翻译理论研究受阐释学影响，讨论的深度和广度都超越了此前的翻译理论。

［作者单位：山东大学（威海）］

批评转喻分析与修辞情境研究

李淑康　李　克

近十年来，转喻研究逐渐成为认知语言学界关注的一个热点，国内外涌现出了大量优秀成果。总结来看，转喻研究主要集中在四方面：（1）转喻的概念本质、分类、运作机制及特点；（2）转喻与隐喻的区别与联系；（3）转喻在语言各个层面（语音、词汇、语法、句法、语用、语篇等）的应用；（4）语言在超语言层面的体现与应用。毋庸讳言，转喻研究目前主要局限于对语言现象的解释，并且这种解释呈现出多样化模式，缺乏一种相对系统的分析方法。李克曾经尝试进行一种基于修辞批评理论框架的批评转喻分析，可以看作是一种对转喻进行深入分析的研究范式。在这个分析模式中，修辞情境扮演着重要角色，对批评转喻分析的三个阶段都有独到的制约力。本文将在简述批评转喻分析模式的基础上阐述修辞情境的重要作用，以期对批评转喻分析进行更为深刻的解读。

一　批评转喻分析

1. 批评转喻分析的内涵

批评转喻分析是基于修辞批评视角对转喻进行分析的研究范式。李克尝试将批评性语篇分析与转喻整合为批评转喻分析，并指出，批评转喻分析是用批评性语篇分析的某些方法分析与评价语篇中的转喻现象，以揭示转喻选择所体现的意识形态和语篇构建者的信念、思想和观点，进而对语篇进行更深刻的解读。事实上，将批评转喻分析看作是批评性语篇分析与转喻整合的产物的观点是不尽全面的。

本文认为，一方面，“批评”一词不仅出现在“批评性语篇分析”中，也出现在“修辞批评”中。批评源自希腊语 krisis，指的是判断或评价。“批评”至少有两种含义，第一指找缺点甚至刁难，第二指判断，多指对文学艺术等进行的评判。批评转喻分析中的“批评”属于第二种意义。Foss 把“批评”看作“系统的分析与考察”，高万云指出，批评就是判断和评价，就是选择特定视角根据特定标准对特定对象作出判断和评价。综上所述，批评转喻分析中的“批评”可视作“系统的分析与评价过程”。

另一方面，表面上看，批评性语篇分析与修辞批评理论并没有多少联系。学界通常认为，二者分属不同的学术领域，即社会科学和人文科学；传统的修辞批评家研究的是演讲和人类所独有的政治行动，而语篇分析家则对构成社会生活的所有方面都感兴趣。但实际上，批评性语篇分析与修辞批评理论是有关联的。修辞批评与批评性语篇分析都密切关注语境中的文本（或曰语篇），在这一点两者是有共性的。因此，批评转喻分析不仅仅与批评性语篇分析有关，更为重要的是其与修辞批评也有着紧密的联系。顾名思义，修辞批评即是对修辞现象的批评，从这种意义上讲，批评转喻分析可以理解为依据相关修辞理论对转喻的分析与评价。

2. 批评转喻分析的步骤

作为一种语篇研究范式，其分析步骤是至关重要的。批评转喻分析的步骤既可参照批评性语篇分析的重要理论，更应借鉴修辞批评的分析步骤。

批评转喻分析所借助的批评性语篇分析的三个“维度”—— 描写、阐释与解释是不尽充分的，存在重合的情况。依据李克转喻解释与转喻阐释都是在描写基础上对转喻意义的进一步挖掘与解读，转喻阐释主要对应语篇构建者的修辞动机，而转喻解释主要对应修辞劝说。但语篇构建者的修辞动机实际上也包含对受众的修辞劝说意图，因此两者存在一定程度上的重叠。另外，“阐释”与“解释”两词意义重叠，不能充分显示其分别所表征的内涵意义。“阐释”一词的意义是阐明陈述并解释，而“解释”就是在观察的基础上进行思考，合理地说明事物变化的原因、事物之间的联系，乃至事物发展的规律。因此，可以将转喻阐释与转喻解释整合为转喻解释。当然，这三个“维度”中，除了“解释”的整合，描写也是必不可少的。

关于修辞批评的步骤，在一些修辞批评的定义中可见一斑。Campbell 指出，修辞批评是对说服性语言运用所做的描写、分析、阐释以及评价。实际上，这四个参数即可理解为修辞批评的步骤，当然它们之间存在一定的逻辑问题。“分析”中存在逻辑关系不明晰的情况。《辞海》给出了这样的“分析”定义 —— 分析是在思想中（头脑中）把事物分解为各个属性、部分、方面。可见，分析中包含了“描写”的成分 —— 描写研究对象的属性与方面等；同时鉴于“分析”一般用于较为宏观的术语（比如话语分析、语篇分析）中，因此，本文将“描写”与“分析”整合成“描写”。此处的“阐释”与“批评性语篇分析”中的“阐释”大致相同，可整合为“解释”。最后，评价阶段是必不可少的一步，因为修辞批评定义中的一个必备术语便是“分析与评价”。评价阶段主要是依据相关标准对描写阶段与解释阶段的分析结果的一个总结。袁影曾指出，评价是分析的目的也是分析最后得出的结论。因此，评价主要阐明批评的结论。当然，要作出客观评价必须依据某些评价标准。

综上所述，依据批评性语篇分析，批评转喻分析可整合出转喻“描写”与转喻“解释”两个阶段；依据修辞批评，批评转喻分析则可整合出转喻“描写”、转喻“解释”与转喻“评价”三个阶段。因此，后者的分析步骤更为合理与全面。

李克指出，转喻描写主要涉及转喻构建的辞屏，转喻阐释主要涉及修辞动机，而转喻解释主要涉及修辞劝说。如前所示，这三个步骤是不尽合理的。转喻描写不仅仅涉及辞屏描写，还应与转喻识别有关，只有识别了转喻，才能对其作进一步的描写。转喻阐释与转喻解释可整合为转喻解释，主要是指在转喻描写的基础上解释转喻的辞屏特征与其涉及的相关因素之间的关系，进而揭示转喻背后隐含的修辞动机与意识形态等。转喻评价则主要指依据相关标准（Campbell & Burkholder 确定了修辞批评所参照的四个标准：效果标准、真实标准、道德标准、艺术标准。鉴于转喻的特征以及效果标准、道德标准的使用范围的局限性，我们认为，转喻评价的标准主要有：艺术标准、真实标准与语篇性标准。）对描写阶段与解释阶段的分析结果进行评价，进而揭示批评转喻分析的终极目标 —— 揭示语篇构建者实现其与受众之间“同一”的意图。

实际上，要对转喻进行系统的分析与评价，必须要考察转喻出现的语境。此处的语境既应包括语篇生成的社会语境，也应包括转喻所存在的上下文。换言之，此处主要涉及一个修辞情境的问题。

二　修辞情境

1. 修辞情境的内涵

一般认为，修辞情境是 Bitzer 于 1968 年提出的一个重要的修辞学理论。

国内学者将 rhetorical situation 主要译为修辞情景或修辞情境。常昌富、顾宝桐在其译著《当代西方修辞学：演讲与话语批评》中将 Bitzer 与 Burke 的同名论文“Rhetorical Situation”中的 rhetorical situation 译为“修辞情景”。胡曙中则将“Rhetorical Situation”译为“修辞情境”。本文认为，狭义的修辞情境实际上接近于语言研究中的语境，只不过修辞情境存在于修辞话语中，是修辞学领域的一个理论。胡曙中也指出，情境指情景中的语境。因此，修辞情境的译法更合理。

修辞情境是许多修辞学者关注的焦点，对这一概念作出最有影响力的论证的当数 Bitzer。在 Bitzer 看来，修辞情境不能理解为一般的情境或语境，它的产生需要一定的特殊条件，即三个重要成分：紧急情况、在决定和行动上受限制的听众、影响演说家并能用来影响听众的限制。Bitzer 把修辞情境压缩在一个较为狭窄的领域，其修辞情境观存在较大的局限性，很多学者对其进行了批评。

修辞情境的理解不能仅仅局限在某一特定领域内，也不能只涉及某几个因素之间的关联。修辞情境应因修辞需要而变化。修辞学家 Burke 给出了对修辞情境的广义阐释。Burke 强调可以“上升到哲学的高度归纳出普遍的‘人的环境’”，进而在此意义上探讨修辞情境的主要特征。因此，从这种意义上讲，Burke 大幅度扩展了修辞情境的研究范围，试图将修辞情境放大到人类共存的大环境中。Burke 的修辞情境观是建立在他对人的生存环境的哲学思考基础之上的。他用戏剧及其要素来阐释人的话语和修辞活动，将世界看成是个大戏台，而人们则是通过戏剧舞台来获得人生的观察和认识。

2. 修辞情境的内涵意义：广义修辞情境与狭义修辞情境

修辞情境的解读是一个动态的过程，不能简单以几个要素对其加以限制，应因具体的修辞活动或修辞话语而异。倘若牵扯到整个社会的修辞事件，比如“9·11”事件，那其创设的就是一种范围较大的修辞情境。倘若涉及的只是一个词的意义的解读，那其创设的就是一种范围较小的修辞情境，或曰语境。

因此，本文认为，修辞情境可从广义与狭义两个层面进行解读。温科学指出，对于中国现代修辞学来说，修辞情境多指上下文语境，词语与上下文语境的“适切”，写说者主观因素与社会环境的“适切”，这样才能产生宣传效果。实际上，这种修辞情境观可理解为一种狭义的修辞情境观，因为其主要涉及言内语境。Bitzer 的修辞情境观也可理解为狭义的修辞情境，因为其中包含很多的限制项。广义的修辞情境（比如 Burke 的修辞情境观）不仅包括演讲情境，更包括包罗社会万象的象征系统，可理解为包括社会背景、社会文化、政治、经济等方方面面的社会大语境。

狭义的修辞情境实际上接近于语言研究中的语境。胡曙中也指出，情境指情景中的语境，这也印证了狭义修辞情境的内涵。何兆熊认为，语境可包含语言知识（主要指上下文）与语言外知识（包括背景知识、情景知识与相互知识）。本文认为，语言知识可归纳为言内语境，背景知识与相互知识可整合为认知语境，情景知识可理解为情景语境。

三　基于修辞情境的批评转喻分析研究

当代修辞学最为瞩目的思想之一便是任何话语都必须比照其赖以生发的情境来加以理解和阐释。作为修辞批评的一种模式，批评转喻分析也不例外。批评转喻分析的三个步骤 —— 转喻描写、转喻解释与转喻评价都需依赖修辞情境的理论支撑。

在转喻描写过程中，语境（主要指狭义的修辞情境）起到重要的作用。江晓红从语言语境、认知语境与情景语境三个方面阐释了语境因素对转喻识别的重要影响。本文认为，转喻的认知特征是通过千变万化的动态语境因素实现的，语境不但制约转喻的创设，而且也制约转喻的识别和理解。这个语境因素的提出较好地诠释了转喻识别中的可变因素，可以动态地揭示转喻操作的过程。同时，要解读转喻构建的辞屏，同样需要考虑语境因素。只有结合转喻创设的语境，才能透析转喻的凸显性特征所蕴含的修辞动机。

转喻意义的产生与解释都离不开修辞情境。一方面，依据 Bitzer 的修辞情境观，转喻意义的产生会受到语境因素的限制。同样，在解读转喻时，我们应该充分利用转喻所存在的言内语境、出现转喻的情景语境和基于人们经验的认知语境。一般来讲，转喻的意义取自这些语境的互动与融合，因为很多情况下转喻意义的解读要依赖的语境不止一种，言内、情境与认知语境有时是交织在一起的。另一方面，包含社会文化背景在内的广义修辞情境也是转喻意义产生与解读的重要依据。说写者都有自己的社会文化背景，其所处的社会语境和时代背景也会对转喻选择产生一定的制约作用。

转喻评价也需依赖修辞情境。首先，转喻选择的优劣需要依据艺术标准、真实标准以及语篇性标准进行评价。只有把转喻“还原”到其赖以存在的修辞情境中，才能对其作出科学的评价，进而揭示转喻选择主体对受众的劝说意图。修辞情境因素的融入会有效增加转喻评价的全面性与合理性。

1. 广义的修辞情境与批评转喻分析

Burke 的“五位一体”理论中的第一个视点便是“场景”。此处的“场景”可理解为修辞情境的一个组成部分。曹京渊、王绍梅甚至指出，Burke 戏剧五要素的目标就是要达成对话语发生及作用的修辞情境的理解。当然，“五位一体”中的“场景”只是 Burke 修辞情境理论的一个缩影。Burke 笔下的修辞情境是颇有广度的，也就是本文提及的广义修辞情境。广义修辞情境对转喻的描写、解释与评价有着举足轻重的作用。

以 George W. Bush 和 Barack Obama 曾对“9·11”事件发表的两次演讲为例。两次演讲的修辞情境（主要指广义修辞情境）大不相同。Bush 的演讲是在 2006 年，“9·11”刚刚过去五年，美国处在对恐怖主义的持续打击过程中。另一重要的社会背景是 Osama bin Laden 仍然逍遥法外，美国认为其恐怖威胁仍然存在。在这种修辞情境下，Bush 在其演讲词中 13 次提及“9·11”，要么使用“September the 11th”，要么使用“9/11”。依据转喻识别的基本标准，结合言内语境、情景语境与认知语境推知，其中 10 个“9·11”是转喻用法（时间代事件），大都转喻地指代 9·11 恐怖袭击事件。Bush 的这种语言选择也表明其鲜明的修辞动机，即提醒或劝谏美国人民时刻铭记“9·11”事件对美国的巨大影响并呼吁人们对恐怖主义保持警惕。这印证了修辞情境对转喻意义构建的影响。同时，“9·11”的转喻表达也重塑了修辞情境。Bush 在“9·11”事件五周年纪念日上反复提及“9·11”，这也表明其努力为发动伊拉克战争寻找借口与“圆场”。可见，“9·11”不仅成为 Bush 发动战争的一个借口，也为美国近年来采取某些军事行动创设了一个合理的修辞情境。

Obama 的演讲则是在 2011 年，距“9·11”恐怖袭击正好十周年。之所以这两次演讲的修辞情境大相径庭，首先是因为 Bush 和 Obama 两人的不同经历以及不同的政党派别创设的社会文化背景。Bush 执政期间发生了“9·11”事件，而 Obama 没有。Bush 属于共和党，主张反恐；而 Obama 属于民主党，反对恐怖主义怀疑论。这种对恐怖主义的不同态度创设了不同的修辞情境。因此，在 Obama 的演讲中，“9·11”这一转喻表达的选用就略显不足，仅仅出现了 3 次，而且这三个“9·11”只有一种呈现形式——“9·11”，都转喻地指代 9·11 恐怖袭击事件。可见，Obama 的个人经历、政治立场与社会背景构建的修辞情境对这一语言形式的选择有着重要的影响。另一方面，这种转喻选择也折射出 Obama 旨在劝诫美国民众逐渐淡忘“9·11”事件的后续影响的修辞动机。最后，就“9·11”这个转喻选择来说，具有简洁而有力的特点，符合艺术性标准，同时两人演讲中的“9·11”大都形成一种前后呼应的回指关系，符合语篇性标准，是一个恰当的语言表达。

综上所述，通过对 Bush 和 Obama 对同一历史事件在不同时间点所作的政治演讲进行批评转喻分析，我们发现，他们对“9·11”的转喻选择是大不相同的，他们使用的频率与时机是有差异的。由此可见，不同的修辞情境对转喻选择有着一定的制约力和影响力；另一方面，转喻选择也在一定程度上重塑修辞情境。

2. 狭义的修辞情境与批评转喻分析

狭义的修辞情境主要是指语境。具体来讲，言内语境、情景语境与认知语境。这三种语境在批评转喻分析的三大步骤中都扮演着重要角色。请看下例。

（1）半决赛前瞻：日韩上演最强对话，袋鼠军团谨防爆冷。

（2）斯杯—澳大利亚 76 ~ 68 完胜安哥拉，袋鼠军团迎来首胜。

（3）不久前的戴维斯杯亚太区第二轮比赛中，休伊特带领澳大利亚队在北京力克中国队，闯进世界组的附加赛，虽然队中拥有托米奇这样的天之骄子，但真正能够稳住袋鼠军团军心的，还是如今世界排名已经跌落至 188 位的休伊特。

我们的语料包括三个体育新闻语篇，以体育报道为主，分别取自搜狐网体育频道、人民网体育频道与《北京晚报》体育新闻版，时间跨度为 2011 年 1 ~ 9 月。选取这三个都含有“袋鼠军团”的新闻语篇的原因在于同一语言表达在不同语篇中会有不同的转喻表征。依据批评转喻分析的步骤，具体操作如下：

第一阶段 —— 转喻描写。

① 转喻识别。依据文中语境，语篇（1）涉及的是 2011 年亚洲杯足球赛。同时，“半决赛”“日韩”等字眼也创设了亚洲杯足球赛的言内语境；语篇（2）涉及的是斯坦科维奇杯洲际篮球赛；语篇（3）涉及的是中国网球公开赛，同时，“戴维斯杯”“休伊特”等字眼也创设了网球比赛的言内语境，因此，“袋鼠军团”与“澳大利亚队”（分别指足球队、篮球队与网球队）这两个概念实体之间存在一种邻近性。“袋鼠军团”也是关于澳大利亚队的理想化认知模式的一部分，澳大利亚队的理想化认知模式中还包含其他次模式，比如队服的颜色与图案（比如黄绿军团）、主帅（命名为 * * 家军）等。因此，“袋鼠军团”与“澳大利亚队”之间是一种部分代整体的转喻关系。

② 辞屏。依据认知语境（主要指有关澳大利亚的背景知识），“袋鼠军

团”的选用凸显了澳大利亚的人文地理特征，它抓住了澳大利亚为世人所熟知的最突显的事物。当然，这个转喻表达在凸显该特征的同时，也会遮蔽澳大利亚的其他典型特征，比如“骑在羊背上的国家”“坐在矿车上的国家”等。

第二阶段 —— 转喻解释。

① 修辞情境。这三个语篇的修辞情境各不相同。第一个语篇创设了 2011 年亚洲杯足球赛半决赛的语境，第二个语篇创设的是 2011 年斯坦科维奇杯篮球洲际赛的语境，第三个语篇创设的是戴维斯杯网球赛亚太区第二轮比赛的语境，此文中的袋鼠军团转喻地指代澳大利亚国家男子网球队。比较三个语篇我们发现，修辞情境可以创设修辞话语的意义，不同的修辞情境对同一个修辞话语具有一定的影响；反之，修辞话语也可重塑修辞情境。“袋鼠军团”的选用一般指代某运动的澳大利亚国家队，其在这三个语篇中的具体指称物补充了原有修辞情境的信息，对于整个语篇的解读起到一定推动作用。

② 修辞动机与意识形态。依据三个语篇所创设的语境，此处的意识形态意义属于弱式意识形态，基本等同于修辞动机，我们统一以修辞动机论之。第一篇题目中“袋鼠军团”的选用一是基于提高体育娱乐效果，增加语篇的文采；二是突显澳大利亚队与乌兹别克斯坦队的比赛如战争“一触即发”的紧张气氛。第二篇题目中选用的“袋鼠军团”则主要为了渲染澳大利亚队胜利的姿态，增加文本的娱乐色彩。第三篇题目中没有出现“袋鼠军团”，只是在文中部分出现了，则主要是因为《北京晚报》并非专业体育类报纸这一修辞情境。作者在文中使用这个转喻表达主要为了丰富语言形式，避免重复提及“澳大利亚队”。概言之，体育新闻语篇中，袋鼠军团的选用主要基于文本的文采、语言表达的多样化等考虑。

第三阶段 —— 转喻评价。

① 转喻评价的标准。“袋鼠军团”这个转喻表达的选用符合艺术性标准，在一定程度上增加了语言的艺术性，既能吸引读者眼球，也可激活读者对澳大利亚所构建的认知语境，从而在无形中说写者实现了对听读者的劝说。如果将此表达直接换成“澳大利亚队”，则导致语言黯然失色，并无法最大限度地吸引读者。这个表达也较为真实地反映了澳大利亚的人文风貌，符合真实性标准；同时“袋鼠军团”与“澳大利亚”构建了一种回指关系，实现了语篇的衔接性，符合语篇性标准。语言的艺术性、真实性与语篇性提高了阅读的趣味性与流畅性，可以在很大程度上提高受众对该语篇的接受力与解读能力。

② 修辞劝说与同一。体育新闻语篇可以看作是一种劝说性语篇，因为说

写者会想方设法依据修辞情境加之合理的语言策略吸引受众解读相关语篇。Hudson 指出，修辞话语的作者专注于听众与情景；他的任务是说服；他的形式、风格与情景有机地结合在一起（Wichelns，1998：71；傅玢玢译）。依据三个语篇创设的语境，“袋鼠军团”的转喻策略较好地抓住了受众的心理，可以大大吸引受众的注意力，从而有效地对受众进行劝说，进而达成同一。如前所示，修辞劝说与同一的效果是很难计量的。我们所选的这三个语篇有可见效果的只有第二篇，其关注度目前为 80.3 万次，可见整体效果还是可接受的。

综上所述，不论是广义的修辞情境还是狭义的修辞情境，对批评转喻分析都有着重要的辅助作用。一方面，只有在恰当的修辞情境中，转喻才能得到合理而科学的描写、解释与评价；另一方面，转喻的描写、解释与评价也可以重塑修辞情境，重新认知修辞情境。

四 结语

批评转喻分析是一种基于修辞批评视角对转喻进行的语篇分析方法。而作为一种语篇分析方法，修辞情境便是批评转喻分析所依据的一个重要参数。离开了修辞情境，对转喻的描写、分析与评价就会变得无根无据。本文在界定修辞情境内涵的基础上，将修辞情境分为广义修辞情境与狭义修辞情境，并分别探讨了两种修辞情境对批评转喻分析的辅助角色。研究表明，批评转喻分析的三个步骤都离不开修辞情境。当然，本文在语料选择方面尚存在一定缺陷，主要依据强度抽样原则有针对性地选择适合分析的语料，这难免招致批评，在今后的研究中将尝试采用实证性方法对语料进行整理。

[作者单位：山东大学（威海）]

慌乱的野心

——评苏童的长篇新作《黄雀记》

于京一

放眼整个当代文坛，苏童向来以善于讲故事而著称。有评论家认为："（苏童）是一位从不愿固定自己的作家，从历史追寻小说到现实追寻小说，从'枫杨树'系列到'枫杨树后'小说再到'红粉'和'妇女系列'小说，他每次都以迥然不同的形象刺激读者的阅读习惯。他甚至不愿意自己的小说具有特定的风格，认为风格是一种'陷阱'。"尽管如此，随着创作的深入和累积，作为一个日益成熟的作家，苏童还是在日夜书写的风吹雨打中形成了自己的风格。他的小说总是笼罩着一股"苏童式"的氤氲气息：诗性、细腻的述说和呈现，潇洒、机智的叙事和结构，引人入胜的故事情节和个性鲜明的人物形象等等，在摇曳多姿的语言之网中举重若轻地缝织着某种生活的状貌或历史的画卷。

作为一个成熟的作家，苏童自然不愿沉溺于已有的经验世界，固化自己的创作风格。他在寻求突破：无论是题材还是叙述风格和叙事姿态，长篇新作《黄雀记》就是这种努力的一个标本。透过小说文本，苏童向我们展示了他的野心：首先是题材倾向。一方面一如既往地向历史凿进，探寻历史之魅是苏童小说永远的叙事动力；另一方面他开始面向当下，大幅度大面积地铺展当下生活的五光十色和多姿多彩，以实现对当代的生活百态和精神密码进行描述和阐释，试图将历史和历史的延长线进行接续、打通和整饬，从而不仅悠游于历史，而且获得对当下的发言。其次是叙述风格。《黄雀记》在延续苏童一贯的轻柔、细腻和温润之外，陡增了一股浓重的戏谑和调侃风味，这导致小说的整体情感基调由严肃、切实向滑稽、反讽转向。这种转向一方面大概来自题材的延伸和变更，毕竟历史和当下是两个截然不同的存在界面；一方面也可能是苏童的自觉超越——身临荒诞的世界、体验着比虚构和想象还要丰富芜杂的生活，从灵魂深处油然而生的审美体悟。再次是叙事格局。苏童以往的小说无论怎样枝蔓横生，都会比较自觉地簇拥着一条叙事的主线展开，即小说的筋骨脉络清晰可辨。而《黄雀记》则有意打破这种清晰，小说分三章："保润的春天"、"柳生的秋天" 和 "白小姐的夏天"，尽管不是那种 "罗生门" 式的多声部复调式结构（倘若如此的话，也许会更有意味?），但三个章节分别具有自己的主人公，即保润、柳生和白小姐（尽管三人闪现共存于每一章中），可以看作是打开生活世界的三个不同的叙事视角，这就使小说的叙事显得有些杂糅和纠缠，需要费神去思索、追觅和链接。

总之，《黄雀记》的突破意图向我们透露出苏童挣脱或者改变自我的勃勃野心。这无疑值得褒扬和钦佩。然而遗憾的是，苏童的突围处处受阻甚至力有不逮，某种意义上可以说是得不偿失。《黄雀记》的小说文本丧失了苏童特有的自信、潇洒和掌控有度，到处闪现、充塞着慌乱、夸饰和骄矜的气息，给人拉杂、生硬和怪异之感。

一　主体的沉沦

这里所说的主体，首先是指作者苏童（及叙事者）。一部优秀的小说，通常是作者主体与经验世界之间借助想象、隐喻、象征等艺术手法实现相生相克的融合产物。在《黄雀记》中，苏童一改过去以 "飘逸" 的款款叙事达至比较 "轻" 的文本诉求（这里的 "轻" 是指苏童在渺远的历史空间中所制造的小说情境与氛围），而主动探触现实生活与生命中无法避免的 "沉重" 主题；然而，这原本值得期待的写作转向却因作者对生活把握的粗疏和不敬而流于肤浅和粗糙。表现在小说中，是那些令人眼花缭乱的 "干预冲动"：第一，直呈金钱与权力的搏斗和厮杀。住在井亭医院里的精神病患者郑老板和康司令，一个是一夜暴富的大老板，是金钱在当下最有力的代言人；一个是当年的老红军/老革命，是最值得尊敬的权力象征（他是当下权力的发源地）。小说中，代表金钱的郑老板三番五次地向代表权力的康司令进行挑战，最终枪杆子战胜了土财主，郑老板撤离了井亭医院。小说在这里原本有一个不错的叙事生长点，可以探寻金钱对人的异化，以及老革命（曾经代表正义的权力原点）在新时代的困惑、无助。这是当下社会面临的紧迫现实问题，是关涉整个民族和国家价值观、世界观的宏大主题，然而却被苏童简单而直接地处理成金钱与权势的较量，成为当下消费时代人人窥视而人云亦云的奇观性话题。其实，康司令与现实社会中的权力虽然一脉相传，却有天壤之别：康司令是遥远的战争年代里的显赫人物，权力在他手中象征着正义与不可侵犯，而当下现实中的权力却时常与腐朽、黑暗、妥协等沆瀣一气——如井亭医院的乔院长在郑老板姐弟面前的点头哈腰和虚与委蛇，以及警察对股票的关注甚于对妄想症患者的同情。所以，从根本上说，现实的权力在咄咄逼人的金钱面前是亦步亦趋且节节败退，而苏童在小说中把康司令推到郑老板面前以暗喻权力与金钱的斗争，似乎有些张冠李戴的草率和粗疏，它给小说带来的是所指的歧义和意义的混乱。第二，铺叙爱情与欲望的缠绕和激战。集夜总会歌舞女、二奶和公关小姐于一身的白小姐是一个典型的物质女、拜金妹。少女时代的她（即仙女）为钱财和翡翠手镯而放过强奸自己的柳生，却将穷困而冤屈的保润送进牢狱达十年之久而毫无悔恨；后来又与马戏团的驯马师瞿鹰纠缠在一起，导致瞿鹰家破人亡而无所愧疚。当白小姐在属于自己的第三章正式登台亮相时，作为物质欲望的她已经完全绽放，她与台商庞先生之间展开了关于情欲、金钱与身份、婴儿的拉锯大战。然而，苏童并没有提供任何崭新的启悟或感受，而是像所有类似的肥皂故事一样铺叙着百无聊赖的狗血情节，唯一不同的是在其中生硬地安插进一个关于“罪与罚”的“圣经”故事，但这种起伏不仅没有为小说增添多少光彩，反而显得不伦不类、如鲠在喉。毫无疑问，这是充斥于当下都市小说中极具消费性的滥情故事，苏童没有对其进行任何提炼或凝铸，而直接挪移或者嫁接了过来。我们确实需要面对生活，但小说世界里的生活应该是高度提纯和凝练的结果，是对存在的勘探和发掘，“对小说家来说，真正的考验是……他是否能够提供任何社会问题评论家所不能触及的事实、经验、想象和真理”，“发现唯有小说才能发现的东西，乃是小说唯一的存在理由”，这是小说的本分和意义所在。而《黄雀记》对白小姐灯红酒绿、奢侈糜烂的生活及名牌物品的恣意展览所完成的不过是关于现实生活的影像化摹写，是一种照相机式的实录和演播，全无小说叙事的审美和艺术化，也就是说，它只是反映，而没有发现日常生活的诗意性。

由此可见，在小说《黄雀记》中，苏童（及叙事者）在面对生活和世界时仅有干预的冲动，却已经丧失了发现和发言的能力。他无法在艺术的世界里形成属于自己的思考和表达，因此只能一味迁就、紧贴现实生活本身，坠入与时代镜像相“和谐”的平滑叙述，完全以现实的逻辑支配、笼罩了文本中的想象和审美，缺失了自我的人生体验和生命体悟，丧失了自我的创作个性和审美趣味。而为了掩饰这种失控的尴尬，苏童开始在小说中玩弄他并不擅长的戏谑和反讽，从而显得心虚和慌张。如保润初入看守所却如逛苏州园林式的兴奋和好奇，包括看守所里以“听风阁”、“黄鹂轩”、“藕香亭”等命名的囚室和提审室，以及保润“历史会证明”式的凿凿之言和祖父“祖国的面貌日新月异啊”的鬼魅感慨，等等。如前所述，某种意义上这可以看作是苏童的突破和创新，但这种不合时宜的戏谑和反讽在小说中暴露的却是他真诚与爱的丧失。众所周知，古往今来的文学大师“他们的内心非常广博，是‘我爱世人’的状态，他们对这个世界、对每个人，甚至对一草一木的那种悲悯、那种爱，包括涉及一个坏人，他们都有一种‘真爱你啊，可就是拿你没办法’。”而检视《黄雀记》，在一泻而下的调侃与顽劣中，苏童对生活和文学的真诚与热爱几乎消失殆尽，肆意地嘲弄甚至拨弄人物的历史和生活，这不免令人心生疑惧。

其次，是小说中人物的迷失。纵观《黄雀记》，作为小说主人公的保润、柳生和仙女，都缺乏个性鲜明的饱满和瓷实，只能以一种模糊的面影在文本中漂浮、闪现。主要表现为：第一，人物性格的形塑脱离生活的逻辑。仙女——这个被老花匠夫妇领养的孩子，自始至终洋溢着蛮横、暴烈、诡诈、傲慢、贪婪等自以为是的性情，淳朴厚道的养父母和求学读书的经历似乎对她的成长全无影响。在她刚刚步入小说的时候，作者就用简短的几行判断句框定了她的性格：“她像一丛荆棘在寂静与幽暗里成长，浑身长满了尖利的刺。一颗粉红色药片导致的昏睡，颠覆了她对世界的信任。她垂青的世界简略为一只兔笼，她垂青的生灵以兔子作为代表，具有强烈的排他性。没有人来矫正她对世界的认识，长此以往，殃及无辜，医院内外的人类一律没给她留下什么好感，包括养育她的那对老人，她对谁都骄横无礼，大家不懂她的愤怒，通常就不去招惹她。”“她的无礼，已经成了个性，或者习惯。”阅读至此，令人倍感疑惑与诧异：仙女（注意这个名字原本具有的品质）的“性本恶”来自“人之初”？还是仅仅因为那枚让众多儿童都会充满好奇且尝试的粉红色药片？抑或她遭受了别人无法想象的隐秘伤害？为什么没人来矫正她的世界观，她的养父母、老师难道没有对她进行浓浓的关爱？如此等等，不得而知（这也是前述对人物不尊重和对生活不真诚的写照）。带着这样的困惑继续阅读，我们才恍然大悟：原来这一切都是为下文情节的陡变作铺垫：被强奸的仙女为物质收买而放过柳生、陷害保润，最终自甘堕落为风尘女子“白小姐”。原来仙女的人性之恶是自始至终，原来仙女的奢靡堕落是渊源有自，原来仙女命中注定是“恶”与“罪”的化身，原来仙女是作者久已潜伏的一枚棋子、一个象征。说白了，仙女最终剩下的只是一个符号。她没有肉体、没有灵魂，没有疼痛、没有喜怒，没有是非甚至没有感觉，仙女是一具行尸走肉。因此，我们才可以理解仙女的反复无常、没心没肺、无所不能和神出鬼没，才可以理解她广阔的社交网络以及为小说情节的枝蔓横生作出的贡献或牺牲（然而这些枝蔓大多是小说的败笔）。她成为苏童招之即来、挥之即去的万能形象。然而，这样的一个仙女还是一个有血有肉的、丰满芜杂的人物形象吗？毫无疑问，苏童在小说之初就已经杀死了仙女。她童年成长的困惑和痛苦，领养身份可能遭受的歧视和打击；她被强暴后内心的恐怖和毁灭，肉体的伤痛和羞愧；她成为舞女、二奶的无奈和挣扎，她灵魂的撕裂和痛苦；她再次遭遇保润和柳生时内心的纷乱和波澜，她怀孕后内心的复杂和纠结、爱与恨的交织体验……大都被漠视和忽略了，一句话，作者掌控了仙女，而仙女迷失了自我。同样的悲剧发生在保润和柳生身上，也发生在贯穿小说的另一个神秘人物“保润爷爷”身上。保润由少年初长的胆怯和单纯成长为“君子报仇，十年不晚”的老谋深算和不动声色；柳生在由强奸犯到照顾保润爷爷，由迷恋仙女到奉子成婚等事件中，形成了一股混乱的有关善与恶、真诚与虚伪、爱情与欲望的跳跃；保润爷爷则主要作为鬼魅的嘉宾在需要的时候神秘地露面，给读者留下神秘的面容和话语，时常令人不知所措。

综上所述，在《黄雀记》中，作为主体的作者和小说人物都无一例外地迷失了自我，整个小说由此陷入一种混乱、模糊、嘈杂和浮光掠影的叙述，关注的主题繁多而沉重，但给人的感受却匆促又飘忽。

二 叙述的破裂

作者主体性的丧失给小说的叙述带来了种种问题和重重困难。《黄雀记》的小说文本缺乏一种真气激荡、一气呵成的力量，它像一个爆裂之后重新粘补的气球，虽然可以战战兢兢地飘在空中，但无法呈现一种圆满和鼓胀的气度。

首先，整体结构的拼贴。从全篇看，小说《黄雀记》是保润、柳生和仙女三个人人生主页的组合，当然这种连缀式的艺术手法本身没有问题。但关键在于这三者之间故事的延伸动力在哪？或者说他们最终如何自然而然地形成合流，从而使小说产生一种积聚的爆发性的声音或力量。然而遗憾的是，《黄雀记》并没有达到这样的效果。我们所看到的只是三段人生的蒙太奇式的组接，即所谓“春天”、“秋天”和“夏天”，而且为了充实这种影像化的生活，作者在每个人生的片段里都竭尽全力地填塞各种相关或无关的情节，以期显现生活的丰富和生命的丰满。然而那些情节却脆弱而不堪一击，甚至让人莫名其妙。如保润爷爷的照片和对尸骨的挖掘，郑老板和康司令的抗争，乔院长对郑老板与康司令的应付和周旋，白小姐与瞿鹰及老阮的纠葛，等等。

不可否认这些情节为填充和展示作者的野心所作出的贡献，以及它们或多或少负有的象征意义，但其对小说主人公形象的塑造和主题意蕴的凝结到底可以提供多少真正的能量？这很值得怀疑。毋庸置疑，生活是丰饶的，小说应该是一个丰赡的艺术空间。但是，丰饶与丰赡并不意味着拉杂和缠绕。优秀的小说是一条滚滚向前的河流，那些来自河流本身的迭起的浪花才令人惊叹和耳目一新，而非河流上漂浮的枯草和菜叶垃圾令其美不胜收。所以，在这样的意义上，《黄雀记》在空洞的整体架构下枝蔓无度的芜杂叙事显得放纵而毫无节制，它的不吝惜和不专注，注定了失败的命运。

其次，细节结构的造作。也许连苏童本人都感觉到了小说文本整体叙事的破裂，因此在进行完情节的缠绕和充塞之后，仍然无法放心。于是，他又着手进行了结构细节的编织，这就是早已为众多读者发现的所谓“地理坐标”——井亭医院及矗立在其中的水塔，其实细心的读者还可以加上保润家和小拉。于是在井亭医院、水塔和保润家这三者之间，我们陆续发现了保润、柳生和仙女络绎不绝的足迹，而且这些足迹呈惊人的循环和叠合：三人相逢在井亭医院，故事肇始于水塔里的犯罪；张老板的个人寺庙建在水塔里，建庙的提出者和实施者是柳生，白小姐是寺庙的管理者；柳生曾将白马牵进保润家以掩藏，柳生逃亡时住进了水塔寺庙；保润出狱后以废弃的水塔寺庙为住处，三个人再次齐聚水塔；柳生为待产的白小姐租的房子居然是保润家，而白小姐逃离保润家，生产后回归的却是水塔。整个小说就这样在三个空间之间穿插、交织和挪移，然而即便如此，那种为了叙事的表面完整所进行的生硬捏合还是缝隙显豁，触目惊心。小说已经背弃了自然的生活逻辑，而进入一种人为编织的虚假的圈套中，而且这个圈套是如此醒目和大摇大摆，让人不禁心生造作之感。而“小拉”这个被苏童认为过于“时代”和“切题”的东西，反而有一点“草蛇灰线”的作用，但却十分微弱、昙花一现。

再次，叙述的破裂还体现在小说中情节细部的失真。细部一直是一部优秀小说站立起来的有力支撑，是所有叙述不仅严整、细密，而且熠熠生辉的根基和保障。然而《黄雀记》不仅结构虚假，而且细部失真。这主要表现在作者为填充文本而生硬编造的情节中，如小说开篇关于爷爷的自杀让人莫名其妙，爷爷为照相与保润母亲的龃龉也显得夸张而矫饰，在第一章的“魂”节，爷爷声称自己因丢魂而“不记得家在哪儿了”，但在后面的叙述中他却两次大老远从井亭医院准确地回到自己的家，爷爷甚至处于一种暴躁的疯狂与极端的理性的两极对立中；还有没心没肺、我行我素的白小姐，当再次被保润捆绑时，“一个噩梦回来了，一个记忆也回来了。疼痛回来了，羞耻也回来了。”这与整个小说对白小姐形象的塑造猛然悖离；白小姐不好意思面对庞先生而让柳生去要补偿时，“柳生说，没问题，要到了我们对半分？她一下又生气了，你好意思对半分？是你怀孕的？你有子宫的？她抢白着柳生，看柳生的表情不太自然了，又慷慨地谦让一步，算了，还是四六开吧，你四，我六，这样行了吧？”这里的对话让人瞠目结舌、哭笑不得；其他如庞太太关于圣经中“罪”与“赎”的宣讲，以及小说末尾富有宗教意味的“施洗之河”与“善人桥”等，都给人生硬、虚假之感。

由此可见，《黄雀记》在手忙脚乱的叙述中充满了夸张的虚假和令人沮丧的前后矛盾。在这种破裂的叙述中，不仅小说的诗性荡然无存，而且所谓的文本意蕴也支离破碎、一片纷乱。

三　意蕴的纷扰

纵观苏童的小说，总是洋溢着一种浓郁的写意性追求，其以往的长篇力作《米》、《我的帝王生涯》等无不如此。显然，《黄雀记》也寄寓着作者某种深刻而有意味的思索。但由于前述主体的沉沦和叙述的破裂，使小说始终无法凝聚成为晶莹的发光体，这导致文本中那些看似深刻的诉求都不可避免地陷入一种空泛的虚无中。

首先，对历史意蕴的迷恋。这是苏童小说始终如一的执念，他总是想方设法在文本中津津乐道地挥洒关于历史的种种兴味。《黄雀记》中那个看似可有可无、麻烦重生的祖父，在某种意义上展示着苏童对历史的理解。祖父在小说开篇的“求死不得”是否暗示着历史存在及其无法自行消亡的尴尬，而其奇怪的“照相癖”便是对这种无法消亡的历史的反复确证和强调，以至于为了凸显历史的存在，祖父发动了那场看似疯狂而搞怪的“寻找尸骨”的“挖街”运动。而且祖父挖掘的路线“貌似紊乱，其实藏着逻辑，他无意中向香椿树街居民展现了祖宗的地产图”，因此，与其说祖父在寻找祖先的尸骨，不如说他在重现当年的历史图景。但他对历史的重挖掀起了强烈的舆论反响，以至于孟师傅的老母拿毛主席和政府来弹压他，街邻们也对“寻找尸骨/历史”嗤之以鼻甚至怒火冲天，但对祖父策略性的谎言“寻找黄金”则充满憧憬、乐此不疲。由此可见，现代人对历史的拒绝、遗弃和只顾当下的疯狂、沉溺不免令人担忧，小说中一闪而过的“文革”历史，犹如一道被戏谑的伤疤，醒目却干枯。然而不管人们是否愿意或承认，历史总是坚实而无所不在地在那儿，任何人都无法逃脱历史的笼罩。因此小说中的祖父虽被当作精神病患者关进井亭医院，但他总要不时地发作，要求回家，甚至屡次凭借机智顺利地逃离精神病院返回自己的老屋。他的归来尽管充满了戏谑的味道，但总会打破香椿树街的安静，引起围观和纷议。……这一切的背后是否隐藏着苏童顽固而狡黠的目光？而且最终，脱胎于白小姐这个所谓“罪恶”母体的“红脸婴儿”/耻婴/怒婴却在祖父的怀抱里静谧酣睡，这是否暗示着历史与现在及未来的某种有意味的关联和血缘？然而，祖父装在手电筒中的尸骨最终并非来自土地，而是先后被搁置在屋顶又抛掷到河流，具有了某种“无根”的漂浮意味，这暴露的是苏童自身对历史游移不定的思考吗?《黄雀记》里的历史不再是苏童以往关于智性和哲思的舞台，而成为一种弥散于小说中的虚幻背景和烟幕弹，让人难以捉摸。

其次，对现实生活的讽喻和批判。以井亭医院为例，这里本是精神病患者的治疗地，却在小说中成为当下社会各种纷争和价值崩裂的展览室。一个本属不正常的场域，却堂而皇之地上演着正常社会里的各种剧目，其中尤以郑老板为典型。因暴富而患有精神紊乱综合征的郑老板，即使在精神病院也享受着种种世俗社会的待遇：厅局级标准的特级病房，有自己的办公室和秘书，靠消费各种美艳的小姐来驱逐空虚，在病房里开三十人之多的生日派对，在精神病院建个人专享的香火庙，如此等等。毫无疑问，井亭医院是被作者寄予深意的载体，只是这种深意就小说整体来看也显得逼仄、肤浅而粗糙。

再次，对灵魂的探求。在一个价值崩塌、欲望横行的消费性时代，对灵魂的探勘成为每一个热爱生活、执着生命的作家的共同追求。苏童在《黄雀记》中也展示了这种意愿和努力。但是，苏童在小说文本中却呈现出一种摇摆不定的姿态：一方面，他充分发挥了先锋时代特有的玄秘性书写，将灵魂与宿命论纠缠到一起。小说中祖父魂魄的飞走，白小姐关于祖父的诡异之梦，以及因抛掷“尸骨”而导致保润的先祖对她的惩罚，还有小说标题所寓意的“螳螂捕蝉黄雀在后”与小说文本中人物宿命式的聚散离合和最终走向，等等。苏童将一种宿命的氤氲气息弥散到小说的字里行间。然而，另一方面，他在小说中又通过庞太太衍生出耶稣基督，并通过柳生与白小姐的交谈暗示其在当下中国的渺茫；但有意味的是，小说结尾处，万念俱灰的白小姐在溺亡之际接受了水的训诫，在经受了河水的洗礼之后，终于在“善人桥”获救，由此苏童又似乎对“罪”与“罚”的认知获得了一种清晰的倾向。如此一来，小说对灵魂的探求出现了分裂和迷乱，令人茫然失措。

［作者单位：山东大学（威海）］

薛瑄著作在中韩两国的传播及影响

陈　媛　刘　畅

一　序论

薛瑄（1389～1464，字德温，号敬轩，谥号文清）和曹端向来被认为是明初积极继承和发扬朱子学的儒学家。《四库全书总目》中曾指出“端有《太极图说述解》，已著录，明初理学以端与薛瑄为最醇。”（《钦定四库全书总目·曹月川集》）《明儒学案》则将薛瑄认定为河东之学的先驱，并讲道“悃愊无华，恪守宋人矩矱，故数传之后，其议论设施，不问而可知其出于河东也”，认为河东之学具有“谨守规矩”之学风。

薛瑄于隆庆五年（1571）得以配享孔庙。以《读书录》为中心的薛瑄的作品，被明清的儒学者以及朝鲜等亚洲儒学者们作为理解朱子学的窗口不断地阅读和使用。例如，退溪李滉（1501～1579）阅读了《读书录》之后曾赋诗曰：“真知力践薛文清，录训条条当座铭。最是令人发深省，不为枝叶不玄冥。”李滉弟子郑逑（1543～1620）则高度评价薛瑄为“皇朝倡先道学，得斯文正脉，惟吾敬轩薛先生其人也。”

作为河东学派的创始人，目前学界对薛瑄的研究集中在对其学术倾向的探究上，尚缺乏对薛瑄作品的版本及传播情况进行系统整理的研究。1991 年山西人民出版社出版了《薛瑄全集》，其中李安纲在《薛文清公文集点校说明》中对薛瑄《文集》的版本进行了整理。不过此整理并不完备，有些版本被遗漏。另有一篇论文整理了薛瑄《读书录》的版本情况。本论文将以这些研究为基础，查漏补缺，同时对薛瑄的《读书续录》、《理学粹言》等其他数种作品的编纂、刊行和流传进行全面考察。并进一步探讨薛瑄作品传入东亚其他国家的情况。主要以韩国为例，分析薛瑄著作在韩国朝鲜朝时期的编纂、刊行和流传的情况及特点，深入探究朱子学在东亚不断扩散的背景下，河东学派领袖薛瑄的著作在东亚朱子学发展史上发挥的重要作用及影响。

二　中国的明清时期薛瑄著作的刊行及传播

薛瑄相关的著作有几种，其中刊行最多流传最广的薛瑄作品为《读书录》、《读书续录》（以下简称《读书》二录）和《文集》，后代重新整理编纂的作品有《河汾诗集》、《薛文清公从政名言》、《薛文清公策问》、《理学粹言》等。另外，在明代和清代一直存在以《读书》二录为基础，以“要语”和“类编”的形式对其进行重新编辑、刊行的情况，这可以看作是对《读书录》的一种补充。以下将分别探讨薛瑄各种相关著作在明清时期的编纂、刊行等情况。

（一）《读书录》和《续录》

《读书》二录是薛瑄平日阅读之时，心中每有所开悟随笔记录，长期累积而成的读书笔记。《读书录》在薛瑄生前已经刊行，不过这一版本未流传于世，并且关于此版本的记录也尚未发现，所以刊行此版本的人、时间、地点均无从知晓。只有《薛瑄年谱》中 44 岁（1432）条载：“七年壬子，先生四十四岁。在辰。按先生在沅凡三年余，所至多惠政，首黜贪墨，正风俗，奏罢采金宿蠹，沅民大悦。日夕精研理学，寤寐圣贤，手录《性理大全》，潜心玩诵，夜分乃罢。深冬盛寒，雪飘盈几，唔咿不辍，或思有所得，即起燃灯记之，或通宵不寐，味而乐之，有不知手足之舞蹈者，遂积为《读书录》。”《性理大全》于 1415 年刊行之后便为东亚儒学家广泛阅读和使用，薛瑄更是积极地阅览，而《读书录》正是对《性理大全》的省察。依据《年谱》记载，可推测《读书录》最早完成于 1432 年。但《读书录》中未有相关记载，所以 1432 年也只能为笔者推测。薛瑄于《续录》篇首揭示依张载“不思则还塞”之教，集其 20 多年的读书笔记而成《读书录》。换言之，薛瑄 20 多年的读书积累便是《读书录》，而其在沅做监察御史便成为《读书录》完成的重要契机。

同样，《续录》的完成时间也不明确，只依据《年谱》71 岁条所载：“（英宗天顺）三年己卯（1459），先生七十一岁，在里。先生既返初服，玩心高明，研究天人之奥，阐发性命之微，著为《读书续录》。”在《续录》篇首小序中他揭示道：“近年又于读书时日记所得者，积久复成一集，名曰‘读书续录’。但有得即录，不觉重复者，多欲删去，而意谓既以备‘不思还塞’，则辞虽重复，亦可为屡省之助云。”由这两条记录可推测，《读书录》与《续录》的编写在薛瑄致仕期间不断进行，两录在未经整理的状态下，在薛瑄在世时已被刊行并流传开去。

薛瑄弟子阎禹锡（1426～1476）在老师的心丧结束之后，于1466年将《读书录》仿照《近思录》的结构，删去重复的内容，厘为24卷。纵观其后出现的版本，基本上均为22卷或23卷，含《读书录》10卷（或11卷），《续录》12卷。由此可推断阎禹锡所整理的《读书录》中包含了《续录》。也就是说1466年阎禹锡整理了《读书录》和《续录》，并刊行于世。之后两录在明清时期不断被重刊，其刊行情况见表1。

表1　明清时期《读书录》《续录》版本

版本	刊行人	刊行时间	刊行地点	结构	校对人	序	备考
成化本	阎禹锡	1466（成化二年）	山东章丘	24卷	阎禹锡	阎禹锡	去其重复，仿《近思录》，又称“洛阳本”
成弘本		1464～1504		11卷			具体不详，残存6卷
正德本	郑维新	1520（正德庚辰）	河东书院	《录》10卷，无《续录》	郑维新	郑维新、许讚	
萧本	萧鸣凤	1523（嘉靖癸未）		24卷			仿《近思录》，与阎本同
石门本	张珩	1525（嘉靖乙酉）	淮	二录共23卷		张珩、田赋	
沈维藩本	陈棐	1555（嘉靖乙卯）	山西闻喜	《录》10卷，《续录》12卷		陈棐	书中有《重刊读书录公移》，郑维新的序及许讚的后序
赵贤本	赵贤	1574（万历乙亥）	楚中	《录》5册，无《续录》		孙应鳌、赵贤	湖广布政司刊，收录《刻读书录引》，《刻读书录牌》
青州本	赵贤	1579（万历己卯）	山东青州	《读书全录》8册，含《录》5册《续录》3册	庄文龙王圻等	冀錬、周思稷、王圻	收录《刻薛文清公读书全录公移》，《薛瑄画像》，《小像赞》，《薛文清公事实》
李涞本	李涞	1596（万历丙申）	萤英馆	《录》11卷，《续录》12卷	李一松李涞等	李涞	参照了日本和刻本
河津本	侯鹤龄	1599（万历己亥）	山西河津	《读书全录类编》，含《续录》	侯鹤龄	侯鹤龄、赵用光、万自约等	筛选《读书录》和《续录》的内容

续表

版本	刊行人	刊行时间	刊行地点	结构	校对人	序	备考
正谊堂本	张伯行	1708（康熙戊子）	榕城	二录共8卷2册	张伯行	张伯行	去其重复。参看中华书局1985年版
乾隆本	薛天章	1751（乾隆辛未）	山西	《录》11卷，《续录》12卷	梁开宗、阎廷玠	侯锦云、王安国、孙嘉淦	
光绪本		1894（光绪甲午）		11卷			清麓丛书

由表1可知薛瑄去世后的数百年间《读书录》和《续录》不断被刊行，这说明薛瑄的两本著作备受后代儒学家欢迎，并被广泛阅读。这里有必要对表1做进一步的补充说明。

第一，表1中的李涞本是笔者通过调查新发现的版本，在此将其补入。1991年山东友谊书社所刊《读书录》的《出版说明》中指出《读书录》有3种官刻本，即由赵王朱厚煜所刊的藩刻本，由侍御赵玉泉在福建所刻的闽刻本，鄢陵（今河南省内）陈棐编纂而由闻喜（今山西省内）沈维藩所刻的沈维藩本。但是经笔者调查官版还有赵贤本和青州本等。赵贤本是赵贤担任湖广都察院右佥都御史时在湖广布政司刊印的官刻本。青州本为赵贤在山东为官时期将赵贤本（无《续录》）与从冀康川（人名）处得到的《续录》合刊的版本。此版后附《刻薛文清公读书全录公移》，因此可断定青州本亦为官刻本。

第二，1991年出版的《读书录》之《出版说明》中言及的3种官刻本，关于这3种官刻本，陈棐在《刻薛文清公读书录全录序》中写道："初以全录奉赵王枕易，王即刻之藩邸，继以全录贻侍御赵君玉泉，君即刻之闽省，今以全录复沈君维藩，沈君刻之闻喜。是予刻梓文清此遗书，有此三遇其人也。"即藩（陈棐序文中作"籓"）刻本、闽刻本、沈维新本均为对陈棐《全录》的再刊本。而《薛瑄〈读书录〉版本源流考》中提到一种十一卷的"赵府味经堂刻本"，刻于嘉靖丁巳（1557）。味经堂亦称居敬堂，是明代被封河南赵藩之简王朱高燧（1404～1431在位）所建，味经堂嘉靖间曾刻《薛文清读书录》十一卷。又据陈棐在《刻薛文清公读书录全录序》所记，赵王枕易曾刻陈棐本《读书录》于藩邸，嘉靖间在位赵王为康王朱厚煜（1521～1560），朱厚煜则又称为"枕易道人"。换言之，赵府味经堂刻本即山东友谊书社所提及之藩刻本。

第三，关于河津本。目前为止学者均认定河津本为《读书录》版本中的一种。山西人民出版社所刊《薛瑄全集》也引用侯鹤龄的《薛文清公读书录叙》，得出相同结论。但笔者在考察河津本原本之后发现此本不同于《读书录》的其他版本。首先，书名并非“读书录”，而是“薛文清公读书全录类编”。所谓“类编”是侯鹤龄重新整理了《读书录》，对书中内容进行了分类。其所作序文亦名“薛文清公读书全录类编总目”，其中写道：“及再读，逐条号记分类抄集，窃以便览焉……内再删其重复。”此编共 20 卷 82 类，各类之上添加标题。如卷 1 ~ 3 中包含了“易”、“书”、“诗”、“春秋”和“礼记”。侯氏打破原《读书》二录结构，将两录内容融合为一体，进行了重新分类整理，并删掉前后重复的部分，其内容远少于二录原文。因此河津本并非《读书录》版本的一种，而是在二录基础上进行了再加工的一种变形版本，应另作一类。

（二）《读书录》的变形版本

如上文提到的《薛文清公读书全录类编》，将《读书录》原结构解体之后，依据编者的目的进行重新编纂的变形版本还有几种。其中流传最广的为吴廷举（1459 ~ 1525）编纂的《读书录要语》。此编抄录的是《读书录》中有助于改正吴氏自身习气的语句。即此书是为了其自身的学习和修养编纂的。此书内容不多，共 1 册，分上中下三卷。通过弘治辛酉年（1501）吴廷举于四川所作的序文可知此书大概成于 1501 年左右。《要语》出版后被多次再刊。正德十六年（1520）胡缵宗（1480 ~ 1560）对《要语》进行了修改和补充，以用于安徽的学生学习。他认为“公读书录不止此，此特其吃紧者耳。要之为读书录也，其以要语名篇者，恐非公意，今正之”，因此他又将书名从“要语”重新改回“读书录”。之后嘉靖甲申年（1524）萧世贤（生卒不详）携胡缵宗所刊《读书录》入秀地，为教育当地学生重新刊刻了《读书录》。由此可断定秀地所刊版本与安徽所刊为同一版本。关于《读书录》变形版本整理为下表。

表 2 《读书录》变形版本

书名	编辑者	时间	刊行地点	结构	校对	序文作者	备考
读书录要语	吴廷举	1501（弘治辛酉）	四川	一册，上、中、下三卷	吴廷举	吴廷举	包含两录
	胡缵宗	1520（正德辛巳）	安徽	同上	胡缵宗	胡缵宗、萧世贤	重新校对
	萧世贤	1524（嘉靖甲申）	秀	同上		萧世贤	重刊胡本

续表

书名	编辑者	时间	刊行地点	结构	校对	序文作者	备考
薛文清公读书全录类编	侯鹤龄	1599（万历己亥）	山西河津	一册，20 卷 82 类	侯鹤龄	张崇儒、侯鹤龄等	称河津本
读书录抄	纪大奎	1816（嘉庆丙子）		含二录，一册，未分卷	纪大奎	纪大奎	抄录自己最需要的部分
读读书录	汪双池	1895（光绪乙未）		上、下卷，2 册	卢葆辰倪望重等	赵舒翘、展如甫	
薛子条贯	戴汝舟	1848（道光戊申）		《条贯》13 卷，《条贯续篇》13 卷		周玉麟、戴汝周等	依《近思录》分类
	戴汝舟	1893（光绪癸巳）	广州府署	同上		张曾扬	重刊

（三）文集类

《文集》最早是由薛瑄弟子张鼎（生卒年不详）整理编纂的。由张鼎所作序文可知《读书》二录及《河汾诗集》在当时已广泛流传，唯独《文集》，初由薛瑄之孙禥托谢庭桂刊印未果，后薛瑄之同乡好友畅亨路经镇阳，张鼎便找到畅亨，从畅亨处得到《文集》并读之。发现其中误谬颇多，方知此非原本。于是他校对此本，并仿唐《昌黎集》将 1700 多篇厘为 24 卷。时为弘治己酉年（1489）。

对《文集》版本的研究已较为详尽，根据山西人民出版社《薛瑄全集》，《文集》的版本从大的方面可分为四种。即《诗集》、《文集》、《全集》和《全书》，这四种版本的大致情况如表 3 所示。

表 3　《文集》系统（据山西人民出版社《薛瑄全集》整理）

书名		编辑者	时间	刊行地点	结构	校对	序文作者	备考
河汾诗集		薛祺	1469（成化己丑）	常州	1130 首，8 卷	阎禹锡	阎禹锡、谢庭桂	
文集	弘治本	张鼎	1489（弘治乙酉）	镇阳	1700 篇，24 卷	张鼎	张鼎	模仿《昌黎集》
文集	万历本	张鼎	1614（万历甲寅）	真宁	24 卷		薛士弘	薛瑄 8 代孙重刊，含张鼎序

续表

书名		编辑者	时间	刊行地点	结构	校对	序文作者	备考
文集	雍正本	张鼎	1734（雍正甲寅）	河东	24 卷		赵邦清、侯腹心	薛氏合族重刊，含张鼎序
全集	嘉隆本	赵氏	嘉靖隆庆间		《读书录》17 卷，《文集》23 卷，《附录》1 卷	邢台赵氏		附《薛公神道碑铭》《重建薛文清公祠堂记》《名臣录》
全集	万历本	崔尔进	1615（万历乙卯）	江南	《读书录》《文集》	崔尔进	崔尔进、董其昌	将李、吕、彭的文章置于《读书录》之首
全书	康熙本	张伯行	1708（康熙戊子）	榕城	10 卷	张伯行	张伯行、蔡衍鎤	从《读书录》《文集》中选取
全书	雍正本	薛家族	1734（雍正甲寅）	平原	《文集》《二录》《名言》《粹言》《年谱》等	薛氏家族		含二十种文章和薛祺的《蓼虫吟》等诗

由表 3 可以得出《文集》刊行的两个特点。第一，《文集》（含《全集》、《全书》中的《文集》部分）均以张鼎所编为底本。除康熙本外，其他版本的《文集》内容无甚差异。康熙本是从《文集》中选出了部分内容编纂而成。第二，与《读书录》和《要语》相比，《文集》多为薛瑄弟子和后裔主持刊行。如表 3 所示，嘉隆本、万历本、康熙本外，其他版本均为薛瑄弟子和后裔所刊。

经笔者调查，文集系统尚需补入另外一种版本。一种名为《敬轩先生文集》的版本中收录了李腾芳于弘治癸亥年（1503）所作的《重刊薛敬轩文集序》，序中写道："侍御李君虔夫以我朝文章大家如薛文清公《敬轩集》，虽尝梓行，而传之弗广，遂重刻于河东运司。"由序文可知李虔曾在薛瑄家乡河东重刊文集。此版本是李虔担任侍御时所刊，序文中提到的"运司"为古代官厅的一种，所以此版为官刻本，在此笔者称其为"李虔本"。

（四）《年谱》、《粹言》、《名言》、《策问》

薛瑄《年谱》共刊行过 4 次。依据《薛瑄全集》所载杨鹤的《年谱跋文》，最早《年谱》由薛瑄弟子张鼎整理完成，但完成于何时无明确记载。之后万历丁未年（1607）薛瑄的八代孙薛士弘携《年谱》给满汝阳，满汝阳又将《年谱》寄与杨鹤，并嘱其重新校对刊行。杨鹤则复将《年谱》托付给其子杨嗣校对并刊行。康熙癸巳年（1713）薛瑄第 11 代孙手抄《年谱》，经多次校勘后重新刊行了《年谱》。后至雍正甲寅年（1734）薛瑄后裔刊印的《全书》中也收录了经过校对的《年谱》。

《理学粹言》正文之前载有薛瑄的一段话，其内容与《读书录》中薛瑄作的《序文》相同。不过《粹言》前后未附任何其他序文或跋文，所以无法判断此书是薛瑄亲手所作还是后人将薛瑄之言经过筛选编纂而成。《粹言》由薛瑄八代孙薛士弘于万历丙午年（1606）刊行，之后此书也收录在雍正甲寅年薛瑄后裔刊行的《全书》当中。

《从政名言》最早是胡缵宗在河南刊印《要语》之后，又选取薛瑄关于政治的言论编纂而成，并于嘉靖十四年（1535）刊印发行。之后分别又于万历三十四年（1606）、崇祯十六年（1643）、雍正甲寅年分别由薛瑄八代孙薛士弘、九代孙薛继岩和薛昌胤、薛瑄其他后裔刊行。

《薛文清公策问》由其八代孙薛士弘于万历丙午年（1606）刊印，之后11代孙薛天章、薛天颜等再次刊印，但刊印具体时间不明。另外雍正甲寅年薛瑄后裔刊行的《全书》中也收录了《策问》。

（五）版本刊行及传播的特征

以上是中国刊行薛瑄相关著作的情况，通过这些情况我们可以把握以下几个特征。

第一，从时间上来看，在薛瑄去世之后，经历了明清时期直到清末的400多年间，薛瑄相关的著作在不断地刊行和流传。从地点上来看，薛瑄的相关作品在山西、山东、安徽、河南、四川、楚中（今武汉地区）、江南一带、常州、广州等地广泛地刊印和流传。从北到南，以及广大的东部地区，其范围几乎覆盖了整个中国。换言之，在跨越明清的长久历史时期，薛瑄的著作在广大的区域内不断被刊行和阅读，发挥着其强大的影响力。这说明朱子学在明清时期不断在中国的士大夫中扩散，其中朱子学的一个内容便是由薛瑄所解释的朱子学。

第二，综合来看目前所发现的所有版本，《读书》二录的刊行比薛瑄的其他作品要多。《读书》二录的版本有10余种，在二录的基础上变形的版本有5种，而《文集》共7种版本。《全书》和《全集》中均收录了《文集》和《读书》二录。其他的如《粹言》和《从政名言》等的刊行次数不过两三次。由此可知与薛瑄其他作品相比，后代儒学家更重视《读书》二录。二录的内容完整地反映了薛瑄的理学思想，从这个层面来看，后代对薛瑄著作的阅读主要围绕薛瑄的理学思想展开。人们对作为政治家的薛瑄进行称颂的同时，更加关注作为理学家的薛瑄。

第三，《读书》二录的版本被广泛传播的同时，以二录为基础的变形版本也非常多。尤其是《要语》和《条贯》被多次重刊。变形的版本主要是删除二录中重复的部分，对其余内容进行重新分类，或者是编辑的人考虑自身修养选取二录中相应内容整理而成的。这种再编是后代学者根据自身情况和意图，对薛瑄的理学思想展开阅读和学习的一种真实反映。

出现多样的变形形态，与《读书》二录的内容相联系，可以看出明清时期中国朱子学的一个特征。与解释理学理论相比，《读书》二录的中心在于根据理学思想在日常生活中展开实践的生活方式。即，与理学学说本身相比，《读书》二录把重点放在实践工夫和修养上，书中收录的内容均可作为工夫实践的指南，这些内容是薛瑄自己通过工夫和修养获得的实际体认，所以后代学者们如果实践类似的生活或修养的话，《读书》二录将会有很大的帮助。因此二录经过各种形态的变形，作为日常的修养指南，发挥着重要的作用。例如，郑维新评价《读书》二录时说："其言近指远，其论事核而有中，教人约而有序，疗饥之菽粟，病之药石也。"《四库全书总目》则评价道："鼎自为序，引朱子赞程子'布帛之文，菽粟之味'二语为比，殆无愧词。"（《四库全书总目·薛文清集二十四卷提要》）前文所引退溪和黄宗羲的话与这两段引文异曲同工。总之，《读书》二录在整个明清时期在广泛的范围内被阅读并引起深远影响，同时产生出多种多样的变形版本，积极促进了明清时期在日常生活中以实践为中心的朱子学的扩散。正如黄宗羲所评价的"实践之儒"那样，薛瑄思想体现了朱子学自身具备的实践性本质特征，并在后代学者的学习和修养中发挥着积极的作用。

第四，《读书》二录的再刊本中出现多种结构不同的变形版本，与此相比，《文集》则基本上一直以张鼎编辑的成化本为底本。不仅如此，《文集》和《粹言》、《名言》、《年谱》、《策问》等基本由薛瑄弟子或后裔刊行，这些著作"家刻本"或"门内刻本"的特点较为突出。而《读书录》能够依照《近思录》的结构进行再编，可见《读书录》引起后代士大夫广泛的响应和拥护。与此相反，《文集》的重刊则主要在薛瑄家门之内，突出体现的是后裔对先祖业绩的追慕和继承。

三　韩国朝鲜朝时期薛瑄著作的刊行及传播

和中国其他儒学著作一样，薛瑄的著作也传入朝鲜并广泛流传。据笔者调查，目前传入韩国的中国版本的薛瑄作品情况大致如下表所示。用阴影标示的部分为目前在韩国发现的中国版本，未作标示的是传入韩国但目前尚未发现的版本。

表4　《读书录》《续录》

版本	编辑者	时间	刊行地点	结构	校对	序文作者
成化本	阎禹锡	1466（成化二年）	山东章丘	《读书录》24卷	阎禹锡	阎禹锡
正德本	郑维新	1520（正德庚辰）	河东书院	《读书录》10卷，无《续录》	郑维新	郑维新　许讃
石门本	张珩	1525（嘉靖乙酉）	淮	二录，共23卷		张珩　田赋
沈维藩本	陈棐	1555（嘉靖乙卯）	山西闻喜	《读书录》10卷，《续录》12卷		陈棐
赵贤本	赵贤	1574（万历乙亥）	楚中	《读书录》5册，无《续录》		孙应鳌　赵贤
青州本	赵贤	1579（万历己卯）	山东青州	《读书全录》8册，含《录》5册，《续录》3册	庄文龙、王圻等	冀鍊　王圻　周思稷
李涞本	李涞	1596（万历丙申）	蜚英馆	《读书录》11卷，《续录》12卷	李一松、李涞等	李涞
河津本	侯鹤龄	1599（万历己亥）	山西河津	《薛文清公读书全录类编》（含《续录》）	侯鹤龄	侯鹤龄，赵用光，万自约，赵讷，马负图
正谊堂本	张伯行	1708（康熙戊子）	榕城	二录共8卷2册	张伯行	张伯行
乾隆本	薛天章	1751（乾隆辛未）	山西	《读书录》11卷，《续录》12卷	梁开宗、阎廷玠	侯锦云　王安国　孙嘉淦

表5　《读书录》的变形版本

书名	编辑者	时间	刊行地点	结构	校对	序文作者	备考
读书录要语	吴廷举	1501（弘治辛酉）	四川	一册，上、中、下三卷	吴廷举	吴廷举	包含两录
	胡缵宗	1520（正德辛巳）	安徽	同上	胡缵宗	胡缵宗、萧世贤	重新校对
	萧世贤	1524（嘉靖甲申）	秀	同上		萧世贤	重刊胡本
薛文清公读书全录类编	侯鹤龄	1599（万历己亥）	山西河津	一册，20卷82类	侯鹤龄	张崇儒、侯鹤龄等	称河津本

续表

<table>
<tr><th>书名</th><th>编辑者</th><th>时间</th><th>刊行地点</th><th>结构</th><th>校对</th><th>序文作者</th><th>备考</th></tr>
<tr><td>读书录抄</td><td>纪大奎</td><td>1816（嘉庆丙子）</td><td></td><td>含二录，一册，未分卷</td><td>纪大奎</td><td>纪大奎</td><td>抄录自己最需要的部分</td></tr>
<tr><td>读读书录</td><td>汪双池</td><td>1895（光绪乙未）</td><td></td><td>上、下卷，2 册</td><td>卢葆辰
倪望重等</td><td>赵舒翘、展如甫</td><td></td></tr>
<tr><td rowspan="2">薛子条贯</td><td>戴汝舟</td><td>1848（道光戊申）</td><td></td><td>《条贯》13 卷，《条贯续篇》13 卷</td><td></td><td>周玉麟、戴汝周等</td><td>依《近思录》分类</td></tr>
<tr><td>戴汝舟</td><td>1893（光绪癸巳）</td><td>广州府署</td><td>同上</td><td></td><td>张曾扬</td><td>重刊</td></tr>
</table>

表 6 《文集》系统

<table>
<tr><th colspan="2">书名</th><th>编辑者</th><th>时间</th><th>刊行地点</th><th>结构</th><th>校对</th><th>序文作者</th><th>备考</th></tr>
<tr><td colspan="2">河汾诗集</td><td>薛祺</td><td>1469（成化己丑）</td><td>常州</td><td>1130 首，8 卷</td><td>阎禹锡</td><td>阎禹锡
谢庭桂</td><td></td></tr>
<tr><td rowspan="3">文集</td><td>弘治本</td><td>张鼎</td><td>1489（弘治乙酉）</td><td>镇阳</td><td>1700 篇，24 卷</td><td>张鼎</td><td>张鼎</td><td>依据《昌黎集》编纂</td></tr>
<tr><td>万历本</td><td>张鼎</td><td>1614（万历甲寅）</td><td>真宁</td><td>24 卷</td><td></td><td>薛士弘</td><td>薛瑄之八代孙重刊，张鼎序</td></tr>
<tr><td>雍正本</td><td>张鼎</td><td>1734（雍正甲寅）</td><td>河东</td><td>24 卷</td><td></td><td>赵邦清、侯腹心</td><td>薛氏合族重刊，张鼎序</td></tr>
<tr><td rowspan="2">全集</td><td>嘉隆本</td><td>赵氏</td><td>嘉靖
隆庆间</td><td></td><td>《读书录》17 卷，《文集》23 卷，附录 1 卷</td><td>邢台赵氏</td><td></td><td>后附《薛公神道碑铭》，《重建薛文清公祠堂记》，《名臣录》</td></tr>
<tr><td>万历本</td><td>崔尔进</td><td>1615（万历乙卯）</td><td>江南</td><td>合《读书录》与《文集》</td><td>崔尔进</td><td>崔尔进、董其昌</td><td>李，吕，彭之文置于《读书录》之首</td></tr>
<tr><td rowspan="2">全书</td><td>康熙本</td><td>张伯行</td><td>1708（康熙戊子）</td><td>榕城</td><td>10 卷</td><td>张伯行</td><td>张伯行、蔡衍鍡</td><td>从《读书录》《文集》中选出</td></tr>
<tr><td>雍正本</td><td>薛家族</td><td>1734（雍正甲寅）</td><td>平原</td><td>《文集》《名言》《粹言》《年谱》等</td><td>薛氏家族</td><td></td><td>包含二十种文章，并载薛祺的《蓼虫吟》等诗作</td></tr>
</table>

通过表 4、表 5、表 6 可以把握流传入朝鲜的薛瑄作品的几点特征。第一，《读书》二录以及二录的变形版本基本上都传入了朝鲜，与二录相比《文集》

的流入很少。说明朝鲜学者更重视饱含薛瑄思想的《读书》二录。第二，中国长期不断地刊行薛瑄作品，这些作品都陆续被引入了朝鲜。正如薛瑄思想在中国的扩散，他的思想在朝鲜也一直备受重视。

朝鲜不但引进中国的版本，朝鲜的儒学家们还积极地自行刊印薛瑄的著作。其刊印情况整理为下表。

表 7　朝鲜刊行的薛瑄著作

书名	编辑者	时间	刊行地点	结构	序文作者	备考
读书录	洪柱世	1656 （永历丙申）	湖西	《读书录》8 卷， 《续录》6 卷	洪柱世（朝）、郑维新、许讃、王圻	以正德本为底本
读书录要语	郑逑	1574 （万历乙亥）	川谷书院星州	上、中、下 3 卷	吴廷举、胡缵宗、萧世贤	1592 年焚毁于壬辰倭乱
	郑逑	1607 （万历丁未）	永嘉	上、中、下， 《续选》4 卷	吴廷举、胡缵宗、萧世贤、郑逑（朝）	选取一些条目编为《续选》，称永嘉本。
	徐君			上、中、下， 《续选》4 卷	吴廷举、胡缵宗、萧世贤	在皖本后附《续选》
	黄宗海	1625 （天启乙丑）		上、中、下， 《续选》4 卷	吴廷举、胡缵宗、萧世贤、郑逑（朝）	黄宗海手抄徐君版本
		1626 （天启丙寅）	罗州牧	上、中、下， 《续选》4 卷	吴廷举、胡缵宗、萧世贤、郑逑（朝）	
	金世濂	1642 （崇祯壬午）	咸兴臬司	上、中、下， 《续选》4 卷	吴廷举、胡缵宗、萧世贤、郑逑（朝）	郑逑重刊永嘉本

关于薛瑄的《文集》，朝鲜宣祖（1552～1608）时，金宇颙于 1574 年 11 月 5 日经筵时，曾评价薛瑄的学问为“甚亲切有益学者”、“践履笃实”，经筵之后他阅览校书馆中所藏《文集》，请求宣祖刊印，得到允许。可以看出宣祖和朝鲜学者刊行薛瑄《文集》的原因在于薛瑄实践为主的学风。不过此时刊行的《文集》版本笔者尚未发现，因此此次刊印是否得以实施还不明确。

朝鲜刊行的《读书录》版本，如表 7 所示，只有洪柱世刊印的唯一的一种。但有相关记录表明宣祖时期已经刊印过一次。1568 年进贺使许晔从北京回到朝鲜后，进呈薛瑄的《读书录》，宣祖马上命令刊印此书。在《高峰集》的《论思录》中，有一条 1569 年 6 月的记录，载此时《读书录》“方印出”。由此可推测许晔进呈的《读书录》于此时刊出。虽然无法准确判断许晔从中国购入的《读书录》是何种版本，但是从时间上来看，可能是 1555 年所刊的沈维藩本。后 1574 年朝宪以质正官身份从明朝返回朝鲜，进呈了吕柟所作

《薛文清祠堂记》，请求将此记附于《读书录》后一并刊行，宣祖命附此记于篇首，刊印发行。

从总体上来看，与中国相比，朝鲜所刊行的薛瑄的《文集》及《读书录》等著作相对较少。而中国所刊印的薛瑄著作基本上都传入朝鲜并广泛传播。由这一点可以看到，退溪和栗谷以后的朝鲜理学，以朱熹著作为代表的宋学著作为依据追求理论与实践，同时呈现出涵盖明代理学的倾向。关于这一点，从朝鲜朝理学家们对薛瑄及其理学思想的评价可以更明确地把握，鉴于篇幅问题，此问题将在今后的研究中详细探讨。

四 结论

以上论述了中国明清时期和韩国朝鲜朝时期，薛瑄著作的编纂、刊行和传播的情况及特点，充分揭示了宋学以后以薛瑄著作为代表的朱子学在东亚传播扩散的状况及特征。通过以上分析可以得出以下几点结论。

第一，薛瑄去世之后其作品在中国和朝鲜被不断刊行和阅读。其中《读书录》的李涞本和《文集》的李虔本是目前研究中未被提及的版本，经笔者调查这两种版本确为后代所刊，应归入薛瑄著作的版本系列中。同时，薛瑄的著作在中国及韩国不断被刊行和阅读，发挥着其强大的影响力。这说明朱子学在东亚的士大夫中不断扩散，其中的一个内容便是由薛瑄所解释的朱子学。

第二，《读书》二录及其变形版本的刊行比薛瑄其他作品要多。二录的内容完整地反映了薛瑄的理学思想，后代对薛瑄著作的阅读主要围绕薛瑄的理学思想展开。联系《读书》二录的内容，可以看出明清时期中国朱子学的一个特征。即，《读书》二录把重点放在工夫和修养上，是薛瑄自己通过工夫和修养获得的实际体认，与理学学说本身相比，后代学者更注重依据理学思想在日常生活中展开实践的生活方式。而《文集》的重刊则主要在薛瑄家门之内，突出体现的是后裔对先祖业绩的一种追慕和继承。

第三，《读书》二录及其变形版本基本上都传入了朝鲜，与二录相比《文集》的流入却很少。由此可以看到，退溪和栗谷以后的朝鲜理学，以朱熹著作为代表的宋学著作为依据，更加追求理论在日常生活中的实践。

［作者单位：山东大学（威海）］

后　记

威海市社会科学优秀成果奖，是威海市政府奖。1997 年，时值威海市成立 10 周年之际，中共威海市委宣传部、威海市人事局、威海市财政局、威海市社会科学界联合会联合报请，经时任市委副书记、市长孙守璞同志亲自过问并批准设立。

自 1997 年设立威海市社会科学优秀成果奖至今，共举行 20 次评选，有接近 1400 项成果获奖。许多成果进入决策，较好地解决了经济社会发展实践中的难题。

2007 年，为庆祝威海市建市 20 周年，我们编辑出版了《威海市社会科学优秀成果获奖作品文库》（第一卷 ~ 第十卷）。近 10 年来，威海的哲学社会科学事业，尤其是社科理论研究领域，从人才队伍到研究领域到成果质量水平，都得到了全面的发展。2017 年，威海市成立 30 周年，我们继续组织编辑了本套《威海市社会科学优秀成果获奖作品文库》（第十一卷 ~ 第二十卷）。

《威海市社会科学优秀成果获奖作品文库》（第十一卷 ~ 第二十卷），汇集了 2008 ~ 2017 年获得威海市社会科学优秀成果奖的著作、论文、研究报告，集中反映了近十年威海市哲学社会科学界取得的优秀成果，研究范围涉及经济学、管理学、语言文字学、教育学、文艺理论、外国文学、哲学、政治学、社会学、法学、科学社会主义理论等专业领域以及党的建设、历史文化、社会发展、经济建设、体制改革、马克思主义研究等诸多方面。

受篇幅的限制，编辑过程中，我们删除了成果原文中的“内容提要”“关键词”“参考文献”以及“尾注”“角注”“夹注”，加注了作者所在单位。若需详查，读者可与作者直接联系。

编辑过程中，有些文稿中图片的清晰度不够，达不到印刷要求，在不影响原意表达的前提下，一般作删除处理。因时间跨度较长以及各种社会因素变化，有些获奖成果已难以搜集，有些作者提供的资料过于简单或者缺乏研究的深意，也有个别研究因为资料来源不规范和一些认识偏差，没有收录，在此一并说明。

社会科学文献出版社的领导和编辑们，在文库的编辑工作中展现了出色的业务能力、精益求精的工作态度和一切从客户愿望出发的职业道德，成为我们学习的榜样。在此，表示衷心感谢！

编　者

2017 年 9 月